THE HORSE
IN HUMAN
HISTORY

THE HORSE
IN HUMAN
HISTORY

말의
세계사

피타 켈레크나 지음
임웅 옮김

글항아리

먼저 전혀 다른 인류학 분야의 세 학자에게 감사를 드리지 않을 수 없다. 멘토이자 오랜 친구 퍼트리샤 드레이퍼는 나로 하여금 최선을 다해 연구하도록 끊임없이 자극을 주었으며, 미국자연사박물관 로버트 카네이로는 엄청난 지식과 아량으로 수많은 애송이 인류학자에게 아마존 숲에서 돌아오도록 격려하고 용기를 북돋아주었다. 마지막으로, 작고한 알폰소 오르티스에게 감사드린다. 테와족 신화에 대한 그의 지도와 의례의 상징성 분야에서 그가 들려준 해박한 정보 덕분에 나는 세대를 아울러 말과 함께한 수많은 서사시적 이야기를 해석하는 데 철저히 밑바탕을 갖출 수 있었다.

이와 더불어 이 책은 다양한 국적의 수많은 학자가 기울여온 선구적 노력에 빚져 집필되었다. 유라시아의 양쪽 끝에서, 인도·유럽어족에 대한 맬러리의 언어 분석은 빅터 메어의 고대 중국과 페르시아의 문학·고고학 연구를 보완했다. 맬러리는 이란인들이 수 세기에 걸쳐 해왔던 문화 전달자 역할을 강조했다. 내가 신세를 진 고고학자 및 전문가로는 줄리엣 클러턴브룩, 옐레나 쿠즈미나, 메리 에이킨 리타워, 요스트 크라우벌, 레나테 롤, 산도르 뵈쾨니, 아스코 파르폴라, 체르니흐, 한스 게오르크 휘텔, 드미트리 텔레긴, 야노시 하르마타, 앤 하일랜드, 스튜어트 피곳, 로버트 드루스, 피터 앤드루스, 데이비드 오언, 마에카와 가즈야, 아나톨리 하자노프, 브라이언 페이건, 존 손더스, 토머스 올슨, 잭 웨더퍼드, 트레버 뒤피가 있다. 샌드라 올센, 데이비드 앤서니, 도르카스 브라운의 연구에도 진심으로 감사드린다. 수십 년에 걸친 그들의 끈질긴 현장 연구는 서구 독자들에게 유라시아 초원지대 고고학에 대해 결정적으로 중요한 정보를 제공해준다.

컬럼비아대 세미나실 레너드 헤이스팅스 쇼프 펀드가 회의 간행물을 만드는 데 아낌없는 지원을 하고 로버트 벨냅 및 그의 행정 직원이 호의적 지원을 해준 것에 진심으로 감사드린다. 나는 맨 처음 로스 해시그로부터 생태계 및 문화진화 세미나에서 아즈텍 보병이 스페인 기병대와 싸우면서 직면한 병참 문제에 대해 배웠다. 전쟁, 수송, 무역, 통신 분야의 역량 면에서 신세계와 구세계 사이의 엄청난 간극을 확실히 이해하게 되면서, 마침내 전 세계적으로 말의 존재 여부에 대한 문화 간 비교 평가에 착수할 수 있었다. 게다가 이 책은 컬럼비아대의 여러 세미나, 즉 라틴아메리카와 브라질에서 내 자료에 대한 프레젠테이션과 토론으로 촉진되었다. 캐럴 헨더슨, 마틴 포블렛, 로라 랜들, 로베르타 델슨, 다이애나 브라운, 미겔 피네도바스케스, 바버라 프라이스, 말바 필러, 해리엇 클라인, 앤 화이트하우스에게 진심으로 감사드리는 이유다. 그 밖에 내 작업에 큰 힘을 북돋아준 익명의 비평가들, 재능 있고 친절한 편집자인 비어트리스 렐, 케임브리지출판사 출판팀의 제임스 던, 캐린 호플러, 페기 로트 등에게도 감사를 표하고 싶다.

특별히 친애하는 벗인 제인 타운젠드, 캐슬린 킬로린, 캐럴 조이너, 마거릿 란제타, 데이비드 패커, 짐 폴롭, 바버라 보드, 라일라 윌리엄슨, 릴리언 스콧, 니나 스위들러, 헬렌 루키에빅스, 스튜어트 거스리, 존 라이언, 빌 피스, 브루스와 셜리 하일랜드에게 감사드린다. 그들의 호기심과 비평이 필자의 다듬어지지 않은 원고에 자극을 주었다. 마지막으로 나의 가족 게일, 제이크, 켈리, 브라이언이 글을 쓰는 동안 내가 보인 기벽과 별난 행동을 인내해준 데 대해 고마움을 전한다.

제1장

기마병과 에쿠스

이 책에서는 인간사회에서 마력horsepower이 출현하고부터 지금까지 6000년이 넘도록 전 세계적으로 어떠한 문화적 파장이 나타났는지를 살펴볼 것이다. 인류학의 범위에서 살펴본 문화 발전은 전통적으로 정착생활을 하는 농경국가와 관련이 있다. 하지만 말은, 북아메리카에서 최초로 진화해 진 지구적으로 확산과 멸종을 거듭했는데, 다른 어느 지역보다 먹이가 풍족하지 못한 불모지에서 그 해부학적 특성을 발달시켰으며 또 지구상에서 가장 빠른 속도로 원거리를 달리는 네발짐승이 되었다. 따라서 말이 인간 문화에 미친 영향을 평가하려면 무엇보다 물이 풍부했던 원시 문명의 중심부가 아니라 초원지대와 사막으로 눈을 돌려야 한다. 이처럼 주변부에 관심을 집중하고 앞선 해석에서 철저하게 간과된 주요 자료를 제시해야 기존 이론에 대한 도전과 보완이 동시에 이루어질 것이다. 사육된 말과 인간 사이의 공생관계를 분석하다보면 도시 중심부에서 멀리 떨어진 유목민 사회의 이동생활에 주목하게 된다. 유목민 사회는 그동안 흔히 주변부적이거나 일시적인 사회로 여겨져왔다. 말은 헝가리에서 동쪽으로 중국 국경 지역까지 6400킬로미터 넘게 펼쳐진 유라시아 초원지대에서 기원전 제4천년기에 처음으로 사육된 듯 보인다. 그렇게 광활한 변방의 부족들이 수천 년에 걸쳐 서쪽과 남쪽, 동쪽으로 문명의 중심지들을 약탈했다. 초원지대에서 이동해온 기마병들은 정착생활을 하는 제국의 군대를 무자비하게 공격했다. 그렇지만 험준한 산맥과 사막을 가로지른 기마병들의 광범한 이동 경로 덕분에 필수품과 외국산 물건 등 원거리 교역품이 신속하게 운송될 수 있었다.

교역은 문화 교류를 동반했다. 온갖 재배종의 수용, 신기술의 도입, 외국 발명품의 전래, 사상의 유포, 종교의 전파, 과학과 예술의 확산이 그 예다. 말의 역사와 말이 인간 문화에 끼친 엄청난 영향을 분석함으로써 이런 이원적 실재에 접근할 수 있다. 다른 한편에서는 군마軍馬의 효용성 증대, 즉 군마의 정교한 무구武具, 무기류, 뛰어난 군사력이 전쟁에서 철저한 파괴를 야기했다. 그럼에도 불구하고 정복에 뒤이어 빠른 마력으로 문명의 규모와 복합성은 크게 확대되었다. 이 장에서는 아시아, 유럽, 북아프리카를 가로지른 구세계의 기마 정복이 어떻게 시작되었는지를 추적한다. 마지막 부분에 가서는 말이 없던 아메리칸인디언[아메리카 원주민] 사회를 유린한 기마병의 정복에 대해 다루고, 이것이 이후 대서양 유럽인들이 세계적으로 팽창하고 식민지를 개척하는 데 있어 전형적인 방식이 되었음을 밝힐 것이다. 이 책 전체에 걸쳐서는 이데올로기 문제가 고려된다. 그 이데올로기란 다름 아닌 기마 군국주의equestrian militarism를 자극하고 부추겨온 거대한 서사시라 할 수 있다.

6000년을 이어온
인간과 말의 관계

이 책은 주변부로부터의 이동이라는 관점에서 그리고 파괴적이면서도 건설적인 마력의 이중성에 줄곧 주목하면서 각기 다른 시기와 지리적 공간에서 기마병들이 말을 타고 광활하게 펼쳐진 황량한 지역을 지배하도록 해준, 아울러 이런 지역을 가로질러 대륙 너머로 중요하고도 새로운 사상과 발명품을 전달하게 해준 기술과 전술, 이데올로기를 확인해본다. 우리는 유라시아 초원지대를 가로지른 유목민의 초기 이동과 그 이후 구세계[아시아, 유럽, 아프리카] 및 신세계[남아메리카, 북아메리카] 정착 문명의 중심지들을 말을 타고 공격한 군사적 침략에 대해 입증해야 한다. 따라서 갈수록 규모가 커진 여섯 차례의 중요한 이동을 검토할 것이다.

1. 기원전 제4~기원전 3천년기 [기원전 4000~기원전 2001]: 유라시아 초원지대를 가로질러 간 선구적 목축민

기원전 제4천년기에, 이미 목축을 하고 야금술을 보유했던 흑해-카스피해 연안[초원지대]의 인도·유럽어족 농경민이 가장 먼저 말을 사육했다. 그 결과 말 사육은 일찍이 서쪽으로는 유럽으로 확대되었고, 동쪽으로는 사람이 거주하기 힘든 환경에 적응하면서 유라시아 초원지대 내륙을 가로질러 빠르게 확산되었다. 그 적응 기술은 연구자들에 의해 초원지대 개척이라는 관점에서 살펴졌으며 바퀴 달린 이동 수단, 이동식 주거, 무기류, 원시적 관개灌漑, 청동·금·철의 야금 등의 논의가 이루어진다. 유목민의 기질은 초원지대 전역에 흩어져 있는 대규모 매장 무덤의 기술과 의례를 통해서도 파악할 수 있다. 수천 킬로미터가 넘는 농목축업의 극단적 이동성은 이 시기 아시아와 북아프리카에서 생겨나던 국가, 즉 충적토沖積土◆라는 조건으로 인해 이동성이 제한된 국가들의 정착성과 대조를 이룬다.

2. 기원전 제2~기원전 1천년기 [기원전 2000~기원전 1]: 초원지대의 구세계

농목축업이 2000년에 걸쳐 성공적으로 보여준 높은 이동성 덕분에, 기마 전차 세력은 변방 초원지대 거주지를 벗어나 팽창했고 정착 문명의 도시 중심지들을 침략함으로써 고대 중심 지역에 국가를 세울 수 있었다. 근동, 북아프리카, 이란, 인도, 중국에서 철제 무기와 전차가

◆　흙이나 모래 따위가 물에 흘러내려와 범람원이나 삼각주의 낮은 지역에 쌓여 생긴 토양. 이러한 특성으로 농경하기에 알맞아, 충적토를 중심으로 정착생활이 이루어지기도 했다.

전장戰場을 지배했다. 고대 경전 『리그베다Rig-Veda』[고대 인도 브라만교의 근본 경전 가운데 하나]와 『아베스타Avesta』[조로아스터교 경전]에 이런 팽창 세력이 등장한다. 기원전 제2천년기에 인도·유럽어족 히타이트인들은 전차용 말을 엄격하게 훈련시켰고 최초로 마력을 활용해 피정복민들을 자신들이 터를 잡은 아나톨리아 변방으로 강제 이주시켰다. 기원전 제2천년기 말엽, 뒤쪽으로 굽은 복합궁recurved composite bow◆이 등장하면서 전투용 전차는 빠르게 군마로 전환되었다. 기원전 제1천년기 초, 초원지대 전차병들이 동쪽에서 중국을 공격하는 사이, 서쪽 초원지대에서 가장 먼저 전투 기병騎兵들이 모습을 드러냈다. 이란어를 쓰는 메디아인들이 전투용 무기로 무장한 전사를 완벽하게 이동시킬 수 있는 몸집이 더 큰 말을 선별 사육으로 길러냈다. 기병과 전차를 활용한 정복은 앞선 중심 국가들을 효과적으로 흡수한 최초의 기마 제국에서 정점을 이루었다. 즉 서쪽에서는 아케메네스 제국이 인도에서 지중해까지 뻗어나갔고, 동쪽에서는 진秦 제국이 중국 전역을 아울렀다. 놀랍게도, 엄청나게 떨어진 이 두 지역에 선진적 말 관련 기술이 도입되면서 아시아 양쪽 끝은 비슷하게 발전해갔다. 아케메네스 제국과 진 제국은 말 수송을 위해 수천 킬로미터의 도로를 닦았고 언어와 표기 체계를 통일했다. 또한 제국 전역에서 화폐와 도량형이 통일되었다. 육상무역이 급증하면서 해상무역도 자극을 받았다. 중국에서는 남쪽 항구에서 내륙 깊숙이 외국 상품을 수송하기 위해 운하가 건설되었다. 서쪽에서

◆   활시위를 당기지 않을 때 림(활이 당겨질 때 위치에너지를 저장하는 탄성이 있는 부분)의 끝이 뒤쪽으로 구부러진 활recurved bow로, 단일 재료가 아닌 여러 재료를 조합해 만든 활composite bow을 말한다.

는 인더스강과 지중해 간의 무역을 연결하기 위해 홍해와 나일강 사이에 배 두 척이 지나갈 규모로 운하가 건설되었다.

3. 시대의 전환: 지중해의 기마 군국주의

기원전 제1천년기가 끝날 무렵, 노골적인 정복이건 신중한 획득이건 간에 처음에는 전차가, 그다음에는 기병이 유라시아와 북아프리카를 가로질러 모든 문명의 중심지에 도입되었다. 선사시대 유럽의 거석 구조물에 그려진 그림에서 중요한 의례로 기마의식을 치르는 장면이 최초로 발견되었다. 따라서 초기에는 트로이 전쟁 시기의 대륙 간 대결이라는 관점에서 논의되던 유럽의 기마 군국주의가 아시아의 페르시아 세력에 맞선 그리스-마케도니아의 저항, 한니발이 이끄는 카르타고 세력의 스페인·이탈리아 침입, 거의 패배한 로마가 뒤이어 유럽 대부분과 지중해 연안지역을 식민화하기 위해 카르타고의 기병 전술을 채택한다는 관점에서 논의되기 시작했다. 로마의 군사력은 제국의 전차경주장과 원형경기장에서 매우 화려하게 칭송되었다. 기원전을 마감하는 전환기 무렵에는 서방과 동방 사이에 이국적인 상품들이 교환되고 유목민들의 실크로드를 따라 무역이 활기를 띠었다. 또한 위대한 종교(불교, 유대교, 기독교)들이 말을 통해 유럽과 인도, 중국을 잇는 경로로 전파되었다. 그러나 교전 중인 기마 부족들이 초원지대에서 유럽을 침입했을 때, 로마의 힘은 썰물처럼 밀려났다. 6세기에 몽골계 아바르족이 중국의 주요한 발명품인 금속 등자鐙子〔말에 오를 때나 타고 있을 때 기수의 발을 받쳐주는 장비〕를 서방으로 가져왔다. 금속 등자의 사용으로 기수는 웅크린 자세에서 창을 단단히 쥘 수 있었고 전력으로 돌격하는 말을 타고 적을 공격할 수 있었다. 이는 중세에 기사 전투가 발전하는 결정적 요인이 된다. 로마의 힘이 움츠러들자, 북쪽에서 위대한 영웅 기사들의 이야기인 아서왕 전설이 나타나 기사도 전통을 고무시켰다.

4. 기원후 제1천년기[1~1000] 후기: 남쪽 사막에서 온 아랍 기마병의 공격

남쪽에서는 비잔틴의 지중해 패권이 새로운 변방, 즉 전처럼 북쪽 초원지대가 아닌 남쪽 사막에서 온 기마 유목민들의 도전에 직면했다. 기원후 636년의 일이다. 아라비아말(아랍종)들은 단봉낙타의 지원을 받으며 중동과 북아프리카의 사막을 가로질러 질주했고, 동쪽으로는 사산 왕조 페르시아까지, 서쪽으로는 서고트족의 스페인까지, 남쪽으로는 가나의 금 자원을 좇아 사하라 사막까지 건너갔다. 초기 이집트, 바빌로니아, 유대, 인도, 그리스 학문에 기반을 둔 아라비아 학문은 여러 민족으로 구성된 과학자와 철학자들이 다양한 학문에 기초하는 지식을 추구해 인류의 활동에서 새로운 정점을 기록했다. 이 같은 신속한 소통을 통해 앞선 문명에서 전례를 찾기 힘든 지식의 교환이 가능해졌다. 하지만 종교 분쟁은 이슬람 사회의 격심한 분열을 일으켰다. 우마이야 왕조와 아바스 왕조, 즉 수니파와 시아파 사이에서 격렬한 싸움이 일어났다. 오늘날까지 아라비아 지역을 갈기갈기 찢어놓고 위대한 서사시 「타지예Ta'zieh」[시아파 수난극]에도 끊임없이 등장하는 이런 정치적 대치는 셀주크 유목민의 아라비아 침입과 이슬람에 대한 십자군의 도전으로 기원후 제1천년기 전환기에 더 악화되었다. 십자군과 사라센이 서유럽에서 동지중해 레반트[그리스와 이집트 사이에 있는 동지중해 연안 지역]에 이르는 지역에서 충돌하는 동안 세계 최초로 말을 이용한 체계적 장거리 해상 수송이 발달했다. 또한 이 기간에 기병 군사 집단도 출현했는데, 기독교 수도승 전사와 무슬림 노예 출신으로 군인 엘리트층을 형성한 맘루크 등이다. 이들은 나폴레옹 시대까지 각각 유럽과 중동의 정치적 발전에 지속적으로 영향을 끼친다.

5. 기원후 제2천년기[1001~2000] 초기: 알타이계 유목민의 유라시아 정복

기원전 2000년에서 기원후 1000년까지 변방의 초원지대와 사막에서 침입해온 군대는 유라시아 대륙의 일부만 정복했을 뿐이다. 그러다가 이런 침입 방식은 단계적으로 확대되었다. 기원후 제2천년기 초, 가장 멀리 떨어진 몽골에서 양 대륙을 뒤흔드는 기마 병력이 쏟아져나왔다. 중국으로부터 배운 포위 공격술을 활용하고, 과감한 군사전략에 따라 수행된 몽골의 정복활동은 태평양에서 발트해까지 확대되었으며, 한국汗國[칸국]이라는 독특한 방식으로 수 세기에 걸쳐 존속했다. 잔혹한 대학살과 엄청난 환경 파괴 여파로 인력이 부족해지자 기술자들이 아시아 전역으로 교환되었고, 사치품 산업이 호황을 이루며 대륙 간 무역이 번창했다. 뒤이어 과학도 전파되었다. 중국의 위대한 발명품(인쇄술, 화약, 단강鍛鋼)이 중세와 근대 사이의 간극을 메우며 서유럽으로 흘러들었다. 오스만 제국이 1453년 콘스탄티노플을 약탈하면서 몽골족의 계승자로 등장했으며 튀르크 말을 타고 멀리 서쪽의 빈까지 달려가서 유럽을 위협했다. 서유럽 국가들은 초원지대에서 가장 마지막으로 침입해온 오스만 제국에 맞섰고, 무슬림의 중동 무역로 통제에서 벗어나고자 필사적으로 대양으로 향했다.

6. 기원후 제2천년기[1001~2000] 후기: 대서양-유럽인 기마병의 세계 정복

대서양을 성공적으로 횡단한 크리스토퍼 콜럼버스는 1493년에 자신의 두 번째 아메리카 항해에서 예리한 통찰력을 발휘했다. 9000년 동안 말이 멸종 상태였던 아메리카 대륙에 군마 50마리를 들여온 것이다. 서유럽 변방국가로서 십자군 원정에 참여함으로써 수익을 얻은 바 있던 스페인은, 지중해를 가로지르는 콜럼버스의 이 장거리 여행에 수백 마리의 말을 제공했는데, 이것은 불과 몇 년 전 두 [이슬람] 선진 문명을 무너뜨린 경험으로 고무되어 있던 기독교도 기마병들이 소수의 인원으로도 2500만 명 이상의 사람들이 살고 있던 신세계를 손쉽게 정복할 수 있게 해줬다. 이 접촉의 시대에 기술적 성취에서 구세계와 신세계 사이에 격차가 생겼다. 두 반구의 주목할 만한 격차를 만들어낸 것은 구세계 유럽에는 말이 있었고, 신세계 아메리카에는 말이 없었다는 사실이었다. 말이 없는 아메리칸인디언들은 군대 조직과 정치체제의 기민한 연락에서 불리한 상황에 놓였다. 유럽 기마병이 말이 없는 아메리칸인디언 사회를 정복하면서 저지른 파괴 행위는 뒤이은 유럽의 해상 탐험에서 하나의 모델로 작용했다. 신세계에서 넘어온 자원으로 부를 쌓고 자금을 조달한 대서양 연안국들은 전 세계적으로 말 없는 국가들을 식민화하기 위해 배에 말을 싣고 대양으로 나섰다. 말은 여러모로 이중적인 역할을 했다. 미개발 지역에서 말은 필수적인 교통수단을 제공해 농업과 산업을 발전시켰지만, 포함외교가 바다를 지배하고 있을 때 육지에 있던 말은 기병 전투에서 파괴적인 맹위를 떨쳤다. 19세기 이르러 건조한 호주 지역에서 말 사육에 성공한 영국은 이후 50만 마리까지 불어난 호주 군마를 아시아와 아프리카 전역의 전투 지역에 보냄으로써 식민지 경쟁에서 앞설 수 있었고, 발 빠르게 세계 제국 건설에 나설 수 있었다. 이렇게 발전을 가속화하는 사이에, 20세기까지 말의 속도와 힘은 수백만 명의 인간에게 말로 다 할 수 없는 고통을 안겨주었다. 오늘날 지구를 에워싸고 있는 극도로 기계화된 '쇠 말iron horse〔기관차〕' '말 없는 탈것horseless carriage〔자동차〕' '날개 돋친 페가수스winged Pegasus〔비행기〕'의 시대에 6000년 역사의 마력을 상속받은 우리로서는 급격한 기술 진보와 경제 팽창이 엄청난 인간의 희생을 담보로 성취되곤 했으며 환경 파괴의 중대한 원인이 되었다는 사실을 인정해야만 한다. 마지막 장에서는 전쟁이 계속 줄어들지 않는 상황에서 과거로부터 이어진 말의 유산, 즉 속도에 대한 강박, 자원에 대한 탐욕스러운 소비, 가속에 대한 갈망 등이 돌이키기 힘든 지구 파괴를 가져올 수 있다는 점을 비판적으로 검토한다.

2
야생말,
기원전 6000만 년 전 무렵부터
현재까지

　말에 올라타 속도를 높인 인간의 모험을 이야기하기에 앞서 인간에
의해 사육되기 전의 야생말에 대해 생각해보자. 두 발 달린 원생 인류
오스트랄로피테쿠스는 약 600만~700만 년 전에 최초로 등장했다. 이
와 대조적으로, 현대의 말과 가까운 친척인 당나귀 및 얼룩말을 포함
하는 에쿠스*Equus*〔말속屬〕는 빠른 전방 운동으로 5500만 년 전부터 오랜
시간 고도로 진화해왔다. 대륙 대부분에 걸쳐 있는 풍부한 화석 흔적
에서 그 튼튼한 다리 골격을 확인할 수 있다.

말의 고생물학

가장 넓은 의미에서의 말과科 family Equidae는 멀리 에오세[약 5600만 ~3390만 년 전]까지 거슬러 올라가는 조상 계보에서 파생한 현대의 에쿠스와 모든 화석 근연종近緣種을 포함한다. 그렇게 먼 시기에 조상 전래의 기제목奇蹄目[말목], Perissodactyla과는 차별화된 최초의 말이 등장했는데 그 이름이 히라코테륨Hyracotherium, 즉 '시신마始新馬, dawn horse'◆였다. 히라코테륨은 어깨높이[몸높이]가 25~50센티미터인 겁 많은 초식동물로 즙이 많은 나뭇잎이나 부드러운 씨앗을 뜯고, 숲의 열매를 따 먹으며 진화해갔다. 그다음 6000만 년 이상 계속된 수많은 점진적 변화가 아주 작은 이 히라코테륨을 오늘날 우리가 아는 강인한 말로 바꿔놓았을 것이다. 히라코테륨은 네발의 뒤꿈치가 지면 위로 약간 들려 있었고 그 대신 살집이 좋은 발가락들이 땅에 밀착해 몸을 지탱했다.[1] 약간 연장된 발가락과 정강이뼈에 연결된 발굽은 무릎에서 지면까지의 거리를 늘려 달리는 것을 매우 용이하게 했다(Simpson 1951: 116~119). 기제류의 또 다른 혁신은 발목 관절에 있는 복사뼈다. 이 복사뼈는 정강이뼈[척추동물의 아랫다리에 있는 2개 뼈 가운데 안쪽에 있는 큰 뼈] 관절에

◆　신생대 에오세에 번성한 말의 조상인 에오히푸스Eohippus. 몸은 개 몸집 정도로 작으며, 안면은 짧고 눈은 머리뼈 중간에 있으며 척추는 몸 중앙에 둥그스름하게 위치한다. 글자 그대로는 '새벽 말'인데, '에오'는 새벽을, '히푸스'는 말을 뜻한다.

1　모든 기제류perissodactyla[말류. 발굽이 있으며 뒷다리 발가락 수가 기수奇數, 즉 홀수인 동물]에서 인간의 엄지가락에 해당되는 첫째 발가락은 뒷발의 다섯째 발가락처럼 앞발과 뒷발에서 사라지고 있다.

서 산등성이처럼 융기한 두 길쭉한 부분과 평행을 이루고 있다. 이 같은 형태의 관절은 앞뒤 방향에서 굴곡부를 느슨하게 하지만 쓸데없는 측면 이동과 탈구의 가능성을 최소화해주고, 기제류의 복사뼈는 일

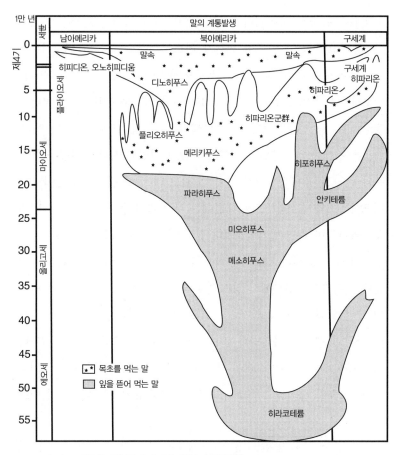

[그림 1.1] 진화를 거쳐 450만 년 전에 에쿠스가 등장했다. (After MacFadden 1992: fig. 5.14)

찍이 먼 곳을 빠르게 가로질러 갈 수 있도록 적응한 듯 보인다(Hulbert 1996: 17). 5800만 년 전 무렵 지구상에 존재한 히라코테륨은 올리고세〔약 3390만~2300만 년 전〕에 유라시아에서 멸종했다. 이런 방식의 방사형 형태와 구세계 멸종은 현대의 에쿠스가 북아메리카에서 진화하기까지 되풀이해서 나타나곤 했다(그림 1.1).

말과科 동물은 북아메리카에서 살아남아 독특한 진화과정을 거쳤다. 올리고세 동안 일련의 변화가 메소히푸스*Mesohippus*와 미오히푸스*Miohippus*에게서 나타났다. 둘 다 몸높이가 대략 6핸드(60센티미터)였다.[2] 미오히푸스가 메소히푸스와 구별되는 뒷다리의 두드러진 특징 하나는 정강이뼈, 즉 가운뎃발가락의 발허리뼈metatarsal〔중족골中足骨, 발등뼈〕다. 이것은 전에는 하나뿐인 복사뼈와 맞닿아 있었고 지금은 바깥쪽 복사뼈와 관절로 이어져 있어서 폭이 더 넓고 더 강한 관절을 만들어냈다. 미오히푸스와 메소히푸스의 네발에는 각각 발가락이 3개만 있었고, 가운뎃발가락이 측면 발가락들보다 훨씬 더 컸다(Simpson 1951: 124, 127). 덤불과 나무를 피하고자 빠른 속도로 방향을 바꿀 때, 측면 발가락 덕분에 질퍽거리는 표면에서 정지 마찰력이 더 강해져 측면이 더욱 안정될 수 있었다(MacFadden 1992: 259). 올리고세 후기는 미오히푸스로부터 다양한 혈통이 나타난바 분기分岐와 방사의 중요한 시기다. 그러나 마이오세〔2300만~533만2000년 전〕 동안 점점 더 건조해지는 지구 기후로 인해 숲이 줄어들고 목초지가 확대되면서 많은 미오히푸스와 메소

---

2 말과 동물의 몸높이는 손바닥 너비hand로 측정한다. 1핸드는 4인치 또는 10.16센티미터다. 지면에서 말의 양 어깨뼈 사이에 도드라진 부분인 기갑鬐甲의 가장 높은 지점까지 측정한다.

히푸스가 멸종했다. 이때 잎을 뜯어 먹는 다른 많은 초식동물도 사라졌다(MacFadden 1992: 160~161; Hulbert 1996: 23~24).

이처럼 마이오세 개활지에서 새로운 식량인 풀을 풍부하게 이용할 수 있게 되었다. 잡식 가축 파라히푸스*Parahippus*는 잎 뜯기와 풀 뜯기 사이의 과도기에 존재했다. 하지만 풀에는 매우 질긴 리그닌과 실리카 성분이 있어서 소화시키기가 어려웠다. 말은 풀을 뜯어 먹게 되면서 풀의 질긴 파이톨리드[식물석植物石]를 분해하고 그 안에 있는 세포의 영양분 많은 내용물을 체내에 흡수해야 했다. 그러기 위해선 무수히 많이 씹는 수밖에 없었는데, 새로운 식량원을 이용하기 위해 말의 치열齒列이 급격히 바뀌어야 했다(MacFadden 1992: 229; Simpson 1951: 131). 거친 모래알이 섞인 깔깔한 목초에 대처하는 과정에서 파라히푸스와 메리키푸스*Merychippus* 두 종의 치관높이지수hypsodonty가 서서히 진화했다[치관齒冠은 잇몸 밖으로 드러난 이빨 부분을 말하고, 치관높이지수란 이빨 높이와 길이의 비례로, 비례가 클수록 이빨의 높이가 높다]. 즉 치경齒莖[잇몸]이 길고 치관이 높은 어금니가 발달했다. 이렇게 어금니 치관이 높아지면서 치관 끝부분만 치경에서 돌출되고 나머지 부분은 치조齒槽[이빨이 박혀 있는 상하 턱뼈의 구멍] 속에 파묻혀 나중에 사용하기 위해 남겨졌다. 이빨이 마모되면서 장기간 지속적으로 표면을 효율적으로 갈기 위해 이빨 전체가 바깥쪽으로 계속 움직였다. 말의 수명은 이로써 눈에 띄게 연장되었다. 결국 메리키푸스에게서 완벽하게 발달했던 것은 놀랍게도 위턱에 부딪혀 아래턱을 좌우로 갈도록 적응된 치열이었다. 또한 목초지를 가로지르는 장거리 이동에 중요한 것은 말의 소화관이었다. 이 부분에서는 반추위反芻胃로 위가 여러 개로 나뉘는 솟과科 동물과는 대조적으로 큰창자 옆에 맹장이 발달했다. 맹장에는 풀의 섬유소를 소화시키는 공생共生미생물이 저장되어 있었다. 현대 말의 맹장은 길이가 1.25미터에 용량은 30리터에 이른다. 이 덕분에 말은 소와는 달리 반추하기 위해 먹이를 먹고 쉴 필요가 없다(Clutton-Brock 1992: 21~22; MacFadden 1992: 237; Simpson 1951: 132~135).

두 측면 발가락은 파라히푸스와 메리키푸스에게서 퇴화한 채 존속했지만 전체 체중을 지탱한 것은 세 번째 가운뎃발가락의 볼록한 발굽이었다. 또한 메리키푸스의 아래쪽 앞발 척골尺骨〔안쪽 뼈〕은 딱딱한 표면에서 빨리 달리는 데 적응하여 더 단단한 조직을 만들어내고자 요골橈骨〔바깥쪽 뼈〕과 견고하게 결합되었다. 강한 인대가 기다란 가운뎃뼈에서 연장된 발가락뼈 뒤까지 이어져서 발을 지지해주고 용수철 같은 동작이 가능하도록 해줬다. 이런 발전은 더 빨리 걸어야 했기에 이뤄진 것이다(Hulbert 1996: 24). 마이오세의 지질학적 증거에 따르면 건조한 상태와 개활지가 있었다. 말은 몸높이가 10핸드〔100센티미터〕로 커지면서 수명과 행동반경도 늘어났다. 말은 봄·여름·가을·겨울 사계절에 드문드문 있는 식량 자원을 찾아 멀리 돌아다녔을 것이다. 이렇게 달리는 데 점점 더 적합해지면서 말의 운동기관계에서 지구력이 엄청나게 증가했다. 동시에 말은 널따란 서식지에서 더 눈에 띄게 되면서 포식에 취약해졌다. 따라서 식량을 찾기 위해서뿐만 아니라 민첩한 포유류 포식자들을 피하기 위해서도 속도가 중요했다(MacFadden 1992: 260). 풍부한 목초지가 말 진화에 생태학적으로 적합한 새로운 장소가 되었을 때 이러한 적응이 나타났다.

마이오세 후기의 특징은 속屬의 다양성이다. 이러한 새로운 적응은 플라이오세[533만 2000년~258만 년 전]에 연이어 등장한 발가락이 셋인 방목 가축 종들에게서 더 많이 나타났다. 메리키푸스는 발가락이 셋인 히파리온*Hipparion*으로 대체되었다. 히파리온은 구세계를 가로질러 끊임없이, 효율적으로 이동한 가장 후기 단계의 말이다(Hulbert 1996: 27). 한편 매우 중요한 혁신이 북아메리카 동부에서 일어났다. 그곳에서 플리오히푸스*Pliohippus*가 발 윗부분 피부 밑이 퇴화되는 외골증外骨症으로 측면 발가락 2개를 잃으면서 각 발의 발가락이 하나가 되었다 (그림 1.2). 퇴화한 두 발가락은 다리 표면의 딱딱하고 거친 각질인 '말의 안쪽 다리 군살chestnut'과 '며느리발톱ergot[말이나 소 따위 짐승의 뒷발에 달린 발톱]'으로 흔적이 되어 대대로 이어져 내려왔다. 마이오세가 끝날 무렵 서방에서 발가락이 하나인 말이 [지금의 북아메리카 대륙인 미국 중서부] 유타주 건조한 산간 분지에서 진화해 최초로 에쿠스 혈통을 이루었다. 이 무렵 지구는 기후가 급격히 변해 빙기[빙하기]와 간빙기가 주기적으로 바뀌었다. 비옥한 사바나[건기가 뚜렷한 열대와 아열대 지방의 초원]가 다양성이 덜한 목초지로 대체되었고 많은 사바나 종이 멸종했다. 앞서 습한 서식지에 더 적합했던 발가락이 셋인 말은 플라이오세 후기 무렵 북아메리카에서 사라졌으며, 히파리온만이 플라이스토세[3] 중기까지 구세계 일부 지역에서 살아남았다. 다음 장들에서 다루겠지만 발가락이 셋인 말의 멸종은 인간 문화에 영향을 끼쳤을 것이다. 건조한 기후에 상당히 적합했던 발가락이 1개인 말은 건조하고 온화한 지대를

---

3   지질학상 제4기는 플라이스토세로 구분된다. 플라이스토세는 160만 년 전에 시작되었고, 가장 최근의 홀로세[충적세沖積世, 현세現世]는 1만 년 전부터 현재까지를 이른다.

가로질러 널리 퍼져나갔지만, 앞서 발가락이 3개인 말이 서식했던 습한 지역에는, 특히 열대 지방에는 결코 적응하지 못했다. 700만 년 전 이후에는, 약 450만 년 전 에쿠스가 모습을 드러내기까지 발가락이 하나인 디노

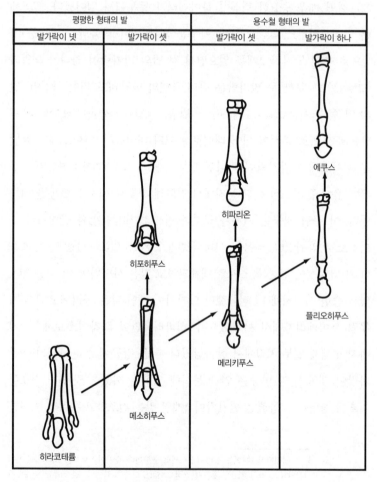

평평한 형태의 발		용수철 형태의 발	
발가락이 넷	발가락이 셋	발가락이 셋	발가락이 하나

[그림 1.2] 발가락이 넷에서 하나로 진화하는 말과科 동물의 앞발(비례가 아님). (Simpson 1951: fig. 31)

히푸스*Dinohippus*가 북아메리카 대륙을 지배했다. 에쿠스는 플라이스토세 중기 무렵 남아메리카로 확산되었고 그곳에서 더 일찍 이동해온 발가락이 하나인 히피디온*Hippidion* 및 오노히피디움*Onohippidium*과 공존했다. 에쿠스는 복잡한 분기와 방사과정을 통해 구세계에도 정착했다. 일찍이 플라이스토세에 사하라 사막 이남에서 현대 얼룩말의 조상이 분화해 나왔다. 에쿠스의 다른 종인 당나귀와 말(현대의 야생말과 사육된 말의 조상)은 아마 150만 년 전 북아메리카에서 유래했을 것이다. 당나귀는 90만 년 전에 구세계로, 말은 이보다는 다소 늦게 유라시아를 가로질러 매우 성공적으로 퍼져나갔다(Hulbert 1996: 28~32).

아이러니하게도, 지구 대부분의 지역에 정착하고 마지막 빙기에 성공적으로 살아남은 에쿠스는 남아메리카와 북아메리카에서 9000년 전에 멸종되었다. 북아메리카는 6000만 년 동안 에쿠스가 진화해 나온 장소다. 에쿠스의 멸종을 촉발한 원인은 분명하지 않다. 플라이스토세 동안 엄청난 동물 무리들이 돌아다녔고 초원지대는 상대적으로 빙하의 영향을 받지 않았다고는 해도, 카멜리드camelid〔낙타과〕와 마스토돈mastodon〔장비목長鼻目 마스토돈티테 아목에 속하는, 멸종한 코끼를 통틀어 이르는 말〕도 북아메리카에서 멸종했다. 이 와중에도 에쿠스와 비슷한 먹이로 살아간 아메리카들소bison는 계속 살아남았다. 질병은 아메리카들소를 포함해 다양한 동물에게도 영향을 끼쳤을 테니 에쿠스가 멸종한 원인은 아니었을 것이다. 신세계에 모습을 드러낸 아메리칸인디언과 인간들의 괴롭힘, 원시적 남획이 그 원인으로 짐작된다(Simpson 1951: 148~150).

빙기가 끝났을 때 에쿠스의 몸높이는 약 12~13핸드〔120~130센티미티]였다.[4] 포식자가 접근하는 것에 늘 경계를 늦추지 않으면서 즉각 도망갈 자세를 취했던 에쿠스는 긴 목과 특히나 기다란 머리를 갖고 있었다. 따라서 눈을 높이 두어 경계를 하면서 저지대의 풀을 먹고 살아갈 수 있었다. 가늘고 긴 주둥이에서 첫째 작은어금니(낭치wolf tooth)가 사라졌다. 이는 앞니와 어금니 사이의 빈 공간인 치극齒隙을 크게 넓혔다. 이로써 장차 말을 사육할 때 재갈을 물리기가 훨씬 수월해졌다 (Clutton-Brock 1992: 21; Duncan, Ryder, Asa, and Feh 1992: 3~4). 이동의 견지에서, 에쿠스는 하단부에서 가장 중요하게 여겨지던 다리의 유효 길이를 늘려나갔다. 에쿠스는 기다란 중수골中手骨/중족골中足骨[손허리뼈/발허리뼈]로 몸을 지면 위로 높이 들어올려 영구적으로 1개 발굽 끝으로 걸었다. 맹렬하게 달릴 때는 가느다랗지만 엄청나게 강한 다리 하나가 전체 체중을 떠받쳐주었다. 발가락에는 복잡한 손가락 모양의 인대가 있어서 도약을 가능케 했다. 에쿠스가 달리다가 한 발로 착지하는 순간 가운뎃발가락이 충격으로 강하게 굽혀졌다. 이로써 탄력 있는 인대가 늘어나 위치에너지를 만들어냈다. 이 같은 도약은 체중이 늘어나는 말이 놀랄 만큼 빠르고 효율적으로 움직일 수 있게 해주었다 (Simpson 1951: 198~201). 도약 운동은 형태 변화를 불러왔다. 즉 트라베큘라Trabecula[생물체의 조직을 지지하는 작은 기둥 모양의 섬유성 구조. 섬유주纖維柱] 밀도가 높아져 다리뼈 힘을 향상시켰고 더 힘 있게 내달리도록 상지upper limb 뼈와 근육계를 새롭게 적응시켰다. 한편 측면 다리운동은

---

4   그레비얼룩말Grévy's zebra은 예외로 15핸드[150센티미터]에 가까웠다. [그레비 얼룩말은 에티오피아 국왕이 쥘 그레비 프랑스 대통령(재임 1879~1887)에게 이 얼룩말을 선물한 데서 이름이 유래했다.]

더 제한되었다. 에쿠스의 속도 메커니즘은 좀더 높은 무게를 지탱할 수 있었다. 에쿠스는 제 몸 크기의 동물 가운데 최고로 빨라졌다. 에쿠스의 강한 다리는 오늘날 500킬로그램을 초과하는 몸무게와 달리는 동안 뼈에 가해지는 엄청난 압박을 지탱할 수 있게 거듭났다. 현대의 경주마는 시간당 65킬로미터로 질주할 수 있고 초당 두 걸음 이상 내달릴 수 있다. 이것은 포유동물을 통틀어 높은 수준이다. 단거리에서는 치타가 말의 속도를 능가하지만 장거리에서 에쿠스의 속도, 힘, 지구력은 견줄 대상이 없다(MacFadden 1992: 246~247, 259).

야생에서 현존하는 에쿠스

현재까지 야생 에쿠스는 오스트레일리아와 남극 대륙을 제외하고 지구상의 모든 대륙에 퍼져 있다. 에쿠스는 사막처럼 좋아하는 풀이 크게 부족한 곳이나 겨울처럼 황량한 시기에는 덤불과 나무 중 소화할 수 있는 것은 모두 효율적으로 먹어치웠다. 오늘날 야생에서 현대 에쿠스속은 4개 아속亞屬인 얼룩말, 아시아당나귀Asian ass, 아프리카당나귀African ass, 말로 대표된다. 모든 종의 야생 에쿠스는 곧추선 짧은 갈기와 외피를 따라 등에 검은 줄무늬가 있다. 오늘날 야생의 말과 동물은 약 1년간 새끼를 배는데, 이 기간은 크기가 비슷한 반추동물에 비해 20퍼센트 더 길다. 이로 인해 말과科 동물의 새끼는 이동하는 무리에서 뒤처지지 않을 수 있었다(Duncan et al. 1992: 5).

줄무늬가 있는 말과科 동물은 아프리카로 제한된다. 이들은 3개의 다른 종, 즉 사바나얼룩말Plains zebra(버첼얼룩말Equus burchelli), 산얼룩말Mountain zebra, Equus zebra, 그레비얼룩말Grévy's zebra, Equus grevyi로 나뉜다. 모두 50만 마리가 넘는 사바나얼룩말은 한때 에티오피아의 단층지괴斷層地塊와 자이르[지금의 콩고민주공화국] 열대우림 남부 아프리카의 목초지 및 사바나를 차지했다. 사바나얼룩말은 오늘날 야생의 말과 동물 중 개체수가 가장 많고 가장 널리 퍼져 있다(Duncan and Gakahu 1992: 12~13). 반면 산얼룩말은 사막의 가장자리를 따라 반半건조 지역을 지나 사바나 목초지까지의 앙골라 남부에서 남아프리카공화국 케이프주까지에서만 마주칠 수 있다. 산얼룩말은 바위투성이 지형이나 산악 지형을 더 좋아하며, 겨울에는 수원水源에서 20킬로미터 떨어진 곳에서까지 서식할 수 있다(Novellie, Lloyd, and Joubert 1992: 7~8). 그레비얼룩말은 형태가 가장 원시적일 수 있는데 몸집은 야생의 말과 동물 중에서 가장 크다. 다 자란 수컷 그레비얼룩말은 몸무게가 450킬로그램까지 나가고 암컷은 수컷에 비해 10퍼센트 덜 나간다. 그레비얼룩말은 케냐 북부와 인근 에티오피아·소말리아 지역 반건조 관목지대/목초지에서 서식한다(Rowen and Ginsberg 1992: 10).

역사시대에 **아시아야생당나귀**Asian wild ass는 동쪽으로 흑해에서 고비사막까지, 남쪽으로는 멀리 아라비아, 페르시아, 인도 서북부까지 사막 지역에 걸쳐 있었다(그림 1.3). 그러나 20세기 들어 그 개체군은 분포가 이들 지역의 일부로 줄어들었다(Clark and Duncan 1992: 17). 가장 많은 종인 **캬앙당나귀**kiang, Equus kiang는 4100~4800미터에 이르는 티베트와 라다크 고원지대에 잘 적응한다. 캬앙당나귀는 단단한 입술과 딱딱한 입천장이 있어 평평한 지역에서 다른 말과 동물의 입을 엉망으로 만

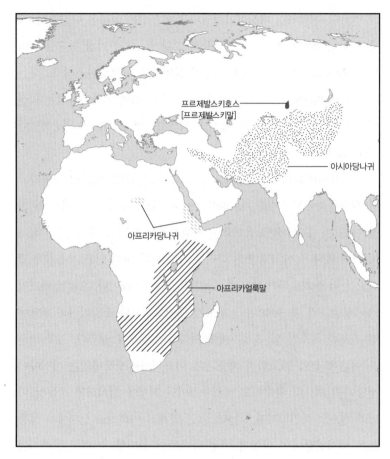

[그림 1.3] 야생에서 현존하는 에쿠스.

들 억센 풀과 습지식물을 먹고 살았다. 먹이가 가장 많은 8월과 9월에 캉당나귀는 겨울에 대비해 몸을 보온해주는 두꺼운 지방층을 형성한다. 아시아당나귀의 또 다른 종인 아시아야생당나귀*Equus hemionus*는 캉당나귀보다 키와 머리가 작지만 다리는 더 길고 가늘며 외피 색깔은 더 연하다. 지역마다 아시아야생당나귀를 부르는 이름은 다양하다. 그 중 중앙아시아의 쿨란kulan과 중동의 오나거onager가 가장 친숙할 것이다(Woodward 1996: 198~199). 혈통이 불명확한 야생당나귀의 또 다른 종인 유럽당나귀Equus hydruntinus는 홀로세에 남유럽에서 살아남았는데 신석기시대에 스페인과 동유럽에서 잡아먹혔으며, 그 후 곧 멸종되었다(Anthony 1994: 186).

아프리카야생당나귀African wild ass, Equus africanus는 원래 모로코 아틀라스 산맥에서 북아프리카를 가로질러 누비아·수단·소말리아까지 널리 퍼졌는데(아마 아라비아반도로 연장되는), 현존하는 말과 동물 중 가장 위기에 처해 있다. 우아하고 멋진 다리를 가진 데다 바위 위를 자유롭게 달리고 사막을 가로질러 빠른 속도로 질주하는 동물이다. 오늘날 아프리카야생당나귀 중 3000마리 정도가 에티오피아와 소말리아의 외떨어진 건조한 목초지 및 관목지대에 서식하는 것으로 보인다. 그곳 기온은 여름에 섭씨 50도까지 치솟는다. 아프리카야생당나귀는 아시아야생당나귀보다 더 황량하고 바위투성이인 지형에 서식하며 풀뿐만 아니라 잡초와 어린잎까지 먹는다. 최근 알제리 아하가르 산지에서 목동들은 대서양당나귀 아종의 야생 종마들이 교미할 수 있도록 자신들이 사육한 발정 난 암당나귀를 물웅덩이 근처에 매어놓곤 했다고 한다. 이것이, 그리고 사육한 당나귀들이 야생의 무리에 합류하기 위해 일행과 곧잘 떨어져서 돌아다닌 것이 유전자 변형을 낳았다. 야생당나귀와 길든 당나귀의 게놈은 광범위하게 뒤섞였다. 이런 유전자 이입을 통해 야생 아프리카당나귀가 북부 지역에서 사라진 것으로 추정된다(Moehlman 1992: 15~16).

오늘날 에쿠스에게는 두 상이한 사회체제가 있는데, 이는 교배 양식과 관련된다. 극도로 건조한 서식지의 말과 동물, 즉 아프리카야생당나귀와 그레비얼룩말과 아시아야생당나귀는 수컷 한 마리가 넓은 영역을 오랫동안 지배하고 자기 지배 영역에 발정기 암컷들이 나타나면 그 암컷과 교배할 권한을 가졌다. 성장한 말과 동물 사이에는 유대관계가 지속되지 않는다. 따라서 아프리카야생당나귀, 아시아야생당나귀, 그레비얼룩말은 100마리 이상의 개체가 무리를 지어 느슨한 집단을 형성하곤 한다. 어미와 두 살까지의 새끼가 유일하게 장기간 관계를 맺는다. 새끼 수컷들은 자기 영역을 방어할 수 있을 때까지 암컷들에게 접근하지 않고 총각 집단처럼 배회한다(Duncan et al. 1992: 4).

분명히 유제류有蹄類, ungulate[소와 말처럼 발굽이 있는 포유동물] 사이에서 특이하게 나타나는 두 번째 행동 방식이 사바나얼룩말, 산얼룩말, 야생말Equus ferus przewalskii에게서도 발견된다.[5] 앞 경우와는 대조적으로 세력권[텃세]을 주장하지 않는 이런 종들은 더 작은 규모로(이따금 17마리 정도) 장기간 관계를 맺는 한 마리 성숙한 수컷stallion[종마]의 가족 집단, 1~6마리 암컷으로 이루어진 하렘harem◆ 그리고 그들의 새끼로 무리를 형성한다. 직접적인 동계교배同系交配를 줄이기 위해 수컷과 암컷의 새끼는 모두 출생 집단에서 밖으로 나온다. 암망아지들은 생후 2년이 되면 독립해서 떠나는데 영구적으로 머물 집단을 선택하기 전 여

---

5 사육된[가축화된] 말인 에쿠스 카발루스Equus caballus에게서도 발견된다.
◆ 포유류의 번식 집단 형태의 하나로, 한 마리의 수컷과 여러 마리의 암컷으로 이루어져 얼마간 장기적 지속성을 갖는 집단. 이슬람 국가들의 집에서 여자[부인]들이 남자와 분리되어 거처하는 곳을 뜻하기도 한다.

러 무리를 드나들며 적응하는 일종의 실험 기간을 갖는다. 일단 무리에 정착하면 그들은 거의 이동하지 않고 나이에 따른 지배서열에 따른다. 출생 집단에서 수컷은 암컷보다 늦은 생후 3년 이후에 성숙하며 그때 발정기 암말을 괴롭히면서 아비에게 쫓겨난다. 서열이 낮은 종마들은 2~3년간 다른 독신 종마들과 사귀면서 암컷 무리를 모으는 데 필요한 싸움 기술을 터득한다. 이런 종마들은 경쟁자에 맞서 암컷 무리를 방어하는 데 협력하고자 서열이 비슷한 다른 종마와 일시적으로 동맹을 맺을 수도 있다. 하지만 4~5세 무렵 우두머리 종마 한 마리가 다른 수컷들을 물리치고 암컷 무리를 차지한다. 매우 공격적인 개체들만이 이 일에 성공할 수 있다. 어린 도전자에 의해 가족 무리에서 쫓겨난 병들거나 늙은 수말들이 독신 종마들에 합류하기도 했다. 이동하는 동안 서열이 가장 높은 암말이 가족 무리에서 앞장선다. 이어 다른 암말들이 서열대로 뒤를 따르고, 새끼들은 나이가 많은 순으로 암말 뒤를 따라간다. 맨 뒤에서 이동하는 무리를 지키는 것은 포식자들에 맞서 가족을 방어하는 우두머리 종마다(Clutton-Brock 1992: 22; Duncan et al. 1992: 5).

오늘날 야생의 말과 동물은 위기에 처해 있다. 인간이 토지를 점점 더 집약적으로 이용하면서 현존하는 에쿠스 종 대부분은 조상 대대로 머물던 서식지 외곽으로 밀려나고 있다. 그곳 환경은 안전을 담보하지 못한다. 물론 아직 논의하지 않은 야생말은 실제로 유라시아에서 20세기 중반에 멸종되었지만 밀레니엄 말경 기적적으로 야생의 자연 서식지를 되찾았다. 이제 그 특별한 이야기 속으로 들어가보자.

구세계의 에쿠스 페루스

구세계의 야생말에 관한 정보는 출처가 다양해 혼란을 일으킬 수 있다. 우리는 인간에 의한 사육이 이루어지지 않았던 선사시대와 역사시대의 흔적을 밝혀낼 것이다. 이는 다음 장의 주제로 현대 야생말의 비극적 멸종이라고 할 정도까지만 다룬다. 인간이 말과 관련해 남긴 최초의 기록은 중기 구석기시대(100000~35000 BP)◆로 거슬러 올라간다. 잘 알려진 대로 선사시대 사냥꾼들은 프랑스 서부, 이탈리아, 스페인 북부의 대규모 동굴과 얕은 동굴에서 거주했다. 천장이 낮은 이들 거주 공간의 으슥한 곳에서 2000점이 넘는 동물 그림이 발견되었다. 이중 610점은 말을 묘사한 암각화, 판화, 휴대용 조각상이었다(Bouman and Bouman 1994: 5). 이와 유사하게, 멀리 아시아를 가로질러 시베리아 레나강 상류 계곡과 몽골 서부 만하사구沙丘◆◆ 소몬Mankhan-somon 지역에서 후기 구석기시대의 기념비적인 절벽 그림 및 동굴 프레스코화가 발견됐는데, 영양antelope과 털매머드woolly mammoth와 나란히 야생말도 있었다. 이 같은 암각 미술은 생명 유지에 꼭 필요한 식량원인 사냥감을 찬양한다. 동시에 사냥 의식에서 풍요로움을 상징했으며 신들을 달래는 제물의 의미로도 표현되었다(MacFadden 1992: 1~3; Okladnikov 1990:

◆ Before the Present. 방사성 탄소연대측정법에서 1950년을 기준으로 역산한 연대를 나타낸다.
◆◆ 고정된 사구가 풍식작용에 의해 바람이 불어오는 풍상風上(바람받이) 쪽 풍하風下 쪽은 급사면을 이루는 말발굽 형태의 침식사구. 망카사구.

제1장 기마병과 에쿠스

56~57).

　고고학자들이 복원한 뼈의 절단된 상처에서 그 시대에 가죽과 고기를 얻고자 말을 대량으로 도살한 사실도 파악할 수 있다. 프랑스 중부 솔뤼트레 유적은 원시시대의 사냥 방식을 가장 잘 알려준다. 후기 구석기시대에 그곳에서 집단적 말 사냥이 되풀이되었고, 계절에 따라 이동한 야생말들은 손강 범람원의 겨울 서식지로부터 서쪽 산기슭 작은 언덕에 있는 여름철 목초지까지 석회암 능선들로 이어지는 자연이 만들어놓은 회랑지대[주요 도로나 강을 따라 나 있는 좁고 긴 땅]를 따라갔다. 이 계곡의 곳곳에 있는 막다른 공간은 공포에 휩싸인 말들을 몰아넣는 천연 울타리 구실을 했는데, 사냥은 길이 서로 만나는 경계에 돌과 관목을 쌓아놓거나, 덤불에 불을 지르고 횃불을 들고 몰아대면서 이뤄졌다. 고대 기술이 어떠했든 간에, 솔뤼트레의 사냥터는 넓이가 약 1헥타르에 깊이는 9미터가 넘었으며 3만2000~10만 마리로 추정되는 말의 뼈가 그곳에서 발견됐다(Olsen 1996: 43~45). 빙기에 뒤이은 남획으로 유럽에서는 말을 찾아보기가 점점 더 어려워졌다. 신석기 무렵(기원전 8000~기원전 4500)에는, 중부 유럽과 스페인에만 남아 있던 소규모 고립 지역과 더불어 대부분의 대륙에서 말이 멸종한 듯 보인다. 하지만 한때 서방에만 존재한 것과 동일한 말종種의 유골이, 그 크기는 다양하지만, 동쪽 중앙아시아로 퍼져나간 것으로 밝혀졌다. 말은 우크라이나와 러시아 평원에서 크게 번성했고 그곳에서 초원지대의 동물로 번식해나갔다. 이렇게 해서 야생말은 집중적인 사냥과 극도의 기후변화에도 구세계에서 홀로세까지 살아남았다(Bouman and Bouman 1994: 5~7).

더 최근의 고전기에 초원지대에서 존재한 야생말이 그리스 로마 역사가들에게 주목을 받았다. 중세 동안 타팬말tarpan로 알려진 야생말은 동유럽 숲에서 귀족들의 사냥감이 되었다. 18세기에는 몽골의 야생말 수백 마리가 만주족 황제의 사냥으로 살해되었다(Bouman and Bouman 1994: 7~8). 러시아 황제들은 아시아 깊숙이 탐험 원정을 여러 차례 나섰다. 그중 제정러시아의 지리학자 니콜라이 미하일로비치 프르제발스키Nikolai Mikhailovich Przheval'skii 대령이 지휘한 원정이 가장 유명하다. 그는 키르기스 유목민에게서 야생말 한 마리의 가죽과 두개골을 입수했다. 1881년에 상트페테르부르크과학아카데미 동물학박물관이 여기에 에쿠스 페루스 프르제발스키Equus ferus przewalskii라는 공식 명칭[아종 명칭]을 붙였다.

오늘날 우리가 아는 에쿠스 페루스Equus ferus는 기갑이 12~14핸드[120~140센티미터]이고, 옹골찬 골격과 볼록한 머리, 노르스름한 회갈색 외피가 특징이다. 겨울의 추위를 견뎌내도록 털투성이 회색 외피가 발달했다. 구석기시대 암각화에서처럼 프르제발스키호스[프르제발스키 말]의 갈기는 곧추서 있으며, 갈기 길이가 20센티미터를 넘는 경우는 드물다. 등에 나 있는 검은 줄무늬가 갈기에서 등을 따라 꼬리 아랫부분까지 이어진다. 얼룩말 아랫다리에 있는 윤곽이 뚜렷한 반점들처럼 가끔 어깨 한쪽 혹은 반쪽에 줄무늬가 선명하다. 매일 먹이를 찾아 돌아다닌다. 에쿠스 페루스는 단단한 발굽으로 눈 덮한 땅에서 식물을 파내는 방법을 안다. 야생말 에쿠스 페루스는 보통 물 없이 나흘을 살 수 있으며 겨울에는 물웅덩이에 의존하지 않고 눈 녹은 물웅덩이를 이용한다. 여름에는 발굽으로 제염 구덩이에 구멍을 파서 물을 얻는

다(Mohr 1971: 41, 45, 59, 66). 머리를 아래로 굽혀 풀을 뜯어 먹는 말들은 거의 모든 방향을 주시하면서 사방 300도 이상의 시야를 확보한다(Houpt and Boyd 1994: 230). 도전자와 마주치면 종마는 물어뜯는 수고를 덜기 위해 상대를 넘어뜨리려고 돌진한다. 우두머리 종마는 넘어진 상대를 붙들고는 상대의 다리가 부러지고, 가죽과 귀가 갈가리 찢기며, 내장이 다 뜯겨나갈 때까지 계속 싸운다. 놀란 야생말 무리가 일렬 횡대로 도망간다. 이때 어린 종마 한 마리가 앞장서고 망아지들은 어미와 함께 중간에 위치한다. 우두머리 종마는 포식자 측면에 위치를 잡거나, 뒤쪽에서 쫓길 때에는 후방을 지킨다. 망아지가 뒤에서 꾸물거릴 때 어미는 새끼에게 용기를 북돋우고자 맨 먼저 히힝 소리를 낸다. 반면 종마는 꾸물거리는 망아지를 코로 들이밀고 이빨로 기갑을 잡아챈다. 그리고 용기를 주려고 위협하듯 망아지를 공중으로 걷어차거나 공중에서 내팽개친다. 종마는 방향을 바꿔 뒷발로 서서 발굽으로 포식자를 공격할 것이다(Mohr 1971: 67, 72~73). 이와 비슷하게 암말도 뒷다리로 걷어찰 것이다.

19세기의 탐험가들은 많은 유럽 동물학자의 주목을 끈 현존하는 동아시아 야생말에 대해 보고한다. 하지만 알타이산맥에서 아시아 유목민의 도움을 받는다 하더라도, 초기에는 야생말을 산 채로 잡으려는 노력이 성과를 거두지 못했다. 초원지대에 말은 극히 드물어서 몇 주가 지나야 겨우 눈에 띌 정도였고 관측된다 하더라도 폭풍처럼 사라지곤 했다. 결국 초원지대 말들에게 접근하는 유일한 방법은 이른 봄 망아지들을 가족 무리에서 분리하는 것이었다. 이들은 오랜 추격 끝에 기다란 막대기에 밧줄 고리가 달린 우라크urak/아르칸arkan으로 망아지들을 포획했다. 사육한 암말의 젖을 먹고 염소와 양의 젖을 보충해 생명을 유지한 망아지들은 자루에 넣어져 낙타에 실려서는 시베리아 횡단 철도로 유럽의 동물원과 동물보호구역으로 운반되었다. 1901년의 한 탐험에서는 망아지 52마리가 포획되었다. 이런 포획에 성공하려면 적어도 25개 하렘을 급습하고 다 자란 말들은 사살해야 했다. 야생종을 보존한다는 명분으로 시작된 이런 개탄스러울 만큼 현명하지 못한 시도에서 최초로 포획된 52마리의 망아지 중 28마리만이 산 채로 유럽에 당도했다(Bouman and Bouman 1994: 19~22). 그 후 러시아에서 포획된 야생말 수는 볼셰비키혁명 시기에 눈에 띄게 감소했다. 우크라이나 목장주 프리드리히 폰 팔츠파인Friedrich von Falz-Fein 남작[1863~1920] 이전에는 외래의 야생 종마를 사람이 탈 수 있게 훈련시키는 데 성공한 이가 없었다(Mohr 1971: 69). 20세기 후반 제2차 세계대전이 낳은 재앙으로 유럽 전역에서 다른 많은 프르제발스키호스의 흔적은 사라질 것이었다.

격리된 동물원의 얼마 안 되는 무리로 프르제발스키 야생말을 번식시키려는 최초의 시도는 성공하지 못했다. 동종 교배와 특정 종마의 과잉 사용이 유전적으로 해로운 영향을 끼쳤다. 결국 어린 말의 사망률이 높아지고 수명은 단축되었으며, 다음 세대의 체력은 약해졌다(ballou 1994: 102, 107). 이 시점에서 광범위한 세계 동물 교환 프로그램이 마련되었다. 볼프의 국제혈통서International Studbook와 바우만의 컴퓨터화된 카드식 혈통 장부로 감금 상태에서의 번식은 더 체계화되었다. 이 프로그램에서는 유전자풀gene pool[생물 집단 속에 있는 유전정보의 총량]의 생존력을 보존하기 위해 이종교배[종간교잡種間交雜]가 크게 강조되었다.

이 이종교배가 성공하면서 1990년경 전 세계 33개국에서 감금된 상태의 야생말이 총 961마리에 이를 정도로 불어났다(Bouman and Bouman 1994: 31~35; Knowles and Wakefield 1992: 22).

동물원에서는 진전이 있었다지만 야생에서는 모든 상황이 순탄하지만은 않았다. 1950년대에 동물학자들은 100마리쯤으로 추정되는 몽골 야생말에 대해 기록했다. 하지만 유목하는 인간의 영역이 늘어나 서식지가 줄어들고 육식동물에 의한 포식이 심해지면서, 게다가 연속으로 발사되는 현대식 소총이 가장 외딴 지역에까지 유입되면서 사냥꾼들이 야생말 무리 전체를 한순간에 절멸시킬 수 있었다. 1960년대 무렵 야생말은 산발적으로만 목격되며 가끔씩 뒤쫓을 수 있을 정도로 감소했다(Mohr 1971: 32). 1968년 이후 더는 야생말을 볼 수 없게 되어 프르제발스키호스가 마침내 야생에서 멸종되었을 것으로 추정되었다(Bouman and Bouman 1994: 31). 그러나 세계적으로 동물원 동물이 급증하면서 이제 그들을 아시아의 초원지대로 다시 들여올 수 있게 되었다. 이형접합체異型接合體의 유전자풀을 감금 상태에서 초원지대로 옮기기 위해 비교적 관련 없는 개체들을 선택해서 끌어모았다. 안전한 야생 서식지에서 야생말들이 자리 잡을 수 있게 하려는 목적이었다. 그러기 위해서는 야생 포식자의 압박이 지나쳐서는 안 되고, 사육한 말이나 또다른 야생의 말과 교미해 피가 섞여서도 안 되었다(Knowles and Wakefield 1992: 23). 처음엔 1988년 중국 신장에, 그리고 1990년 몽골에 준準동물보호구역이 만들어졌다. 몽골인들은 프르제발스키호스에 대해 대단한 자부심과 흥미를 지녔다. 몽골인의 수많은 전통적인 노래와 시에는 야생말이 등장한다. 프르제발스키호스들은 장소와 자연 식생에 점점 적응해갔다. 가장 중요한 사실은 프르제발스키호스들이 늑대, 스라소니, 긴털족제비의 포식에 저항하기 위해 응집력을 갖춘 무리를 이루었고 정상적인 집단을 형성하기 위해 서로에게 잘 적응했다는 점이다. 오늘날 동물보호구역 정찰대로 훈련받은 현지 유목민들은 프르제발스키호스들의 이동을 추적·관찰한다(Bouman, Bouman, and Boyd 1994: 255~262). 이처럼 정해진 지역에서 살아가는 야생말이 세계적으로 1000마리가 넘어서면서 에쿠스 페루스 종을 보존하기 위한 동물보호구역이 다른 나라에서도 지정되고 있다. 수많은 야생종이 지구에서 사라지는 지금 우리는 야생에서 에쿠스 페루스 프르제발스키—몽골에서는 타히тахь로 알려진—의 생존을 위해 시도되는 이런 노력이 성공하기를 바랄 뿐이다.

에오세에서 현재까지 야생의 말과科 동물의 역사에 대한 짧은 도입부를 이제 마무리한다. 말은 지난 6000만 년 넘게 가혹한 선택의 압력을 받았지만 분명 엄청난 속도와 힘과 지구력을 담보하는 다양한 해부학적 특징을 발달시켜왔다. 게다가 전 세계에 걸쳐 거듭된 이동과정에서 말은 여러 대륙 전역에서 기온, 고도, 습도 측면에서 극단적 기후 상태에 적응했다. 말과 동물의 소화기관은 말과 동물이 가장 질 낮은 식물을 먹고도 생존할 수 있게 해주었다. 이로써 말은 다양한 서식지에서 성공적으로 살아남았다. 야생말의 이 같은 놀라운 특징은 머지않아 지구에 등장할 인간에게 적극 활용될 것이었다. 인간은 600만 년 남짓 두 발로 걷는 진화를 통해 놀라우리만치 뇌를 발전시켰다. 매우 지적인 존재임에도 두발동물로서 몹시 느린 인간은 에쿠스 카발루스 *Equus caballus* 사육을 통해 말의 속도와 힘을 이용하는 법을 배울 것이다.

이 책 나머지 부분에서는 그러한 6000년에 걸친 인간의 말 사육 이야기, 즉 세계에서 가장 똑똑한 두발동물과 세계에서 가장 빠른 네발동물의 동반자 관계에 대해 자세히 이야기하려 한다.

에쿠스 카발루스

말 사육 그리고 유라시아 초원지대를 가로지른 농목축업

야생의 말과科 동물은 1장에서 본 대로 플라이스토세에 급증했다
가 빙기 말에 서반구에서 멸종되었다. 에쿠스는 구세계 너머로 이동했
지만 적도의 열대우림, 오스트레일리아, 북극 지방, 남극 대륙을 차지
하는 데는 실패했다. 홀로세에 얼룩말과 당나귀가 아프리카와 아시아
의 광활한 지역 너머로 확산되었던 반면, 야생말은 주로 거대한 산맥
북쪽의 유라시아 저지대를 돌아다녔다. 그러나 중석기시대까지 계속
된 광범위한 사냥 탓에[1] 말의 분포는 제한되었다. 빙하 후퇴 이후 유라
시아의 반건조 초원지대에서만 말 개체수가 계속 늘어갔다(Mallory and

---

1   구석기와 신석기 사이의 전환기 때 농업혁명이 일어났다.

Adams 1997: 274~275). 먼저 이 광활한 지역에 초점을 맞춰보자. 하지만 야생말이 어떻게 그곳에서 인간의 통제를 받게 되었는지 알려면 가장 먼저 문명의 최초 구성 요소를 살펴야 한다. 다시 말하면 야생동물 사냥과 야생식물 채집에서 작물 재배와 동물 사육으로의 변화를 이끈 사건들을 이해할 필요가 있다. 인간이 사육한 최초의 동물 가운데 말은 없었다. 실제로 말은 오늘날 식량경제의 기초를 이루는 동물 경작이 수천 년 동안 지속된 다음에야 사육되기 시작했다. 말의 가축화는 처음에는 철저히 농업 단위에 통합되어 있었다. 그러다가 점차 농장의 규모를 늘리고 유목을 가능하게 해 인간의 영역을 확장시켰다. 그리고 불가피하게도 말의 사육은 인류가 자급자족 체제를 넘어 정치경제적 발전을 이뤄내는 데 획기적으로 기여하게 된다. 이런 현상을 이해하려면 플라이스토세 시대가 끝난 직후로 돌아가야 한다.

식량 획득에서 식물 재배와
동물 사육으로의 전환

유라시아에서 빙하가 줄어들었을 때 예전에 얼음이나 극지 사막이 뒤덮고 있던 지역을 차지하고자 북쪽으로의 인구 이동이 일어났다(Zvelebil 2000: 69~70). 북방대(아한대림)에서는 순록과 바다표범 사냥이 이루어졌다. 남쪽으로는 수렵채집민의 혼합경제가 고기잡이와 새 사냥 기술과 함께 야생식물과 사슴, 수퇘지, 오록스[유럽들소], 바이슨[아메리카들소], 말 같은 야생동물을 활용했다. 주거는 대부분 강과 계곡으로 한정되었고 경계가 명확한 이들 지역으로 약탈자들이 집중적으로 이동해왔다(Kozlowski and Kozlowski 1986: 102). 기온이 올라가고 그에 따른 습윤기후로 인해 새로운 식물의 성장이 촉진되었다. 기원전 1만 년 무렵 한곳에 머물러 사는 약탈자들이 자원이 풍부한 근동 지역을 차지했다. 그들은 야생의 양, 염소, 가젤을 사냥하면서 동시에 집약적 식물 재배 기술을 발전시켰다. 이러한 나투프 문화Natufian culture〔팔레스타인을 중심으로 기원전 7000년경까지 계속된 중석기시대 문화〕는 터키 남부에서 나일강 계곡까지 좁고 기다란 해안에 걸쳐 번성했다. 야생 식량은 대부분 초본성草本性 콩과科 식물과 종자가 큰 대립종大粒種 수목에서 조달했다. 주거는 석조 가옥에 필수적인 저장실을 갖추었고 꽤 영구적이었다. 나투프의 정주생활로 농업과 축산업이 발전할 수 있었다(Fagan 1986: 230~231). 유라시아 농업을 입증하는 가장 이른 시기의 증거는 기원전 제8천년기로 거슬러 올라가며, 레반트 회랑지대와 유프라테스 중부 계곡 삼림지대 및 초원지대 오아시스를 따라 서남아시아에서 발견되었다. 이런 초기 농경 촌락에서 가장 많이 접할 수 있는 식물 잔해는 에머 밀emmer wheat, 일립계一粒系 밀einkorn wheat, 보리 등 3종의 곡물이었고 콩류, 콩과 식물의 꼬투리莢果, 아마亞麻 등도 존재했다. 씨앗용 작물 농업은 따라서 기원전 제7천년기 말에 차이외뉘, 칸 하산, 하실라르 지역의 아나톨리아와 자르모, 알리코시 지역의 자그로스산맥에서 북쪽과 동쪽으로 레반트-유프라테스 지역을 가로질러 확산되었다.

기원전 제7천년기 무렵 타우루스산맥과 자그로스산맥 저지대 계곡에서 오비카프리드ovicaprid〔가정용 양이나 염소 등을 가리키는 용어〕의 사육을 증명하는 최초의 확실한 증거들이 발견된다(Harris 1996: 554, 558).

물론 양과 염소가 인간이 사육한 최초의 동물은 아니었으며 더 오래전에 개가 사육되었다. 인간과 개의 유대관계는 아마 구석기시대에 시작되었을 것이다. 그때 울프하운드의 참여로 사냥의 효율성이 증대되었다. 더불어 강아지가 애완동물로 포획되어 사육되었을 것이다. 물론 길들인 동물이 자동으로 사육되는 것은 아니다. 사육은 길들인 무리의 선택 번식이 필요한 것으로, 야생의 동족으로부터 점점 유전적으로 분리되는 것이 이상적이다. 그러나 오늘날에도 여전한 개의 뛰어난 후각을 감안하면, 중석기시대 무렵에 길들인 개는 동물고고학 기록에서도 독특한 동물에 속한다(Uerpmann 1996: 229~231). 개가 사냥 동반자, 야영지 경비병, 썰매 개로 훈련된 반면, 양과 염소는 일차적으로 고기를 얻기 위해 사육되었다. 물론 양은 털을 얻는 데도 유용했다. 이란 서부의 테페 사라브Tepe Sarab에서 출토된 작은 진흙 조각상을 통해 분명히 알 수 있듯, 인위적 도태로 돌연변이가 강화되면서(Bokonyi 1994: 18) 기원전 5000년경 야생의 뻣뻣한 외피가 사육된 양의 부드러운 양털로 변했다. 양은 자신의 털이 깎여나가도록 내버려두었다. 돼지는 복합 농경에 활용도가 높았고 성장이 빠르고 새끼를 많이 낳아 중시되었으며 먹고 남은 음식의 재활용 측면에서 청소동물〔부식동물〕로서 중요한 역할을 했다. 이런 동물 모두가 건지농법dry farming〔연간 강수량이 적은 지대에서 농경지에 인위적 관개 없이 작물을 재배하는 방식〕 기간에 흉작에 대비하는 유용한 완충물 구실을 했다.

소는 잎과 풀을 뜯어 먹는 반추동물로, 염소보다 1000년 뒤에 근동에서 인간의 통제를 받았을 것이다. 사육하기 쉽지 않아 밤에 울타리를 쳐야 했다. 이로 인해 소는 풀을 뜯어 먹는 것과 되새김질에 지장을 받았고 크기가 뚜렷하게 작아졌다. 소는 고기 말고도 짐을 싣고 견인하는 중요한 능력을 제공했으며 기원전 4000년경부터는 젖을 제공했다. 그렇지만 양을 능가할 정도로 많은 젖이 나왔던 염소가 소보다 먼저 인간에게 젖을 제공했을 것으로 보인다(Clutton-Brock 1981: 62~68). 몸집이 크고 빠른 야생의 말과科 동물은 소와 마찬가지로 길들이기가 쉽지 않았다. 아마 고기와 젖을 얻기 위해 최초로 사육된 야생의 말과科 동물은 누비안Nubian〔아프리카 동북부 이집트 남부에서 수단 북부에 걸친 누비아에서 기원한 품종〕 아종들로 추정되는 아프리카당나귀였을 것이다. 말과科 동물이 짐을 운송한 최초의 증거는 기원전 제4천년기 하이집트 마디로 거슬러 올라간다. 이미 소를 기르고 있었던 누비아인들은 당나귀 에쿠스 아시뉘스Equus asinus〔당나귀의 학명〕를 짐 싣는 동물로 훈련시켜 작업 능력 면에서 소를 능가하게 했다. 소는 작업 능력이 시간당 3킬로미터밖에 안 되는 데다 반드시 되새김질할 휴식 시간을 필요로 했다. 반면 사육한 당나귀는 100킬로그램짜리 짐을 나를 수 있고 변변치 않은 사료에 저비용으로 유지될 수 있는, 힘든 일을 하도록 훈련받은 더 강한 동물이었다. 사육한 당나귀는 대對 아라비아 무역에 활용되었고, 이는 동쪽으로 나일강 계곡으로부터 홍해까지 사막을 가로지르는 무역로가 발전하는 데 매우 중요한 역할을 했다. 고대에 누비안 품종 당나귀들은 아프리카의 뿔〔아프리카 대륙 동북부로 소말리아공화국과 그 인근 지역〕에서 300킬로미터나 떨어진 소코트라섬에도 정착했다. 이곳에서 당나귀들은 이후 야생 상태feral state[2]에서보다 키가 줄어 1미터까지 낮아졌다.[3] 나일강 범람원에서 당나귀는 밭을 갈고, 씨앗을 밟아 으깨며, 수확물을 탈곡하는 일에 교대로 투입되었다. 기원전 제3천년기의 그림

증거에 따르면 아마 당나귀는 타는 동물이었을 것이다. 하지만 당나귀의 낮은 기갑과 목과 머리 자세 때문에 기수가 앞으로 넘어지지 않으려면 높고 넓은 당나귀 엉덩이 위에 깊숙이 앉아야 했다. 불행히도, 이동할 때마다 끊임없이 흔들어대는 당나귀 뒷다리 때문에 높은 속도를 낼 수 없었다. 기원전 제4천년기 말경 사육한 당나귀는 서남아시아로 확산되었다. 그곳에서 당나귀는 훗날 몇 세기 동안 산악지역들(주로 아프가니스탄)로부터 중동 충적토 문명의 거대한 중심지들에까지 중요한 금속을 수송하는 핵심적인 역할을 했다(Clutton-Brock 1992: 40, 66; Woodward 1996: 202~203).

기원전 제3천년기에 페르시아야생당나귀Persian onager, Persian wild ass가 티그리스강 동쪽과 아마도 메소포타미아 북부로 이동했을 것이다(Maekawa 2006). 그러나 페르시아야생당나귀는 길들이기가 힘들었고 사육 상태에서는 잘 번식하지 못했던 것 같다. 그리하여 점토판에 설형문자로 쓰인 수많은 기록에 따르면 기원전 2800년경 견인을 위해 당나귀와 야생당나귀를 이종교배하는 것은 흔한 관례였다. 오늘날 현존하는 모든 에쿠스종은 이종교배할 수 있다. 그 결과로 태어나는 새끼들은 거의 예외 없이 번식력이 없지만, 이들 잡종은 몸집이 더 크고, 인내심이 더 강하며, 변변치 못한 먹이에도 부계나 모계보다 생존력이 더 뛰어나다는 점에서 잡종강세heterosis[잡종 제1대가 부모에 비해 형태나 크

---

2 'feral'은 사육된 동물 또는 그 조상이 가두어진 상태에서 벗어나 자급자족 상태로 되돌아가는 것을 말한다.
3 자원이 제한된 변두리 환경에서는 대체로 말과 동물들의 크기가 작다. 이런 경우는 아이슬란드, 셰틀랜드 제도, 엑스무어, 북아메리카 동부의 보초도堡礁島[방파제 구실을 하는 섬]에서 볼 수 있다.

기, 성장 속도, 내성, 번식력 같은 특징이 증가하는 현상)를 보인다. 가장 많이 태어나는 잡종은 수나귀와 암말의 새끼인 노새다. 버새나 스페인종 조랑말은 수말과 암나귀 사이의 잡종이다(Clutton-Brock 1992: 42~44). 이 종교배는 사바나얼룩말에까지 확대되었으며, 남아프리카공화국의 보어인들은 사바나얼룩말의 사육을 시도했다. 새끼에게 질병(치명적인 홍역) 면역력을 키워주기 위해 사바나얼룩말을 말과 당나귀 둘 모두와 이종교배했다(Clutton-Brock 1992: 47~49).

가축을 이용한 고대 서남아시아의 농업은 다양한 곡물과 콩과의 작물을 생산함으로써 인간에게 식물성 단백질, 지질脂質, 탄수화물의 균형 잡힌 식단을 제공했다. 이것이 축산업과 결합되어 모든 필수 영양소를 제공했다. 정착과 자급자족 음식의 도입으로 혼합농업 사회는 수적으로뿐만 아니라 지리적으로도 확대되었다(Harris 1996: 556~557). 근동 농업은 핵심 지역에 자리 잡은 뒤 서쪽으로는 유럽까지, 동쪽으로는 서남아시아를 가로질러 인도 아대륙(인도반도)까지 급속히 확대되었다. 근동 농업은 기원전 제7천년기에 그리스에서, 기원전 제6천년기에는 다뉴브강 유역과 코카시아(캅카스)와 투르크메니스탄에서, 얼마 뒤에는 나일강 계곡 남부에서 나타났다. 기원전 제5천년기에는 농경문화가 중부 유럽과 지중해 연안 전역으로 확대되었다(Zohary and Hopf 2000: 246). 농업이 멀리 떨어진 지역과 다른 기후 지역으로 퍼지면서 현지 야생종들에 대한 실험이 이루어졌다. 유럽에서 귀리가, 북아프리카에서는 수수와 밀릿millet(벼과科에 속하며 사료와 곡식으로 쓰이는 작은 열매를 맺는, 기장 같은 여러 종류의 식물)이 재배되고, 인도에서는 물소가 사육되었다. 이 같은 신석기로의 전환은 지역마다 편차가 심했고 완만한 속도로 진행되었다. 수렵채집민 경제에서 농업으로의 전환은 주로 전쟁과 인구 이동이 아닌 기술 이전과 동화를 통해 이뤄졌다(Zvelebil 2000: 61~68). 그럼에도 일부 파괴적 접촉과 축출도 있었다(Keeley 1996: 38). 그곳에서는 농경이 약탈자의 공간과 기동성에 부정적인 영향을 끼쳤다.

야금술의 발전

농업이 광범위하게 퍼지면서 또 하나의 대단히 중요한 기술 혁신인 야금술이 문명의 경로를 따라 나타났다. 기원전 제8천년기로 거슬러 올라가 도기 유물이 없는 아나톨리아에서 최초의 청동 유물이 티그리스강 상류 차이외뉘 언덕$_{Çayönü Tepesi}$◆에서 발견되었다(Muhly 1988: 5). 기원전 제5천년기 초에 아나톨리아와 메소포타미아를 가로질러 멀리 이란까지 모든 문화에서는 수수한 구리 작품과 납 장식품이 제작되었다(Chernykh 1992: 3). 단단하고 가공하기 어려운 암석을, 두드려 펼 수 있는 금속으로 바꾸게 되었다. 구리는, 널리 대규모로 사용된 최초의 금속으로, 구리 매장층은 전 세계 여러 지역 지표면이나 지표면 가까이에서 발견되었다. 석조 세공 경험으로 처음에 자연구리[자연동自然銅]를 망치로 두드려 형태를 만들었고, 그다음 불에 가열하고 망치질을

◆ 신석기시대 기원전 7200~기원전 6600년의 거주지. 터키 타우루스산맥 기슭 디야르바키르에서 서북쪽으로 40킬로미터 근처에 있다.

계속해 재가공했다. 이러한 담금질에 이어 자연 구리를 실제로 녹이고 주형에 넣어 금속을 주조했다(Wertime 1973: 880). 금속세공사들은 금속을 함유한 암석에 적용되는 불꽃 제조술〔꽃불기술〕의 효능을 제대로 인식하게 되자, 산소·황·탄소의 강력한 화학결합으로 연결된 금속을 광석에서 분리해내는 기술에 착수했다. 제련과 도기 제조가 거의 동시에 나타났다. 항아리는 맨 처음 화로에서 구워졌다. 이때 금속 안료로 항아리를 장식하려는 초기 실험이 이루어졌다. 더 예측 가능한 결과를 얻기 위해 기원전 제4천년기에는 두꺼운 덮개, 열을 유지하는 벽을 갖추고 연통의 활용으로 자연 통풍이 되는 가마가 만들어졌다. 이렇게 해서 가마 온도가 섭씨 1000도를 훨씬 웃돌면서 제련과정이 개선되었다. 광석에서 추출된 청동은 미량의 비소, 납, 주석 등의 광물을 함유할 수 있다. 그렇기에 다음 단계로 유해한 성분을 제거하고 유용한 특성을 높이려는 합금 작업이 신중하게 이뤄졌다. 이렇게 하여 상당한 비율로 제련된 청동에서 나온 첫 번째 금속은 비소였다. 많은 도구에서 자연적으로 발생하는 양을 훨씬 초과해 7퍼센트에 달하는 풍부한 비소 광석이 추가되면서 제련과 주조를 쉽게 하고 금속을 단단하게 할 수 있었다(Raymond 1984: 10~17, 25). 유럽, 중동, 인도 아대륙 전역에서 최초의 합금은 대부분 비소였다. 카르파티아 발칸 야금 단지에서는 기원전 4300년에 금이 생산되었다. 이런 금 생산은 불가리아의 바르나〔지금의 불가리아 동북부 흑해 연안에 있는 항구 도시〕 묘지 중 일부에만 집중된 풍부한 금과 구리 매장품에서 입증되었다. 지배층의 매장과 관련된 화려한 물건들은 가정 단위를 넘어서는 생산 수준을 나타낼뿐더러 금속 무역으로 부가 창출되었음을 말해주기도 한다. 하지만 무역이 금속을 얻는 유일한 수단은 아니었다. 약탈과 전쟁을 벌여 강제로 거두어들인 공물은 거의 모든 시기에 금속과 기술이 보급되는 데 중요한 이바지를 했다. 기원전 제3천년기에 수메르인은 이란 원정으로 귀금속뿐 아니라 주물을 만드는 도구와 주형을 가진 숙련 기술자들까지 강탈했다(Chernykh 1992: 49~50; Moorey 1988: 29).

비소를 함유한 구리는 기원전 제2천년기까지 줄곧 가장 흔한 금속이었다. 기원전 제4천년기에는 주석이 이미 청동을 만드는 데 있어 구리와 가장 잘 섞이는 금속이었다. 기원전 제3천년기 무렵에 은은 사치를 단속하기 위한 물건이었고 주요 교환 단위로 사용되었다. 이처럼 폴리메탈리즘polymetallism〔여러 금속이 화폐로 사용되는 일〕이 다양하게 발달하면서 광석이 대량으로 감소했으며 또 화학적으로 훨씬 나중에야 철이 산업에서 이용되는 기반이 마련되는 결정적 역할을 했다(Wertime 1973: 883). 기원전 제3천년기 중반 러시아 초원지대에서 얌나야Yamnaya 목축민들은 철검과 용접된 청동 바늘머리를 만들었다(Anthony 1998: 104). 기원전 2100년에 자루가 금으로 만들어지고 니켈 함량이 낮은 철로 날을 만든 칼이 아나톨리아의 알라카 회위크Alaca Höyük 왕릉에 부장되었다(Wertime 1973: 885). 유라시아 서부에서 철은 탄소의 한 형태, 대체로 목탄으로 채굴된 철광석에 반응을 일으켜 용광로에서 생산되었다. 이 과정에서 섭씨 800도를 훨씬 웃도는 온도에 이르지 못했기에 당연히 섭씨 약 1537도에서 용해되는 순철은 제대로 녹지 않았다. 철은 단지 화학적으로만, 반죽 형태의 고체 철 덩어리인 괴철塊鐵〔철광을 녹여서 얻은 쇠를 응결하여 만든 쇠의 덩어리〕로 변했다. 괴철에서 유용한 공학 재료를 얻으려면 망치질을 반복해 광재鑛滓〔광석을 제련·용접·연소하는 과정에서 생기는 부산물. 슬래그)를 없애야 했다(Raymond 1984: 55~ 56). 앞으로 살펴보겠지만 장기간 긴밀히 관련된 사건들이 벌어지는 데 여기서 말이 중요한 역할을 하게 될 것이다. 그 전에 효율적인 강철(0.1~0.8퍼센트의 탄소를 함유하는 철) 생산이 서방에서 실현될 것이다.

중앙집권화된 충적토 국가의 출현

농경과 야금술이 강화되면서 실제로 철이 발명되기 아주 오래전에 또 다른 중요한 발전을 통해 국가가 출현했다. 최초의 원초적 국가 pristine state인 수메르는 기원전 제5천년기 말경에 메소포타미아 우루크에서 등장했다. 기원전 제4천년기에는 이집트가, 기원전 제3천년기에는 인더스의 하라파Harappa 문명이 출현했다. 티그리스-유프라테스강, 나일강, 인더스 계곡은 한 가지 특징을 공유하고 있었다. 다름 아닌 세 곳 모두 비옥한 농경지가 풍부했지만 거주하기에는 적절치 못한 사막, 산맥 또는 바다로 에워싸여 있었다는 점이다. 로버트 카네이로Robert L. Carneiro(1970)의 주장에 따르면, 강이 쌓아준 기름진 충적토의 집중으로 생겨난 이 같은 풍요로운 지역을 차지하려고 수많은 사람이 출동했다. 하지만 뒤이은 전쟁에서 환경의 제약으로 인해 패배한 무리들은 근접하기 어렵고 건조한 오지로 도망갈 수 없어 승리자들에게 강제로 예속되었으며 점점 더 복잡한 정치 단위에 통합되었다. 이를 통해, 중앙집권화된 국가가 최초로 발달한 것으로 보인다. 중앙집권 국가는 많은 인구를 아우르고, 세금을 징수하며, 법을 집행하고, 체계적인 홍수 통제와 광범한 관개를 벌였으며, 사람을 모집해 일을 시키고 전투에서 싸우게 했다. 이렇게 해서 환경의 제약을 받은 중동의 충적토 국가들이 구세계에서 초기 문명과정을 이뤄냈다. 반면 앞서 본바 더 습하고 환경의 제약을 받지 않는 지역에서는 농경민들이 자유롭게 다른 거주지로 팽창해가고 그곳에서 새로운 재배종을 개발해나갈 수 있었다. 기원전 제6천년기에서 기원전 제3천년기까지 부족 농경민들은 초기의 유동적 분산에서 여러 전문화된 수공예를 발전시켰으며 요새화된 정착지에서 연합했다. 하지만 이들은 환경의 제약을 받은 충적토 국가들이 이룬 이례적인 정치적 중앙집권화를 어느 곳에서도 이루지 못했다. 그런 가운데 이들이 정착에 적응함으로써 자연스럽게 인구가 증가하고 이것이 토지에 압력 요인으로 작용해, 미미하게만 농업에 적합했던 외진 지역으로 점점 더 멀리멀리 이주하도록 여러 분파를 강제했다. 이제 우리는 유럽의 동쪽 경계 가까이에 있는, 혼합농업과 목축을 하던 한 지역에서 기마인이 어떻게 생존에 적응해갔는지를 고찰해야 한다. 기마인이 완전히 성장하기까지는 수천 년이 걸리겠지만 머지않아 남쪽에서 환경의 제약을 받고 등장한 제2의 정착 문명들과 충돌하고 이에 도전할 것이다.

유라시아 초원지대의 주변부 농업과
금석병용기[4]의 말 이용

말 사육 연구와 승마 연구를 이끄는 미국의 고고학자 데이비드 앤서니는 동료들과 함께 쓴 논문(Anthony, Brown, and George 2006)을 1941년 그레이엄 클라크의 논문 「말과 전투용 도끼戰斧Horses and Battle-axes」(Clark 1941) 속 인용문과 함께 소개하기로 했다. "말은 말 연구에 내재하는 어려움만큼이나 인간 역사에서 매우 중요하다. 종종 격렬해질 뿐 아니라 모든 사건이 논쟁에서 주제가 된다."

앞서 서남아시아의 농경과 야금술의 시작을 간략히 정리하면서 분명해진 사실은 말이 신석기시대 초기에 즉각 사육되지 않았다는 점이다. 더욱이 사육 대상이 많았던 근동은 말의 원산지가 아니었다. 서유럽과 중부 유럽 도처에서 말을 식량원으로 활용하는 사례는 급감했다. 야생말이 무리 지어 사는 소규모 지역들은 계속해서 존재한 듯하지만, 야생말 수가 극히 적어서, 에쿠스 카발루스의 사육에는 전혀 중요한 역할을 할 수 없었다(Bokonyi 1994: 20). 말을 최초로 사육한 사람들을 찾으려면 오랫동안 계속된 인간과 야생말의 상호작용을 파악해야 한다. 이런 상호작용은 유라시아 초원지대 숲과 목초지 사이의 전이 지역에서만 나타났으며, 이곳은 빙기 이후까지 상당히 많은 야생말

---

4   금석金石병용기Eneolithic, Chalcolithic는 동기銅器시대Copper Age로도 알려져 있으며 신석기시대와 청동기시대 사이의 전환기다.

이 용케 살아남은 이상적인 서식지였다(Anthony 1994: 186). 우리는 이처럼 새로운 생태 지역에서 농민이고 방목자이며 야금술자인 인간이 초원지대에 최초로 적응해가는 과정을 추적해야 한다. 이는 유라시아 전역에서 인간과 말 사이의 최초 공생이 갖는 의미와 목축업자 팽창의 본질을 이해하기 위함이다. 앞서 클라크의 주장에서 보듯, 1941년까지도 인간과 말의 초기 관계는 오랫동안 격렬한 논쟁거리였다. 논쟁의 격렬함은 수십 년 뒤에도 수그러들지 않았다. 오늘날 학자 대부분은 흑해-카스피해 연안 초원지대가 말이 최초로 사육된 장소라고 인정한다. 그러나 정확히 언제 어디서 말 사육이 최초로 나타났는지, 어떻게 말이 식용동물에서 수송 수단으로 바뀌어갔는지는 분명히 밝혀지지 않았다. 유라시아 전역에서 동쪽으로 초원지대 가장자리로부터 그리고 서쪽으로 유럽까지 인간의 계속된 팽창 단계를 추적하면서, 지금까지 이뤄진 학문적 논쟁을 요약하는 방식으로 이 논의를 따라가보자.

크리스(기원전 5600) 소, 오비카프리드, 돼지, 곡물, 도자기, 구리를 두들겨 펴는 기술이 최초로 서쪽의 초원지대로 도입된 이후 다뉴브강 하류 유역에서 식량 생산 경제가 시작되었다. 캅카스산맥과 박트리아-마르기아나Bactria-Margiana 초기 문화는 나중에 초원지대로 펼쳐지며 이곳의 발전에 크게 이바지했다. 한편 다뉴브강의 크리스Cris 문화는 기원전 5600년 무렵 처음으로 불모의 초원 저지대를 피해 모자이크 모양의 목초지와 삼림지가 있는 모라비아 고지대 삼림 초원지대로 들어갔는데, 이때 흑해 북부 지역에서 사냥과 물고기잡이로 번창하던 사람들과 충돌했으며 프루트강 서쪽 비옥한 지대에 정착했다. 프루트강

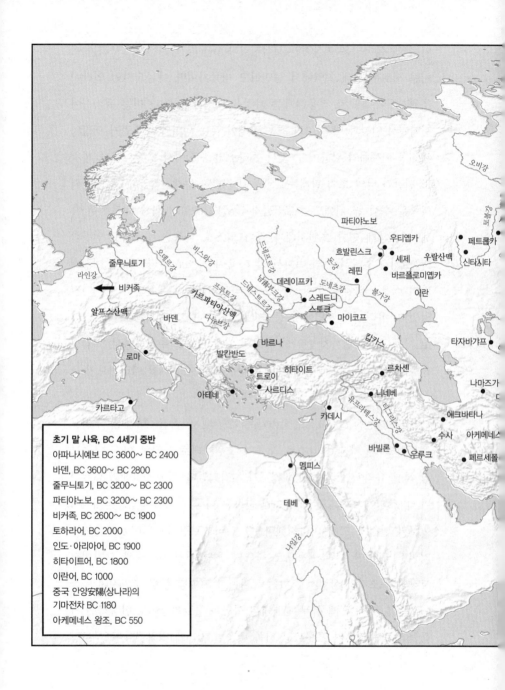

초기 말 사육, BC 4세기 중반

아파나시예보 BC 3600~ BC 2400
바덴, BC 3600~ BC 2800
줄무늬토기, BC 3200~ BC 2300
파티야노보, BC 3200~ BC 2300
비커족, BC 2600~ BC 1900
토하라어, BC 2000
인도·아리아어, BC 1900
히타이트어, BC 1800
이란어, BC 1000
중국 안양安陽(상나라)의
기마전차 BC 1180
아케메네스 왕조, BC 550

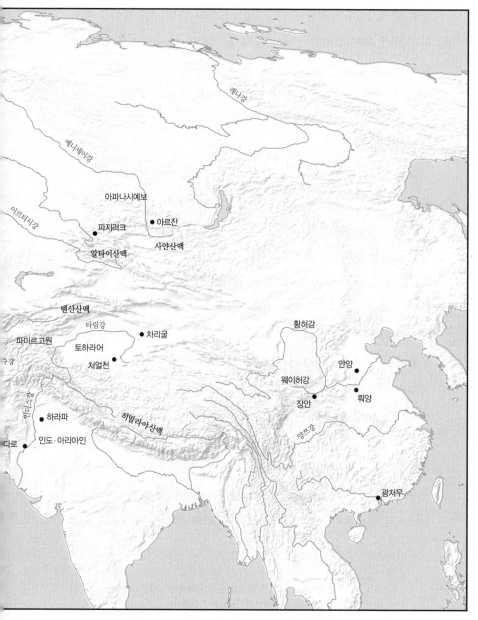

[그림 2.1] 기원전 제4천년기부터 기원전 제1천년기까지 유라시아 초원지대. 여기서는 최초의 말 사육과 초원지대를 가로지르고 넘어서 팽창한 인도·유럽어족을 나타낸다.

동쪽 중석기시대 사람들이 곧 크리스 문화의 일부 생존 방식을 따랐다. 이렇게 해서 도자기 공예 기술이 강 계곡을 따라 북부와 동부 약탈자들에게 전파되었고, 그 지역, 즉 부크-드네스트르[부크강과 드네스트르강은 지금의 우크라이나에 흐르는 강이다]에서 최초의 토착 신석기 문화가 탄생했다(그림 2.1).

쿠쿠테니-트리폴리예(기원전 4900~기원전 3400) 기원전 제5천년기가 조금 지나, 사회 통합 과정을 통해 다뉴브강 지역인 쿠쿠테니-트리폴리예Cucuteni-Tripolye에서 또 하나의 농목축 문화가 확립되어 카르파티아 산맥 산록지대로부터 삼림 초원지대를 가로질러 드네프르강까지 확대되었다(Anthony 1991a: 256~257). 이 사회는 위계적 조직, 수백 세대 규모의 요새화된 거주지, 두드러지게 정교한 다색 장식의 도자기, 둔부를 과장되게 표현한 고대유럽Old Europe◆의 작은 여성 조각상과 같은 전문화된 수공예가 특징이었다(Anthony 1990: 905; Gimbutas 1997a: 362). 광업과 야금술이 실제로 행해졌고 수백 개의 동기銅器가 주형에서 주조되었다. 쿠쿠테니-트리폴리예는 카르파티아 발칸 단지 아이부나르 광업 중심지와 연결되어 대량의 구리 가공품과 금 가공품을 동쪽의 볼가강 저지대에 팔았다(Chernykh 1992: 35~42). 드네프르강 계곡에서, 쿠쿠테니-트리폴리예는 최근에 농업을 통한 생존 방식을 받아들였던 드네프르-도네츠의 중석기시대 약탈자 무리와 접촉했다(Anthony 1990:

◆　기원전 7000~기원전 1700년경의 신석기시대 유럽. 리투아니아 출신의 고고학자 마리야 김부티에네(김부타스)가 처음으로 쓴 표현이다.

906).

드네프르-도네츠(제1기, 기원전 5100~기원전 4600; 제2기, 기원전 4600~기원전 4100) 농업이 동쪽으로 확대되면서, 묘지의 크기와 복잡함에서 알 수 있듯, 흑해 북쪽으로 강 계곡을 따라 정착생활이 늘어나고 인구밀도가 높아졌다. 농업으로 전환되기 이전의 제1기 드네프르-도네츠Dnepr-Donets는 문화적 전통이 고대유럽의 쿠쿠테니-트리폴리예와는 뚜렷이 다른데, 강변의 대상림帶狀林[대초원의 강을 따라 띠 모양으로 형성된 숲] 안에서 풍부한 야생 사냥감을 이용하는 데 초점을 맞추었다. 하지만 이러한 초원 삼림지대의 경계지는 온도와 강수량의 변동 때문에 주기적으로 심한 스트레스에 노출되었다. 루이스 빈퍼드Lewis Binford(1972: 440)의 주장에 따르면 혁신적 이용을 가장 많이 받아들일 만했던 곳은 흥미롭게도 바로 스트레스를 받기 쉬운 경계지의 거주지였다. 특히 제2기 드네프르-도네츠 무렵에 농업과 목축이 도입되면서 제한된 초원지대 강 계곡에서 비옥한 땅과 방목지를 없애버린 것은 삼림 벌채와, 야생 자원의 감소를 초래했다. 물고기와 사냥감이 부족해지자 목축으로 공급받던 고기를 보충하고자 사냥꾼들은 초원지대로 눈을 돌리지 않을 수 없었다. 중석기시대 동안 카르파티아산맥과 우랄산맥 사이에서 야생당나귀, 말, 유럽당나귀(신석기시대 무렵에 멸종한)가 사냥되었다. 이제 제2기 드네프르-도네츠 때 인근 초원지대 경계지에서 온 야생말들은 영양 섭취에서 육류의 25퍼센트 이상을 제공하는 유력한 사냥감이 되었다(Anthony 1991a: 257~260; Anthony and Brown 2003: 58).

다소 뒤늦은 시기에 서쪽 인굴[인훔]강과 동쪽 볼가강 사이에서 훨씬 더 강도 높게 말 자원이 활용되었다. 스레드니 스토크Sredni Stog 문화(기원전 4200~기원전 3500)는 일찍이 말이 정기적으로 활용된 대표적인 사회였다. 아마도 말굴레의 재갈 양쪽 막대기cheekpieces를 대신했을 가지가 진 뿔이 발견되면서 이곳이 최초로 말을 사육한 일반 장소였을 가능성이 제기된다(Telegin 1986: 15~17, 82~88). 석기, 도자기, 주거 형태 관점에서 스레드니 스토크는 제2기 드네프르-도네츠에서 파생된 것 같다. 그리고 특정 개인들의 매장이 정교해진 듯하다. 이는 사회에서 위계제가 강화되고 있었음을 암시한다. 농업과 가축 사육은 야생 사냥감에 어느 정도 의존하면서 이뤄졌다. 그 밖의 물질문화 측면에서는 차이가 났으므로 초원지대 환경으로 자원 기반이 확대되었다. 세대 규모는 세 배 더 커졌다. 이는 분산된 경제 자원을 처리하는 데 더 큰 유연성이 필요했음을 반영한다. 더욱이 더 잦은 이동생활에 적응하면서 묘지 규모는 작아졌다. 가장 커다란 동물표본이 우크라이나 데레이프카Dereivka 유적(IIa 단계)에서 나타났다. 확인된 약 4000개의 동물 뼈 중에 2555개인 61퍼센트가 제2기 드네프르-도네츠 시기에 눈에 띄게 증가한 말의 뼈였다. 나이 든 개체의 뼈는 없고 젊은 어른 수말이거나 어린 수말의 뼈가 다수였다. 당시의 인간들이 이처럼 젊고 어린 말을 사냥을 통해 마구잡이로 잡아들여 포식했을 가능성은 지극히 낮다. 이는 여러모로 보아 대단위로 관리되고 있던 말의 무리 중 일부가 도살 처분된 흔적으로 여겨진다.(Anthony 1991a: 261~263, 269; Bibikova 1986). 안타깝게도 최초로 사육된 말과 야생말을 확실하게 구별짓는 독특한 골격의 특징을 밝혀내기란 굉장히 어렵지만 데레이프카 유적의 말뼈는 강건함 측면에서 가변성이 높았는데 이는 가축을 나타내는 특징으로 보인다(Anthony 1996: 73).[5] 쿠쿠테니-트리폴리예와 교류한 스레드니 스토크는 오늘날 루마니아와 헝가리까지 서쪽으로 650킬로미터 확대되었다. 동시에, 스레드니 스토크 상인들이 전했을 것으로 보이는 쿠쿠테니-트리폴리예 양식의 구리 장식과 분광分光[빛이 파장의 차이에 따라 여러 색의 띠로 나뉘는 것] 작품이 볼가강 너머 동쪽으로 900킬로미터 떨어진 곳에서 발견되었다. 초원지대의 초기 말 사육에 대한 학설을 지지해온 데이비드 앤서니는 이처럼 1500킬로미터가 넘는 범위가 기동성이 뛰어난 문화를 뜻한다고 강력히 주장한다. 이런 기동성은 말을 타는 것으로 가능했을 것이다(Anthony 1996: 81).

앤서니와 비비코바V. I. Bibikova가 기원전 제4천년기의 말 사육 증거로 제시한 데레이프카 유적 자료와 관련해서 마샤 러빈Marsha Levine(1990: 738~739)은 이를 반박했다. 러빈은 데레이프카에서 도살된 수말 가운데 상당수가 야생말 무리였다고 강력히 주장한다. 야생말 무리에서 종마들이 암말과 망아지를 보호했거나 또는 짝짓기를 하지 않은 수말 무리가 (말 지킴이가 아닌) 인간 사냥꾼들에게 살해되었다는 것이다. 인근

---

5   1964년 데레이프카 유적의 최초 발굴에서 종마의 두개골 하나가 발견되었다(Telegin 1986). 이 종마의 아래쪽 둘째 작은어금니[소구치小臼齒]에서는 굴레를 씌울 때 특징적으로 나타나는 재갈 물린 흔적이 발견되었다(Anthony 1991a). 10번 정도의 방사성탄소연대측정이 데레이프카 유적이 기원전 4300년에서 기원전 3900년까지 금석병용기 전체에 걸쳐 있다는 것을 입증했지만, 1997년에 옥스퍼드와 키예프 실험실에서 수행한 개별적인 테스트는 발굴된 종마의 연대를 기원전 제1천년기라고 분석했다. 종마의 두개골은 1미터 깊이의 스키타이 철기시대 금석병용기 구덩이에 묻혀 있었다. 따라서 금석병용기 말 사육에 대해 논의하기에는 부적절하다(Anthony and Brown 2003: 55).

중석기시대 미르노에 유적에서 발견된 말뼈에 근거해 노르베르트 베네케Norbert Benecke(1998)와 알렉산더 하우슬러Alexander Hausler(2000) 또한 러빈과 견해를 같이한다. 이런 반론에 대해 앤서니는 말 사육의 증거를 추가적으로 제시했다. 그는 중석기시대 말은 다른 말과科 동물처럼 사냥을 당하는 동물에 지나지 않았고 말뼈는 어떤 특별한 취급도 받지 못했지만 식량 생산 경제가 초원지대를 가로질러 동쪽으로 확산된 신석기시대인 기원전 5000년경에 오면 상황이 다르다고 했다. 이 시기의 인간 무덤에서는 의례에 쓰인 것으로 보이는 소와 오비카프리드의 뼈가 곧잘 발견되면서 고고학 기록에서 두드러진 특징을 이루었다. 금석병용기 무렵에도 의례와 관련해 흑해-카스피해 초원지대 전역의 무덤에서 말뼈가 소와 오비카프리드의 뼈와 함께 발견되었다. 매장 의식에서 말이 가졌던 이처럼 새로운 상징적 역할은 앤서니에게 말이 인간세계와 더 친밀한 관계를 맺는 전조로 파악되었다. 소, 양, 염소, 말이 식용 고기의 대부분을 공급했던 경제에서 이제 말도 세심히 관리되는 식량 자원이 된 것으로 보인다.

말 의례에 대한 또 다른 증거는 볼가강 중심부 흐발린스크에서(기원전 5000~기원전 4500) 확인된다. 이곳은 일찍이 오랜 교환 사슬을 통해 구리를 사용하는 동남 유럽의 문화와 연결된 무역 전진 기지였다. 12기의 인간 무덤 위에 위치한, 도자기 파편이 널려 있어 황토색으로 얼룩진 얕은 저지는 무덤 옆에서 매장 의식이 거행되었음을 보여준다. 4개 매장층에는 염소 또는 소의 머리뼈와 하지골下肢骨〔다리뼈〕이 들어 있었다. 3개 매장층에는 말의 하지와 지골指骨이 들어 있었는데, 그중 2개에는 양 또는 소의 뼈와 무리지어 있었다. 실제 무덤 안에는 수많은 소의 두개골과 뼈, 말의 지골, 양의 뼈, 공물로 바쳐진 한 마리 양의 머리와 발굽이 매장되어 있었다. 단 하나의 수퇘지 엄니 장식을 제외하고는 의례가 거행된 이런 매장층에 야생동물의 유골은 일체 없었다. 붉은 황토색으로 얼룩진 사마라 계곡 근처 셰제의 무덤 옆 매장층에서는 흐발린스크에서 발견된 소와 양의 뼈에 비견될 만한 두 마리 말의 두개골과 하지골이 나왔다. 이는 겉보기에는 공물로 바쳐진 한 마리 말의 머리와 발굽으로 보였다(Anthony and Brown 2003: 58~62). 의례에 따라 고기를 먹고 난 뒤 두개골과 말굽이 달려 있는 외피를 무덤 위 막대기에 매단 고대의 희생제의는 아시아를 가로질러 북유럽 평원까지 확대되었으며, 최근까지 알타이산맥 유목민들 사이에서도 존속했다. 머리와 발, 꼬리에 있는 뼈는 매달린 말의 형태를 유지하게 해주어, 멀리서 이 매달린 말은 날고 있는 것처럼 보였을 것이다(Piggott 1962: 110~111; 그림 2.2).[6] 따라서 앤서니의 주장에 따르면 금석병용기 무렵에 인간과 말 사이에는 분명히 중요한 유대가 있었다. 그리고 사실 말은 서부 초원지대의 생존 의식에서뿐만 아니라 신념 체계와 매장 의식에서도 주목할 만한 역할을 하게 되었다. 의례에 따라 뼈를 깎아 만든 작은 말 조각상들이 후자의 주장을 뒷받침해준다. 이러한 말 조각상은 볼가강 하류 유역에 위치한 흐발린스크, 셰제, 바르폴로미옙카의

---

6   빅터 메어는 말 희생제의와 신성한 작은 숲 사이에 의례상 관련성이 있다고 언급한다(Victor Mair, 2007: 34). 북유럽 신화에서 가장 커다란 나무, 즉 위그드라실Ygdrasil 또는 무시무시한 말("무시무시한"은 오딘Odin의 별칭이었다)은 가지와 뿌리가 천당과 이승과 지옥을 하나로 묶었던 세계의 축axis mundi이었다. [위그드라실은 북유럽 신화에서 세계를 지탱하는 거대한 물푸레나무로 주신主神 오딘이 심었다고 하며, 세계수世界樹 또는 우주를 뚫고 솟아 있어 우주수宇宙樹로 불린다.]

제2장 에쿠스 카발루스 : 말 사육 그리고 유라시아 초원지대를 가로지른 농목축업

[그림 2.2] 초원지대의 말 희생제의. (Lubinski 1928; cited in Mair 2007: fig. 4)

중석기시대 무덤에서 나온 것들이다(Anthony and Brown 2000: 80~81). 게다가 후자의 주장을 더욱더 입증해주는 것으로는 굴레 또는 고삐를 나타내는 듯 보이는 선이 새겨진 진기한 반암斑巖 또는 섬록암으로 만 든 말머리 형상의 전곤mace 戰棍 [끝에 못 같은 게 박힌 곤봉 모양의 옛날 무 기) 또는 홀忽이다. 이런 것은 기원전 3500~기원전 3000년경 발칸반 도에서 카스피해까지 유력자들의 무덤에 산재해 있었다(Anthony 1996: 76; Gimbutas 1997b: 78).

앤서니의 주장을 뒷받침해주는 더 많은 증거는 우랄산맥 너머 동쪽 에서 나왔다. 카자흐 초원지대 북쪽 토볼강-이심강 하류 유역의 수르 탄다Surtanda, 테르세크Tersek, 보타이Botai 문화 유적은 기원전 3500~기원전 3000년으로 거슬러 올라간다. 이곳 북쪽 지역은 토양이 드문드문 염분을 함유하고 있고 12월에서 4월까지 눈이 대지를 뒤덮으며 기온이 영하 50도로 곤두박질칠 정도로 겨울 날씨가 혹독해 농업이 불가능했다(Olsen 1996b: 50). 기원전 제4천년기 이전에 이 지역 주민들은 이동하면서 강가의 소규모 야영지에서 일시적으로 거주하는 수렵채집 생활을 했다. 그들의 임시 거처였던 매장층에서 100~200개가량의 갖가지 동물 뼈가 발견되었다. 하지만 기원전 3500년경 앞서 〔고대 카자흐스탄의〕 보타이인들이 거주했던 시기 4가구에 불과했던 인구가 이제 150가구 넘게 급증하게 되는 중요한 변화가 일어났다(Anthony, Brown, and George 2006: 144, 146). 수르탄다 사람들이 소 몇 마리를 몰며 살아갈 때(Anthony 1998: 104) 이들과 혈족관계에 있는 사람들은 식용고기를 주로 말에 의존했다. 보타이 유적에서만 30만 개가 훌쩍 넘는 동물 뼈가 나왔는데, 이 중 99퍼센트가 말뼈였다.

이처럼 가혹한 환경에서, 카네기자연사박물관의 샌드라 올센Sandra L. Olsen은 보타이에서 말의 초기 사육을 뒷받침해주는 많은 증거를 발견한다. 보타이에서는 말을 타고 말을 사냥하는 사람들이 기마용으로 어느 정도의 말 무리를 거느렸다. 보타이 유적에서 발굴된 상이한 종류의 뼈들은 보타이 기마인들이 토착 야생말들을 사냥했다는 올센의 가설을 뒷받침해준다(Olsen 1996b: 50~51). 고고학 기록에 따르면, 돌화살촉 및 창끝과 함께 말의 발뼈로 만든 가공할 만한 작살은 화살촉이 남기는 렌즈 모양의 폭이 좁은 구멍과는 다르게 말뼈에 커다란 타원형의 상처를 입히는 무기로 사냥에 사용되었다. 반대로 보타이에서도, 말 위턱의 깊은 골절로 알 수 있듯이, 말을 도끼로 찍어 넘어뜨렸을 것이다.

흔히 가축에게 행해졌던 이런 도살 기술에서는 목을 묶은 밧줄 두 개를 말 양편에 있는 두 사람이 팽팽하게 잡아당겨야 한다. 그 사이에 세 번째 사람이 앞으로 다가와 말 두 눈 사이에 치명타를 가한다(Olswn 2003: 85~86). 선사시대 유적에서는 드물지만 보타이에서 많이 볼 수 있는 그 밖의 뼈 유물은 가죽끈을 매끄럽게 하는 도구로 사용된 말 아래턱뼈였다. 이 도구는 모서리까지 수직으로 이어진 미세한 홈들이 파인 넓은 V자형 새김으로 쉽게 알아볼 수 있으며 기마 경제에 필요한 생가죽끈을 제작하는 데 쓰였다. 가죽끈은 오늘날까지도 올가미 밧줄, 굴레, 고삐, 채찍, 족쇄로 사용되는 유목민 장비의 필수 요소다(Olsen 2003: 93). 보타이에서 마주치는, 말 목축을 암시하는 또 다른 요소는 말 거름이 대규모로 집중되어 있다는 것이다. 이것은 말우리는 물론이고 오늘날까지 계속되는 초원지대 관습으로 집을 지을 때 말똥이 절연 재료로 사용되었으리라 짐작케 해준다(Olsen 2006: 105). 최근에 관심을 끌고 있는 '제3회 국제 생체분자 고고학 심포지엄: 최초로 길들인 말들의 등장과 관련된 암말의 젖 흔적을 따라서'(Travis 2008)는 브리스틀대학교 내털리 스티어Natalie Stear가 수행한 연구에 대해 보고했다. 스티어는 5만5000년 된 보타이의 질그릇 조각들에 남아 있는 잔해물에서 암말의 젖을 암시하는 수소동위원소인 중수소重水素를 확인했다. 이 자료는 야생 암말의 젖을 짜기란 불가능해서 재갈이 사용되었을 것이라는 새로운 증거와 함께 보타이에서 일찍이 말이 사육되었고 말을 타기 시작했으리라는 점을 강력히 뒷받침해준다.

보타이가 광범하게 말에 경제적으로 의존했음을 고려해볼 때, 올센 또한 앤서니처럼 말이 의식에서 두드러지게 모습을 나타냈다고 생각한다. 아마도 가장 흥미를 끄는 뼈 유물은 정교하게 베인 자국이 있는 46개의 말 지골일 것이다. 집 아래 벽면 사이에서 발견된 말머리 무덤들을 통해 희생제의가 있었음을 여실히 알 수 있다. 어떤 경우에는 인간 유골이 14마리 말의 두개골, 척추골, 골반뼈에 둘러싸여 있었다. 이처럼 많은 동물이 동시에 희생된 것은 사육된 가축 무리가 이용되었을 가능성을 강하게 암시한다. 야생에서 그렇게 많은 가축 무리를 얻으려면 도합 6350킬로그램에 달하는 말들을 원거리를 가로질러 수송해야 하기 때문이다. 보타이에서 다른 유일한 가축이었던 개가 말과 나란히 매장되기도 했다. 말과 개의 이러한 영적 유대는 두 동물의 세속적 관계를 반영하는 것으로 보인다. 세속적 관계란 현재까지도 카자흐 초원지대에서 계속되는 사냥과 목축에서 말과 개가 맺는 동반자 관계를 말한다(Olsen 2003: 94, 98~99; Weed 2002: 59).

앤서니는 더 나아가 최소한의 장치로 북아메리카의 거대한 들소 사냥에서 야생말을 사육해 올라타는 데 성공한 평원의 아메리칸인디언들을 언급함으로써 올센의 주장에 힘을 실어준다(Anthony and Brown 2003: 65). 마찬가지로 초원지대에서 최초의 말굴레는 턱 주위를 둘러싸는 가죽끈 형태에서 시작해 나중에 밧줄이나 가죽끈을 부착한 간단한 고삐가 포함되었을 것이다. 하지만 말을 더 확실하게 제어하기 위해서는 재갈을 이용해야 했다. 분명히 최초의 재갈은 유기적인 장치로 말 입에 물리는 부분을 볼 양쪽의 재갈 막대기에 꼭 들어맞게 고안되었다(그림 2.3). 따라서 말 입에 물리는 부분이 제동을 가할 수 있도록 그리고 볼 양쪽 재갈 막대기가 말의 방향을 왼쪽 또는 오른쪽으로 통제할 수 있도록 아래턱의 치극 사이에 재갈을 물렸다. 재갈은 입술

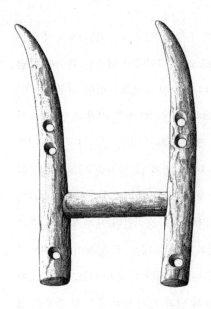

[그림 2.3] 스위스 코르셀레트Corcelettes에서 출토된 뿔로 만든 재갈 막대기. 가로지른 부분은 뼈로 제작해 말 입에 물리는 부분이다(기원전 1500년경). (그림은 Brigitte Gies and Manfred Ritter (Huettel 1981; cited in Drews 2004: fig. 4.6)

의 가장자리와 혀 그리고 앞니와 어금니 사이의 이빨이 없는 턱에 압력을 가하게 만들어졌다. 따라서 말은 불편한 나머지 작은어금니를 마멸시키는 재갈을 입의 연조직soft tissues으로부터 떼어내 벗어던져버리곤 했다. 이로 인해 에나멜질에 특징적 흔적이 남았다(Dietz 2003: 192; Mallory and Adams 1997: 275~276). 보타이의 말들을 조사해본 결과, 충분히 발육한 둘째 작은어금니P2의 26퍼센트가 상당한 경사면이 된 것으로 측정되었다.

말의 둘째 작은어금니 경사면에 대한 정보는 이전에 재갈을 물리지 않은 오늘날의 사육한 말과 야생말에게 재갈을 물려서 장기적인 실험을 한 결과다(Brown and Anthony 1998: 331). 이런 조사를 통해 재갈을 물림으로써 독특하면서도 계량화할 수 있는 특징이 생겨남을 알 수 있었다. 가죽, 뼈, 삼밧줄(삼으로 꼰 밧줄), 또는 말털 밧줄로 만든 재갈을

물린 채 150시간 말을 탄 후에 말이 재갈을 잘근잘근 씹었다는 흔적
이 발견되었다. 이뿐만 아니라 더 중요한 점으로는, 말의 둘째 작은어
금니에서 아래윗니가 맞물리는 에나멜질이 미세하게 마모되었고 이빨
의 근심近心〔이빨이 서로 맞닿는 인접면 중 중앙에 가까운 앞쪽〕끝 부위를 경
사면으로 만드는 것이 확연히 증가했으며, 삼과 뼈로 만든 재갈이 가
장 많이 마모되었음을 알 수 있었다. 이 같은 경사면은 재갈을 전혀 물
리지 않은 말의 평균 경사면보다 높았으며 표준편차가 2 이상인 2.0~
2.5밀리미터로 측정되었다(0.78, 표준편차 SD 0.66). 일반적으로 고고학
과 관련해서 둘째 작은어금니 근심 경사면이 이집트, 로마, 그리스, 스
키타이, 아바르, 러시아, 이란의 청동기시대 고고학 유적에서 기록되었
다. 보타이에서 말의 둘째 작은어금니의 경사면은 3.0~6.0밀리미터에
걸쳐 있었다. 3.0밀리미터 이상의 근심 경사면은 보통 재갈이 물린 말
에게서만 발견되는 만큼, 앤서니와 브라운은 보타이의 일부 말에게 재
갈이 물려 있었고 사람들이 수백 시간 동안 말을 탔을 것이라고 주장
한다(Anthony and Brown 2000; 82~83). 보타이의 말들은 타는 데 충분
할 만큼 덩치가 컸으며, 그중 70퍼센트가 로마 기병이 탔던 보통의 말
보다 더 커서 몸높이는 13~14핸드〔130~140센티미터〕에 달했다.

보타이에서 동쪽으로 1500킬로미터 떨어진 아파나시예보Afanasievo의
무덤에서 발굴된 가지가 진 뿔로 만든 재갈 막대기도 사람들이 말을
타고 있었다는 증거로 보인다. 팔다리를 굽혀 쪼그린 자세로 매장하는
장례 의식이 있었던 아파나시예보 문화(기원전 3600~기원전 2400년경)
는 흑해-카스피해 서부 초원지대 전통에서 유래한 유럽 인종의 문화
였다. 아파나시예보 문화는 알타이산맥과 예니세이강 연안 미누신스

크 사이 동부 초원지대와 고원지대에 말과 야금술, 바퀴 달린 이동 수단, 도자기, 농업, 목축을 소개했다(Anthony 1991a: 267; 1998: 104~105; Mallory and Adams 1997: 4). 이것들은 그 뒤에 남쪽으로 몽골과 중국 북부를 향해 퍼져나갔다(Mallory and Mair 2000: 294~296). 아마도 돈강-볼가강 하류 유역인 레핀에서 생겨나 카자흐 초원지대를 가로질러 동쪽으로 이주한 아파나시예보인들은 보타이 지역의 토착 약탈자들에게 말 타기를 전수했을 것이다. 더욱이 뒤이은 수 세기 동안 알타이산맥과 서부 초원지대 사이에 어느 정도 접촉이 계속된 듯 보인다(Anthony 2007: 264~265, 308). 말에게 재갈을 물렸던 흔적은 나중에 세르게입카Sergeivka에서도 확인되었다(기원전 2800~기원전 2600). 그곳에서는 사육된 소와 양의 뼈가 말뼈와 함께 있었고 말의 둘째 작은어금니 중 30퍼센트에서 중요한 경사면이 나타났다. 게다가 우티옙카Utyevka VI(기원전 2000) 유적에서는 한 마리의 종마를 화려하게 장식한 재갈 막대기에 더해 어금니에서 6.0밀리미터와 5.0밀러미터의 경사면이 발견되었다. 알라쿨-페트롭카Alakul-Petrovka에서는(기원전 1800) 4.0밀리미터의 경사면이 발견되었다(Anthony and Brown 2000: 83~84). 위에서 앤서니와 브라운이 강력하게 암시했듯이, 유럽으로부터 넘어온 사람들이 유라시아 초원지대를 가로질러 드문드문 거주하면서 동쪽으로 이동했을 때, 처음엔 사냥의 대상이었던 말은 점차 식용고기로 사육되었고 기원전 제4천년기 무렵에는 기마용으로 활용되었다.

말은 왜 사육되었을까?

솟과 동물과 오비카프리드를 가축으로 사육하는 데 성공하면서 말 사육을 이끈 원동력이 무엇이었는지 검토해볼 수 있겠다. 말은 굉장히 빠르고, 공격적이며, 영리한 동물이다. 궁지에 몰리면 수말이건 암말이건 모두 상대를 공격한다. 수말은 앞다리를, 암말은 뒷다리를 사용하며 추적자 눈에 자기 소변을 발사하기도 한다. 짝을 방어하는 일부다처주의에서 종마는 암말들을 포획하기 위해서뿐만 아니라 암말들을 방어하기 위해서도 다른 종마와 싸우곤 한다. 암말은 새끼인 망아지를 방어하기 위해 싸운다. 이런 혈기 넘치는 행동 때문에 말을 붙잡거나 제어하는 일은 쉽지 않다. 한편 아마도 초원지대의 추운 겨울 날씨에 적응하기 위해 손이 많이 안 가는 식량원으로 말을 이용하게 되었을 수도 있다. 양과 소는 눈이 덮인 환경에서 풀을 뜯어 먹으려고 눈 속으로 주둥이를 밀어넣는다. 그 결과 상처가 나 피를 흘리고 일할 수 없게 되어 사료를 주지 않으면 굶어 죽는다. 이에 반해 말은 걸음걸이가 빨라 눈을 뚫고 이동할 수 있다. 단단한 발굽을 가진 말은 먹기 위해 눈을 긁어내고 마시기 위해 얼음 덮인 물웅덩이를 깨뜨린다. 이렇게 눈을 치우면 나중에 다른 동물들도 먹이를 찾을 수 있다. 말은 소, 양, 염소보다 더 혹독한 겨울 날씨를 견딜 수 있어 극한 상황에서 살아남는다(Anthony 1991a: 272). 인간 개체는 초원지대의 긴 겨울, 특히 보타이의 잔혹한 추위를 이겨내기 위해 충분한 칼로리를 섭취할 수 있는 많은 지방을 필요로 했다. 흥미롭게도 말고기는 반추동물과 비교해 포화지방이 적고 불포화지방이 많으며(Olsen 2003: 89), 아미노산, 미네랄, 비타민 또한 풍부하다. 초원지대 민간신앙에서 흔히 특이한 약효 성분과 영양 성분이 말에게서 나온다고 생각했다는 것은 의미심장한 대목이다(Levine 1999: 8).

후기 구석기시대에 솔뤼트레에서 확인된 것처럼, 인간은 야생말을 사냥할 때 대개 힘을 합쳐 몰이를 해왔다. 이 같은 방식으로 덫이나 울타리로 내몰린 동물이 많았고, 종종 너무 많아 즉시 죽여서 다 소비할 수 없을 정도였다. 그 결과 일부 말은 방책에 붙들어두었거나 또는 두 다리를 묶어 나중에 필요할 때 신속히 처리해 생고기로 먹었는지도 모른다. 혹은 망아지를 붙잡거나 새끼를 배서 움직임이 둔한 암말을 사로잡았을 수도 있다. 사로잡힌 암말의 새끼는 몹시 유순했을 것이다. 머지않아 숙련된 목축업자는 분명 새로운 사냥감을 얻을 가능성에 경계를 늦추지 않았을 것이다. 실제로 몸집이 큰 반추 초식동물에 익숙한 소 목축업자들이 말 목축업자로 전환하는 데 가장 적격이었다(Anthony 1991a: 271~272). 소와 말의 행동에는 유사점이 있다. 앞서 프르제발스키호스에 대해 이야기했을 때 야생말의 생식 단위가 우두머리 종마와 그의 암말들 및 암말의 새끼들로 구성된 가족이었음이 밝혀졌다. 앞서 살펴봤듯, 같은 무리의 암말 사이에는 서열이 정해져 있다. 선도하는 암말이 매일 길을 선택하고 다른 암말과 그들의 새끼가 어김없이 뒤따른다. 소 무리에서도 선도하는 암소가 있다. 목축업자는 선도하는 암소나 암말을 통제함으로써 무리를 다스리는 법을 알게 되었다. 최근의 미토콘드리아 DNA 연구에 따르면(Jansen et al. 2002) 말 수컷에서 나온 혈통이 암컷에서 나온 혈통보다 훨씬 더 다양했다. 이러한 유전적 불균형은 야생 종마의 지나치게 급한 성격에 기인하는 듯 보인다. 말 사육자들은 말 무리를 늘리기 위해 이미 사육되어 만족할 만큼 다루기 쉬워진 수말의 하렘 무리에 더하려고 더 유순한 암말들을 사로잡으려 했다(Olsen 2006: 81). 그 뒤에 바람직하지 않은 특성을 제거하고자 선별 번식을 통해 일정 비율의 새끼 수말들을 거세한 듯하다. 거세된 새끼 수말은 존재 자체가 전혀 파괴적이지 않았을 것이므로 종마들에 의해 용인되었다. 이런 방식으로 여러 말 무리가 한 무리를 지어 함께 방목할 수 있었다(Kuzmina 2008: 28; Levine 1990: 729). 만약 방목 가축인 소와 말의 행동에 일정한 유사성이 있다면, 누비아의 아프리카 당나귀와 초원지대의 유라시아 말이 둘 다 대체로 동일한 기간, 즉 기원전 제4천년기에 변경지역 소 목축업자들에 의해 사육되었다는 것은 그리 놀라운 일이 아니다.

지구의 거대 동물 대부분을 먹어치운 인간들의 왕성한 식욕을 마침내 무엇이 억눌렀는지 궁금해진다. 그러나 그렇게 이른 시기에 원래 고기와 젖을 공급하도록 사육되었던 소는 이미 짐 나르는 동물로 이용되고 있었다. 아프리카에서 당나귀는 앞서 본 대로 소보다 더 뛰어난 짐 운반꾼이었다. 만약 초원지대에서 혼합농업을 확대할 필요가 있었다고 한다면, 말은 여전히 고기 때문에 진가를 인정받았다고는 하지만 곧 짐 나르는 동물로 이용되었다. 말을 제어하는 데는 간단한 고삐로 충분했을 것이다. 게다가 말의 힘은 울퉁불퉁한 땅 위에서 짐을 끌고 가기에 매우 유용했을 것이다. 인간과 말이 더 친숙해지면서 안장 없이 말을 타려는 시도가 최초로 이뤄졌을 것이다. 걸어서 몇 마리의 말을 다루는 것이 처음에는 가능했을지도 모른다. 하지만 러빈이 카자흐스탄과 몽골의 민족지고고학 연구에서 발견한 것처럼(Levine: 10), 오늘날의 유목민들까지도 어떤 규모의 무리든 간에 예외없이 말 탄 목축업자가 필요하다는 것을 인정한다. 여타 고고학자들도 말 사육자들에게 가장 필요한 것이 말 타기였다는 데 동의한다(Azzaroli 1998: 41; Mallory and Adams 1997: 276). 앤서니의 해석에 따르면, 따라서 새롭게 전파된 기마술 덕분에 더 많은 말을 추적하고 포획하며 사육하는 일이 매우 용이해졌을 뿐 아니라 소·양·염소 무리를 집단적으로 관리할 수 있었다. 이로써 즉시 자원 기반이 확대되고 [인간이] 개발을 위해 새로운 지역으로 꾸준히 침투해 들어갈 수 있었다.

비판: 근동의 비교

앤서니, 브라운, 올센의 다면적인 연구에도 불구하고 이들이 말 사육과 말 타기를 기원전 제4천년기로 추정한 것에 대한 반대 주장이 다양한 관점에서 제기되었다. 러빈은 데레이프카에서처럼 보타이에서 말은 야생의 무리였다고 재차 주장하며 병리학적인 윗니와 아랫니의 부정교합으로 큰 경사면이 생길 수 있다고 공격하면서 재갈 물리기에 대한 앤서니와 브라운의 연구를 일축한다(Levine 1999: 11~12). 앤서니와 브라운은 러빈의 반대 주장에 응답해서 크리스천 조지Christian George와 공동으로 플로리다의 150만 년 된 플라이스토세 매장층에서 찾아낸 완전히 성장한 74마리 말[7]의 둘째 작은어금니를 분석했다(Anthony, Brown, and George 2006: 140~141). 이 표본은 재갈을 전혀 물린 적이 없는 말의 둘째 작은어금니 중 최대 규모였다. 비록 에쿠스 카발루스로 지정되지는 않지만 이런 레이지Leisey의 말과[7] 동물들은 어쨌거나 몸높이, 음식, 치열이 말과 유사했다. 레이지 말과 동물의 작은어금니에서 측정된 평균 경사면은 1.1밀리미터였다(표준편차는 0.71밀리미터). 레이지 표본에서 유일하게 재갈이 물린 적이 전혀 없는 둘째 작은어금니는 경사면이 2.5밀리미터보다 컸다. 유라시아 초원지대 유적에서 마주치게 되는 3밀리미터의 경사면은 야생의 말과 동물의 특징이 아니므로 이것이 재갈 사용에 대한 증거로 간주될 수 있을 것이다.

역사가인 로버트 드루스Robert Drews(2004)는 사육과 관련해 러빈과 입장을 달리하면서 말이 기원전 제4천년기 무렵에 사육되었을 것이라는 입장을 지지한다. 그는 구석기시대에 말이 식용으로 광범위하게 사냥되었음을 인정하지만 중석기시대 후기에 말의 무리가 감소했고, 기원전 제6천년기 무렵에는 한때 많이 볼 수 있었던 야생말이 초원지대 서쪽인 유럽에서 자취를 감춘 점에 주목한다(Bokonyi 1978: 21~22). 비록 드네프르 지역에서 약간 감소하고 뒤이어 회복되었다고는 하지만, 그럼에도 흑해-카스피해 초원지대에서 말에 대한 의존은 지속되었다. 드루스는 이러한 국부적인 부활을 말 사육의 분명한 증거로 보고 드네프르강, 돈강, 볼가강, 우랄강, 이심강 계곡을 가로지르는 매장층에서 말 뼈가 극적으로 증가했다고 주장한다. 그는 동유럽과 중부 유럽에서 말의 뼈가 3000년 동안 전혀 모습을 드러내지 않다가 재등장함으로써

---

7   세 살 미만의 말은 표본에서 제외된다. 새로 난 작은어금니가 들쭉날쭉 가지런하지 않기 때문이다.

더 확실히 사육이 입증된다고 본다. 그는 도살된 말의 뼈가 재등장한 것은 기원전 제4천년기 말엽 초원지대에서 서쪽 인접 지역으로 말이 확산되면서 식용동물로 사육되었기 때문이라고 파악했다(Bokonyi 1978; Drews 2004: 11~12).

또한 드루스는 기원전 제3천년기에 중부 유럽에서 매장과 관련해 최초로 말이 극적으로 출현했다고 말한다. 그로스회플라인 근처 오스트리아의 한 무덤에서 암염소와 새끼 염소, 암양과 새끼 양, 암소와 송아지, 암말과 망아지가 한 명의 어른과 아이 옆에 매장되었다. 인간의 무덤 바로 옆에서 이루어진 다른 가축과의 의례적 유대는 분명히 말을 사육했다는 증거가 될 수 있다(Drews 2004: 24~25). 드루스는 기원전 제4천년기의 말 사육을 적극적으로 지지하면서도 일찍이 텔레긴D. Y. Telegin이 데레이프카에서 발견된 사슴 뿔 유물들을 말의 재갈 막대기로 본 것에는 철저히 비판적이다. 드루스의 주장에 의하면, 자연의 도구 중 수사슴의 가지 진 뿔들보다 더 날카롭고 내구성이 있는 것은 없다. 이런 이유로 고대부터 유라시아 전역에 걸쳐 흔히 말이 전혀 없는 장소에서 가지 진 뿔들은 송곳, 곡괭이, 구멍 뚫는 기구로 사용되었다. 드루스는 데레이프카의 사슴 뿔에 나 있는 하나의 구멍을 연장 돌리는 사람이 끼워넣을 수 있게 만든 것이라고 본다. 그는 기원전 제2천년기가 되어서야 비로소 가지 진 뿔들이 재갈 막대기처럼 효율적으로 만들어졌다고 주장한다. 헝가리 평원의 깊이 갈라진 스턴겐크네벨 Stangenknebel에서 입증된 것처럼 기원전 2000년에 만들어진 재갈의 커다란 구멍 하나는 입에 무는 막대기를 그 안에 끼워넣는 데 적합했고 더 작은 여러 개의 구멍은 가죽끈이나 고삐를 걸기에 알맞았다(Drews

2004: 16~18; Huettel 1994: 208~210).

한편으로 드루스는 말 타기가 기원전 제4천년기에 시작되었다는 앤서니의 주장을 신랄하게 비판한다. 드루스의 주장에 따르면, 말 타는 사람을 명확하게 묘사하는 그림은 기원전 2000년경 이전에는 어디에도 존재하지 않는다. 그는 키시〔바빌론 동쪽에 있었던 고대 메소포타미아의 도시국가〕에서 발견된(기원전 2400~기원전 2300) 아카드 인영印影에 나오는 불확실한 말과 동물을 타고 있는 사람의 모습이 너무 조잡하다고 말한다. 아마 여기서의 말과 동물은 당나귀 아니면 당나귀와 야생당나귀의 잡종일 것이다. 마찬가지로 기원전 2000년경 시리아와 메소포타미아 시기의 '말 타는 사람들cavaliers'로 알려진 수십 개의 작은 테라코타 조각상도 불확실하긴 마찬가지다. 데이비드 오언David Owen(1991)이 발표한 기원전 2037~기원전 2029년 우르Ur〔고대 메소포타미아 남부에 있던 도시국가〕 제3왕조의 인영에서는 근동에서 최초로 말 탄 사람이 분명하게 표현되고 있다. 여기서는 한 남자가 안장 없이 불안정한 모습으로, 고른 갈기와 미끈한 꼬리를 가진 말과科 동물을 타고 있는 것으로 묘사되고 있다(Drews 2004: 32~34; 그림 2.4). 얼마 후 메소포타미아의 진흙 장식판에는(기원전 2000~기원전 1750) 느린 구보로 달리는 말과 말 탄 사람이 등장한다. 말 탄 사람이 코뚜레를 이용해 말 타기를 제어하면서 말 허리 뒤쪽에 걸터앉아 있다. 유일한 안전장치는 말 탄 사람이 고삐를 쥘 때 왼손으로 단단히 잡는 뱃대끈girth이다(그림 2.5). 앤서니와 그의 공동 연구자들은 기원전 2200~기원전 1800년경 아프가니스탄의 박트리아 마르기아나 유적을 연구하는 고고학 복합단지Bactria-Margiana Archaeological Complex(BMAC)에서 사리아니디V. I. Sarianidi(1986)가 밝

[그림 2.4] 중앙아시아와 근동에서 말과 동물을 타고 있는 사람들의 초기 이미지. 아프가니스탄의 BMAC 인영, 기원전 2100~기원전 1800(위). 국왕 수신Shu-sin을 대신해 동물을 분배하는 아바칼라Abbakalla의 우르 제3왕조 인영, 기원전 2050~기원전 2040(아래). (after Owen 1991; cited in Anthony 2007: fig. 16.3)

힌 인장印章을 참고문헌으로 들면서 반박한다. 이 인장에서는 말 탄 사람이 질주하는 말의 기갑 바로 뒤에 앉아 있어 훨씬 안정적으로 보인다. 말의 원산지가 저지대인 근동이 아니라는 점에서 앤서니는 말 타기가 아프가니스탄에서 주석 길tin routes을 따라 초원지대로 이동해 우르로 확산되었을 것이라고 주장한다. 앤서니와 그 동료들의 주장에 따르면, 말 엉덩이에 올라타는 기술이 서툴렀던 것은 당나귀 엉덩이에 올

[그림 2.5] 당나귀 자세로 앉아 있는 기수가 표현된 메소포타미아의 진흙 장식판. (Littauer and Crouwel 1979: fig. 37)

라타던 습관으로 인해 초원지대의 말과는 친숙함이 부족했기 때문이다(Anthony, Brown, and George 2006: 147~148). 그럼에도 드루스는 기원전 제4천년기로 거슬러 올라가는 말 타기 그림 유물은 한 점도 없다는 점을 들어 말 사육이 시작된 이후 곧바로 말 타기가 도입되었다는 앤서니의 주장에 이의를 제기한다. 그 대신 드루스는 말이 첫째로는 고기와 젖을 제공하기 위해, 둘째로는 승마용이 아닌 짐 운반용으로 이용되었다고 주장한다. 한편 그는 무미건조한 상황에서 "저돌적인 사람들daredevils"이 기회를 틈타 '우발적으로' 말 타기에 몰두했을지도 모른다고 본다. 말 타기가 일찍이 시도되었을지도 모르지만, 드루스는 효율적인 말 타기로 진화하는 데는 1000년 이상이 걸렸고 군사용 기마로 발전하는 데는 또 다른 1000년이 걸렸다고 주장한다(Drews 2004: 22~23, 48).

앤서니는 군사용 기마와 관련해 먼 옛날 부족이 '말을 타고 감행한 침입'과 철기시대가 훨씬 지나 고안된 '기병'은 구분해야 한다고 주장한다. 말 타기가 아메리카 대평원에 처음 도입되었을 때, 말 도둑질은 예전에는 우호적이었던 부족 사이의 불화와 전쟁의 직접적인 원인이 되었다. 금석병용기 시대의 전쟁에서는 말을 탄 전투가 필요 없었는지도 모른다. 대평원 부족들처럼 수확을 방해할 작정이었던 초원지대 전쟁 당사자들은 처음에는 걸어서 공격하려고 말을 감시하에 두었고 나중에 값진 전리품과 함께 말을 탄 채 신속하게 철수했는지도 모른다. 전쟁은 분명 초원지대에서 일어났다. 이는 먼저 금석병용기와 청동기시대 무덤에서 출토된 지위를 나타내는 무기, 즉 가공할 만한 석퇴, 금속제 단검, 도끼의 존재로 입증되었다. 다음으로 기원전 제3천년기의 펩키노Pepkino 묘지에서 출토된, 훼손된 28명의 젊은 남자 유골들은 초원지대에서 치러진 전쟁의 비극을 입증한다. 28명 중 18명은 참수되었고 나머지는 도끼에 찍히고 사지가 절단되었다. 앤서니에 따르면, 일찍이 기원전 제4천년기에 초원지대에서 말 탄 부족이 팽창하면서 다뉴브강 계곡과 발칸반도에 도달했던 것 같다. 말을 탄 부족 특유의 목축경제는 다뉴브강 계곡과 발칸반도의 선주민을 쫓아내고 발칸반도 광산에서 구리 생산을 중단시켰다(Anthony, Brown, and George 2006: 149, 152; Chernykh 1992: 201).

얌나야 문화: 서쪽과 동쪽으로 팽창하는 초원지대
(기원전 3500~기원전 2400)

정확히 언제 어디서 사육된 말이 짐 운반용 또는 기마용으로 수송에 이용되었는지는 앞으로의 발굴을 통해 해결될 것으로 기대된다. 그러나 분명한 사실은 기원전 제4천년기에 공통의 목축 농업경제를 채택한 일련의 다양한 집단인 얌나야(수혈분묘pit grave) 문화가 초원지대에서 반半유목적 목축업을 발전시켰다는 점이다. 가장 먼저 위험을 무릅쓰고 초원지대로 갔던 스레드니 스토크 문화와 흐발린스크 문화에서 유래된 얌나야는 서쪽으로 다뉴브강 삼각주와 동쪽으로 우랄강까지 확대되면서 가장 먼저 효율적으로 목초지를 이용했다. 게다가 또 한 가지 중요한 혁신으로 황소가 끄는 바퀴로 움직이는 기술을 습득하면서 사방으로 팽창을 촉진할 수 있었다. 기원전 3400년과 기원전 3100년 사이에 수레와 마차가 광범위한 지역에서 거의 동시에 나타났다. 즉 메소포타미아, 헝가리 동부, 폴란드 동남부, 독일 북부, 러시아와 우크라이나 초원지대에서 나타나 기원전 3000년경에는 라인강과 인더스강까지 이르렀다. 670~700킬로그램쯤 나갔던(Piggott 1992: 17) 단단한 바퀴로 움직이는 이 같은 이동 수단은 속도가 느리고 다루기가 어려웠다. 하지만 이동생활 적응에 없어서는 안 될 중요한 대량 수송능력을 가져다주었다. 단단한 바퀴로 움직이는 이동 수단들은 들판에 경작자와 도구를 수송하고 농작물을 거주지로 운반함으로써 단일 가족의 단위 작업이 효력을 발휘할 수 있도록 농장의 효율성을 전반적으로 향상시켰다. 또한 이런 이동 수단 덕분에 체계적으로 거름주기가 가능해져 덜 비옥한 토양지대도 농업 발전에 도움이 되게끔 가꾸었다(Anthony 1995: 558, 563; Mallory and Adams 1997: 627). 나아가 바퀴로 움직이는 이동 수단은 목축업자들이 오랜 기간 동물들과 함께 초원지대 너머 멀리 떨어진 지역에 흩어져 사는 데 필요한 양식을 수송해주었다(Anthony 1998: 102~103). 식량, 침구류, 개인 의복을 함께 싣고 어린이와 노인과 몸이 약한 사람들이 계절 방목을 위해 가축 무리를 몰면서 안전하게 이동할 수 있었다. 또는 활 모양으로 기운 매트나 가죽으로 덮인 마차가 주거를 제공했다(그림 2.6). 수혈분묘들에서는 바퀴 위에 집을 세웠던 덮개가 있는 마차가 발굴되었다(Shilov 1989: 123). 농목축의 이동성으로 이때 이후 고고학 기록에서 얌나야 초원지대 주거지는 거의 나타나지 않았다. 그렇지만 조상 대대로 내려오는 지역을 표시하는 얌나야의 묘지들은 주요 강 계곡에서 80킬로미터 정도 멀리 떨어진 목초지에서 발견되었다(Khazanov 1984: 93). 쿠르간kurgan(고분) 밑에 망자가 황토색이 가득 밴 채 한쪽에 두 다리를 굽히고 반듯이 누운 자세로 매장되었다(Mallory and Adams 1997: 651). 바퀴로 움직이는 이동 수단들은 단지 생존을 위한 부가물로서뿐만 아니라 의례적으로 중요시되었다. 다뉴브강에서 우랄산맥까지 수백 개의 얌나야 묘지에서 진흙 모형 또는 실제 수레와 마차가 발견되었으며, 이것들과 함께 희생제의에 바치는 제물인 소·양·말이 발견되었다. 그 후에 구리 조각상이 신에게 봉헌하는 도자기 제물을 대체했다(Piggott 1992: 19~23).

채와 멍에는 원래 쟁기를 끄는 한 쌍의 솟과 동물을 견인하기 위해 고안되었다. 멍에는 황소 뿔에 달거나 목에 걸었다. 하지만 마차를 끌

[그림 2.6] 기원전 제2천년기의 아치형 차양이 있는 원판형 차바퀴가 달린 마차(아르메니아 르차셴의 9호 고분에서 출토). (Piggott 1968: pl. 22)

기 위해 이런 방식을 쓰는 것은 말의 해부학적 구조로 볼 때 적절치 못했다. 말은 목이 더 가느다랗고 머리 위치가 훨씬 더 높았기 때문이다. 이 같은 원시적 방식으로 말에 마구를 달면 멍에가 뒤로 빠져 말의 기갑을 멍들게 하고 따끔거리게 했다. 멍에를 앞쪽으로 단단하게 고정하면, 말 목을 단단히 조이는 가죽끈이 견인력을 감소시켰다(Littauer and Crouwel 1979: 11, 28~29). 두 바퀴로 움직이는 수레는 분명 더 가볍고 더 탄력 있는 이동 수단이었다. 고고학 기록으로 분명해지는 사실은 고리버들로 만든 수레 부분과 무거운 바퀴들의 구멍처럼 전체 수송 무게를 줄이려는 노력이 이뤄졌다는 점이다(Mallory and Adams 1997: 627). 아마 이는 말이 수레를 견인할 수 있도록 적응시키려 한 것으로 짐작된다. 드루스가 주장했듯이, 빠른 속도와 지상에서 떨어진 상당한 높이 때문에 말은 짐 나르는 동물 역할도 했을 것이다. 말은 넓게 뻗은 험준한 지역을 횡단하고 강과 개울을 건너는 데서 가치를 따질 수 없을 만큼 중요한 존재였다(Mair 2003: 181). 초원지대 너머로 자원이 풍부하게 집중된 국지적 지역, 특히 강 계곡이 나타났지만 대부분은 광범하게 펼쳐진 건조지역에 의해 분리되었다. 바퀴 달린 이동 수단을 끌고 짐을 나르는 말들은 얌나야 집단이 황량한 지대를 횡단할 수 있도록 그리고 경작과 목축을 할 새로운 땅을 찾아 널리 퍼져나가도록 해주었다(Anthony 1991a: 266). 당나귀 타기는 앞서 본 대로 기원전 제3천년기에 키시에서 시작된 듯 보인다. 초원지대 목축업자들이 근동의 목축업자들보다 조금 덜 강인했다고 믿을 이유는 없지 않은가! 얌나야 이동에서 짐 나르는 동물의 행렬을 이끌기 위해 유순한 암말이나 거세된 수말에 올라타곤 한 것처럼 말 타기가 우연히 이루어졌을 가능성은 매우 높다. 따라서 초기의 말 타기 능력이 다른 상황에서도 보편화되었을 것이다(Khazanov 1984: 93). 말 타고 정찰하는 것은 초원지대의 환경을 최대한 탐험할 수 있도록 촉진했을 것이다. 말 타기 기량이 부족했을 때조차 말 탄 가축지기는 양치기가 걸어서 했던 것보다 더 많은 가축을 통제할 수 있었을 것이고,[8] 계절마다 다양한 목초지의 유용성을 활용할 수 있었을 것이다. 또 가뭄이 드는 시기에는 부족한 자원을 가장 적절하게 이용함으로써 위기에서 살아남고자 양과 소 떼를 여러 방향으로 나눌 수 있었을 것이다(Shilov 1989: 123~124).

따라서 기원전 3000년경 얌나야 문화는, 숲으로 뒤덮인 강 계곡들을 따라 집중된 앞선 초원지대 문화와는 다르게, 초원지대 내부로 깊숙이 침투해 들어갔다. 이는 사이가영양saiga antelope[큰코영양]과 낙타 사냥으로 입증된다. 얌나야의 이동성은 새로운 광물 자원의 탐사, 금속 수송, 야금술 확대에도 대단히 중요했다. 청동기시대와 함께 금속 생산은 발칸반도에서 캅카스산맥 남쪽 지역으로 옮겨갔다. 그곳에서 최초의 농사도구들, 특히 청동 낫이 제조되었다(Chernykh 1992: 64). 초원지대의 농목축자들은 소·말·가죽을 남캅카스산맥의 풍부한 금·은·구리와 교환했다. 농목축자들은 중개인처럼 행동하며 삼림 초원지대와 북방 수림대[아한대림]의 수렵채집 생활을 하는 주민들에게 금속을 전해주었다. 이국적인 고급 재화를 전해주는 이런 원거리 무역은 전통적인 물물교환 제도를 완전히 바꿔놓았다. 훨씬 더 중요한 사실은 얌나야 금속 세공인들이 최초로 초원지대 광석을 집중적으로 개발했다는 점이다. 게다가 그들은 쨍 소리가 나는 단검, 핀, 납작한 도끼를 만들기 위해 비소에 구리를 섞었으며 실제로 철을 가지고 실험까지 했다(Anthony 1998: 103~104).

초기 우사토보Usatovo 유적이 쇠퇴하는 트리폴리예Tripolye 문화를 대체하기 시작한 기원전 제4천년기 후반에 금속 도구를 가졌던 얌나야

---

8   초원지대의 민족지학적 설명에 따르면, 단 한 명의 가축지기는 걸어서 150~200마리의 양을 관리할 수 있다. 말을 타면 한 사람이 500마리를 통제할 수 있다.

집단도 서쪽으로 뿔뿔이 흩어지면서 보스니아, 크로아티아, 폴란드까지 다뉴브강 저지 계곡과 카르파티아 분지로 이동했다. 이렇게 해서 탄생한 바덴Baden 문화는 언덕 꼭대기의 성채, 사방으로 흩어진 주거지, 말을 포함한 축산에 대한 지나친 의존이 특징점이었다. 서쪽으로의 접촉이 북쪽으로 볼가강 상류와 라인강까지 확대되었으며 이는 줄무늬토기 문화Corded Ware Culture에 반영되었다. 게다가 이러한 접촉은 전투용 도끼와 함께 봉분 밑에 수축 매장flexed inhumation하는 것이 특징인 이동하는 목축경제에도 반영되었다. 줄무늬토기 문화가 동쪽으로 와 변형된 파티야노보-발라노보 문화Fatyanovo-Balanovo culture는 가축과 야금술을 러시아의 북쪽 삼림지대로 소개했다(Mallory and Adams 1997: 43, 127, 196). 전前 게르만어파/이탈리아어파/켈트어파가 기원전 3300~기원전 3000년경에 분화되기 시작했을 때, 언어 분리가 나타났을 가능성은 매우 높다. 이보다 약간 늦은 기원전 2800년경에 전 슬라브어파/발트어파가 분리되었다. 전 프리기아어/아르메니아어와 특징을 공유하는 전 그리스어는 아마 기원전 2500년경에 분리되었을 것이다. 앞서 주장되었듯이 앤서니는 얌나야 팽창이 성공한 것은 말을 타고 침입했기 때문이라고 보면서도 침입하는 가축지기들이 목축에 적합한 땅을 지배했고 그들의 족장이 연합해서 토착 농경민들에게 법적 지위를 부여했음을 인정한다. 이는 분화하는 언어 집단 전체가 공유한 보호자-피보호자 계약에서 나타나는 조건이 입증한다(Anthony 2007: 100, 191, 369~370).

하지만 유럽은 이미 상당수의 농경민으로 가득 차 있었다. 더욱이 유럽의 삼림지대와 산은 신속한 이동에 방해가 되었다. 따라서 목축업자의 팽창은 동쪽에서 가장 큰 효과를 보았다. 그곳에서 말과 바퀴로 움직이는 이동 수단으로 수송하면서 유라시아 초원지대로 가는 길이 열렸다. 예전에 유라시아 초원지대는 인구 이동에 장애물일 뿐이었다. 농목축자들은 강 계곡에 의존하는 물류에서 벗어나 우랄강 계곡까지 서쪽 초원지대 너머로 꾸준히 이동했다. 물론 중심부에서 분리되는 목축업자 문화는 훨씬 더 멀리까지 확산되었다. 앞서 보았듯, 서쪽에서 줄무늬토기가 라인강까지 확대된 것처럼 동쪽에서 아파나시예보가 미누신스크 분지까지 도달했다—이것의 총길이는 5600킬로미터에 이르렀다.

안드로노보 문화: 동쪽과 남쪽으로 팽창하는 초원지대 (기원전 2000~기원전 900)

체계적인 농목축업은 일찍이 동쪽으로 확대된 보타이와 아파나시예보를 제외하면, 기원전 2300년경이 되어서야 비로소 동쪽으로 우랄강 너머까지 확대되었다. 이러한 확대는 처음에 단단한 청동 무기 제조에 우랄산맥의 금속 광석이 필요해지면서 이루어졌을 것이다. 반半유목적 목축업은, 얌나야 단계에 시작되었다고는 하지만, 초원지대 너머에서 정교한 야금술을 충분히 발전시키려는 안드로노보Andronovo의 몫이 될 것이다. 사실 유용한 금속을 필요로 하는 광범한 수요 때문에 원거리 지역에서 대대적 탐사가 시작되었다. 이주를 통해 동쪽 초원지대와 삼림지대 깊숙이, 즉 전에 사람이 거주하지 않았거나 수렵채집민들이

드문드문 살던 지역으로 침투해 들어갔다. 수백 곳의 새로운 구리 광원이 카자흐스탄, 알타이산맥, 중앙아시아 사막 지역에 흩어져 있었다. 돈강-볼가강에서 우랄강 상류 유역까지 중요한 청동을 생산하는 아바셰보Abashevo 문화가 삼림-초원지대 대부분에서 확립되었다. 광석층은 탁 트인 채석장이나 연층 광산에까지 이르렀다. 결국 서쪽에서는 드문 주석 매장층도 멀리 이르티시강 상류까지 발견되었고, 금은 중가리아[준가얼準噶爾] 아라타오阿拉套산맥에서 채광되었으며, 철기시대로 전환되면서 두 금속(청동과 철)으로 된 도구들이 나타나기 시작했다(Anthony 1998: 107; Chen and Hiebert 1995: 249, 285).

이 무렵 인구 이동은 더는 한 방향으로만 이루어지지 않았다. 최초의 이동은 조류를 거슬러 갔으며, 출발지로 되돌아와 외부 기회들을 알리고 탐험과 더 먼 지역의 식민화를 위해 새롭게 시도할 것을 고무했다. 이렇게 하여 새로운 상황에서 터득한 교훈을 집단 전체가 공유했다. 일련의 지역 문화를 포괄적으로 부르는 용어인 안드로노보 문화는 중국에 금과 바퀴로 이동하는 선진 기술을 소개하기 위해 훨씬 더 멀리 동쪽으로 확대해간 후기의 하위 집단, 즉 페도로보Fedorovo와 세미레치예Semirechye와 함께 우랄산맥에서 예니세이강까지 펼쳐져 있었다(Kuzmina 2008: 84, 112). 미누신스크 분지의 기마인물 암각화는(기원전 1700~기원전 1300) 동쪽 초원지대에 말 타기가 존재했음을 입증한다(Drews 2004: 46). 안드로노보인들은 바지, 소매 달린 카프탄[소매와 기장이 긴 옷], 머리 부분이 높은 원뿔형에 귀마개가 달린 모자(편물, 펠트[짐승의 털로 만든 천], 또는 가죽으로 만든), 긴 장화를 착용했다. 긴 장화는 일찍이 우크라이나의 수혈분묘 매장지에서 확인되었다. 그 뒤 다른 많은 인도유럽인, 즉 히타이트인, 스키타이인, 프리기아인, 트라키아인, 메디아인, 페르시아인이 의례 휘장이 달려 있는 끝이 뾰족한 모자를 쓰곤 했다(Kuzmina 2007: 103~104).

기원전 1800~기원전 1200년에 안드로노보 문화와 관련된 스루브나야Srubnaya 문화(수목묘Timber-grave)가 우랄산맥에서 드네프르강 계곡까지 서쪽으로 확대되었다. 기원전 1900년 무렵 동쪽 알타이산맥에서 주석 청동의 사용과 로스트 왁스 주조법lost-wax casting◆의 숙달로 두드러진 삼림 초원지대 세이마-투르비노Seima-Turbino 문화의 전통이 박막 금속도끼celt, 끌, 슴베[칼, 괭이, 호미 따위의 자루 속에 들어박히는 뾰족하고 긴 부분]가 있는 창을 주조하는 새로운 기술을 서쪽으로 전수했다. 끼우는 구멍을 주조한 강한 순금속은 당시로서는 획기적 혁신이었다(Chernykh 1992: 200; Kuzmina 2007: 252~253). 야금술은 이처럼 다양한 지역 전역에서 사회적 상호작용에 가장 중요한 자극제 가운데 하나로서 기능했다. 기술의 진보가 발견되고 전파되었다. 닫힌 틀closed mold[폐금형廢金型]에서 주조가 시작되었다. 새로운 도구가 대량생산되면서 새로운 청동 단조bronze smithing 단계로 주석 청동이 보편적으로 사용되었다. 금속은 주괴 또는 완제품 형태로 배포되어 유라시아 전역에서 교환과 부족 간 유대를 증진시켰다(Kuzmina 2007: 96). 또한 기원전 제2천년기 전반에 초기 카타콤Catacomb[무덤으로 사용하기 위한 벽장이 붙은 좁은 통로나 회랑으로 이루어진 지하묘지] 문화(기원전 2500~기원전 1900)에서[9] 파생된 것으로

◆　밀랍으로 형을 만들어 내열성 주형에 넣고 여기에 뜨거운 금속을 부어넣어 밀랍을 녹여 없애는 주조 기법. 금속 세공품을 만드는 데 많이 쓰인다. 탈랍脫蠟, 납형蠟型 주조라고도 한다.

추정되는, 서쪽 초원지대에서 남쪽 에게해로의 이주가 나타났다. 이렇게 해서 미케네의 수갱식竪坑式 분묘Shaft Grave〔깊은 직사각형 구덩이를 파고 돌로 벽을 싼 묘실墓室을 만든 묘〕 왕조가 형성되었다(Kristiansen and Larsson 2005: 182~185). 이들 관련이 있는 스루브나야 집단과 안드로노보 집단은 유사한 농목축 경제와 말 조련 및 청동 야금술의 전통을 공유했다. 스루브나야 집단은 철기시대 후기에 서쪽의 킴메르인/스키타이인/사르마티아인의 문화를 위한 토대를 마련했으며 안드로노보 문화는 아리아인이 남쪽으로 확대해가는 데 기초를 놓았다.

안드로노보 문화 집단의 남쪽 이주에 관해 아스코 파르폴라Asko Parpola(1999: 183)는 광물 매장층을 방어하는 요새들과 우랄산맥 남쪽에서 대규모로 금속 세공을 하는 지역들 그리고 박트리아에서 멀리 남쪽으로 다실리에 위치한 사원-요새 복합체 사이에 형태의 유사함이 관찰된다는 점에 주목했다. 우랄-토볼Ural-Tobol 초원지대(기원전 2200~기원전 1900)의 구리와 금광석이 풍부한 지역에 위치한 안드로노보의 직접적인 전신인 신타시타Sintashta와 페트롭카Petrovka의 초기 초원지대 유적에서 용광로 건설이 발전함에 따라 방이 있는 둥근 지붕 형태의 노상爐床이 포함되었다. 노상으로 더 높은 온도에서 가열하는 것이 가능해졌고 처음에는 비소 화합물을, 종국에는 주석 청동을 생산하게 되었다(Kuzmina 2008: 44~45). 성채는 특징상 진흙 덩어리와 곧게 선 솔통

---

9   카타콤은 갓 시작된 얌나야 수혈분묘 문화와 후기의 정교한 스루브나야 수목묘 문화 중간쯤에 위치해 있다. 기원전 제3천년기 말경에 시신과 매장품을 넣어두었던 곁방이 카타콤의 특징이었다. 이런 형태는 기원전 제2천년기에 스루브나야 수목묘로 이어졌다. 스루브나야 수목묘에서는 망자를 위해 지하에 나무로 만든 집이 세워졌다.

나무로 이루어진 두 줄 방어벽 및 해자로 둘러싸였으며 위쪽으로 나무 울타리가 설치되어 있었다. 수많은 화재와 재건축의 흔적을 보건대 군사적 상황은 불안정했으며 광산과 야금 생산 중심지에 대한 잦은 공격을 막기 위해 성채가 필요했음을 알 수 있다(Kuzmina 2007: 32, 223). 게다가 장례 건축이 신흥 우두머리 계급을 위해 갈수록 더 정교해졌다. 봉분 매장은 널따란 4분원의 우주론에 기초해 진흙 벽돌로 만들어진 둥근 천장식 지하 분묘에서 보이는 아치형 돔이 특징이었다(Kristiansen and Larsson 2005: 177). 이러한 성채에서 1970년대의 발굴을 통해 최소 14기의 묘지에서 바큇살이 있는 초기 전차의 존재가 밝혀졌다. 분명히 서쪽 초원지대에서 파생되어 동쪽 초원지대에서 형성되고 있던 이들 문화(기원전 2300~기원전 1900)는 정교한 매장이 특징이었으며, 무기류로 치장한 죽은 전사들에게 제물로 바치는 말의 머리와 두 앞다리를 함께 매장했다. 게다가 매장과 불 의식에 앞서 시신을 드러내 보이는 의식은 이런 청동기시대 사람들의 원시 아리아인 정체성 확립에 일조했다(Mallory and Adams 1997: 520~521). 장례 유물과 함께 전차들도 매장되었다. 토양에서 윤곽이 드러난 전차 상부 구조, 바퀴의 외륜, 바큇살 모양의 자국들이 이를 입증한다. 이들 매장 제물은 1000년 내내 계속된 서쪽 초원지대의 전통을 따랐던 것으로, 100개가 넘는 수레와 마차가 매장된 채 발견되었다. 전차의 굴대〔수레바퀴 한가운데에 뚫린 구멍에 끼우는 긴 나무 막대나 쇠막대〕 길이가 실제로 이 지역의 앞선 초원지대 마차들과 동일했는데, 이는 전차 굴대가 다른 지역에서 차용한 것이라기보다는 오히려 지역적 발전의 산물임을 분명히 보여준다.

이런 발견물은 신속한 말 수송이 이루어졌음을 나타내는 가장 이른 시기의 기록이다. 고대 마차 무게의 20분의 1인 34킬로그램보다 무게가 적게 나가는(Piggott 1992: 17~18) 전차는 새로운 유형의 이동 수단이었다. 이것은 더 오래된 일체차륜─體車輪, solid-wheeled의 이동 수단보다 훨씬 가볍고 빨랐다. 신타시타의 짐수레 말들은 순종이고 다리가 꽤 가늘었으며, 기갑까지 몸높이가 13~14핸드[130~140센티미터]였다(Kuzmina 2008: 44). 신타시타-페트롭카 전차 바퀴들은 8~12개 바퀴살을 분리된 중앙 부분에 단단히 접합하는 것이 특징이었다. 분명, 말의 탁월한 속도를 이용하려는 특별한 목적을 위해 이처럼 정교한 이동 수단을 제작하는 광범위한 실험이 이루어졌다. 신타시타 북쪽으로 130킬로미터쯤 떨어진 크리보예호[러시아 첼랴빈스크주에 있는 작은 호수]에서 말 두 마리의 두개골이 기원전 2026년까지 거슬러 올라가는 마차와 함께 매장되었다. 그 두개골 옆에서는 돌살촉石鏃, 청동 도끼, 단검에 둘러싸인 원반 모양의 뼈로 된 재갈 막대기 4개가 발견되었다. 모양이 비슷한 재갈 막대기와 함께 말 뼈가 볼가강, 돈강, 도네츠강 전역에 걸친 유적에서 발견되었다(Anthony and Vinogradov 1995: 38~40; Kuzmina 2000: 119). 실제로, 유형이 각각 다른 굴레를 씌워보는 광범위한 실험이 이 시기에 행해졌던 듯하다. 굴레의 초기 유형은 말의 코 위에 있는 단순한 재갈 막대기 가까이에 단단히 고정시키는 끈이었다. 그 뒤를 이어 다양한 작은 구멍이 있는 좀더 복잡한 재갈 막대기 가까이에 뺨끈을 고정시켰다. 방패 같고, 홈이 있는, 막대 형태의 재갈 막대기를 동시에 사용함으로써 효율성을 최대로 높이고자 했다(Kuzmina 2007: 115; 2008: 52).

근동에서 남쪽으로 당나귀 또는 야생당나귀 잡종 무리가 끄는 일체

차륜 전차(그림 2.7)가 기원전 2800년부터 메소포타미아 전투에서 효율적으로 사용되었다. 카룸 카네시 IIKarum Kanesh II(퀼테페Kültepe)의 인영에서 입증된 것처럼 바큇살이 4개인 전차가 기원전 1950~기원전 1850년경 아나톨리아에서 이용되고 있었다. 이 전차는 전투용 도끼를 휘두르는 한 사람이 몰았으며 코뚜레에 연결된 줄로 통제된 두 마리 말이 끌었다(그림 2.8). 가벼운 말이 끄는 전차는 기원전 제3천년기의 조잡한 전차를 즉각 구식으로 만들어버렸다(Anthony and Vinogradov 1995: 38~40; Kuzmina 2000: 119). 굴레, 재갈, 고삐를 사용하는 중요한 혁신이 근동 전역에서 코뚜레와 코끈으로 말을 통제하는 원시적 방식을 대체했다(Drews 2004: 49~51). 더욱이 기원전 제2천년기 중반에 가벼운 말이 이끄는 사냥용, 군사용, 의례용 전차는 급속히 확대되었다. 이는 서쪽으로는 에게해와 중부 유럽까지, 남쪽으로는 초원지대를 가로질러 인도까지 이르렀고 기원전 제1천년기 말에는 동쪽으로 중국까지 확대되었다(Pare 1992: 16; Parpola 1999: 200). 굴레 기술의 발전은 전차에 국한되지 않았을 것이다. 말 타기에 효율적인 재갈도 이 무렵에 발전했을 것이다. 기원전 1700~기원전 1300년으로 거슬러 올라가는 안쪽 끝이

[그림 2.7] '우르의 스탠더드Standard of Ur'[수메르의 인공 유물]에 나오는 전차. (Littauer and Crouwel 1979: fig. 3)

제2장 에쿠스 카발루스 : 말 사육 그리고 유라시아 초원지대를 가로지른 농목축업

[그림 2.8] 4개의 바퀴살이 달린 전차가 표현되어 있는 카룸 카네시 II(퀼테페)의 인영. (Littauer and Crouwel 1979: fig. 29)

톱니 모양인 직사각형 뼈 장식판들이 볼가강 상류 코마롭카의 말 두개 골 옆에서 발견되었다(Piggott 1939: 99). 이곳의 무덤에서 기존과는 달 리 말 무리 대신에 한 마리의 말만 매장되었다는 점을 들어, 드루스는 (Drews 2004: 55) 이런 재갈 막대기를 말의 조종보다는 말 타기의 증거 로 보고 있다.

앤서니는(Anthony 1995: 562) 초원지대에서 최초로 함께 나타났던 중 요한 특징인 빽빽하게 요새화된 주거지, 전차병, 호화로운 매장, 말 희 생제의 또한 아리아인의 특징이었다고 주장한다. 아리아인은 북쪽에 서 중앙아시아를 가로질러 인도 아대륙을 침입했다. 앤서니도 파르폴라처럼 신타시타, 페트롭카, 뒤이은 안드로노보를 남쪽과 연결하는 흥미로운 특징을 밝히고 있다. 앤서니가 신타시타-페트롭카의 매장에 대해 기술하는 상세한 내용은 고대 인도의 『리그베다』에서 구체적으로 언급된 의식들과 큰 유사성을 갖는다. 예컨대 두 마리 말이 한 조를 이루는 전차에서 말 두개골과 앞쪽 하지가 달라붙은 가죽이 무덤에 놓여 있었다. 분리된 뒷다리는 꼼꼼하게 절단되어 따로따로 펼쳐져 있었다. 이는 말 제물이 절단되어 엄격히 규정된 순서로 바쳐졌고 남은 고기는 의식에 따라 축제에서 먹어치웠다는 『리그베다』에서 묘사된 의식들과 유사하다. 『리그베다』에서 칭송된 것처럼, 신타시타에서 망자는 흙 둔덕으로 덮인 나무로 만든 방에 매장되었다. 그러나 훨씬 더 주목을 끄는 것은 아타르바나Atharvana의 아들인 불의 사제가 부르는 『리그베다』 찬가에서 쌍신雙神 아슈빈Aśvin◆이 불의 사제의 머리를 잘라 말 머리로 대체했다는 점이다. 이는 신성한 벌꿀 술 헌주獻酒의 비밀을 알기 위한 것이었다. 놀랍게도, 볼가강 가까이에 있는 신타시타-페트롭카의 다른 한 유적에서 희생제의에 바쳐져 목이 잘린 인간 제물이 앞서 말한 말 머리가 갖추어진 무덤에서 발견되었다(Anthony and vinogradov 1995: 40~41).

초원지대 농목축자의 남쪽 이동을 나타내는 추가 증거는 BMAC, 즉 기원전 2200년경 아랄해 남쪽의 사막 오아시스에서 관개농업을 위해 이란고원지대로부터 북쪽으로 이동했던 말이 없는 청동기시대 농

◆ 고대 인도의 『리그베다』에 나오는 의술의 신. 말, 가축, 농업의 보호자 역할도 하며, 말의 머리를 하고 꿀을 좋아하는 것으로 그려진다. 아슈윈.

경민에게서 나온다(Hiebert 1998: 151~153).[10] 초원지대에서 침략해온 말 목동과 마르기아나의 정착 농경민들은 화재로 파괴된 나마즈가 5기 Namazga Ⅵ♦ 주거지들에서 입증된 것처럼 처음에는 서로 적대적이었다 (Kuzmina 2008: 73). 하지만 나중에 BMAC의 요새화된 성채에서 보게 되는 안드로노보 도자기는 두 집단 사이의 사회적 상호작용, 특히 불 제단을 포함한 신전 의식과 마황에서 추출된 환각 음료 조제에서 상호 작용이 이뤄졌음을 나타낸다. 이런 불 제단과 이에 부수된 재 받이는 이후 『리그베다』와 『아베스타』에서 정교하게 구성된 불 의식과 긴밀한 조화를 이룬다. 기원전 1500년경에는 안드로노보의 변형인 타자바갸 프Tazabagyab 문화가 아랄해 근처에 뿌리 내려 소규모 관개농업을 했다. 타지키스탄에서 남쪽으로 훨씬 더 멀리 떨어진 곳에서 다른 안드로노 보 집단들이 비슈켄트와 바흐슈에 정착했다. 이곳에서 직사각형 화로 를 남성의 매장과 연결 짓고, 원형 화로를 여성의 매장과 연결 지어 생 각하는 양분된 의식은 인도·아리아인이 인도 아대륙을 향해 남쪽으 로 이동한 경로를 나타낸다. 이런 매장 의식은 훗날 파키스탄과 베다 시대 인도Vedic India의 스와트Swāt〔지금의 파키스탄 힌두쿠시산맥 서남부에 있 는 지방〕 문화의 특징으로 알려진다(Mallory and Mair 2000: 260~266). 인 도가 말의 조상인 야생말의 서식지 바깥에 있다는 점에서, 말이 하라

---

10 흥미롭게도 이제 박트리아의 낙타가 가축 무리를 보완하는 역할을 하게 되었 다. 박트리아의 낙타는 남부 투르크메니스탄에서 기원전 제4천년기 후반부에 사육 되었다(Kuzmina 2008: 66~67).

♦ 지금의 투르크메니스탄 수도 아시가바트 동남쪽의 선사 농경목축 문화. 나마 즈가 5기는 청동기시대에 속한다. 마제토기와 채문彩文토기 등이 출토되었다.

파 문화에서 사육되었다고 주장하는 토착 아리아인의 가설은 고古동물학자들에 의해 단호하게 거부되었다. BMAC의 무역 접촉에 뒤이어 기원전 제2천년기 동안 아프가니스탄을 경유해 인도로 들어온 것은 유라시아 초원지대에서 온 안드로노보 말이었다. 이때 농목축자들은 전차를 해체해 덮개가 있는 수레를 타고 이동 중이었다. 발루치스탄[지금의 파키스탄 서남부의 주] 볼란 고개를 통해 직접 인더스강으로 들어갔지만 파미르고원과 힌두쿠시산맥을 통과하는 더 힘든 통로로도 이동했다. 밤에는 수레들이 가축을 지키기 위해 원을 이루었으며, 가볍고 수송할 수 있는 조립식 주거가 발달했다. 상황이 좋으면 이들 인도·아리아인 침입자는 한곳에 정착해 보리를 파종하고 수확하곤 했다. 이 침입 경로를 따라 안드로노보 도자기와 안드로노보-페도로보의 표식인 트럼펫 모양의 귀걸이가 발견되었다. [지금의 이란] 쿠라브에서는 낙타가 그려진 도끼가 발견되었다. 게다가 영웅적인 전투의 유적인 [지금의 인도] 쿠루크세트라에서는 안드로노보 유형의 도끼가 나왔다. 또한 말, 전차, 그리고 [지금의 인도] 치바르날라에서는 적에게 활을 쏘고 있는 태양의 머리를 한 사람, 즉 고대 아리아인의 태양신 미트라Mithra의 조각상이 뚜렷하게 나타났다. 하탈라Hathala[지금의 파키스탄 카이베르파크툰크와주洲 데라 이스마일 칸 지구]의 하라파 주거 유적들 위로 화장된 시체와 제물로 바쳐지는 말 두개골 및 다리뼈를 매장하기 위해 안드로노보 쿠르간들이 세워졌다(Kuzmina 2007: 324~328, 336~339). 앞서 살펴본 광범한 서식지를 가로지른 이동, 중앙아시아의 극한적 건조지대에 적응하는 반유목민 문화, 그리고 반유목민 문화가 새로운 생존 전략을 받아들이는 능력은 이러한 고대 초원지대 농목축자들의 유연한 적응성을 나타낸다.

동쪽 사막으로 침투한 기마인

타림 분지[11] 동쪽 사막보다 더 강력하게 오아시스 환경에 대한 적응이 입증된 곳은 없다. 그곳으로 기마인이 진출했음을 입증하는 출처는 놀랄 만하다. 19세기 말에 이렇게 멀리 떨어진 타클라마칸 사막으로 떠난 각각 다른 국제과학탐사 팀은 뜻밖에 미라로 만들어진 유로포이드Europoid[캅카스계 백인종]의 유물뿐 아니라 유로포이드의 수백 개의 뼈와도 맞닥뜨렸다. 미라는 파라오 시대에 이집트에서 행해진 신중한 방부 처리술 산물이 아니라 오히려 극도의 건조함과 겨울 추위라는 기후 조건에서 살던 사람들이 시체를 염분이 높은 토양에 매장한 데서 생겨났다(Mallory and Mair 2000: 29). 뒤이은 현대 고고학 연구에 따르면 유로포이드가 정착한 타림강 오아시스에는 기원전 2000년경 서북쪽부터 사람들이 거주하기 시작한 것으로 보인다. 이들은 체형, 매장 의식, 도자기에서 아파나시예보 농목축자들과 연결되는 유사성을 보인다. 앞서 살펴본 대로, 아파나시예보 농목축자들은 기원전 3600년경 볼가강 지역에서 알타이산맥으로 이주했다(Chen and Hiebert 1995: 243; Mallory and Mair 2000: 314~316). 타림강에서 행한 밀농사와 가축 사육은 분명 서쪽에서 유래되었다. 가죽 또는 양탄자로 밀폐한 채 관에 넣

---

11   지금의 중국 신장웨이우얼新疆維吾爾 자치구.

어진 유로포이드 시신들은 양모 담요에 싸여 비취 장식을 했으며, 초원지대 의례에서 널리 사용된 마황 자루로 운반되었다(Mallory and Mair 2000: 137~138). 보존이 가장 잘된 미라들이 처얼천Che'erchen 자군루크Zaghunluq〔중국 신장웨이우얼 자치구 체모且末 자군루커扎滚鲁克〕에서 복원되었으며, 이들 미라는 기원전 1000년 무렵의 것으로 추정된다. 가장 주목할 만한 미라는 키 190센티미터 이상에 유로포이드의 특징인 흰머리가 듬성듬성 나 있는 옅은 갈색 머리, 숱 많은 턱수염, 높은 콧마루, 둥근 눈구멍〔안와〕을 한 남자였다(Mallory and Mair 2000: 16). 처얼천의 남자는 채색된 양모 바지와 소매 있는 셔츠, 흰색 사슴가죽 장화를 착용했다. 더욱이 처얼천에서 발굴된 모자는 챙을 굽힌 형태였는데 머리 둘레를 둥글게 감기 위해 맨 아랫부분을 말아 올린 펠트 모자 한 개였다. 이 모자는 기원전 제1천년기에 아나톨리아에 침입한 프리기아 궁수들이 썼던 유명한 머리쓰개와 거의 흡사했다(Barber 1999: 33~34, 64). 타림강에서는 격자무늬 직물과 철제 유물도 발견되었다(Mallory and Mair 2000: 147, 217~218). 처얼천의 남자와 함께 발굴된 여성 시신 세 구는 과부 순장Sutee◆을 암시했다. 옆에는 두 눈이 푸른색 돌 두 개로 가려진 한 아이의 시신이 따로 떨어져 매장되어 있었다. 아이 곁에는 양의 젖통으로 만들어진 젖병이 놓여 있었다. 주主 무덤 입구에는 가죽으로 만든 말안장이 흰색 펠트 담요 맨 위에 놓여 있었고 위쪽에는 말머리와 앞다리가 있었다(Barber 1999: 45, 50~52). 안장, 바지, 장화는 말

◆ 수티 혹은 사티satī. 원래 남편을 화장할 때 아내도 함께 화장해 매장하거나 남편이 죽은 직후 아내 스스로 따라 죽는 힌두교의 옛 풍습을 가리킨다.

할 필요도 없다. 결국 유로포이드가 말을 타고 다녔다는 데는 의심의 여지가 없다!

훨씬 더 오래된 유물인 양모 바지(방사성탄소연대 측정으로 기원전 13~기원전 10세기로 추정되는)가 최근에 투루판의 타림강 오아시스에 있는 양하이 무덤洋海墓群에서 발굴되었다. 각각 3개의 천 조각을 꿰매 붙인 바지를 입고 있는 매장된 남자 시신 두 구였다. 양편 허리에서 발목까지 이어지는 천이 열십자 모양의 가랑이 이음새로 중앙에서 연결된다. 이렇게 해서 다리 두 부분을 모아 맞추어 한 벌의 옷을 만들었다. 가랑이 이음새에는 마찰을 최소화하기 위해 이음매가 없었다. 추가로 말을 타거나 몰 때 다리를 옆쪽으로 최대한 벌릴 수 있도록 접혔다. 말을 타고 장거리를 갈 때 하반신과 생식기를 보호하도록 고안된 바지는 유라시아 초원지대에서 지배적인 생존 방식으로서 유목 목축이 전적으로 시작되었음을 알리는 신호다. 게다가 망자와 나란히 있는 두 무덤에서 가죽 안장, 굴레, 채찍, 나무 재갈, 장식된 말 꼬리, 활, 화살, 전투용 도끼 등의 매장품이 발굴되었다. 기마 복장의 핵심인 두 갈래로 나뉜 바지는 기마 전투 동안 몸을 가장 자유롭게 움직일 수 있게 함으로써 전투의 효율성을 높이는 데 기여했다(Beck, Wagner, Li, Durkin-Meisterernst, and Tarasov 2014).

1907년 둔황敦煌에서 유명한 탐험가 아우렐 스타인 경Sir Aurel Stein(1862~1943)이 좀더 이후의 사건과 관련되는 똑같이 놀라운 발견물 하나를 보고했다. 그는 한 도교 도사道士(왕위안루王圓籙)의 신임을 얻어 기적적으로 수백 개의 고대 문서 전체가 보존된 동굴을 발견했다. 문서에 쓰인 다양한 언어는 수 세기에 걸친 동쪽과 서쪽 사이의 광범한 접촉을 입증한다. 그렇지만 가장 놀라운 발견은 5~9세기로 추정되는, 이제까지 알려지지 않은 인도·유럽어인 토하라어◆로 기록된 문서였다. 토하라어는 초원지대 인근 이란어와는 크게 다른 반면 서쪽의 고대 켈트어와는 유사했다. 토하라어가 중국어에 끼친 영향은 토하라어 B 방언의 'mit 꿀'에서 유래된 'mjit 꿀'에서 입증된다.(영어의 벌꿀 술을 뜻하는 mead와 산스크리트어의 madhu는 어원이 같다. Boltz 1999: 87; Wood 2002: 64). 따라서 풍부한 유물이 광범위하게 분포된 타림강 유역을 가로질러 발견된, 금발에 피부가 흰 유로포이드 미라들은 토하라어를 쓴 사람들로 여겨지며 잠정적으로 월지月氏 조상들로 확인되었다. 한족漢族의 역사 문헌에 따르면, 월지족은 수가 많고 강력한 부족으로 기원전 제1천년기 말에 이 지역[지금의 중국 서북부 간쑤성甘肅省 서부 지역]에 거주했다고 한다. 기원후 제1천년기부터 머리털이 붉거나 흰 수도승들과 푸른 눈을 한 기병들이 그려진 프레스코화는 이 지역에서 장기간 유로포이드가 존재했음을 더 확실히 입증해준다(Mallory and Mair 2000: 25).

◆ 지금의 타림 분지 중국령 투르키스탄 북부에서 사용하던 인도·유럽어. 기록에 따르면, 토하라어에는 동쪽의 투루판吐魯番[지금의 중국 신장웨이우얼 자치구 우루무치烏魯木齊 동남쪽 도시]에서 나온 토하라어 A 방언과 주로 서쪽의 쿠처庫車[신장웨이우얼 자치구 오아시스 지대]에서 나왔지만 투루판 지역에서도 나온 토하라어 B 방언이 있다고 한다.

인도·유럽어족의 디아스포라

지금까지는 유라시아 초원지대를 가로질러 저 멀리 거주하기에 적절치 못한 동쪽 사막까지 농업과 가축 사육의 확대를 추적했다. 그곳에서는 기원전 2000년경 유로포이드 기마인들이 중국 서북 국경지대의 건조한 타림강 유역으로 진출했다. 더욱이 이런 선구자들이 다소 불가사의한 인도·유럽어인 토하라어를 말했을 거라고 기록되어 있다. 이제 토하라어를 더 많이 알기 위해, 전에는 거의 입 밖에 내지 않은 연구 분야인 비교언어학 또는 역사언어학으로 관심을 돌려야 한다. 거기서 인도·유럽어족 혈통 중에서도 지뢰밭이라 불렸던 분야에 조심스럽게 발을 내디딜 것이다. 인도·유럽어족 언어들의 개념은 1786년에 형성되었다. 그때 웨일스인으로 인도에서 재판관을 지낸 윌리엄 존스 경Sir William Jones(1746~1794)은 고대 산스크리트어, 라틴어, 그리스어의 상호 관련성을 입증했을뿐더러 이 언어와 페르시아어, 게르만어파, 켈트어파 사이의 관련성에도 주목했다. 따라서 그는 이들 언어가 하나의 조상 언어에서 나온 공통 친족 관계라는 가설을 세웠다. 지난 몇 세기 내내 인도·유럽어족의 발원지를 발틱해에서 힌두쿠시산맥 그리고 북아프리카까지 다소 일정하지 않게 설정하는 주장들이 제기되었다. 고고학을 감크렐리즈데T. V. Gamkrelizde와 이바노프V. V. Ivanov의 언어학 연구에 결합시키는 한 이론은(Gamkrelizde and Ivanov 1983) 아나톨리아에서 서쪽으로 유럽까지(Renfrew 1990: 168~174) 그리고 동쪽으로 인도까지(Renfrew 1990: 189~197) 인도·유럽어족 언어들이 확대된 것은 농업이 팽창했기 때문이라고 주장한다. 하지만 이 같은 주장에 대한 반대 근거를 들자면, 아나톨리아에서 동쪽으로 인도까지 가로지른 지역들을 수많은 비인도·유럽어족의 고대인들이 차지했다(Mallory 1996: 150, 178~179).[12] 이와는 대조적으로, 서쪽 초원지대에서 파생한 아파나시예보 분파인 타림강 지역의 토하라어는 또 다른 언어학자와 고고학자들에게 유라시아 초원지대가 최초의 중심지였을 가능성에 대해 연구하도록 자극했다. 이곳 유라시아 초원지대에서 인도·유럽어족 언어들은 유라시아와 아시아를 가로질러 서쪽과 남쪽으로 퍼져나갔다(Anthony 1991b; Mallory 1996; Mallory and Mair 2000; Parpola 1999).[13]

언어의 기원 탐구에서 인정해야 할 것은, 언어에서 변하지 않는 한 가지는 언어가 끊임없이 변화하는 현실 세계에 반응해 항상 변하고 있다는 점이다. 언어는 확산되고, 다양해지며, 서로 영향을 미친다. 그러나 언어 사용자들은 특정 지역과 시간의 범위 내에서 비교적 유사한 언어 변화 과정을 따른다는 점에서 언어의 연속성이 파악될 수 있다. 차용어 또는 다른 어군 결합이 문제를 일으킬 수도 있지만, 이는 언어 기술의 축적으로 처리될 수 있다(Mallory 1996: 22~23, 112). 따라서 언어 간의 역사적 비교는 음운 체계 모방에 대한 합리적 모사를 복원하

---

12 유럽은 그 자체로 원래의 발원지로는 배제된다. 왜냐하면 고대 유물인 다양한 비인도·유럽어족 언어, 즉 바스크어, 에트루리아어, 이베리아어, 타르테수스어, 선형 A문자Linear A[기원전 1700경~기원전 1600년경에 크레타섬에서 쓰였으며 아직 해독되지 않은 문자]가 남쪽 주변부에 존속했기 때문이다. 무엇보다 이는 일찍이 언어의 다양성이 유럽 대륙 전역에 널리 퍼져 있었음을 암시한다. (Mallory 1996: 147)

13 이러한 입장에 따라 일찍이 슈라더(Schrader 1890), 차일드(Childe 1926), 구디너프(Goodenough 1970)가 그리고 부분적으로 김부타스(Gimbutas 1997b)가 대략적 설명을 제시했다.

고 멀리 떨어진 공통 조상 언어의 어휘를 수집하는 일에 착수한다. 먼 공통의 조상 언어란 오래전에 사용했지만 오늘날 더는 사용되지 않는 언어이며, 이런 고대 언어의 조상에서 더 많은 최근 언어가 진화했다(Goodenough 1970: 254). 예컨대, 관련은 있지만 지리적으로 분산된 언어들에서 '양sheep'과 어원이 같은 산스크리트어의 *avis*, 그리스어의 o(w)is, 라틴어의 ovis, 리투아니아어의 avis, 영어의 ewe를 조사함으로써 원시 인도·유럽어proto-Indo-European, PIE에서 조상 단어인 *owis를 결정할 수 있다.[14] 어휘 외에도 인도·유럽어족 언어들의 문법 체계와 어형 변화에서 유사성이 분명히 존재한다. 언어 전체에서 역사적 관련성이 입증될 뿐 아니라 복원된 문화적 어휘를 조사함으로써 원주민의 거주지 관련 배경 정보를 추론할 수 있다. PIE에서 식물학과 동물학 어휘들은 둘 다 온대 지역을 가리킨다. 온대 지역에서 생존은 약간의 농업과 함께 가축 사육을 기반으로 한 듯하다. 예컨대 '경작지field'를 뜻하는 *argos와 '씨앗seed'을 뜻하는 *semo처럼 농업 용어가 존재하지만 더 주목할 것은 가축화된 동물 관련 단어들이다. 즉 '양sheep'을 뜻하는 *owis, '돼지swine, 암돼지*sow'를 뜻하는 sus, '돼지pig'를 뜻하는 *porkos, '염소goat'를 뜻하는 *aig, '거세된 황소castrated ox'를 뜻하는 *uksan, '소cattle'를 뜻하는 *gwows, '말*horse'을 뜻하는 ekwos는 분명 서쪽 초원지대 환경과 일치하는 특성을 나타낸다(Mallory 1996: 113~119).

인도·유럽어족의 정확한 발원지를 찾아낼 수 있는 가장 강력한 증

---

14 관례적으로, 복원된 조상 언어는 접두사 'proto-'를 붙여 표시한다. 단어와 소리는 별표로 앞에 표시된다.

거는 인도·유럽어족 언어의 대어족大語族, phylum에서 나타난 중요한 분할, 즉 켄툼centum어군 언어와 사템satem어군 언어 사이의 차이일 것이다. *centum*은 라틴어로, satem은 고대 페르시아어로 숫자 100을 의미한다. 켄툼어군에는 켈트어파, 이탈리아어, 게르만어파, 그리스어, 아나톨리아어, 토하라어가 포함된다. 이들 언어 모두는 PIE의 *k'mtom, 라틴어의 *centum*처럼 PIE의 경음硬音 *k를 보존했다. 이에 반해 사템어군인 발트어, 슬라브어파, 알바니아어, 아르메니아어, 아리아어(이란어와 인도·아리아어)는 경음을 포기하고 대신 satem의 경우처럼 구개음화된 s음을 택했다(Mallory and Mair 2000: 121). 〔그림 2.9〕에서 볼 수 있듯(토하라어의 두드러진 이형異形과 함께), 이런 분할은 인도·유럽어족을 실제로 둘로, 즉 서쪽에서는 켄툼어군 언어로 그리고 동쪽에서는 사템어군 언어로 나눈다. 중요한 것은 이 분할이 암시하는 바에 따르면 언어 팽창이 한쪽 극단에서 다른 쪽 극단까지 단순히 직계로 확대되었다기보다는 중심 발원지에서 원심적으로 퍼져나갔다는 점이다.

물론 그러한 원심적 팽창이 언제 어디에서 일어났는지가 다음 문제다. 역시 역사언어학이 해답을 제시해줄 수 있을 것이다. 엄청난 양의 PIE 차용어가 볼가강과 오비강 사이의 북쪽 삼림지대에서 기원전 제3천년기 동안 사용된 원시 핀-우그리아어파proto-Finno-Ugric에서 그리고 남쪽으로 흑해-카스피해 사이의 산맥에서 사용된 원시 캅카스제어에서도 나타난다(Anthony 1995: 559). 이것이 나타나기 위해서는 PIE 언어 사용자들이 두 집단 사이의 초원지대에 자리 잡았어야 했다. 물론 이 시기 초원지대 농목축자들은 남캅카스 남쪽에서 북방수림대〔아한대림〕 거주민들에게 금속을 적극적으로 교역하고 있었다. 원시 핀-우그리아

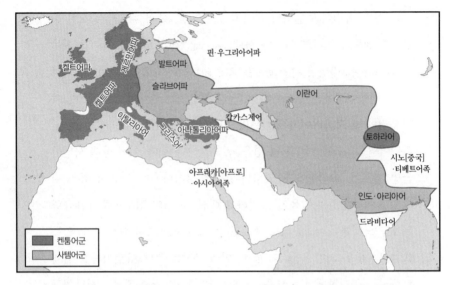

[그림 2.9] 켄툼어(짙은 부분)와 사템어(옅은 부분) 아족으로 구분되는 인도·유럽어족 언어. 뒤이어 기원전 제2천년기 말경에 인도·유럽어족(고딕체)이 형성된다. 이웃한 비인도·유럽어족어군(명조체) 또한 알 수 있다.

어파에서 켄툼어군 단어들을 꽤 일찍이 차용했다고는 하지만 다른 많은 켄툼어군 단어가 사템어군에 특징적이었던 변화―예를 들어 '돼지'를 뜻하는 PIE의 *porkos 대신에 원시 아리아어족인 *parsa로부터 나온 핀란드어인 parsas와 보탸크어인 pars―를 보여준다. 언어학자들은 원시 핀-우그리아어파가 기원전 2500년 무렵 볼가강-오비강 하류 유역에서 전파되었다고 보아 차용 전파 시기를 기원전 제3천년기의 더 이른 날짜, 약 기원전 3000~기원전 2800년으로 돌린다(Mallory 1996: 148~149; Parpola 1988: 94). 이때는 마차와 말을 가지고 있는 흑해-카스피해 초원지대 얌나야 문화가 볼가강을 가로질러 우랄강으로 확대해

간 시기였다. 아파나시예보인들은, 앞서 보았듯 기원전 3600년 경 얌나야에서 멀리 동쪽으로 이주했다. 이들의 이주는 사템어군화 출현보다 꽤 앞선 만큼(원시 핀-우그리아어파 차용어들에 의해 암시된 것처럼), 동쪽 알타이산맥-예니세이강으로 널리 퍼져 토하라어처럼 타림강으로 전파된 것은 켄툼어군 언어였다. 따라서 볼가강-우랄강의 지리적 위치와 결합해 기원전 제3천년기 초로 시기를 제한한 것은 얌나야 문화를 인도·유럽어족 혈통의 가장 그럴듯한 후보자로 만들어준다. 좀더 구체적으로 맬러리J. P. Mallory, 파르폴라, 앤서니는 스레드니 스토크-흐발린스크와 초기 얌나야가 PIE 언어의 예비 단계를 대표하고 중기 및 후기 얌나야 문화가 초기 확산과 언어 분화의 시기를 대표한다는 데 기본적으로 동의한다(Anthony 1991b: 214). 앞서 논의한 대로 고고학적 발견물을 통해 기원전 3000년경 얌나야 시기에 사방으로 주요한 디아스포라가 있었음을 알 수 있다. 이것이 켄툼-사템어군이 갈라지는 시기였을 가능성이 아주 높다. 이때 켄툼어군 사용자들이 유럽 전역의 서쪽으로 확산된 반면 초원지대에 남아 있는 집단은 사템어군의 특징을 발전시켜 아시아 전역의 동쪽과 남쪽으로 확산되었다.

켄툼어군 사용자든 사템어군 사용자든 서쪽과 남쪽과 동쪽으로 이루어진 모든 이주에서 마차와 말이 동반된 것으로 보인다. 왜냐하면 마차와 말을 의미하는 단어가 모든 주요 인도·유럽어족에서 존재하기 때문이다. PIE에서 '수레cart, 차car'를 뜻하는 *karros, '마차wagon'를 뜻하는 *wegheti, '굴대axle'를 뜻하는 *aks는 바퀴로 움직이는 이동 수단이 광범위하게 존재했음을 입증한다. 바퀴를 의미하는 두 어근 *kʷekʷlos와 *rot-eh가 많은 같은 어족의 단어와 함께 존재한다. 같은 어족의 단어로는 고대 프러시아어의 kelan, 고대 교회슬라브어인 kolo, 고대 노르웨이어(고대 노르드어)인 hvel, 그리스어인 kuklos, 산스크리트어인 cakra, 고대영어인 hweol, 토하라어인 kukal이 있다. 게다가 라틴어로 rota는 '바퀴'를 의미하고 아베스타어와 산스크리트어로 *ratha*는 '전차chariot, 마차wagon'를 뜻한다(Parpola 1988: 91). PIE의 신조는 맹세*h₁ oitos로 묶인 구두계약의 신성함 그리고 충성과 봉사에 대한 대가로 보호자가 피보호자를 지켜주어야 할 책임을 지지했다. 켈트어파, 게르만어파, 그리스어, 베다어 찬양시는 그러한 보호자들의 관대함을 경배한다. 이는 의심의 여지 없이 토착 농경민들을 침입자들의 팽창하는 목축민 경제로 편입시키려는 장치였다(Anthony 2007: 342~343). 요새화된 울타리를 의미하는 하나의 공통 단어를 산스크리트어의 pur, 그리스어의 polis, 리투아니아어의 pilis에서 볼 수 있다. '신속한swift'을 의미하는 *okus와 거의 틀림없이 연결되는 '말horse'을 의미하는 PIE의 *ekwos는 다음에 열거하는 같은 어족의 단어들, 즉 '암말mare'을 의미하는 루비어 a–su–wa, 산스크리트어 asva, 아베스타어 aspa, 토하라어 A방언 yuk, 토하라어 B방언 yakwe, 미케네어 I–qo, 그리스어 hippos, 베네토어 eku, 고대 영어 eoh, 골어 epo, 고트어 aihwa, 고대 아일랜드어 ech, 리투아니아어 asva의 조상 단어다(Mallory 1996: 119~121; Parpora 1995: 354).

퍼즐의 마지막 조각을 맞추기 위해 핀란드의 언어학자 아스코 파르폴라는(Parpola 1999: 200) 도자기·역사·언어 자료를 통해 새롭게 발명된 바큇살이 있는 전차를 타고 남쪽으로 인도 아대륙과 이란고원으로 뒤이은 아리아인의 이주 모형을 구성했다. 〔그림 2.10〕은 이를 간략하게 정리한 도표다. 사템어군 사용자들의 원시 아리아어가 켄툼어군의 인도·유럽어족 언어에서 분리된 뒤 기원전 2000년경 유라시아 초원지대에서 원시 서방·아리아어proto-West-Aryan와 원시 동방·아리아어proto-East-Aryan로 갈라졌다. 원시 서방·아리아어와 원시 동방·아리아어는 각각 인도·유럽어족 아리아어에서 분파된 이란어와 인도·아리아어의 조상 언어다. 기원전 1900년부터 박트리아-마르기아나 거주지와 힌두쿠시 산맥에서 사용된 원시 다사어proto-Dasa는 인도의 다사어가 신드 지방, 펀자브 지방, 갠지스강 상류를 향해 남쪽으로 갈라졌던 것처럼 원시 동방·아리아어에서 일찍 분리해나갔다. 기원전 1800~기원전 1700년경 서방·아리아어와 동방·아리아어가 확립되었다. 여기에서 서방·아리아어는 우랄강 서쪽 스루브나야 문화와, 동방·아리아어는 동쪽으로 안드로노보 문화와 관련된다. 파르폴라는 많은 다사족[15]이 남쪽 깊숙이 인도로 이주했던 반면 박트리아의 다사족이 중앙아시아에 머물렀다는 점에서 통상적인 이란·아리아어와 인도·아리아어보다 서방·아리아어와 동방·아리아어 사이의 차이를 선호한다. 중앙아시아에서 박트리아의 다사족 언어는 나중에 오늘날 아프가니스탄과 파키스탄의 고립된 북부 계곡에서 사용되는 거의 알려지지 않은 누리스탄 방언으로 진화한 것 같다. 기원전 제2천년기에 박트리아, 마르기아나, 페르가나, 구르간의 다사어들은 동방·아리아어에서 파생한 원시 사우마·아리아어proto-Sauma-Aryan의 영향을 강하게 받았다. 원시 사우마·아리아어 자체는 간다라, 스와트, 펀자브 지방 리그베다어로 진화했으며 나중에 인도 북부 평원에서 인도의 후기 다사어를 덧씌웠을 때 베다어가 되고 있었다. 카치 평원 피라크Pirak(기원전 1700)에서 발견된 말의 몸체 주위에 가냘픈 얼굴과 흰 다리를 한 말 타는 사람들의 작은 테라코타는 인도 아대륙에서 말 타기를 입증하는 최초의 직접적인 증거다(Parpola 1988: 150). 하지만 기원전 1천년기 무렵 동방·아리아어들은 원시 사카어proto-Saka가 카자흐스탄에서 늦게 후기 동방·아리아어를 동화하면서 그리고 아베스타어가 시스탄Sistan에서 사우마·아리아어를 동화하면서 서방·아리아어의 영향을 강하게 받았다. 서쪽을 향해 남부 카스피해와 아나톨리아 동부 지역으로 확산되었던 사우마·다사어Sauma-Dasa에서 갈라져나온 미탄니·아리아어Mitanni-Aryan는 중앙아시아에서 서방 이란어로 덧씌워지면서 나중에 메디아어와 고대페르시아어로 진화해갔다. 게다가 서방 이란어의 영향은 베다어의 인도까지 확대되었을지도 모른다. 기원전 800년경 초원지대에서 서방·아리아어는 폰투스, 우크라이나, 캅카스 지역 주변에서 킴메르·스키타이어Cimmerian-Scythian로, 동쪽으로 우랄강 너머 돈강에서 유래한 사르마티아어로, 카자흐 초원지대 동쪽에서 사카어로, 이란고원을 향해 메디아어와 페르시아어로 다르게 나타나게 되었다.

　초원지대의 변화하는 생태 환경이 부분적으로 아리아인들의 이 같

15　『리그베다』에서는 다사인들을 검은 피부의 적들로 설명하고 있어서, 일찍이 다사인들은 비非아리아어족으로 생각되었다. 그러나 오늘날에는 최초의 안드로노보인들이 남쪽으로 이주했을 때, 다사인들은 지역 토착민들과 결혼했고 자기네 영토를 지키기 위해 다사 요새를 건설했던 것으로 보인다. 산스크리트어의 pur는 어원적으로 그리스어의 polis와 관련 있다. 트리푸라Tripura(세 개의 동심원 성벽으로 이루어진 요새)의 신화는 베다의 신들과 아리아인의 왕들이 어떻게 요새를 파괴했는지 자세히 묘사한다. 다사인들은 사우마·아리아어를 이해했지만 분명히 인드라 신을 숭배하지도 사우마/하오마 제례를 시행하지도 않았다. 고전 산스크리트어로 '다사'는 전쟁포로 노예를 뜻한다(Parpola 1988: 109~110, 121~122, 131).

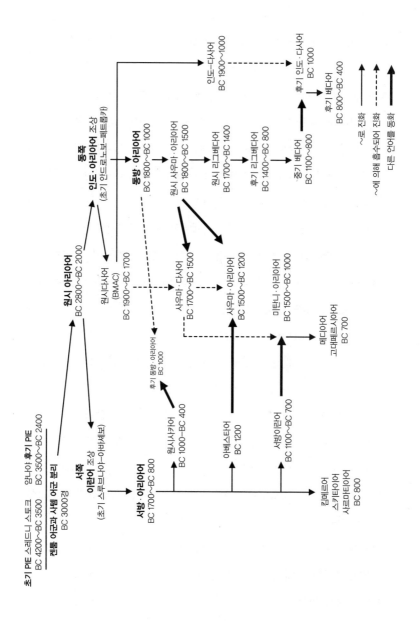

[그림 2.10] 초원지대에서 인도와 이란으로 이동하면서 갈라져나온 인도·유럽어족 언어들의 아리아어파.
(after Parpola 1999)

은 거대한 이동을 촉발했을 것이다. 더욱이 기원전 12세기경 나타난 기후 악화와 기온 저하로(Kuzmina 2000: 121) 이란의 서방·아리아어 사용자들은 계절적인 방목지 너머 초원지대의 더부룩하게 자란 초지를 이용하기 위해 대규모 가축 떼를 거느리고 수백 킬로미터를 연례적으로 순회하지 않으면 안 되었다(Khazanov 1984: 94~95). 하지만 이처럼 광범한 방목으로 전환한 데에는 단점도 있었다. 초원지대의 멀리 떨어진 지역들에서 가축 떼는 늘 외래의 약탈에 취약했다. 이는 공격용 무기 생산의 강화와 다양화를 자극했다. 이제 말 타기 수요는 크게 늘어났다. 그렇지만 말 탄 전사는 말을 제어하는 정도에서만 효과가 있을 뿐이었다. 따라서 앞선 시기의 가죽 재갈과 뿔 모양의 재갈 막대기가 질적으로 더 나은 금속 부품으로 대체되었다. 이런 부품 개선과 더불어 다른 말 장비와 기마 전투원을 위한 좀더 나은 방어용 갑옷이 점차 발전해나갔다(Kuzmina 2007: 412).

따라서 충분히 발달된 방목형 유목으로 극적인 전환을 이룬 것은 확실히 바퀴로 움직이는 기술의 도움을 받았지만 이제 전적으로 기마술이 가동되었다. 수 세기에 걸쳐 기본적인 형태의 재갈이 좀더 복잡한 형태로 체계를 갖춰나갔다. 기원전 제2천년기 후반 무렵에 막대 형태의 재갈이 카르파티아산맥부터 알타이산맥에서까지 광범위하게 사용되고 있었다(Kuzmina 2007: 358). 기원전 제2천년기 말경에는 정교한 재갈이 청동과 철로 만들어졌다. 새로운 천년기[기원전 제1천년기]에 접어들 때면 원래 전차 제어에 사용되었던 금속 재갈이 효율적 말 타기를 위해 초원지대에서도 사용되었다(Bokovenko 2000: 304~305). 타림 강 대목에서 언급한 대로, 기원전 1000년 무렵에 처얼천인은 가죽 안장, 양모 반바지, 승마용 부츠를 사용하고 있었다. 아나톨리아 프리기아인들이 착용했던 것과 유사한 앞 챙이 있는 펠트 모자가 처얼천에서 발견되기도 했다. 이제 청동제 굴레로 사람이 타고 있는 말을 완전히 제어할 수 있었던 것처럼, 가죽 안장 또는 두꺼운 안장깔개가 말 탄 사람을 부상에서 보호해주었다. 시속 50킬로미터 속도에서는 반바지와 장화가 말 탄 사람의 다리를 따끔거리게 하는 것을 방지해주었다. 더욱이 기원전 제2천년기 마지막 250년 무렵에 뒤쪽으로 휜 복합궁이 등장해 기병의 군사적 승리와 전차에 덜 의존하게 되는 데 한몫했다 (Kuzmina 2007: 138). 짧고 가벼운 활로 사냥과 전쟁에서 분당 12발 정

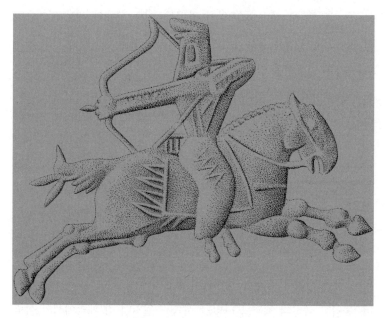

[그림 2.11] 기원전 제1천년기의 원통형 인장. 뒤로 화살을 쏘는 초원지대 기수다. (Littauer and Crouwel 1979: fig. 85)

도로 화살을 신속하게 쏠 수 있었다. 더 나아가 짧고 가벼운 활은 퇴각하면서 활을 사용할 수 있어 안장에서 민첩하게 활을 쏘는 게 가능했다(그림 2.11). 이는 사나운 사자나 야생 황소가 뒤쫓아올 때 반드시 필요했다. 이런 발전은 동쪽 초원지대는 물론이고 서쪽 초원지대에서도 나타났다. 서쪽에서, 기원전 1000년경의 것으로 추정되는 말 탄 사람의 작은 청동 인물상을 캅카스산맥 북쪽 경사면 코반Koban 매장지에서 되찾았다. 니사이아 평원 근처 자그로스산맥 바로 동쪽에 위치한 시얄크Siyalk[지금의 이란 카샨 지방] 묘지에서 청동제 재갈 막대기 및 재갈과 함께 반바지를 입고 말에 올라 탄 두 궁수를 나타내는 기원전 9세기 또는 기원전 8세기 유물로 추정되는 인장이 발굴되었다(Drews 2004: 47~48, 78~79, 82, 101~102). 앞서 말했듯, 이주 확대와 새로운 기술의 전파는 최초의 전차 수송과 뒤이어 도입되는 효율적인 말 타기로 얻게 된 놀라운 기동성을 입증한다. 더욱이 언어와 방언군이 끊임없이 서로 섞이면서 초기 유목 문화의 광범위한 상호 연관성이 여기저기서 나타난다.

요약

흑해-카스피해 지역에서, 유라시아 초원지대의 토착 동물이었던 말의 사육은 사회적·경제적·생태학적 요인이 복잡하게 상호작용한 결과다. 농업과 축산의 결과로 나타난 서쪽 초원지대 강 계곡에서의 삼림 벌채와 야생 사냥감 부족이 동쪽 초원지대 토지 이용을 증대시켜 자원 기반을 확대하도록 압박했다. 처음에는 사냥 대상이었던 말이 초원지대에서 최초로 손이 많이 안 가는 식량원으로 사육되었다. 그리고 말은 나중에 타고 짐 나르며 견인하는 동물로 사용될 것이다. 현재 진행 중인 연구와 토론은 결국 말의 이러한 여러 기능이 정확히 어떻게 발전해갔는가를 명확하게 밝힐 것이다. 하지만 기원전 제4천년기 중반에서 기원전 제3천년기 중반까지 총거리가 5600킬로미터에 이르는 동쪽 미누신스크 분지와 서쪽 보스니아까지 농목축자의 이주에서 아직까지 말을 효율적으로 탈 수 없었다면, 적어도 말이 짐 나르는 동물로 사용되었으리라고 추측하는 데는 무리가 없을 것이다.[16] 선두에서 이끄는 암말의 뒤를 따라 소규모로 무리를 지어 짐 나르는 말들이 각각 90킬로그램의 짐을 싣고 효율적인 수송을 하도록 조직될 수 있었다(Drews 2004: 24). 말 타기가 말 사육의 핵심인 지역에서 일부 부족에 의해 더 일찍 시작되었을 수도 있지만, 아마 이주라는 상황에서 초보적 말 타기가 처음으로 정기적으로 훈련되었던 것 같다. 일단 무거운 짐을 등에 싣는 데 익숙해지자 짐 나르는 말은 짐 행렬을 이끄는 민첩한 젊은이가 올라타는 것을 흔쾌히 받아들일 수 있었을 것이다. 그 이후 말 타기는 비록 안장을 깔지 않고 타는 것에 따르는 위험 때문에 처음에는 제한적 규모였다고 해도 정찰, 목축, 사냥활동에 보편적으로 사용될 것이다.

기원전 제4천년기 말경에 황소가 끄는 바퀴로 움직이는 이동 수단

16　말에 비해 짐을 절반만 나를 수 있고 속도 역시 절반에 지나지 않은 야마가 청동기시대 잉카족이 안데스산맥을 따라 3000킬로미터가 넘는 팽창을 가능케 했다.

이 등장하면서 수레를 말의 탁월한 속도 이용에 적응시키려는 데 온갖 노력이 경주되었다. 우연한 말 타기 동안 발전했던 원시적 수준의 기본적 재갈이 두 마리 말이 끄는 마차에 적용되었다. 무거운 원판형 바퀴로 움직이는 수레에 무겁게 짓눌려 빠르게 움직일 수 없었던 말이(Dietz 2003: 190) 재갈 기술에 따르는 세심한 실험에 적용할 수 있었다. 이렇게 해서 두 마리 말이 육중하고 어색하게 이동하는 황소보다 훨씬 더 빠른 속도로 이동하도록 제어할 필요가 생겨났다. 이에 상응해서 무게를 줄이기 위해 수레 구조와 바퀴 조립에서 개조가 이루어졌고, 이는 1000년 후에 경종마輕種馬가 끄는 전차의 출현에서 절정에 달했다. 짐수레를 끄는 소의 시속 3킬로미터에서 살을 단 바퀴로 움직이는 전차의 시속 33킬로미터로 이동 속도가 10배로 극적으로 빨라졌다(Piggott 1983: 89). 전차는 사격 범위가 넓었다. 또한 사냥꾼들에게 커다란 창을 포함해 더 많은 무기를 휴대할 수 있게 해주었으며, 사냥터에서 멀리 떨어진 기지로 더 많은 고기를 실어 되돌려보낼 수 있게 해주었다. 빠른 말이 끄는 전차는 기원전 제2천년기 동안 유라시아를 가로질러 동쪽과 서쪽, 남쪽을 침입하면서 치명적인 전쟁 도구로 사용되기도 했다.

기원전 1000년 무렵, 수 세기에 걸쳐 목축·사냥·침입으로 연마된 말 타기 기술이 완전한 군사적 역량으로 발전했다. 뒤쪽으로 휜 짧은 복합궁과 함께 대량생산된 슴베 있는 화살촉은 안장에 앉아 침투하면서 활을 쏘는 데 도움을 주었다(Anthony, Brown, and George 2006: 152). 고속의 말 타기는 인간의 이동에 급격한 혁신을 가져다주었다. 고속의 말 타기는 지리상의 거리를 급격히 단축해 사회적·정치적 지형을 영구적으로 변화시켰다. 건조 지역이 점점 늘면서 목축업자는 본격적인 유목으로 전환했다. 유목은 기동성이 가장 뛰어나고 광범한 가축 관리 방식이었다. 마침내 유라시아 초원지대가 개방되었다. 한때 인간의 거주를 가로막을 만큼 생태학적으로 적대적이었던 유라시아 초원지대가 대륙과 대륙 간의 빠른 소통 통로로 변했다. 말을 타고 초원지대 횡단에 성공함으로써 부족 영토는 확대되었으며, 그 결과 사방팔방으로 교역이 번창해갔다. 인접한 삼림지대와 사막 거주민들도 초원 거주지를 좀더 완전하게 이용할 수 있는 새로운 기술을 채택했다. 그러나 사람들의 대규모 이동으로 부족 간의 갈등은 한층 더 심해졌으며 기마인들이 근동과 인도와 중국의 위대한 충적토 문명을 정복하는 결과를 초래했다. 앞으로 여러 장에서 살펴보게 되듯이, 처음에는 전차병을 보완했던 기병이 훗날에는 전차병을 대신할 것이다. 그럼에도 전차는 오랫동안 신화와 의례에서 영웅과 신들을 실어 나르는 신성한 이동 수단으로 숭배될 것이다.

초원지대 유목민의 말 문화

간단히 말해, 앞 장에서는 기원전 4000~기원전 1000년에 흑해-카스피해 지역에서 서쪽으로는 유럽까지 그리고 동쪽과 남쪽으로는 중앙아시아 너머까지 이루어진 말 문화의 확산을 살펴보았다. 이번 장은 부분적으로 이러한 초기 몇천 년을 상세히 다루겠지만 유라시아 유목 목축업자들이 철기시대에 성취한 수준 높은 번영에 주로 초점을 맞춘다. 두려움을 모르는 기마인들은 대담하고 유능한 가축지기였으며 진취적 상인, 성공한 광물 탐사자, 숙련된 야금술사, 다양한 표현 수단에 조예가 깊은 대단히 뛰어난 예술가이기도 했다. 이처럼 점점 더 기술이 발전하는 환경에서 혁신적 도구와 무기가 전차병의 진화와 함께 발전했다. 계급제도가 점차 확립되는 사회에서 주요 기념비적 매장 봉분은 호화로운 말과 인간 제물의 유적이었다. 그리고 신화와 의식에서 이 시기 초원지대 너머 생활에, 결국에는 초원지대 훨씬 너머의 생활에 크게 영향을 끼친 복잡한 종교 개념들이 등장했다. 이 현상을 이해하기 위해 늘 그렇듯 고고학이라는 수단에 의존하지만 중국, 페르시아, 그리스 사료에도 기댈 수 있다. 하지만 먼저 유목민이 유라시아 초원지대에 적응하는 데 필수였던 발명품으로서 이동식 가옥인 격자 천막을 생각해보자. 이는 기능적으로서만이 아니라 의식적으로도 중요했다. 정교한 금속 도구로 만들어진 이 같은 접이식 곡목曲木 구조 덕에 유목 기마인들은 가장 멀리 떨어진 방목지로 가축 무리를 이끌었고, 가장 험준한 지형으로 진출할 수 있었으며, 유라시아 대륙 내부의 가장 가혹한 기후에서 살아남을 수 있었다. 불행히도 이러한 이동식 주거는 고고학 기록에서 거의 찾아볼 수 없다. 따라서 그 독창적인 건축에 대한 정보를 얻으려면 오늘날 기마 유목민 문화와 관련한 현대 민족지학적 연구로부터 도움을 받지 않으면 안 된다.

초원지대의 이동식 주거

기원전 제4천년기 얌나야 문화로부터, 최초의 이동식 주거는 고리 모양의 차양이 달린 덮개가 있는 유목민들의 마차였음을 알 수 있다(Piggott 1992: 23). 그러나 더 나중의 봉분들에서 만나게 되는 모형과 암각화들을 보면, 원시적인 천막은 초기에 마차 꼭대기에 설치되었던 것 같다. 이런 구조는 나무껍질이나 동물 가죽으로 덮인 어린나무에 잇대어 지은 중앙아시아 사냥꾼의 원추형 천막집 티피tipi에서 진화해나왔을 것이다. 사실, 더 나중에 몽골 족장의 의식용 천막은 전통적으로 수많은 눈표범snow leopard 생가죽으로 덮였다. 돗자리 재료나 비바람에 잘 견디는 펠트로 덮인 초기의 간단한 나무틀은 바퀴로부터 쉽게 들어올려 야영지에서 안정된 주거를 마련할 수 있었을 뿐만 아니라 기동성이 필요할 때 신속하게 원상태로 돌릴 수 있었다. 건축이 더 정교해지면서 처음에는 원추형이었고 나중에는 돔 모양이었던 구조가 짐 나르는 동물들이 수송할 수 있도록 접이식이 되었다(Andrews 1999: 17~18). 둥근 틀의 임시 가옥은 안드로노보 시대부터 알려져 있고, 인도 고대 문헌들에 따르면 베다의 아리아인들은 장대와 돗자리mat로 지은 접을 수 있는 이동식 주거를 충분히 알고 있었다(Kuzmina 2007: 66, 154~155에서 인용된 Atharvaveda 9.3). 몽골의 게르ger나 터키의 오이oy 또는 유르트yurt로 알려진 수많은 견고한 천막이 오늘날까지 초원지대에 흩어져 있다. 기원전 제1천년기로 추정되는 시초에 유목민들의 격자 구조 천막은 혹독한 겨울바람을 견뎌낼 수 있도록 잘 만들어졌다. 천막은 부족마다 방식과 세부 양식은 다르지만 수직 벽과 돔 모양 지붕으로 이루어진 기본 형태는 동일하다(그림 3.1). 대부분 버드나무로 된 천막 틀은 방사상으로 만나는 곡선 모양의 지붕 버팀목 한 세트에 의해 바퀴 모양 지붕의 테두리에 연결된 1.5미터 넘는 높이의 원통형 격자 구조 벽으로 구성되어 있다. 바퀴 모양 지붕의 테두리는 지상에서 약 3미터 높이의 둥근 지붕 꼭대기를 만들기 위해 가로로 설치된다. 격자 구조는 생가죽끈으로 교차점에서 단단히 고정된 내층과 외층 윗가지[지붕이나 벽에 흙을 바르기 위해 엮어넣는 가느다란 나뭇가지]들로 만들어진다. 격자 구조

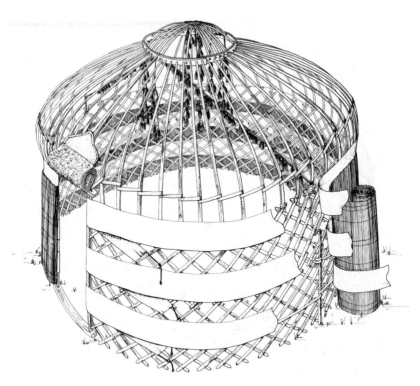

[그림 3.1] 현재 아프가니스탄 유목민들이 사용하는 격자 구조 천막. 밧줄과 망으로 테두리에 균형감을 확보했다. (Andrews 1997: Vol. 2, b7)

가 세워질 때 마름모꼴 틈새 조직을 만들도록 내층과 외층 모두에 똑같이 윗가지들이 배치된다. 꼭대기, 밑바닥, 가장자리에서 윗가지들은 머리 부분, 받침 부분, 접점으로 알려진 일련의 V자 모양 돌출부를 만들기 위해 마지막 교차점을 약간 넘어 늘어난다. 격자 구조 벽은 다루기 쉽게 수직 접점에서 접합되는 여러 부분으로 나뉘어 있다. 윗가지 끝부분을 겹쳐 연결 부위를 단단히 고정했다. 격자 구조의 받침 부분은 마찰을 일으켜 벽이 지면에서 밀려나지 않도록 했다. 입구 문설주들은 격자 구조 가장자리 부분들이 벽의 연속성을 마무리하는 데 꼭 맞도록 해준다. 벽의 안정성은 문설주마다 전체 구조물 주위에서 확보되는 하나 또는 그 이상의 층도리로 확보된다. 층도리는 기둥을 격자 구조 쪽으로 강하게 끌어당기고 상인방lintel◆과 문지방이 모두 팽팽한 상태를 유지하게 한다. 붕괴를 막기 위해 밝은 무늬의 폭이 더 좁은 띠들을 격자 구조 접점들 주위에서 나선형으로 둘러 감는다. 길이가 대략 같은 4개 격자 구조의 접합 부분과 함께 천막 뒤쪽과 양편에서 접점이 자연스럽게 나타난다.

바퀴 모양 지붕은 직경이 약 2미터이고 완전히 굽은 나무로 만들어지거나 또는 바큇살을 자르고 깎아낸 굽은 나무 테두리들을 짜 맞춘 것으로 디자인이 다양하다. 버팀목 끝부분과 배열된 바큇살들을 버텨내기 위해 테두리에 일정한 간격으로 방사상 홈이 파여 있다. 바큇살들은 원주를 빙 돌아 규칙적으로 배열되지 않고 원을 정반대로 교차해 둘 또는 그 이상의 짝으로 나뉘어 생가죽 핀으로 중앙에서 하나로 묶인다. 그 대신, 바큇살들은 십자 또는 부채 모양을 이루기도 한다. 바큇살을 이중으로 굽힘으로써 힘이 보강되었다. 바큇살은 바퀴 꼭대기를 덮고 있는 양모 펠트를 지탱해주는 동시에 쉽게 부러질 수 있는 테두리를 보강하는 역할을 한다. 바큇살은 테두리 내부 직경보다 더 길게 잘려 있으므로 중앙에서 30센티미터 깊이의 오목한 바퀴 모양을

◆ 창문 위 또는 벽의 위쪽 사이에 가로지르는, 나무와 돌로 된 수평재水平材. 창이나 문틀 윗부분 벽의 하중을 받쳐준다.

만들기 위해 위쪽으로 휘어진다. 이처럼 오목한 바퀴 모양은 그 위로 지붕 펠트의 가장자리를 지상에서 밧줄로 앞이나 뒤로 끌어당기기 쉽도록 표면을 볼록하게 만든다. 이렇게 해서 연기 구멍을 내기도 하고 창문이 빛이나 공기를 받아들일 수도 있었다. 곡선 모양의 지붕 버팀목은 비스듬히 기우는 고유한 성질 때문에 수직 상태를 유지하는 일이 무엇보다 중요하다. 이는 최대로 굽은 지점에서 각 버팀목 주위에 기다란 튼튼하고 좁은 띠를 둘러싸는 것으로 완성된다. 둘러싸는 두 개의 층도리 중 하나는 둥근 지붕 앞부분에서, 다른 하나는 뒤에서 이용된다. 이처럼 아름답고 복잡하게 엮은 천막 띠의 끝부분은 접점 부근 격자 구조에 고정된다. 따라서 아래로 향하는 끝부분은 천막 각 면에서 교차해 격자 구조에 둥근 지붕을 고정시키고 단단한 구조물을 완전히 안정되게 만든다. 천막을 세우는 동안 내부 구조는 조정될 수 있을 것이다. 겨울철에 세워지는 격자 구조는 덜 완전하게 개방해서 직경을 더 작게 한다. 이런 식으로 지붕 버팀목들이 더 가파른 각도로 경사지게 되고 지붕에서 강설을 더 잘 떨어뜨릴 수 있다. 폭풍우에 대비한 다른 장치는 바퀴 모양 지붕 양쪽에 매단 밧줄이다. 이로써 무거운 자루 하나로 무게를 더하거나 말뚝에 단단히 묶을 수 있다(Andrews 1997: 25~29, 33).

게르는 유목민들에 의해 우주의 축소판, 즉 아치형 지붕의 돔이 하늘로, 연기 구멍이 하늘로 가는 문으로 간주된다. 우주의 세 단계가 몽골의 주거 공간인 게르의 내부 색채에서 재현된다. 지붕 구멍 주위로 지붕 버팀목의 최상층 부분은 태양의 금빛으로, 좀더 아랫부분은 천상의 푸른빛으로 채색되어 있으며, 지상의 격자 구조는 주변의 펠트와 융단처럼 현세의 생산력을 상징하는 다양한 색상의 식물무늬로 장식된 상서로운 붉은빛으로 채색되어 있다. 게르는 생기를 불어넣는 남녀의 결합으로 여겨진다(Shakhanova 1992: 159). 거기서 나무 구조물은 남성들이 만들고 양모 펠트는 여성들이 만든다.[1] 천막을 치는 동안 남성과 여성은 함께 일한다. 맨 먼저 격자 구조 부분을 늘이고 서로 맞물리게 해서 문틀에 끼운다. 그다음 격자 구조 벽 외부에 등나무 줄기로 만든 가리개가 덧붙는다. 커다란 게르에서는 말 탄 남자가 바퀴 모양의 지붕을 세울 수도 있지만 바퀴와 두꺼운 상층 펠트를 올리는 데는 대체로 한쪽 끝이 두 갈래 진 장대가 사용된다. 똑같은 장대가 나중에 폭풍우 속에서도 구조물을 안정되게 하는 데 이용될 수 있으며 중요한 의식을 수행하기도 한다. 가족은 바퀴 모양 지붕과 지붕 버팀목을 연결하기 위해 함께 일하며, 곧이어 출입구 왼쪽으로 나서서 외부에서 뼈대를 덮는 넓게 펼쳐진 펠트를 제자리에 세우고 묶기 시작한다. 흰색 펠트가 선호되지만, 흰색 양모는 비용이 많이 들어서 다양한 색깔의 양모 혼합물이 사용된다. 그러나 흰색 펠트는 열취득과 열손실에서 이상적인 단열재다. 최소한의 표면적이 일정한 가로 바닥 면적을 에워쌀 수 있게 한 거의 반구 모양의 천막 구조는 단열에 도움을 준다. 결국 이러한 공간 절약이 펠트로 덮여야 하는 양모 덮개의 양과 운반될 재료의 양을 최소로 해준다. 천막 내부가 화재로 탈 위험도 있지

---

1   펠트는 부풀린 양모를 돗자리 위에 고르게 펼쳐놓은 다음 뜨거운 물을 뿌린다. 그러고는 말아서 다음 날 여행하는 동안 말 등에 묶어놓는다. 저녁에는 양모를 다시 물에 적시고 반대 방향으로 말아서 말 등에 묶어놓는다. 이 작업을 교대로 하면서 양모가 조밀하게 얽히고 아울러 말 이동 중의 흔들림이 양모를 이기고 치대어 산양 털과 섞이게 한다.

만 둥근 모양 때문에 천막 전체는 균일하게 따듯해질 수 있다.

천막을 칠 때는 햇빛을 최대한 많이 받기 위해서, 또 북쪽에서 불어오는 강한 바람에 맞서 천막을 보호하기 위해서 언제나 문은 남쪽으로 향하게 한다. 여름에 바닥은 맨땅일 수도 있지만 겨울에는 추가 단열을 위해 바닥 펠트 밑 땅에 골풀이 뿌려진다. 난로는 중앙보다 약간 앞부분에 위치한다. 겨울에 연기가 펠트에 스며들면 펠트는 진주빛 갈색으로 변하고 방수도 더 잘된다. 바퀴 모양 지붕 위의 구멍을 통해 들어오는 햇빛은 바닥이나 천막 측면에 빛을 드리운다. 이 한 줄기 빛이 낮 동안 천막 내부 주위를 돌면서 해시계처럼 작동한다. 원형 바닥이 일출 및 일몰과 관련되어, 그리고 네 기본 방위에 대응해 전체가 네 부분으로 나뉜다. 출입구 반대편의 천막 뒤쪽은 신성한 주거 공간 또는 의식이 거행되는 주거 공간이다. 이곳은 지체 높은 손님들을 위엄 있게 맞이하는 곳으로 여름에는 많은 나무줄기, 고급스러운 깔개, 킬림kilim,◆ 종종 액막이용으로 장식 술tassel과 부적으로 장식된 꿰매 붙인 펠트 벽걸이가 진열된다. 출입구와 난로 사이는 세속적인 절반의 공간으로, 동물을 보살피고 지위가 낮은 방문객들이 쪼그리고 앉아 머무는 곳이다. 천막의 절반은(뒤쪽에서 봤을 때 오른쪽) 장식용 마구, 마구, 승마 용구, 물을 보관하는 남성의 영역으로 간주된다. 염소 가죽 또는 양 가죽으로 만든 아이락airag[2](발효된 암말 젖) 자루는 새로운 젖에 옛 문화를 도입하기 위해 휘젓는 막대와 함께 근처 줄에 매달려 있다. 반

◆ 아나톨리아와 발칸반도, 터키, 이란 일부 지역 등에서 태피스트리 기법으로 짠 보풀 없는 바닥덮개.

　　　　　　　　　　　　　　　제3장 초원지대 유목민의 말 문화

대쪽은 조리 기구, 여성, 어린아이들을 위해 따로 마련된 곳이다. 이런 구조상의 분할은 물리적이 아닌 개념적인 것이지만 그럼에도 명확하다 (Andrews 1997: 29~35, 48). 아내는 가족 천막에서 종종 베를 짠다. 얼음처럼 차가운 초원지대의 바람에 맞서 온기를 제공하고 말 타는 동안 다리가 쓸려 따끔거리지 않게 하는 몸에 꼭 맞는 양모 옷 만들기가 아내가 할 일이었다. 바지는 분명 기마생활에 적응하려는 초원지대의 발명품이었다. 수평식 베틀이 땅에 고정되고 커다란 깔개가 바닥 공간의 절반을 차지하는 예가 흔하다. 중앙아시아 후기 청동기시대 무덤에서 발견된 카펫용 칼을 통해 파일 카펫pile carpet◆ 짜기의 기원을 적어도 기원전 1400년으로 추정할 수 있다. 수평식 베틀은 수직식 베틀보다 운반하기가 쉽다. 또 수평식 베틀은 분해해서 둥글게 말아 짐 나르는 동물에게 묶은 다음 카펫이 완성될 때까지 여러 차례 새로 짜 맞추었을 것이다. 수평식 베틀은 날실의 장력에 차이가 나게 해서 부족 깔개의 특징인 다소 불규칙적인 모양을 만들어낸다(Macdonald 1997: 15, 19~20).

유목민 결혼식에서 게르의 장대와 바퀴 모양의 지붕은 대단히 중요한 상징성을 지닌다. 신랑과 신부는 둘 다 의례적인 말을 주고받는다. 장대 옆에 선 남성은 자신이 여성의 달처럼 둥근 바퀴 모양 지붕의 위성이라고 말한다. 여기에는 장대를 남성의 힘으로, 바퀴 모양의 지붕을 여성의 자궁으로, 그리고 두 실체를 결합하는 게르를 수태와 임

2 　몽골어로 암말 젖으로 만든 가볍게 발효된 맥주를 말한다. 터키어로는 쿠미스 kumiss로 알려져 있다.[흔히 마유주馬乳酒라 한다.]
◆ 　주로 방의 바닥 전체에 붙여서 덮는 두껍고 무거운 직물의 통칭.

신 행위로 여기는 신화적인 비유가 있다. 게르에서 바퀴 모양이 장대 옆에서 높이 들어올려지는 곳은 배꼽으로 불리고, 말 굴레와 함께 장대가 출산 중인 여성을 지탱해주는 구조물이 된다. 펠트로 감싼 태반은 바퀴 모양의 지붕에 놓인다. 바퀴 모양 지붕의 원주는 다산하게 해주는 삼각형 펜던트들로 장식된다. 게르 내부의 검독수리golden eagle 또는 외부에 밧줄로 매어놓은 종마種馬는 악령들로부터 지켜주는 존재다 (Shakhanova 1992: 161~165). 앞으로 살펴보게 되듯이, 우주의 작은 세계로서 순환하는 부활과 재생의 중심인 반구형 게르의 고리 모양은 초원지대 장례식의 상징적 표현과 후대 유라시아 전역의 기념비적 건축물에도 반영된다.

초원지대에서 여성의 지위는 높다. 게르의 진짜 중심인 가족 난로는 "할머니", 즉 가족과 씨족을 보호하는 정령으로 불린다. 천막을 걷자마자 씨족의 할머니로서 천막 여주인은 새로운 야영지로 목탄을 운반해 씨족 구성원에게 나누어주는 보호 의식을 책임진다. 불은 유목민들에게 탄생에 비유되며 난로 주위를 빙빙 도는 의식은 생식력과 관련되어 씨족과 가족과 무리의 연속성을 보장해준다(Jacobson 1993: 188~189). 다음 목초지로 이동할 때가 되면, 소유물은 효율적인 방식으로 포장된다. 천막의 격자 구조들은 둘씩 짝을 이뤄 낙타 양쪽 옆구리에, 버팀목은 맨 위에, 펠트는 등을 가로질러서, 그리고 바퀴 모양의 지붕은 가로로 놓여서 모든 것 위에 실린다. 소유물을 그대로 둔 채 무너진 천막은 황소, 말, 또는 노새가 끄는 수레로 운반되기도 했을 것이다. 지위가 높은 족장들을 위해 상설로 세워진 거대한 게르는 스무 마리 정도의 황소가 끄는 수레 위에 실렸다. 이런 위풍당당한 구조물인 게르는 기원전 제1천년기 스키타이인과 사르마티아인의 공예품으로 알려져 있으며, 역사적으로 12~17세기 몽골족과 튀르크족과 타타르족에 대해 얘기해준다(Hildinger 2001: 8).

초원지대의 기술과 무기류

초원지대를 가로지른 인도·유럽어족 기마인의 분산에 앞서 어느 누구도 그렇게 빠른 속도로 그처럼 광범위한 거리를 이동한 적은 없었다. 그렇다면 번개 같은 속도의 이동에 도움이 되었고 유목민의 거추장스러운 짐을 효율적으로 운반할 수 있었던 기술 혁신에 대해 알아보자. 유라시아에서 바퀴로 움직이는 기술의 확산이 무척 빨라서 확산의 중심점이 있었는지 아니면 독자적인 다양한 발명품이 있었는지 밝히기란 불가능하다. 아마 나무를 굽혀 만든 중석기시대 썰매가 바퀴로 움직이는 이동 수단의 선조 격이었을 것이다. 바큇살 없는 원판형 차바퀴에 대한 최초의 증거는 불가리아의 비코바Bikova에서 발견된 제4천년기 모형에서 확인된다(Clutton-Brock 1992: 12). 기원전 3500~기원전 2500년에 바퀴로 움직이는 수송이 서유럽에서 인도까지 널리 채택되었다. 바퀴로 움직이는 최초의 이동 수단들은 굴대와 함께 한 쌍(수레) 아니면 두 쌍(마차)의 바퀴로 만들어졌다. 이때 양 굴대가 함께 회전하거나 또는 굴대는 고정되고 바퀴들이 자유롭게 회전한다. 짐을 끄는 한 쌍의 솟과 동물을 이용할 수 있게 한 것은 기갑에 얹거나 뿔에 매단 멍에가 있는 중앙 장대였다. 그 후에 말과科 동물―당나귀, 야생당나귀, 말, 이들의 잡종—을 짐 끄는 데 이용할 때, 비록 멍에는 말과 동물의 해부학적 구조에 적절치 않고 말과 동물의 견인력을 감소시켰다고 해도, 변형 없이 계속 이용되었다. 수레와 마차의 원판형 차바퀴는 짜 맞추지 않고 하나로 된 일체형 또는 복합형이었다. 꼭 맞는 장부촉과 관 모양으로 도려낸 내부 장붓구멍◆을 낸 모서리가 둥근 판자 (주로 3개이거나 2개)로 만들어진 복합식 원판형 차바퀴는(Piggott 1992: 17~18; 그림 3.2) 돌이나 부싯돌로는 만들어낼 수 없었다(Piggott 1983: 25). 세 부분으로 나뉜 바퀴를 만들어내려면 정교하게 제작된 새로운 금속 도구, 손잡이에 구멍이 있는 도끼, 손도끼, 칼날이 비대칭인 손 도끼날, 끌, 둥근끌이 발명되어야 했다(Piggott 1983: 58). 나중에 단단한 바퀴의 무게를 줄이려고 일부러 초승달 모양으로 구멍을 냈다(Piggott 1983: 25). 바퀴의 무게를 줄이기 위한 시도 중 또 하나는 가느다란 '횡목cross bars' 2개를 이용해 수직으로 가로지르는 1개짜리 직경 방향 막대인 가로장 형태를 도입하는 것이었다(Littauer and Crouwel 1977: 95).

앞서 본 대로, 우랄산맥 너머로 기원전 2100년경 신타시타-페트롭카 유적에서 한 무리를 이룬 두 마리 말과 함께 바큇살 있는 바퀴로 움직이는 전차들이 발견되었다(Anthony 1994: 561). 전차술에 대한 더 완벽한 증거는 시기상 더 늦은 흑해-카스피해 사이의 세반호 근처 르차센Lchashen 유적에서 확인할 수 있다. 기원전 1500년경으로 추정되는 아주 잘 보존된 두 대의 전차에서는 중앙에 위치한 굴대 위로 세워

◆ '장부촉dowel'은 이음이나 끼움을 할 때에, 구멍에 끼우려고 만든 장부(부재의 구멍에 끼울 수 있게끔 다른 부재의 끝을 가늘고 길게 만든 부분)의 끝을, '장붓구멍mortise'은 장부촉을 끼우는 구멍을 말한다.

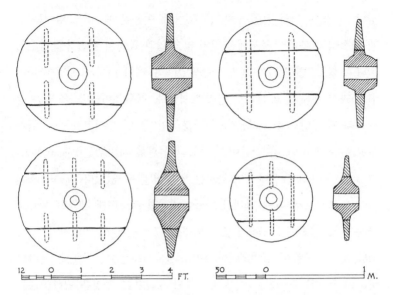

[그림 3.2] 3개 부분으로 된 원판형 차바퀴. 트리알레티 5호 고분과 29호 고분 출토(위쪽), 아르메니아 르차센과 네르 게타셴 출토(아래쪽). (Piggott 1968: fig. 7).

진 직사각형 전차 기수석이 꽤 상세하게 드러났다. 고정된 굴대 주위를 자유롭게 회전한 것이 28개 바큇살이 달린 바퀴였다는 사실은 크게 주목할 만하다(Shaughnessy 1988: 201; 그림 3.3). 말과 말가죽의 매장 옆에서는, "연결되어 있는, 말 입에 물리는 부분 그리고 투명 세공의 원판 또는 바퀴 모양의 재갈 막대기가 있는" 청동 재갈이 발견되었다(Piggott 1974: 18). 이러한 새로운 이동 수단은 무거운 짐 운반이 아니라 전쟁, 사냥, 또는 의식에서 속도와 기동성을 위해 설계된 근본적으로 새롭고, 가벼우며, 탄력 있는 이동 수단을 대표했다는 점에서 앞선 수레나 마차와는 달랐다. 바큇살 있는 바퀴가 2개 달리고, 최소 인원에 적합하며, 중앙의 견인용 장대로 연결된 2마리 이상의 말이 끈 전차는

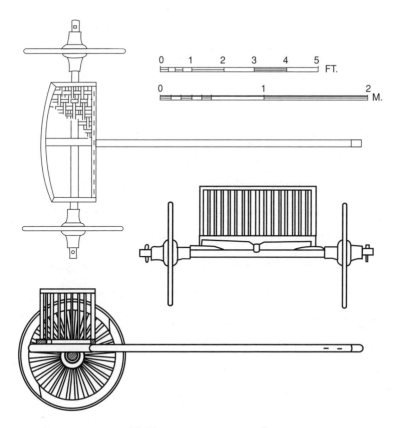

[그림 3.3] 전차 실측도(르차센 11호 고분 출토). (Piggott 1974: fig. 1)

더욱더 계급화된 사회의 엘리트 집단 무덤에만 매장된 고급 이동 수단
이었다. 정교한 전차 기술은 경제적·정치적 이점을 안겨주었다. 군사적
힘을 보유하면서 전차는 신성한 탈것, 실제로는 신들의 이동 수단으로
간주되었다(Littauer and Crouwel 2002: 48).

오늘날 자동차의 전신인 이 같은 놀라운 새 이동 수단을 구성하는
세 가지 기본 요소는 전차 기수와 전투원들을 실어 나르는 기수석, 굴

제3장 초원지대 유목민의 말 문화

대와 바퀴의 조립, 마구의 조립이었다. 1~2명(나중에는 3명)의 기수가 선 채로 타는 기수석은 보통 뒤쪽이 트인 채로 측면 또는 난간에 에워싸여 있었다. 바큇살 있는 바퀴[스포크 휠]는 바퀴를 굴대에 고정시키는 핀으로 단단히 고정된 관 모양의 금속관들 사이의 굴대 위에 장착되었다. 바큇살은 바퀴 중앙 부분에서 퍼져나가 나무를 굽혀 만든 바퀴테에서 단단히 접합되었다(Shaughnessy 1988: 192~193). 나무를 굽히는 기술은 나무를 잘라 모양을 만들고 밤새 물에 담가둔 다음 난로 위에서 세로 상태로 가열했다. 나무는 이 단계부터 고정된 작업대에서 지레 장치에 의해 정확한 굴곡으로 구부려졌다. 그런 다음 조립 준비가 될 때까지 며칠 동안 땅 위 말뚝들 사이에서 형태를 유지했다. 기원전 제2천년기에는 청동과 철 부품이 이동 수단에 사용되곤 했다. 견인용 장대는 굴대를 벗어나 고정되기도 해서 말 기갑 높이 약간 위쪽에 미칠 때까지 전차 기수석 아래에서 앞쪽으로 회전한 다음 위쪽으로 곡선을 이루고는, 말 기갑 높이 약간 위쪽에서 횡근 또는 멍에에 수직으로 연결되었다(Piggott 1983: 29, 90). 원래는 솟과 동물 제어용으로 만들어져 말의 능력을 제한한 이 장치는 시간이 흐르면서 전차 멍에를 말의 해부학적 구조에 맞추기 위해 멍에 안장yoke saddle을 도입하는 것으로 일부 조정되었다(Anthony and Vinogradov 1995: 40). 멍에에 두 개의 역 V자 모양의 안장을 매다는 조정이었다. 멍에 안장은 말 기갑 앞쪽으로 말 목 위에 꼭 맞도록 만들어졌다. 멍에 안장의 다리 부분은 말 어깨를 따라 얹혀서 말 목에는 최소한의 압력만 가해졌다. 말은 그러고는 유기체 또는 금속으로 만들어진 재갈과 연결하기 위해 각기 목과 입으로 가로질러 이어진 가죽끈으로 멍에 안장과 단단히 고정되었다. 추가된 말들은 봇줄로만 단단히 고정되곤 했으며 그 말들의 견인력은 이에 비례해 감소되었다. 반면 더 바깥쪽 말들은 압력을 덜 받아 빠른 속도를 내곤 했으며, 이로써 멍에를 맨 동물들에게 속도를 높이도록 자극했다 (Littauer and Crouwel 1979: 29, 85; Shaughnessy 1988: 193). 두셋 또는 네 마리 말이 한 조를 이루어 바큇살이 많은 바퀴로 움직이는 전차들이 묘사된 수많은 암각화가 서쪽 캅카스산맥에서 파미르고원 및 몽골 알타이산맥을 가로질러 동쪽 고비 사막에서까지 발견되었는데, 이는 전차가 초원지대 전역으로 빠르게 확산되어나갔음을 말해준다. 이 암각화에서 멍에 안장과 중앙에 위치한 굴대의 분명한 본보기들을 확인할 수 있다(Littauer 2002a: 106~109, 112~115; Shaughnessy 1988: 205).

또한 나무를 구부리는 정교한 기술로 탄생한 활은 초원지대 유목민의 주요 무기였다. 구부러진 복합궁은 아마 말을 타고 사냥하는 데 사용할 단궁short bow의 필요성에서 기원전 제2천년기 말경에 도입된 뒤로 유목민의 성공과 기동성을 가능케 해준 중요한 요소였다. 아이러니하게도 복합궁은 효율적인 약탈을 수월하게 했을 뿐 아니라 결국에는 기병이 전투 수단으로 전차를 대신하게 만들었다. 복합궁은 한 가지 목편木片 재료에서 여러 부분을 막대기 모양으로 잘라내 일직선 형태[직궁]로 만든 서양의 단순궁simple bow[단일 재료로 만든 활]과는 달리 인장력과 압축력을 견뎌내기 위해 여러 재료를 혼합해 만들었다. 복합궁을 만드는 데는 상당한 작업이 요구됐다. 먼저 접착제를 잘 흡수하는 단풍나무와 뽕나무에서 줄이 연결되는 활 중앙 막대 부분을 잘라냈다. 중앙 손잡이가 물고기 꼬리 모양의 접합 부분에 의해 활 양 어깨 부분에 결합되었고, 여기에 끝부분이 부착되었다. 단일 조각으로 된 기다란 뿔을 활의 볼록한 부분에 붙여 둥근 모양으로 묶이게 한 다음 두 달 동안 건조되었다. 접착 작업은 건조가 완만하게 진행되도록 가능한 한 서늘하고 습기가 있는 겨울에 이루어졌다. 그다음에 사슴 다리 힘줄을 두드려 섬유질로 만들고 접착제에 적셔서 보통 두 겹으로 된 활 등에 붙였다. 손잡이에 단단히 고정된 줄로 훨씬 더 뒤로 구부러져서 아치 모양으로 한 번 더 묶인 활은 두 달 동안 또다시 내버려두었다. 활을 쥐는 중앙 부분이 조금 분리되어야 한다면 나무나 뼈로 만든 작은 쐐기들이 림limb〔활이 휘어질 때의 위치 에너지를 비축하는 유연한 부분〕의 뿔 모양 판 아래에 삽입되었을 것이다.

활을 당겼을 때 림이 균일하게 구부러지도록 활을 조정하는 틸러링tillering 작업이 이어졌다. 림이 너무 뻣뻣하면 부드럽게 다듬었다. 이 작업은 활을 최대한 잡아당겨 활 양 어깨 부분이 고르게 충분히 구부러질 때까지 반복되었고, 이로써 활이 정확히 발사되게 해주었다. 힘줄에는 나무껍질이나 가죽의 얇은 조각을 비스듬히 붙여 방수 처리를 했다. 이렇게 만들어진 활은 역학적으로 다른 모든 것보다 뛰어났다. 다시 말해 힘줄은 인장 강도에서 나무wood의 4배이고 뿔은 압축 강도에서 견목hardwood의 2배다. 이는 활이 더 짧았음에도 불구하고 똑같은 무게〔중력〕를 잡아당기며 화살에 더 많은 힘을 전달해 더 멀리, 더 빨리 쏠 수 있었음을 의미한다. 이런 활의 모양은 일직선 형태의 막대로 만든 단순궁보다 이점이 있었다. 뒤로 구부러진 활의 끝부분은 상대적으로 구부러지지 않아서 어느 정도 지렛대 역할을 해 활이 더 부드럽게 발사되게 해주었다. 활을 당기는 길이에서 발생하는 미세한 편차가 활의 정확성이나 속도를 줄이지는 않았다. 이처럼 가볍고 짧으며 뒤로 구부러진 복합궁은 전차나 말을 타고 사냥하는 데 이상적이었다지만 실제로는 기마전에 일찍 맞춰진 치명적인 포병 무기였다. 원거리에서 초원지대 기마 궁수들이 보인 놀랄 만한 정확성과 관련해 전해지는 이야기는 숱하다. 종종 퇴각하는 것처럼 가장하는 전술이 자세히 이야기되는데, 널리 알려진 '파르티안 샷Parthian Shot'◆은 유목민들이 쫓아오는 추적자들을 향해 몸을 뒤로 돌려 말 꼬리 너머로 활을 쏘는 놀라운 능력을 말한다. 말과 활이 짝을 이루어 멀리서 상대를 죽이는 능력과 결부되면서 초원지대 전사들은 속도와 기동성이 결합된 대단히 파괴적인 힘을 발휘했으며, 이는 초원지대 기마 유목민으로 하여금 광범위한 군사 전술을 구사하게 해 보병과 전차병 둘 다를 무찌르게 해주었다 (Hildinger 2001: 21~23, 35).

기원전 제1천년기에 스키타이인은 복합궁을 항상 화살통(고뤼투스 gorýtus)과 결합된 활집에 넣어 가지고 다녔다. 화살통에는 종종 독이 발린 뼈, 청동, 훗날에는 철 화살촉에 갈대 또는 나무로 만든 300개 가벼운 화살이 들어 있었다. 다른 무기로는 단검, 전투용 도끼, 휜 칼, 긴 창, 작은 화살, 올가미 밧줄, 채찍, 투석기가 있었다. 작은 가지 또는 짐승 가죽으로 만든 방패는 금속 띠로 강화되었다. 기수들과 이따금 그들의 말은 방어용 비늘갑옷scale armor[작은 가죽 조각이나 금속 조각 등을 물고기 비늘처럼 이어 붙여 만든 갑옷. 미늘(갑옷에 단 비늘 모양의 가죽 조각

◆ 기원전 247년 카스피해 동남쪽에 파르티아를 세운 이란계 유목민이 말을 타고 도망가는 척하다가 뒤쫓아오는 추적자들을 향해 몸을 뒤로 돌려 활을 쏘는 전술을 잘 쓴 데서 유래한 명칭. 오늘날에는 '자리를 뜨면서 내뱉는 악담parting shot'이라는 뜻으로도 쓰인다.

이나 쇳조각)갑옷이라고도 한다]을 입었다(Rolle 1989: 65, 74; Sulimirski 1993: 155~156).

말: 부활의 신성한 상징

금속제 물품이 항상 전적으로 유용했던 것은 아니다. 전에는 유목민의 생활 방식을 기리기 위해 뼈와 돌로 만들어진 말과 전차의 많은 장식 및 허리띠 장신구가 이제는 청동·은·금으로 만들어졌으며 의례용구로도 정교하게 제작되고 복잡하게 장식되었다(Bunker 2002: 7~8). 초원지대를 가로질러 이주한 인도·유럽어족 유목민들은 강 계곡을 따라 드물게 마주치는 수렵민들과 통혼했다. 초기 수렵민들의 신성한 초원지대 구전설화 대부분은 주술적 의례에 포함되었다. 신화는 자연, 인간과 초자연의 힘 사이의 복잡한 상호작용을 반영했다. 이런 믿음은 동물 형태를 본뜬 이미지가 다른 무엇보다 중요했던 성대한 장식에서 시각적 형태를 부여받으며, 이는 오늘날 '동물의장動物意匠, animal style◆'이라는 예술 형식으로 알려지고 있다(Brentjes 2000: 259).

말을 타고 사냥한 최초의 인간인 유목민들은 그들의 예술에서 사냥감의 속도와 생명력, 말하자면 사냥꾼을 피해 달아나는 수사슴, 그 긴장한 몸과 높이 쳐든 머리를 아주 훌륭하게 표현했다. 수사슴의 자세는 다양했다. 그 외에 초식동물은 평온하게 누워 있고, 포식자가 위협

◆ 동물을 본떠서 형상이나 색채 따위를 도안화한 장식. 이 글에서는 주로 스키타이 유목민 등 고대 유라시아 기마민족 계통의 것을 지칭한다.

하듯이 몸을 구부리거나 감은 모습이 있었다. 아니면 포식자와 초식 동물이 생명을 앗아가는 싸움에서 서로 뒤엉켜 있었다. 이를테면 맹금의 발톱에 움켜잡힌 채 염소영양이 죽음의 고통 속에서 온몸을 비틀고, 두 마리 낙타가 상대의 엉덩이를 서로 물어뜯으면서 싸웠으며, 말이 흉포한 퓨마의 공격을 받거나, 사슴의 멋진 가지 진 뿔이 새들의 머리 안으로 솟아 있었다(Jacobson 1993: 11, 53~55). 세르게이 루덴코Sergei Rudenko(Thompson 1970: xxiv)는 동물끼리의 싸움이나 포식이라는 주제를 페르시아 조로아스터교에서 제기된 선과 악의 이원적 투쟁을 반영하는 것으로 해석한다. 흉포함과 죽음에 대한 묘사는 탄생 및 생명과 나란히 놓였다. 많은 이미지가, 외설적 특징에 동물 짝짓기라는 인기 있는 주제로서 아마도 야생 사냥감과 가축의 번식을 확실하게 하기 위해서(Bunker 2002: 18)뿐만 아니라 에스터 제이컵슨Esther Jacobson이 주장한 대로 죽음과 부활의 주기적 반복을 찬양하기 위해, 다산과 생식을 분명하게 재현하고 있다.

제이컵슨은 초원지대의 초기 예술 분석에서 고대 사슴과 동물의 여신인 암컷 엘크를 부활과 재생의 힘이 구체화된 화신과 동일시한다. 이러한 이미지는 수천 년에 걸쳐 새로운 문화 요소의 유입을 받아들이며 혼합주의 형태로 바뀌었다(Jacobson 1993: 3, 92). 엘크는 시간이 흐르면서 생명의 원천이자 죽음의 수호자로서 자웅동체인 사슴으로 대체되었으며, 수사슴의 가지 진 뿔 뒤로는 유연한 몸이 마치 큰 물결처럼 길게 펼쳐졌다(Jacobson 1993: 20). 사슴의 가지 진 뿔은 우주 생성의 중심이 되는 상징인 생명의 나무tree of life가 되었으며,◆ 종종 새들이 잎 모양을 하고 있는 사슴의 가지 진 뿔 위에 날아와 앉았다(Jacobson 1993:

85~87). 기마 유목생활이 수렵을 대체하면서 사슴-말의 합성 이미지가 나타났다(Jacobson 1993: 4). 사슴은 말의 기다란 몸통을, 말은 사슴의 우뚝 솟은 가지 진 뿔을 얻었다.[3] 말은 금, 태양, 영웅적인 전사와 결합되며 우주의 동물이 되었다. 전차와 바퀴는 태양원sun disc을 상징해 신들에게 이동 수단을 제공했다(Jacobson 1993: 129~131). 가지 진 뿔과 생명의 나무가 밀접하게 엮이면서 형상화된 말은 내세로 여행을 떠나는 망자에게 길 안내자 역할을 했으며(Jacobson 1993: 86) 초원지대 장례 의식에서 필수 구성 요소였다. 이처럼 초원지대의 초기 주제들과 죽음 및 부활이라는 형상화는 우주의 상징으로 여겨진 말의 개념과 함께 유라시아 전역에서 힌두교와 불교를 형성하고, 조로아스터교를 통해 서쪽으로 퍼져나가 기독교와 이슬람교에 영향을 줄 것이다.

---

3 『리그베다』 권1 제163장에서는 말과 사슴을 분명하게 연결시키고 있다. 말은 뿔이 있다고 말한다. 시편 제9절에서는 "뿔은 금으로 만들어져 있고", 제11절에서는 "그들의 뿔은 사방으로 뻗어 있다"고 말하고 있다(tr. Griffith 1889; cited by Mair 2007: 43n).

◆ 사슴은 수사슴만 뿔이 나는데, 수사슴의 뿔은 1년에 한 번씩 떨어져나갔다가 다시 새 뿔이 자라나서 '생명의 나무(생명의 원천, 세계의 중심, 또는 인류의 발상지가 된다는 나무. 생명수生命樹)'와 같다고 여겨졌다.

초원지대의 쿠르간과 매장 의식

초원지대에 적응한 유목민의 뛰어난 기동성을 고려할 때, 유목민들은 정착 유적이라 할 만한 것을 전혀 남기지 않았다. 그러나 이들은 삶과 죽음의 정교한 의식에서 이따금 주요 강에서 멀리 떨어진 곳에 조상을 소중히 모시는 기념비적인 거대한 쿠르간을 세웠다. 흥미롭게도 초원지대의 왕 이단티르수스[스키타이의 왕]는 스키타이인이 페르시아인과 전투를 피한 이유를 묻는 다리우스[페르시아의 왕 다리우스 1세. 재위 기원전 522~기원전 486]의 질문에 이렇게 응답한다.

페르시아인이여, 난 지금껏 누가 두려워 도망친 적이 없소. 지금도 당신들에게서 도망치고 있지 않소. 내가 지금까지 해온 일은 나에게 흔히 있는 것이오. 말하자면 정확히 내가 항상 추구하는 삶의 방식이오. 평화의 시기에도 그렇소. 내가 왜 싸우려 들지 않는지 알고 싶다면 말해주리다. 우리에게는 도시도 경작지도 없소. 그것을 잃거나 그것이 약탈당하는 것을 봐야 하는 두려움이 있다면 우리로 하여금 틀림없이 서둘러서 싸우도록 할 것이오. 하지만 당신들이 지체 없이 학살하기로 마음먹었다면, 우리가 싸울 한 가지 이유는 우리 조상들의 무덤에 있소. 우리 조상들의 무덤을 찾아서 파괴해보시오. 그러면 당신들은 우리가 당신들에게 저항하려고 할지 어떨지 곧 알게 될 것이오(Herodotus 2003: 4: 127).

광활한 초원지대 위로 구분됨 없이 높이 치솟은 쿠르간은 유목민에게 신성한 존재로 여겨졌으며 부족의 영토와 충성의 표지가 되었다. 종종 환상열석環狀列石, cromlech이 쿠르간을 에워싸고 있었는데, 환상열석은 의인화되기도 하고 때로는 위쪽으로 갈수록 차츰 가늘어지는 원형圓形 돌기둥을 말한다. 돌기둥 몸체가 땅속 깊이 뿌리 내리고 의례적으로 지하, 지상, 공중을 연결하면서 돌기둥이 생명의 나무처럼 서 있었다. 그 위로 위풍당당하게 세상의 산을 상징하는 쿠르간이 솟아올랐다.

기원전 제4천년기로 추정되는 최초의 봉분 중 하나인 (지금의 러시아 남부) 마이코프Maikop는 캅카스산맥 북쪽 쿠반강의 금속이 풍부한 지대에 위치했다. 높이가 10미터 넘는 마이코프는 남쪽으로 몰고 간 소를, 새롭게 형성된 메소포타미아 중기 우루크Middle Uruk(이라크 남부에 있는 수메르의 도시 유적) 도시들의 귀중품과 교환했던 목축민 족장의 장례 고분이다. 족장의 튜닉(소매가 없고 무릎까지 내려오는 헐렁한 웃옷)은 근동의 힘을 강력하게 상징하는 68마리 황금빛 사자와 19마리 황금빛 황소가 특징이었다. 또한 족장은 보석으로 만든 황금빛 장미 장식 왕관과 정교한 목걸이를 착용했다. 보석으로는 멀리 타지키스탄에서 들여온 터키옥, 서부 파키스탄에서 들여온 카넬리안(적색/적갈색 또는 선홍색 계열을 띠는 실리카 광물인 옥수玉髓의 반투명 보석), 동부 아프가니스탄에서 들여온 라피스 라줄리(청금석靑金石)가 있었다. 사실 마이코프를 통해 남쪽에서 고안된 새로운 것들, 즉 비소를 함유한 청동제 도구와 무기, 로스트-왁스 금속 주조법, 초기 직물(기원전 5000년 무렵 인도에서 재배한 목화로 만든), 그리고 아마도 전차가 초원지대로 흘러들어왔다. 대신에 쿠반의 구리, 은, 납, 금이 남쪽으로 유입되었다. 또 아마도 기다란 털을 얻으려 사육된 북쪽의 양이 이때 처음으로 근동에 도입되었을 것이다. 후기 마이코프 무덤에서 19마리의 말이 그려진 띠 모양 장식이 돌에 붉은색과 검은색으로 채색되었다(Anthony 2007: 263, 289~294; Piotrovsky 1974a: 12).

2000년 넘게 흘러 드네프르 지역에 세워진 거대한 쿠르간인 알렉산드로폴Alexandropol의 높이는 마이코프의 2배로 20미터가 넘었다. 그 내부에는 수많은 금 또는 은 장신구와 함께 15마리 말이 매장되어 있었다. 한 마리 말이 동물을 묘사하는 전형적인 자세, 즉 다리는 몸 아래로 끌어당기고 머리와 목은 앞으로 뻗은 채 떨어져 매장되어 있었다(Piotrovsky 1974b: 27). 초원지대 문화들은 기마인의 기동성과 광범위한 접촉으로 많은 특징을 공유했다. 유목민들은 유사한 생활습관과 더불어 종교적 신념 및 예술 형식의 확산을 촉진시킨 공통의 세계관을 지녔다. 유목민들이 수 세기에 걸쳐 동쪽으로 초지 이용을 확대하면서 쿠르간 및 그와 관련된 기념비적 고분군이 뒤따랐다. 족장들의 장례식은 정교하게 만든 정치극이 둘러쌌다. 장관을 이루는 동물 희생제의와 아낌없는 고기 배분이야말로 새로운 피호민被護民들을 모집하고 받아들이는 데 중심 요소였다. 공적인 축제에서는 영웅시나 찬양시를 읊음으로써 인도·유럽어족 언어가 신들과 소통하는 수단으로 인정되었다(Anthony 2007: 343). 지역적 차이가 있지만, 되풀이되는 말 의식과 함께 이런 고분을 통해 폰투스에서 우랄산맥을 가로질러 알타이사얀산맥까지 공통의 초원지대 문화를 확인할 수 있다.

규모가 가장 큰 초원지대 말 매장지는 기원전 8세기 사얀산맥의 아르잔Arzhan 무덤으로 알려져 있다. 아르잔 무덤에서는 직경 110미터에 높이 4미터의 거대한 원형圓形 드럼 모양의 케언cairn〔기념비 또는 묘비 등으로 쌓아올린 돌무더기〕이 방사상으로 놓인 목재들 위에 가로놓였다. 검은빛과 황금빛 장신구로 화려하게 장식한 왕과 여왕이 거대한 목조 건물의 중앙에 매장되었다. 바닥에는 말의 꼬리와 갈기가 흩어져 있었다. 거대한 바퀴의 바큇살처럼 줄지어 있는 통나무들이 중앙에서 멀리 퍼져 있었다. 전체 구조는 동심원의 선을 이루는 가로대와 함께 70개의 사다리꼴 칸으로 나뉘어 있었다. 여기에는 인간과 말의 거대한 매장지 말고도 왕에게 예속된 부족 집단이 바친 선물로 추정되는 안장과 굴레를 모두 갖춘 138마리의 말이 있었다. 무덤 가장자리에는 각각 호화로운 의례상의 축제임을 입증하는 말가죽이 매장된 300개의 반원형 돌무덤이 있었다. 총 450마리의 말이 제물로 바쳐졌다. 아르잔 쿠르간은 정교한 태양신교sun cult를 뚜렷이 입증한다. 왕은 금으로 화려하게 장식되어 태양 또는 태양 전차를 상징하는 거대한 바퀴 중앙에 위치했다. 말은 왕을 수행해 고분 내부에서 엄격하게 제한된 무리 안에 자리했는데, 이는 의식에서 말의 참여가 필수였음을 말해준다. 말은 한편으로는 태양의 내적 본질이면서 다른 한편으로는 영혼을 태양에 이르게 하는 매개 수단이었다(Piggott 1992: 112~114).

아르잔이 유일한 것은 아니었다.[4] 즉 동부 초원지대의 다른 곳에서

---

4   기원전 5세기 춘추시대 제나라(지금의 산둥반도에 있었음)의 군주 경공景公의 묘[순마갱殉馬坑]에는 제물 구덩이에 말 600여 마리가 짝을 이루어 200여 미터에 걸쳐 순장되어 있었다. 말이 귀한 중국에서 행해진 이처럼 호화로운 희생 의례는 말에 부여된 대단한 위신을 분명히 보여준다(Mair 2007: 41n).

기원전 제2천년기로 추정되는 시기의 태양 무덤들이 나타났다. 타클라마칸 사막 차리굴Qawrighul에서는 6개 남자 무덤의 표면이 50~60미터 직경의 태양 형상으로 퍼져나가는 7개 동심원 고리로 각각 장식되었다(Mallory and Mair 2000: 137).[5] 말과 태양의 연계는 말의 내세적 성격과 관련 있다. 말은 전속력으로 날아가는 것처럼 보여 망자의 영혼을 지상에서 하늘나라로 인도하면서 현세와 내세 사이를 중개하는 것으로 여겨진다. 산악 지역에서는 '천마天馬'에게 성소가 봉헌되곤 했으며, 벼랑 경사면 높은 곳에는 말 그림문자pictograph가 나타났다. 태양의 세속적 현현顯顯인 불도 장례 의식에서 중요했다. 중앙의 무덤 구조가 종종 망자를 완전히 또는 부분적으로 화장하면서 이따금 불에 태워졌다. 중앙단 주변에서 고리 모양의 불이 붙여지거나 또는 난로를 포함해 40개나 되는 둔덕이 쿠르간을 에워싸곤 했다. 이는 후대의 베다 신앙과 동일 구조인 원형의 우주 및 불타고 있는 우주의 본질에 대한 믿음을 말해준다. 망자 화장은 신들에게 바치는 제물이었다. 왜냐하면 말처럼 날름거리는 불길이 영혼을 하늘나라로 운반할 것이기 때문이다. 이처럼 되풀이되는 극적인 관습들은 인도·유럽어족 사람들이 화장 의식에 광범위한 믿음을 지녔음을 말해준다. 더욱이 천구天球의 색깔인 황금빛은 매장, 충성, 신성과 연결되었다. 초원지대 전역에 걸쳐 많은 지배자의 매장에서 망자는 실제로 황금빛 옷을 입었다. 따라서 후기 아케메네스 왕조의 왕들은 황금빛 석관에 매장되었다. 더 광대

---

5   한 곳에서는 894개의 수직 말뚝이 이용되었다. 메어(Mair 2007: 25)는 나무가 없는 초원지대나 사막에서 말뚝의 원형 형상은 서유라시아의 신성 숲sacred groves을 상징한다고 상정한다.

한 아리아인의 세계에서는 아그니Agni◆와 다른 고대 인도 신들이 황금 빛 피부를 하고 있었으며, 태양처럼 빛나는 붓다 석가모니의 몸 또한 황금빛으로 반짝였다(Litvinskii 1987: 518~521).

파지리크 쿠르간들의 표상

초원지대의 삶에 극적인 통찰력을 제공하는 의례 재료 가운데 가장 놀라운 발견은 알타이산맥 동쪽 구릉의 파지리크Pazyryk 고분군〔스키타이인 묘지〕에서 확인된다. 그곳에서 발굴된 5개 지배계층 쿠르간으로 기원전 5세기에서 기원전 3세기까지 부족장들의 웅장한 장례 의식을 재구성할 수 있다. 중국의 도시화된 중심지들과 아케메네스 제국의 지방 총독 관할 지역에서 초원지대의 말 수요가 점점 늘어남에 따라, 전차에서 기병 전투로 전환된 것이 계기로 작용해 대규모 말 사육이 진행 중에 있었다(Thompson 1970: xxv). 경제의 주축을 이루는 말은 망자를 내세로 인도하는 장례 의식에서 대단히 중요한 역할을 했다(Rudenko 1970: 56).

파지리크의 풍부한 유적은 대부분 혹독한 지역 기후가 낳은 산물이다. 밤 서리와 긴 겨울 및 짧은 여름은 고분이 동결 상태로 유지되는 이상적 조건이 되었다. 그 결과, 무덤의 내용물이 훌륭히 보존될 수 있

◆ 인도 베다 신화에 나오는 불의 신. 태양, 번갯불, 의례용 화롯불과 동일시되며, 가정과 사자死者를 수호하는 신이다.

었다. 얼어붙은 미라와 함께 무덤 부장품, 특히 문자 이전 시대의 신화와 전설의 이미지를 나타내는 일관된 상징체계로 작용한 직물이 많이 부장되어 있었다. 발톱에 엘크를 꽉 움켜쥔 채 목 주위에 목도리처럼 둘러져 있는 들쑥날쑥한 깃을 가진 새-그리핀[사자 몸통에 독수리 머리와 날개가 달린 신화적 존재](그림 3.4) 또는 산양에게 뛰어오르는 사자-그리핀처럼 민간전승에서 두드러지게 나타난 상상의 동물들이 그림으로 묘사되었다(Rudenko 1970: 235). 특히 안장깔개는 정교하게 만들어졌다. 어떤 안장깔개 위는 전체가 부활을 의미하는 양식화된 다섯 마리 사슴의 가지 진 뿔을 아플리케applique◆ 도안으로 장식했다. 여기서 가지 진 뿔의 뿌리 부분은 원처럼 합쳐졌고 가지 부분은 바깥쪽으로 퍼져나갔다(Barkova 1978: 50~51). 정교한 펠트 벽걸이 장식품에서는 안장과 굴레가 있는 말 위에 두 다리를 양옆으로 벌리고 걸터앉은 멋진 복장의 기수가 묘사되었다(그림 3.5). 하지만 파지리크 쿠르간에서 찾아낸 가장 주목할 만한 직물류는 4제곱미터에 가까운 다색 장식의 파일 카펫이다. 역사적으로나 심미적으로 가치가 가장 뛰어난 것은 현존하는 가장 오래되고 온전한 양모 카펫이다. 이 뛰어난 양모 카펫 제작 기술을 통해 카펫 짜기가 기원전 300년보다 훨씬 앞서 이뤄졌음을 분명히 알 수 있다. 카펫이 초원지대에서 만들어진 것은 분명하지만 그 도안에서 아케메네스 왕조가 끼친 영향력을 확인할 수 있다. 왜냐하면 말

◆　바탕 천 위에 다른 천이나 레이스·가죽 따위를 여러 모양으로 오려 붙이고 그 둘레를 실로 꿰매는 자수법. 파지리크에서는 의인화된 짐승 등을 아플리케 도안으로 장식한 옷가지 및 수예품과 벽걸이 장식이 다수 발견되었는데, 이는 스키타이 미술의 특징으로도 꼽힌다.

[그림 3,4] 파지리크 1호 고분에서 출토된 안장 덮개 장식. (Rudenko 1970: pl. 113)

[그림 3,5] 파지리크 5호 고분에서 출토된 펠트 벽걸이. 굴레와 안장이 갖춰진 말에 올라탄 기수를 묘사하고 있다. (Rudenko 1970: pl. 154)

탄 28명을 묘사한 카펫의 테두리 장식이 페르세폴리스[고대 페르시아 아케메네스 왕조의 수도] 아파다나Apadana[주궁 역할을 한 공식 알현전] 입구에 있는 20~30개의 주변 속국 사절단과 일치하기 때문이다.◆ (Macdonald 1997: 25) 더욱이 1000년 뒤에 페르시아와 중국에서 모습을 드러내는 활 모양 악기의 원형으로 추정되는 현이 많은 하프가 매장되어 있었다 (Lawergren 1992: 102). 다음 1000년의 국제적인 실크로드 무역을 예상케 하는 중국 물품인 정교하게 수놓인 비단 직물도 있었다. 이 시기 동쪽의 중국 속국들은 심각한 정치적 분쟁에 휘말렸으며 초원지대 유목민들은 중국의 여러 제후와 동맹을 맺었다. 중국이 파지리크에서 들여온 눈에 띄는 수입품은 닫집canopy이 있는 마차인데, 이는 중국 신부의 혼수품으로 추정된다. 제후와 유목민 사이의 군사동맹 증거로 추정되는 이 사륜마차는 전체 길이가 3.3미터였다. 바퀴 각각은 34개 바큇살로 이루어졌으며 직경은 1.8미터였다(그림 3.6). 안장의 앞 테로 차축에 간접적으로 연결된 견인용 채 하나가 한 무리를 이루는 네 마리 말이 유연하게 회전하도록 해주었다. 이때 두 마리 말은 멍에와 멍에 안장으로, 바깥쪽 두 마리 말은 수레에 매는 봇줄로 통제되었다. 이 고급 사륜마차의 정교한 구조는 동쪽과 서쪽의 전통적인 수송 방식 모두와 유사성을 보여준다(Piggott 1992: 130~132; Rudenko 1970: 189~191).

파지리크에서 발견된 유해는 대부분이 유로포이드의 것이지만 동아시아 인종도 섞여 있었음을 보여준다(Rudenko 1970: 45~47). 교전交

◆ 아파다나로 향하는 기단부에는 페르시아의 23개의 속국에서 찾아온 사절단이 공물(말, 낙타, 금, 은, 비단, 의상 등)을 봉헌하는 장면이 새겨진 유명한 부조가 있다.

[그림 3.6] 파지리크 5호 고분에서 출토된 멍에 안장이 있는 마차(복원). (Rudenko 1970: pl. 131)

戰은 보편적 현상이었고, 어떤 족장은 머리 가죽이 벗겨졌으며 이마 위 살가죽이 한쪽 귀에서 다른 쪽 귀까지 난도질되었다(Rudenko 1970: 221). 몽골로이드Mongoloid 혈통의 귀족 전사는 커다란 가짜 수염을 붙였다. 오늘날 탈레반에게서도 알 수 있듯, 중앙아시아에서 풍성한 수염은 오랜 세월 힘과 위엄을 상징했다. 또 다른 장식 형태는 선명하고 유려하게 초원지대의 동물 형상을 문신하는 것이었다(Mair 2005: 74). 많은 인간 매장지가 약탈자들에게 무자비하게 파헤쳐졌던 반면 말 매장지를 건드리려는 시도는 전면적으로 행해지지 않았다. 그 결과, 말 상징물 대부분은 파손을 면하고 온전한 상태로 남겨졌다. 파지리크에서 발견된 굴레는 정교하게 만들어졌지만 턱 가죽끈이 없다는 점에서 오늘날의 굴레와는 달랐다(Rudenko 1970: 120). 파지리크에서 출토된 안장은 진짜 안장이었지만 특징상 초보적인 형태였다. 파지리크 안장은 먼저 땀을 흡수하는 안장 천이, 그다음에는 기수에게 안정성을 부여할 뿐 아니라 말의 몸통을 보호하기도 했던 윤곽 있는 받침대가 갖춰지는 형태로 발전해나갔다. 파지리크 안장은 속을 완전히 채운 2개의 가죽 쿠션을 펠트로 만든 아래 받침대에 부착했던 진일보한 형태였고, 각 쿠션의 앞뒤 부분은 단단한 활 모양이었다(그림 3.7). 말 가슴과 엉덩이 부속 장치들은 안장이 가파른 산 비탈면에서 앞이나 뒤로 미끄러지지 않게 해주었으며, 간격을 벌리는 장치로 쿠션들을 떼어놓아서 말의 기갑에 압박이 가해지지 않게 했다(Hyland 2003: 52). 등자가 전혀 없었으며 편자도 박지 않았다(Thompson 1970: xxvi~xxvii). 가장 멋진 안장을 매단 말들은 안장깔개, 안면 보호용 가리개, 사슴의 가지 진 뿔로 된 높은 깃 장식을 갖춘 머리 장식으로 화려하게 꾸며졌다. 이처럼 매혹적인 화려한 장식물은 분명히 눈에 띄는 표현을 넘어서는 것이었다. 실제로 제이컵슨의 주장에 따르면(1993: 64~67) 이런 장식물은 기호 체계를 구성했다. 즉 이들 장식물을 통해 삶-죽음-부활로 이어지는 변천이 사슴 여신과 생명의 나무에 봉헌되는 상징들이 무엇을 의미하는지 명확히 표현해주었다. 가지 진 뿔로 정교하게 만든 머리 장식이, 말이 이런 신성한 이미지들을 통합하고 있음을 보여준다.

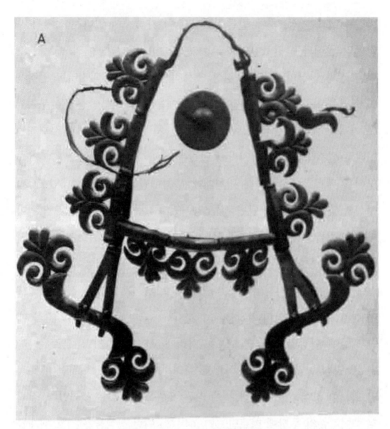

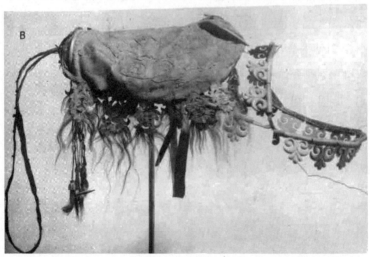

[그림 3.7] 파지리크 1호 고분에서 출토된 굴레(위)와 안장(아래). (Rudenko 1970: pl. 79)

스키타이의 희생, 절단, 부활 의식

쿠르간들에서 믿을 수 없을 정도로 풍부한 자료가 복원되었지만 이를 통해서는 초원지대의 의식들이 임시로 재구성될 수 있을 뿐이다. 더 상세한 정보를 얻으려면 헤로도토스의 『역사』 제4권을 참조해야 한다. 책에서는 기원전 5세기 스키타이인들이 상세하게 묘사되어 있다. 헤로도토스의 설명에 따르면 초원지대 여성들은 여사제로서 중요한 지위를 점했다. 더욱이 그들은 군사작전에도 용감하게 참가했다. 아마존 여전사들은 병사 무덤에서 비늘갑옷과 무기를 갖추고 있었으며, 종종 무덤 중앙 또는 가장 호화롭게 장식된 위치에 안치되어 있었다 (Melyukova 1990: 111~112; Sulimirski 1993: 190). 마사게타이Massagetae[카스피해 동부 중앙아시아 초원지대의 반농반목 연맹체] 왕의 미망인 토미리스는 "우리의 지배자 태양신의 이름으로"라고 맹세했고, "죽음을 면할 수 없는 피조물 중 가장 빠른 말이 신들 가운데 가장 빠른 태양신에게" 제물로 바쳐졌다. 이 아마존 여왕은 기원전 530년 자신의 초원지대 기병을 이끌고 페르시아 군대를 무찌르며 키루스 대왕[키루스 2세. 아케메네스 왕조의 창건자로 페르시아를 통일했다]을 살해했다(Herodotus 2003: 1.214~216).

유목민 천막의 내부 채색에서 나타난 것처럼, 스키타이인의 우주론은 세 단계, 즉 영원한 불, 하늘, 땅으로 이루어진다. 창조 신화에서 불의 여신 타비티Tabiti[6]가 하늘에서 아래로 내던진 황금 물건들이 사회를 여러 집단으로 나누었다. 의식에서 헌주용 황금 술잔은 지배자와 사제

　　　　　　　　　　　제3장 초원지대 유목민의 말 문화

를, 전투용 황금 도끼는 전사를, 황금 멍에와 쟁기는 유목민과 농민을 의미했다. 우주를 창조한 하늘과 땅의 결혼으로 탄생한 자손 타르기타 오스Targitaos◆에게는 아들이 셋 있었다. 이들은 우주의 세 지역을 상징하는 황금 보물[쟁기, 전투용 도끼, 술잔]에 다가갔다. 첫째와 둘째가 이 대단히 귀중한 물건을 향해 손을 뻗자 둘은 불길에 휩싸였다. 그런데 막내인 셋째 앞에서는 불길이 사라졌고, 그는 신성한 물건들을 손에 넣을 수 있었다. 이렇게 해서 '태양 왕'을 뜻하는 콜락사이스[스키타이의 초대 왕]가 왕국을 상속했다. 세 형제는 인도·유럽어족 사회에서 세 계층의 선조가 되었으며 사회 체제는 천체 구조를 반영했다(Herodotus 2003: 4.5). 스키타이인들은 이 신성한 황금을 헌신적으로 지켰고 그것에 경의를 표하며 희생제물을 바쳤다. 일 년에 한 번 태고의 창조 신화를 정성 들여 재현하면서 막대한 말과 양이 제물로 전쟁의 신 제단에 봉헌되었다. 전쟁의 신은 잔나무가지를 피라미드형으로 거대하게 쌓아올린 위에 얹은 칼을 통해 상징적으로 신성하게 모셔졌다. 피라미드 구조는 우주를 나타내는 코스모그램cosmogram[우주를 묘사하는 평면의 기하학적 모양]이었고, 철검은 신의 세계와 인간의 세계를 통합하는 신의 이미지인 세계의 축axis mundi이었다(Raevskii 1987: 146). 전쟁 포로는 대개 노예가 되거나 매매되었지만 100명당 1명이 신성한 의식에 따라 희생제물로 선택되곤 했다. 이 희생제물은 목이 베이고 오른팔이 잘려서

---

6   이란 신화에서는 타라야티Tarayati로, 그리스 신화에서는 헤스티아Hestia로 알려져 있다.

◆   스키타이인의 시조. 헤로도토스의 『역사』에 따르면, 타르기타오스는 아버지 제우스 신(하늘)과 어머니 보리스테네스강(지금의 드네프르강) 초원(땅) 사이에서 태어났다고 한다.

공중에 던져졌다. 이런 신체 절단 행위는 패배한 적의 용맹스러운 힘을 제 것으로 바꿔 이후 전투에서 스키타이족이 승리하기 위함이었다(Lincoln 1991. 202~203; Herodotus 2003: 4. 62). 특별히 증오 대상이 된 적의 두개골은 술잔으로 만든 듯하다. 변형과 부흥의 상징으로서 황금색 선이 그어진 전리품 두개골은 부족 간의 조약을 조인하는 축배를 들 때 사용되곤 했다(Rudenko 1970; 221).

또한 헤로도토스는 한 스키타이족 왕의 장례식과 관련해 자신이 직접 들은 이야기를 전해준다. 왕의 시신은 의식에 따라 깨끗이 닦고, 미라로 만든 다음, 마차 위에 안치되어, 왕국 전역으로 운구되었다. 진지마다 깊은 애도 속에서 시신을 맞았다. 애도자들은 "귀에서 살점을 베어냈고, 머리카락을 잘랐으며, 팔을 둥글게 절개했고, 이마와 코에 깊은 자상刺傷을 냈으며, 왼손에 화살을 관통시키곤 했다"(Herodotus 2003: 4.71). 무리마다 차례로 장례 마차를 다음 장소까지 몰고 갔으며, 곳곳에서 신민들이 이 같은 전통적인 방식에 따라 왕의 시신을 기념할 때까지 똑같은 의식이 이어졌다. 그러고 나서 시종과 첩 중에 목을 졸라 죽인 왕의 수행원〔순장자들〕과 함께 왕의 시신은 왕국의 가장 먼 경계지에 마련된 구덩이에 매장되었다. 마침내 사람들은 가장 위대한 무덤을 만들려는 광적인 경쟁을 벌이며 봉분을 높이 쌓아나갔다. 매장 1년 뒤에는 한층 더한 의식이 거행되었다. 준마 50마리를 살해해 내장을 꺼내 틀 위에 놓았다. 죽은 왕의 시종 50명도 이와 비슷하게 다루어졌으며 그들의 몸은 내세에서 지배자를 호위하는 기수로서, 틀에 끼운 말의 몸통들 위에 세로로 막대로 지탱되었다(Herodotus 2003: 4.72). 초원지대 한가운데서, 이렇게 고정된 기수와 말들이 둥글게 죽은 왕을 에워싸고 신성 숲을 이루었다(Mair 2007: 30~31). 장례 행렬은 각 진지를 의례적으로 순회하면서 부족의 영토 범위를 분명히 했다. 장례 행렬의 뒤를 따르는 사람들은 자기 몸에 직접 상처를 내서(한정된 범위 내의 희생) 희생제물로 바쳐진 왕의 수행원과 동질감을 지니며 왕의 죽음을 애도했다. 한편 생존해 있는 이들은 죽은 왕의 계승자에게 충성을 맹세하는 것으로 왕의 부활을 찬양했다(Lincoln 1991: 194). 영토 경계에 세워진 쿠르간은 이들의 자부심과 정치적 연속성을 상징했다.

유목민의 부즈카시 의식

현재까지 지속되는 다른 초원지대 의식에서도 똑같은 절단과 변형이 이뤄졌다. 아케메네스 왕조 시대에 이란인은 오늘날 폴로로 알려진 기마 스포츠를 했다. 전설적인 왕자 시야부시가 우랄 알타이어족 침입자들과 벌인 시합에서 아주 빠른 속도로 질주해 강하게 친 나머지 공이 순간적으로 달 정면으로 날아갔다고까지 이야기된다(Spencer 1971: 1). 오늘날까지도 초원지대 여러 곳에서 부족들이 이 경기 방식인 부즈카시◆를 염소, 송아지, 양의 도살된 몸통으로 계속하고 있다(그림 3.8). 휘트니 애조이Whitney Azoy가 증언한 바에 따르면, 이런 의례적 시합들은 1970년대에 푸슈툰족〔아프가니스탄 동남부와 파키스탄 서북부에 사는 종족.

◆　페르시아어로 '염소 끌기'라는 뜻으로, 말을 탄 참가자들이 죽은 염소나 양 등의 사체를 경기장 끝의 통상 원으로 표시된 곳에 던져넣는 중앙아시아의 전통 스포츠. 아프카니스탄에서는 국기國技다.

[그림 3.8] 사마르칸트의 언덕에서 1900년경 거행된 부즈카시. (Kalter 1997: 185)

파슈툰족]과 우즈베크족 사이에서 벌어졌다. 애조이가 주목한 부즈카시 시합은 보통 결혼식이나 성년식 통과의례 같은 축제 행사를 돋보이게 하고자 준비되었다. 부즈카시 경기 후원자는 신분이 높은 사람으로, 수백 명 부족민의 모임을 조직하는 부수적 활동을 떠맡을 대규모 확대 가족을 거느리고 있었다. 또한 그는 지역 주민들의 존경을 받아야 했으며 수많은 경기 참가자를 환대해야 했다. 멀리서 많은 경쟁자를 끌어들일 정도로 명성도 높아야 했고, 경기 중에 상으로 줄 선물을 가득 가지고 도착하곤 했다. 그는 탁월한 후원자로서 언제나 예의 바른 환대의 태도를 유지했다. 종종 남동생인 부관이 후원자를 도왔다. 부관은 경기의 주심으로서 혹시 모를 온갖 논란을 해결하는 책임을 맡았다. 부즈카시를 통해 광범위한 지역에 흩어져 있던 유목민들은 지역단

위로 주기적으로 모였다. 게다가 부즈카시는 모든 것이 잘될 경우 사회에서 한 남자의 지위와 세력을 증대시켜주는 수단이었다.

경기가 시작되면 의식에 따라 송아지가 도살되어 네발이 다 절단된 채 목이 통째로 잘려나갔다. 시합 비중에 비례해 내장이 적출되었다. 내장이 전부 적출된 가벼운 송아지는 기마술을 뽐낼 수 있는 빠른 경기를 촉진했다. 반면 내장이 덜 꺼내진 무거운 송아지는 시합 참가자들의 뛰어난 근력을 시험했다. 경쟁자는 종종 수백 명에 이르렀으며 100명쯤 될 때도 있었다. 추정컨대, 시합 참가자라면 어느 자리든지 잡을 수 있었지만 실제로는 경기 주최 지역 지배자와 그 종복들의 후원을 업은 부족의 투사들만이 오직 힘 하나로 중앙 가까이까지 전진해서 송아지를 잡아챌 수 있었다. 매 시합 전에 그 지역의 포고꾼이 상금을 발표했다. 이윽고 말들이 서로 앞을 향해 앞다리를 들어올리며 곧추섰고 기수들은 도살된 송아지 몸통으로 돌진해나갔다. 연주자들이 원시적인 피리와 북으로 반주를 했다. 싸움은 도살된 송아지 몸통이 발 밑에 있을 때 가장 격렬했다. 경기가 길어질수록 주심은 상금을 계속 올렸다. 마침내 한 경쟁자가 지면에서 송아지 몸통을 들어올려 손에 넣고 재빠르게 기수들 무리에서 벗어나 저 멀리 몸통을 가져다놓기 위해 말을 몰았다. 그곳에서 그는 상금을 받았고 포고꾼의 떠들썩한 환호와 관중의 박수갈채까지 받았다. 그런 뒤 경기는 재개되었다. 이따금 송아지를 동시에 붙잡은 두 기수가 송아지를 갈기갈기 찢기도 했다. 뒤따르는 열광 속에서 채찍과 뽑아든 칼이 휘둘러졌다. 한편 주심이 내린 결정에 불만을 품은 부족원 전체가 야유하며 시합장을 떠나는 경우도 있었다. 한낮에는 힘찬 말 경주를 위해 짧은 휴식이 마련되었다. 하루가 끝날 즈음, 피비린내 나는 자부심의 출처인 갈기갈기 찢긴 송아지 몸통의 연골과 뼈를 최종적으로 차지하려는 격렬한 경쟁이 벌어졌다. 저녁에는 이튿날 치러질 기마 전투를 기대하며 연회와 흥겨운 뒤풀이로 시간을 보냈다(Azoy 1982: 31~70).

초원지대의 전통에서 알 수 있듯, 부즈카시는 전쟁에서 동맹을 구성하는 데 절대적으로 필요했다. 부즈카시로 인해 초원지대 전역으로 흩어졌던 대규모 유목민들은 하나로 합쳐졌다. 부즈카시는 상이한 층위에서 범부족적으로 소통할 기회를 제공할 뿐 아니라 주최 집단의 내부 조직을 시험하는 무대였다. 부즈카시는 모든 참가자의 남성적 힘과 기마술을 시험함과 동시에 경합하는 투사들의 리더십을 입증해주었으며, 한 집단의 우승자에 대한 충성을 돈독히 해주었다. 더욱이 부즈카시는 유목민들로 하여금 다른 경쟁 집단들의 기상과 기마술을 가늠하게 해주었다. 성공적인 경기 주최는 족장/후원자에게 본토에서는 존경을, 외지에서는 명성을, 교전 중에는 준비된 협력자를 안겨주었다. 경기를 성공적으로 조직하는 데 실패하거나 경기에 용감하게 참가하는 데 실패하면 멸시와 적개심이 돌아왔다. 의식에 따른 송아지 도살과 갈기갈기 찢긴 채 피 흘리는 몸통에서 교역과 친선이라는 새로운 유대와, 전쟁을 위한 새로운 동맹이 생겨났다.

초원지대에서 서남·남부 아시아로의 팽창

겨울철 눈보라와 여름철 타는 듯한 가뭄에 단련된 목축민들은 바퀴로 움직이는 빠른 이동으로 초원지대의 모든 생태적 환경으로 뚫고 들어가 적응했다. 이렇게 해서 경제를 번영시켰고, 철을 실험했으며, 광범위한 무역에 종사했다. 그리고 꽤 멀리 떨어진 거리와 소통했다. 이전에는 사람이 드물게 살거나 거주하지 않던 지역에 점진적으로 침투해 들어갔다면, 전차가 완성되면서는 대규모 원정이 이루어졌다. 대규모로 무리를 이룬 말 때문에 정기적으로 방목지를 바꿔야 했고 한쪽으로 치우친 경제에 내몰린 초원지대의 목축민들은 도처에서 정착생활을 하는 농경민과 경제적 유대관계를 확립했다. 전사 엘리트들이 등장하면서는 적대 행위가 강화되었다. 부족들은 내전과 또한 기후변화 때문에도 원거리로 이주하지 않으면 안 되었고, 이는 결국 대규모 민족이동을 야기했다(Harmatta 1992: 367~368). 그다음 유라시아 내륙 지배자, 즉 마차를 모는 사람들이 초원지대 너머로 침입했다. 일찍이 서쪽과 남쪽과 동쪽을 가로막은 방어 장벽이었던, 사람이 살기 힘든 사막을 마력이 가로질렀다. 이들 사막은 위대한 정착 문명이 번영했던 비옥한 충적토로 이루어진 핵심 지역을 에워싸고 있었다. 인도·유럽어족이 2개의 주요 경로를 따라 남쪽으로 나아갔다. 하나는 주로 서쪽 초원지대에서 아나톨리아와 근동으로 들어온 켄툼어를 말하는 사람들이 택한 경로였고, 다른 하나는 중앙아시아 심장부에서 인도와 이란으로 들어온 아리아인의 사템어를 말하는 사람들이 택한 경로였다. 전차는 두 곳 모두에서 처음엔 움직이는 발사대로 이용되다가 밀집해 돌진하는 강습부대로서 기능했으며 이어 바퀴 축에 낫이 달린 페르시아의 공격용 전차[낫전차]로 진화했다. 초원지대에서 온 침입자들은 거대한 도시 중심지들을 공격해 고대 경제를 붕괴시키면서 강력한 국가를 계속 세워나갔다. 나중에 기병대騎兵隊를 채택한 초원지대 기마인들은 인도에서 지중해까지 여러 지역에 걸쳐 광범한 제국을 세움으로써 그리고 이런 여러 지역 너머로 자신들의 언어와 종교 및 문화를 퍼뜨림으로써, 티그리스-유프라테스강, 나일강, 인더스 강변 환경에 머물러 있던 충적토 문명을 압도했다.

근동의 고대 문명은 광대하게 펼쳐진 초원지대와는 대조적으로 티그리스강, 유프라테스강, 나일강을 따라 집중되었다. 이곳에서는 강우량이 부족해 비옥한 충적토가 인공 관개로 경작되었다. 인구밀도가 높은 이들 지역에서는 기원전 제3천년기 무렵에 집약적 노동 조직과 도시화가 이뤄졌다. 즉 중앙에 자리 잡은 신전과 공공미술로 장식된 멋진 건물이 있는, 벽돌로 지은 도시가 발전했다. 무역망이 광범하게 작동하면서 질 높은 직물 같은 제조품이 멀리 떨어진 지역에서 수입된 중요한 금속과 교환되었다. 이렇게 차별화되고 경제적으로 복잡한 사회에서는 강력한 관료 조직과 성직 조직을 포함해 중앙집권화된 당국을 지원하기 위한 잉여생산물이 반드시 필요했다. 관료 조직과 성직 조직의 권위는 엄청난 부의 과시로 드러났다. 중기 우루크에서 원통형 인장은 지배자의 권위를 상징했다. 경작지와 창고를 경제적으로 관리하는 데는 쓰기와 산술 능력이 모두 요구되었다. 즉 수메르에서는 점토 서판에 설형문자가, 이집트에서는 파피루스에 상형문자와 신관문자hieratic, 神官文字◆가 사용되었다. 이들 발명품의 용도는 관리상의 회계장부 기입에만 국한되지 않았다. 쓰기가 의학, 수의학, 약학, 역사, 시, 찬가, 길가메시 대서사시, 함무라비 법전에서 중요했던 것과 마찬가지로, 숫자는 수학, 건축학, 천문학, 달력 사용에서도 중요한 역할을 했다. 종교에서는 강력한 신들이 지방의 신전들을 지배했으며 마침내 일신교가 등장했다. 이러한 문화적·경제적 기초에서 최초의 군국주의 국가들이 발전해나갔고, 두터운 성벽으로 둘러싸인 요새는 영토 팽창을 위한 준비 단계 못지않게 내부 동요를 진압해 통일된 지배를 강제하기 위한 수단이었다(Nissen 2006; Murnane 2006).

◆ 이집트 상형문자체의 하나로, 갈대 펜에 잉크를 묻혀 파피루스에 쓴 필기체 글자(또는 서체). 신관(성직자)이 사용한 데서 그 명칭이 유래됐다. 신성神聖문자 hieroglyph, 민용民用문자demotic와 함께 고대 이집트의 세 가지 서체 중 하나다.

근동 전역에서 초기
인도·유럽어족의 침입

아나톨리아의 히타이트 국가

시리아 북쪽 카부르강에서 보고된 사육한 말의 뼈로부터 그리고 우르 3기 설형문자 기록에서 최초로 등장하는 말 관련 단어로부터, 기원전 제3천년기 말경 초원지대 말 문화가 근동에 침투했음을 알 수 있다(Oates 2003: 117). 유라시아 초원지대로부터, 여러 무리가 기원전 2300년에 아카드를 파괴하고 최초 문명의 핵심 지역인 근동을 향해 남쪽으로 이동했다(Macqueen 1996: 18). 아나톨리아 알라카 회위크Alaca Höyük 유적에서 특히 기원전 2200년의 것으로 추정되는 쿠르간 매장지들이 발견되었다. 여기에는 흑해 초원지대의 특징인 태양 원반과 짐승의 모습을 한 깃발이 매장되어 있었다. 기원전 제2천년기 초 무렵 아시리아 설형문자 서판을 통해 인도·유럽어족 언어들[1]이 아나톨리아 전역에서 사용되었음이 추가로 밝혀졌다(Bryce 1998: 12~13, 17). 글로 쓰인 최초의 인도·유럽어족 언어는 설형문자인 히타이트어였다. 초원지대 출신의 무장한 여사제들과 함께 아나톨리아에 도착한 히타이트인들은(Sacks 1995: 19) 기수의 신 피르바Pirva[2]를 숭배했으며, 왕이나 여왕을 매장할 때 말을 희생제물로 바쳤다(Kuzmina 2007: 333). 고위 여사제가 태양의 여신 아린나Arinna를 숭배하는 의식을 주재했다. 아린나는 신화적으로 부활을 상징하는 수사슴 및 말과 관련되었다. 아린나는 그 자체로서 이원론적 특성, 즉 전체 하늘에서 날씨의 신을 수행하는 낮에는 밝은 면을 드러내고, 밤에 활동하는 저승세계의 여주인으로 서쪽 지평선에서 동쪽 지평선으로 이동하는 밤에는 어두운 면을 드러낸다(Kristiansen and Larsson 2005: 283~286). 히타이트인들은 흑해 남쪽에 바로 인접한 산지의 철광석을 독점했다. 당시는 철을 만드는 데 필요한 용해 기술과 고온 기술이 널리 알려지지 않은 때라 철이 드물었다. 히타이트인들은 강력한 정치적 지배력을 행사하는 철 생산에 탁월한 기량을 발휘할 것이었다(Gurney 1975: 83). 기원전 18세기 무렵에 히

---

1   루비어, 팔라어, 히타이트어로 알려진 아나톨리아어파는 켄툼에 속하지만 기원전 4000년 이전에 서부 초원지대에서 파생한 것으로 보인다. 따라서 PIE 언어 연속체language continuum[동일한 또는 연접한 지리적 영역에서 특정한 경계지대 없이 연속되는 언어군. 의사소통이 단절되지 않고 연속되는 언어군을 말한다]가 붕괴되기 이전까지는 고립된 비주류 언어였다.

2   피르바는 리투아니아의 페르쿠나스Perkunas 신, 슬라브족의 페룬Perun 여신[둘 모두 천둥신이다]과 비교된다.

타이트 고ㅓ왕국이 아나톨리아 동부 대부분을 통일했는데, 이는 아시리아가 함무라비 왕 시기 팽창하는 바빌로니아에 흡수되었을 정도로 (Macqueen 1996: 20) 아시리아 경제를 사실상 약화시켰다(Bryce 1998: 42). 한 세기 후, 장엄한 하투샤 요새에 히타이트 수도가 건설되었다. 높은 성벽과 거대한 성문을 갖춘 하투샤 요새는 앞으로 세워질 모든 히타이트 요새의 특징이 될 것이었다(Gurney 1975: 110~111). 기원전 1595년에 히타이트 왕 무르실리스 1세가 알레포[지금의 시리아 북부 도시]와 바빌론[당시 바빌로니아 수도. 유적은 지금의 이라크 바그다드 남쪽 유프라테스 강변에 있다]을 모두 약탈했다(Macqueen 1996: 44). 5세기 동안 지속될 운명이었던 히타이트 국가는 전성기에 에게해에서 유프라테스강까지 걸쳐 있었다(Bryce 1998: 16).

전쟁에서의 전차

기원전 제2천년기에 신타시타-페트롭카에서 일찍이 모습을 드러낸, 말이 끌고 바큇살이 있는 경전차는 이제 유럽·근동·이란·인도에서 모습을 나타낼 터였고 이후 기원전 1000년에는 중국에 닿을 것이었다. 전투용 마차와 수레는 앞서 보았듯 오랫동안 근동에서 사용되었는데 단단한 바퀴를 사용해 무거웠고 당나귀 또는 당나귀와 암컷 야생당나귀의 교배종이 끌었다. 전투용 마차와 수레가 전쟁에 배치되었음은 '우르의 스탠더드Standard of Ur'◆에서 생생하게 입증된다. 우르의 스탠더드에는 투구를 쓰고 무장한 전사들이 마차를 타고 피 흘리는 패배한 적의 시체가 너부러져 있는 전장을 가로질러 가는 모습이 묘사되었다. 그러나 기동성이 뛰어나지 못한 이런 이동 수단들은 평지와 개활지로 사용이 제한되었다. 아마도 전투용 마차와 수레는 사냥에서 사용된 것으로 짐작되지만 전쟁에서는 움직이는 무기고 또는 높은 곳에 위치한 전투사령부처럼 더 큰 역할을 했다. 전투용 마차와 수레는 분명 공격 부대로서 역할을 할 정도로 민첩하지는 않았다. 징으로 보강된, 천연가죽 또는 나무로 만든 타이어는 바퀴의 접지면을 보호하고 견인력을 향상시키는 것뿐 아니라 바퀴의 다른 부분을 강화시키는 데에도 중요했다. 구리나 청동으로 만든 금속 타이어는 수사[이란 서남 지역 고대 국가 엘람Elam의 수도]에서 맞닥뜨렸지만 나중에 철 타이어가 그랬던 것처럼 "잔뜩 기대를 품게" 하지는 않았다(Littauer and Crouwel 1979: 19, 32~33). 근동에서 처음으로 야생당나귀 또는 당나귀 조상들보다 훨씬 더 빠르고 활력 넘치는 동물인 "외국 산악국가들의 당나귀", 즉 진짜 말이 언급되었다(Shaughnessy 1988: 211). 말과 전차가 동원된 초기 정복에 대한 증거는 히타이트인에게서 찾을 수 있지만 힉소스인, 카시트인, 미탄니인[3]의 지배를 받은 후르리인[흑해와 카스피해 사이에 있는 캅카스 지역의 고대 토착 민족 중 하나]에게서도 확인된다(Gurney 1975: 104). 기원전 17세기 초, 셈족으로 추정되는 힉소스인들이 말을 탄 전쟁의 여

◆　기원전 4000년경 고대 메소포타미아(수메르) 남부에 세워진 도시 우르의 왕실 무덤에서 발견된 유물. 패널 위에 조개껍데기와 라피스 라줄리(청금석) 등을 소재로 상감해 그린 기록판으로 기원전 2600년경 작품으로 추정된다. 주로 '우르의 군기軍旗'로 불린다(제2장 그림 2.7 참조).

3　켄툼어를 사용하며 서쪽에서 아나톨리아 대부분을 관통한 인도·유럽인들과는 다르게, 사템어를 사용하는 미탄니인들은 동쪽 초원지대에서 침입했다.

신 아스타르테Astarte와 함께 말이 끄는 전차를 자신들이 한 세기 넘게 지배한 이집트에 소개했다(Cotterell 2004: 96). 기원전 16세기에 반유목민 카시트인들이 말과 전차로 바빌로니아를 점령했다. 한 세기쯤 일찍 전차를 몰았던 전사계급 마리아누maryannu가 지휘한 인도·아리아계 미탄니인이 시리아 북쪽 후르리인의 영토로 이주했다. 미탄니인들은 소규모 엘리트 집단으로 대규모 토착 문화를 지배했으며, 그곳에 완벽한 형태의 전차와 전차술에 가장 적합한 품종의 말을 소개했다(Harmatta 1992: 372). 기원전 14세기에 미탄니인 인장에서 날개 달린 켄타우로스 Centauros〔그리스 신화에 나오는 상반신은 사람이고 하반신은 말인 족속〕의 모습이 등장했다(Padgett 2003: 129). 아마도 이는 고속으로 질주하는 초원지대의 초기 기마인을 예술적으로 표현한 것이지 않을까? 두 마리 말이 끄는 전차가 뚫고 지나가는 곳 어디에서나 전쟁에 즉각적인 일대 변화가 일어났다. 속도는 전투에서 결정적 요소가 되었다.

히타이트 군대는 효율적 군사 기구였다. 왕은 최고 사령관으로 모든 전투에서 두드러진 역할을 했다. 군역은 봉건적 의무로서 전리품의 분배로 보상을 받았다. 히타이트 군대는 당나귀 또는 거세한 수송아지가 끄는 짐수레로 병참과 장비를 수송했다. 왕이 죽으면 베다 관습에서처럼 마차를 이용해 장례용 장작더미로 옮겨졌다. 하지만 히타이트인들에게 공격용 이동 수단은 가볍고 기동성이 뛰어난 말이 끄는 전차였다. 히타이트 군대가 승리한 것은 단순히 전차를 소유해서만은 아니었다. 기원전 제2천년기 중반 무렵에는 분명 히타이트인의 적도 더러 전차를 소유하고 있었기 때문이다. 히타이트 군대가 승리한 것은 전차의 기본적 설계에서 속도와 기동성을 화력 및 안전과 조화시킨 덕분이었다. 이집트인들은 활과 화살을 잘 다룰 수 있도록 허리춤에 가죽끈으로 활통을 묶어 단 방어용 비늘갑옷을 전차 몰이 병사에게 입혔다(그림 4.1). 혹은 그 대신에 전차에는 전차 몰이 병사의 전사가 2인 1조로 배치되기도 했다. 따라서 전차는 움직이는 발사대로서 적을 향해 중장거리 무기를 발사할 수 있었다(Gurney 1975: 105~106). 전차 전투에 관한 히타이트인의 생각은 좀 달랐다. 히타이트인은 전차 통제, 공격적 전투, 자기 방어의 필요성을 충족시키는 폭이 넓은 수송 수단을 개발했다. 여기에는 전차 몰이 병사, 전사, 탑승원을 방어하기 위해 방패를 휴대한 병사, 이렇게 3명이 탈 수 있었다. 전차병들은 투구와 갑옷을 착용했다. 그리고 이와 비슷하게 비늘갑옷으로 말의 측면 및 뒤와 목을 보호했다. 활과 화살 말고도 칼이나 창으로 무장한 전차 전사는 근접한 백병전의 전술 면에서 유리했다. 전차는 다른 전차들과 싸우면서 풋내기 보병들을 공포에 사로잡히게 했고, 대열이 무너지기 시작하면 보병을 추적하는 데 이용되었다(Beal 2006: 548). 기원전 17세기에 히타이트인들은 80대의 전차와 보병대로 저지선을 쳐서, 자신들이 포위하고 있는 도시 우르숨으로의 접근 통로를 봉쇄했다(Moorey 1986: 204).

1931년에 프랑스 기병 사령관 르페브르 데 노에트Lefebvre des Noëttes는 고대 전차의 마구가 근대의 마구보다 3배나 덜 효율적이었음을 입증하고자 수행한 실험을 발표했다. 장대와 멍에로 견인하는 전차는 앞서 본 대로 우차ox wagon에서 유래했다. 그렇지만 말은, 기갑이 돌출돼 있고 목이 두꺼운 소와는 대조적으로, 목이 더 길고 가늘었으며 목을 완전히 다른 각도에서 높게 쳐들 수 있었다. 고대에 목과 허리에 채우던 마구throat-and-girth harness는 멍에에 연결되어 배 둘레에 뱃대끈으로 달았다.

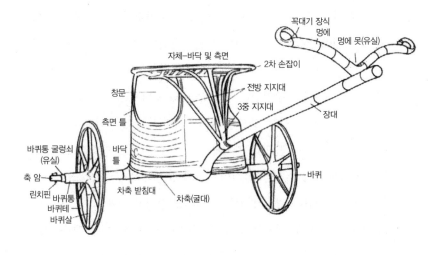

자체–바닥 및 측면

꼭대기 장식
멍에
멍에 못(유실)

2차 손잡이

창문

전방 지지대

측면 틀

3중 지지대

장대

바닥
틀

바퀴통 굴렁쇠
(유실)

축 암

린치핀 바퀴통
바퀴테
바퀴살

차축 받침대

차축(굴대)

바퀴

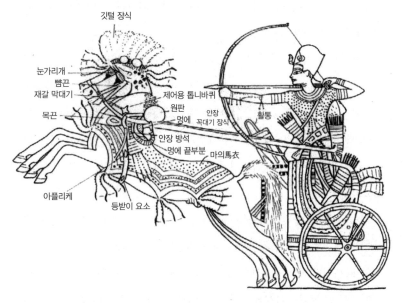

깃털 장식

눈가리개

뺨끈
재갈 막대기

제어용 톱니바퀴
원판
멍에 꼭대기 장식
안장

활통

목끈

안장 방석
멍에 끝부분 마의馬衣

아플리케

등받이 요소

[그림 4.1] 이집트 전차 스케치.(Littauer and Crouwel 1985: fig. 2) 옥스퍼드대 그리피스연구소의 허락으로 재수록.

제4장 초원지대에서 서남·남부 아시아로의 팽창

말 엉덩이의 좌골 부분은 기갑을 대각선으로 가로지른 목끈과 연결되었는데 이것이 흉골과 아래 기도의 근육을 압박했다고 한다. 데 노에트는 말이 무거운 짐을 끌기 위해 머리를 앞으로 내밀 때마다 제대로 숨을 쉬지 못했다고 주장한다. 하지만 메리 리타워Mary Littauer는 데 노에트가 멍에 안장이라는 중요한 장치를 고려하지 않았다고 지적한다 (Littauer 2002b). 가죽끈으로 멍에에 단단히 묶인 멍에 안장은 좁은 말의 목에 멍에를 맞추기 위해 고안된 V자 모양의 나무로 만들었다. 멍에 안장은 무엇보다 멍에가 기갑 뒤로 미끄러지지 않게 하고 위쪽 어깨를 멍에 앞쪽으로 견인할 수 있게 하여 목에 가해지는 압박을 완화해주었다. 멍에 안장은 중동, 초원지대 전역의 암각화, 파지리크의 5개 쿠르간, 멀리 동쪽 중국에서 광범위하게 사용되었다. 투탕카멘 무덤에서 발견된 전차의 복원 모형을 연구한 스프뤼트J. Spruytte는 무거운 짐을 견인할 때 멍에 안장이 비교적 효율적이었음을 입증할 수 있었다 (Spruytte, 1983: 26~31, 40). 이런 마구가 경전차에 적합했다고는 하나, 말에게서 전력全力을 끌어내는 데는 실패했다. 뒤에서 보게 되듯이, 마구를 매다는 더 뛰어난 방식이 개발되기까지는 천 년 이상이, 그리고 이 같은 방식이 두루 채택되기까지는 수 세기가 더 흘러야 했다(Littauer 2002b: 479~484).

근동의 전차 바퀴 대부분은 초원지대의 전차 바퀴와는 다르게 바큇살이 훨씬 더 적었다. 처음에는 4개였지만(가끔 청동으로 만들어졌다) 기원전 14세기 무렵에는 6개였다(Littauer 2002b: 486). 초원지대에서 바큇살이 있는 바퀴는 각각의 원통형 바퀴통nave[바퀴의 축이 꿰이고, 바큇살이 그 주위에 꽂히는 바퀴의 중앙 부분]에 단단히 접합된 바큇살로 만들어졌지만, 기원전 제2천년기 후반에 제작된 이집트 전차는 일체형 바퀴통으로 바큇살이 바퀴통과 일체를 이루었다(Spruytte 1983: 26). 또한 이 무렵 근동의 차축이 기수석 중앙에서 후방 모서리로 옮겨졌다. 이는 말에게는 더 많은 무게로 압박을 주었지만 마차에는 앞뒤로 더 안정감을 부여해 급회전 시 탑승자들이 튕겨나갈 위험을 줄여주었다. 나중에 신新히타이트와 아시리아 전차에서 개조된 부분은 차체 중앙 아래에 설치된 전면과 후면 칸막이였다. 전투원들은 이렇게 특별히 설치된 벽에 기대어 대응 태세를 갖출 수 있었다. 기원전 7세기에 아시리아인은 4인 1조의 전차를 효율적으로 활용했다.

전차 말 훈련

전차 설계와 제작에는 전문 기술이 많이 동원되었지만 말 관리에도 특별한 주의가 기울여졌다. 말 훈련 매뉴얼은 기원전 1360년 경 미탄니인 키쿨리Kikkuli가 진흙 서판에 설형문자로 기록했다. 후르리 왕국의 미탄니 왕자 사티바사는 히타이트 왕 수필룰리우마와 조약을 맺었다. 그들은 이 조약에서 특히 고대 리그베다 찬가에 등장하는 인드라Indra, 미트라Mitra, 나사티아Nasatya, 바루나Varuna에 상응하는 인도·아리아인의 신 인다라Indara, 미트라실Mitrasil, 나사리아나Nasarianna, 우루바나실Uruvannassil에게 도움을 빌었다. 그뿐 아니라 수많은 미탄니 왕의 이름, 전차병 용어, 전차 말 색도 인도·아리아 용어였으며, 그러한 차용어 상당수가 말 훈련 매뉴얼에서 사용되었다. 더욱이 동쪽 초원지대의 특징인 동물의장 예술이 이 시기에 아나톨리아에서 처음 나타났다(Mallory and Mair 2000: 257).

히타이트 왕 휘하의 가공할 전차병 부대를 교육하기 위해 고안된 키쿨리의 매뉴얼에는 전차 말을 준비하면서 7개월 넘게 시행된 광범한 규율이 나타나 있다. 처음 며칠 동안은 시작부터 키쿨리의 엄격한 과정에 부적합한 말들을 걸러내는 일이 진행되었다. 아침에 말에게 마구를 채우고 18킬로미터 속도를 유지하며 120미터를 질주하게 했다. 돌아올 때에는 180미터를 달리게 했다. 마구를 벗겨 솔질을 하고 물을 먹였으며, 클로버 한 줌과 보리 두 줌, 잘게 썬 풀 한 줌을 섞어서 주었다. 저녁에는 6킬로미터 속도로 120미터를 달리게 했다. 마구간에서 다시 솔질을 하고 물을 먹였으며, 생生여물을 세 줌 주었다. 나중에 삶은 곡물을 1부셸 더 주었다. 평소 사료가 농축된 것이었다 하더라도, 먹을 풀이 거의 떨어질 무렵이면 말은 많은 양의 풀을 먹고 싶어했다. 이 때문에 밤이 되면 말에게 입마개를 씌워 잠자리로 깔린 짚을 먹지 못하게 하거나 여물통을 씹지 못하게 했다. 이러한 훈련이 계속되었고, 달리는 거리를 늘리며 훈련을 강화시키는 한편 달릴 때 다리를 교차로 쓰게 하고 다양한 사료를 먹였다. 땀을 흘리게 한 다음에는 덮개를 덮어주고 소금물과 맥아물을 한 들통씩 주었다. 다른 날에는 물을 주지 않고 갈증에 익숙해지게 했다. 말은 규칙적으로 강에서 헤엄을 쳤다. 전차 훈련과 느린 걸음 훈련 등 모든 훈련은 두 마리씩 짝을 지어 이루어졌다. 이때 말에 멍에를 매어두었지만 말을 모는 사육사는 걸어서 갔다. "둘씩 짝 지은 말은 떼어놓을 수 없었다. 한 마리가 죽어 살아남은 말이 다른 동료를 짝으로 받아들이려면 상당한 재훈련을 거쳐야 했을 것이다."(Dent 1974: 56~59) 뛰어난 전차병 덕에 히타이트인들은 소아시아를 지배했을 뿐 아니라 이집트 국경까지 군대를 전진시킬 수 있었다.

카데시 전차와 트로이 전차

이집트에서 탈출할 때 고대 이스라엘인들에게는 말이 없었다. 그들은 파라오의 전차에 관한 증오에 찬 기억이 남아 있어 말을 이교도 적에게나 어울리는 짐승으로 간주했다. 실제로 유대교 율법에 따르면 왕은 말을 사육할 수 없었다. "그는 병마를 많이 두지 말 것이요 병마를 많이 얻으려고 그 백성을 애굽으로 돌아가게 하지 말 것이니……."(「신명기」 17장 16절. 개역개정판 번역.)(II Samuel 18.9; Deut. 18.6; Piggott 1992: 69) 이스라엘은 전차병에게는 부적합한 구릉이 많은 지형에 자리했다. 게다가 이스라엘 군대에는 다윗왕이 통치 후기에 아람족 왕 하다레제르에게서 전차 100대를 포획할 때까지 전차가 없었다(II Samuel 8: 3~4; I Chronicles 18: 3~4). 또한 성서는 다윗의 아들 아도니야 및 압살롬의 전차에 대해 언급하고 있다. 하지만 왕족에게는 말이 금지되는 전통이 유지된 까닭에 압살롬은 노새를 타고 다닌 것으로 알려져 있다.(II Samuel 13: 29; 18: 9)◆ 이와는 대조적으로, 예루살렘이 광범한 무역관계로 유프라테스강 서쪽 대부분을 지배한 솔로몬 시대에 왕실 마구간은 말과 전차를 위한 수천 개의 칸막이를 자랑했다. 전투 때 탔던 말에 대해서도 어느 정도 증거가 있다. 솔로몬은 비非히브리인의 관습을 용인했다는 이유로 비난을 받았다. 왕국은 솔로몬이 죽은 뒤 얼마 안 되어 내부 갈등이 일어나 이스라엘과 유다로 쪼개졌다. 쪼개져 쇠약해진 두 왕국은 이집트의 공격에 취약해졌다(I Kings 4: 26; II Chronicles 9: 25; Margolis 1969; Yadin 1963; 284~287).

히타이트의 영향력은 근동 전체로 확대되었다. 솔로몬 왕은 아나톨리아에서 상당한 말과 전차를 획득했으며(Aubet 2001: 49) 히타이트 왕에게 이집트 말을 보내고 히타이트인 아내들을 얻었다(Gurney 1975: 1~2: Wood 1998: 170; II Chronicles 1: 7, 17). 마찬가지로 히타이트인들은 이집트와 왕조 간의 결혼을 시도하면서 왕자 자난자를 급히 보내 아크나톤의 셋째 딸이자 투탕카멘의 미망인 안케센파아텐Ankhesenpaaten[안케세나멘]과 결혼하게 했으나, 왕자는 암살당했다(Gurney 1975: 31). 히타이트는 이집트와 결정적인 전쟁을 치르기도 했다. 바로 기원전 1286년 오론테스강[서남아시아 서부] 기슭에서 벌어진 카데시Kadesh 전투였다. 앞서 기원전 1700년경에 히타이트 왕 아니타스는 1400명의 보병과 40대의 전차에 용감히 맞섰다. 기원전 15세기에는 이집트의 투트모세 3세가 메기도[고대 팔레스타인 주요 도시] 전투에서 적의 전차 894대를 포획했다. 기원전 13세기에 히타이트 왕 무와탈리 2세는 자신의 시리아 영토에 침입한 이집트 군사의 공격을 분쇄하겠다고 결심하고는 전술적인 급습에 3500명의 전차병을 배치했다. 이집트인들은 여기에 필적하는 많은 전차를 집결시켰다고 알려져 있다. 이집트 군대는 4개 사단으로

◆ 구약성경을 보면 아도니야는 다윗의 넷째 아들이고 압살롬은 다윗의 셋째 아들로 둘 모두 아버지의 왕위를 빼앗으려 했는데, 그 반역이 '전차와 말, 기병과 호위병을 준비하는 것'으로 나와 있다.

구성되었다. 람세스 2세는 아몬Amon 사단과 함께 앞장섰으며 3개 사단은 상당한 거리 너머의 후방으로 흩어졌다. 람세스 2세의 진군은 무모했다. 람세스 2세는 무와탈리 2세와 동맹을 맺은 베두인족에게 유인되어 아몬 사단과 단독으로 오론테스강을 넘었는데 기습 공격으로 좁혀 들어오는 히타이트 전차병에게 포위되었다. 참패에 직면한 람세스는 대담하게 반격을 시도했다. 람세스에게는 다행스럽게도, 히타이트는 최초 공격이 성공하자마자 용병과 예속민 혼성 부대의 규율이 무너지면서 강탈과 약탈에 여념 없었다. 결국 람세스는 2개 사단이 도착하면서 마지막 순간에 충격적인 패배에서 군대를 구해낼 수 있었다. 전투를 벌인 양쪽 모두 엄청난 병력 손실을 입었다. 룩소르·카르나크·아부심벨의 수많은 신전 돋을새김에서는 람세스가 압도적 승리를 거두었다고 주장했다. 하지만 실상은 달랐다. 람세스는 히타이트의 살육을 막아낸 직후 멀리 남쪽으로 퇴각했다. 이집트인들에게서 넓은 영토를 탈환한 무와탈리는 람세스를 추적했다(Bryce 1998: 256~264). 무와탈리 또한 완전한 승리를 거두지는 못했다. 그가 이집트에 전력을 기울이는 동안 아나톨리아 서북부 지역에서 소요가 발생한 것이다(Macqueen 1996: 49~50). 이 지역은 트로아드Troad라고 알려진 곳으로 우리에게는 트로이Troy로 더 친숙하다.

인도·유럽어족이 말이 끄는 전차와 함께 에게해 인접 지역으로 유입된 것은 기원전 1900년경으로 거슬러 올라갈 수 있다. 이는 트로아드 전체와 그리스 반도에 걸쳐 있는 미니아인의 회색 도기Gray Minyan ware로 입증된다. 트로이 전쟁에서 싸웠던 사람들은 필시 비슷한 시기에 에게해 주위에 도착한 초원지대 출신 침입자들의 후손이었을 것이다(Taylour 1983: 14~17). 히타이트 공문서를 통해 트로이 전쟁이 벌어진 대략적 연대를 파악할 수 있을 것이다. 무와탈리 왕(재위 기원전 1306~기원전 1282)은 이집트에 맞서 시리아 전투에 집중하기 위해 아나톨리아 서부의 속국인 아르자와, 미라, 아수와(아시아), 윌루사(일리온)와 조약을 체결해 충성을 강요했다. 윌루사는 다름 아닌 타루이사(트로이)의 왕자 파리스(알렉산드로스Alexandros)와 조약을 체결했다. 또한 히타이트 기록에 따르면, 아히야와Ahhiyawa(아카이아의 그리스인)가 기원전 15세기에서 기원전 13세기까지 아나톨리아 서부에서 장기간 전쟁에 관여했고, 기원전 13세기 말경에는 트로이를 여러 차례 공격했다. 아카이아인들은 오랫동안 밀라와타(밀레투스)와 상업적·문화적으로 접촉해왔다. 밀레투스는 마이안데르강 남쪽에 위치해서 경작지가 비옥하고 인구가 밀집된 번영하는 지역이었다. 아카이아인들은 밀레투스를 기지로 본토의 도시들과 연안의 섬들을 약탈했고(Wood 1998: 23), 이를 통해 아나톨리아 서부 인근 지역으로 영향력을 확대하고자 했다(Bryce 1998: 394~396). 트로이가 이런 교전에서 주요 표적이 될 수밖에 없었던 것은 헬레스폰투스 해협이라는 전략적 위치에 자리 잡고 있었기 때문이다. 트로이는 헬레스폰투스 해협을 통과하는 선박에 엄청난 통행세를 물리고, 실제로 흑해 주변의 비옥한 지역으로 통하는 길을 막을 수 있었으며, 흑해 지역의 수지맞는 무역에 접근하지 못하게 할 수도 있었다. 『일리아스』에 등장하는 "암말 젖을 짜는 사람들"에서 알 수 있듯이, 고대 그리스인들은 초원지대 유목민들을 잘 알고 있었을 것이다(Melyukova 1990: 98). 트로이는 또한 근동을 중부 유럽의 금속 자원과 연결해주는 주요 경로를 장악했다(Bryce 1998: 397~398). 훨씬 더 매력적으로 다가왔던 것은 호메로스의 시에서 인용된 트로이의 준마들과, 말 사육자로서 트로이 시민들이 얻은 명성이었을 것이다. 헥토르◆는 '말 조련사'로 알려졌다. 말 사육의 확산은 트로이 유적지 제6층Troy VI에서 거대한 말뼈들이 발견되면서 고고학적으로 확인되었다(Wood 1998: 166).

따라서 추정컨대 트로이 포위 공격은 사랑에 빠진 왕자[트로이 왕자 파리스]가 "1000척의 배를 진수시킬 정도로" 아름다웠던 여왕[스파르타 왕비 헬레네]을 납치한 것보다는 오히려 더 평범한 이유로 발생했을 것이다. 그 사건이 있은 지 500년 지나 쓰인 호메로스의 『일리아스』는 그리스와 아시아 본토 사이의 오랜 교전을, 트로이 외곽 평원에서 10년에 걸쳐 벌어진 전투의 마지막 포위 공격 이야기로 압축해 묘사하고 있다.◆◆ 트로이 전쟁은 3000년 동안 유럽의 예술, 문학, 음악에 가장 중요한 영감의 원천을 제공했다. 트로이 전쟁은 유럽 세력과 아시아 세력 사이에 벌어진 결정적인 싸움이었다. 이 전쟁에서 그리스의 모든 소규모 국가는 아가멤논 주위에 집결했으며 아나톨리아 히타이트인들은 여러 차례 트로이에 증원군을 보냈다. 위대한 서사시 『일리아스』에서 헬레네는 제우스의 딸이었다. 제우스는 백조로 변신해 스파르타 왕 틴다레우스의 부인 레다를 유혹했다. 비길 데 없는 아름다움을 지녔던

◆　『일리아스』에 나오는 트로이 전쟁(트로이아 전쟁)의 영웅. 트로이 왕 프리아모스의 맏아들이자 안드로마케의 남편이며, 트로이 전쟁에서 트로이군의 총사령관이었다.

◆◆　『일리아스』는 전 24권 1만5693행으로 된 그리스 최고最高의 서사시로, 10년에 걸친 그리스군의 트로이 공격(트로이 전쟁) 중 마지막 해의 50일간에 일어난 사건들을 노래한 작품이다.

헬레네는 미케네의 강력한 왕 아가멤논의 동생인 메넬라오스와 결혼했다. 하지만 나중에 헬레네는 트로이 왕 프리아모스의 아들인 파리스와 눈이 맞아 함께 달아났다.

메넬라오스는 이러한 범죄 행위에 맞서 그리스 국가들의 왕과 왕자를 소환했다. 부유한 아가멤논이 총사령관 지위를 차지했고, 프티아의 아킬레우스가 가장 가공할 투사로서 아카이아의 그리스 군대에 합류했다(Woodford 1993: 13, 25). 그러나 일단 그리스 연합 함대가 출항하자 아킬레우스는 아가멤논의 권한에 분개하게 되었다. 첩〔전리품으로 얻은 사랑하는 여종〕브리세이스를 아가멤논 왕이 납치한 데 격분한 아킬레우스는 물론 그의 부하들도 더는 아카이아인을 돕지 않겠다고 맹세했다. 그사이 전장에 있던 메넬라오스는 전차에서 뛰어내려 파리스와 일대일 결투를 벌였다. 그는 트로이의 왕자 파리스를 제압했지만 여신 아프로디테가 파리스를 낚아채어 안개로 감싸 트로이로 안전하게 피신시켰다. 브리세이스를 돌려받은 아킬레우스는 믿을 만한 친구 파트로클로스에게 트로이에 맞서 아카이아인 병사들을 지휘할 권한을 부여했다. 아킬레우스의 갑옷을 입고 전투에 뛰어든 파트로클로스는 트로이 프리아모스 왕의 장남 헥토르에게 살해당했다. 아킬레우스는 파트로클로스의 비극적 죽음에 복수하려고 전장에 복귀해 수많은 트로이인을 무자비하게 살육했다. 그다음 헥토르에게 다가가 트로이 성벽 주위에서 그를 세 차례나 추격했다. 헥토르는 몸을 돌려 저항했지만 결국 아킬레우스에게 살해당했다. 헥토르의 시신은 전차에 발뒤꿈치가 〔구멍이 뚫려〕묶인 채 먼지를 일으키며 그리스 함선으로 질질 끌려갔다 (Thompson 2004: 36, 40, 48~49, 53~54).

아카이아인의 장례식은 대부분 초원지대 유목민의 희생제의를 따랐다. 파트로클로스의 시신은 30미터 높이 화장용 장작더미 위에서 희생제물로 바쳐진 트로이인 포로 12명 및 말 4마리와 함께 화장되었다. 장례 경기funeral game가 준비되었고 병사들은 엄청난 상금을 차지하기 위해 경쟁했다. 아킬레우스는 12일 동안 매일 동틀녘에 헥토르의 시신을 자신의 전차 뒤에 매달아 매장 봉분 주위를 세 차례 질질 끌고 다녔다. 파트로클로스의 죽음을 기리는 공식 전차 경주에서, 아킬레우스는 투구에 제비를 넣어 흔들어 섞었고 다섯 명의 위대한 전사가 제비를 뽑았다. 안틸로코스, 에우멜로스, 메넬라오스, 메리오네스, 디오메데스 순서로 뽑혔다. 이들은 평원을 가로질러 결승선까지 말을 타고 가서 되돌아올 준비를 하고 순서대로 위치에 섰다(Buckley 1851: 422~428; 23. 161~360).

이윽고 모두가 일제히 말 위로 채찍을 높이 쳐들고 고삐를 세게 쳤다. 그리고 응원의 말을 계속했다. 말들은 함선에서 멀리 떨어진 평원 위로 쏜살같이 달려갔고, 그들의 가슴 밑에서는 먼지가 구름처럼 또는 소용돌이처럼 격하게 피어올랐다. 갈기가 바람의 숨결에 이리저리 흔들렸다. 이따금 실제로 전차들이 비옥한 대지로 육박해 다가들었으며 다른 전차들 위로 높이 튀어올랐다. 하지만 전차 기사들은 전차에 꼿꼿이 서 있었고 그들의 심장은 승리를 갈망하듯 빠르게 고동쳤다(Buckley 1851: 429; 23. 363~375).

경주로에서 사고가 없지는 않았다. 아폴론 신은 티데우스의 아들[디오메데스]에게 격분해 그의 손을 흔들어 채찍을 떨어뜨렸다. 아테나 여신이 디오메데스를 지켜주기 위해 채찍을 그에게 돌려주고 말들의 기운을 북돋워주었다. 그때 아드메토스의 아들을 따라잡은 아테나 여신이 멍에를 부러뜨려 에우멜로스 암말들이 탈선했고 에우멜로스는 땅바닥에 내동댕이쳐졌다. 안틸로코스는 메넬라오스가 반감을 품을 정도로 전차를 노련하게 몰았고 끼어들기로 메넬라오스를 방해했다. 그사이에 가장 용맹스러웠던 디오메데스가 다른 전사들보다 앞서 내달려 경주에서 승리했다(Buckley 1851: 429~430; 23. 376~436).

『일리아스』는 프리아모스가 헥토르의 시신을 돌려받는 것으로 끝을 맺는다. 하지만 끊임없는 전쟁의 피로 낭자한 트로이 이야기는 『오디세이아』와 그리스 비극들, 베르길리우스의 『아이네이스』에서 계속되었다. 나중에 아킬레우스는 교전을 벌이다 파리스의 뛰어난 궁술로 발뒤꿈치에 화살을 맞았다. 그 후 파리스도 그리스의 필록테테스가 쏜 유명한 헤라클레스의 활에 쓰러졌다. 신격화된 아킬레우스는 날개 달린 두 마리 말이 끄는 전차를 타고 하늘로 올라갔다. 아카이아인이 이기기를 간절히 바란 꾀 많은 이타카의 오디세우스는 교묘한 계획을 세웠다. 그는 숙련공인 에페이오스에게 속이 텅 빈 거대한 목마를 만들게 했다. 이 목마는 그리스인들이 고국으로 무사 귀환할 수 있도록 아테나 여신에게 바친 제물로 트로이 평원에 세워놓을 생각이었다. 오디세우스가 지휘하는 그리스의 최정예 병력이 야음을 틈타 목마의 배 안으로 들어갔다. 그사이에 나머지 병력들은 야영지를 불태우고 함선을 띄웠다. 이처럼 겉으로는 고국으로 돌아가는 척했지만 실제로는 근처의 테네도스섬으로 출항했다. 아카이아인들이 떠났다고 믿은 트로이인들은 강력한 힘을 가진 불가사의한 목마를 제것으로 만들려고 엄청난 환성을 내지르며 목마를 트로이 성안으로 들여놓았다. 밤이 되자 목마 안에 있던 전사들이 빠져나와 대기하고 있던 함대에 신호를 보냈다. 신호와 함께 함대는 회항했고 어떤 제지도 받지 않고 전진했다. 트로이 성 내부와 외부에서 동시에 트로이를 약탈할 수 있었다. 프리아모스 왕은 제단 위에서 무자비하게 살해되었다. 헥토르의 아들 아스티아낙스는 성벽으로 내던져져 죽었으며 헥토르의 부인 안드로마케와 왕실 여인들은 모두 노예가 되었다(Woodford 1993: 85, 104~109). 서사시 『일리아스』에는 고대의 정치적 격변, 대립, 무훈이 다음과 같이 기록되었다─유럽의 아카이아인 군대가 아시아 본토 세력들에 맞서 싸웠다. 이러한 대륙 간 싸움은 다가올 수천 년 동안 자주 반복되었다.

전투용 군마의 출현

히타이트는 기원전 12세기 아나톨리아와 레반트를 가로질러 이집트로 향한 대규모 민족이동 때문에 붕괴했다고 전해진다. 대규모 이동은 기원전 1100년과 기원전 700년 사이에 아나톨리아 서부에서 계속되었다. 그때 북쪽에서 이동한 프리기아인이 루비어를 말하는 사람들을 에게해 연안 남쪽으로 밀어낸 것으로 보인다. 아르메니아인들이 다소 늦게 아나톨리아 동부로 침입해 들어왔다. 이때 페니키아인이 해상으로 말을 수송했다(Aubet 2001: 49; Bryce 1998: 367, 389). 셈어족 페니키아어와 인도·유럽어족 루비어가 나란히 사용되었고, 그다음 서쪽으로 에게해 연안 그리스 무역 식민지로 전해졌다. 바로 이러한 환경에서 그리스 알파벳이 페니키아인의 자음 체계로부터 발전했다.

이 무렵 근동에서 중요한 발전 또 하나가 있었다. 군사적 상황에서 타는 말이 등장한 것이다. 기원전 제2천년기에 타는 동물로서 말은 처음엔 불신의 대상이었다. 마리[시리아 유프라테스강 중류 유역에 있는 고대 도시]에서 짐리림Zimri-Lim 군주(재위 기원전 1779~기원전 1761)가 아카드 도시들로 여행을 계획했을 때, 궁정 신하는 말에 타는 위험을 피하라고 충고했다. "전차를 몰도록 하십시오. 꼭 타야 한다면 노새를 타십시오. 그러셔야만 왕으로서 위엄을 유지할 수 있을 것입니다."(Drews 2004: 48) 말은 단 1마리가 황소 7마리, 당나귀 10마리, 노예 30명의 가치에 견줄 만큼 값나갔다(Hyland 2003: 15; Kuzmina 2007: 135). 기원전 15세기 초 히타이트인은 때때로 말을 이용해 급사를 파견했고, 신속하게 이동해야 할 경우에는 말 탄 경무장 지원군이 정찰이나 기습 전술을 수행했다. 이는 깃털 장식 투구를 쓰고 활, 화살통, 방패로 무장한 여러 히타이트 기병이 등장하는 이집트의 돋을새김 유물에서 묘사되었다. 또한 정복의 여파로 피정복지에서 수백 킬로미터 떨어진 히타이트 왕국으로 수천 명(그리고 그들의 가축 떼)을 이송하는 데 말이 체계적으로 사용되었다. 이 같은 인구 재배치는 무엇보다 피정복지에서 일어날 반란 위협을 줄여주었으며, 인구 재배치는 또한 인구 희소 지역으로의 인구 유입과 국가 공공사업에 필요한 노동력 그리고 국경 주둔지에 배치할 수비대에 맞춰 조정되었다(Bryce 1998: 236~238).

말을 수송 수단으로 이용하다가 실제로 말을 타고 전투를 하기까지의 변화는 간단치 않았을 듯 보인다. 기원전 1000년 무렵 중부 초원지대에서 이주한 이란어를 말하는 메디아인이 물이 풍부한 카스피해 남부 해안지대에 도착했다. 도자기 모형 안장을 통해 새로 도착한 사람들이 탔던 말의 몸집이 컸음을 알 수 있다. 아제르바이잔 하산루에서 발견된 말뼈로 볼 때 말의 크기는 대략 14핸드[140센티미터]로 알려져 있다(Drower 1969: 475). 말은 전투 무기로 무장한 전사가 탈 몸집이 더 큰 말을 생산하기 위해 초원지대에서 광범하게 선별적으로 사육되었음이 분명하다. 그러나 문명화된 핵심 지역에서 군대의 집중적인 말 타기가 왜 그렇게 더디게 발전했는지는 확실하게 말할 수 없다. 말은 다루기 힘들뿐더러 짐작건대 군중 앞에서 군주가 말에서 떨어지는 것은 지위의 상실, 심지어 불길한 징조로까지 해석될 수 있었다. 미숙한 기병에게는 기마술 습득에 도전하고 말을 장악하기, 말을 타고 능숙하게 무기를 다루기, 전투 시에 말을 능숙하게 조종하기가 불가능해 보였을 것이다. 전투는 대부분 의도적으로 평탄한 지형에서 이루어졌다. 따라서 장거리 무기를 발사할 준비를 하면서 전차 좌석에 편히 앉아 있는 일이 더 현실적이고 위험성이 덜했을 것이다.

그럼에도 일부 전사는 말을 타고 싸우려 했다. 그렇지만 아시리아는, 아시리아의 얕은 돋을새김[저부조低浮彫] 유물에서 볼 수 있듯이, 군 전차술 요소들을 보존했다. 한 전투원이 활과 화살을 다루는 사이에 다른 전투원은 전차 몰이병으로서 말 두 마리의 고삐를 모두 제어했다(그림 4.2). 결국 근동의 기병은 기원전 9세기에 이르러 큰 힘을 얻었다. 아시리아의 투쿨티 니누르타 2세(재위 기원전 890~기원전 884)가 우라르투[흑해 동남부와 카스피해 서남부 산악 지역에 중심을 두었던 서남아시아 고대 국가]와 벌인 전투에서 맞닥뜨린 산악 오솔길은 전차가 다니기엔 너무

가팔랐다. 이런 지역은 말이 모는 전차보다는 말을 타고 다니는 게 더 적합했다는 데서 우라르투인이 이미 기병을 받아들였음을 알 수 있다. 그들은 북쪽과 동쪽 초원지대 유목민 집단에 직접 접근했다. 아시리아는 처음으로 우라르투인 땅에서 기병이 타는 말을 획득했다. 이어지는 아슈르나시르팔 2세(재위 기원전 883~기원전 859) 시대의 생생한 묘사에 따르면, 적 유목민들은 능숙하게 말을 탄 채 몸을 뒤로 돌려, 추격해오는 전차를 향해 화살을 쏘았다. 북쪽 초원지대 유목민들의 간헐적인 침입이 전차에서 말 탄 기병으로 전환하는 강력한 동기가 되었음은 의심의 여지가 없다(Drews 2004: 65~66; Hyland 2003: 7, 79~80).

근동에서 기병의 활용도가 높아지면서, 두 명이 한 조를 이루는 기병에서 더 안정되게 말을 타는 독자적인 기병으로 전문 기술이 개선되었다. 기원전 제1천년기의 중요한 발전 중 하나로 금속 재갈이 유기물로 만든 재갈을 광범위하게 대체했다. 금속 재갈의 재료는 처음에는 청동이었다가 나중에 철로 바뀌었다. 유럽에서 중동을 거쳐 동부 초원지대에 이르기까지 모든 지역에서 더 효율적으로 고삐 다는 방법이 채택되었다. 단단하고 곧은 막대 모양의 최초의 금속 재갈과는 대조적으로 이제 청동으로 만든 2개의 둥근 재갈을 1개로 접합해서 입에 물리는 부분mouthpiece이나 작은 재갈snaffle이 만들어졌다. 몇몇 재갈은 갈고리가 달리거나 양쪽에 막대기가 고정되어 있어서 말에게 엄청난 고통을 주었다. 그 밖의 재갈은 로스트왁스 청동 주조의 전문가였던 루리스탄 지방 야금술사들이 만들었던 것처럼 대단히 화려하게 장식되었다(Drews 2004: 79, 85, 89~90). 더 확실한 통제로 기병대는 잘 통솔된 타격병이 되었으며 기병 한 명 한 명은 가공할 전투원이 되었다. 아시

[그림 4.2] 아시리아의 전차 몰이병과 기병은 자신의 말고삐는 물론이고 궁수의 말고삐까지 제어한다.
(Littauer and Crouwel 1979: fig. 76)

리아인이 우르미아호 남쪽 자그로스산맥 너머 유목민 지역에서 새로운 말을 획득하면서 말은 급격히 늘어났다. 기원전 853년 카르카르[시리아 서북부 고대 요새] 전투에서 레반트 동맹이 아시리아 왕 샬마네세르 3세에 맞서 3940대의 전차를 배치했다. 최초의 기록에 따르면 이 전투에 기병 1900명이 참가했다. 말 탄 기병대는 이처럼 근동의 전투력에서 필수적인 부분이 되었다. 사르곤 2세가 통치할 무렵(기원전 721~기원전 705) 아시리아인은 전차병보다 더 많은 기병을 보유했다(Drower 1969: 475; Hyland 2003: 94~95; Shaughnessy).

기원전 8세기 말경에 초원지대에서 온 킴메르인 기병이 캅카스산맥을 지나 아나톨리아를 침입해 우라르투를 약탈했다. 기원전 679년에 킴메르인이 아시리아를 공격했지만 에사르하돈 왕에게 격퇴되었다. 킴메르인은 서쪽으로 흑해 남부 해안을 따라 고르디온에서 프리기아의 왕 미다스와 대결했고, 기원전 678년에 미다스는 자살로 내몰렸다(Diakonoff 1993: 93~95). 기원전 7~기원전 6세기에 서아시아에 들어간 스키타이인도 파괴적 침략으로 메소포타미아와 시리아 도시들로부터 공물을 강제로 거둬들였다. 이집트의 파라오 프사메티쿠스는 간청하고 매수해서 스키타이인이 팔레스타인으로 진군하는 것을 지연시켰다(Herodotus 2003: 1. 105; Melyukova 1990: 99~100). 이제부터는 아리아어를 말하는 초원지대 사람들의 침입에 대해 다뤄보자.

2

초원지대에서 중앙아시아를 지나
팽창하는 아리아인

앞서 인도·유럽어족의 기원지에 대해 논의하면서 기원전 3000년
경 주로 마력과 차량에 의한 수송으로 얌나야인이 사방으로 흩어졌으
며, 그 결과 서쪽과 동쪽에서 켄툼어와 사템어로 분화되었음을 살펴보
았다. 그 후 기원전 2000년 무렵 동쪽에서 인도·유럽어족이 세분화되
어 나타난 사템어는 최초의 아리아어로서 서아리아어와 동아리아어의
원형이 되는 어파로 분화했다. 여기서는 아리아어를 말하는 기마인들
의 문화를 검토한다. 이들 중 상당수가 중앙아시아에서 남부아시아로
이동했다. 우선 '아리아어Aryan'라는 용어에 주목하자. 이 용어는 아돌
프 히틀러가 광적으로 고안했던 지배 민족에 대한 나치의 사악한 선전
과는 관계가 없다. 아리아어라는 용어는 본래 서쪽으로 이란 및 이란

주위 그리고 더 일찍이는 초원지대에서 썼던 인도·유럽어족 언어들, 그다음 동쪽으로 대개 인도 아대륙에서 썼던 인도·유럽어족 언어들과 관계있다. 오늘날 인도아리아어족 언어들은 주로 인도 아대륙 북부에서 중부까지 펀자브어, 힌디어, 우르두어, 벵골어, 네팔어로 사용되고 있다.[4] 미탄니어는 앞서 본 대로 너무 일찍 서쪽 시리아 북부로 밀려났다. 집시 언어인 로마니어는 중세에 인도 북부에서 서부로 전해졌다. 아이러니하게도 11~14세기에 페르시아를 지나 동남 유럽으로 이동했던 집시들은 최근에 유럽에 거주했던 유일한 아리아어 사용자다. 오늘날 이란이라는 아리아어 국가명은 아베스타어의 부족 명칭인 아리야남aryanam에서 에란eran을 거쳐 형성되었다. 페르시아 왕 다리우스 1세는 아리야ariya 가문 출신이었으며, 메디아인들은 한때 아리오이Arioi라고 불렸다. 이 용어는 인도·아리아어족 언어들에서 지역사회 구성원을 가리키는 데 광범하게 사용된다. 또한 같은 어족의 말들이 아리아어파 범위 밖 인도·유럽어족 언어들에서도 나타난다. 즉 기원전 제2천년기에 아나톨리아에서 아리오이는 히타이트어로 동족을 의미했다(Mallory 1996: 36, 125~126; Parpoia 1988: 116). 현재 멀리 서쪽으로 아일랜드인들 사이에서 아리오이는 국가명인 에이레Eire[아일랜드의 옛 이름]와 언어인 어스어Erse를 의미한다.

---

4   드라비다어는 오늘날 거의 인도 남부에서 쓰인다. 하지만 파키스탄·아프가니스탄·인도에 현재 남아 있는 드라비다어의 브라후이어 사용자의 존재는 인도·아리아어가 인도 아대륙으로 퍼지기에 앞서, 아마도 극동의 엘람 지역과 인더스 문명을 연결해주는 좀더 광범한 엘람·드라비다어 언어권이 실재했음을 암시한다.

남쪽으로 이동하는 아리아인

아리아어 사용자들은 1000년 넘게 인도를 향해 초원지대에서 남쪽으로 계속 이동했다. 이동은 처음에는 유목민들이 토착민들과 평화적으로 영향을 주고받으며 서서히 침투해 들어가는 것으로 시작된 듯 보인다. 하지만 이후 전차 모는 사람들로 조직된 군대가 지역의 통치 세력을 지배하려고 대규모로 침입하면서 이동은 절정을 이루었다(Harmatta 1992: 368). 파르폴라(제2장 참조)는 원시 다사족이 아리아어를 가장 먼저 사용했다고 확인했다. 이들은 기원전 1900년경 말, 전차, 날카로운 무기를 가지고 박트리아에서 남쪽으로 이동했다(Parpola 1988: 101; 1999: 191~192). 아프가니스탄 북부의 제례 중심지 다실리 3구역의 트리푸라tripura(3중 성벽) 구조는 세 부분tripartite으로 구성된 인도·유럽어족 사회 우주론을 반영했다.[5] 다음 세기 동안 장방형과 결합된 신성한 원형은 만다라mandala, 즉 후기 불교와 힌두교 전통을 가진 탄트라교의 코스모그램에서 나타났다(Litvinskii 1987: 517). 이런 제례 중심지의 신성한 불의 제단에서 동물, 특히 말 희생제의가 거행되었다(Foitz 2000: 25). 그 후 다사족이 볼란 고개를 지나 신드, 펀자브, 갠지스강 상류로 퍼져나가면서 이러한 중앙집권화된 통치 세력들의 무역과 세금 징수를 방해했다(Parpola 1988: 96, 101; 1999: 200~201).

---

5   사회의 세 부분은 성직자, 전사, 가축지기로 구성된다. 이는 제3장 고대 스키타이의 창조신화에서 입증되었다.

한 세기 뒤 초원지대에서 화장을 시행한 것으로 알려진 사우마·아리아어족이 남쪽으로 이동했는데, 이동은 전투용 전차 모형, 번영하는 야금술, 무기의 급증, 화려하게 꾸민 불과 사우마의 제례와 함께 주로 무덤 근처의 고고학적 유물에 의해 입증되었다(Parpola 1999: 188). 사우마(인도아리아어의 소마soma, 이란어의 하오마haoma)는 제례에서 시인, 사제, 전사에게 영감을 불어넣는 불멸의 밑바탕이 되었다. 리그베다에서는 세 번째로 많이 언급된 신 소마soma에게 100개가 넘는 찬가가 헌정되었다(Mallory and Adams 1997: 494~495). 여러 베다에서 이야기된 특징 중 또 하나는 기원전 1500~기원전 1000년으로 추정되는 우르미아호 근처에서 발견된 유명한 하산루 유적의 황금 잔에서 뚜렷이 나타난다. 산중에서 머리가 셋 달린 용이 된 영웅이 신과 싸운다. 이는 인드라 신이 머리 셋 달린 비스바루파를 살해한 것에 해당된다. 이에 상응해 이란의 아베스타에서도 머리가 셋 달린 괴물 아지Azi가 등장했다. 이 괴물은 박트리아 청동기시대 인장에서 자주 묘사되었으며 인드라 신의 악마 같은 적인 베다의 아히Ahi(뱀, 용)와 유사했다(Parpola 1999: 186). 사우마·아리아어족의 이동에 뒤이어 아리아어족 리그베다와 베다 사람들이 카치 평원 피라크에서 인도를 향해 남쪽으로 계속 이동했다. 작은 기마인 테라코타 입상들을 통해 이들이 말을 타고 정기적으로 이동했음을 알 수 있다(Parpola 1988: 150~151). 야즈 1기Yaz I 문화의 출현(기원전 1500~기원전 1000년)은 초기 철기시대를 시사했다. 이때 쇠 단검과 화살촉 제련이 초원지대로부터 이란고원을 넘어 발루치스탄을 지나 인도까지 확산되었다. 갠지스강을 따라 쇠도끼로 초목을 제거했고, 이전에는 구리와 청동제 도구로 갈 수 없었던 토양을 쇠쟁기로 경작했다. 아리아인이 침입하고 나서 곧 중국 견직물 무역이 처음으로 인도 북부에 도입되었다. 그리고 데칸고원의 중앙 흙더미 주위에서 (기원전 800) 무덤과 함께 환상열석이 발견되었다. 무덤 안에는 쇠재갈, 구리 장식품과 말장식이 공들여 갖춰져 제물로 바쳐진 말이 있었는데, 이는 멀리 떨어진 초원지대의 오래된 장례식과 유사했다(Parpola 1999: 196~199: Wolpert 1993: 37~38: Yu 1967: 166).

이처럼 1000년 동안 인도·아리아어족의 전차 모는 사람들이 남쪽으로 이동해감으로써 남부 아시아에 주목할 만한 영향을 끼쳤다. 말과 전차가 군사적·정치적 격변을 일으키는 사이에 효율적인 가축 사육과 철의 도입으로 지역 경제가 강화되었다. 그러나 이 같은 변화가 정치적·경제적인 것만은 아니었다. 침입자들은 초원지대에서 종교도 함께 들여왔다. 말과 전차는 그들의 종교에서 신화와 제례를 상징적으로 표현하는 데 극적으로 중요한 역할을 했다. 이런 경전들은 과거의 신성한 믿음과 관습에 통찰력을 제공한다.

『리그베다』

『리그베다』[6]는 기원전 1500~기원전 1000년까지 거슬러 올라가는 것으로 추정되며 세대를 거치면서 사제의 기억과 암송을 통해 구전되

---

6 『리그베다Rigveda』(rig는 '시'를, veda는 '신성한 지식'을 의미한다)는 가장 오래된 찬가(시편) 모음집(베다 본집samhitā)이다. 한편 사마베다Sāma-Veda, 야주르베다 Yajur-Veda, 아타르바베다Atharva-Veda는 시기적으로 조금 후기의 베다다.

었다. 문자로 기록된 『리그베다』에는 산스크리트어로 쓰인 신들에 대한 찬가suktas 10권mandalas이 포함되어 있으며, 이 찬가는 말이 봉헌물의 중심 역할을 한 희생제의가 되는 동안에 암송되거나 찬송되었다. 찬가는 말이 전쟁에서 수행한 고결한 역할을 이렇게 찬양한다. "갈기는 금빛으로 빛나며 발은 쇠처럼 단단하다. 게다가 기대만큼 빨라서 인드라 신보다 더 빠를 정도다."(Macconald 1982: 4, 56~57)[7] 인도 최초의 종교 문학 전집으로 알려진 『리그베다』의 어휘는, 찬가의 세련된 아름다움과는 별개로, 고대 인도·아리아어족의 어휘를 재구성하는 데 있어 주요 출처가 된다(Mallory and Adams 1997: 306). 이뿐 아니라 『리그베다』는 매우 오래된 역사로 볼 때 당시 유럽과 아나톨리아로 이동한 다른 초원지대 문화의 신화적 전승들과 유사하다. 초원지대의 탁 트인 광활한 하늘을 연상시키는 위대한 '하늘의 아버지Sky Father[천공天空의 신]' 디야우스 피트라Dyauṣ Pitrā가 초기 시편에 등장한다. '신들 중 가장 오래된 신' 디야우스는 PIE의 *dyew pater에서 직접 유래되었다. 이와 같은 어원으로는 그리스어의 '아버지 제우스Zeus-pater', 라틴어의 유피테르Ju-piter, 게르만어의 티르Tyr가 있다. 또한 산스크리트어, 그리스어, 켈트어, 게르만어 전승에서 공통적으로 등장하는 다나스투티danastuti는 베다의 찬가에서 곧잘 중요한 역할을 한 시편의 짧은 종결부다. 여기에서는 희생제의 수호자의 관대함을 찬양한다.

일찍이 초원지대에서 숭배된 여러 요소가 이와 마찬가지로 의인화되었다. 사랑의 모험에 열중한 인드라 신은 가장 중요한 초자연적 지배

---

7   인드라는 말을 탄 최초의 베다 신이다.

자 역할을 한다(O'Flaherty 1987a: 214; Watkins 1995: 73). 인드라 신은 전투용 전차와 말을 몰고, 번개[벼락] 무기인 바즈라vajra를 휘두르면서, 폭풍 전사인 마루트들을 지휘하는 신들의 왕이자 다른 왕들의 왕이며 적들의 정복자다. 지상에서 통치권을 상징하는 인드라 신은 전투 의식에서 중요한 역할을 하고 군대를 지휘하며 모든 경쟁자와 악마에 맞서 싸운다(Singh 1997: 31, 48~49). 그의 빛나는 무훈을 통해 베다 신들이 강 계곡 도처에서 아리아인들의 전투를 어떻게 도왔는지, 적들의 요새를 파괴하는 데 어떤 도움을 주었는지를 알 수 있다. 『리그베다』는 그 자체로 아시아 초원지대로부터 인도의 평원까지 침입자들의 '영웅적인' 이동에 대해 어느 정도 통찰하게 해준다. 더욱이 인드라 신은 적들로부터 승리를 거둔 수많은 전투를 통해 나중에 등장하는 실제 전사 영웅들에게 불가사의한 본보기가 된다(Watkins 1995: 55, 304). 기원전 제1천년기에 주목할 두 서사시는 「라마야나Rāmāyaṇa」와 「마하바라타Mahābhāratā」다. 「라마야나」에서 라마가 동생 락슈마나의 도움을 받아 납치된 부인 시타를 찾아 나서는 장면은 호메로스의 『일리아스』에서 메넬라오스가 아가멤논의 도움을 받은 것과 유사하다. 수 세기 후에 「마하바라타」는 신의 군대가 악마의 군대를 상대로 거둔 승리를 이야기한다. 전사 아르주나Arjuna는 역사적 전장戰場 쿠루크세트라Kurukṣetra에서 적들 가운데 있는 자신의 동족들과 대면하면서 자신의 이상이 충돌하는 데 괴로워한다. 비탄에 빠진 그는 동족을 살해하기보다는 자신이 살해당하기를 원한다. 하지만 그의 전차를 몰았던 화신化身 크리슈나Krisna[비슈누 신의 8번째 화신]가 감정을 불러일으키려고 「바가바드기타Bhagavadgita」[「마하바라타」의 일부]를 노래한다. 결국 아르주나는 끔찍한 전쟁에서 싸우는 것이 자신의 군사적 의무임을 깨닫는다(Hiltebeitel 1987: 119).

어디에서나 말이 끄는 전차는 태양을 지배한다고 여겨진다.[8] 천체와 하늘의 장관壯觀이 말이 끄는 전차와 맺는 관련성은 우주의 운동을 설명한다. 전차처럼 태양이 이동하기 때문에 생명이 출현하고 유지된다. 전차는 인간의 정착을 도우며 암흑과 악과 무지에 빠져든 세상에 빛을 밝히는 새벽을 상징한다. 이와 나란히 아그니Agni 신[9]과 소마Soma 신은 대지의 불과 물을 대표한다. 머리카락과 수염이 불타고 눈이 빛나는 황금빛 불의 신 아그니의 빛과 열은 전차의 힘과 이동에서 드러난다. 불과 전차는 모두 나무에서 나온다. 다시 불붙은 아그니 신은 말로서 나타난다. 세계를 지배할 전쟁의 상징인 말은 신들을 실어 나르고 백마는 빛처럼 빨리 이동하는 태고의 힘으로 전차를 끈다(Heesterman 1987: 222~223; Singh 2001: 150, 166~169). 신성한 불은 물론 인도·유럽 어족 전체에서 숭배되었고 로마에서는 불의 여신 베스타의 신전에서 여신의 시중을 든 여섯 제녀Vestal Virgin가 돌보았다. 그리스의 프리타네이온prytaneion◆에서는 여신 헤스티아에게 신성한 불이 봉헌되었다. 실제

8　이는 3개 차축으로 이루어진 기원전 14세기 덴마크 트룬홀름 마차 모형에서도 입증된다. 이 마차는 하늘을 가로질러 태양을 끌고 있는 것으로 묘사된다(그림 6.2). 3개 차축 마차는 베다 의식에서도 등장한다(Kristian Kristiansen, personal communication, 2008).

9　인도·유럽어족에서 파생한 egnis, 즉 산스크리트어로 '불'을 의미하는 agni는 라틴어의 ignis, 리투아니아어의 ugnis, 히타이트어의 ak/gnis와 같은 어족이다. 기원전 제1천년기 중반의 『브라흐마나Brāhmaṇa』[『베다』 주석서]에서 아그니 신은 태고의 창조자인 프라자파티Prajapati와 집중적으로 관련된다(Findly 1987: 133~134).

로 고대 그리스인들이 새로운 땅을 식민화하려고 떠났을 때는 항상 새로운 정착지에 다시 불을 붙이기 위해 모시mother city에서 신성한 불을 가져왔다. 인도로부터 그리스를 거쳐 로마에 이르기까지, 화장은 불멸의 존재로 전환되는 것으로 생각되었다. 특히 헤라클레스는 올림포스 신들 사이에서 영원한 젊음을 얻은 화장용 장작 위에서 신격화되었다.♦♦ 나중에 힌두교와 불교에서는 도덕적 또는 정치적 이유로 분신자살이 행해졌다(Edsman 1987: 341, 343~345).

말은 베다 의식 내내 주목을 끌었고, 비밀 지식을 습득하는 도구로도 간주된다. 인드라 신은 『리그베다』에서 헌신적으로 기도하고 명상에 열중한 불의 사제 다드얀츠Dadhyanc에게 마두madhu(벌꿀 술)를 증류하는 신성한 비밀을 밝혔다. 그러나 인드라 신은 이 정보를 다른 누군가에게 누설하면 머리를 잘라버리겠다며 다드얀츠를 위협했다. 쌍둥이 신 아슈빈이 그 비밀을 알고 싶어 다드얀츠의 제자가 되겠다고 간청하며, 그의 머리를 잘라 말 머리로 대체해 지켜주겠다고 약속했고, 다드얀츠는 비밀 지식을 알려준다. 그러자 인드라 신은 쌍둥이 신이 다드얀츠의 실제 머리를 대체한 말 머리를 자른다(Singh 2001: 152~153). 쌍둥이 신 아슈빈은 두 젊은이인데 형제 또는 쌍둥이로 다르게 나타나며 초자연적 힘을 가지고 전차를 모는 것으로 묘사된다. 전차에는 대체로 전차 몰이병과 전사가 한 쌍을 이루어 탑승한다(Heesterman 1987:

◆　고대 그리스의 시 행정 사무소 또는 귀빈관으로 알려진 공공건물. 보통 최고 집정관이 살았으며 국가공동체의 공공 제단이나 화로가 설치되어 있었다.
◆◆　헤라클레스는 오이타(지금의 그리스 오이티)산에서 장작더미에 스스로 몸을 뉘어 자신을 불태우게 해 죽음을 맞이한 후 불사신이 되어 하늘로 올라간다.

222). 쌍둥이 아슈빈은 인도·유럽어족의 하늘 신 또는 태양신의 아들 divo napatah이므로 말의 형태로 신이 되어 나타난다. 말의 형태를 한 그들은 태양 전차를 끄는 신성한 말이다. 태양신은 태양의 전차를 몰고 태양신의 전차 바퀴는 태양이다. 쌍둥이 신 아슈빈은 새벽에 황금 전차에 매달려 매일 태양의 진로를 동행한다. 그들은 인도의 모든 중요한 서사시와 전설에서 울려 퍼지는 구원과 치유의 놀라운 위업을 수행한다. 게다가 쌍둥이 신 아슈빈은 다산의 초자연적 힘으로 여겨지며 그 자체로 짝을 이룬 남성 생식기인 고환과 관련된다.

쌍둥이 신 아슈빈은 멀리 서쪽으로 유라시아를 가로질러 인도를 넘어 대서양에서까지 숭배되었다. 그곳에서 쌍둥이 신의 위업에 대한 주제가 인도·유럽어족의 모든 종교와 민간신앙에 스며들었다. 태양의 말로서 쌍둥이 신은 어머니이자 여동생 또는 배우자로 등장하는 새벽의 여신과 지속적으로 관계를 맺는다. 아일랜드 신화의 여신 마차Macha는, 곧잘 말에 앉은 모습으로 등장하며 또한 켈트족의 신성한 암말 에포나Epona와 연결되는데, 임신 기간이 상당히 진행된 단계에서 왕의 가장 빠른 말들과 경주해야 하는 상황에 직면한다. 예상대로 말의 여신은 경주에서 승리하지만 쌍둥이를 조산하고 만다. 게르만족 전설은 쌍둥이 신의 모험으로 흥미가 더해지는데, 여기에서는 켄트 왕국의 앵글로색슨족 건설자 헹기스트Hengist(종마)와 호사Horsa(말)가 등장한다. 잘 알려진 대로 로물루스와 레무스는 신화에 등장하는 로마의 건국자다. 그리스의 하늘 쌍둥이는 반신반인 카스토르와 폴리데우케스다. 그들이 말과 맺는 긴밀한 관계는 '멋진 기수' '흰 망아지' '제우스의 흰 조랑말'이라는 별명으로 입증된다. 이는 다른 인도·유럽어족 전승들과의 연관성을 부각시킨다. 카스트로와 폴리데우케스의 여동생 이름인 헬레네Helene는 어원적으로 태양신 헬리오스Helios와 연결된다. 파리스에게 납치된 헬레네는 두 형제 메넬라오스와 아가멤논에 의해 구출된다(Mallory and Adams 1997: 161~165).

베다의 말 희생제의 아슈바메다

폰투스에서 알타이산맥까지 유라시아 초원지대를 살펴보는 동안 말 희생제의나 말 머리와 발굽 제물이 장례식 상황에서 여러 차례 언급되었다. 인도·유럽어족이 디아스포라가 된 동안 말 숭배와 말 희생제의는 수 세기 이상 여러 집단 사이에서 관습으로 지속되며 중요한 역할을 했다. 습도가 높고 아열대 기후인 까닭에 생태 조건이 말 사육에 대체로 불리했던 인도에서(Kuzmina 2007: 339) 말 희생제의는 자주 거행되지 않았다. 그럼에도 특별히 호사스러운 말 희생제의가 군주 즉위식 때 거행되었다. 다행히 『백 야주르베다White Yajurveda』◆ 경전에서 이런 희생제의 의식과 관련한 역사적 설명을 찾을 수 있다. 모든 베다 의식 중 최고의 희생제의는 아슈바메다aśvamedha였다.(아슈바aśva는 '말'을, 마도madho는 '술 취한' 또는 '힘'을 의미한다.) 아슈바메다 희생제의에서는 세상을 밝

◆ 『야주르베다』는 고대 인도의 최고最古 성전인 4베다의 하나다. 주로 제사의식에서 불을 담당하며 의식을 주관하는 사제가 암송하는 진언眞言, 주문, 개송 모음집이다. 상히타(본집) 중 브라흐마나 부분이 포함된 『백 야주르베다』와 상히타에서 분리되어 독립된 『흑 야주르베다Black Yajurveda』 두 종류로 나뉜다.

히는 태양을 대표하는 말을 옛날에는 전사의 신 인드라에게, 나중에는 아그니프라자파티Agni-Prajāpati에게 바쳤다. 희생제의는 왕국 번영을 위해 거행되었다. 희생제물로 바쳐지는 종마는 이마에 검은 반점이 있는 백마가 이상적이었다. 이 반점은 프라자파티의 눈을 상징했다. 혈기왕성한 때에 희생제물로 바쳐진 말은 무한한 생명력을 가져다주었다. 말의 속도는 생식 능력을 대표했다. 봉헌의식은 실제 희생제의가 거행되기 만 1년 전에 이루어졌다. 춘분의 만월 직전, 왕은 의식을 집전하는 네 사제 중 한 명에게 권력을 이양하기 위해 네 아내를 거느리고 도착했다. 사제들은 각각 주요 방위를 대표했다. 종마에게 헌주를 바친 다음 거세한 100마리 말 떼와 함께 정복되지 않은 북쪽의 지평선을 향해 달려가도록 종마를 풀어주었다. 암송과 기도로 의식이 마무리되었고, 뒤를 이어 왕은 자신이 총애하는 아내를 껴안고 꼬박 1년간 성관계를 맺지 않고 잠을 자야 한다. 우주 에너지의 방향을 바꾸기 위해 성욕을 절제해야 했다.

종마는 네 집단의 100명 귀족에게 맡겨졌다. 그들의 임무는 종마가 암말에게 다가가지 못하게 하고 강에 들어가지 못하게 함으로써 또는 아슈바메다 전에 돌아오지 못하게 함으로써 종마의 생식 능력을 지켜주는 것이었다. 그 밖의 모든 경우에는 종마를 마음대로 돌아다니도록 내버려두었다. 수호자들은 종마가 땅을 밟은 모든 왕국을 왕을 위해 정복해야 한다. 말이 돌아다니는 것을 방해하는 족장은 누구든지 공격해서 무찔러야 한다. 이렇게 해서 한 해 동안 왕국의 새로운 국경이 다시 설정되면 종마는 다섯 수컷, 즉 사람, 말, 황소, 양, 염소가 제물로 바쳐지는 피비린내 나는 희생제의에 돌아왔다. 이어 불의 제단 아그니차야나agnicayana(불을 쌓아 올린 것)가 세워졌다. 이는 아마도 초원지대 부족들이 이용했던 잔가지의 피라미드 또는 휴대용 돌 제단에서 유래했을 것이다(Fuchs 1996: 17~23). 불의 제단 맨 아래층에는 희생제물로 바쳐진 다섯 수컷의 머리를 가두어 넣었는데, 이는 장차 불탑의 원형이 된 장례봉분을 암시했다(Findly 1987: 134; Heesterman 1987: 231). 이런 경건한 제단의 의미를 제대로 평가하려면 베다의 우주 생성에서 신의 유일성으로부터 지상의 다양성이 나왔음을 이해하지 않으면 안 된다. 다시 말하자면, 창조의 시기에 신이 자손으로 해체된다는 것이다. 아슈바메다는 이 같은 태고의 종교의식을 거꾸로 반복했다. 지상의 의례에서 인간 희생자는 대리자인 희생제물의 사지를 절단했다. 이렇게 해서 봉헌물은 신성한 불로 희생되어 뿔뿔이 흩어지고 절단되어서 신과 함께 변형되어 다시 통합될 것이다. 현세의 다양성으로부터 태고의 통일성이 복원될 것이다. 따라서 희생제의에서는 태고의 기원을 찬양하는 동시에 세계의 부활을 촉진하려는 노력이 이루어졌다.

희생제의가 거행되는 아침, 태양은 지평선 위에 모습을 드러내는 순간 숭배되었다. 찬가가 울려 퍼지는 가운데 종마를 다른 말들과 함께 금으로 장식한 전차에 매달았다. 왕이 전투복을 차려입고 활을 휘두르며 전차를 호수로 몰았다. 갈기와 꼬리가 진주로 장식된 종마를 사제들이 진정시킨 뒤 마침내 질식시켜 죽였다. 죽은 종마는 다리는 북쪽으로, 머리는 동쪽으로 향하게 펼쳐놓았다. 남아 있는 가축들은 제물로 바쳐졌다. 야생동물들은 숲으로 돌려보냈다. 왕의 본처 4명, 딸 1명과 딸의 여자 친구들이 정결의식ablution을 수행하기 위해 종마에게 다가갔다. 그다음 본처 중에 가장 연장자가 죽은 말과 성관계를 맺기 위해 담요에 누웠다. 그사이에 사제들과 다른 세 아내 및 딸이 외설스러운 말을 주고받았다. 말의 시체를 분배하는 동안 뼈는 조금도 부러지지 않았다. 말은 의식에 따라 금으로 장식된 칼로 절단되어 여러 신에게 봉헌되었다. 말의 신성한 피는 제물로 불속에 던져졌다. 희생제의 만찬에서 모두가 쇠꼬챙이에 구워진 말고기를 먹었다. 나중에 목욕을 마친 왕이 네 본처, 딸, 딸의 여자 친구들을 사제들에게 닥치는 대로 나누어주었다. 태양의 상징인 말은 희생제의에서 우주의 죽음과 부활 그리고 번식력이 강한 생명의 재생을 찬양했다. 불의 제단과 호수의 물을 나란히 놓는 것은 우주 창조의 극적인 드라마를 강조하려는 것이었다(Fuchs 1996: 23~26).

인도의 아슈바메다와 유사한 관습, 특히 흰 종마를 죽이는 것을 포함한 의식은 다른 인도·유럽어족 사이에서도 관찰되었다. 수 세기에 걸쳐 엄청나게 먼 거리를 가로질러 기록된 흰 종마를 죽이는 관습은 변화무쌍한 신화의 핵심을 암시한다. 그리스에서 데메테르는 자주 포세이돈과 짝지은 암말의 머리로 묘사된다. 포세이돈에게는 흰 말들이 제물로 봉헌되었다. 또한 교대로 등장하는 불과 물은 날개 달린 말을 타고 죽은 전사들을 하늘로 인도하는 여전사 발키리[북유럽 신화에서 오딘을 섬기는 전쟁의 처녀들]의 신화에서 입증되었다. 신화 속 브륀힐드는 자신의 백마를 타고 죽을 때까지 불길이 타오르는 벽을 통과해갔다. 그때 라인강의 물이 세상을 잠갔다. 얼스터[아일랜드의 옛 지방] 왕의 즉위식 때 거행된 아일랜드의 희생제의인 에포메두오스Epomeduos(아슈바메다와 용어상 비슷한 '말horse'과 '벌꿀 술mead'의 합성어다)는 노르만족[노르만 출신의 웨일스] 수도사 기랄두스 캄브렌시스Giraldus Cambrensis가 기원후 12세기에 기록했다. 그는 자신이 목격한 음란한 행위에 엄청난 충격을 받았다. 바로 왕이 암말과 교미하는 장면이었다. 커다란 솥에서 제물로 바쳐진 말고기로 끓여낸 국물이 준비되었다. 왕은 이 국물에 자신의 몸을 담갔다. 왕은 또한 희생제의에 모인 일반 대중에게 국물을 나눠준 뒤에 자신도 약간 마셨다(O Flaherty 1987b: 463~465; Mallory and Adams 1997: 278). 쿠만딘족과 부랴트족 등 알타이어를 말하는 초원지대 부족들 사이에서는 고대 인도·유럽어족의 종교의식을 연상시키는 말 희생제의가 최근까지 계속되었다. 이러한 의식 대부분은 똑같이 관능적 요소와 의례적 죽음, 절단 그리고 재생이라는 주제를 표현하고 있다.

서쪽으로 이동하는 아리아족 기마인

앞서 본 대로 기원전 제2천년기에 목축민들이 남쪽 초원지대에서 전면적으로 이동했다. 서쪽에서 스루브나야 문화가 볼가강을 거쳐 토볼강 하류지역 중앙에 위치한 포타폽카를 지나 신타시타 유적에서 벗어나 우랄산맥 너머로 진로를 바꾸었고, 서남쪽으로 우크라이나 드네프르강까지 뻗어 나갔다(Anthony 2007: 435). 기원전 제2천년기 마지막 250년 동안 서쪽 초원지대는 생태학적 위기를 맞닥뜨린다. 이에 이란어를 말하는 사람들이 캅카스산맥을 지나고 카스피해 호안을 따라 마르기아나와 박트리아를 향해 더 멀리 남쪽으로 이동했다. 가축을 사육하는 유목생활로 전환되면서 말 타기가 널리 확산되었다. 이동생활을 하는 초원지대와 이란의 부족들은 말 타기를 높은 수준의 무예로 끌어올렸을 것이다. 기수, 말 옷, 굴레, 뱃대끈, 꼬리 벨트 관련 용어 모두 이란어에서 유래했다(Kuzmina 2007: 139). 사막 경계지에서 이동생활을 하는 초원지대 유목민들은 오아시스 정착지를 빈번하게 습격했다. 그들은 군사적으로 우월해서 기병으로 정착민들을 지배할 수 있었다. 이 격렬한 대립에 뒤이어 초원지대 일부 사람들은 자신들이 쓰는 이란어를 오아시스 주민에게 강제로 전파하는 데 성공했고, 동시에 그들은 정착생활의 여러 원리를 받아들였다(Kuzmina 2007: 431~432). 초원지대 유목민이 도착하면서 중앙아시아에서 초기 철기시대(기원전 1300~기원전 800)가 진행되었다. 이는 쇠구슬, 낫, 도끼를 통해 입증된다. 이란어를 말하는 많은 부족이 유라시아 초원지대를 가로지른 목축민으로 존속했을 것이다. 이들은 서쪽 초원지대에서는 유목생활을 하는 킴메르족, 스키타이족, 사르마트족으로, 그리고 동쪽에서는 마사게타이, 오손烏孫족/알란족, 사카족으로 역사에 등장한다. 중앙아시아에서는 이란어를 말하는 다른 부족들이 호라즘, 소그디아[소그디아나], 페르가나, 타슈켄트[이상 지금의 우즈베키스탄 지역]의 오아시스 도시에 거주할 것이다. 그리고 이란어를 말하는 나머지 부족들은 이란고원을 압박할 것이다(Kuzmina 2007: 157, 425~426).

이란인의 종교는 공통된 초원지대 혈통에 비추어볼 때 베다 신앙과 많은 특징을 공유한다. 인도·아리아인과 이란인은 둘 다 생명의 나무와 세상의 중심에 서 있는 거대한 산을 숭배했다(Gnoli 1987a: 279). 사회는 늘 대담한 공격 성향을 보였고, 희생제의와 무아지경의 종교의식에 몰두하는 미혼 남자들의 전사 집단인 마이리아mairiia를 중심으로 돌아갔다. 베다어의 마르야marya와 같은 어족으로 많은 인도·유럽어족의 특징을 나타내는[10] 이러한 전사들의 의식은 서방에서는 남성 결사 Mannerbund로 가장 많이 알려져 있다. 종교의식에서 광범하게 지속된 세 개의 불이라는 개념은 사제, 전사, 목축민으로 사회가 세분된 것과 일 치한다(Gnoli 1987b: 581). 불과 물은 매일 거행되는 희생제의(이란어의 야 스나yasna, 인도아리아어의 야즈나yazna)의 기초가 되었다. 불은 살을 에는 초 원지대의 겨울에 온기를 가져다주는 원천이었다. 가족 구성원에게 조 리 수단이자 생계 수단인 화롯불을 위해 사람들은 의식에 따라 야영 지를 옮길 때마다 타고 남은 불을 가지고 다녔다. 물은 건조한 초원지 대에서 모든 생을 가능케 했다. 오랜 옛날부터 이란인은 관습에 따라 시신을 화장하지 않고 독수리나 먹이를 뒤지는 짐승들[청소동물, 부식동 물]이 재빨리 먹어치우도록 메마른 곳에 버렸다(Boyce 1987: 12, 14).

최초로 이란인의 언어로 입증된 아베스타어는 예언자 자라투스트 라Zarathustra(조로아스터)의 경전에서 이름을 따온 것이다. 자라투스트라 는 기원전 제2천년기 말경에 대단히 강력한 종교 체계를 만들었다. 이 란 동북부에서 유래한 것으로 여겨지는 『가타스Gathas』[조로아스터가 직 접 지었다고 전해지는 17성가聖歌. 가다스]라는 가장 오래된 부분에서, 『아 베스타』[조로아스터교 경전]는 베다들과 똑같은 고대의 특징들을 보여준 다. 『아베스타』의 근본 원리는 가장 오래된 『리그베다』와 대부분 동일 하다. 그런 만큼 단지 몇 세기가 지나서야 『아베스타』와 『리그베다』가 분리되었을 것이다(Mallory 1996: 52; Skjaervo 1995: 161~162). 말 탄 위대

10　이런 전사의식과 유사한 다른 인도·유럽어족의 의식으로는 고대 아테네의 에 페베스Ephebes, 스파르타의 크립테이아Krypteia, 아일랜드의 디베르가Diberga가 있었 다(Mallory and Adams 1997: 31).

한 영웅들을 찬미하는 『아베스타』의 후반부인 「야슈트Yasht」는 이란인 문화에서 오래 지속된 서사시적 전통을 제공한다. 일부는 고대 아리아인의 신화에서, 다른 일부는 카비스kavis(왕들)와 투사들의 무훈에서 유래한 전설들이 세상의 창조, 최초의 인간, 사악한 강탈자와 우랄 알타이어족 유목민들에 맞서 싸운 최초의 왕 등에 대해 기술했다. 하지만 자라투스트라는 이곳저곳 떠돌아다니면서 유목민 전사 집단이 지역 사회를 공격해 약탈하고 살육하며 가축을 훔치는 잔혹한 폭력 행위들을 목격했다. 이에 그는 자신의 종교적 사고를 크게 개혁했다. 그는 질서가 널리 퍼지도록 도덕률이 약자와 강자에게 똑같이 적용되는 정의를 간절히 갈망했다. 거짓druj은 빛과 마찬가지로 사회적 행위 중 가장 추악한 것이었지만 진리asha는 미덕이었다. 미덕에 이르기 위해 인간은 착한 생각, 착한 말, 착한 행위라는 세 가지 도덕률을 엄수함으로써 타인을 돌보아야 했다. 개개인의 도덕적 성취라는 가치를 통해 인간은 천국에 이를 수 있다. 죽음을 맞이할 때는 공덕과 죄가 평가되었다. 악이 우세하면 지옥으로 떨어졌고, 선이 우세하면 천상의 낙원에 어울리는 심판을 받았다(Boyce 1987: 4, 9, 77; Gnoli 1987c: 412~413).

이와 같은 믿음에서 중심을 차지하는 것은 아후라 마즈다Ahura Mazdā(아후라는 산스크리트어로 아수라asura)다. 그는 문자 그대로 '지혜의 지배자'로서, 빛을 내는 여섯 존재 즉 아메샤 스펜타Amesha Spenta들로 둘러싸여 있다. 이들은 자애로운 최고의 신 아후라 마즈다와 함께 7이라는 수를 이루는 하급 신령이다. 태초에 한 명의 창조자 신이 있었으며 그로부터 다른 모든 자애로운 존재가 나왔다. 세상은 연속해서 일곱 가지 창조물인 하늘, 물, 땅, 식물, 동물, 사람, 불이 창조되면서 시작되었다. 일곱 창조물에 경의를 표하면서 아후라 마즈다와 여섯 아메샤 스펜타에게 봉헌된 일곱 차례의 성대한 공동 연회가 매년 거행되었다. 춘분에 행하는 일곱 번째 연회인 노루즈Naw-Ruz(새날New Day)◆는 넘치는 생명력을 상징하는 불을 찬양했다. 노루즈는 최후의 심판이 있는 날에 선이 최종 승리하는 영원한 생명의 새날로 여겨졌다(Boyce 1987: 20~21, 33~34). 언제나 밝게 빛나고 살아 있는 불은 성소에서 숭배되며 암흑과 악, 무지와 싸우는 영원한 전사 불꽃으로서 단상에 올려졌다(Boyce 1987: 51, 65). 자라투스트라는 탐욕과 파멸, 유혈을 부추긴 다에바daēva[11]를 사악한 악마로 강등시켰다. 무지와 악의 화신 앙그라 마이뉴Angra Mainyu는 아후라 마즈다의 주된 적이었고 삶에서 지속되는 모든 슬픔과 고통의 원인이었다(Boyce 1987: 20). 나중에 수 세기가 지난 후에 짝을 이룬 아후라 마즈다와 앙그라 마이뉴는 오르마즈드Ohrmazd와 아리만Ahriman◆◆으로 발전했다. 자라투스트라의 가르침은 역경에도 불구하고 인내하는 고결한 사람들에게 구원의 희망을 줌으로써 귀족적이고 사제적이던 전통과 관계를 끊었다. 자라투스트라의 철학은 약자에게는 구원의 희망을 베풀었지만 불법을 일삼는 강자에게는 절멸시키겠다고 위협했다. 따라서 그는 정치적 반대에 직면했고 카비 비슈

---

11 나중에 인도·유럽어족 언어들 전체에서 'diavolo' 'devil' 'teufel'[모두 '악마'를 의미] 등으로 퍼져나갔다.

◆ 조로아스터교에서 행하는 신년 축제. 이란에서는 낮과 밤의 길이가 같아지는 춘분을 새해 첫날, 즉 '노루즈'라고 한다. 이란과 중앙아시아인들이 가장 크고 중요하게 여기는 명절이자 문화 축제다. 유네스코 인류무형문화유산이기도 하다.

◆◆ 오르마즈드는 아후라 마즈다(조로아스터교의 주신主神으로, 선과 광명의 신이자 창조신)의 사산조 이후 명칭이다. 아리만은 조로아스터교에서 어둠과 거짓의 세계를 지배한다고 말하는 악신으로 암흑과 악의 근원으로 알려져 있다.

타스파Kavi Vištāspa의 왕국으로 피신하지 않으면 안 되었다. 그곳에서 그의 새로운 종교는 이란 전역으로 퍼져나갔다(Boyce 1987: 30~31). 하지만 자라투스트라는 자신이 살아서 최후의 심판의 날을 볼 수 없을까봐 걱정했다. 그래서 그는 사오쉬안트saoshyant(구세주)가 등장해서 자신을 계승할 것이라고 예언했다. 사오쉬안트는 인류를 이끌고 악에 맞서 최후의 전투에 나설 것이다. 자라투스트라의 추종자들은 처녀가 목욕하고 수태할 호수의 물에 보관된 예언자의 정액으로 사오쉬안트가 기적적으로 탄생할 것이라고 믿었다(Boyce 1987: 42).

조로아스터교는 널리 퍼진 선과 악의 대립 때문에 곧잘 이원론적 종교로 간주된다. 그렇지만 조로아스터교는 절대자를 집중적으로 강조함으로써 일신교에 씨앗을 뿌렸음에 틀림없다. 논란의 여지 없이 강력하고 독창적인 사상가인 자라투스트라는 극적으로 인간의 영성 과정에 영향을 끼쳤다. 조로아스터교 신앙은 인간의 가치와 위엄을 고무한 매우 독창적인 모형을 만들어냈으며, 이란 세계를 넘어 동쪽과 서쪽에 두루 강력한 영향을 끼쳤다. 한 명의 최고신에 대한 숭배, 7일간의 세계 창조, 천사와 악마의 개념, 꺼지지 않는 불길, 메시아인 구세주 등장에 대한 예언, 처녀의 출산, 최후의 심판 날, 천당과 지옥, 정결례를 지키며 영적 통찰력을 엄격한 행동규범과 결합시킨 도덕적 생활의 엄수 등 조로아스터교의 교의는 페르시아인, 메디아인, 파르티아인, 소그드인, 호라즘인의 종교 의식뿐 아니라 유대교, 북방 불교, 그노시스 신앙, 기독교, 이슬람교의 형성에도 영향을 줄 터였다(Boyce 1987: 1; Foltz 2000: 32; Gnoli 1987b: 581).

고대 이란인

이렇게 해서 이란어 사용자 일부가 계속하여 중앙아시아의 도시화된 오아시스를 지나 카스피해 남쪽 이란고원으로 침투해 들어갔다. 이어진 500년간에 걸친 이동은 기마인으로 하여금 광활한 지역을 정복하게 했다. 이 정복은 서쪽으로 인도에서 에게해와 북아프리카까지 수천 킬로미터로 확대될 아케메네스 제국에서 절정을 이룬다. 기원전 13세기 무렵부터 사막 중심부를 에워싸고 있던 이란인 유목민들은 가축 무리를 이끌고 이란 서북부 너머로 떠돌아다녔다. 그들이 거주한 땅에는 목초지가 충분했다. 실제로 니사이아(엑바타나/하마단 남쪽 보리게르드 계곡◆)는 일찍이 훌륭한 안드로노보 혈통을 가진 말들의 번식지가 되었다(Kuzmina 2007: 149). 이곳에서는 메디아의 풀로 알려진, 클로버의 일종이자 오늘날 알팔파alfalfa(자주개자리lucerne)로 이름 붙은 매우 영양가 높은 콩과科 식물이 자랐다. 알팔파의 단백질 함량은 여느 건초보다 두 배 이상 많은 20퍼센트에 달했다. 니사이아의 말은 양질의 먹이와 선별 사육을 통해 뛰어난 품종으로 자랐으며 유전 능력을 최대로 발휘했다(Hyland 2003: 30). 그러나 기원전 9세기에 이란인들은 군국주의적인 아시리아와 맞서게 되었다. 기원전 834년에 샬마네세르 3세가 님루드의 블랙 오벨리스크Black Obelisk◆에 남긴 기록에 따르면, 그들

◆   하마단은 이란 서북부의 옛 도시로, 기원전 7세기에 메디아 왕국의 수도 엑바타나가 있었다.

은 자그로스산맥 동쪽 구릉지대에서 파르수아Parsua(페르시아인) 유목민과, 그리고 아래쪽 평원에서 메디아인과 마주쳤다(Humphreys 1991: 16). 초기 셈어로 Parahshe는 '말들의 땅'과 관련되었다. 샬마네세르는 이란인에게 말과 철을 공물로 바치도록 강요했다. 그는 팽창주의적인 아시리아의 전쟁 기구에 공급할 말과 철을 끊임없이 요구했다. 나중에 페르시아인은 자그로스산맥 능선을 따라 페르시아만에서 멀지 않은 엘람인의 도시국가 안샨Anshan의 남쪽으로 이동했다. 이후 아시리아의 아슈르바니팔Ashurbanipal이 기원전 646년에 엘람을 파괴했을 때, 페르시아인은 수사(엘람의 수도)를 점령한다(Humphreys 1991: 17).

앞서 언급한 대로 기원전 8세기와 기원전 7세기에 킴메르와 스키타이 유목민들은 아무런 제지도 받지 않은 채 많은 도시를 습격하면서 근동 전역을 떠돌아다녔다. 하지만 기원전 625년 무렵 메디아 왕 키악사레스는 습격하고 돌아다니는 스키타이인을 혹해 북쪽으로 몰아냈다. 키악사레스는 탄도상으로 더 뛰어난 스키타이 궁술을 채택하여 계속해서 멀리 소그디아나와 타타구스까지 이란인의 영토를 메디아 왕국 동맹에 편입시켰다(Cook 1993: 220; Diakonoff 1993: 92, 119~121). 키악사레스는 바빌로니아 나보폴라사르 왕과 동맹을 맺고 기원전 612년에 아시리아의 아슈르를, 이어서 니네베를 약탈했다. 뒤이어 키악사레스는 무기력한 우라르투를 침입했고, 이로 인해 리디아 왕 알리아테스

◆　님루드는 이라크 북부 니네베 남쪽에 있는, 아시리아 왕조의 고대 유적지다. 님루드에서 발견된 블랙 오벨리스크(네모진 거대한 돌기둥 모양의 기념비)는 아시리아 샬마네세르 3세의 기념비로, 벽면은 전투와 정복 장면 등의 부조 및 설형문자로 장식되어 있다.

Alyattes와 싸우게 되었다. 가장 유명한 고대 전투 가운데 하나인 기원전 585년의 전투에서, 일식의 위협 속에서 교전 중이던 군대는 서둘러 할리스강을 따라 국경을 확정했고, 이후 키악사레스와 알리아테스가 협상을 맺으면서 전쟁이 종결되었다(Humphreys 1991: 18~23). 그사이 이란 남부에서 페르시아는 한순간에 메디아의 속국이 되었다. 그러나 안샨 왕국을 상속한 키루스 2세[메디아의 키루스 대왕]는 기원전 550년경 키악사레스를 계승한 아스티아게스에 대한 공물 납부를 거부함으로써 메디아의 지배권에 도전했다. 메디아군 상당수가 키루스에게로 도망쳤다. 키루스는 엑바타나를 점령해 보물을 강탈했으며 샤한샤 Shahanshah(왕 중의 왕) 칭호를 차지했다(Daniel 2001: 37).

아케메네스 기마 제국

키루스 대왕은 메디아인과 제휴를 맺고 두 민족 간 통합을 강화하려 애썼다. 그는 2000킬로미터 떨어진 리디아의 도전에 맞서기 위해 두 군대를 합병했다. 금속주화의 발명을 이끈 대부호 크로이소스[리디아 왕국 최후의 왕]가 메디아의 붕괴를 이용해 할리스강을 넘었다. 그는 키악사레스와 맺은 조약을 위반하면서까지 카파도키아를 침입했다. 키루스는 사르디스[고대 리디아의 수도]까지 크로이소스를 추격했으며, 그곳에서 요새를 습격했다(Humphreys 1991: 24). 이제 기병이 전장을 지배했으며 기마민족인 페르시아인은 세 가지, 즉 "활을 사용하는 법, 말을 타는 법, 진실을 말하는 법"을 배웠다(Herodotus 5: 113). 키루스는 크로이소스를 격파하고 이오니아의 그리스 도시국가들에 대한 지배권을 이어받았다. 그리스와의 연계를 마음에 새기고 있었던 이오니아의 그리스 도시국가들은 동쪽 침입자들에게 쉽사리 굴복하려 하지 않았다. 그러나 바위투성이 연안 지역을 따라 늘어서 있던 그들의 정착지는 너무 고립되어 있어서 내륙을 향해 들어오는 페르시아의 공격을 막아낼 수 없었다. 그들은 아케메네스인의 우수한 무기, 기마병의 속도, 퇴로를 봉쇄하고 측면으로 우회해서 보병을 공격하는 기습에 차례로 굴복했다. 키루스는 또한 동쪽에서도 서쪽에서처럼 성공을 거두며 멀리 인도 세계에 근접한 간다라까지 메디아의 영토를 합병했다(Humphreys 1991: 25). 기원전 539년 무렵에는 바빌론도 함락되었다. 마지막으로 바빌론을 정복한 키루스는 지중해와 이집트 국경지방까지 확대된 광대한 영토였던 과거 바빌로니아 제국의 모든 속국을 지배했다.

페르시아는 이오니아의 그리스인과 이집트인 사례에서처럼 반란을 일으킨 도시민 전체를 중앙아시아로 추방했을 정도로 가혹하게 응징했다(Fyre 2001: 90). 기마병의 통제로 반란 주민들을 엄청나게 멀리 떨어진 곳으로 추방할 수 있었다. 메디아는 또한 포로 노예로 넘쳐났다. 이들은 아케메네스 왕조 시대에 건설, 농경, 귀족계급의 개인적 노무에 고용되었다. 어린 사내아이들이 총독 관할 구역에서 환관으로 왕의 시중을 들도록 공물로 보내졌으며, 아이들은 이로써 속주 행정에서 중요한 지위를 차지할 수 있었을 것이다(Diakonoff 1993: 136~137). 하지만 키루스 2세는 역사상 자애로운 통치자로 널리 알려져 있다. 정복된 많은 왕이 그의 제국에서 복위되었다. 일찍이 근동 강변 국가 사이에서 정복은 언제나 잔혹했다. 예속을 상징하기 위해 대항자들은 고문당했고, 신전은 파괴되었으며, 성상은 모독당했다. 이와는 대조적으로 조로아스터교는 위대한 '하늘의 아버지'를 인정하면서 온 세상이 그의 거처였던 신을 성벽 안에 가두는 것에 반대했다. 파사르가다에[고대 페르시아 아케메네스 제국의 첫 번째 수도]에 있는 두 개의 거대한 주춧돌을 통해 야외 숭배의 전통을 확인할 수 있다. 젤라[지금의 터키 중동부 도시]의 한 인공 둔덕은 사람들이 올라가서 기도하는 세계의 산이었다. 신성한 구역의 제단에서 불이 찬미되었다. 왕조의 불이 확립되었다는 것은 새로운 왕이 즉위했음을 나타냈다. 키루스는 자애롭게 왕국 전역에서 자유로운 종교 행위를 용인했다(Boyce 1987: 60; Daniel 2001: 38). 이는 예속민들로 하여금 자신들의 신앙에 따라 질서 있고 경건하게 살도록 권장하는 조치였다.

키루스의 자애가 드러난 가장 유명한 실례는 유대인과 관계있다. 기원전 587년에 예루살렘이 바빌로니아인에게 약탈되었고, 네부카드네자르 2세에 의해 신전이 파괴되었으며, 유대인들은 노예로 끌려갔다. 기원전 559년에 키루스에 의해 자유의 몸이 된 일부 유대인들이 예루살렘으로 돌아갔고, 다른 일부 유대인들은 새로운 페르시아 제국의 자유 시민으로 바빌론에 남기로 했으며, 나머지 유대인들은 페르시아가 통치하는 동쪽 땅에서 자신들의 행운을 시험해보기로 했다. 유대인들은 예루살렘에 자신들의 신전을 재건하도록 허락해준 키루스에게 온정을 품었으며, 예언자 이사야는 키루스를 "주님의 지명을 받은" 은혜로운 자로 부르며 환영했다. 조로아스터교의 많은 개념이 이때를 시작으로 파르티아 시대를 지나며 계속해서 유대인의 종교 사상에 스며들었으며, 나중에 유대교로 발전해갔다. 이러한 바빌론 유수幽囚◆ 이후 시기에 이사야가 처음으로 페르시아의 아후라 마즈다 개념과 놀랄 만큼 유사하게 야훼를 만물, 그리고 동물과 인간을 만든 우주의 창조자로 찬양했다. 메시아 구세주, 부활, 최후의 심판, 천사와 악마 같은 종말론적 사상은 페르시아인들로부터 차용되었다. 천국과 지옥이라는 이원론적 개념은 바빌론 유수 이후에 이스라엘 문헌에서 최초로 나타났으며, 앙그라 마이뉴 또는 악마는 「욥기」에서 처음에 하사탄ha-satan으로 언급되었다. 「에스더」에서는 왕의 법data에 대한 거짓druj이라는 대립의 표본이 되는 아베스타어로 악마인 타우르비Taurvi와 자리크Zarik를 반영한다.◆◆ 이와 비슷하게 프라쇼케레티Frashokereti(최후의 재난[조로아스터교의 종말론])가 「에스겔」과 「다니엘」 등 바빌론 유수 이후 시기의 계시록에 명시되었다. 그리고 꺼지지 않는 제단 위의 불길은 바빌론 유수 이후 「레위기」에서 처음으로 묘사되었다. 이 같은 이란의 사상은 이란 세계에 깊이 빠진 유대인들의 명상을 통해 유대인 문화 속으로 들어갔고, 그 후 서쪽 지중해 지역사회로 전해지면서 기독교와 이슬람교에 영향을 주었다(Daniel 2001: 38~39; Edaman 1987: 342; Foltz 2000: 30~34).

◆　기원전 6세기에 두 차례에 걸쳐, 신바빌로니아에 정복당한 많은 유대인이 바빌론으로 강제로 끌려간 일. 이후 유대인은 오랜 방랑생활을 하게 되었으며, 일부는 기원전 538년 바빌로니아를 정복한 페르시아 키루스 대왕이 포고한 포로 해방령에 따라 예루살렘으로 돌아갈 수 있었다.

◆◆　「에스더」는 구약성경의 한 편으로, 페르시아 왕 크세르크세스 1세의 유대인 왕비 에스더(또는 에스델)를 주인공으로 내세워 유대인들의 포로 생활을 기록했다. 데레즈(왕궁 문을 지키는 내시)는 왕을 암살하려는 음모를 꾸미는 자로, 세레스는 페르시아 내 유대인을 멸절하려는 남편 하만의 음모를 돕는 여인으로 묘사된다. 에스더는 두 음모 모두에서 왕과 유대인을 구해낸다.

불이 빛을 내는 생명력이라고 본 이란인의 개념은 불교와 기독교와 이슬람교의 성스러운 후광에 분명히 반영되어 있다. 게다가 아베스타어의 신성한 숫자 3은 기독교의 성삼위일체 사상과, 그리스도 탄생 때 별을 따라온 동방박사 세 명을 기념하는 공현축일公現祝日에서 확실하게 드러난다. 절단과 희생은 갈보리 언덕[골고다 언덕]의 십자가에서 채찍으로 맞고 부서진 그리스도의 몸, 거듭남, 새롭게 함에서, 그리고 사흘째 되는 날 죽은 자의 부활과 승천에서 표현된다.

앞서 본 대로 키루스는 아마존 전사이자 여왕인 마사게타이 토미리스에 맞서 격렬히 싸우다가 초원지대에서 죽었다. 역사는 그를 자애로운 통치자이자 영민한 정치가로 보는 경향이 있다. 그는 비교적 무명에서 전례 없는 크기의 제국을 만들어냈을 정도로 출세했음에도 이례적으로 자신이 정복한 고대 문명들을 존중했다. 기원전 530년 방부 처리된 키루스의 시신이 금관棺에 안치되었다. 금관에 새겨진 빛나는 낙원에서의 불멸을 상징하는 태양은, 인근 키루스 왕궁에 있는 불의 제단처럼, 그의 조로아스터 신앙을 표현했다. 매월 태양의 특별한 피조물인 말이 키루스의 영혼에 제물로 바쳐졌다(Boyce 1987: 52~53). 키루스 대왕의 장남 캄비세스[캄비세스 2세]는 귀중한 물을 시나이 사막을 넘어 이집트로 운반하는 베두인족 낙타의 도움을 받는 기병을 지휘해서 멀리 나일강 위쪽 에티오피아까지 정복했으며, 나중에는 리비아와 키프로스로 향했다(Humphreys 1991: 31). 이국땅에서 젊은 황제가 전쟁을 수행하는 동안 메디아에서 한 마기Magi◆ 사제가 궁정 쿠데타를 일으켜 스스로 왕이라고 선언했다. 캄비세스는 급히 페르시아 귀국길에 올랐으나 귀국 도중 말에 올라타는 사이 자신의 검에 찔리는 사고로 비참한 최후를 맞이했다. 페르시아 궁정에서 페르시아 귀족 7인으로 구성된 비밀 결사結社가 왕을 사칭한 마기 사제를 폐위시키고 자신들 중 한 명을 왕위에 앉히기로 했다. 새로운 왕을 결정하려면 태양신의 신성한 동물인 말을 통해 표징을 얻어야 했다. 귀족들은 새벽에 만날 것을 약속했고 자신들 중 일출 후에 제일 먼저 우는 말을 타는 사람이 왕이 될 것이라는 데 동의했다. 다리우스[다리우스 1세]는 이 기회를 놓치지 않으려 했다. 만나기로 약속한 전날 밤 다리우스의 영리한 마부 오이바레스가 발정난 암말을 모임 장소로 끌고 와서 다리우스의 종마와 교미하게 했다. 이튿날 아침 말들이 모임 장소에 접근했을 때 현장에서 암말 냄새에 반응을 보인 다리우스의 종마가 예상대로 히힝 울어대기 시작했고, 결국 다리우스가 왕위를 차지하게 되었다(Hyland 2003: 109~111). 아슈바메다에서처럼, 다시 한번 왕의 즉위에서 말과 성애[에로티시즘]와 태양이 상호작용을 한 것이다.

메디아 전역에서 마기 사제에 대한 대대적 학살이 뒤를 이었다. 페르시아인과 메디아인 사이에 벌어진 싸움과, 아후라 마즈다 및 여섯 아메샤 스펜타를 연상시키는, 다리우스의 강력한 상징성과 여섯 귀족 사이에 벌어진 싸움은 강도 높은 종교적·정치적 대립을 시사한다. 즉시 니사이아의 말 번식지를 장악한 다리우스 1세는 계속해서 열아홉 번의 반란을 진압하고 아홉 왕을 폐위시켰다. 암벽 측면에 새겨진 베히스툰Behistun◆의 유명한 암각화에는 다리우스가 사로잡은 적의 왕들

◆ 고대 페르시아의 사제 집단. 「마태복음」에 나오는 예수 탄생 때의 동방박사 세 명도 이에 해당된다.

과 맞서 싸우는 장면이 묘사되어 있다. 논란이 되었던 그의 왕위 계승을 공식적으로 설명하기 위해 바빌로니아어(아카드어), 엘람어, 옛 페르시아어, 세 가지 언어로 비문이 쓰였다. 이후 비문을 해독하는 데 있어서 세 가지 고대 언어를 연구한 언어학자들이 중요한 역할을 했다. 해독을 주도한 인물은 19세기 영국의 외교관 헨리 롤린슨 경Sir Henry Rawlinson이다. 그는 밧줄에 매달린 채 지상에서 150미터 높이의 단애면斷崖面에 새겨진 비문을 베꼈다(Comrie, Matthews, and Polinsky 1996: 170; Wood 2002: 192). 다리우스 1세는 "뾰족한 모자를 쓴" 스키타이 유목민들의 왕 스쿤카를 협공 작전으로 사로잡아 서북쪽으로 계속 페르시아 영토를 확대해나갔다. 이후 리비아, 트라키아[발칸반도 동남부. 트라케], 인도에서 더 많은 승리를 거두었다. 이렇게 해서 다리우스의 기마 제국은 5000만 명을 아우르는 규모로 커져갔다(Daniel 2001: 41). 신적·세계적 통치자인 아케메네스 왕조의 다리우스 왕은 많은 경우 여전히 고대 초원지대의 관습을 고수했다. 축제에서 샤한샤는 "하늘"로 불리는 둥근 차양을 한 엄청난 크기의 천막에서 청중을 접견했다. 이런 전통은 초원지대에서 오랫동안 지속되었으며, 이와 비슷하게 1000명 이상 수용하는 화려하게 장식된 천막에서 중세의 몽골과 중국 통치자들이 황제로서 접견을 할 것이다(Smith 1950: 81).

키루스 2세가 아케메네스 제국의 창설자였다면, 다리우스 1세는 분명 주요 제국 건설자였다. 다리우스 1세는 영토를 20개의 속주로 조

◆ 이란 케르만샤 자그로스산맥 기슭에 있는 작은 마을. 본래 그 산중에 있는 암벽명으로, 비시툰 등으로 불리기도 한다. 이 비문이 해독되면서 설형문자 연구에 큰 진전이 있었다.

제4장 초원지대에서 서남·남부 아시아로의 팽창

직했고, 각 속주는 중앙정부에 세금과 공물을 바치며 공식 총독의 지배를 받았다. 그렇지만 다리우스의 통치 비전은 강변 국가라는 한계를 넘어섰다. 다리우스의 유목민 혈통은 그로 하여금 단일 수도에 뿌리내리지 않게 하면서 그를 자신이 통치하는 전 세계 나라들을 정기적으로 가로질러 이동하게끔 고무했다. 그는 겨울에는 엘람의 이전 수도 수사에서, 여름에는 메디아의 이전 수도 엑바타나에서, 가을에는 바빌론에서, 봄에는 페르세폴리스에서 지냈다. 다리우스는 통치하는 영토의 전통을 존중했으며, 어떤 혁신이 이뤄지든 그 다양한 전통 중 자신이 유용하다고 생각하는 것을 기꺼이 선택했다. 페니키아 해군은 통째로 도입되었다. 수송은 무역과 상업의 촉진 못지않게 안전을 위해서도 중요했다. 다리우스는 아시리아인들이 시작했던 도로를 수리하고 넓혔다. 가장 널리 알려진 것은 잘 보호되고 치안이 유지된 왕도Royal Road로서 사르디스에서 수사까지 2600킬로미터 길이로 펼쳐져 있었다. 말을 타고 이동하는 여행자들은 엄청난 거리를 빠른 속도로 갈 수 있었으며, 피로할 때 역참에 멈춰서 말을 교체하고 먹을 것을 얻었다. 우편 업무는 멀리 떨어진 목적지로 전갈을 전해줬다. 이와 같은 효율적인 여행과 통신이 이란인과 다른 민족을 통합된 문화로 묶어내는 데 이바지했다. 다리우스의 새로운 군대에서는 오로지 페르시아인으로만 구성된 왕의 정예 호위대인 1만 명의 불사신이 핵심 지위를 차지했다. 전쟁 시에는 제국을 구성하는 여러 총독 관할 구역에서 전사들로 이루어진 대규모 분견대가 집결했으며, 각각의 분견대는 자신들의 무기와 전투 방식으로 무장했다.

다리우스는 신민들의 복지에 성문법과 경제가 중요하다고 생각했다.

그는 일찍이 리디아에서 사용된 금속화폐를 제국에 도입해 물물교환보다는 화폐에 기초를 두면서 경제에 혁명을 가져왔다. 광범한 경제 혁신을 통해 도량형이 표준화되고 정확한 중량의 금과 은을 사용하는 화폐제도가 확립되었다(Daniel 2001: 41~42). 농업에서는 이란고원의 건조함에 맞서기 위해 강 유역의 자연 경사를 이용한 기다란 지하수로(카나트qanāt)가 개발되었다(Daniel 2001: 10). 척박한 땅의 개발을 촉진하기 위해, 왕에게 땅을 양도하기에 앞서 가족이 다섯 세대에 걸쳐 이익을 확보하게 해주었다(Cook 1993: 288~289). 제국 전역에서 셈족의 아람어는 공식 공용어가 되었다. 인도인과 시나이반도 나바테아인[고대 아라비아 종족][12]을 포함해 여러 민족이 아케메네스 왕조 시기 페니키아의 자음문자에서 유래한 이런 문자 체계를 자신들의 언어에 맞게 조정했다(Comrie, Matthews, and Polinsky 1996: 178~179, 195; Frye 1953: 37). 광대한 육상 제국에 만족하지 않은 다리우스의 기병은 전쟁에서 승리했고 그의 마력은 평화로운 시기에도 유지되었다. 또한 다리우스는 인더스강에서 지중해까지 해안선 탐험을 후원하기도 했다. 카리안다 출신의 스킬락스Scylax of Caryanda가 이끄는 탐험대가 30개월 동안 인더스강 하류의 삼각주로, 그 뒤 인도양을 넘어 이집트로 항해했다. 이 탐험 항해에 뒤이어 기원전 497년에 나일강 부바스티스에서 수에즈의 홍해까지 배두 척이 지나갈 폭의 운하가 완공되었다. 다리우스 통치의 세계주의를 입증할 때, 이집트에 주둔한 사카 기병에 대한 사실적인 묘사가 몽골인의 모습을 보여준다는 점에 주목해보면 흥미롭다(Cook 1993: 255).

---

[12] 아마도 나바테아의 아람어 문자가 아랍어 문자로 발전했을 것이다.

세계에서 가장 거대한 제국의 영광을 보여주기 위해 기원전 520년과 기원전 450년 사이에 아케메네스 왕조의 왕들이 페르시아 중심부인 파르사(지금은 페르세폴리스로 알려진)에 국립 성전을 건설하도록 명령했다. 왕궁은 평지에서 12미터 높이의 자연 암석으로 된 계단식 기단에 자리했으며 춘분에 해가 뜨는 동쪽을 향했다. 이 기념비적 기단은 이중 순환 계단을 통해 올라갈 수 있었고, 계단은 매우 넓고 낮아서 말을 타고 쉽게 올라갈 수 있었다. 왕궁 남쪽으로 하나는 북쪽에, 다른 하나는 동쪽에 2개 의전용 계단을 갖춘 아파다나(알현전)가 있었다. 각 계단 정면에는 궁신, 병사, 제국 전역에서 샤한샤에게 바칠 공물을 가지고 온 사람들의 행렬이 단계적으로 세심하게 묘사되어 있었다(Wilber 1989: 36, 40~42). 신격화 직전에 왕위에 앉은 페르시아의 영웅이자 왕이 우주의 신들을 수행하는 사람들과 나타나 노루즈 축제의식에서 신민들로부터 봉헌 제물을 받았다. 이 행렬의 맨 앞에는 고관들이, 그 뒤에는 말들과 두 대의 화려한 전차가 새겨져 있었다. 두 전차 중 하나는 아후라 마즈다, 다른 하나는 샤한샤를 위한 것이었다. 자신들의 나라에서 동물을 가져와 공물로 바치는 무리들이 그 뒤를 이었다. 가장 자주 등장하는 동물은 말과 낙타와 소였지만, 리비아인들이 코끼리 엄니와 쿠두kudu[뿔이 뒤틀린 큰 영양]를, 에티오피아인들이 오카피okapi[당나귀와 비슷한 기린과의 포유동물]를 바치기도 했다. 하지만 정면 도처에 누가 봐도 알 수 있는 것이 하나 있었다. 페르시아 기병이 리비아에서 크림반도까지, 중앙아시아에서 페르시아만까지, 에게해에서 인더스강까지 중동을 성공적으로 정복했던 사이에, 기마인의 바지 역시 전 세계를 누볐던 것이다! 수천 년 동안 치마는 고대 세계 전역에서 남자들의 정식 복장이었다. 그러나 조로아스터교 사제들이 초원지대에서 꼭 맞는 긴소매 재킷, 바지, 장화를 들여왔다. 아파다나의 돋을새김을 통해 분명히 알 수 있듯, 이제 지중해의 짧은 튜닉보다 말을 타고 내릴 때 전적으로 더 품위 있었던 유목민의 바지를 여러 나라의 남자들이 입고 있었다.

아케메네스 왕조의 기마 세력에 저항하는 유럽

페르시아인은 이렇게 초원지대에서 들어온 탄탄한 근육을 자랑하는 니사이아의 군마를 이용해 서남아시아 전역을 넘어 북아프리카 전투에서 승리했다. 다리우스는 의기양양해져서 이제 눈을 훨씬 더 서쪽인 유럽으로 돌렸다. 운 나쁘게도 페르시아의 유럽 침입은 사뭇 다른 결과를 야기할 운명이었다. 다리우스는 다뉴브강 북쪽에 지중해 유럽 공격용 교두보를 확보하고 싶어 기원전 513년에 보스포루스 해협을 넘어 스키타이를 공격했다. 하지만 다리우스가 다뉴브강을 넘어오자 초원지대의 스키타이 기마병들은 잘 조직된 다리우스의 군대와 탁 트인 야전에서 전투하려 들지 않았다. 스키타이 기마병은 늘 하루 앞서 말 먹이를 없애버리고 우물을 폐쇄해서 다리우스를 스키타이 영토 깊숙이 유인했다. 그사이 스키타이 유목민은 전적으로 게릴라 전술에 따라, 식량을 찾아 약탈에 나선 페르시아 부대들과 소규모 접전을 벌여 그들을 격퇴했다. 이뿐 아니라 스키타이인들은 조롱이라도 하듯 페르시아군 전위대를 가로질러 자신들이 사냥하던 산토끼를 쫓아 사라졌다. 다리우스의 대군은 병사나 동물 가릴 것 없이 막대한 피해를 입었다. 다리우스는 두 달에 걸친 수백 킬로미터의 진군이 아무런 소득 없이 끝나자 병자와 부상자들을 내버려둔 채 야영지를 버리고 철수하지 않으면 안 되었다. 다리우스는 다뉴브강 다리에서 그리스인 호위대의 충성으로 겨우 목숨을 건져, 운 좋게도 마사게타이와 싸운 키루스에게 닥쳤던 운명을 피할 수 있었다. 결국 다리우스는 최초 병력의 10분의 1만 데리고 사르디스로 돌아왔다(Burn 1993: 301~303; Humphreys 1991: 34).

다리우스가 패배한 데 용기를 얻은 아테네인들은 기원전 499년에 이오니아인들과 동맹해 사르디스를 불태웠다. 격노한 다리우스는 사절단을 파견해, 모든 그리스 국가에 항복을 상징하는 표시로 흙과 물을 요구했다. 스파르타인들은 페르시아인 전령을 처형 구덩이 속으로, 아테네인들은 우물 아래로 내던졌다. 다리우스는 자신의 존엄을 모욕한 도시들을 벌하기 위해 특별 설계된, 상륙용 갑판 역할을 하는 문이 달린 말 수송선에 기병을 싣고 육해군 합동 원정에 나섰다(Burn 1993: 309, 315~356). 기원전 490년 갤리선 함대 600척이 아테네에서 40킬로미터 떨어진 마라톤 평원에 상륙했다. 마라톤 평원은 기병에게는 더할 나위 없이 유리한 지형으로 페르시아인이 압도적으로 우세했다. 하지만 기병은 잇따른 전투에서 아무런 역할도 하지 못했다. 왜냐하면 아테네인들이 마라톤 평원 남쪽에 이르렀을 무렵 페르시아 기병들이 무방비 상태의 아테네를 선제공격하려고 다시 승선했기 때문이다. 밀티아데스가 수적으로 열세인 마라톤 평원에서 그리스의 공격을 지휘했다. 중무장한 그리스 보병이 적의 측면을 공격했으며 적들은 혼란에 빠져 배로 돌아갔다. 페르시아는 승리했어야 했던 전투에서 무엇보다 기병의 부족으로 패배했다. 페이디피데스는 목숨을 잃어가면서까지 아테네로 달려가 마라톤 전투의 승전보를 알렸다(Humphreys 1991: 35; Hyland 2003: 112~113).

페르시아인은 마라톤 평원에서 참패를 당하자 그리스를 정복할 결심을 굳혔다. 기원전 480년에 다리우스의 아들 크세르크세스가 모든 총독 관할지와 속국에서 8만 명의 기병으로 꾸려진 분견대를 이끌고 다시 그리스를 공격했다. 기병을 효율적으로 부리기에는 너무 좁은 고갯길이었던 테르모필레를 용감한 스파르타인 300명이 100만에 가까운 페르시아인들에 맞서 3일 동안 방어했다. 그러나 스파르타인들은 트라키스인에게 배신당해 궤멸되었으며 그들의 유해는 엄청난 크기의 봉분 밑에 매장되었다. 그다음 크세르크세스는 아티카를 지나 몇 안 되는 병력만이 지키고 있던 아테네로 진격해 아크로폴리스를 불태웠다. 하지만 테미스토클레스가 그리스 함대에 의존해 페르시아 해군을 살라미스 해협의 함정으로 유인해 격파했다. 거의 동시에 시칠리아의 그리스인들이 크세르크세스와 동맹을 맺은 카르타고의 페니키아 함대를 히메라에서 격파했다. 1년 뒤 그리스는 페르시아와 벌인 플라타이아이 전투에서 승리했다. 이 전투에서 규율이 잘 잡힌 그리스 중무장 보병 밀집대는 페르시아 기병이 감행해오는 정면 공격을 격파했다. 그리스인들은 미칼레[터키반도의 옛 지명]에서도 페르시아 해군을 격파했다. 이렇게 승리한 그리스인들은 700년 전에 아시아의 트로이에서 힘들게 손에 넣었던 헬레스폰투스 해협[다르다넬스 해협]과 보스포루스 해협에 대한 지배권을 행사했다. 이는 해양국가가 대륙의 기마 세력을 저지한 마지막 사례로 끝나지 않았다. 앞으로 살펴보겠지만, 다른 태평양과 대서양 연안 왕국들은 기마인들이 시도하는 군사적 팽창을 저지할 것이다. 살라미스 해전, 히메라 전투, 미칼레 해전 이후 그리스 해군이 지중해 패권을 장악하고 모든 항구가 그리스의 무역에 개방되었다. 이로써 유럽은 아시아 전제정의 지배로부터 해방되어 번영을 구가하게 되었다. 그리스 도시국가들은 페르시아에 바치던 공물의 무거운 짐에서 벗어나 자체적으로 정치제도를 발전시켰다. 그리스는 무역업으로 확보한 부를 가지고 서구인에게 황금시대Golden Age로 알려진, 지적·예술적·과학적으로 위대한 성취의 시대를 열었다(Daniel 2001: 47~48). 페르시아의 점령으로 황폐화되었던 아테네는 페리클레스 시대에 완전히 재건되었다. 위대한 건축물들이 호화롭게 건설되고 페이디아스, 폴리클레이토스, 크레실라스, 프라드몬, 미론 등 조각의 거장들이 이를 장식했다. 아낙사고라스와 필롤라오스는 천체를 연구했다. 필롤라오스는 스승인 피타고라스의 유명한 수 이론을 발전시켰다. 철학에서는 소크라테스가 플라톤과 아리스토텔레스를 위해 길을 닦아놓았다. 1만 5000명을 수용하는 아테네 시민극장에서는 아이스킬로스, 소포클레스, 에우리피데스, 아리스토파네스의 주목할 만한 희곡이 상연되었다.

하지만 유럽과 아시아 간의 트로이 전쟁은 결코 끝나지 않았다. 그리스와 페르시아 사이의 싸움은 간헐적으로 계속되었다. 양편 모두 분쟁으로 고통을 겪었다. 그리스의 델로스 동맹◆은 도시 간 경쟁으로 인

◆ 기원전 478년, 아테네가 페르시아의 침략에 대비해 에게해 일대 여러 도시국가와 맺은 해상 동맹. 델로스에 본부가 있어서 델로스 동맹Delian League이라 불린다.

해 주기적으로 불화에 휩싸였고 페르시아는 궁정 음모로 분열되었다. 키루스[소小키루스Cyrus the Younger]는 기원전 401년 형 아르타크세르크세스 2세로부터 왕위를 찬탈하기 위해 1만 명의 그리스인 용병을 모집했다. 그리스인 용병은 쿠낙사 전투에서 패배했으나 항복하기를 거부하고 아나톨리아 너머로 도망쳤다. 크세노폰이 기병을 조직해 쿠르디스탄산맥을 넘어 흑해로 퇴각을 이끌었다. 그리스인 용병은 적군과 게릴라 부대에 맞선 5개월간의 기동작전에서 승리했다. 그 후 먹을 것이 없는 평야와 위험한 산길을 가로지르며 용감한 병사들은 발이 빠질 정도로 쌓인 눈에 파묻혀 죽어갔고, 그리스는 마침내 바다를 보게 되었다. 그들의 아래쪽에는 그리스의 식민도시 트라페주스(트레비존드)가 있었다. 대규모 말 달리기 축제가 열려, 엄청난 환호 속에서 벼랑 아래와 비탈 위로 말들이 질주했다. 죽음에서 빠져나온 8600명 병사들의 무훈이 『아나바시스Anabasis』[그리스 역사가 크세노폰이 지은 산문체 작품. 형 아르타크세르크세스 2세에게서 페르시아 왕위를 찬탈하려는 키루스의 편에 서서 싸운 그리스 용병들의 이야기다]에서 기록되었다. 그리스의 승리 소식이 그리스 세계 전체로 퍼져나갔다. 이는 두 세대가 지나서 잘 훈련된 그리스 기병에게 규모가 몇 배나 되는 큰 페르시아 군대를 무찌를 수 있다는 자신감을 심어주었다. 크세노폰은 자신도 모르게 알렉산더[알렉산드로스 3세, 알렉산더 대왕]가 페르시아 중심부에서 싸울 수 있는 기반을 마련해놓았다(Durant 1966: 459~461).

마케도니아의 필리포스 2세와 여왕 올림피아스의 아들이자 아킬레우스의 혈통을 이어받았다고 주장한 알렉산더는 『일리아스』를 전술의 필수품으로 생각했다. 그는 전투 중에 유명한 스승 아리스토텔레스가 주석을 달았던 『일리아스』를 항상 가지고 다녔으며 밤에는 베개 아래 단검 옆에 책을 두었다(Worthington 2003: 17~18). 젊은 시절 알렉산더는 스포츠에 탁월했다. 그는 말에 올라타면 뛰어난 궁수이자 겁 없는 사냥꾼이었다. 모든 사람이 테살리아의 거대한 말 부케팔루스Bucephalus('소머리'라는 뜻)를 길들이는 데 실패했을 때, 열두 살의 왕자였던 알렉산더는 말이 자기 그림자를 두려워한다는 사실에 주목했다. 그는 그림자가 뒤쪽에 드리우도록 말의 위치를 바꾼 다음 말에 올라탈 수 있었다. 그때 알렉산더의 아버지는 예언처럼 말했다. "아들아, 마케도니아가 네게는 너무 작구나. 더 큰 제국을 찾아나서거라." 알렉산더는 이후 20년 동안 부케팔루스[부케팔로스]를 대단히 소중히 여겼다(Lane Fox 1974: 48).

그리스의 도시국가들은 기원전 4세기에 마케도니아의 지배를 받았다. 마케도니아의 지배권은 다뉴브강 하류에서 에게해까지, 아드리아해에서 흑해까지 확대되었다. 초원지대에 인접한 트라키아 영토에는 언제나 뛰어난 말들이 있었지만 아시아의 군대가 진군하면서 페르시아 종마가 훌륭한 새끼 말을 낳기도 했다. 필리포스 2세(말 애호가)와 그의 아들은 기병을 일관되고 광범하게 사용한 최초의 그리스인이었다. 그들은 기병을 군사 기술의 중심에 두는 광범한 개혁을 전장에 도입했다. '왕의 동료들King's Companions'로 알려진 마케도니아 기병은 밀집 대형에서 싸우도록 훈련받았다. 기원전 338년 카이로네이아 전투에서 이러한 귀족 800명의 지원을 받은 필리포스 2세의 혁신적이고 대담한 전술이 승리했다. 18세의 알렉산더는 계곡 아래로 기병 공격을 이끌어 테베인들을 무찔렀다. 이는 필리포스 2세가 나머지 그리스 군대를 쉽사리 격파하게 해주었다(Sacks 1995: 56). 코린트 동맹으로 그리스인들에 대한 마케도니아의 지배권을 강화한 필리포스 2세는 소아시아의 그리스 도시들을 해방시키기 위해 페르시아 제국을 침입할 준비를 했다. 알렉산더는 필리포스가 연인이었던 파우사니아스에게 암살당한 뒤 질서를 회복했으며(Worthington 2003: 65), 기원전 334년에는 약 3만 명의 보병과 5000명의 기병을 이끌고 트라키아에서 헬레스폰투스 해협을 넘었다. 알렉산더는 시게움곶에서 맨 먼저 해안으로 뛰어올라 유럽과 아시아 간의 싸움을 끝낼 결심으로 땅에 창을 내던졌다. 그는 자신의 원정을 아카이아 그리스인들이 세운 전설적인 위업에 필적할 것으로 여겼다. 게다가 그는 조상인 아킬레우스가 트로이에서 시작했던 과업을 완성함으로써 아킬레우스가 걸었던 길을 밟고 있다고 믿었다. 일리온에서 알렉산더는 아카이아인으로서 가장 먼저 죽은 프로테실라오스◆의 무덤에 봉헌했다. 그는 화환으로 무덤을 장식하고 트로이 전쟁의 영웅들을 기렸으며, 둘도 없는 친구인 헤파이스티온과 함께 아킬레우스와 파트로클로스의 무덤 주위를 돌아서 경주했다(Stoneman 1997: 17, 25~26).

마케도니아 군대는 트로아드〔고대 트로이의 항구 도시. 트로아스 또는 드로아〕의 그라니코스강에서 서쪽 지역 총독들의 페르시아 전진부대를 격파했다. 알렉산더는 수적으로 열세였는데 페르시아 기병이 아군

◆　그리스 신화 속 영웅. 트로이 전쟁에서 테살리아의 여러 도시를 대표하는 군대의 지도자다. 신탁은 그리스 침략군 가운데 첫 번째로 트로이 땅을 밟는 사람은 죽는다고 예언했는데, 그는 용감하게 첫 번째로 상륙했고 신탁대로 죽었다. 프로테실라오스의 희생으로 아킬레우스는 승리할 수 있었다.

의 측면과 후위를 공격할 여지를 주지 않았다. 이에 그는 페르시아 기병과 근접해서 싸우려고 했다. 근접 전투에서는 그리스의 찌르는 창이 더 효과적인 무기로 활용될 수 있었기 때문이다. 알렉산더는 전투 후에 기병이 타지 않은 채 고삐 풀린 듯 내달렸던 뛰어난 리디아 혈통의 말로 기병을 보충했다. 이후 알렉산더는 아에올리에 이오니아 도시들을 해방시키기 위해 남쪽으로 이동했다(Lane Fox 1974: 122~123, 129~130; Stoneman 1997: 27~29). 도중에 알렉산더는 프리기아의 고르디온을 방문했다. 고르디온에서는 고르디우스 왕의 오래된 마차에 묶여 있는 나무껍질로 만든 매듭을 푼 자가 장차 아시아의 지배자가 될 거라는 전설이 내려오고 있었다. 알렉산더는 칼로 매듭을 잘라버렸다(Badian 1993: 428). 마케도니아인과 페르시아인은 기원전 333년에 시리아 평원 이수스에서 맞닥뜨렸다. 다리우스 3세가 이끄는 군대는 아후라 마즈다의 신성한 전차와 영원한 불로 만든 신성한 숯을 앞세우고 행진하는 60만의 대규모 다인종군이었다(Boyce 1987: 64; Humphreys 1991: 60). 다리우스의 기병이 3만 명인 데 비해 알렉산더의 기병은 5000명에 불과했다. 하지만 페르시아는 이수스 해안 평야가 너무 좁아서 기병 전력을 효과적으로 활용할 수 없었다. 마케도니아는 상대적으로 전력이 약한 기병을 교묘하게 사용해 승리를 거두었다. 알렉산더는 투석기 사정거리에서 헤타이로이Companion Cavalry◆를 이끌고 페나루스강을 건너 페르시아의 좌측을 공격했다. 그때 파르메니오가 지휘하는 테살

◆ 필리포스 2세 때 창설된, 귀족 신분의 마케도니아 정예 기병대. 중기병重騎兵으로 주로 적의 측면을 공격했으며, 알렉산더 대왕이 페르시아 제국을 정복하는 데서 큰 힘을 발휘했다. 헤타이로이는 왕의 동료 또는 친구companion라는 뜻이다.

리아의 중무장 기병이 합류함으로써, 다리우스의 중무장 갤리선을 페나루스강 너머로 유인했던 그리스의 기병이 강화되었다. 중무장 갤리선은 파괴되어 페나루스강을 가로질러 퇴각했으며, 페르시아 보병들도 뒤따라 후퇴했다. 이어 왕의 동료 기병들이 그리스인 용병을 공격했다. 이들 중 8000명이 다리우스를 버리고 그리스로 돌아갔다. 다리우스는 당황해 전장을 탈출했다. 마케도니아인들은 다마스쿠스 왕실 금고와, 근육이 탄탄한 메디아의 니사이아 군마를 상당수 노획했다. 니사이아 군마는 전장에서 잃은 마케도니아 말을 대신하는 것 이상의 의미였다(Badian 1993: 430~431). 알렉산더는 계속해서 페니키아 해안 아래쪽 이집트로 갔다. 그는 이집트에서 해방자로 환영받았으며 파라오에 즉위함으로써 이후 프톨레마이오스 왕조 개국의 기초가 되었다.◆ 알렉산더는 서쪽 델타 지역에 항구이자 해군기지인 새로운 수도 알렉산드리아를 건설했다. 연안 지역을 따라 자리했던 시돈은 평화적으로 항복했지만 티레와 가자는 저항했다. 알렉산더는 저항에 격노해 가자 지휘관의 발에 구멍을 뚫고 금속 고리를 끼웠다. 알렉산더는 강한 자만심에서 아킬레우스를 회상하며 가자 지휘관을 왕실 전차에 결박해 전속력으로 가자시 주위로 질질 끌고 다녔다(Durant 1966: 541, 544).

그 후 그리스인들은 티그리스강을 넘어 가우가멜라로 다리우스를 추격했다. 그곳에서 기원전 331년에 그리스인들은 두 바퀴에 전차 낫이 달린 다리우스의 신형 전차 200대와 마주쳤다. 그들은 일제히 창

◆ 마케도니아 장군 출신으로 알렉산더 대왕의 부장部將인 프톨레마이오스 1세는 알렉산더 대왕 사후 프톨레마이오스 왕조(기원전 305~기원전 30)를 열었다.

을 던져 전차 공격을 격퇴했으며 전차 몰이병들을 해치웠다(Littauer and Crouwel 1979: 153). 수적 열세에 있던 알렉산더의 기병은 스키타이인과 박트리아인의 격렬한 공격을 받았다. 완전 무장한 그들의 말과 병사들은 방어 장비에서 그리스의 약점을 노출시켰다. 하지만 그리스인들은 영토 할양을 단호하게 거부했고 테살리아인들이 페르시아 정예 기병을 궤멸시킬 때까지 방진方陣을 공격했다(Hyland 2003: 153~154). 드디어 페르시아 본거지로 가는 길이 훤히 펼쳐졌다. 알렉산더는 승리를 거두며 바그다드, 수사, 파르사[페르세폴리스]에 입성했고, 금고에서 금괴를 강탈해 원정에 필요한 자금을 마련했다. 공식 수도인 파르사에서 알렉산더는 전 세계 도시 중 가장 부유한 이곳을 전소시켰다. 이는 단지 밤새도록 계속된 떠들썩한 축제의 대미를 장식한 사건이었는가, 아니면 크세르크세스가 아크로폴리스를 불태웠던 데 대한 계획된 보복이었는가? 아마도 그것은 알렉산더가 파르사로 접근하면서 페르시아인들에 의해 이마에 낙인이 찍히고 귀와 코가 잘리고 사지가 절단되고 둥근 끌로 눈이 도려내지는 고통을 겪은 800명의 그리스인을 보고 분노해 벌인 일일 것이다(Durant 1966: 545~546; Humphreys 1991: 62). 알렉산더는 북쪽을 향해 약사르테스강[시르다리야강의 옛 이름]을 따라 사카족과 마사게타이를 공격했지만 실패했다. 아시아로 진군한 알렉산더는 소그드인과 동맹을 맺은 초원지대 유목민의 가공할 군사적 저항으로 병사 2000명을 잃었다. 강력한 군사력을 보유한 소그드인은 결국 알렉산더에 의해 괴멸되었지만, 다가올 1000년 동안 중앙아시아 전역에 걸친 국제무역에서 다시 등장해 중요한 정치적 역할을 하게 된다(Lane Fox 1974: 314~316; Badian 1993: 454~456).

제국을 남쪽으로 더 멀리 확대하고 싶었던 알렉산더는 지리학자, 식물학자 등으로 구성된 과학자 참모진을 거느리고 인도를 침입했다. 과학자들은 그들이 통과한 땅에 대해 기록했을 뿐 아니라 메소포타미아와 에게해의 고대 지식을 인도 아대륙에 전해주었다. 기원전 600년에 바빌로니아인은 숫자를 기록할 때 쐐기 모양의 삼각형 표식을 개체 틀placeholder〔빠져 있는 다른 것을 대신하는 기호〕로서 규칙적으로 사용하는 독창성을 발휘했다. 그들에 뒤이어 그리스인들이 소문자 오미크론omicron〔그리스어 알파벳의 열다섯째인 o〕, 즉 속이 빈 원을 개체 틀로 대신 사용했다. 인도 수학자들은 알렉산더의 침입 중에 전해진 이러한 그리스-바빌로니아의 주석 달기에 자극받아 5세기 무렵 획기적으로 영zero을 발견하는 단계까지 발전할 것이다(Seife 2000: 39). 기원전 326년, 알렉산더는 인더스강을 넘어 파우라바스의 왕 포루스에 맞섰다. 포루스의 강력한 군대에는 기병대를 괴멸시킬 수 있는 코끼리가 있었다. 마침내 알렉산더의 군대에 박트리아와 스키타이 기병 그리고 말 탄 궁수로 구성된 페르시아 정예 분견대가 합류했다. 뒤이어 벌어진 전차와 기병 공격의 아수라장 속에서 마케도니아 보병들은 코끼리에게 낫 모양의 쪼개는 무기가 달린 5미터 길이의 창을 휘두르거나, 날아가는 무기를 발사했다. 부상당한 코끼리들이 날뛰자 인도인과 마케도니아인들은 무차별적으로 짓밟혀 죽었다(Wood 2002: 37~38). 승리한 알렉산더는 포루스를 존중해서 속국의 왕으로 복귀시켰다. 그러나 알렉산더의 군마였던 부케팔루스는 10년 이상 펼쳐진 군사작전 중 마지막 전투에서 입은 상처로 죽었다. 알렉산더는 자신의 용감한 말을 기려 도시〔알렉산드리아 부케팔로스〕를 세웠으며 장례 행렬을 이끌고 말의 유해를 정식 무덤에 안장했다. 전투 중에 부케팔루스는 소의 머리라는 이름에 어울리게 황금 뿔로 장식되었다. 1000년 이상의 세월이 흐른 뒤 마르코 폴로는 옥수스강과 파미르고원 사이의 통치자들이 소유했던 뿔 달린 말들의 전설과 마주칠 것이다(Lane Fox 1974: 361~362; Worthington 2003: 154).

알렉산더는 마크란 사막을 거쳐 돌아오면서 인도와 페르시아 사이의 바위투성이 황무지를 가로지르는 고된 길에서 수천 명의 병사를 잃었다. 하지만 수사로 돌아온 알렉산더는 페르시아의 위대한 왕들이 제국을 조직했던 방식에 감명받았다. 그는 페르시아 귀족들을 자신의 리더십에 융화시키고 행정직에 임명함으로써 정복의 영속성에 더 가깝게 이를 수 있음을 알았다. 이렇게 해서, 알렉산더는 그리스와 페르시아의 황제로서 그리스인과 페르시아인이 공존할 왕국을 통솔하고 싶어했다. 이에 그는 수천 명의 그리스인 식민지 개척자를 메소포타미아와 페르시아 전역에 정착시켰다. 또한 동서의 융합을 촉진하기 위해 자신을 신격화하는 정책에 착수했다. 그는 모두에게 자신이 제우스-암몬의 아들임을 공개적으로 인정하게 하고 왕들 중의 신왕神王이 등장하는 장소로서 유목민의 우주 천막이라는 아케메네스 왕조의 전통을 받아들였다. 이런 조치를 통해 알렉산더는 공통의 통합 신앙으로 제국의 이질성을 극복하려고 노력했다. 그는 하늘 닫집 아래에서 즉위한 신성한 우주의 통치자라는 개념을 서방의 고전세계에 전해주었다. 로마와 비잔틴 황제들이 최고 통치자로서 공식적 등장을 연출했던, 금과 보석으로 장식한 천개天蓋[옥좌 위에 만든 닫집]는 알렉산더의 우주 천막에서 유래했다. 알렉산더는 계속해서 탐험과 원정을 계획했지만 소중한 벗인 헤파이스티온이 엑바타나에서 죽었다. 두 사람은 같은 천막을 사용하곤 했으며 전투 중에는 항상 나란히 싸웠다. 아킬레우스는 파트로클로스보다 오래 살지 못했으며, 알렉산더도 헤파이스티온보다 얼마 오래 살지 못했다. 알렉산더는 기원전 323년 바빌론에서 33세의 나이에 죽었다(Durant 1966: 547~551; Smith 1950: 82).

그리스와 페르시아 간의 통합이라는 알렉산더의 꿈은 지속될 수 없었다. 마케도니아 영토는 즉시 그의 장군들에 의해 분할되었으며, 그들 중 셀레우코스[셀레우코스 1세]가 최고의 적임자로 떠올랐다. 수천 명의 그리스인이 아시아 전역에 정착하면서 식민지 개척자들을 수용하기 위해 신전, 체육관, 극장, 경기장이 세워졌다. 그리스의 철학·과학·문학·예술·법률·스포츠가 아시아에 영향을 주었고, 마찬가지로 아시아 또한 그리스에 영향을 주었다. 알렉산더는 3000년에 걸친 메소포타미아의 학문이 새겨진 엄청난 양의 진흙 서판을 서쪽으로 보냈으며, 유대인 학자들을 알렉산드리아에 초청해 정착케 했다. 헬레니즘 학문의 시대에는 프톨레마이오스가 알렉산드리아에 무세이온Mouseion[고대 이집트 알렉산드리아에 있었던 왕실 부속 고전 연구 기관]을 세웠다. 무세이온에서 작가, 천문학자, 의사, 식물학자, 수학자들이 탐구와 실험을 했다. 게다가 알렉산드리아 도서관에는 그들의 위대한 저작들과 바빌로니아, 유대, 이집트 학문 걸작들의 번역본이 보관되었다. 지중해 세계 전역에서 위대한 학문의 꽃이 피어났다. 유클리드는 기원전 300년경에 유명한 『기하학 원론Stoicheia』을 저술했다. 그는 이 책에서 점진적인 설명과 실증의 방법을 완성했다. 시라쿠사의 아르키메데스는 과학을 유용한 도구로만 여기기보다는 오히려 우주를 이해하는 열쇠로 인식하고 수리과학 전 분야에 전념했다. 그의 가장 뛰어난 업적은 구와 외접한 원기둥의 표면 및 부피 사이의 연관성에 대한 정리다. 또한 그는 유체역학 원리와 아르키메데스 나선 양수기Archimedes screw 개발로도 유명하다. 사모스의 아리스타르코스는 지구가 자전하며 원의 둘레로 태양 주위를 돈다는 가설을 세웠다. 니케아의 히파르코스는 타원형 궤도를 주장했지만 그 뒤 곧 이슬람 세계 도처와 중세 유럽에 받아들여졌던 지구 중심의 우주론을 지지했다. 히파르코스의 업적 대부분은 클라우디우스 프톨레마이오스의 『알마게스트Almagest』를 통해 알려지고 있다. 사실 프톨레마이오스의 천문학은 히파르코스의 천문학으로 불려야 하는지도 모른다. 바빌로니아의 모형으로 작업한 히파르코스는 당대의 주요 천문학 장치인 아스트롤라베astrolabe〔관측과 계시용計時用으로 사용된 초기의 과학 기기〕와 사분의〔90도 눈금이 새겨진 부채 모양의 천체 고도 측정기〕를 개량했다. 그는 분점세차分點歲差〔지구 자전축의 주기적인 세차에 의한 황도 위에서의 분점 이동〕를 발견했고 경도선과 위도선으로 지구의 위치를 결정하는 방법을 발명했다. 그리고 1년의 길이를 6과 2분의 1 오차 내로 계산했다. 그는 초기 삼각법도 고안했다. 키레네의 에라토스테네스는 하지 정오에 북회귀선에서 태양으로부터 북쪽으로 약 800킬로미터 떨어진 알렉산드리아에서 태양의 위치 차이를 비교해 지구의 둘레를 39만 689.64킬로미터로 계산해낼 수 있었다.[13] 또한 그는 이베리아반도에서 대서양을 넘어 인도로 갈 수 있다고 예측했다 (Durant 1966: 627~637).

이렇게 해서 세계주의적인 헬레니즘은 알렉산더가 마음에 그렸던 문화의 융합을 향해 어느 정도 발전해나갔다. 하지만 폭풍우를 몰고 오는 구름이 머지않아 지평선 위에 흐릿하게 나타날 예정이었다. 북쪽으로 초원지대 기마 유목민 파르니족이 알렉산더를 계승한 셀레우코스 왕조의 지배에 도전하기 위해 엘부르즈산맥을 지나 침투해 들어오고 있었다. 아케메네스인과 마케도니아인의 전투로부터 이제 전장에서는 전투 기병이 전차병을 대신했다. 다리우스 3세와 포루스는 수천 명의 기병 병력과는 대조적으로 각각 200~300대의 전차만을 동원했을 뿐이다. 페르시아 전차에는 두 바퀴에 전차 낫이 달려 있었다. 기원전 301년 프리기아의 입소스에서 4만5000명의 기병이 참전한 싸움에는 바퀴에 낫이 달린 전차가 배치되지 않았다. 전투용 전차는 마침내 지중해 무대에서 사라졌다. 서쪽에서 로마는 곧 가공할 카르타고 기병 침입자들과 격렬한 전투에 휘말린다. 그 후 로마는 유럽과 소아시아, 북아프리카에서 아케메네스 제국보다 훨씬 더 큰 제국으로 의기양양하게 등장하게 되었다. 동쪽과 서쪽의 적대적 세계는 이미 다음 무장 대결을 위해 전시 체제에 돌입하고 있었다. 그러나 알렉산더의 기병이 동쪽에서 거둔 압도적 승리 덕분에 로마-비잔틴 시대가 출현하고 뒤이어 기독교가 확산될 수 있었다(Adcock 1957: 50; Humphreys 1991: 68~71).

---

13   오늘날의 계산으로는 40만75.16킬로미터다.

중국과 그 국경 너머 초원지대

말을 탄 중국

　말이 끄는 전차는 초원지대에서 서쪽으로 유럽을 넘고 남쪽으로 중동과 인도까지 퍼져나갔던 것처럼, 기원전 제2천년기에 동쪽 중국으로 옮겨왔다. 여러 측면에서 중국에서 말이 끄는 전차가 미친 영향은 서쪽의 사례에 견줄 수 있다. 전차는 정치적으로 군국주의적 팽창과 영토 통합을 가속화했다. 그러나 중국은(표 5.1) 군마의 만성적 부족에 줄곧 시달린 터라 서북쪽 국경을 따라 지속적으로 이동하면서, 초원지대에서 그토록 갈망해온 말을 들여오려고 시도했다. 기원전 제2천년기와 기원전 제1천년기 동안, 서북쪽 국경 지역에서 벌어진 끊임없는 교전으로 상황은 복잡해졌다. 이 교전으로 초원지대의 낮은 인구밀도에도 불구하고 북쪽에서 유목민이 여러 차례 침입해 들어왔고 남쪽 중국으로 새로운 기술이 전파되었다. 기원전 제1천년기 말경 중국과 유목민 사이의 국경 교전이 초원지대 전역에 커다란 격변을 초래했다. 그 결과 여러 부족 집단이 남쪽으로는 인도 방향으로, 서쪽으로는 유럽 방향으로 상당히 멀리 밀려났다(Mair 2005: 46~47). 이 같은 유목민의 이동에 따라, 처음으로 중국의 발명품을 비롯한 이국적 물품이 서구 문명과 접촉하게 되었다. 결국에는 서쪽의 사상과 생산품도 동쪽으로 유입되었다. 중국은 서쪽보다 조금 더 늦게 식량 생산으로 전환했다. 기원전 제7천년기에 양쯔강 하류에서 최초로 쌀 재배가 시작되었고 1000년쯤 뒤에는 황허강을 따라 수수가 재배되었다(Smith 1995: 123, 134). 하지만 단연 가장 주목할 만한 중국의 초기 발명품은 기원전 제5천년기에서 기원전 제4천년기로 거슬러 올라가는 양잠이다. 가정에서 뽕나무 잎을 먹여 키운 누에나방의 유충에서 명주실을 얻어 우아한 직물로 엮는 양잠은 서방 세계와 동방 세계 사이 기마인의 접촉으로 성립된 무역에서 중요한 요소가 된다(Wood 2002: 28~31).

상	기원전 1600~기원전 1046
서주	기원전 1046~기원전 771
동주	기원전 770~기원전 221
춘추시대	기원전 770~기원전 476
전국시대	기원전 475~기원전 221
진	기원전 221~기원전 207
한	기원전 206~기원후 220
전한	기원전 206~기원후 9
후한	25~220
분열기	220~589
수	581~618
당	618~907

[표 5.1] 초기 중국 왕조

제5장 중국과 그 국경 너머 초원지대

중국에 도래한 말

제2장에서 본 대로, 기원전 3600년경 흑해-카스피해에서 아파나시예보 문화가 이동하면서 농목축업이 동쪽 알타이 지역으로 전해졌다. 그곳에서 기원전 제3천년기 동안 소·염소·양이 중국 북부로 퍼져나갔으며, 사육한 말이 기원전 제2천년기 말경 중국에 도래했다(Mair 2003: 163). 서쪽에서 가해진 충격은 야금술 분야에서도 중국 문화를 자극했다. 중국 최초의 도끼, 슴베가 있는 창과 화살, 날이 하나 있는 칼의 원형이 중국 서북부 주변에 걸쳐 민족적으로 비중국 문화가 모여 있는 안드로노보와 세이마-투르비노 유적지에서 발견된다. 중국 북부 지방들에서는 처음으로 장식물이 전통적인 고급 옥 대신 금으로 만들어졌다(Kuzmina 2007: 251, 254~255; 2008: 105). 앞서 어떤 형태의 바퀴 달린 수송 수단도 전해지지 않은 상태에서 완전한 모양을 갖춘 최초의 전차들이 중국의 안양安陽[허난성의 도시. 고대 유적 은허殷墟가 발견된 곳이다]에 갑자기 전래되었다. 이 전차들은 기원전 1180년경 무정武丁[상商 왕조의 제23대 왕. 『사기』에는 제22대로 기록되어 있다] 시대에 청동 칼 및 활 모양의 물건과 함께 상 왕조[은]의 수도에 등장했다(Bagley 1999: 202, 208). 발굴된 24개의 구덩이로부터(Thorp 2006: 171) 두 마리 말이 한 조가 되어 끈 상 왕조의 전차가 서아시아에서 사용된 것과 같이 열을 가해 구부리고, 접착하고, 접합하는 정교한 기술로 만들어진 것임을 알 수 있다. 동시에 구조와 축력기의 세부 사항, 즉 "바퀴통, 바퀴통 굴렁쇠, 차축을 끼우는 쇠붙이, 차축 받침대, 바퀴를 차축에 고정시키는 핀[린치

핀), 장대 끝 블록, 장대 안장, 구부러진 멍에, 멍에 안장, 볼 양쪽의 재 갈 막대기, 재갈, 채찍 손잡이", 그리고 가죽으로 엮은 바닥 부분은 놀랄 만큼 유사하다(Mair 2005: 69). 안양 전차의 가장 독특한 특징은 바 큇살이 매우 많고(근동의 4개, 6개, 8개보다 훨씬 더 많은 18~26개) 차축을 운전석 뒤쪽이 아닌 앞과 뒤 사이 중간쯤에 설치했다는 점이다. 이런 차축은 서쪽인 아르메니아의 르차셴에서 마주치게 되는 기원전 제2천 년기 중반의 전차와 가장 유사하다(Bagley 1999: 206~207).

상 왕조는 처음에 전차를 전투 중에 활용하지 않고 높은 이동식 지 휘소로 사용했던 것 같다. 그곳에서 장군은 교전 중인 병사들을 둘러 볼 수 있었다. 전차는 문장 깃발, 소꼬리 장식 술, 딸랑딸랑 울리는 마 구 종으로 장식되어 나중에 의례상의 과시와 성대한 사냥에서 고급 수 송 수단의 역할을 대신한다(Bunker 1995a: 26). 서북쪽에서 들여온 진기 한 품목인 말은 전적으로 전차를 끄는 데만 사용되었으며 장엄한 장례 식에서 경건하게 매장되었다. 게다가 이런 무덤에는 희생제물인 소, 양, 사람이 매장되었다(그림 5.1). 발굴된 수백 구의 사람 해골 중 일부는 결 박되어 있거나 산 채로 매장되어 있었다. 많은 해골이 머리가 잘려나갔 으며, 일부 해골은 허리와 가슴에서 사지가 잘려나가 해체되었다. 의례 상의 갑골문자를 통해 상 왕조 군대가 서북부 초원지대에서 말과 무기 를 약탈했음을 알 수 있다. 아마도 희생제물은 이러한 북부 전투에서 사로잡은 포로였을 것이다(Kuzmina 2007: 257; Thorp 2006: 189). 하지만 일부 국경 지역 부족들은 부분적인 유화책으로 다루었다. 상 왕조 왕 실은 이런 동맹자들로부터 중국인들이 불완전하게 이해하고 있던 수 송 수단과 기마 장비를 유지하기 위해 말 조련사, 수의사, 몰이꾼, 차바

[그림 5.1] 전차 매장. 중국 안양 궈자좡郭家莊 M52호. 은허 4, 기원전 11세기(Zhongguo ShehuiKexueyuan 1988: pl. 4). 중국 사회과학원 고고학연구소 제공.

퀴 만드는 사람, 말 사육사를 손에 넣었다(Bagley 1999: 207~208). 말이 동아시아에 미친 극적인 영향은 여러 문화에서 말에게 두루 사용되는 인도·유럽어족 용어를 통해 입증할 수 있다. 즉 말은 중국어로 마, 일본어로 우마, 한국어로 말, 퉁구스어로 무린, 몽골어로 모린이라 불린다(Mair 2003: 179). 이처럼 광범한 유사성은 단일한 출처와 급속한 확산을 설명해준다.

말이 끄는 경전차는 일찍이 근동에서 나타난 것처럼 머지않아 전투에서도 이름을 떨치게 되었다. 기원전 1046년에 상 왕조는 주 왕조에 멸망당했다. 엄청난 수의 전차를 민첩한 전투 기구로 활용한 주 왕조의 전술에 상 왕조가 패한 것이다. 주 왕조는 목야牧野에서, 수적으로 우세한 상 왕조의 보병과 맞섰지만 300대의 전차와 복합궁으로 적을 결정적으로 궤멸시켰다. 주 왕조의 창건자 무왕의 아버지인 문왕은 유교의 두 번째 현자인 맹자에 의해 초원지대 혈통의 서이西夷[서융西戎] 사람으로 인식되었다.◆ 뒤이은 수 세기 동안 전차병들이 서로 밀집해 싸우는 전투 방식이 중국의 나머지 전역에 확산되었다. 춘추시대 무렵에는 네 마리 말이 끄는 전차가 널리 퍼졌으며, 소규모 국가에서도 수백 대의 전차를 전투에 배치할 수 있었다(Lu 1993: 831; Mair 2005: 56; Shaughnessy 1988: 228~231). 또한 주 왕조는 초원지대에서 공적이 있는 지도자에게 신성한 권리를 부여한 '천명天命, mandate of Heaven' 개념을 도입했다. 서주는 정치적 안정을 위해 서북 국경을 따라 일련의 망루를 건설해 국경 부족들에 맞서는 방어 체계를 조직했으며, 낮에는 연기 신호를 밤에는 불을 효율적으로 활용했다(Bunker 1995a: 27). 하지만 유목민 세력이 계속해서 국경 지방으로 침투해 들어왔다. 기원전 800년 무렵에는 철이 서쪽 초원지대를 넘어 중국에 최초로 소개되었다. 금속

◆　『맹자』「이루장구離婁章句 하」제1장을 보면 다음과 같이 나온다. "맹자가 이르기를, 순은 제풍에서 태어나서 부하로 옮겨가고 명조에서 죽었으니 동이 사람이니라. 문왕은 기주에서 태어나서 필영에서 죽었으니 서이 사람이니라孟子曰, 舜生於諸馮, 遷於負夏, 卒於鳴條, 東夷之人也. 文王, 生於岐周, 卒於畢郢, 西夷之人也." 이에 따르면 주 왕조는 중앙아시아 유목민 출신의 서융이 세운 것이 된다. 원문에는 문왕이 주 왕조의 창건자("Wen, founder of the Zhou dynasty")로 나오지만, 한국어판에서는 이와 상관없이 "주 왕조의 창건자 무왕의 아버지인 문왕"으로 수정했다.

세공으로 만들어진 조각상들은 툭 튀어나온 기다란 코, 엷은 입술, 둥근 눈을 가진 수염 달린 유로포이드와 닮았다. 기원전 8세기로 거슬러 올라가는 청동 부품을 통해 동아시아에서 사냥 시의 능숙한 말 타기에 대해 반박할 수 없는 최초의 증거를 확인할 수 있다. 여기에는 말 탄 사냥꾼 두 명이 산토끼를 쫓는 장면이 묘사되어 있다. 또한 사슴 사냥에 사용된 마차의 모습은 내몽골 난산건南山根 유적에서도 동일하게 발견되었다(Mair 2003: 169~171; So 1995: 47). 이국적인 동물의장의 전투 기조는 북중국의 청동 용기와 허리띠 장식 양식에서 특징을 이룬다. 중국의 무기들은 유목민의 색깔과 귀금속으로부터 영감을 받아 희귀 금속과 돌로 장식되었다(Bunker 1995a: 28; 1995b: 55). 그러나 결국 서쪽에서 주 왕조의 지배는 반란 국가들과 동맹을 맺은 유목민들에 의해 압도되었다. 이에 주 왕조는 국경 지방 유목민들의 약탈에서 벗어나 통치의 본거지를 동쪽의 뤄양洛陽으로 옮겼다.

동주는 역사적으로 춘추시대와 전국시대로 나뉜다. 이 중국 역사의 고전기에 학자들이 새로운 정치질서를 찾아 널리 여행하면서 정치적으로 대립하는 학파들이 등장했다. 그중 도가, 유가, 법가가 가장 유명했다. 노자의 도가 사상은 사회적·정치적 문제에 대해 자연에서 궁극적인 치유력을 찾았다. 반면에 공자는 통치할 때 강력한 윤리적 고려가 요구된다면서 고대의 우월성을 믿었으며 예禮와 인仁의 중요성을 강조했다. 이에 반해 순자는 인간이 선천적으로 악하며 인이란 엄격한 통제와 끊임없는 규율을 통해 진짜 자신을 이김으로써만 얻을 수 있다고 주장했다. 순자의 독단적 접근법에 고무되어 한비자의 법가 사상이 형성되었다. 정치적 수완이나 국정 운영 기술 이상으로 냉엄한 법치주의의 현실성은 대중이 법의 통치로 강제되거나 유인되어야 한다고 주장되었다. 여기서 법의 통치란 모든 유형의 행위에 대한 처벌과 보상을 구체화하는 것이었다(Wright 2001: 22~26, 34).

중국 중심부의 봉건국가들은 기원전 5세기부터 기원전 3세기까지 군사적·정치적 패권을 둘러싸고 끝없이 싸웠다. 이런 전쟁의 와중에 전차에서 사소한 변화가 일어났다. 나무로 만든 전차 운전석은 대부분 장방형이었지만, 특별히 등나무로 만든 전차는 타원일 때도 있었다. 운전석은 전투 중에 창병이 기대거나 붙잡을 수 있는 30~40센티미터 높이의 난간으로 보강되었다. 운전석 바닥은 높은 속도에서 튀어오르는 것을 줄이기 위해 가죽끈으로 엮기도 했다. 커다란 바퀴는 3미터 길이의 차축에 장착되었는데, 25~28개 바큇살에 직경은 125~150센티미터였다. 견인용 장대를 멍에에 그리고 멍에를 2개의 역 V자형 멍에 안장에 연결했던 것처럼, 바퀴통은 바큇살이 많은 바퀴에 적합하도록 두꺼워지고 길어졌으며 청동을 덧입혀 강화되었다. 청동은 전차 전체에 걸쳐 특별히 압력이 가해지는 부분을 강화하는 데 적합한 금속이었다. 또한 전차의 화려함을 높이는 풍부한 장식 효과로 활용되기도 했다. 장식 정도에 따라 등급이 매겨진 전차는 말, 문장이 들어간 깃발, 노예와 함께 공훈을 세운 전사와 지지자들에게 중국의 통치자들이 부여한 지위의 상징이었다(Lu 1993: 826~827, 830~831, 836).

중국의 국가들이 서로 끊임없이 싸웠다고는 하지만, 그들은 끈질기게 국경에 침입한 초원지대 유목민들과도 싸움이 잦았다(Capon 1983: 8~10). 이 시기 무덤에서 발견된 수많은 비중국 유물을 통해 '초원지대와 농업지대the steppe and the sown '◆ 사이에서 무역이 꽤 활발하게 이루어졌음을 알 수 있다(Bartold 1927). 대체로 유목민들은 살이 올라 농산물과 유리하게 교환할 수 있었던 가을에 말과 소를 시장에 내놓았다. 유목민들은 중국인들이 시장을 열지 않을 때는 곡물 수확기에 공격적으로 침입했다(Bunker 1995a: 24~26). 기원전 484년경에 말 탄 전사들이 중국 서북부 초원지대에 처음으로 모습을 드러냈다(Slaughnessy 1988: 227). 이들 기마병은 놀라울 만큼 기동력이 뛰어나 한 공격 지점에서 다른 공격 지점으로 신속하게 이동했으며, 상대적으로 느린 중국의 방어자들보다 더 뛰어난 군대를 보유하고 있었다. 이로 인해 국경의 길이는 어쩔 수 없이 사방팔방으로 흩트러졌다(Waldron 1990: 32). 북쪽의 세 나라, 즉 진秦과 조趙, 연燕은 유목민들의 습격에 대비해 성벽을 세웠다(Frye 2001: 121). 기원전 307년 무렵 초원지대의 말 탄 전사들이 중국의 중심부를 공격하곤 했다. 그때 이후로 조 무령왕武靈王이 이러한 군사적 위협에 대처하기 위해 백성에게 말 타기와 궁술을 배우도록 공식적으로 지시했으며, 군대로 하여금 소매 없는 웃옷과 바지를 기마복으로 입도록 칙령을 내렸다(Yu 1990: 118~119). 이 칙령은 길고 품이 큰 겉옷이 높은 지위를 상징했던 조나라 상류층에게는 인기가 없었다(Creel 1965: 651). 아파다나에서 보았듯 아케메네스 왕조의 기병이 팽창하면서 서남아시아 남자들이 치마를 포기하고 바지를 입게 되었던 것처럼, 이제 멀리 동쪽 끝 아시아의 중국인들도 안장에서 활을 쏘고 그에 맞춰 옷을 바꾸지 않으면 안 되었다.

◆　유목을 기반으로 하는 북방 이민족의 이주문화와 농업을 기반으로 하는 한족 중심의 정주문화를 말한다.

진나라 기마병의 중국 정복

소용돌이치는 전국시대의 난세에 주요 국가 중 가장 역동적인 진나라는 법가 사상을 통해 봉건 귀족 지배 체제를 중앙집권 체제로 바꾸었다. 산맥과 황허강의 보호를 받고, 중국 서북 지방 웨이허강渭河 계곡에 위치해 비교적 고립된 자연지형을 가진 진은 방어가 용이해 함락시키기 어려웠다(Capon 1983: 12). 진시황(중국 최초의 최고 권력을 가진 황제)은 이를 기반으로 철과 청동 무기로 무장하고 전차와 기병을 효과적으로 활용해 오랜 기간 일련의 군사 원정에 나섰다. 마침내 이 원정으로 그와 교전했던 왕국들이 하나의 제국으로 통합되었다. 말을 이용한 신속한 통신과 수송으로 다음 2000년 동안 중국의 경계를 확정할 국경선이 확립되고 방어되었다. 진시황은 300년 전 페르시아의 다리우스 1세처럼 광대한 영토를 통합하는 동안 전국에 걸친 대규모 도로 건설이라는 야심 찬 계획에 착수했다. 이로써 말이 관리와 상인을 수송하고 당나귀와 소가 화물을 견인하는 이동식 수송을 위한 효율적인 고속도로망이 갖추어졌다. 16핸드[160센티미터] 크기의 노새도 활용되었다. 말 문화가 꽃을 피우면서 서남아시아와 극동아시아 사이의 유사점은 바지를 채택하는 데서 그치지 않았다. 이와 더불어 문자 언어가 개선되었고, 제국 전역에서 문자가 보편화되었으며, 표준 서체('소전小篆')가 공식 문서에서 사용되었다. 화폐와 도량형뿐 아니라 수레의 차축 길이까지 통일하려는 시도가 이루어졌다(Roberts 1999: 23; Wright 2001: 45~47; Yu 1967: 30~31). 육상 경로 외에 수상 수송도 개선되었다. 육상 기마 제국을 보완하려는 다리우스가 해상무역을 촉진하기 위해 부바스티스에서 수에즈까지 운하를 건설하는 동안, 중국에서도 관개뿐 아니라 수송을 위한 운하가 건설되었다. 광시廣西의 리장漓江강과 후난湖南의 샹장湘江강을 연결하는 링취靈渠 운하는 장차 해외무역에서 핵심 역할을 하게 된다. 이 운하를 통해 외국 상품들이 광저우廣州에서 양쯔강 지역까지 수로만으로도 수송될 수 있었으며, 이로써 해상무역이 촉진되었다(Yu 1967: 29). 기마인 지배하에 저개발 지역들을 식민화하기 위해 중국인들이 재배치되었다. 그곳에서 효율적인 철제 쟁기가 중국 농업에 새로운 장을 열었다. 북쪽에서 몽염蒙恬 장군의 지휘를 받은 50만 명이나 되는 죄수들은 유목민 침입을 방어하기 위해 '만리장성'을 축조했다.[1] 만리장성은 전국시대에 소규모 국가들[조, 연 등]이 세웠던 흙으로 만든 성벽들을 연결한 것이었다(Roberts 1999: 24).

요컨대, 시황제는 중국 통일을 이룬 걸출한 지도자였지만 전제적이고, 잔인하며, 죽음의 공포에 사로잡힌 지도자이기도 했다. 시황제는 제국 전역에서 70만이 넘는 징집병, 노예, 죄수를 모집해(Ledderose 2001: 273) 웅장한 대규모 능을 건설하기 시작했다. 우주를 모형으로 한 그의 장례 봉분은 남북으로 515미터, 동서로 485미터였다. 전체 면적이 5만6250제곱미터에 이르는 근처 구덩이에(Blansdorf et al. 2001: 31, 33) 칼, 창, 석궁을 몸에 지니고 엄격한 군사 대형으로 무덤을 호위하는 7000개의 실물 크기 테라코타 조각상, 500명의 기마병과 전차용 말,

---

1   오늘날 석조 요새, 성곽, 총안銃眼이 있는 성벽으로 친숙한 중국의 만리장성은 주로 명나라(기원후 16세기)부터 시작된다. 기원전 3세기의 단일 성벽은 흙으로 만든 그리 크지 않은 구조물이었다.

130대가 넘는 전투용 전차가 있었다(Capon 1983: 42). 실물 크기의 2분의 1로 정교하게 만든 청동 닫집이 있는 왕의 화려한 마차도 매장되어 있었다. 작지만 강건한 몽골 기마병 말들에게서 볼 수 있던 굴레는 중국이 초원지대 유목민들에게서 받아들인 것이었다. 기원전 6세기에 흑해의 스키타이인들이 발전시킨 S자 모양의 볼 양쪽 재갈 막대기에 적합한 재갈이 초원지대를 넘어 동쪽으로 확산되어 동주 후기에는 중국에 이르렀으며, 같은 시기에 경마가 소개되었다(Bunker 1995a: 29). 또한 진나라 기마병은 안장 꼬리[안장 뒤의 위로 휜 부분]와 안장 머리, 궁둥이 후부 가죽끈, 중앙의 뱃대끈이 움직이지 않도록 주형으로 만든 안장을 사용했다(Hyland 2003: 53). 게다가 그들은 유목민의 긴 바지와 짧은 장화를 착용하고 있었다. 진나라가 중국의 여러 지역을 가로질러 전투를 하면서 기마병은 전장을 지배하게 되었다. 군사적으로 의기양양해진 시황제는 앞으로 등장할 왕조 정부들을 위해 정치적 본보기를 성공적으로 세웠다. 그러나 그의 통치는 가혹했고 신민들은 인내의 한계에 내몰렸다. 시황제가 죽은 후 4년간 내전이 뒤이었다. 기원전 202년에 서민[유방劉邦]이었지만 뛰어난 전쟁 지도자가 결정적 승리를 거두면서 고조高祖가 한漢나라 초대 황제가 되었다(Wright 2001: 50).

주 왕조 창시자 무왕의 아버지 문왕은 앞서 보았듯 초원지대 출신으로 알려졌다. 그 후 중국 역사가들의 기록에 따르면 시황제, 고조, 후한後漢(동한東漢)을 창건한 광무제光武帝는 모두 황제로서 비중국인의 특징인 유별나게 긴 코, 움푹 들어간 눈, 텁수룩한 수염과 눈썹을 하고 있었다. 이뿐 아니라 그들의 신민 중 많은 사람이 외관상 같은 모습이 아니었던가! 진나라 법률에 따르면 신체 절단의 한 방식으로 수염을 자르는 것은 지위를 떨어뜨리기 위해 의도적으로 고안된 가장 일반적인 형벌이었다(Mair 2005: 70~73). 장차 수 세기에 걸친 비극적 사건들을 통해 이것이 남자의 자존심에 얼마나 심각한 모욕을 안겨주었는지를 알 수 있다.

흉노족 유목민

초원지대 유목민들은 중국의 북쪽 국경 너머로 간쑤甘肅 회랑지대〔허시쩌우랑河西走廊〕에서 오르도스 사막〔중국 내몽골 자치구 남쪽에 있는 고원 위의 사막〕까지 펼쳐진 띠 모양을 이루는 광대한 변경 지역에 거주했다. 이런 부족 중 대다수가 인도·유럽어족 언어를 사용했다. 이는 '말' 또는 '암말'을 뜻하는 ma〔馬〕, '바퀴'를 뜻하는 che〔車〕, '마법사' 또는 '점쟁이'를 뜻하는 myag〔巫의 고대 중국어 발음〕와 같은 인도·유럽어족 어간에서 파생한 중국어 단어들을 통해 알 수 있다. 사실 수 세기 동안 이란어를 말한 마기 사제(옛날 페르시아어로 마구스magus)는 상나라와 주나라 궁정에 고용되어 미래를 예견하고, 희생제의를 거행하며, 점성술을 통해 앞날을 예측하는 역할을 했다(Bunker 1995a: 21; Mallory and Mair 2000: 326). 하지만 기원전 3세기 말 무렵에 30만의 기마 궁수를 전투에 집결시켰다고 알려진 흉노匈奴 유목민들이 가공할 세력으로 등장했다. 카리스마를 지닌 지도자 묵돌冒頓 선우單于〔흉노가 군주나 추장을 높여 이르던 이름〕가 이러한 군사적 팽창을 주도했다. 그는 아시아 동쪽 초원지대 부족들을 대규모 동맹으로 통합했다. 선우 계승을 보면 그의 통치 방식과 그에 대한 흔들리지 않는 충성을 알 수 있다. 묵돌의 아버지인 두만頭曼[흉노의 초대 선우]은 작은아들[첩에게서 새로 얻은 아들]을 총애했으며 묵돌[당시 태자]의 폐위를 바라면서 그를 월지(토하라어를 사용한 것으로 보이는 부족)에게 인질로 보냈고, 그 후 월지족을 공격했다. 묵돌은 날쌘 말을 타고 도망쳐 아버지의 계략을 모면했다. 그는 1만 궁수를 지휘하는 것으로 보상받았다. 1만 명의 궁수는 자신이 첫 번째 화살로 겨냥한 것이 무엇이든 간에 화살을 쏘게끔 철저하게 훈련받았다. 명령대로 화살을 쏘지 않은 병사들은 즉시 처형되었다. 자기 아버지의 가장 뛰어난 말을 겨냥했을 때 부하 중 어느 누구도 주저하지 않자 묵돌은 그들의 규율에 확신을 갖게 되었다. 묵돌은 원정 사냥 중이던 아버지에게 보복하고자 첫 번째 화살을 쏘았다. 예상했던 대로 그의 부하들이 그를 따라했다. 결국 묵돌은 자신을 겨냥한 음모에 가담했던 다른 모든 사람을 제거했다. 그런 뒤 월지족을 공격해서 간쑤에서 서쪽으로 이주하도록 강제했다. 기원전 175년 무렵에는 그의 장군들이 타림 분지에서 월지족을 궤멸해 서쪽의 이리강伊犁河[중국 신장웨이우얼 자치구 서부에 있는 강] 계곡으로 쫓아냈다. 묵돌 선우의 아들 노상老上 선우는 인도·유럽어족에 속하는 톈산산맥의 오손족과 동맹을 맺고 기원전 162년경 월지족을 이리에서 더 서쪽인 소그디아나[지금의 우즈베키스탄 지역에 있던 중앙아시아 고대국가] 쪽으로 추방했다. 노상 선우는 초원지대의 관례대로 살해된 월지 왕의 두개골로 금박을 입힌 술잔을 만들었다(Yu 1990: 120, 127). 이때 중국인들이 흉노족 말의 명백한 우위를 인정했다는 점은 주목할 만하다. 한 중국인 관리가 말한 대로 "산을 오르내릴 때, 골짜기와 산간의 급류를 통과할 때 중국 말은 흉노족 말에 필적할 수 없다"(Creel 1965: 57). 중국 상인들은 흉노족 말과 교환하는 데 사용하기 위해 눈에 띄는 진귀한 비단을 대량으로 확보하곤 했다(Creel 1965: 658).

한나라의 지배는 국경지대에서 정치적으로 이중 행동을 한 중국인 관리 및 상인들의 거듭되는 변절과 흉노족의 경輕기병 전략으로 북쪽 지역에서 결정적 위기를 맞았다(Yu 1990: 122). 고조는 이 같은 상황에 대처하기 위해 유목민들과 평화협상을 맺기로 하고, 두 국가 간의 관계에 있어 뼈대가 되는 화친정책을 추진할 사절단을 파견했다. 원래 이 정책에는 다음의 네 가지 주요 조항이 있었다. '뇌물로 바치는 신부brides for bribes'로만 언급된 한나라 공주는 묵돌 선우와 결혼해야 한다. 중국은 매년 비단, 술, 곡물, 식료품을 일정량 바쳐야 한다. 두 국가는 동등한 관계를 유지해야 한다. 만리장성을 공식 국경으로 지켜야 한다. 이 네 조항은 관대한 조건으로 묵돌 선우에게 엄청나게 도움이 되었다. 초원지대의 광범한 이동 목축 경제에서는 이용 가능한 모든 방목지를 활용하기 위해 필연적으로 동물들이 대거 분산되었는데, 이렇게 분산된 동물들은 도둑질, 질병, 가뭄이나 눈보라 같은 극단적 기후변화에 예측 불가능할 정도로 취약했다. 묵돌 선우의 권력은 유목민 경제에 내재하는 가변성의 제약을 받았다. 묵돌 선우는 이런 내부적 약점에 대처하기 위해 유목민 국가에 초원지대의 외부 자원을 공급함으로써 더 안정된 경제 기반을 발전시키는 방향으로 선회했다. 이처럼 묵돌 선우는 화친을 맺고 중국에 생산물을 강요하면서, 초원지대 전역으로 자신의 권력을 강화하고 초부족적 동맹을 공고하게 하기 위해 보조금을 효과적으로 활용했다. 그는 여러 부족장에게 중국 물품을 재분배함으로써 정치적 안정을 도모했다. 그렇게 하지 않았더라면 정치적 안정은 불가능했을 것이다. 묵돌 선우는 한나라 황제와의 정치적 동등함의 상징으로 한나라 공주를 배우자로 삼아 위상을 강화하고 자신을 지지하는 군대의 정예 집단에 보상하고자 사치품을 나누어주었다. 이와 유사하게, 새로 지배하게 된 부족들에게는 완전한 충성을 얻기 위해 값비싼 선물을 제공했다. 게다가 중국인들이 기꺼이 제공했던 20만 리터의 술을 아낌없이 자신의 지지자들에게 나누어주었다. 그에 상응하여 묵돌 선우는 한나라의 비단을 멀리 떨어진 시장에서 거래하는 통화 수단으로 사용했다(Barfield 1989: 45~47). 몇 년 뒤 한 문제文帝[효문 황제]가 만리장성을 따라 전략적 지점에 시장을 열어 실제로 유목민이 거래하도록 중국 국경을 개방했다.

하지만 흉노족과 한나라 간의 가장 평화로운 관계에서조차 폭력의 위협은 사라지지 않았다. 흉노족은 의도적으로 전쟁과 평화 기조를 오갔다. 이는 한나라 정부로 하여금 평화조약이 국경 전쟁보다 더 손쉽게 얻을 수 있고 덜 파괴적이라는 점을 끊임없이 상기시키려는 것이었다. 요컨대 군사 원정은 유목민보다는 한나라에 훨씬 더 많은 희생을 안겼다. 소규모로 무리 지은 초원지대의 말 탄 전사들은 중국 중심부 깊숙이 침투할 수 있었다. 이는 한나라를 공포에 떨게 할 만큼 엄청난 파괴를 초래했고, 초원지대 전사들은 그 후 사막을 가로질러 신속하게 후퇴함으로써 추격이 어려웠기에 한나라의 손실은 커졌다. 유목민들은 훌륭한 초원지대의 전통에 따라 초기에는 어떠한 대결도 하지 않았다. 대신 그들은 중국 군대를 사람이 살기 힘든 사막 깊숙이 끌어들여 추격자들이 기진맥진하고 병참이 고갈되었을 때에만 공격을 감행했다.

겨우 100만 명에 불과한 흉노족이 5400만 명의 한나라와 효과적으로 맞설 수 있었다는 점은 주목할 만하다. 보상금과 무역 특권을 확대하기 위해 교역과 침략을 오간 흉노족의 '사기 아니면 사탕trick or treat' 식 강탈 전략은 국경 차원뿐만 아니라 제국 최고 수준에서의 의사결정에도 영향을 끼쳤다(Barfield 1989: 49~50; Bunker 1995a: 26).

중국 기마병의 팽창

한대漢代에는 중요한 사회적 개혁이 도입되고 주요한 기술적 발명이 이루어지면서 경제가 번영했다. 가장 주목할 만한 성취는 초원지대에서 유목민들이 전해준 철기 기술의 이용이었다. 중국인들은 전문적인 청동 기술을 바탕으로 주철鑄鐵 기술을 성공적으로 발전시켰다. 철 혼합물에 인을 6퍼센트 추가해 녹는점을 평균 섭씨 1130도에서 섭씨 950도로 낮췄다(Temple 1999: 42). 또 수차가 수류水流를 이용해 거대한 풀무에 동력을 전달했다. 용광로는 철 용해에 필요한 고온을 얻는 데 요긴했다. 연장, 용기, 무기를 제조하기 위해 금속을 완전히 용해해서 주형에 넣는 주철 생산은 대단히 효율적이고 값싼 제조 방식이었다. 더 나아가 장인들은 가단성可鍛性〔고체가 외부 충격에 깨지지 않고 늘어나는 성질〕을 부여하는 복잡한 야금 과정에서 강도와 연성을 높이기 위해 철의 내부 구조를 바꾸는 혁신적 방법을 개발했다. 이처럼 주철과 강철의 제조는 기원전 6세기와 기원후 1세기 사이에 중국에서 시작되었고, 강철은 철에서 탄소 함유량을 줄이는 방식으로 간단하게 만들어졌다(Flemings 2002: 115~117; Maddin 1988: xiv).

수많은 개량 농기구가 한나라 때 발명되었다. 두드려 펴 늘일 수 있는[가단성 있는] 최신 쟁기는 동물이 견인하는데 매우 견고했다. 쟁기는 땅을 갈 수 있도록 가운데 융기 부분의 끝이 뾰족했고 마찰을 줄이며 흙을 위로 파낼 수 있게 날개 부분이 완만히 경사져 있었다. 추가로 조절 가능한 쟁기 버팀대가 쟁기갈이의 깊이를 조절했으며, 어떠한 토양 상태에도 적합하도록 버팀대를 바꿀 수 있었다. 유교 관리들은 이런 새로운 도구, 집약적인 괭이질, 줄뿌림 경작 방식을 국경지대의 개발이 더딘 나라들로 신속하게 전파했다. 이는 경제 성장에 직접적으로 이바지했다. 게다가 기원전 100년경 한나라는 지방 대부분에 거대한 철 주물 공장을 세웠다. 그 뒤에 주철로 건물을 올렸는데 그중 하나는 높이가 90미터에 달했다. 한나라 산업에서 단연 가장 중요한 부분이었던 철 제조는 건설과 농업 발전을 자극했을 뿐 아니라 군대에 뛰어난 갑옷과 무기를 제공함으로써 중국인의 군사력을 강화했다(Temple 1999: 15~19, 44; Yu 1967: 21~24).

군사적으로 강했지만 흉노족의 약탈로 끊임없이 고통받은 용맹한 한 무제는 초원지대로부터 가해지는 위협에 맞서기 위해 흉노족의 유목민 오랑캐와 군사 동맹을 맺을 필요가 있다고 여겼다. 기원전 139년에 무제는 장건張騫이 이끄는 대표단을 파견해 그들로 하여금 토하라어를 말하는 서쪽의 월지족과 접촉하게 했다. 월지족은 노상 선우에게 패한 뒤 박트리아 쪽으로 도망갔으며 기원전 160년 무렵에는 페르가나 지방의 약사르테스강 상류에 도착했다. 장건은 번영하는 타림 분지 오아시스 국가들을 가로질러 이동하면서 처음 흉노족에게 사로잡혔다. 이내 도망친 그는 유목민 오손족(사르마티아인과 관련이 있는 것으로 추정된다)과 접촉하는 데 성공했다. 인도·유럽어족에 속하는 오손족은 흉노족에 불만을 품은 이들로 중국 역사가들에 의해 붉은 수염과 파란 눈의 소유자로 알려져 있다(Grousset 1970: 29). 장건은 오손족을 통해 한나라 말보다 훨씬 더 뛰어난 '천마heavenly horses'를 만났다. 나중에 박트리아에 도착한 장건은 대월지족과 마주쳤다. 그들은 번영한 민족이었지만 불행히도 더는 흉노족과 대결하려 하지 않았다. 하지만 장건의 원정 여행이 보람 없이 끝나지는 않았다. 그가 곧 페르가나 계곡에서 오손족 말보다 훨씬 더 뛰어난 전설상의 '피땀이 흐르는 한혈마blood-sweating'[2]를 조사했기 때문이다.◆ 원정한 지 여러 해가 지나 중국으로 돌아온 장건은 무제에게 광범한 서역 지리 보고서를 제출했다. 장건의 원정은 한나라 왕실에 커다란 흥미를 불러일으켰다. 한나라 왕실은 가치 높은 중국 상품을 내다 팔 시장을 얻고 중앙아시아로부터 유목민들의 뛰어난 말 품종에 접근할 엄청난 기회를 맞이했다(Mallory and Mair 2000: 55~58).

이미 오손족에게서 천마를 선물받았던(Creel 1965: 661) 무제는 흉노

---

2   피부에 약간의 출혈이 비치고, 말이 달릴 때 나오는 거품 같은 땀이 분홍색으로 보이는 것은 아마도 기생충에 의한 감염(Parafilaria multipapillosa, 다유두 사상충多乳頭絲狀蟲) 때문으로 보인다.

◆   '피땀이 흐르는 한혈마'란 대원大宛(중앙아시아 동부 페르가나 지방에 있던 나라)의 명마인 한혈마汗血馬를 말한다. 피부 출혈을 일으키는 기생충에 감염되어 피와 땀을 흘리는 데서 이름이 유래했다. 한 무제는 이광리李廣利가 대원에 원정해 기원전 101년 한혈마를 데리고 돌아오자 이 말을 '서극천마西極天馬'라 일컬었다고 한다.

족 기마 전사들의 계속되는 습격에 맞서고자 훨씬 더 뛰어난 페르가나 말을 얻기 위한 원정을 승인했다. 그러나 멀리 서쪽 파르티아까지 흉노 족에게 복종하던 터였고 그들의 요구에 따라 온갖 상품을 바치고 있었 다. 반면 중국인들은 원정을 하는 동안 저항에 직면할 수밖에 없었고 필요한 식량과 말을 구할 때 터무니없는 가격을 요구받았다(Yu 1990: 128). 결국 기원전 102년에 엄청난 식량을 공급받은 6만 명의 전사들 로 이루어진 원정대가 페르가나를 포위 공격하기 위해 4000킬로미터 가 넘는 초원지대에 파견되었다. 40일 후에 중국 원정대는 페르가나 말 약 3000필을 획득하는 데 성공했다. 불운하게도, 모든 병사와 말이 살아서 중국에 도착한 것은 아니었다. 그렇더라도 모험은 성공적으로 여겨졌고(Levine 1999: 6~7) 무제는 마침내 황실 마구간의 번식 개체를 개량할 좋은 품종의 말을 획득하고는 의기양양해졌다(Creel 1965: 661, 663).

간쑤성에서 출토된, 하늘을 나는 제비의 날개를 밟고 나는 듯 질주 하는 페르가나 말의 청동상♦을 통해 한나라가 말과 주술적 비상magical flight을 동일시했음을 알 수 있다. 한 무제는 군사 정복 외에 다른 이유 에서도 천마를 획득한 것으로 보인다. 무제는 불멸이라는 강박에 사로 잡혀 있었으며 천마를 중국 제국의 상징인 강력하고 신비로운 용과 관 련지었다. 무제는 하늘의 아들天子인 황제로서 이처럼 불가사의한 한

♦ 1969년 중국 간쑤성 우웨이武威 레이타이 한묘雷臺漢墓에서 출토된 전한 시기 청동상 동분마銅奔馬. 세 발은 공중을 나는 듯 솟구쳐 있고 오른쪽 뒷발이 제비의 등을 밟고 있는 천리마 형상이다. 1971년 궈모뤄郭沫若가 이 말을 보고 '마답비연馬 踏飛燕'이라고 명명했다고 알려져 있다.

쌍의 말이 쿤룬산맥 서쪽에 있는 신들의 하늘 거처로 자신을 인도해주기를 바랐다. 그를 기리는 찬가가 지어졌다.

> 대화합의 선물인 천마가 내려오네
> 붉은 땀으로 적신 황토색 개울에서 거품을 일으키네
> 모든 속박을 참지 못하고 활력이 넘쳐나네
> 천마는 흘러가는 구름을 밟고 지나가네
> 위로 날아가 희미하게 보이네
> 매끄럽고 느릿한 발걸음으로
> 천 리그[리그league는 옛 거리 단위로 1리그는 4.8킬로미터다]를 가네
> (Waley 1955: 99; Wood 2002: 56)◆

한 무제가 이와 같은 마지막 시도에 성공했는지 여부는 알 수 없다. 하지만 중앙아시아와 접촉하고 중국 군대를 위해 뛰어난 품종의 말을 획득한 것은 그가 거둔 가장 큰 성공이었다. 이때부터 중국과 페르

◆ 이에 해당되는 정확한 중국 문헌을 찾지 못했다. 『사기』 「악서樂書」에는 다음 두 기록이 보이는데 위와 비슷하다.
"한 무제가 또 일찍이 악와渥洼(간쑤성의 강 이름)에서 신마神馬를 얻고는, 다시 「태일지가」를 지었다. 가사는 이러하다. '태일(천제天帝)께서 천마를 받들어 내리셨네, 피땀에 젖어 땅도 붉게 물들었네, 내달리는 모습은 만 리를 뛰어넘을 만하네, 이제 누가 짝할까 하니 용이 그 벗이네又嘗得神馬渥洼水中, 復次以爲太一之歌. 太一貢兮天馬下, 霑赤汗兮沫流赭, 騁容與兮跇萬里, 今安匹兮龍爲友.'"
"(한 무제가) 나중에 대원을 정벌하여 또 천리마를 얻고는, 그 말의 이름을 포초蒲梢라 하고 다시 노래를 지었다. 가사는 이러하다. '천마가 왔으니 서쪽의 끝에서네, 만 리를 달려 덕이 있는 이에게 돌아왔네, 그 영험한 위세에 힘입어 외국을 항복시켰네, 사막을 건너니 사방의 오랑캐가 복종하네後伐大宛得千里馬, 馬名蒲梢, 次作以爲歌, 歌詩曰. 天馬來兮從西極, 經萬里兮歸有德, 承靈威兮降外國, 涉流沙兮四夷服.'"

가나 사이에 실질적인 무역이 이루어졌고 매년 10개 무리의 대상隊商
이 장차 유명한 실크로드가 될 길을 따라 이동하고 있었다(Mallory and
Mair 2000: 60~62).

기원전 1세기에 한은 흉노족에게서 발생한 두 형제 사이의 계승
권 다툼을 재빠르게 이용했다. 결국 둘로 분리된 흉노 왕국은 외몽
골과 내몽골에 해당된다. 한은 남흉노와 동맹을 맺고 뛰어난 페르
가나 말로 북쪽 유목민들을 격파하여 서쪽 타림 분지에서 몰아냈
다. '도미노 효과'로 불리는 이전의 흉노족 공격은 앞서 주목한 것
처럼 월지족을 타림 분지에서 박트리아로 내몬 바 있다. 결국 그곳
에서 사카 유목민이 동남쪽 중국 남부로 내몰렸다(Mallory and Mair
2000: 329). 하지만 이번에는 흉노족의 이동이 동아시아와 중앙아
시아뿐 아니라 서쪽에도 영향을 줄 수 있었다. 북흉노는 인도 ·
유럽어족 오손족을 이리강 계곡에서 서쪽 유라시아 초원지대 너
머로 몰아냈다. 그곳에서 일부 오손족이 오세트족〔캅카스 지방 산
악지대에 사는 이란계 민족. 알란족의 후예〕처럼 캅카스산맥에서 피난
처를 구했다. 일부 다른 오손족은 계속해서 서유럽으로 이동해 알
란족〔흑해 연안 동북쪽 초원지대를 점령했던 이란계 유목 기마 민족〕처
럼 프랑스 서남부와 스페인 일부 지역을 점령했다. 오손족에 이
어 중앙아시아를 넘어 러시아로 이동한 흉노족은 처음에는 사산
조 페르시아를 침략했으며, 5세기에는 아틸라의 지휘를 받는 훈족[3]
이 되어 헝가리◆에서 로마 제국을 위협했다(Wright 2001: 59~60). 유
라시아 대륙을 가로지른 흉노족과 오손족의 이동은 아마도 동북아시
아 초원지대 유목민들이 서쪽으로 옮겨간 최초의 대이동이었을 것이

제5장 중국과 그 국경 너머 초원지대

다. 이는 앞선 3000년 동안 초원지대 목축민들에게서 두드러졌던 서에서 동으로의 이동을 완전히 뒤바꿔놓았다.

한은 북흉노가 떠나면서 국경 내부가 더 안전해져 제국 기병대를 발전시키는 데 초점을 두었다. 말 사육을 위한 강력한 계획이 마련되었고, 일찍부터 실제로 수의학이 행해졌다. 많은 나라가 말을 조달하고 사육하기 위해 정부 관리를 채용했다. 실제로 유목민들이 마부와 조련사로 고용되었다. 말을 등록하고 등급을 매기는 공식 정부 기록이 보존되었다. 그러나 중국 본토에는 중심부의 방목지 때문에 집약적 농업을 위한 공간이 전혀 없었다. 그곳에서는 말 사육이 농업에 꼭 필요한 땅을 없애버리고 생계에 지장을 준다는 이유로 비난받았다. 방목에는 국경지대가 더 적합했지만 유감스럽게도 그곳은 유목민들의 침략에 취약했다. 따라서 중국에서는 늘 말 부족 현상이 되풀이되곤 했다. 거대한 관료 기구에도 불구하고, 말 사육은 중국에서 성공하지 못했으며 소농들로 변변치 않은 기병이 꾸려졌다. 말과 기수 사이에 친밀한 관계가 없다면 용기 있게 말을 타기란 쉽지 않다(Creel 1965: 669~671). 중국인들은 유목민들의 상대가 될 수 없었다. 유목민들은 거의 유년 시절

3　표준 중국어 '흉노'는 한나라 때 두 개의 철자체로 쓰였고 형나hyong-na로 발음되었는데, 훈Hun이라는 명칭과 꼭 닮았다. 이는 둔황에서 발견된 옛 소그디아나 상인의 편지에서 확인된다. 여기에서는 기원후 307년과 311년 업鄴과 낙양의 약탈을 각각 훈족xwn 또는 남부 흉노족과 중국인cyn 사이의 싸움으로 생각했다. 이는 중국의 역사기록들에서 확인된 사실이다(Sims-Williams 1996: 47).

◆　훈족은 4세기 중엽 지금의 헝가리 대평원에 근거지를 두고 유럽을 공격해 대제국을 건설한 유목민족이다. 헝가리Hungary에서 'Hun'은 '훈족'을, 'gary'는 '땅'을 지칭한다. 헝가리 부다페스트 광장에는 아틸라의 동상이 있기도 하다. 헝가리를 건국한 것은 9세기경 마자르족이나, 일부 학자들은 헝가리인이 훈족의 후예라고 주장한다.

부터 양에 올라타는 법, 활과 화살로 새와 들쥐를 사냥하는 법, 그 후에는 말을 타고 여우와 산토끼를 사냥하는 법, 청년이 되면 전쟁에서 무장한 기병으로 싸우는 법을 배웠다(Sima Qian; Wright 2001: 55). 하지만 중국인들은 말을 숭배했다. 한·당 왕실에서는 입상한 100필의 말이 음악에 박자를 맞춰 머리를 높이 흔들고 꼬리를 치며 복잡한 스텝으로 춤을 추었다. 갈기에는 보석을 엮어넣고 금과 은으로 된 옷을 입혔으며 일각수의 머리와 불사조의 날개로 장식했다(Wood 2002: 80). 중국 정부는 군마를 주요 구매 상품으로 인식하면서 처음에는 비단 수출을 관장했고, 그다음에는 중국의 말 구매력을 증대시키기 위해 차와 말을 담당하는 관직을 임명해 국경 너머로 나가는 차 가격을 인위적으로 부풀렸다.◆ 물론 차와 말은 모두 약삭빠른 유목민에게 유리하게 서쪽 더 멀리에서 교역되었다. 차와 말이 귀했던 그곳에서는 중국과의 거리에 비례해 가격이 올랐다(Creel 1965: 666, 668). 당나라 후기에 중국인은 매년 10만 마리의 말을 사는 데 비단 100만 필이라는 터무니없이 비싼 가격을 지불하고 있었다. 이것이 제국의 경제를 고갈시켜 당이 멸망하는 원인이 되었다는 데는 의심의 여지가 없다(Mair 2003: 163).

중국은 중앙아시아로부터 말 수입을 강화하려는 혼신의 조치를 취했음에도 불구하고 실제로 유목민의 위협에 맞설 어떤 확실한 군사적 해결책도 가지고 있지 않았다. 4세기 초 중국 북부는 유목민 혈통의 침입자들이 지배했다. 그들은 200년 동안 그 지역을 소규모 국가들

◆ 중국과 북방 이민족 사이에 이루어진 견마絹馬무역과 차마茶馬무역을 말한다.

로 분할했다. 실제로 317년에 서진西晉을 멸망시키고 외래 왕조[중국 5호 16국 가운데 하나인 한漢. 이후 조趙로 이름을 바꿈]를 세웠던 세력은 유연劉淵의 지휘를 받은 남흉노의 후손이었다(Creel 1965: 664~665; Yu 1990: 143~144). 한대의 가장 유명한 장군 마원馬援은 말 청동상에 "말은 국가의 가장 위대한 자원인 군사력의 기초다"라는 글을 새기게 함으로써 말에게 군사적으로 신세를 졌음을 표현했다(Creel 1965: 659). 이런 글은 11세기에 저명한 관리 송기宋祁[북송의 문학가·역사가. 구양수와 함께 『신당서新唐書』를 편찬했다]에 의해 되풀이되었다.

북쪽과 서쪽 적들이 중국에 저항할 수 있는 이유는 단언컨대 그들이 많은 말을 가지고 있고 병사들이 기마에 능숙하기 때문이다. 이것이 적들의 힘이다. 중국에는 말이 거의 없으며 병사들은 기마에 능숙하지 못하다. 이것이 중국의 약점이다. (…) 이러한 약점을 안고 왕실은 적들의 힘에 맞서기 위해 끊임없이 노력한다. 그래서 우리는 전투 때마다 패한다. (…) 이 같은 상황에 개선책을 제시하는 사람들은 적을 압도하기 위해 군대를 증강하기만을 바란다. 그들은 말이 없다면 결코 효율적인 군사력을 만들어낼 수 없음을 깨닫지 못한다(Creel 1965: 667).

중국인이 기마 유목민을 책략으로 이기려고 했던 시도, 즉 중국 군대에 필요한 기병을 공급하기 위한 비단과 말의 교역은 명대까지 계속되었다. 초원지대 유목민 세계와 중국 농경세계 사이의 교전은 거의 2000년 동안 간헐적으로 계속되었고 중국은 주기적으로 다시 세워졌다. 북쪽 유목민들이 "그 기간의 70할 이상을 중국의 일부분, 때로는 중국 전체를 정복하고 지배했기" 때문이다(Mair 2005: 49; Wright 2001: 54~55).

2
중앙아시아의
범세계적 기마 문화

말은 이렇게 해서 중국의 제국 통일, 타림 분지까지 지배의 확장, 서쪽으로 대(對)페르가나 교역관계 확대에 있어 없어서는 안 될 역할을 했다. 중국 국경 너머 초원지대에서는 엄청난 규모의 말 떼가 계속 늘어났다. 문명에 결코 장벽을 치지 않았던 역동적인 유목민 문화는 사상과 물자가 흘러든 중앙아시아를 가로질러 동쪽과 서쪽 사이에 교두보를 마련했다. 이는 극동 지역을 경제적·정신적으로 인도 내륙과 지중해 세계로 연결해주었다. 이런 중앙아시아 사회의 높은 기동성을 제대로 인식하기 위해 상황을 대략 정리해보자. 알렉산더의 군사 정복으로 셀레우코스인은 멀리 동쪽으로 박트리아까지 지배할 수 있었다. 박트리아에는 많은 그리스인 식민지 개척자가 정착했다. 이 같은 헬레니즘 전초 기지들은 주변 지역에 강력한 영향력을 행사했다. 하지만 제 4장에서 본 대로 기원전 3세기 초에 카스피해 동쪽에서 파르니족 유목민이 파르티아의 예전 총독관할구로 침투해 들어오기 시작했다. 그들은 결국 기원전 250년에 셀레우코스 왕조의 총독을 살해했다. 기원전 3세기 중엽에 메르프[투르크메니스탄의 오아시스 도시] 주위에 집중된 파르니 유목민의 파르티아 국가가 이란고원을 넘어 동쪽으로 확대되었고, 그리스-박트리아인을 힌두쿠시산맥 너머로 추방했다. 이러한 국경지대에서 불교도 예속민들에게 자비로운 지배자였던 그리스-박트리아의 메난드로스(기원전 150~기원전 135 활동)는 플라톤식의 철학적 대화인 『밀린다 왕문경Milindapanha』에서 인도-그리스인 수도승 나가세나Nāgasena와 관계를 맺었다.◆ 이로써 그리스와 인도의 문화가 융합되었다. 그렇지만 파르티아인도 자신들이 사카 유목민의 공격에 취약하다는 것을 알았으며, 유목민의 침입은 계속되었다. 사카 유목민은 시스탄(사카이스탄Sakaistan) 주변 지역을 침입했다(Foltz 2000: 44; Fyre 2001: 111~112, 117). 이처럼 다양한 문화적 상황을 반영해서 아프가니스탄의 장례 물품에서는 이질적인 예술 양식이 나타났다. 고고학자들에 의해 복원된 수많은 금제품들은 그리스의 사실주의, 초원지대의 동물의장 전투, 파르티아의 신관문자, 인도의 물결 모양 묘사 같은 다양한 양식을 나타내고 있었다. 마찬가지로 여러 신이 종교에서 분명하게 나타났다(Frye 2001: 129~130). 트로이 목마의 전설까지 있었지만, 목마는 나

◆　『밀린다 왕문경』은 팔리어로 '밀린다 왕의 질문'이라는 뜻으로, 『밀린다 팡하 Milinda-pañha』를 말한다. 기원전 2세기 인도-그리스의 왕 메난드로스(밀린다, 미란 타彌蘭陀)가 인도 승려 나가세나那先의 대답을 기록한 대화록이다.

무 코끼리로 재해석되었다. 그러나 잘 속아 넘어간 트로이인들과는 다르게 포위 공격을 당한 사람들은 그렇게 쉽게 속아 넘어가지 않았다(Foltz 2000: 46). 이 같은 혼합 주민층이 거주하는 지역으로 마지막에 침입해 들어간 사람들은 토하라어를 사용하는 월지족이었다. 불과 한 세기 후에 월지족은 유목과 농업, 도시의 문화적 전통을 결합해 중앙아시아를 지배한 쿠샨 왕국을 세웠다. 쿠샨인은 북쪽에서 사마르칸트와 부하라, 페르가나를 통합하고 동쪽에서 카슈가르[카스喀什]와 야르칸드[사처莎車], 호탄[허톈和田, 세 곳 모두 중국 신장웨이우얼 자치구에 있는 오아시스 도시다]과 지속적으로 교역했다. 쿠샨인은 서쪽 로마로 사절단을 파견했으며 기원후 100년 무렵에는 쿠샨인의 금화가 로마인의 데나리온denarius[고대 로마 신약新約 시대의 은화 단위]과 같은 무게로 주조되었다. 기원후 2세기경에는 쿠샨인의 지배가 남쪽 국경지대를 넘어 카슈미르와 인도 중심부로 확대되었다(Frye 2001: 133~137).

베다에 뿌리를 둔 불교가 북쪽으로 중국까지 전해지다

기원전 6세기에 싯다르타 고타마가 백마 칸타카Kanthaka[건척犍陟, 乾陟]에 올라타 충실한 마부인 찬나Channa의 수행을 받으며 카필라바스투[카필라迦毘羅 왕국] 왕궁을 떠난다(부처의 출가를 뜻하는 '위대한 포기Great Renunciation'). 그는 깨달음을 얻고자 6년간 금욕생활을 경험하고 부처로서 브라만교의 배경에 맞서는 교리를 설교하면서 카스트 제도를 멀리했다. 그의 가르침은 인생이란 고통이고, 고통의 원인은 욕망[애집愛執]

이며, 고통을 멸할 한 가지 방법이 있는데, 그 방법은 8정도八正道〔정견正見, 정사유正思惟, 정어正語, 정업正業, 정명正命, 정정진正精進, 정념正念, 정정正定〕를 따르는 것이라는 네 가지 고귀한 진리Four Noble Truths〔사제四諦 또는 사성제四聖諦, 즉 고제苦諦, 집제集諦, 멸제滅諦, 도제道諦〕에 기초했다. 역사상 최초의 대규모 포교활동에서 싯다르타의 충실한 지지자들은 부처의 메시지를 갖고 스투파stupa〔탑파塔婆, 탑〕를 세우면서 인도 전역과 그 너머를 여행했다(Wolpert 1993: 49~51). 기원이 아주 오래된 탑은 아마도 초원지대에서 유래한 것으로 보이는 스키타이인의 땔나무 피라미드 아니면 장례 기념물로서 나무나 나무 한가운데에 설치된 나무 기둥으로 쌓아올린 흙 봉분이다. 탑은 세계의 산에 있는 생명의 나무를 대표한다. 탑은 『리그베다』에서는 한데 모아놓은 불길을, 브라만교에서는 일찍이 반구형 돔을 구성했던 벽돌과 흙으로 쌓아올린 흙 둔덕을 나타냈다(Joshi 1996: vii). 이는 신타시타 원형건축물의 4분원 또는 아슈바메다 말 희생제의의 아그니차야나 불의 제단과 다르지 않았다. 탑은 종종 바퀴로 장식되었으며, 바퀴는 이따금 탑을 지상에서 높이 지탱하는 역할을 했다. 탑은 바퀴 모양의 기단을 갖춘 계단식 단으로 된 평판 위에 세워졌다. 바퀴 모양의 기단은 동심원 또는 방사상으로 퍼져나가는 12개, 18개, 또는 32개의 바큇살과, 기본 방위를 표시하는 돌문들이 있는 단단한 바퀴통으로 이루어져 있었다(Kuwayama 1997: 126~135)〔탑 노반(탑 꼭대기 층의 네모난 지붕 모양 장식) 위에는 수레바퀴 모양의 장식을 올리는데, 이를 보륜寶輪이라고 한다〕.

바퀴가 베다인의 종교생활에서 두드러지게 중요한 역할을 한 점은 조금도 놀랍지 않다. 베다인은 바퀴 달린 전차 덕분에 초원지대에서 멀리 떨어진 남쪽의 비옥한 인도로 가서, 정착생활을 하는 집단을 정복할 수 있었다. 전차 바퀴의 바큇살은 계속되는 정복과 확대되는 통치권을 상징했다. 산스크리트어로 '바퀴 돌리는 사람'을 뜻하는 차크라바르틴cakravartin〔전륜성왕轉輪聖王〕은 통치자를 의미했다. 원 또는 바퀴는 보편적으로 통합을 상징했다. 초원지대의 고대 유목민들은 원형 텐트의 바퀴 모양 지붕 밑에서 매일 밤 따뜻한 불을 가까이하고 잠들었다. 유목민들은 광활한 초원지대에서 계절에 따른 풍요로움을 이용하고자 바퀴 달린 마차에 가족을 태우고 주기적으로 이동했으며, 태양을 상징하는 바퀴 모양의 지붕을 가재도구 맨 위에 얹어놓았다. 회전하는 바퀴는 태양의 상징으로서 부활이라는 개념과 연결되었다. 회전하는 바퀴가 우주를 통과해 돌 때, 태양은 무지를 쫓아냈다. 태양은 한 쌍의 바퀴가 차축을 돌고 있는 전차처럼 보였다. 이 같은 세계의 축axis mundi인 생명의 나무는 지상의 바퀴를 천상의 바퀴에 연결했다. 바퀴의 회전은 현상의 끊임없는 변화, 시간의 기원이자 한 해의 근원으로서의 태양, 행성들의 회전, 별자리의 움직임을 상징했다.

탑 바닥의 중심점은 세계의 배꼽(중심)omphalos이었다. 그것은 소통과 통행의 장소이자 천상으로 가는 입구, 초자연적 은총이 전능한 태양으로부터 세상 사람들에게로 흘러들어가는 길을 나타냈다. 부처를 상징적으로 표현하는 만자卍字는 바퀴와 일치했다. 일부 탑에서는 4개의 입구가 수직으로 세워져 만자를 만들어 우주의 회전을 나타냈다(Snodgrass 1985: 19~20, 80~82). 게다가 의례적으로 탑 주위를 시계 방향으로 돌았던 것은 네 방향과 계절을 통과하는 태양의 움직임을 따르는 것이었다(Snodgrass 1985: 33). 베다 사상에서 윤회(삼사라saṃsāra, 영원히 돌아가는 탄생과 죽음의 바퀴)는 연속적인 실존 상태를 필요로 했다. 윤회의 본질은 전생의 선행과 악행으로 인한 최종 결과로서의 카르마 karma(업業)에 의해 결정되었다. 사람들은 다음 생에서 과거 행동에 따르는 성과를 거두어들였다. 개인은 도덕과 우주의 법(다르마dharma)을 지키는 것으로만 깨달음을 얻었다(Long 1987: 266). 불교에서도 이와 유사하게 법륜法輪, dharma-cakra을 통해 부처가 전지全知의 눈으로 인식하는 영원히 변치 않는 진리의 중심점을 선회했다(Snodgrass 1985: 85). 부처의 시신은 화장되었으며, 씨족 사이에 분배된 그의 유해는 그들이 사는 곳 전역에서 탑에 안치되었다(Joshi 1996: viii). 탑은 내부에 봉인된 부처의 유골에 의해 권능이 부여되어 깨달음의 상징으로서 혼돈의 세력을 제거하고 자연과 우주의 질서를 촉진했다(Cook 1997: 3).

물론 윤회와 부활은 철학적 개념으로 인도·이란 종교에 널리 퍼져 있었을뿐더러 서쪽으로 유럽의 켈트 문화와[4] 남쪽으로 그리스 에게해에 걸친 초원지대에서도 통용되었다. 그리스 신화에서 오르페우스는 아폴론으로부터 그의 첫 번째 리라를 받았다. 오르페우스는 아내 에우리디케가 독사에 물려 죽자 대담하게도 죽음에 도전해 위험을 무릅쓰고 지하세계로 내려갔으며 그곳에서 음악으로 하데스를 매료시켰다. 오르페우스는 에우리디케를 이승으로 데려가도록 허락받았지만 뒤를 돌아보지 말라는 금기를 어겨 슬프게도 사랑하는 사람을 영원히 잃어버렸다. 이후 오르페우스는 팡가이오스[팡가이온]산에서 디오니소스

---

4 기원전 1세기에 율리우스 카이사르는 갈리아인 사이에서 윤회에 대한 믿음을 직면했다.

[바쿠스] 주신제酒神祭의 광란에 빠진 마이나데스[디오니소스 여신도들]에게 갈기갈기 찢겨 부처처럼 사지가 절단되었다.♦ 그의 죽음은 모든 생명체가 변형을 겪었노라는 믿음으로 신비로운 의식을 낳았다(Detienne 1987: 112~114). 나중에 윤회에 대한 다른 주장들이 신비주의 수학자 피타고라스 및 그리스 철학자 엠페도클레스와 플라톤에 의해 연구되었다(Long 1987: 268).

셀레우코스 시대가 혼란한 틈을 타, 수많은 그리스-박트리아인이 북쪽에서 침입하는 파르티아 기마병을 피해 인도 국경지역 불교 사원으로 피신하고자 남쪽으로 도망쳤다. 이렇게 서쪽에서 유입된 그리스 예술이 불교 영토에 소개되었다. 기술과 양식 그리고 신화에 정통한 피란민 그리스-박트리아인 예술가들이 인도 수도승의 후견을 받아 부처의 생애에 벌어진 중요한 사건들을 사실적으로 묘사하는 일에 착수했다. 고전기 그리스 미술과 조각의 자연주의로부터 영향을 받아 부처는 처음으로 인간의 모습으로 표현되었다(Mustamandy 1997: 17, 24~25; Stoneman 1997: 96). 원형 탑 주위 돌 받침대에 후광과 함께 부처와 보살菩薩들[5]의 모습이 새겨졌다(Wood 2002: 41). 시간이 지나면서 이처럼

---

5   대승불교의 보살들은 자비로운 구원자의 개념을 구현한다. 보살들은 열반 nirvana의 입구에서 잠시 멈춰 완전한 부처가 되기 위해 필요한 만큼 여러 번 다시 태어날 것을 서원誓願한다. 완전한 부처가 되려는 것은 부처의 은총을 통해 모든 인류를 고통에서 해방시키고 구원하려 함이었다.

♦   여기에는 여러 설이 있다. 오르페우스가 디오니소스의 가장 강력한 경쟁자인 아폴론을 더 따랐기에 디오니소스는 자신의 여신도들에게 오르페우스를 찢어 죽이게 했다고 한다(고대 아테네 비극작가 아이스킬로스의 설). 또는 마이나데스가 평소 자신들의 구애를 거절해온 오르페우스에게 앙심을 품고 오르페우스를 찢어 죽였다고도 전해진다.

정성을 들인 탑은 다층 탑pagoda(산스크리트어로 '유골의 요람womb of relics'[사리봉장舍利奉藏의 장소]을 뜻하는 다투가르바dhatugarbha)으로 발전했다. 다층 탑은 잎 모양 장식의 탑 꼭대기와 양산陽傘들에서 초원지대 생명의 나무를 구성하는 요소가 가장 분명히 드러난다(Cook 1997: 6). 그리스 형식이 통합되고 응용되면서 간다라Gandhara 미술이라는 독창적인 미술 양식이 융성했다. 간다라 미술에서는 인도 신들이 그리스의 주름 있는 옷을 입은 올림포스 신들과 뒤섞였다. 이러한 작품 중 가장 유명한 것은 아프가니스탄 하다Hadda에서 출처를 찾을 수 있을 듯싶다. 여기에서는 헤라클레스를 부처의 수호자이자 사자의 살해자인 번개를 휘두르는 바즈라파니Vajrapāni[금강수보살金剛手菩薩]와 동일시하고 있다. 왼쪽 어깨에 사자 가죽을 걸치고 오른손에는 번개를 든, 곱슬머리에 수염을 기른 헤라클레스가 돌로 만든 왕좌에 앉아 있으며, 그의 머리는 공손하게 부처를 향해 있다(Mustamandy 1997: 22~24). 이런 인도적 요소와 그리스적 요소의 혼합은 뒤이어 중국과 다른 곳에서 불교 미술이 발전해가는 토대가 되었다. 역동적이면서 종교적인 간다라 미술 양식은 쿠샨 왕조, 특히 카니슈카 왕의 후원으로 만개했다. 카니슈카 왕은 금박을 입힌 태양 형상의 구리 원반으로 위를 덮은 13층 높이의 탑들을 세웠다(Wood 2002: 41).

불교는 인도에서 일찍이 유목민 침입자들이 닦아놓은 경로를 따라 북쪽의 중앙아시아로, 뒤이어 기마인이 닦아놓은 초원지대 교통로를 따라 동쪽의 중국으로 전해졌다. 통과한 지역들에서 인도·유럽어족이 살았다는 점에서 부처의 메시지는 이러한 관련 언어들을 넘어서 꽤 손쉽게 확산되었다. 부처의 거대한 조각상(참담하게도 최근 몇 년 동안 탈레반에 의해 다이너마이트로 폭파된) 말고도 바미안[아프가니스탄 중부에 있는 도시]에 더 작은 부처상이 있었다. 이 부처상 위에 네 마리 말이 끄는 전차를 모는 이란의 태양신 수리아Sūrya가 놓여 있었다(Geoffroy-Schneiter 2001: 12). 박트리아의 발흐[박트리아 왕국의 수도. 아프가니스탄 북부에 있는 마을]와 마르기아나의 메르프가 주목할 만한 불교 중심지가 되었다. 기원전 1세기에는 범불교 운동인 마하야나Mahāyāna(대승불교)가 중앙아시아에 등장했다. 그곳에서 수많은 텍스트가 탄생하고 수많은 문화와 사상이 혼합되어 강력한 자극을 주었다. 또한 서로 다른 문화들은 전방위적으로 영향을 주고받았다. 그리스를 통해 인도의 개념들이 서쪽으로 이동해 지중해 세계에 영향을 미쳤다. 이란의 구원론 개념은 특히 쿠샨 왕조 시기에 영향력을 행사했다. 당시 가장 유명한 조각상은 조로아스터교의 구세주와 분명히 유사했던 미래의 부처인 미륵보살彌勒菩薩이었다. 전승에 따르면, 카슈미르 출신의 한 불교 수도승이 마우리아 왕조 아소카 황제 시대(기원전 269~기원전 232)에 타림 분지로 이동했다. 불교는 기원후 1세기에 중국에 전파되었다. 그때 두 포교자가 펠트로 만든 부처상 1개와 『사십이장경四十二章經』을 갖고 백마 한 마리와 함께 도착했다. 이 사건을 기념하기 위해 후한 황제가 뤄양 바깥쪽에 백마사白馬寺를 세웠다.◆ 사실 중국 출전에 이름이 등장하는 최초의 포교자는 파르티아[안식국] 출신의 수도승 안세고安世高다. 그는 일찍이 불교 경전들을 중국어로 체계적으로 번역·정리했다. 그는 꾸준하고

◆ "두 포교자"란 중국에 불교를 처음으로 전하고 『사십이장경』을 한역한 천축天
쓰 승려 섭마등攝摩騰(가섭마등迦葉摩騰)과 인도 승려 축법란(쓰法蘭, 다르마락샤)
을, "후한 황제"란 후한의 제2대 황제 명제(재위 57~75)를 말한다.

엄격한 정신훈련(산스크리트어로 디아나dhyāna, 중국어로 찬禪, 한국어로 선禪, 일본어로 젠ぜん)을 소개했으며, 이란의 전통인 예언과 일맥상통하여 서양 천문학에 정통했다. 전하는 이야기에 따르면 불교 의식은 도교 의식과 함께 거행되었다고 한다(Foltz 2000: 40~50). 하지만 교육받은 관리들은 문맹인 하층계급에게 인기 있는 불교를 조롱했으며, 세상과의 관계 단절을 주장하는 불교가 가족을 중시하는 유교와 부합하지 않는다고 보았다. 이러한 저항 때문에 불교는 서서히 도교와 유교에 융합되면서 중국 문명의 철학적 삼각 체계를 이루게 된다(Roberts 1999: 45). 불교는 처음 네팔을 경유해, 접근하기 힘든 티베트의 산악지대에 전래되었다. 그리고 나중에 티베트가 타림 분지의 오아시스 도시들을 지배할 때, 티베트인들은 동쪽에서 온 중국의 불교 사상을 접하게 되었다(Foltz 2000: 58).

말을 타고 서방이 동방과 만나다: 실크로드

불교 포교자와 순례자들의 기마 이동으로 서쪽과 동쪽 사이의 소통은 정례화되었으며 무역 또한 강화되었다. 처음에는 농경민의 곡물과 유목민의 말을 직접 교환하는 것으로 시작되었지만, 이제는 당시 지구상의 어느 대륙에서도 적수를 찾을 수 없을 만큼 규모와 다양성에서 전례없는 거대한 교역의 흐름으로 팽창했다. 쿠샨 왕국(월지의 후예들이 세운 나라)은 그리스를 통해 지중해와, 월지를 통해 동부 초원지대와, 불교도를 통해 남부 아시아와 연결되어 세력을 키우며 서방과 동방

사이의 간극을 메웠다. 실크로드Seidenstrasse〔비단길〕라는 용어는 1877년에 독일인 탐험가이자 지리학자인 페르디난트 파울 빌헬름 리히트호펜 Ferdinand Paul Wilhelm Richthofen 남작이 만든 것이다. 이는 하나가 아닌 여러 고대 국제 무역로를 일컫는 용어로 8000킬로미터 이상 떨어진 동쪽의 중국 제국과 서쪽의 지중해 문명, 남쪽의 인도 대륙에 걸쳐 있었다. 실크로드는 갑작스럽게 목숨을 앗아가는 모래폭풍으로 위험하기도 한 무역로로, 기온이 겨울에 섭씨 영하 40도까지 떨어졌다가 여름에 섭씨 38도까지 올라가며, 연간 강수량이 200밀리미터 내외인 황량한 지역들을 가로지르는 길이었다(Wood 2002: 9, 16, 75).

거래가 이루어진 최초의 직물은 비단이 아니었다. 비단에 앞서 거래된 것으로는 양모, 아마포〔리넨〕가 있었고, 주요 거래품으로 기원전 5000년경 인도에서 재배된 면화가 있었다. 그러나 정교하게 아름다운 무늬를 넣어 직조한 특별 비단은 다른 모든 품목을 능가했다. 중국 한대漢代 무렵에 비단은 태피터taffeta〔호박단〕, 새틴satin〔공단貢緞〕, 브로케이드brocade〔문직紋織〕, 거즈gauze〔얇은 천〕와 같이 다양한 직물로 제조되었다(Wood 2002: 28). 비평가들은 그리스 여성들이 옷을 입지 않은 것처럼 보이려고 비단만 입었다고 말하지만, 이 얇고 가벼운 직물이 서방에서 항상 환대를 받았던 것은 아니다. 로마에서 얇은 비단의 투명함에 경악했던 대 세네카Seneca the Elder〔고대 로마 작가〕는 "여러분이 옷을 벗었을 때보다 결코 눈에 덜 띄지 않을 것"이라며 여성들이 나체를 공개적으로 과시하려 한다고 비난했다(Wood 2002: 30). 그런 비난에도 불구하고 부유한 로마인들은 욕망을 부추기는 직물인 비단을 질려 하지 않고 소비했다. 콜로세움을 비단 휘장으로 장식할 정도였다. 기원후 1세기에 로마인은 플리니우스가 매년 1억 세스테르티우스 정도로 추정했던 금과 은을 비단 값으로 지불했다(Grotenhuis 2002: 16).

은과 금의 유용성과 풍부한 동화銅貨는 번영하는 경제를 입증하는 것이었다(Frye 2001: 187). 로마는 불어서 만든 장식 유리를 동방에 보내고 그 교환품으로 중국에서 사향·홍옥·금강석·진주를 받았다(Wood 2002: 14). 또한 발트해의 호박, 지중해의 붉은 산호, 호라즘의 검은담비 털과 북방족제비의 흰겨울털, 여우 털, 페르시아의 은, 호탄[허텐]의 보석, 아프가니스탄의 라피스라줄리[청금석], 인도의 상아, 시리아와 아라비아의 타조 등이 동쪽으로 수출되었다. 금은 남쪽으로 중앙아시아에서 인도로 수송되었다. 월지족 상인들은 계속해서 중앙아시아의 말을 남쪽의 인도와 동남아시아에 팔았다(La Vaissiere 2002: 79). 도처에서 유목민의 말이 값비싸게 거래되었으며, 당唐 초기에는 왕궁 내부에 특별히 마련된 폴로 경기장에서 남자(일부는 수염을 길렀다)와 여자 모두가 페르시아의 폴로 경기를 했다. 실크로드와 나란히 위치한 폴로 경기장의 돌 서판에는 다음과 같은 글귀가 새겨져 있었다. "다른 사람들에게는 다른 경기를 하게 하라. 경기 중의 왕은 여전히 왕의 경기다."(Spencer 1971: 1) 사치품이 유일한 거래 품목인 것은 아니었다. 온갖 동물, 새, 식물, 과일이 거래되었다. 서쪽에서는 향신료와 약초가 거래되었다. 시금치, 피스타치오, 포도나무가 페르시아에서 중국으로 수입되었다. 또 페르가나에서 건포도, 아몬드, 멜론, 헤이즐넛, 마초馬草인 알팔파[자주개자리]가, 박트리아에서 참깨, 완두콩, 양파, 고수풀이, 인도에서 사프란이, 지중해에서 청초清椒 후추가 수입되었다. 동방에 소개된 실용적인 물건으로는 로마와 페르시아에서 들여온 의자와 '이방인의' 침대(실제로는 작은 접이식 의자)가 있었다. 모든 사회에서 노예는 중요한 교역 상품으로, 일부는 토지를 경작했지만 대부분은 가사노예로 팔려나갔다 (Frye 2001: 154, 195; Wood 2002: 26, 59, 80~87, 141).

레반트의 항구들에서 시작된 경로를 따라서 유프라테스강을 넘어 부하라와 사마르칸트까지, 계속해서 타림 분지의 오아시스 도시들까지, 뒤이어 마침내 간쑤 회랑지대를 지나 중국 수도인 장안長安(지금의 시안西安)까지 확장된 무역은 상업적·정치적 이유로 필사적으로 방어된 수많은 지역을 가로질렀다(Frye 2001: 156). 몽골 시대까지 어느 누구도 온전한 편도 여행을 하지 않았다. 오히려 대상隊商이 다음 대상에게 길을 터주었다. 세금이 부과되고 관련 상인이 늘어나면서 거래품의 가격은 치솟았다. 이런 혼란의 와중에 소그디아나 상인들이 실크로드의 유력 사업가로 등장했다. 유목민을 능숙하게 다룬 소그디아나 상인의 성공은 대부분 초원지대를 지배했던 정치력을 상업적으로 발휘한 덕분이었다. 중앙아시아 도시들에서 대상 숙소(카라반사라이/카라반사리), 창고, 그리고 장인들이 장사에 힘썼던 가게들을 갖춘 시장 거리가 조성되었다. 무역 식민도시들이 무역로를 따라 중국의 내륙 깊숙한 곳에도 세워졌다. 그곳에서는 중앙아시아 특유의 군인노예 제도가 발전했다. 이들 노예는 주인이 무역 업무차 외국에 나가 있는 동안 부유한 상인의 집을 지키도록 훈련받았다. 이런 방어부대는 시간이 지나면서 유력자들의 사병 집단으로 발전해갔다. 이 같은 관행은 나중에 우마이야 왕조, 아바스 왕조, 사만 왕조, 가즈니 왕조에 의해 채택되었다. 또한 군인노예는 후에 이집트 맘루크 왕조에서 고도로 제도화되었다(Frye 2001: 185~186, 195~196).

동쪽 실크로드 사람들 대부분과는 대조적으로, 소그드인 중에서는 불교도를 찾아보기가 힘들었다. 소그드인의 지배적 신앙은 그 지역 특유의 조로아스터교였다. 조상의 영혼을 기리는 프라바시Fravashis 제의는 망자를 기리는 애도로서 널리 준수되었다. 이때 애도자들은 스키타이족 장례 의식을 연상시키는 방식으로, 그리고 나중에 검토하겠지만 시아파의 아슈라Ashura 의식과 별 차이 없이 칼로 망자의 얼굴을 베었다. 이와 비슷하게 애도에서 시신을 절단하는 의식은 동쪽 타림 분지 호탄에서 보고되고 있다(Frye 2001: 189~190; Mallory and Mair 2000: 79).

이처럼 소그디아나 동서로는 키루스 2세의 조로아스터교 전통에 따라 종교적 관용의 분위기를 띠었다. 얼마 안 있어 또 하나의 종교인 기독교가 이번에는 멀리 서아시아에서 실크로드를 따라 이동하게 된다. 잘 알려져 있다시피 기독교는 처음에 로마가 지배하는 팔레스타인 유대사회 내부에서 하나의 운동으로 등장했다. 하지만 기독교 역사관 중 많은 부분은 오늘날 우리에게 유대교로 친숙한 율법학자의 교의를 체계적으로 정리한 유대인 학자들에 의해 거부되었다. 교리 논쟁은 기독교 내부에서도 나타났다. 교리상의 중요한 차이에 대한 논쟁은 5세기에 단성론자와 양성론자 사이에서 폭발했다. 알렉산드리아 총대주교 시릴[키릴로스]은 에페수스 공의회에 경쟁 주교인 네스토리우스[로마 제국의 수도인 콘스탄티노플의 대주교]를 이단으로 고발하도록 설득하고자 엄청난 법정 매수에 몰두했다. 그 후 시리아에서 네스토리우스 추종자들이 떨어져나와 네스토리우스 교회를 세웠다. 네스토리우스교[경교景敎]는 서방의 정통 교리에 맞서 실크로드를 따라 피난처를 마련했고 아시아의 기독교에서 지배적 교리가 되었다.

시리아어가 네스토리우스 교회의 예배 언어였다고는 하지만 네스토리우스교는 실크로드의 공용어인 이란의 소그드어로 전파되었다. 게다가 소그디아나 상인들은 여러 지역에서의 상업 거래로 외국어를 다양하게 구사해 번역 업무를 할 소양을 충분히 갖추고 있었다(Foltz 2000: 63~63, 67~68). 소그디아나와 이란의 상인 및 포교자들은 네스토리우스교를 멀리 동쪽의 중국까지 전해주었다. 알로펜(아브라함)이라는 사제는 황제가 이해할 수 있도록 중국어로 번역된 경전을 전해주었다.◆ 그러나 네스토리우스교도들은 통합주의에 입각한 혼신의 노력에도 불구하고 중국인 개종자를 많이 얻지 못했다. 그들의 통합주의는 장안[당 수도로 지금의 시안]에 있는 유명한 3미터 높이의 네스토리우스 기념비[대진경교유행중국비大秦景教流行中國碑, 781년 건립]를 통해 입증된다. 비석에는 불교의 연꽃 문양을 바탕으로 도교적 구름[부운浮雲]에 둘러싸인 십자가[상하좌우 길이가 같고 중심에서 끝으로 갈수록 굵어지는 형태] 형상이 새겨져 있다(Foltz 2000: 71~72, 85; Wood 2002: 118).

유대인도 실크로드에 참여했다. 앞서 언급한 것처럼, 바빌론 디아스포라에 이어 유대인은 페르시아가 정복한 지역에서 무역의 가능성을 탐색하고자 북쪽과 동쪽으로 이동했다. 이 과정에서 많은 유대인이 호라산의 도시들에 정착했다. 그들 중 한 무리인 라다나이트Radanites(페르시아어로 '길을 아는 사람들'이라는 뜻의 라단rah-dan)는 스페인에서 중국까지 퍼져 있었다. 그들은 서북쪽의 슬라브족과 색슨족 땅에서 잡아온 노예

◆   알로펜(중국명 아라본阿羅本)은 당 태종 정관 9년(635)에 네스토리우스교를 전했으며, 중국에서는 네스토리우스교를 경교景教(빛처럼 밝은 교리라는 의미), 또는 그 발생지가 대진국(로마)인 데서 대진경교로 불렸다.

를 거래했다. 이러한 노예무역으로 튀르크계 하자르족과 접촉하게 되었고 볼가강 델타 지역과 돈강 및 도네츠강을 차지했다. 이들 지역은 사로잡힌 노예들을 수송하는 거점으로 역할했다. 실크로드의 중요한 북쪽 지류를 지배한 하자르족은 동남쪽으로 이란인 정착지와 공생관계를 누렸다는 점에서 서쪽과 동쪽 사이를 연결하는 이상적인 중개자가 되었다. 상업상의 이점을 깨달은 튀르크계 하자르족 엘리트 집단은 그들의 통치자와 주민 대부분이 원래의 샤머니즘 신앙을 고수했음에도 불구하고 8세기에 유대교로 개종했다. 이 같은 개종으로 동쪽 실크로드를 따라 줄줄이 이어진 유대인 공동체와의 무역 접촉이 촉진되었다(Foltz 2000: 101~102). 또한 하자르족은 비잔틴인과 동맹을 맺고 비잔틴 제국으로 통하는 발칸반도와 캅카스산맥 입구를 확보함으로써 초원지대로부터의 침입에 맞서는 중요한 방어선을 구축했다. 멀리 이집트와 스페인에서 유대인의 방문을 받은 하자르족은 러시아의 유대교 발전에 중요한 영향력을 행사했다(Golden 1990: 265~267).

이어진 실크로드의 또 다른 중요한 종교는 3세기에 페르시아에서 시작된 마니교였다. 선을 영혼과, 악을 물질과 동일시한 그노시스파〔영지주의〕의 이원론적 전통에서 대부분 파생한 마니교는 지식을 통해 구원에 도달할 수 있다고 주장함으로써 지적 엘리트 집단 사이에서 인기를 누렸다. 소그드인이 재차 마니교를 동쪽으로 전파하는 데 중요한 역할을 하여, 사마르칸트는 활력 넘치는 마니교의 중심지가 되었고 중국 북부 깊숙이까지 상업적으로 접촉했다. 튀르크 부족들과의 중재 역할을 한 소그드인이 오르도스 지방 초지에서 말 사육을 널리 체계화했으며, 이곳에 당나라 군대로 말을 공급하기 위한 대규모 정기시定期市

를 세웠다. 초원지대에서처럼, 이들 번영하는 상인의 장례식은 정성 들인 의식으로 주목받았으며 장례식에서 기수 없이 장식 마구를 한 말은 망자를 상징했다. 한편 8세기에 당나라는 중국 북부에서 튀르크족이 소요를 일으키자 보복했고, 그 결과 소그디아나 공동체들은 잔혹한 대학살을 피할 수 없었다(La Vaissiere 2002: 212~218; Lerner 2005: 17). 그럼에도 마니교는 한 번 더 톈산산맥 북쪽의 위구르 튀르크족 시대에 국가의 후원을 받았다. 위구르인들은 마니교를 채택함으로써 중국으로부터의 정치적 독립을 알리고 싶어했는지도 모른다. 아니면 실크로드 시민으로서 소그드인을 통해 단지 서쪽과 상업 거래를 촉진하고 싶어했을 수도 있다(Foltz 2000: 73~80). 종교적 이동이 서쪽에서 동쪽으로만 진행된 것은 아니었다. 중국인 불교도 순례자 수백 명도 성지를 방문하고 불교 사원을 연구하기 위해 그리고 중국어로 번역할 경전을 입수하기 위해 서쪽의 인도 성지로 여행했다. 이 중 가장 유명한 인물이 현장玄奘으로, 그는 629년에 카슈미르를 거쳐 인도를 여행했으며 인도에서 가장 유명한 불교 기관들로부터 조언을 구했다. 현장은 16년에 걸친 연구 후에 환호를 받으며 중국의 수도 장안으로 돌아왔고, 수집해온 엄청난 양의 신성한 유물과 기록물을 황실에 바쳤다(Mallory and Mair 2000: 82~83; Wood 2002: 100~104). 불교가 결국 중국에서 널리 채택된 반면 그 밖의 종교, 즉 기마인의 무역망을 경유해 중국으로 도입된 조로아스터교, 네스토리우스파 기독교, 유대교, 마니교는 대중에게 그리 가까이 다가가지 못했다. 이들 종교는 대부분 국외로 추방된 상인 공동체 사이에서 제한적으로 유용한 역할을 했다. 그곳에서는 종교가 무역에 도움이 되었으며 무역 또한 종교에 도움이 되었다. 9세기 중반에 통치자들은 외국인을 꺼리고 싫어해 다른 외래 종교들을 중국에서 추방했지만, 네스토리우스교[경교]는 몇 세기가 지난 뒤 몽골인들에 의해 원상태로 복귀된다(Foltz 2000: 81).

물품, 농작물, 종교가 서쪽에서 중국으로 들어온 유일한 요소는 아니었다. 로마가 지배하는 동방 노예시장에서 팔려온 마술사와 곡예사에 대한 수요는 장안 곡예단에서 끊이질 않았다(Wood 2002: 53). 또한 타림 분지 오아시스 도시들에서도 연예인들에 대한 강력한 수요가 있었다. 그곳에서는 엷은 피부색과 푸른 눈[6]을 한 사람들이 여전히 토하라어를 사용하고 있었다. 타림의 여성들은 남성들과 마찬가지로 매력 있는 유목민 방식으로 조끼, 벨트, 바지를 착용하고 말을 탔다(Mallory and Mair 2000: 79). 서쪽에서 수입된 것 중 주목할 만한 것으로 기원전 700년 그리스에서 묘사되었고 멀리 타림 분지 초원지대 전역에서 입증된 여성 무용수들이 입었던 매우 기다란 관 모양의 소맷자락이 있다. 그리스 고대 신화에 따르면 날개 달린 처녀들은 풍요를 가져다준다고 한다. 한나라 때 처음으로 중국에 '수수water sleeve[水袖, 소매가 뿌려지는 형상이 마치 물의 역동성을 보여준다고 하여 붙은 이름]'로서 소개된 관 모양의 소맷자락은 전통 경극에서 연극적으로 가장 중요한 역할을 했다(Barber 2002: 66~70). 타림 분지 전역에서 쿠처庫車[중국 신장웨이우얼 자치구 오아시스 지대] 사람들은 특히 음악적 재능으로 명성이 높았다. 그들은 피리와 현악기에 뛰어났으며 바이올린의 선구자였다. 초기 현악기의 나무 공명판은 고대부터 유라시아 초원지대 너머로 널리 보급되

---

6   지금은 몽골족의 형태와 섞였다.

었다. 현악기에 대한 최초의 묘사는 기원전 14세기로 거슬러 올라간다. 중국인들이 서쪽의 악기에 몹시 감명받은 나머지, 당 황제 현종은 쿠처 음악을 받아들여 중국의 기악 편성을 철저히 정비했다(Mallory and Mair 2000: 76).

중국이 유목민의 중앙아시아를 경유해 서방에 영향을 끼치다

중국은 서방에서 '천마', 금속, 재배종, 기술, 악기, 종교, 예술 형식을 선택적으로 받아들였다고는 하지만, 중국은 자국의 발명품들을 철저히 보호했으며 서쪽으로 상품을 수출할 때에는 신중을 기했다. 앞서 본 대로, 중국은 말을 얻기 위해 감독관들을 배치했고 국외로 나가는 차茶의 가격을 인위적으로 부풀렸다. 또한 행선지, 이동 목적, 운반 상품 종류를 명시한 통행허가증으로 차 무역업자를 통제했다(Wood 2002: 59). 비단 무역과 관련해 이집트에서 고고학자들에 의해 밝혀진 바에 따르면, 서쪽에서 비단에 대한 최초의 증거는 기원전 1000년경으로 소급된다(Wilford 1993: C1, C8). 기원전 400년경 엄청난 양의 비단섬유(견섬유)가 사르마티아인과 몇몇 이란 부족에 의해 서쪽으로 흑해 그리스 식민도시들로 거래되고 있었다(Barber 2002: 58). 물론 기원전 300년 알타이산맥 파지리크 고분군에서 우아한 비단들을 만날 수있다. 중국인들은 이렇듯 활발한 거래를 하면서도 수 세기 동안 양잠 독점권을 유지했다. 결국에는, 살아 있는 누에와 뽕나무 씨앗을 수출하면 사형에 처한다는 황제의 칙령에도 불구하고 값비싼 이 두 가지 품목이 중앙아시아로 밀수출되었으며 양잠 과정이 서쪽에 알려졌다(Grotenhuis 2002: 16). 호탄의 통치자에게 신부로 바쳐진 중국 공주가 440년경 머리장식에 누에알을 숨겨서 가져왔다고 전해진다. 타림 분지에서는 날실이 무늬를 이루도록 홀치기염색tie-dyeing〔염색하기 전에 원단의 특정 부분을 홀치거나 즉 동여매거나 또는 묶어서 그 부분은 색이 배어들지 못하게 하여 물들이는 무늬 염색법〕을 해서 물결 모양의 줄무늬를 만들어내는 이카트ikat 기법으로 직조한 지역 특유의 비단이 있었다. 이후 6세기에 네스토리우스교 수도사들이 누에알을 지팡이에 숨겨 중앙아시아에서 비잔티움으로 들여왔다(Wood 2002: 151). 중국의 비단은 양잠업이 서쪽으로 확산된 이후에도 뛰어난 품질과 우아한 디자인으로 높게 평가받았다. 비단 외에 중국인들이 발명한 또 하나의 직물은 종이다. 기원전 2세기로 소급되는 종이는 실제로 용액 속에 떠 있는 잘게 빻은 아마와 대마의 섬유질 잔여물 또는 뽕나무의 껍질이었다. 용액이 서서히 빠지면서 생겨나는 바닥의 얇은 침전물은 마르도록 내버려두었다. 가공하지 않은 질긴 종이는 커튼, 화장지, 모기장, 연, 옷, 벽지, 가벼운 갑옷을 만드는 데 사용되었다. 종이는 기원후 제1천년기에 글자를 쓰는 매체로서 비단과 대나무를 대신하게 되었다(Mallory and Mair 2000: 321).

또 다른 발명품은 마구馬具 분야에서 나왔다. 멍에는 앞서 본 대로 최초에 한 쌍을 이룬 소의 견인력을 높이기 위해 고안되었다. 목에 연결된 뱃대끈throat-and-girth으로 알려진 이런 방식의 마구는 해부학적으로 말에게는 부적합했으며 말의 최대 견인력을 효과적으로 끌어내지 못했다. 기도에 가해지는 압박을 줄이기 위해서는 멍에 안장을 반드시 이용해야 했다(Needham 1965: 312). 말의 속도만이 아니라 탁월한 힘을 끌어내리려면 마구를 매다는 기술이 근본적으로 개선되어야 했다. 기원전 4세기 초에 중국인들은 이 분야에서 획기적 진전을 이루었다. 그 시기 칠기에 그려진 그림들을 통해 멍에를 말의 가슴 너머로 매달아 봇줄로 멍에를 끌채shaft[수레의 양쪽에 연결하는 긴 채]에 연결했음을 알 수 있다. 얼마 지나, 가슴을 교차해 얹는 이 같은 단단한 멍에는 보통 '봇줄 마구trace harness'로 불린 더 나은 형태의 가슴끈으로 대체되었다. 이 장치로 짐 무게가 목이 아닌 흉골과 쇄골에 실리면서 말이 압박을 훨씬 더 잘 이겨낼 수 있게 되어, 한 마리 말로도 여러 승객을 나르는 더 강력한 이동 수단을 끌 수 있었다(Temple 1999: 21). 이후 중요한 기술 혁신으로 말 목사리horse collar가 등장했다. 목사리형 마구는 기원전 1세기 이전의 어느 시점에 틀에 부어 만들어진 채색 벽돌에서 모호하게 입증되었다가 기원후 5세기 북위北魏 석굴사원 벽화에서 명확하게 묘사된 것이 발견되었다. 이러한 말 목걸이는 원래 인공의 '소 혹'으로 여겨졌고 처음에는 여기에 멍에가 부착되었다. 고비 사막에서는 이동하는 모래 때문에 견인하는 데 문제가 많아서, 쌍봉낙타의 짐 싣는 안장[길마]에서 영감을 받아 말사리가 만들어진 것으로 보인다. 쌍봉낙타의 짐 싣는 안장은 겉을 펠트로 처리한 나무 고리 모양의 것으로 그 위에 짐을 쌓아 올렸다. 초원지대 유목민들은 물론 펠트 제조에 숙련된 기술을 보유했다. 어찌됐든 말목사리는 처음에는 뻣뻣했지만 나중에는 말 등에 상처가 생기지 않도록 두껍게 속을 채워 주로 흉골에 걸었고 근육에 밀착되었다. 이렇게 견인줄을 직접 골격 계통에 연결함으로써 말은 호흡기관을 자유롭게 쓸 수 있었다. 목사리형 마구는 수송 수단에 직접 연결되는 봇줄과 체형에 맞게 곡선 형태로 만들어져 말에게 가장 효과적인 견인력을 제공해주는 장치였다. 이를 입증하기 위해 자주 인용되는 설득력 있는 실례에 따르면, 양 측면의 일부를 잘라내어 안이 들여다보이며, 많아야 2명을 태울 수 있는 자그마한 고대 이집트·그리스·로마의 전차는 종종 네 마리 말이 끌었다. 이와는 대조적으로, 위로 부풀려진 육중한 덮개를 갖추고 때로 6명까지 태울 수 있었던 동시대 한나라 전차는 보통 한 마리 말이 끌었다(그림 5.2). 3세기에 중국인들은 마구의 봇줄을 매는 가로막대whippletree를 발명하기도 했다. 이 가로막대는 홀수의 사람까지도 태울 수 있을 정도로 특별히 다중 견인을 위해 고안되었다. 가로막대는 말 뒤에 설치했던 나무조각으로 양끝은 봇줄에, 중간은 수송 수단에 부착되었다. 이처럼 독창적인 장치(그림 5.3) 덕분에 중국 농업은 크게 발전했고 마침내 지구상에서 가장 높은 생산력을 자랑하게 되었다. 마구를 매다는 이 발명품들은 비록 수백 년 뒤이기는 하지만 서양에서도 비교적 유익한 결실을 맺게 된다(Needham 1965: 305, 313, 321~327; Temple 1999: 22~23).

지금의 금속 등자는 기원후 제1천년기에 중국에서 처음 등장했다. 하지만 금속 등자와 관련해 알려진 최초의 실험은 훨씬 더 이른 시기로 거슬러 올라간다. 기원전 4세기에 크림반도 쿨 오바Kul Oba 스키타이 쿠르간에서 금으로 만든 토크torque 말단부에 갈고리 등자의 볼록한 바깥쪽 끝, 안쪽 다리 부분, 완충장치용 사슬고리들이 분명하게 확인된다. 이와 유사한 갈고리 등자의 모습은 기원후 50년 쿠샨 영토에서 발견되었다. 무늬가 있는 딱딱하지 않은 등자는 인도에서 최초로 발견되었다. 기원전 50년에 마투라Mathura에서 발 전체를 걸치는 부드러운 가

[그림 5.2] 기원후 147년 무렵 한나라의 가슴끈(Needham 1965: fig. 541). 케임브리지대 출판사의 허가를 받아 재수록.

죽끈과 기원후 1세기에 산치Sānchi에서 엄지발가락 하나를 걸치는 부드러운 가죽끈이 발견된 것이다. 이러한 가죽끈 또는 밧줄 등자는 단지 말에 올라타는 장치 또는 기수의 발을 걸치는 역할을 했을 것이다. 오늘날까지도 중앙아시아에서는 발 전체를 걸치는 부드러운 등자가 쓰이곤 한다. 아쉽게도 부드러운 등자는 말에서 내동댕이쳐진 기수가 질질 끌려갈 수 있을 정도로 위험하다는 단점이 있었다. 아케메네스 왕조의 캄비세스 2세가 말을 타는 동안 자기 칼에 찔리는 사고를 당한 데서 알 수 있듯, 완전 무장한 채로 점점 더 큰 말에 걸터앉는 것은 문제를 일으킬 수밖에 없었다. 분명한 개선책은 부드러운 고리 안에 단단한 디딤판을 고정시키는 것이었다. 이 디딤판은 결국 전체가 나무로 된 등자로 발전했으며 4세기가 되면 중국 동북부에서처럼 디딤판에 금속이 입혀졌다. 마침내 중국은 5세기에 주철로 된 등자를 제조했다. 이것으

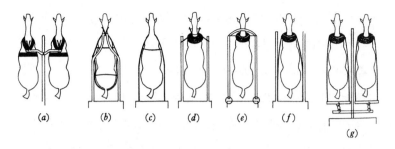

[그림 5.3] 말의 마구 모양. (a) 목에 연결된 뱃대끈 (b) 끌채가 있는 한나라의 가슴끈 (c) 봇줄이 있는 후기의 가슴끈 (d)와 (e) 초기의 목사리형 마구 (f) 오늘날의 목사리형 마구 (g) 마구의 봇줄을 매는 가로막대. 케임브리지대 출판사의 허가를 받아 재수록.

로 더 무겁게 무장한 기수가 더 큰 말을 탈 수 있게 되었다. 철제 등자가 추가로 측면을 지지해줌으로써 기수는 말에 탄 채로 창과 검을 원활하게 사용할 수 있었다(Littauer 2002d: 439~446). 이제 기마 전사는 가공할 무기를 휘두르며 맹공격을 하는 중에 낙마를 피할 수 있었다. 등자의 진가를 알게 된 유목민들은 서둘러 전체가 금속으로 된 등자를 받아들였다. 이는 실제로 기수의 안정성을 높이고 활과 화살을 사용할 때의 사망률을 떨어뜨렸다.

봇줄과 등자 모두 몽골의 유연족柔然族 또는 아바르족에 의해 중앙아시아를 경유해 서쪽으로 전해졌고 6세기 무렵에는 비잔티움에 가닿았다. 동고트족이 일찍이 이탈리아에 소개했던 것으로 보이는 가슴끈(Needham 1965: 319)은 7세기에 동유럽 너머로 확산되어 8세기에는 서유럽에 미쳤다. 마침내 말 어깨띠가 기원후 제1천년기 전환기에 널리 퍼졌다. 목과 가슴에 꼭 맞는 곡선형으로 구부러진 멍에와 더불어 말 체형에 맞춰 만들어진 목사리는 북유럽의 젖은 떼토sod soil를 경작할 때 말에게서 최대의 기동력을 효과적으로 끌어냈다(White 1962: 63~65). 7세기에 동시대의 전형적인 중국 등자와 형태가 유사한 헝가리의 아바르족 무덤에서 나온 등자로부터 기마술이 동쪽에서 서쪽으로 놀라울 만큼 빠르게, 직접적으로 전해졌음을 알 수 있다(Littauer 2002d: 450). 린 화이트Lynn White의 주장에 따르면(White: 1) 등자의 사용으로 중무장 기병은 군사 작전을 펼칠 수 있었으며, 창을 아래로 겨눈 중세 유럽 기사들이 등장할 수 있었다. 따라서 서양세계는 초원지대를 지나 수천 킬로미터에 이르는 유목민의 무역로 너머로 거래된 이 놀라운 중국 발명품들로부터 엄청난 이득을 얻었다. 하지만 중국에서 무슬림의 근동까지, 계속해서 서쪽의 유럽까지 제지술이 전파되기 위해서는 중앙아시아에서 또 다른 중개자가 나타나야 했다.

제6장

기마 유럽

태양의 건축물, 경마장, 아서왕의 기사단

유럽의 초기 인도·유럽어족

기마 문화가 북아프리카에서 아시아를 넘어 중국으로 정착 문명을 침입하고 있을 때, 이와 견줄 만한 목축민의 이동이 유라시아 다른 쪽 끝에서 시작되었다. 제2장에서 본 대로, 기원전 제4천년기 중반을 기점으로 말을 보유한 인도·유럽어족은 흑해-카스피해 지역에서 서쪽을 향해 농경 지역인 유럽으로 이동했다. 이들은 다뉴브강의 비옥한 환경에 이끌려 바퀴 달린 이동 수단을 갖추고 계속해서 발칸반도를 넘어 중부 유럽으로 이동했다. 그곳에 이들의 인도·유럽어족 신들을 상징하는 돌기둥이 세워졌고 장례 봉분이 이들의 진로를 나타냈다. 아마 이런 영토 침입은 처음에는 대규모 침입 없이 오히려 축산에 크게 의존하는 기동력 있는 집단의 이동으로 이루어졌을 것이다. 축산은 일찍이 여러 지역에서 오랫동안 확립된 신석기시대 구상丘狀 유적들을 버리고 떠나게 했다. 침입자들은 방어 장소를 구축했으며 그중 가장 유명한 크로아티아 부체돌Vučedol의 정착촌은 언덕 꼭대기에 위치했다. 그곳에서는 두 집이 높은 목책으로 에워싸여 있었는데, 이러한 요새는 철제 무기를 제조하는 중심지 역할을 하기도 했다(Gimbutas 1997a: 358~363; Mallory and Adams 1997: 44).

기원전 제3천년기경에 소가 끄는 쟁기와 사륜마차가 널리 퍼졌으며, 축산과 작물 재배를 결합한 혼합농업이 번창했다. 기원전 2600년과 기원전 1000년 사이에 독특한 공예품 유물이 동유럽, 중부 유럽, 서유럽, 영국을 넘어 광범하게 분포했다. 이들 공예품 중에는 종 모양의 커다란 도자기 잔이 있었다. 벌꿀 술을 마시기 위한 술잔으로 보이며, 줄을 새겨 넣어 조각된 무늬로 복잡하게 장식되어 있다. 이들은 종종 구리 칼, 슴베와 날개가 있는 돌살촉〔몸체 아래에는 화살에 꽂을 슴베가 있고 양쪽 밑부분은 제비의 뾰족한 날개꼬리 모양으로 되어 있어 닻처럼 생긴 돌 화살촉〕, 돌로 만든 손목 보호대와 함께 봉분에서 발견되었다. 이런 물건은 매우 빠른 속도로 퍼져나갔던 것 같다. 이는 인구이동의 결과라기보다는 점점 더 위계화되는 사회에서 동료보다 실제로 더 부유한 개인에게 속하는, 신부값brideweath으로 교환되거나 세습재산으로 상속되거나 또는 장례 장식품으로 사용되는 것으로서 높은 지위를 부여하는 가치 있는 재산이었다(Fagan 1986: 410~413; Harrison 1980: 9~10). 그리고 처음으로 중부 유럽 및 서유럽에서 사육된 말을 흔하게 볼 수 있었으며, 어떤 유적에서는 발견된 동물 뼈 가운데 말 뼈가 36퍼센트를 차지할 정도였다. 말의 두개골과 후기의 전차가 짝을 이뤄 장례식에 등장했다. 말로 인한 기동성은 두말할 나위 없이 수송과 무역과 전쟁에서 중요했으며, 앞서 접촉이 전혀 없던 지역 사이에 접촉을 촉진시켰다(Harrison 1980: 55, 67). 중부 유럽에서 제조된, 주석과 구리의 합금인 청동은 곧 서쪽으로 확산되었다. 원거리 무역이 활발했던 청동 제조의 중심지들은 다른 많은 물품을 재분배하는 장소로서 역할하기도 했다(Fagan 1986: 413). 팽창의 메커니즘으로서 사육된 말이 유럽에 도입되면서 급격한 사회 변화와 기술 발전의 시기로 접어들었다. 사육된 말의 도입은 새로운 문화적 분화를 불러오기도 했다. 이러한 분화로 인도·유럽어족 즉 그리스어, 이탈리아어, 켈트어, 게르만어, 알바니아어, 발트어, 슬라브어가 나타날 것이다. 이후 2000년 동안 이들 유럽인이 그들 자신의 고유한 문명을 발전시킬 것이며, 이 문명은 장차 초원지대 유목민의 침입을 받게 될 것이다.

선사시대의 태양의 건축물

초기 인도·유럽어족의 침입에서 주목할 한 가지 요소는 많은 특징을 공유하는 원형건축물로서, 이들 건축물의 수백 개가 유럽을 넘어 영국 제도까지 퍼졌다(Gimbutas 1997a: 364, 366). 그중 주목할 것은 새로운 이주자들의 원형 봉분 또는 거석묘인데, 여기에는 전사들이 자신의 전투용 도끼와 함께 매장되어 있었다. 유라시아 초원지대로부터 이미 우리에게 친숙한 이런 쿠르간 매장지들이 앞선 거주자들의 장형분長形墳〔죽은 사람을 매장한 석실 위에 쌓은 신석기시대의 가늘고 긴 토총〕을 대체했다. 또한 토하라어를 쓰는 타림 분지의 차리굴 및 사얀산맥의 아르잔에서 발견된 목조 구조물(제3장 참조)과 꽤 유사한 원형의 목조 구조물이 널리 분포되었고, 위용을 자랑하는 상부 구조를 지탱했을 수많은 목조 수직 기둥이 배치되었다. 이러한 건축물은 정교하게 마무리된 입구와 출구로 인해 돋보였으며, 썩은 고기를 먹는 새들에게 노출된 시체들처럼 의례상 요구된 것들을 포함하기도 했으며(Stover 2003: 59), 주요 방위 또는 주야 평분시晝夜平分時〔춘분 및 추분〕의 방위를 나타내고 있었다. 환상열석megalithic circle◆은 원형 묘와 원형 목조 구조물 모두를 갖춘 채 상층부 대부분을 에워싸곤 했으며, 여러 면에서 본질적으로 더 오래된 쿠르간 매장 형태를 확대한 것이었다. 하늘 숭배의 유적으로서 위풍당당한 이들 원시시대 석조 기념물은 서사시적 전승과 의례, 축제, 행렬, 희생제의에서 중심이 되었다. 이러한 고대 제단 중 가장 극적인 것은 지붕이 없는 스톤헨지Stonehenge의 거대한 태양 신전이고, 신전은 천문 관측 장소로 쓰여 초원지대 목축민들은 다시 한번 광범하게 천문 관측을 했다. 스톤헨지는 기원전 제2천년기 무렵 영국 남부 솔즈베리 평원 한가운데에 위치했으며, 어느 위대한 왕국의 권력의 중심이었다. 왕국은 주석이 풍부한 데번과 콘월의 광산을 지배했다. 멀리 지

◆　　스톤서클Stone circle, 즉 환상열석環狀列石(환상구조토, 환상석리石離). 거석 문화의 일종으로, 거대한 선돌이 둥글게 줄지어 놓인 유구遺構. 태양 숭배와 관련된 종교적 기념물로서, 무덤으로도 쓰였다고 알려져 있다.

중해로부터 항해를 업으로 삼는 미케네인들이 이 귀중한 영국산 주석을 열성적으로 수입하곤 했다. 또한 선사시대 영국 웨섹스의 생산업자들은 수출용으로 단단한 청동 도끼날을 전문적으로 제조했다(Stover 2003: 81).

스톤헨지에서는 원형 봉분이 모여 있는 지역을 둘러싼 원형 도랑이 가장 먼저 만들어졌다. 기원전 2500년경을 시작으로 이런 거대한 기념물을 축조하기 위한 거석들이 조달되었다. 첫 번째로 화성암으로 만든 청석bluestone들이 세워졌다. 화성암은 웨일스 서남부 프레셀리산맥에서 백악층의 대지로 수백 킬로미터 넘게 운반되었다. 중간에 수많은 산이 있어 일부 화성암은 웨일스와 콘월의 해안을 따라 뱃길로 운반되었을 것이다(Souden 1997: 34, 82~83). 어떤 동기로 그처럼 엄청난 거리 너머로 거석을 운반하려는 원대한 시도가 이루어졌는지 궁금증이 인다. 분명한 사실은 태양과 달의 정렬선이 교차했던 것이 정확히 스톤헨지의 위도에서였다는 점이다.[1] 나중에 놀라운 공학과 설계 솜씨로 엄청나게 단단한 40톤의 거대한 사암 덩어리들을 모아서 외부의 대사암[사르센] 원형구조물sarsen circle을 만들었다. 이 구조물은 연속되는 고리 모양의 상인방 돌로 위를 덮은 거석이다. 이렇게 둘러싼 벽 안쪽에는 청석들로 이루어진 원형구조물이 있었으며, 그 내부에는 말 편자 모양의 거대한 사르센 삼석탑trilithon[수직 형태로 세운 두 선돌 위에 가로로 돌이 놓인 탑] 다섯 개와 편자 내측부 모양의 청석들이 배치되었다. 편자 모양의 삼석탑

---

1   네 개의 바위가 직사각형 모양을 이루었고, 사각형의 더 긴 변은 태양과 직각으로 교차되며 가장 먼 지점에서 달이 뜨고 지는 방향을 나타냈다.

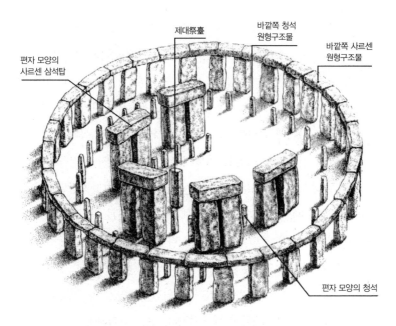

바깥쪽 청석
원형구조물

제대祭臺

바깥쪽 사르센
원형구조물

편자 모양의
사르센 삼석탑

편자 모양의 청석

[그림 6.1] 중심에 돌 제단이 놓인 스톤헨지 환상열석과 편자 모양의 아치.

과 청석은 하지 때 일출과 일직선으로 정렬되어 동북쪽으로 열려 있었다. 이와는 대조적으로, 동지 때 일몰은 거대한 삼석탑의 수직 기둥들 사이에 맞춰졌다. 따라서 스톤헨지는 매년 태양 궤도의 극점들을 나타냈다. 멀리 웨일스에서 가져온 또 다른 돌은 제대祭臺로서 스톤헨지의 중앙에 배치되었다(그림 6.1). 이 특별한 암석 조각의 작은 운모판들은 전체 배경의 중심에서 무수한 거울처럼 햇빛을 받아 반짝였다(Souden: 36~39, 122).

스톤헨지에 대해 논의하면서 리언 스토버Leon Stover는 스톤헨지가 주로 거석묘에서 보이는 요소를 많이 갖추고 있다고 주장한다. 실제로 스톤헨지는 여러 세기에 걸친 공동묘지로서 조상 묘였다. 그러나 스토버의 논점에 따르면 스톤헨지는 고분 덮개가 없다는 점을 제외하면 매장실이 있는 초원지대 장례무덤과 구조가 유사하다. 평원 위에 우뚝 솟은 스톤헨지는 매장무덤의 변형된 형태로 야외에 받침대 없이 서 있었다. 다른 선사시대 유적에서는 알려지지 않은 사르센 꼭대기에 놓인 상인방 돌은 지하묘지 매장실 위를 덮은 지붕 널빤지를 떠올리게 한다. 고리 모양으로 둘러놓은 바깥쪽 사르센은 초원지대 환상열석과 유사하다(Stover 2003: 51~57). 초원지대에서처럼 죽음과 희생제의 그리고 부활에 대한 관심은 분명했다. 인간의 다산과 재생을 상징하는 백악白堊, chalk으로 조각된 남근상이 발굴되었다(Souden 1997: 113). 스톤헨지에서는 인간 희생제의도 거행되었다. 기원전 1800년으로 거슬러 올라가는 한 젊은 남자의 해골이 발견되었다. 그는 근거리에서 뒤에서 날아오는 화살을 맞았고, 적어도 화살 하나가 심장을 관통했다. 그의 흉곽 안에서 슴베와 미늘이 있는 화살촉 5개가 발견되었다. 그중 1개는 흉골〔복장뼈〕 뒤쪽에 꽂혀 있었다. 아우구스투스 시대의 로마 지리학자 스트라본을 통해, 드루이드교 사제들이 희생자들의 등을 찔러 그들이 당한 죽음의 고통을 해석해 미래를 예언하는 인간 희생제의를 거행했음이 알려져 있다. 또 다른 형태의 희생제의는 찔러 죽여서 제물로 바치는 것이었다. 이를 위해 고리버들로 거대한 모형이 만들어졌다. 가축, 야생동물, 사람이 고리버들로 만든 구조물 안에 봉인되어 신들에게 바칠 봉헌물로 화장되었다(Stover 2003: 94~96). 마찬가지로 스톤헨지 근처의 목조 원형구조물들도 희생제의와 관련 있었다. 이러한 목조 원형구조물 중 하나에는 옛날 목조 동심원 6개가 포함되어 있었다. 판테온의 돔과 직경이 같은 커다란 건물이 중앙에 탁 트인 큰 공간을 갖춘 지붕이 있는 원형건축물을 지탱했던 것 같다. 이 유명한 기념물의 중앙에 낮은 부싯돌 무더기 아래에 희생제물로 봉헌된 세 살 소녀의 유골이 있었다. 두개골은 돌도끼에 찍혀 비참하게 두 조각 나 있었다. 이 중앙 제단에서 퍼져나가 고리처럼 늘어서 있는 동물 뼈들은 놀라우리만치 규칙적으로 정형화된 형태로 나타났다. 즉 가축은 내부 원형구조물에, 야생동물은 바깥쪽 원형구조물에 매장되었다(Castleden 1993: 84~88). 생각건대 6개 원의 중심인 세상의 배꼽에서 나타난 쪼개진 작은 두개골은 희생제물로서 신과 연결되었다. 여러 동물 뼈로 더 커지는 원형구조물들은 아마도 이런 신성한 우주의 중심에서 벗어나 원시림을 향해 밖으로 나아가는 것을 표현한 듯 보인다.

연구자들은 의식 행렬이 통과하는 우회로에 대해 언급해왔다. 이 우회로는 스톤헨지를 향해 무덤, 차폐물, 비탈 주위를 나선상으로 그리며 나아갔다. 많은 종교의식에서 공통되게 나타나는 행렬 기도식은 질서정연하게 모인 사람들이 정해진 방식에 따라 중심부를 향해 이동하는 공식적인 의식이다. 의식을 거행하러 가는 길이 구불구불한 모양을 했던 것은 마지막 단계인 오르막 고개를 넘는 순간 바로 환상열석의 입구가 보이게 하려는 의도였다. 그다음 사르센으로 된 고리 모양의 테두리 내부에 청석이 불규칙하게 배열되어 있었던 것은 종교의식 참여자들에게 중앙 제단의 내부 주위를 빙 돌아 나선형으로 이동하게 하려는 것이었다(Souden 1997: 32~33, 42). 사람들은 이렇게 길을 구불구불하게 만든 이유를 궁금해한다. 그렇다면 구조가 우주의 운동을 연상시키는 멀리 떨어진 간다라 불탑과 제단 주위를 거니는 종교적 행위를 떠올려보라. 스톤헨지에서도 종교의식 참여자들이 우회하는 접근로와 제단 내부 나선형 통로는 그들이 경배했던 천구의 궤도를 모방한 것이리라. 뒤에서 보겠지만, 앞서 수 세기 동안 악천후에 노출되거나 하늘을 모방하는 그리고 태양 광선을 생생하게 표현하는 수많은 태양의 건축물이 머지않아 유럽의 하늘에 치솟을 것이다.

스톤헨지에서 하지에 거행된 종교의식을 검토하면서 테런스 미든 Terence Meaden은 솟아오르는 여름의 태양을 향해 있는 편자 모양의 사르센 삼석탑이 자궁을 상징적으로 표현한다고 강조한다. 이 안쪽 편자 모양의 내부에는 부활을 강력하게 상징하는 수사슴의 가지 진 뿔이 매장되었다. 이 지성소에는 3미터 높이의 거대한 제대가 있었다. 제대의 무수한 운모판이 낮의 첫 번째 빛을 받아서 일출 때 불처럼 붉은빛이 반짝이게 했다. 바깥쪽 사르센 원형구조물 동북쪽 입구 앞쪽에 제단의 복부 부분 바깥쪽으로 힐 스톤Heel Stone이 자리 잡았다. 힐 스톤은 하짓날 일출 때 스톤헨지 중심부 깊숙이에 기다란 그림자를 드리울 정도로 원형의 토루에서 정확한 높이와 거리에 서 있었다. 미든은 태양이 그해 가장 북쪽 지점에 뜰 때 우주가 교류하면서 태양 빛이 처음으로 제대 전체를 밝게 비추었다고 주장한다. 하지만 힐 스톤이 부분적으로 태양광선을 가리면서 힐 스톤의 그림자[2]가 제대 하단부를 어둡게 하고 비옥한 대지를 수태시켰다. 떠오르는 태양과 움직이는 그림자라는 이 극적인 광경은 태양과 대지의 신성한 결혼을 상징했고, 이렇게

---

2   브라만교에서 땅 위에 떨어지는 나무의 그림자는 남근의 생식력을 갖는다고 여겨진다.

해서 종교의식 참여자들에게 여성과 동물 그리고 곡물의 다산과 그들이 사는 세상의 안전을 보장해주었다(Meaden 1997: 103~108).

　스토버의 분석에 따르면(Stover 2003), 스톤헨지는 경제적으로 강력한 왕국의 제례 중심지이자 태양 관측소로서, 또 조상 묘와 연례적으로 거행되는 풍작 기원 의식 장소로서, 정치적 광장으로서도 중요한 역할을 했다. 왕이 죽었을 때 귀족들은 계승자를 선출하기 위해 집회를 가졌을 것이다. 스토버는 스톤헨지가 새로운 왕이 공식적으로 선출되는 선거 법정의 역할을 했다고 본다. 또한 이런 집회에서는 죽은 통치자를 기리는 장례 경기funeral games를 준비하는 것이 관례였다. 켈트족 축제에 대한 역사상의 기록은 하나같이 정치 집회 동안 거행된 경마의 중요성을 강조하고 있다. 또한 유럽의 다른 지역 폴란드에서 강력한 증거가 나왔다. 여기서는 서임식 동안 경주로 결승선에서 미라로 만들어진 죽은 왕의 시신을 정성스럽게 매장할 준비를 했다. 경주 우승자가 선망하는 상賞이었던 죽은 왕의 현세 물건들이 시신을 에워싸고 있었다(Stover 2003: 113~115).

　부활을 나타내는 태양의 상징인 말과 전차는 덴마크에서 출토된 기원전 제2천년기의 유명한 투른홀름 전차 축소 모형에서도 발견된다. 전차 모형은 막대기 위에 설치되었을 뿐 아니라 바큇살이 네 개 달린 세 쌍의 바퀴로 운반되는 태양 원반을 끄는 말과 닮았다(그림 6.2). 이 제례 도구는, 히타이트족의 태양 여신 아린나처럼 이중적 특성을 나타냈다. 태양 원반은 두 볼록 원형면이 반반씩 구성되었다. 이 중 낮의 태양을 상징하기 위해 한쪽 반면만 얇은 황금색 판으로 덮여 있었다. 더 어두운 뒷면은 지하세계를 통해 서쪽에서 동쪽 지평선의 새로운 낮으

[그림 6.2] 투른홀름 제례용 전차. (덴마크 국립박물관 존 리 소장)

로 향해 가는 태양의 야간 통로를 나타냈다(Kristiansen and Larsson 2005: 294~295).

켈트족이 유럽 전역으로 이동하다

언필드Urnfield 시대(기원전 1300~기원전 900년경)〔후기 청동기시대 중부 유럽의 문화. 언필드는 '화장한 뼈를 담은 항아리를 묻은 묘지'를 말한다〕에 청동 야금술이 새로운 정점을 맞았다. 그리고 기원전 1000년 이후 어느 시점에 철 세공 기술이 동쪽에서 소개되었다. 청동기 후기 동안 발전했던 할슈타트 문화Hallstatt culture는 철기시대 초기에 켈트족 사이에 자리

[그림 6.3] 오스트리아 슈트레트베크에서 출토된 케셀바겐 마차(모형). (뢰미시게르마니셰스 중앙박물관 소장)

잡았다. 할슈타트는 베는 칼보다 훨씬 더 파괴적 무기인 깊이 베는 긴 칼을 가진 말 타는 전사들이 특징이었다. 의례용 마차와 함께 언덕 요새 및 화려한 매장은 유럽 전역에서 흔히 볼 수 있었다(Haywood 2001: 31~32: Litton 1997: 28~29). 의례용 마차는 견고하게 제작되었지만 속도와 대량 운송에 맞지 않게 마부석이 좁았다. 마차는 장례식에서 화려한 마구와 함께 정성 들여 장식되곤 했다. 오스트리아 슈트레트베크에서 발견된 7세기의 청동 케셀바겐Kesselwagen에서 암시되듯이(그림 6.3), 이들 마차는 제례와 관련 있었고 그 자체로 우주론적 상징물 역할을 했다(Pare 1992: 217~218). 슈트레트베크 마차 모형을 보면, 중앙에서 한 여성 조각상이 의례용 용기를 들어올리고 수사슴과 의례 참여자, 창을 든 말 탄 전사들이 그 뒤를 따르고 있다(Egg 1996).

의례와는 별개로 농업용 기능성 수송 수단으로서 마차의 제조에 중요한 발전이 있었다. 이제 바큇살이 6~10개 달린 바퀴가 쇠테에 장착되었다. 뒤이어 쇠망치로 테를 단조해서 정확한 크기의 겉테로 만들고 테를 불에 가열해 쇠를 팽창시킨 다음 새빨갛게 달구어 바퀴 위에 끼웠다. 식으면 쇠퇴가 꼭 맞게 수축되면서 바퀴통, 바큇살, 겉테가 단단히 맞물렸다. 네 개의 바퀴로 움직이는 마차에서 일어난 또 다른 혁신은 앞쪽 회전 차축이었다. 〔덴마크〕 다이비에르Dejbjerg 마차에서 볼 수 있듯, 마부석은 쇠 중심 핀 1개만으로 가로대 중앙에 결합되었다. 이렇게 해서 채와 앞쪽 차축이 견고하게 연결되었음에도 마차는 중심 핀 주위를 자유롭게 회전해 방향 전환을 수월하게 할 수 있었다(Pare 1992: 128~130).

유럽의 북쪽 강들과 그리스의 식민도시 마살리아(마르세유) 사이에 교역이 발달하면서 할슈타트 문화는 서남쪽으로 이동해 론강 계곡을 따라 교역로를 지배했다. 사치품, 특히 포도주가 수입되었다. 포도 재배가 소개되면서 당나귀도 처음으로 서유럽에 들여오게 되었다. 흥미롭게도 아프리카당나귀가 북쪽의 더 추운 위도 지방으로 퍼져나가면서 호리호리한 사막의 조상 당나귀보다 사지가 더 짧고, 몸집이 더 단단하며, 털이 더 덥수룩한 동물이 되었다. 이 변화는 광범하게 분포하는 수많은 포유류 종 사이에서 입증된 형태 변화를 반영한다. 말하자면, 더 추운 북쪽 지방에서는 몸체와 사지가 더 육중해지고(베르크만 법칙Bergmann's rule) 몸의 말단 부위(귀, 입, 목, 손발, 날개, 꼬리 등)가 더 짧아지는 경향(앨런 규칙Allen's rule)이 있다(Clutton-Brock 1992: 61). 이러한 교역관계를 통해 지중해 세계는 처음으로 켈트족을 알게 되었다. 그리스인은 켈트족을 켈토이Keltoi로 그리고 나중에 로마인은 갈라타이Gálātæ(갈리아인)로 불렀다(Haywood 2001: 33). 기원전 7세기에 켈트족은 남쪽 지중해를 향해 이동했다. 레폰틴어를 사용하는 켈트족은 알프스산맥을 넘어 이탈리아 북부의 포강 계곡으로 갔다(Haywood 2001: 15). 또 다른 켈트족은 피레네산맥을 넘어 이베리아반도로 갔으며, 그곳에서 켈트어가 토착의 비인도·유럽어족인 바스크어, 이베리아어, 타르테수스어와 함께 뿌리를 내렸다. 켈트 지역에서는 기마인의 종아리뼈가 널리 분포한 데다 날개 달린 말 조각상들과 함께 금 선線 세공을 한 금 목걸이가 매장지에서 발견되었다(Haywood 2001: 44~45; King 1998: 26).

기원전 5세기 동안에 서쪽 중부 유럽에서 시작된 켈트족의 두 번째 위대한 기마 문화인 라텐La Tene 문화는 기원전 300년경 멀리 서쪽 대서양과 동쪽 돈강으로 확산되었다(Haywood 2001: 34). 켈트족은 장식을 자랑으로 여겼다. 라텐기期의 무기, 갑옷, 휴대용 공예품, 말 장식물이 곡선형 예술 양식으로 화려하게 장식되었다. 이는 초원지대 동물의장 예술을 어느 정도 연상케 한다. 초원지대 동물의장 예술은 형태의 자유로운 변형이 특징으로, "나뭇잎이 얼굴이 되고, 동물이 식물이 되며, 비유적 표현이 추상적인 소용돌이무늬와 바퀴 모양 및 삼엽형三葉形 무늬로 차츰 변했다"(King 1998: 22, 28). 공들인 봉분 매장에서 망자는 무기들에 둘러싸인 채 그의 전차에 진열되었다(Litton 1997: 32). 문자가 사용되기 이전 사회로서, 켈트족은 웅변 능력을 높이 평가했다. 드루이드교 사제들은 그들을 수행하는 예언자, 음유시인, 점성술사와 함께 사회에서 중요한 지위를 차지했다. 그들은 종교 지식, 법, 주술, 역사가 포함된 구전으로 전승된 엄청난 양의 시편에 숙달되도록 훈련받았다(Haywood 2001: 64). 그들은 철학자로서 영혼의 불멸과 윤회를 믿으면서 자연과 우주를 탐구했다. 드루이드교에서도 조로아스터교에서처럼 진실을 말하는 것과 빚을 갚는 것, 신성한 맹세를 이행하는 것이 필수였다. 드루이드교 사제들은 페르시아 마기 사제처럼 옥외에서, 즉 종종 신전에서보다 오히려 신성한 작은 숲에서 종교의식을 거행했다. 주요한 태양신이자 전사 신인 루Lugh의 비위를 맞추기 위해 동물과 인간을 희생제물로 바쳤다. 많은 켈트족 정착지가 리옹Lyon, 랑Laon, 레이던Leiden처럼 루의 이름을 따서 지어졌다(Litton 1997: 33~37).

다른 인도·유럽어족 사이에서처럼 켈트족 사회에는 세 계층, 즉 리ri(전사 귀족), 드루이drui(사제), 아이레aire(농부)가 있었다. 『리그베다』에서처럼 위드wid는 현명한 사람을 그리고 드루위드druwid는 세 배로 현명한 사람을 의미했다.[3] 이러한 세 계층으로의 구분은 인도·아리아인의 크샤트리아, 브라만, 바이샤, 로마령 갈리아의 기사·사제·평민·중세의 귀족·성직자·농노에 비견된다(Stover 2003: 68~71). 여성의 지위는 높았으며, 켈트족 여성은 초원지대 여성처럼 전투에서 남성과 함께 싸우곤 했다. 말 탄 켈트족은 격자무늬 모직물 망토로 가려진 밝게 수놓은

---

3   인도·유럽어족 문헌에서는 전사들이 자주 "세 배로 강한"이라고 일컬어진다.

셔츠와 바지(라틴어로 '반바지'를 뜻하는 브라카이brācæ)를 입었다. 할슈타트보다 더 군국주의적인 초기 라텐인이 기원전 400년경 알프스산맥 너머로 침입해 들어와 메디올라니움Mediolanium(밀라노) 식민도시를 건설했으며(King 1998: 15, 28, 30), 에트루리아 도시들을 공격해서 이후 로마가 팽창하는 데 취약함의 원인을 제공했다. 또한 켈트족은 기원전 390년에 로마를 약탈해서 엄청난 배상금을 받아냈으며 이어 포강 계곡에 정착했다. 그곳은 그들의 이름을 따서 갈리아 키살피나Cisalpine Gaul로 불렀다(Haywood 2001: 36). 패배에서 벗어나 갈리아인들을 지배하려 했던 로마는 기원전 225년에 이탈리아반도를 휩쓰는 갈리아 군대와 마주쳤다. 티투스 리비우스Titus Livius의 추정에 따르면, 당시 갈리아 군대는 말과 전차에 탄 2만 명의 켈트족으로 이루어졌다. 선두에서 켈트족 전사들은 죽음에 개의치 않는 모습을 보여주려고 금 목걸이와 혁대, 팔찌만으로 치장한 채 벌거벗고 싸웠다. 또한 언제나 그랬듯, 창을 휘두르는 지휘관 중 한 명이 앞으로 나아가 가장 용감한 적에게 일대일 결투를 신청했다. 노래에서 전사는 자신의 용감한 행동을 공공연히 찬양하면서도 다른 한편에선 사기를 꺾기 위해 적을 모욕하는 가운데 조상들의 남자다운 미덕을 찬양하곤 한다(Ritchie and Ritchie 1985: 29, 35). 로마 군단은 텔라몬에서 켈트족에게 결정적 승리를 거두었으며, 더 나아가 북쪽 지역에 로마 식민도시를 건설함으로써 정복을 강화해나갔다(Haywood 2001: 43).

켈트 부족은 발칸반도와 카르파티아산맥을 넘어 동쪽으로 이동하기도 했다. 잘 알려진 대로, 기원전 336년에는 마케도니아 북쪽 국경에서 알렉산더 대왕과 마주쳤다. 알렉산더는 그들에게 가장 무서운게 무엇인지 물어보았다. 그들은 하늘이 내려앉을까봐 두렵다고 대답했다. 이는 그들이 전능한 하늘의 신을 두려워했음을 반영한다. 대체로 켈트족은 알렉산더와 평화관계를 유지했다. 하지만 켈트족은 알렉산더 사후 뒤이은 정치적 혼란 시기에 트라키아와 마케도니아에 침입했으며, 기원전 281년에는 프톨레마이오스 케라우노스 왕을 살해했다. 예상대로 그의 머리는 승리 기념물로 만들어졌다. 대담해진 켈트족은 테르모필레를 지나 남쪽으로 쇄도해 많은 그리스 국가가 보물을 갖고 있던 신성한 도시 델피를 공격했다. 그러나 그들의 지도자 브렌누스가 살해되면서 후퇴하지 않으면 안 되었다. 켈트족의 잔혹성은 아주 잘 알려져 있어서 비티니아의 니코메데스 왕은 셀레우코스 왕조 안티오코스 1세에 맞서 싸울 용병으로 2만 명의 켈트족을 끌어들였다. 패배한 켈트족 용병은 프리기아에 정착했으며, 나중에 동쪽 카파도키아로 팽창해나갔다. 이 지역, 즉 갈라티아Galatia(갈리아인/켈트족의 땅)는 기원전 64년에 로마의 예속 왕국이 되었으며 기원전 25년에는 로마 제국에 병합되었다. 갈라티아인들은 아나톨리아 토착문화 대부분을 받아들였지만 사도 바울에게서 서한을 받을 만큼 민족적으로 달랐으며, 기원후 4세기 말에는 성 제롬이 인정했듯이 갈리아인들과 똑같은 언어를 사용했다(Haywood 2001: 25, 37~41). 현재까지 켈트어는 유럽 전역에서 뚜렷한 흔적을 남기고 있다. 이런 흔적은 아나톨리아의 갈라티아, 영국 서쪽의 웨일스Wales, 루마니아 남쪽의 왈라키아Wallachia, 스페인 북쪽의 갈리시아Galicia, 그리고 물론 갈리아인를 의미하고 지금은 프랑스어를 말하는 민족 집단으로 현재 벨기에인을 나타내는 왈롱Walloon처럼 가Ga 또는 와Wa로 시작되는 지명에서 확인할 수 있다. 게일족의 아일랜드어와 스코틀랜드어, 브리튼의 웨일스어는 프랑스의 브르타뉴반도 서쪽에서 사용되는 갈리아인의 브르타뉴어처럼 지금도 영국 제도에서 사용되고 있다(Haywood 2001: 15).

그리스의 전쟁과 신화에 나타나는 말

사실 그리스인들은 유럽에서 켈트족보다 더 일찍 모습을 드러냈다. 그들은 기원전 제2천년기가 시작되면서 초원지대에서 그리스반도 남쪽으로 이동했다. 기원전 1104년에 아카이아의 그리스가 뛰어난 철제 무기로 무장한 도리아족의 침입을 받았다. 철을 보유하고 있었음에도 말이 끄는 전차는 그리스 본토 산악 지형에 부적합해 전속력의 대규모 공격에 결코 사용되지 못했다. 앞선 몇 세기 동안 말이 끄는 전차는 더 평탄한 전장에서 치러진 근동의 전투에서 근간을 이루었다. 호메로스 시대에 전차는 뛰어난 전사를 치열한 전투 현장으로 실어 나른 뒤에 필요하다면 신속히 퇴로를 제공할 안전한 거리로 되돌아오게 하는 일종의 택시 역할을 했다. 그리스 고전기 전쟁에서는 중무장한 채 창을 던지는 시민 보병의 밀집 대형을 크게 강조했다. 매우 부유한 사람들만이 말을 사육할 여력을 지녔지만 사육하는 말 품종은 체격이 작았다. 그 결과 도시국가 군대에서 기병 분견대는 대체로 규모가 제한적이었다. 하지만 말을 사육하는 보이오티아와 테살리아, 그리스 식민도시 시칠리아의 평원에서는 체격이 더 큰 품종의 말로 기병대를 조직할 수 있었다. 그리스 기병의 무기는 손을 위로 올려 어깨에서 아래로 찌를 수 있는 6피트 길이의 창과 깊이 벨 수 있는 철검이었다. 그리스 기병은 정찰과 병참부대 호위 말고도 전투 중에 공격받기 쉬운 측면을 방어하는 책임을 맡았다. 퇴각 중에 기병은 도망가는 적을 추격하거나 또는 역으로 자신의 보병들을 방어하는 중요한 역할을 했다. 기병은 동체갑옷 cuirass〔가슴받이와 등받이로 된 갑옷〕과 방패로 무장했지만 말은 갑옷을 견뎌낼 만큼 튼튼하지 않았다. 그 결과 기병이 혼전 중에 방향을 바꾸었을 때, 기병이 탄 말은 적이 찌르는 창에 취약했다. 당연히 나중에 마케도니아 왕 필리포스 2세의 군대 재편과 뒤이은 알렉산더의 정복으로 헬레니즘 시대 기병에 페르시아의 전술 혁신과 더 몸집이 큰 니사이아의 말이 도입되었다(Sacks 1995: 54~55). 그렇더라도 분명히 기원전 8세기 동쪽에서 그리스에 도달했던 발명품 하나는 경주용 경전차였다. 말과 전차 경주는 엄청난 인기를 누렸다. 세 마리 또는 네 마리 말이 끄는 전차들은 경주로 주위를 도는 위험한 고비를 넘기면서, 그리고 운집한 관중에게 팽팽한 긴장감과 흥분을 불러일으키면서 나란히 달리며 경쟁했다(Greenhalgh 1973: 27).

그리스에는 아케메네스인들의 광대한 목초지와 엄청난 말 떼가 없었지만 그리스 신화와 의례에는 기마인에 대한 비유적 묘사가 가득했다. 고대 초기에 초원지대 남쪽 사람들은 신화에 등장하는 반인반수의 존재를 상상하면서 준마에 걸터앉아 말을 타는 초원지대 전사들을 놀라운 눈으로 바라보았다. 기원전 13세기에 아시리아의 원통형 인장에 앞부분에서 개를 데리고 가젤을 사냥하는 수염 달린 남자의 몸통에 날개 달린 켄타우로스가 묘사되었다(그림 6.4). 물론 전갈 꼬리에 날개가 달린 궁수인 켄타우로스는 뒤에 황도黃道 12궁의 궁수자리를 상징하게 되었다(Padgett 2003: 6, 129~130). 그리스 신화에서 켄타우로스는 멀리 떨어진 테살리아와 아르카디아 지역 산등성이 및 골짜기, 동굴에서 사는 황량한 숲의 피조물이었다. 켄타우로스는 그리스에서 법률과 도시국가가 확립되기 이전의 세련되지 못한 생명체를 대표했다. 그들은 악으로서가 아니라 오히려 떼 지어 이동하면서 술에 취하고 과식하는 경향이 있는, 또 억제되지 않은 성욕과 폭력 성향이 있는 불량배로 간주되었다. 하지만 양면성이 존재했다. 어느 점에서 켄타우로스는 친절했고 어느 정도 말의 고상한 성질을 지녔으며 게다가 자연과 인간 양쪽 세계에 걸쳐 있었다. 켄타우로스의 생김새는 다양했다. 앞부분 전체는 인간의 몸을 하고 있고 말의 뒷다리가 결합된 모습으로 나타날 수 있었다. 앞다리가 말의 다리일 때도 있지만, 이런 켄타우로스는 날개를 달고 있곤 했다. 호메로스의 『일리아스』와 『오디세이아』에서 언급되고 파르테논 신전 남쪽 소간벽小間壁, metope들에서 묘사된 켄타우로스들에 관해 가장 잘 알려진 신화는 그들이 테살리아의 라피테스족과 치렀던 전투에 대해 말해준다. 모임은 피리토우스 왕의 결혼식을 축하하는 우호적 축제로 시작되었지만 켄타우로스들이 술에 취해 사납게 날뛰며 라피테스족 여인들을 겁탈하려고 했다. 이어지는 싸움에서 에우리티온이 히포다메이아를 모욕한 데 격분한 피리토우스 왕이 털투성이 짐승들인 켄타우로스를 무찔러서 핀두스산으로 추방했다. 이와 비슷하게 헤라클레스도 켄타우로스인 네소스가 자신의 두 번째 아내 데이아네이라를 겁탈하려고 했을 때 독화살로 그를 쏘았다. 그때 네소스는 그녀를 강 너머로 데려가던 중이었다. 네소스는 헤라클레스를 죽게 할 독혈毒血에 적신 옷을 데이아네이라에게 맡기는 것으로 헤

[그림 6.4] 아시리아 중기의 원통형 인영印影. 날개 달린 켄타우로스가 가젤을 사냥하고 있다. (Padgett 2003: fig. 2) (프린스턴대 미술관 소장)

라클레스에게 보복했다. 그러나 인간의 앞다리에 때때로 말발굽이 있는 케이론은 지혜와 인간들의 친구로 명성이 높았던, 그리고 그리스의 영웅인 이아손·아스클레피오스·아킬레우스에게 개인 교사로 유명했던, 언제나 인심 좋은 켄타우로스였다(Sacks 1995: 56). 산에서 살았던 반인반마의 지혜로운 케이론은 불멸의 존재였다. 켄타우로스인 케이론은 종종 야만족의 적을 대표하기도 하지만 이따금 고상한 기질을 나타냈다. 케이론의 직립한 인간의 몸통과 말의 하체는 아마도 두 갈래로 나뉜 인간의 본성, 즉 인간의 고결함과 더불어 어둡고 짐승 같은 측면을 의인화한 것 같다.

이와는 대조적으로, 새벽의 여신 에오스Eos의 눈같이 흰 말인 날개 달린 페가수스는, 별자리와 관련된 천상의 신비로운 말이었다. 포세이돈의 자손인 페가수스는 페르세우스가 페가수스의 어머니인 메두사의 머리를 잘라 떨어뜨렸을 때 태어났다. 페가수스는 믿기 어려울 만큼 빠른 속도로 신들의 거처로 올라가 제우스의 궁전에서 살았다. 페가수스는 제우스를 위해 하늘 너머로 천둥과 번개를 가져갔다. 아폴론과 음악·시·예술의 뮤즈들이 곧잘 페가수스를 타고 갔지만 신들이 벨레로폰에게 키마이라를 죽이도록 명령했을 때까지 어떤 인간도 감히 페가수스를 타고 가지 못했다. 아테나 여신이 직접 페가수스를 길들여 족쇄를 씌웠다. 예언자의 조언을 받은 벨레로폰이 아테나 신전에서 밤을 보냈다. 아테나 여신이 그의 꿈속에 나타나 포세이돈에게 제물을 바치도록 지시했으며 황금 굴레를 남겨주었다. 벨레로폰은 깨어나자마자 희생제의를 거행했으며 아테나 여신의 굴레로 페가수스를 잡아 올라타는 데 성공했다. 일단 키마이라를 죽였다는 승리감에 대담해진 벨레로폰은 페가수스를 타고 올림포스산으로 날아가려고 시도했다. 격노한 제우스가 등에게 페가수스를 괴롭히게 했다. 페가수스가 날뛰자 벨레로폰은 지상으로 떨어졌다. 또한 페가수스는 히포크레네의 샘과도 관련되었다. 뮤즈들이 노래 경연에서 노래했을 때 하늘과 바다와 강 모두가 노래에 도취되어 정지해 있었으며, 헬리콘산이 황홀경에 솟아올랐다. 포세이돈의 지시로 페가수스는 발굽으로 차서 헬리콘산이 솟아오르지 못하게 했다. 페가수스가 발굽으로 가한 충격으로 뮤즈들의 영감의 샘인 히포크레네가 생겨났다(Smith 1925: 664~665).

그리스인들을 매료시켰던 또 하나의 기마인은 맹렬하게 말을 타는 초원지대의 아마존 여전사로, 이들은 능숙하게 사냥감을 쫓고 전투를 즐기는 것으로 잘 알려져 있었다. 전설에 따르면, 여전사들은 활을 쉽게 당기기 위해 유년기에 오른쪽 젖가슴을 불로 지져서 젖가슴이 없는 사람들(그리스어로 아마조이amazoi)로 불렸다(Warner 2000: 204). 아마존 여인들은 아이를 낳기 위해 주기적으로 외지 남성들과 관계를 가졌던 것으로 잘 알려져 있다. 이렇게 해서 태어난 남자 아기들은 버려졌다. 아마존 여전사들은 수 세기에 걸쳐 그리스 전설과 그리스 예술에서 눈에 띄게 많이 등장하는데, 대체로 스키타이 양식의 바지를 입고 활, 도끼, 칼, 초승달 모양의 방패로 무장한 모습으로 묘사되었다. 전설에 따르면, 헥토르가 죽은 뒤 전쟁의 신 아레스와 오트레라의 딸인 아마존의 여왕 펜테실레이아가 트로이가 포위 공격을 받는 동안 초원지대에서 부족 여성들의 군대를 이끌고 프리아모스를 도우러 왔다. 마침내 아킬레우스와 싸우는 중에 그의 칼이 아마존의 여왕을 관통했다. 치명상을 입고 쓰러졌음에도 펜테실레이아의 아름다움은 아킬레우스의 가슴에 격정적인 사랑의 불을 지폈다. 헤라클레스는 아홉 번째 과업에서 에우리스테우스의 간청으로 아레스가 아마존 여왕 히폴리타〔히폴리테〕에게 준 벨트를 손에 넣기 위해 그녀와 싸우러 멀리 여행했다 (Devambez 1970: 354; Seyffert 1995: 298, 468). 아테네의 영웅 테세우스는 실제로 아마존 여왕 안티오페를 납치하는 데 성공했고 격분한 그녀의 추종자들이 아테네를 포위 공격했을 때 그들을 물리쳤다. 아마존 여전사는 사냥의 처녀 여신이자 땅속 죽음과 부활의 그리스 암흑 신들 가운데 가장 잔혹한 신 중 한 명인 아르테미스를 숭배했다. 사냥꾼 악타이온이 아르테미스 여신이 벌거벗은 채 목욕하는 것을 봤을 때, 여신은 그를 수사슴으로 변하게 해서 그의 사냥개로 하여금 뒤를 쫓아 갈기갈기 찢게 했다. 아르테미스 여신은 칼레도니아의 수퇘지를 보내 그리스의 시골을 파괴하게 했다. 신속함, 민첩성, 난폭한 죽음과 관련된 아르테미스는 강한 자립을 대표했다. 아르테미스의 난공불락의 처녀성이 이를 상징했다. 아르테미스의 의례는 에페수스의 대신전에서 거행되었다. 이렇게 초원지대의 아마존 여전사는 질서 잡힌 그리스 세계를 위협했던 야만적이고 비이성적인 힘을 대표하면서 그리스인의 상상력에 강한 영향을 끼쳤다. 파르테논 신전 서쪽 소간벽에 묘사된 아마존 여전사와 그리스인의 전투는 그리스가 아시아의 침입자에게 패배했음을 상징하게 될 것이다(Sacks 1995: 19; Warner 2000: 202).

페가수스를 길들이는 자로서 창과 둥근 방패를 가진 처녀 아테나는 아티카의 전쟁 여신이었다. 반복적으로 말과 연관된 아테나는 아테네 화병花瓶에서 말과 전차를 모는 모습으로 나타나곤 했다. 또한 아테나는 최초로 재갈을 만들었고 아테네인들에게 기마술을 가르쳤으며 트로이 목마의 제작을 도운 것으로 알려져 있다. 『일리아스』에서 언급된 것처럼(제2권 249~551행) 고대 신 아테나는 오랫동안 호화로운 신전에서 숭배되었으며, 그녀의 양자 에리크토니오스는 전차 경주를 고안했고 판아테나이아Panathenaia 축제를 만든 것으로 유명하다. 일 년 내내 많은 축제가 아테네 수호자인 아테나 폴리아스Athena Polias에게 봉헌되었다. 하지만 단연 제일 화려했던 것은 매년 음악, 연극, 체조, 마술馬術 분야의 경연이 거행된 판아테나이아 축제였다. 아테네시에 들어서면서 기쁨에 넘치는 긴 행렬이, 공들인 기병과 전차를 과시하는 데 편의를 도모하기 위해 폭 10~20미터의 오래된 성도Sacred Way를 따라갔다(Neils 1992: 13, 18, 21~22; Neils 2001: 190). 앞서 분석한 스톤헨지에서 거행된 인도·유럽어족의 축제에서는 경배자들이 나무로 둘러싸인 원형구조물과 거석 제단으로 진입할 때 직선 경로보다는 나선형 경로를 강조했다. 판아테나이아 축제에서도 이와 유사하게 행렬이 구불구불한 경로를 따라갔다. 행렬은 아테네시를 에워싸고 아고라를 대각선으로 교차하며 깎아지른 북쪽 비탈로 올라갔다. 그리고 장엄한 프로필라이아 Propylaea〔궁전 혹은 신전의 경내로 들어가는 입구. 여기서는 아크로폴리스 입구를 말한다〕를 통과해 서쪽에서 아크로폴리스로 진입하기 위해 비탈길에서 방향을 바꾸었다. 아테나 신전이 스톤헨지에서처럼 동쪽을 향하고 있었으므로 행렬은 불가피하게 성역 전체를 돌았고, 파르테논 신전의 가장 높은 지점까지 에워싸면서 에레크테이온 신전에 이르렀다. 그곳에서 화려하게 짠 페플로스 peplos〔고대 그리스의 의복〕 직물을 아테나 여신에게 바쳤고, 아티카의 10개 부족에서 온 경주자들이 참가한 횃불 경주에서 우승한 마지막 주자의 횃불에 태워진 수백 마리 동물이 희생제물로 봉헌되었다. 이런 오래된 제례의 의미는 부활로서, 아테나 여신의 제단에서 희생제물을 태울 신성한 불을 나르는 것이었다. 마지막으로 군중이 희생제물로 바쳐진 구운 살코기를 실컷 즐겼다(Neils 1992: 24).

아테네에서 비싼 장비의 유지를 필연적으로 수반한 말의 사육과 경주는 부와 지위를 상징했다. 유명한 장군들은 넓은 마구간을 유지했으며 경주에서 승리한 기수들을 고용했다. 경주 승리는 마구간 소유자에게 명예를 안겨주었으며 영향력 있는 사회 집단과 접촉할 수 있게 해주었다. 귀족들의 말과 전차 단체가 있어서 기마 대회는 늘 명성이 덜한 체육 경기들에 앞서서 거행되었다. 말 공연은 아테나 여신의 축제에서 두드러지게 중요한 역할을 했다. 『일리아스』를 통해(제23권 388~406행) 아테나 여신이 전차 경주에 열정을 가졌고 트로이 전쟁 동안 여신의 투사 디오메데스를 위해 재빠르게 개입하려 했음을 알 수 있다. 아테네 성도聖道는 드로모스dromos〔경기용 트랙〕로 불리곤 했다. 이는 성도가 처음에 경주장으로 사용되었음을 암시한다. 실제로 경주장의 출발선으로 보이는 아고라 서북쪽 모퉁이에서 규칙적인 간격으로 배치된 5개의 정방형 석회암 기단이 발굴되었다. 파르테논 신전으로 올라가기에 앞서 아카이아 시대 영웅들의 묘를 기리기 위해 트로이 전쟁의 벽화들로 장식된 아고라에서 기마 시합이 거행되었다. 아킬레우스가 오래전에 살해당한 파트로클로스를 위해 조직한 장례 경기를 기념하는 아포바테스apobates◆가 무대에 올랐다. 이처럼 가장 위험한 시합에서 경주자는 움직이는 전차에 오르내리면서 호메로스의 전쟁 연습을 재연했다(Neils 1992: 18~21). 파르테논 신전 소벽小壁에서 가끔 갑옷을 입었거나 아니면 투구와 방패만으로 무장했던, 하지만 대부분은 자주 벌거벗었던 뛰어난 아포바타이apobatai◆◆ 인물들이 이러한 극적인 전쟁 연출에 불후의 명성을 안겨주었다. 아포바테스 외에도 고대 경기에는 두 마리와 네 마리 말이 끄는 전차 경주, 말 타고 창던지기, 과녁을 향해 창을 던지는 전차 경주, 기병 시합이 포함되었다. 이런 시합을 위해 아테네의 말을 장식했고 싸움을 위한 장비를 갖추었다.

고전기 그리스에서는 대리석 기마상들이 비교적 적다고는 하지만, 기원전 5세기 아크로폴리스에 흔하게 배치되었다. 실제로 파르테논 신전 소벽 대부분과 위쪽 돌출 현관들은 뛰어다니는 말들과 돌진하는 전차들로 장식되었다. 아테나 여신과 함께 포세이돈 또한 아테네의 수호

◆　무장한 전차 경주 참가자. 전차에서 뛰어내려 전차와 나란히 달리다가 다시 전차에 뛰어 올라탄다. 넓게는 '전차 경주' 자체를 가리키는 의미로도 쓰인다.
◆◆　전차 경주. 아포바테스의 복수형으로도 쓰인다.

자였다. 말에 올라탄 유일한 올림포스 신인 포세이돈은 마술馬術의 신이기도 했다. 포세이돈은 살라미스 전투 이후에 해전에서 더 뛰어난 존재로 인정받았지만 아테나 여신은 늘 지혜에서 더 뛰어났다. 파르테논 신전 서쪽 박공벽에서 이들 두 신의 측면에 전차들이 위치했다. 여기에는 아테나 여신과 포세이돈이 아티카 땅을 놓고 벌인 시합이 묘사되었다. 포세이돈이 자신의 삼지창으로 아크로폴리스의 바위를 때려 놀라운 소금 샘을 만들어냈다. 그러나 아테나 여신이 그리스에 식량, 기름, 나무, 그리고 번영을 가져다준 첫 번째 올리브나무를 자라게 했을 때 승리자가 되었다. 말의 여신 아테나 히피아Athena Hippia와 말의 신 포세이돈 히피오스Poseidon Hippios의 주제가 소간벽의 전투 장면에서 나타났다. 이는 서쪽의 문명이 동쪽의 야만성을 물리치고 승리했음을 상징한다. 즉 소간벽 남쪽에서는 라피테스족과 켄타우로스 사이의 대결이, 서쪽에서는 말에 올라타 싸우는 아마존 여전사들이, 북쪽에서는 트로이 전쟁이 묘사되었다(Neils 2001: 189~191). 일출을 향해 동쪽 박공벽에 묘사되어 있었던 것은 제우스에게서 태어나는 아테나 여신과 트리톤[바다의 신]들을 정복하는 올림포스 신들이었다.[4] 아래에는 네 마리 말이 끄는 전차를 몰고 대양의 신 오케아노스의 바다에서 동틀 녘에 나타나는 인드라 신처럼 물의 신 헬리오스가 묘사되었다. 헬리오스의 말들은 물보라에 머리를 거칠게 쳐들면서 하늘 너머로 달려갈 듯 활력으로 넘쳐났다(Cook 1984: 47~49). 활력 넘치는 기마 행사의 중심적 역

---

4   신과 악마의 싸움을 소재로 하는 인도·유럽인들의 서사시에 대한 그리스어 번역.

할과 불의 희생제와 태양신의 등장은, 다른 인도·유럽어족 서사시에서처럼 아테네의 부활과 새로운 활력을 나타냈다. 흙산 아크로폴리스의 정상에서 올리브나무로 만든 아테나 여신상은 신성한 생명의 나무를 상징했다.

로마와 카르타고의 기병 전쟁

물론 그리스의 이웃 로마는 그리스보다 훨씬 뒤에 세계 무대에 등장했다. 로마도 그리스처럼 갈리아인의 침입을 겪어야 했다. 이와 유사하게 로마는 또 더 오래되고 더 부유한 지중해 너머 북아프리카의 강국인 카르타고와 싸워야 했다. 기원전 제2천년기 말경에 비블로스, 티레, 시돈 출신의 셈어를 말하는 뱃사람 페니키아인들이 스페인 과달키비르강 입구에서 타르테소스와 교역하기 시작했다. 페니키아인들은 레반트와 이베리아반도 간의 오랜 항해에서 지중해 남부 해안을 따라 중간 교역소를 세웠다. 이렇게 해서 기원전 813년에 카르타고가 건설되었다. 가데스(카디스)에서 화려한 사원이 멜카르트Melqart(티루스의 도시 신)/헤라클레스에게 봉헌되었다. 카르타고는 지중해에서 많은 섬을 점령했을 뿐더러 해적질로 그리스 식민도시 마살리아와 갈리아의 교역 및 스페인 동북쪽의 반半 그리스화된 사군툼과 암푸리아스의 교역을 괴롭혔다(Aubet 2001: 191~192, 218, 260).

카르타고는 스페인에서 구리·철·은을 선적해와 부유해지면서 또한 사하라 사막 깊숙이 위치한 페잔의 전차 타는 오아시스 주민 가라만테스족과 교역을 맺었다(Herodotus 2003: IV. 183). 가라만테스족은 사하라 사막 횡단 무역을 지배하고 있었다. 바큇살 달린 바퀴로 움직이는 전차들이 표현된 수많은 판화가 사하라 사막 깊숙한 곳에서 발견되었다. 어떤 판화는 멀리 남쪽의 모리타니 구리 광산에서 발견되었다(Garlake 1990: 118). 또한 코끼리, 상아, 소금, 짐 나르는 노새들 위에 실린 금, 남쪽에서 습격받아 노예가 된 흑인들이 사하라 사막 너머로 교역되었다. 잘 알려진 대로, 기원전 596년에는 이집트의 파라오 네카오가 페니키아의 아프리카 일주에 재정을 지원했으며 기원전 490년에는 카르타고인 한노Hanno가 남쪽 사바나 지대의 귀중한 금을 얻기 위해 대서양의 서북 아프리카 해안을 따라 식민도시와 교역소를 설치했다. 하지만 이런 해상 모험은 아프로·아시아어족 베르베르족의 조상인 팔루시이인의 저항에 부딪혔다. 그들은 말의 배 밑에 가죽끈으로 물을 담은 가죽부대를 묶고 사막을 가로질러간 유목민이었다. 금 무역을 중개한 팔루시이인이 대서양 해안을 따라 경쟁자인 카르타고의 식민도시들을 무자비하게 공격했다(Levtzion 1980: 124~126). 사하라 사막의 이 오래된 기마인들에 대해서는 많이 알려져 있지 않지만, 북아프리카의 비이슬람화된 외딴 지역들, 특히 조스고원 지역에서 그들의 기술에 대한 단서를 찾아낼 수 있을지 모른다. 20세기에 그곳의 론 부족은 여전히 말의 코 둘레에 밧줄 하나만을 맨 채로 안장 없이 말을 탔다. 그 대신 굽은 쇠막대 2개가 쇠고리 하나에 연결된 코끈noseband이 사용되었다. 말 턱 아래에 장착된 막대는 고삐를 당길 때마다 강력한 제어 압력을 가하도록 고정되었다. 조스고원의 관습 중 또 하나는 말 등 한가운데를 잘라내는 것이었는데, 이는 살갗이 벗겨지고 피가 흐르는 표면이 접착제처럼 기수에게 단단히 붙잡는 힘을 가져다주었을 것이다. 벤 자국은 결국 굳은살이 박인 패드가 되어 말 등뼈를 보호해주었다. 족장이 죽었을 때는 말과 인간 제물을 봉헌하는 희생제의도 거행되었으며, 망자는 그가 가장 좋아하는 말가죽을 수의로 입고 매장되기까지 했다(Law 1980: 93~95, 167). 스트라본에 따르면(Geog. 17.3.19) 기원전 제1천년기에 가이툴리아와 지중해 사이의 아프리카 지역은 1년에 10만 마리의 망아지를 키우는 대규모 말 떼와 함께 초목으로 뒤덮여 있었다(Hyland 1990: 177). 이로 인해 기원전 3세기 무렵에 지중해 카르타고는 정치적으로 강력했으며, 주민 25만 명으로 가득 찬 14미터 높이에 삼중벽으로 요새화된 수도는 말 4000마리, 코끼리 300마리, 시민군 2만 명을 수용할 수 있었다(Durant 1971: 40~41).

처음에 로마는 시칠리아의 메사나[지금의 메시나]에서 카르타고에 승리했다. 카르타고인은 이에 대응해서 반半 그리스화된 도시 사군툼을 공격하러 스페인을 가로질러 북쪽으로 진군했다. 텔라몬 전투 이후 켈트족이 로마인에게 보이는 적개심을 이용하려 한 카르타고의 한니발은 기원전 218년에 보병 5만 명과 기병 9000명, 코끼리들을 거느리고 에브로강을 넘었으며, 그곳에서 그리스 항구도시들과 이루어지는 무역관계를 충실히 지키려는 갈리아 부족과 충돌했다. 카르타고는 알프스 저편 갈리아인들의 적대감 때문에, 나중에는 알프스산맥의 가파른 고갯길을 통해 코끼리들을 이동시키는 어려움 탓에 불과 보병 2만 명과 기병 6000명 그리고 훨씬 더 적은 코끼리만을 거느린 채 이탈리아에 닿았다. 한니발에게는 운 좋게도 반항적인 갈리아 키살피나Gallia Cisalpina[`알프스 이편의 갈리아`라는 뜻]가 카르타고를 동맹자로 환영했다.

따라서 한니발은 자신의 최정예 기병과 함께 리비아-페니키아인 기병, 누미디아인 기병, 스페인인 기병, 켈트족 기병을 지휘했다. 이는 보병과 기병 비율에서 로마인들이 이제까지 전투에 배치했던 그 어떤 경우도 훨씬 능가하는 규모였다. 로마인들은 파비아와 트라시메노[트라시메누스]호에서 불명예스럽게 패전했다. 기원전 217년경 한니발은 이탈리아 북부 전체를 장악했다. 누미디아인 기병이 싸움에서 가장 빛나는 활약을 했다. 그들은 말과 친밀한 관계를 유지해 머리를 자유자재로 사용하며 말을 탈 수 있었고, 이는 전투에서 양손을 자유자재로 쓸 수 있게 해주었다. 몸의 움직임과 목둘레의 가는 가지, 가볍게 두드리는 막대기 소리로 속도가 빠른 말들을 이끌면서 고삐를 채우지 않은 채 말을 탄 누미디아인 기병은 죽음을 초래할 정도의 공격, 산개, 재편성 전술을 되풀이해 시도했다(Hyland 1990: 80, 173~175). 기원전 216년에 한니발은 남쪽으로 향해 아풀리아의 칸나에에서 또 한 번 중요한 승리를 거두었다. 칸나에에서 한니발은 수적으로 우세한 로마의 8만 보병과 맞서 더 강한 1만 기병대가 싸우기에 더할 나위 없는 광활한 평원으로 로마인들을 유인했다. 갈리아족의 중앙이 로마군에 의해 무너지자 한니발은 싸움이 한창 치열할 때 고참병들에게는 측면으로 접근하고 기병대에는 배후에서 로마 군단을 공격하도록 지시했다. 포위당한 로마인들은 전멸되다시피 했다. 누미디아인 기병은 그들의 말 등에서 도망치는 로마인들을 낚아챘다. 카르타고인들이 침입하는 내내 한니발의 뛰어난 기병에게 거듭 패배한 로마는 장기간에 걸쳐 전투에서 기병이 중요하다는 교훈을 얻었다. 로마는 한니발의 탁월한 기병 사용으로 보병에 의존하는 전술을 더는 사용할 수 없게 되었으며 다음 2000년 동안 군사 전술을 재편했다(Bagnall 1990: 191~194).

한니발은 칸나에 승리에 뒤이어 그리스 전체가 최근 로마 공화정의 패배로 자신과 연합하리라 기대하며 마케도니아 필리포스 5세와 동맹을 맺었다. 하지만 멀리 이탈리아반도 남쪽에서 한니발의 수많은 갈리아족 동맹자가 그를 버리고 북쪽 고향으로 갔다. 이로 인해 백전노장의 카르타고 군대는 엄청난 수적 열세에 놓였다. 한니발이 본국에 지원군을 요청했지만 로마군이 스페인에 침입하면서 육상을 통한 새로운 병력 지원은 불가능해졌다. 게다가 강풍으로 중요한 병참을 운반하는 100척의 함대가 파괴되었다. 스페인에서 승리한 젊은 스키피오는 새로 집정관에 선출되어 아프리카로 항해했다. 카르타고를 방어하도록 소환된 한니발은 기원전 202년 자마에서 스키피오와 마주쳤으며, 이제 로마와 동맹을 맺은 누미디아의 왕 마시니사의 뛰어난 기병에 거듭 반격을 가했다. 한니발의 노력은 헛수고로 끝났다. 한니발은 수적으로 더 적은 기병을 거느리고 생애 처음으로 전투에서 패배했지만 사로잡히지는 않았다. 곧이어 그는 카르타고에 강화 조약을 권했다. 제2차 포에니 전쟁은 서부 지중해 전체를 뒤바꿔놓았다. 이탈리아반도 전체가 로마 지배하에 재통합되었고 로마 선박들에 해상로와 해외 시장이 열렸다. 이탈리아는 스페인·시칠리아·아프리카에서 강탈한 곡물에 의존하게 되었고 스페인의 귀중한 광물 자원이 로마에 넘겨졌다. 이렇게 급성장한 경제는 집중적인 군국주의화에 재원을 제공했다. 이제 로마는 북아프리카와 이베리아반도에서 좋은 말 떼를 이용하게 되어 장차 유럽 대륙을 가로지르는 기마 팽창에 대비할 수 있게 되었다(Caven 1980: 250~254).

로마에 대한 저항과 부디카의 반란

로마는 자마 승리 이후 재빠르게 마케도니아가 배신한 데 대한 복수에 나섰다. 그리스 전체와 마케도니아가 50년이 채 안 되는 사이 로마에 속주로 병합되었으며 로마는 제국 지배권을 지중해 전역에서 무자비하게 확립했다. 그러나 켈트족은 유럽 외의 지역에서 로마의 지배를 다소곳이 받아들이지 않았다. 기원전 154년에 비리아투스가 지휘하는 루시타니아(포르투갈) 부족들이 반란을 일으켰으며 8년 동안 파견된 모든 군대를 격파했다. 10년 뒤에 스페인 중부 누만티아의 켈트족이 이와 비슷한 반란을 일으켰다. 마침내 로마인들이 이베리아반도의 자원을 장악하고는 이탈리아와 스페인 간의 전략적인 육로를 확보하기 위해 기원전 125년에 갈리아 남부를 침입·병합했다. 기원전 1세기 무렵에 갈리아 남부 전역에서 농업의 발전이 도시 지역의 발전을 자극했다. 도시 지역은 수공예 생산과 무역을 통제했다. 그렇지만 평화는 지속될 운명이 아니었다. 기원전 73년에 이탈리아반도는 스파르타쿠스가 이끄는 노예 검투사들이 일으킨 반란으로 고통을 겪었다. 트라키아인 스파르타쿠스의 말馬은 전투에서 커다란 공포를 불러일으켰다. 스파르타쿠스는 로마 집정관들을 무찔렀지만 기원전 71년에는 크라수스와 폼페이우스의 연합군과 대결했다. 스파르타쿠스는 전투 때 도전적이어서 자신의 말을 제물로 바친 다음 크라수스의 군대 한가운데로 뛰어들어 백부장百夫長, centurion[백인대장百人隊長]을 두 명 살해하고 나서야 죽음을 맞았다(Shaw 2001: 131~136). 스파르타쿠스 추종자 6000명이 아피아 가도를 따라 잔인하게 십자가형에 처해졌다. 더 멀리 북쪽에서 게르만 부족들이 갈리아를 침입했으며, 노리쿰(현재의 오스트리아)에서 켈트계 보이족이 서쪽의 알프스산맥에서 비스케이만 근처 지역들로 이동하는 3만 명이 넘는 헬베티아인과 합류했다(Haywood 2001: 60). 이 모든 것이 로마령 갈리아를 동요시킬 조짐을 보였다. 이러한 극단적인 정치적 동요의 시대에 로마에서 권력을 장악하는 가장 확실한 방법은 전쟁으로 성공하는 것이었다. 기원전 58년에 율리우스 카이사르는 대담하게 갈리아 북부 정복에 나섰다. 처음에는 무자비한 전투에서 헬베티아인을 추격해 스위스 영토로 강제로 돌아가게 했다. 그다음 카이사르는 라인강 바로 서쪽의 게르만족을 공격해서 승리했다. 즉시 카이사르는 맞닥뜨리는 모든 갈리아족의 저항을 분쇄하려고 신속히 이동하면서 북쪽 지역들을 로마의 영향력 아래 두었다. 기원전 55년에 카이사르는 브리타니아를 침입했다. 이는 표면상 그곳 섬 주민들이 갈리아의 동족을 더는 원조하지 못하게 하려는 이유에서였다. 기원전 52년 겨울에 이탈리아 북부에서 돌아온 카이사르는 아베르니족 족장 베르킨게토릭스가 약 30만 명의 갈리아 부족으로 반란을 일으켰다는 소식을 들었다. 카이사르는 본대에서 떨어져 변장한 채 갈리아 전역을 가로질러 남쪽과 북쪽을 향해 필사적으로 말을 타고 달렸다. 자신의 군단에 합류한 카이사르는 일주일간 혈전을 치러 베르킨게토릭스를 항복시키고 반란을 일으킨 갈리아인들을 포로로 잡았다. 알레시아에서 거둔 승리로 로마 제국에는 500만의 주민과 이탈리아의 두 배만 한 영토가 더해졌다. 또한 카이사르는 무자비한 전사라는 평판을 얻었으며 부와 정치권력의 새로운 정점까지 치달았다(Goudineau 2001: 13~15; Simon

1996: 169~187).

　로마의 지배에 맞선 가장 비통한 켈트족의 반란은 브리타니아에서 일어났던 것 같다. 기원전 55년과 기원전 54년에 카이사르의 브리타니아 원정은 주로 정찰대의 기습이었다. 한 세기 후인 기원후 43년에 아울루스 플라우티우스가 지휘하는 4만의 로마군이 영국 해협을 넘어 영국 동남부의 광범위한 지역을 정복했다. 부족 지도자 모두가 로마군에 저항했던 것은 아니다. 일부 지도자들은 체념하고 새로운 질서를 받아들이는 것이 유리하다고 판단해 클라우디우스 황제에게서 거액을 받았다(Sealey 1997: 5; Webster 1978: 54~55). 유럽 본토에서 반복적으로 봐온 것처럼, 로마 군대의 훈련 및 규율, 탁월한 장비는 규모 면에서 몇 배나 되었던 켈트족의 어느 군대보다 로마군을 더 뛰어나게 만들어주었다. 반란을 일으킨 브리튼인들은 로마 군대의 규율에 맞선 총력전에서 좋은 결과를 얻지 못했다. 하지만 부족 지도자들은 게릴라 전술이 자신들에게 유리함을 곧 알게 되었다. 결국 그들은 세번강 너머 서쪽으로 후퇴했으며, 그곳의 울창한 산림 지형 덕에 로마 기병의 공격을 방어할 수 있었다(Webster 1978: 24~25). 클라우디우스가 죽은 이후 황제의 신격화를 위한 신전이 구상되었으며, 브리튼인들은 신전 자금 조달과 건설에 동원되었다. 드루이드교 사제들은 이교도 의례가 브리타니아에서 강요되고 있다는 사실을 격렬히 비난했다. 그들은 여러 부족을 돌아다니면서 반란을 조성하는 중요한 정치 세력이 되었다. 불만은 도처에서 넘쳐났다. 젊은 남자들은 로마 군대에서 보조 부대로 복무하도록 강제 징집되었다. 브리튼인들의 토지가 퇴역하는 로마 고참병들에게 주어졌다. 죽은 클라우디우스 황제가 지도자들에게 하사했던 돈이 대출금으로 회수되는 배신을 당했다. 그 결과 많은 브리튼인이 토지를 몰수당하고 쫓겨났다(Sealey 1997: 13~17; Webstern 1978: 89). 절정을 이룬 사건은 일찍이 로마와 동맹을 맺은 이세니 부족의 왕가에 자행된 부끄러운 폭력이었다. 이세니족 왕이 죽자마자 몰염치한 로마 관리들이 세부 협정 사항들을 전혀 고려치 않고 이세니족의 토지를 몰수했다. 격노한 부디카Boudica(켈트어로 '승리'를 의미) 여왕은 일반 범죄자로 즉결 처리되어 옷이 벗겨진 채 매질을 당했다. 포로 노예가 된 그녀의 두 딸은 로마 군단병에게 윤간을 당했다(Webster 1978: 87~88).

기원후 60년에 부디카가 반란을 일으켰을 때, [로마에서 파견된] 군사 총독 수에토니우스 파울리누스는 드루이드교 사제들에 맞서 북웨일스에서 군사 작전을 벌이던 중이었다(Sealey 1997: 30). 요크셔주 이스트라이딩 웨트왕에서 화려하게 장식된 기원전 300년의 전차 매장지를 통해 브리타니아에서 여성 전사들이 오랜 전통이었음을 알 수 있다. 아마존 여왕 부디카가 동맹자들을 이끌고 수도 카물로두눔(지금의 [영국 잉글랜드] 콜체스터)으로 향했다. 다른 곳에서 전투용 전차는 유행에 뒤처진 것이었지만 브리튼인들은 트로이 시대처럼 계속해서 전투용 전차를 사용했다. 그들은 창을 던지면서 사방에서 접근해 적을 혼란에 빠뜨렸다. 브리타니아 전사들은 기병을 돌파한 뒤에는 전차에서 뛰어내려 땅에서 싸웠다. 전차 기사는 싸움에서 물러나 퇴각을 대비해 유리한 위치에 전차를 배치해놓았다(Webster 1978: 29). 브리튼인들은 카물로두눔에 맹공격을 감행했고 로마인들은 완성되지 않은 신전의 성벽 안으로 후퇴하지 않으면 안 되었다. 이틀 만에 방어자들이 모두 사망했다. 그다음 전차에 탄 부디카가 지휘한 군대는 남쪽으로 이동해 무방비 상태의 론디니움(지금의 런던)을 공격했다. 론디니움 도처에서 파괴와 살육, 여성들의 젖가슴을 잘라 그녀들의 입속에 쑤셔넣는 끔찍한 잔악 행위들이 자행되었다.

북아프리카와 이베리아반도 전투에서 백전노장이던 수에토니우스 파울리누스가 군단을 거느리고 웨일스에서 돌아와 8만 명의 로마인과 그 동맹자들을 살해한 다음 워릭셔주 만세터에서 부디카와 맞닥뜨렸다. 파울리누스는 전투를 벌일 장소를 약삭빠르게 물색했다. 전쟁터에서 등지고 있는 삼림지대는 대규모의 측면 포위 공격이나 배면背面 침투를 막아주었다. 엄호물도 없이 정면이 탁 트인 평원이 최적의 군사 기동작전을 위해 고려되었다. 무엇보다, 직접적인 접근로는 협곡을 통과하는 것이었으므로 브리튼인들은 폭이 좁아져 대형이 빽빽해진 채로 전진할 수밖에 없었다. 브리타니아인들이 협곡으로 밀려왔을 때, 로마 군단병들은 수천 개의 창을 공중으로 투척했다. 적의 방패를 꿰뚫어 적들로 하여금 방패를 버리도록 하려는 의도였다. 그 뒤에 방패를 몸에 밀착하고 짧은 칼을 꺼내든 로마인들이 공격자들에 맞서 쐐기대형으로 밀집해서 진을 쳤다. 이 쐐기대형은 갈라진 틈을 브리타니아인 속으로 박아넣어 그들을 무자비하게 학살했다. 기병 부대가 각각의 날개 부분에서 창과 칼로 공격하며, 뒤에서 날아들어 적을 베어 쓰러뜨리거나 아니면 사로잡아 족쇄로 채운 뒤 노예시장에 내다 팔았다. 이러한 파괴적 전술로 로마 제국의 군대 규율이 승리하고 브리타니아 군대는 참패했는데, 아마 로마인은 1만2000명이 희생된 데 비해 브리타니아인은 무려 5만 명이나 학살당했을 것이다. 파울리누스는 갈리아에서 온 군단 지원병으로 무자비하게 반란자들을 추격했다(Webster

1978: 89~101). 그러나 기원후 2세기에 하드리아누스 황제〔고대 로마의 제 14대 황제〕가 스코트족의 공격을 막아내기 위해 솔웨이만에서 타인강 어귀까지 112킬로미터 길이의 성벽을 세울 수밖에 없을 정도로 수 세기 동안 북쪽에서 저항이 계속될 것이었다. 저항을 상징하는 전차와 함께 키 큰 빨간 머리의 여인 부디카의 청동상이, 측면에 배치된 두 딸의 동상과 더불어 현재 템스강 제방에 세워져 있다(Sealey 1997: 13~14). 2000년 전에 로마인 그 누구도 장차 섬나라 영국을 로마보다 더 위대한 제국으로 이끌 두 여왕, 즉 빨간 머리의 부디카 여왕과 빅토리아 여왕이 등장하리라고는 전혀 예상치 못했을 것이다.

로마의 기마력

앞서 살펴봤듯이, 아케메네스 왕조 지배하에서 수많은 총독관구가 초원지대 유목민의 기마인 바지를 도입했다. 반면 그리스인들은 그러지 않았다. 그들은 적이었던 페르시아인의 옷이 성 기능을 약화시킨다는 이유로 반대했다. 이와 비슷하게 로마 군대는 화려하게 수놓은 켈트족의 바지를 미심쩍은 눈으로 바라보았다. 그럼에도 갈리아인과 브리튼인은 그들의 반바지와 개성, 언어를 한동안 유지했다. 그렇지만 기원전 600년경 그리스어에서 변형된 라틴어 알파벳이 서유럽 전역에서 읽고 쓰는 능력을 확대시켰다. 갈리아는 고전 학문과 기독교가 북유럽으로 전해질 통로가 되었다. 한편 켈트족의 일부 의례, 특히 말의 여신 에포나Epona 숭배는 말의 안전을 바라는 로마 기병 침입자들에게 인기가 있었다. 라틴어가 성공을 거두면서 로마의 지배는 급속한 도시화를 초래했다. 산업이 발전하면서 번영을 이루었다. 도시마다 포장되고 배수시설이 갖추어진 거리, 원형극장, 공중목욕탕이 있었다. 도로, 교량, 수도교水道橋,◆ 수로가 로마 공학자들에 의해 건설됐다. 경마와 여러 극적인 볼거리가 제공되었다. 아우구스투스가 노리쿰, 판노니아, 일리리쿰을 평화롭게 병합함으로써 다뉴브강 남쪽에 남아 있는 켈트족이 로마의 지배를 받게 되었다. 다가올 4세기 동안 켈트족이 초원지대에서 침입해 들어오는 야만족으로부터 지중해를 방어할 것이다(Haywood 2001: 59~61).

기마 제국 로마를 뒤덮은 간선도로망은 총연장 8만 5000킬로미터로 그 규모는 놀라웠다. 로마는 역참에 기초한 전차 업무를 통해 관리와 우편과 화물이 수송되었으며 속주들과 연락을 유지했다. 무타티오네스Mutationes[역참]는 동물이 교체될 수 있는 길과 여행자들이 하룻밤 머무를 수 있는 만시오네스mansiones[숙소]를 따라 세워졌다. 군사 원정 동안 보급품을 가득 싣거나 노포弩砲[돌을 발사하는 옛 무기]와 여러 기구를 견인했던 수천 마리의 노새가 기마 호위병의 보호를 받으며 천천히 움직였다. 군 급사急使들이 도로 양 측면을 따라 질주했다. 기수들은 엄청나게 빠른 말에 걸터앉아 방향을 바꿔가면서 하루에 385킬로미터를 이동할 수 있었다(Hyland 1990: 250~254). 카르타고가 이베리아반도에 장기간 머무른 데서 기인하여 나중에 이탈리아 황실 농장에서 사육된

◆ 하천이나 도로 위를 가로지르는 상하수도를 받치기 위해 만든 다리. 고대 로마에서 물을 공급하기 위해 계곡 사이나 낮은 지대에서 아치 모양으로 수로를 만든 데서 비롯한다.

뛰어난 기초 축foundation stock, 基礎畜[종축 개량의 원천이 되는 기초 가축]이 나타났다. 이로써 아프리카와 스페인의 순종 말이 로마의 기병과 경마에서 두드러지게 중요한 역할을 하게 되었다(Hyland 1990: 74, 173). 로마가 성장하면서 말은 군사작전에서 점점 더 중요한 역할을 하게 되었다. 말은 광범한 정복을 목표로 하는 국가에서 많은 뛰어난 성질 즉 내구력, 속도, 견인력, 이동 중 식량을 징발하는 능력 같은 것을 갖추고 있었다. 이런 모든 것이 다른 사회를 지배하는 데 도움이 되었다(Hyland 1990: 64~66). 전형적인 군사 기동작전에서 말은 야간 정찰용으로 사용되었다. 낮에는 전방과 후방 및 양쪽 측면에서 기병이 진격하는 보병대, 군용 장비를 운반하는 동물, 장교가 탈 보충용 말, 노포 주위를 방어하는 방패 역할을 했다. 정예 기병부대와 핵심 보병이 기습 공격에 대비해 후방에 배치되었다(Hyland 1990: 164). 로마가 동쪽과 서쪽으로 팽창해나간 엄청난 거리는 말 탄 기병만이 해낼 수 있었던 신속한 병력 이동에 영향을 끼쳤다. 로마 기병은 밀라노에 기지를 구축했으며 또 제국을 교차하는 광범한 도로망 덕분에 기동력을 갖추어 한결같은 속도로 이동하면서 반란이 확산되기 전에 그 싹을 잘라낼 수 있었다(Hyland 1990: 192~193).

전투 중에 기병은 갑작스러운 역주力走와 정지, 동시에 빠른 방향 전환 및 르바드levade[뒷무릎을 굽히고 몸을 일으켜서 앞다리를 끌어안는 말의 동작]가 끊임없이 요구됐다. 이 모든 단계의 움직임을 이뤄내는 데는 견고하게 지지해주는 단단한 안장이 대단히 유리했다. 단단한 안장이라는 버팀대 없이는 기수가 손에 쥔 무기를 최대한 깊숙이 찌를 수 있도록 충분한 힘을 사용할 수 없기 때문이다. 나무 안장의 초기 원형이 파지리크에서 발견되었고, 스키타이인들은 견고하게 만들어진 안장을 사용했다고 알려져 있다. 또한 기원전 2세기 구네스트루프 솥Gundestrup cauldron◆에서도 뿔 모양의 안장에 올라탄 켈트족의 모습을 볼 수 있다. 나무 안장은 초원지대 사르마티아 클리바나리우스clībănárĭus〔갑옷 입은 병사. 중장기병〕에게서 자극을 받았을 것으로 짐작된다. 유래가 어떻든 간에 로마 시대 무렵에 안장은 진화해서 나무의 두 모서리 또는 뼈대가 기수의 안쪽 넓적다리 아래에 단단한 골을 이루었다. 이 안장에는 두꺼운 안장 밑깔개를 둘 필요가 있었다. 천연섬유로 속을 채운 것은 땀 흡수를 고려한 장치로 압력과 마찰을 막아주었다. 로마의 안장은 가슴끈 및 엉덩이끈과 붙어 있었다. 네 개의 뿔 모양으로 만들어진 나무 안장은 기마 능력을 크게 향상시켰으며 기병의 효율성을 현저하게 강화시켰다. 전투 중에 기수는 오른쪽 안장머리 밑에 오른 넓적다리를 고정시켜 더 안전하게 자세를 유지할 수 있었다. 손을 어깨 위로 올려 투석 무기를 던지는 데서 앞쪽 안장머리가 버팀대 역할을 했다. 또한 안장머리는 오르막과 내리막 경사면 모두를 신속하게 돌파하는 데 도움이 되었다(Hyland 1990: 131~135).

갑옷 면에서 가죽 또는 금속으로 만든 챈프런chanfron〔말 갑옷의 투구. 면갑面甲〕은 말의 머리를 보호했고 페이트랄peytral〔말 갑옷의 가슴받이〕은 말의 가슴을 보호했다. 로마인들은 파르티아인 및 사르마티아인과는 다르게 습관적으로 완전 무장을 하고 싸우지는 않았다. 그 이유는 아

◆　지금의 덴마크 구네스트루프에서 발견된, 현존하는 유럽 철기시대의 최대 은 세공품. 지름 69센티미터, 높이 42센티미터다.

마도 전신용 미늘[비늘]갑옷cataphract과 중장기병의 말이 받을 열 압박이라는 주된 단점 때문으로 보인다. 중무장을 하면 말은 훨씬 더 즉각적이게 열 압박으로 고통을 받았다. 초원지대 초지에서 파르티아인들과 다른 여러 이란인은 엄청나게 비축된 보충용 말들에게 접근할 수 있었다(Hyland 1990: 145, 148, 155). 하지만 로마인들은 이런 이점을 공유하지 못했다. 사르마티아 유목민들은 완전 무장한 말에 완전 무장한 기수가 타는 독특한 방식의 기마 전투를 발전시켰다. 사르마티아인들의 전쟁 방식은 스키타이인들과는 전적으로 달랐는데, 이는 다가올 수 세기 동안 유럽의 원형투기장을 지배하게 될 싸움 방식인 충돌 전투shock combat의 하나였다. 사르마티아인들은 콘투스contus라는 중기창重騎槍, heavy lance과 날이 넓은 칼로 싸웠다. 그들은 갑옷으로 긴 소매의 윗옷과 바지를 착용해 몸통뿐 아니라 손발도 보호했다. 사르마티아인들의 초기 갑옷은 청동·쇠 또는 가끔 뿔이나 발굽의 미늘로 만들어지고 천 또는 가죽 안감을 여러 겹 겹쳐 대갈못을 고정했는데, 칼이 뚫지 못했고 화살도 관통하지 못했으며 기마에 필수적인 유연성을 갖추고 있었다. 말까지도 미늘 덮개와 청동이 점점이 박힌 가죽 챈프런으로 보호를 받았다. 나중에 미늘갑옷은 켈트족에게서 받아들인 것으로 추정되는 사슬갑옷으로 대체되었다. 사르마티아인들은 켈트족과 싸웠던 것처럼 로마에 맞서 싸웠다. 기원후 175년에 사르마티아 이아지게스족이 게르만 마르코만니족과 콰디족 편에 서서 판노니아를 침입했지만 마르쿠스 아우렐리우스 황제에게 결정적으로 격파당했다. 마르쿠스 아우렐리우스는 개선식에서 사르마티쿠스Sarmaticus라는 칭호를 차지했다. 이 승리로 사르마티아 이아지게스족 기병 8000명이 로마 군대에 강제 징집되었으며, 이 중 5500명을 다루기 어려운 픽트족과 스코트족에 맞서 하드리아누스 성벽을 지키게끔 브리타니아에 주둔시켰다. 이들 유목민 가운데 어느 누구도 초원지대로 돌아가지 않았다. 대신에 복무 기간이 끝나면 대부분이 잉글랜드 북쪽의 로마 기병 요새인 브레메텐나쿰 베테라노룸Bremetennacum Veteranorum에 정착했다. 사르마티아인들이 숭배하는 동물의 상징인 토템은, 로마 트라야누스 기념주紀念柱에서 볼 수 있듯, 도마뱀Sauromata이었다. 바람에 구불구불 움직이는 뱀처럼 구불구불한 깃발에서 흩날리는 도마뱀 상은 아마도 브리타니아에서 신화 속 용의 개념을 대중화했을 것이다(Hildinger 2001: 47~51; Littleton 1995: 265; Nickel 1974: 151). 이아지게스족은 인종적 사촌으로 수십 년 후 서유럽에 도착하는 사르마티아의 알란족처럼 탐가tamga 때문에도 잘 알려졌다. 탐가는 투구와 방패 및 여러 장비에 장식된 신성한 상징이었다(Littleton and Malcor 1994: 8, 13). 이러한 표지는 문장紋章의 초기 탄생에 한몫했을 것이다.

로마는 아프리카와 이베리아반도 외에 갈리아, 테살리아, 트라키아, 카파도키아의 여러 부족에게서도 말을 징발했다. 말은 이탈리아의 가장 비옥한 지역들의 라티푼디아latifundia[대농장]에서 사육되었다. 니사이아의 말에게 중요한 알팔파[루선] 사료가 메디아에서 이탈리아반도로 소개되었다. 이처럼 영양가가 아주 높은 사료는 순혈종의 크기와 질을 눈에 띄게 향상시켰다. 따라서 로마는 예속민들이 기병에 사용할 목적으로 말 품종을 개량하지 못하게끔 이탈리아 말의 수출을 법으로 금지시켰을 정도다(Hyland 1990: 17~21). 여름에 말은 산지에 방목되었으며, 그곳 돌투성이 땅이 말의 발굽을 단단하게 만들어주었다. 이는 다양한 지형으로 길게 펼쳐진 로마 제국에 중요한 요소였다. 로마인들은 말의 발굽을 보호하려고 흔히 히포샌들hipposandal, 즉 평탄한 철판을 이용했다. 이 철판은 구부려서 가죽끈으로 단단히 고정한 양쪽 끝에 고리를 만들었다. 못으로 결합한 초기의 쇠 편자horseshoe는 기원전 2세기 동안 게르만 부족들이 유목민들에게서 받아들인 것으로 보이며 나중에 로마의 몇몇 속주에서 사용되었을 것이다. 수의학이 광범하게 시행되었으며, 품종 개량을 위해 모든 조치가 취해졌다(Forbes 1956: 515; Hyland 1990: 36~37). 전쟁 준비라는 관점에서 말은 일찍부터 전투에 대비해 훈련을 받았고 요란한 무기 소리와 북소리 및 나팔 소리를 듣지 않을 수 없었다. 말을 타고 가는 동안 다양한 지형에 노출되었고 도랑을 넘어야 했으며 강을 헤엄쳐야 했다(Hyland 1990: 108~109). 노새 사육은 말 사육과 나란히 전투 중에 병력을 지원하는 또 하나의 거대한 산업이었다.

로마의 태양의 건축물

로마는 거의 전 시기에 걸쳐 훌륭한 말 사육에 대량의 돈과 자원을 투자해 또 다른 국가 활동, 즉 경마와 전차 경주를 촉진했다. 실제로 말 사육장들은 군대와 경마장 모두를 충족시킨다는 이중 목적이 있었다. 경주마 훈련은 말이 3세 때 시작되었으며 경마는 말이 5세가 되면 시작해서 20세 때까지 계속되었다. 제국의 모든 주요 도시에는 기념비적 건물에서 열리는 자랑할 만한 화려한 경기circus가 있었다. 부유한 지주들은 사냥과 오락 용도로 마구간을 유지했으며, 그들 중 시민정신이 투철한 사람들은 공직 경력을 높이기 위해 경마장에 선물을 아낌없이 쏟아부었다. 하지만 경마 자체는 매년 전통적으로 종교적 축제 기간에 거행되면서 과다하게 시민적이고 정치적이며 종교적인 규정의 통제를 받았다. 로마 최대의 경마장은 물론 아벤티노 언덕과 팔라티노 언덕 사이 계곡에 위치한 전체 길이 650미터, 너비 220미터의 키르쿠스 막시무스Circus Maximus였다. 말들이 방향을 바꾸는 중앙 구분대인 스피나 spina는 길이가 233미터였다. 각 경주는 보통 일곱 바퀴를 돌아야 해서 거리는 약 3킬로미터에 달했다(Hyland 1990: 204, 215~217).

키르쿠스Circus[고대 로마 시대에 전차 경주를 하던 경기장]는 태양신에게 헌정되었으며, 태양신의 딸인 여신 키르케Circe와 관련된 명칭이었다. 키르케와 오디세우스의 결혼으로 전체 라틴족의 조상인 라티누스Latinus가 태어났다. 테르툴리아누스[카르타고의 교부敎父이자 신학자]에 따르면, 키르쿠스의 구경거리는 키르케가 아버지인 태양신을 기려서 거행한 것이 최초였다. 이처럼 키르쿠스와 태양의 관계는 연원이 깊은 것이었다. 태곳적부터 태양신과 달의 신에게 바친 지붕 없는 신전이 키르쿠스 근처 계곡에 있었다. 지붕은 스톤헨지처럼 신들이 그들의 빛으로 이러한 성역에 들어올 수 있도록 하늘과 빛에 열려 있었다. 기원후 64년 로마에서 일어난 정치적 격변[64년 7월 18~19일에 일어난 로마 대화재]으로 달의 신의 신전이 전소되었지만 태양신의 신전은 실제로 음모의 중심 거점 역할을 했다. 네로는 음모를 밝혀준 것에 경의를 표하기 위해 키르쿠스 막시무스 안에 결승선을 직접 내려다볼 수 있는 태양신과 달의 신을 위한 새로운 신전을 건립했으며, 이로써 키르쿠스의 후원자인 최고의 전차 기사로서 태양신이 승리와 결합되었다. 승리한 전차 기사의 의기양양한 자세는 태양신의 위엄에 견줄 수 있었다. 경마장의 반구 끝에는 3개 기둥 사이 벽 부분에 티투스의 군사적 승리를 기념하는 위풍당당한 아치가 세워져 있었다. 전차가 위에 얹혀 있는 아치는 하늘의 둥근 천장, 태양신의 하늘 횡단, 암흑에 대한 승리를 상징했다. 경마장에서는 말과 전차 경주로 축하의식이 연중 끊이지 않고 열렸다 (Humphrey 1986: 91~95, 120, 122).

관중은 지금의 야구나 축구 우승자들과 동일한 명성을 누렸던 그들의 영웅인 경마 기수와 전차 기사에게 열정적인 박수갈채를 보냈다. 말은 청동 메달을 받았으며, 나중에 경마장에 청동 메달과 함께 매장되었다. 경마협회는 파벌로 나뉘었고 저마다 색깔이 있는 각 파벌은 사계절과 신들에게 봉헌했다. 백색파와 적색파는 처음에 겨울과 여름을 상징했지만, 나중에 백색파는 제피로스Zephyros〔그리스 신화에 나오는 서풍西風의 신〕, 적색파는 마르스Mars〔로마 신화에 나오는 군신軍神. 그리스 신화의 아레스에 해당된다〕, 청색파는 하늘과 바다의 신, 녹색파는 대지의 신을 상징하게 되었다. 부자 빈민 가릴 것 없이 출전 선수들이 우승을 다투는 경마에 열광했다. 충돌로 불가피하게 말과 기수가 넘어져 마구를 연결하는 끈들에 뒤엉켰고 전차가 산산조각 나는 '난파naufragia'의 위험은 늘 존재했다. 위험에서 벗어날 수 없을 경우에 기수는 한복판에서 마구 내딛는 말발굽에 질질 끌려가곤 했고, 이는 경주로에 있는 모든 전차 기사에게 위험을 초래했다. 많은 용감한 말과 사람들이 이런 위험에서 벗어나려고 시도하다가 죽음을 맞았다(Hyland 1990: 205, 224). 전쟁 자체의 혹독함과 같이, 경마장의 격렬한 경쟁은 더 뛰어난 말의 힘과 속도를 꾸준히 찾아나섰다. 로마 제국에 가장 뛰어난 품종의 말을 끌어들여 종들을 선별해 뒤섞음으로써 개량된 로마의 말은 후대 유럽인들이 의존하게 될 순혈종의 기초를 놓았다.

로마를 유명하게 만든 또 다른 구경거리는 베나티오네스venationes(원형경기장에서 벌어진, 야수와 야수 또는 야수와 인간의 싸움)와 검투사 무네라munera(검투사 시합)였다. 검투사 시합의 기원은 기마 경주처럼 오래된 장례 의식으로 거슬러 올라가며 초원지대의 희생제의와 유사한 희생제의가 계속되었다. 특히 장례 의식을 위해 사들인 전쟁 포로나 노예가 장례식에 제물로 바쳐졌다. 더 오래된 의식은 희생제물을 야생동물에게 노출시켜 갈기갈기 찢기게 하는 것이었다. 이 같은 관습이 죽은 병사의 무덤 앞에서 싸우는 검투사 경기인 무누스munus◆로 발전했다. 기원전 183년경 로마 광장의 장례 의식에서 60차례가 넘는 검투사 시합이 거행되었다. 나중에 용감한 전사들을 기념하는 이러한 의식들이 태양의 타원형투기장에서 공적인 경기로 거행되었다(Vismara 2001: 21~23). 마침내 원형경기장이 등장했다. 로마 중심부의 콜로세움은 외국 사절들을 맞이했던 제국의 원형경기장으로서 로마의 배꼽뿐만 아니라 세계의 배꼽umbilicus mundi으로 여겨졌다. 이는 다음의 예언적인 신탁으로 입증되었다.

콜로세움이 견고하게 서 있을 때, 로마도 견고하게 서 있을 것이다.

◆ 무누스는 라틴어로 '의무' 또는 '봉헌'이라는 의미이며, 망자의 영혼을 위로하기 위해 치르던 희생제였다고 알려져 있다.

콜로세움이 무너질 때, 로마도 무너질 것이다.

콜로세움이 무너질 때, 로마는 물론이고 세계도 무너질 것이다.

(Coarelli 2001: 19)

하지만 일찍이 태양의 건축물은 로마 중심부에 있는 베스파시아누스 황제의 콜로세움에 앞서 있었다. 기원후 64년에 로마시를 파괴했던 화재의 여파로 네로는 도무스 아우레아Domus Aurea(황금 궁전)라는 엄청난 궁전을 건설했다. 궁전의 벽은 금으로 뒤덮였으며 보석과 진주층[조개껍데기 내면에 있는 진주광택이 나는 얇은 층]이 박혀 있었다(Lugli 1968: 8). 우주의 광대무변한 열망을 품은 폭군 네로에게 직선으로 둘러싸인 건축물은 너무 틀에 박힌 것이었다. 대신에 그는 키르쿠스 막시무스에 새롭게 도입된 태양신과 달의 신의 지붕 없는 신전에서 영감을 얻었다. 네로의 황금 궁전을 위해 건축가들은 중앙에 집중된 둥근 천장 구조를 대담하게 이용하는 혁명적인 디자인을 고안했다. 황금 궁전의 한가운데는 태양신 황제 네로의 팔각형 홀이 있었다. 이곳 중앙의 둥근 천장은 팔각형에서 이음매 없는 돔으로 점차 높아지면서 폭이 넓은 둥근 창에서 절정에 이르렀다. 아래에 있는 통풍 잘되고 햇빛을 받는 홀에서 공간, 형태, 빛, 구조가 로마 황제 네로를 위한 우주의 극장이 되었다(MacDonald 1976: 54~55).

최초의 돔이 어디서 어떻게 시작되었는지는 분명히 알 수 없다. 앞서 봐왔듯, 무덤 흙 둔덕인 둥근 쿠르간이 띠 모양을 이루는 유라시아 초원지대 전역을 넘어 멀리 서쪽으로 브리타니아까지 확대되었다. 브리타니아에서 조상 묘이자 태양 신전인 스톤헨지가 기원전 제3천년기에 나타났다. 또한 유럽 전역에서는 태곳적부터 문명기에 이르기까지 돔 모양, 즉 원뿔 모양의 원형건축물, 반구형, 고리 모양의 무덤이 많이 있었다. 델피 신탁소에서 옴파로스는 한 전설적 신왕神王의 무덤을 나타내는 둥근 천장cupola이 있는 오두막 형태로 나타났다(Smith 1950: 6, 75~76). 스미스에 따르면, 옴파로스가 선사시대 주거에서 무덤과 신전으로 변화되면서 돔 구조의 오래된 조상의 주거는 부족 통합의 상징으로 경배되었다. 스미스는 또한 의례나 매장 상황에서 초원지대의 둥근 돔 같은 우주의 천막이 돔 모양을 받아들이도록 자극했을 것이라고 암시했다. 더 일찍이 초원지대의 후손인 아케메네스인들이 고전세계에 신성한 우주 지배자의 개념과 거대한 돔 모양의 하늘 천막에서 접견하는 황제의 관행을 전해주었다. 이런 이념과 의례는 모두 알렉산더에 의해 채택되었으며 나중에 로마와 비잔틴 황제들에 의해 구체화되면서 의례상의 닫집으로 통합되었다. 이와 유사한 돔 모양의 닫집과 관련해 필로스트라투스는 파르티아의 페르시아에 대해 이렇게 말한다.

> 그것의 천장은 하늘처럼 돔 형태로 만들어졌고 강렬한 푸른색이자 하늘의 색깔인 사파이어석으로 덮여 있었다. (…) 높은 곳에는 그들이 믿었던 신들의 조각상이 있으며, 그것은 금처럼 빛나 보인다. (Smith 1950: 81)

페르시아의 선례가 네로에게 자신을 태양신의 화신으로 나타내고 황금 궁전을 태양 궁전으로 건설하도록 자극했을 것이다. 이로써 하늘을 상징하는 돔이 로마 제국의 건축에 도입되었다(Smith 1950: 82).

나중에 우주와 정치의 통합을 상징하게 되는 제국의 중요한 돔 모양 건축물은 템플룸 데오룸 옴니움templum deórum omnium〔모든 신의 신전〕인 로마의 판테온이었으며, 판테온은 기원후 118년에서 128년 사이의 하드리아누스 황제 시대에 마르티우스 평원에 세워졌다(MacDonald 1965: 95~96). 그 시대의 어떤 건축물도 구조적으로 이보다 더 독창적이지 못했다. 판테온의 돔은 나무로 만든 임시의 반구형 돔과 대조되게 연속하는 고리 모양의 콘크리트를 퍼부어 쌓아올렸다. 일단 마르고 나면 콘크리트로 만든 내부는 장인들이 대리석과 청동으로 화려하게 장식했다(MacDonald 1976: 42). 원형건축물인 판테온의 황금 대리석, 포장 면이 불타듯 선명하게 빛나는 대리석과 반암斑巖으로 만든 원형 및 정사각형 구조물, 치솟아 오른 닫집〔천개〕의 기하학적 구조가 경외심을 불러일으켰다(MacDonald 1976: 34~35). 45미터 높이에 62.8제곱미터의 둥근 창이 신과 황제들의 조각상이 서 있는 판테온을 비추었다(MacDonald 1965: 110~111). 키클롭스의 외눈 형태를 하고 있는 판테온은 빛을 받아들이도록 그리고 하늘에서 쏟아져 들어오는 태양 빛의 거대한 광선을 조절하도록 설계되었으며, 이것이 판테온에 생기를 불어넣었다. 태양과 함께 팽창하고 회전하면서 빛으로 가득 찬 세계의 신전 판테온은 동그란 우주 안에서 로마 국가의 모든 야망을 표현해냈다(MacDonald 1965: 119~121). 태양의 원이 전체 건축물 중앙에 고정된 판테온의 상징성은 우주에 내재하는 보편성을 말하며 다른 어떤 건축물보다 건축술에 더 큰 영향을 끼칠 수 있었다(MacDonald 1976: 11).

초원지대 기마인의 침입

로마는 영원할 수 없는 운명이었다. 아시아 동북쪽에서 이동해 들어온 훈족 유목민이 서쪽에서 로마의 멸망을 가속화했다. 훈족은 기원후 355년에 볼가강과 옥수스강에 도달했다. 비록 완전한 합의에 이르렀다고는 말할 수 없지만, 훈족은 이제 중국 국경 지방을 떠나 사르마티아어를 쓰는 오손족과 토하라어를 쓰는 월지족을 밀어낸 흉노족과 동일시되고 있다. 알다시피 월지족은 남쪽으로 인도에 진출해 쿠샨제국을 건설했다. 서쪽으로 이동한 오손족은 알란족으로 알려졌고 한때 스키타이족이 거주했던 지역을 차지했다. 유럽에 도착한 훈족은 알란족 일부를 흡수했지만, 다른 일부인 오세트족을 캅카스산맥에 강제로 이동시켰으며, 또 다른 일부를 러시아를 통해 발칸반도로 이동하게 했다. 곧이어 캅카스산맥의 오세트족 피난민에 대한 사르마티아의 신화가 논의될 것이다. 훈족은 각기 다른 부족 집단을 도미노식으로 유라시아 초원지대 너머로 몰아낸 지배 세력일 뿐만 아니라 중부 유럽에서 게르만 부족들 사이의 중요한 격변과 혼란을 야기한 책임도 있었다. 훈족은 다뉴브강에 이르러 발트해에서 비스와강[비스툴라강] 아래로 팽창했던 고트족을 공격했다. 패배한 서고트족은 378년에 아드리아노플평원에서 로마 제국 군대와 동로마 황제 발렌스를 격파하기 위해 남쪽으로 쇄도해 트라키아 전체를 약탈했다. 나중에 서고트족은 그리스와 이탈리아를 침입해 서로마 황제 플라비우스 호노리우스가 라벤나로 후퇴하지 않을 수 없게 했다. 라벤나의 성벽과 늪지대가 야만족 기병으로부터 호노리우스를 지켜주었다. 로마는 800년 역사에서 처음으로 파괴 행위와 약탈의 한복판에서 적에게 함락되었다. 414년경 아타울프가 갈리아에 툴루즈를 수도로 정하고 서고트 왕국을 세웠다(Durant 1950: 24~28, 35~37).

로마가 고트족에 맞서 이탈리아를 방어하려고 알프스산맥 너머로 군단을 철수한 것과 때를 맞춰, 사르마티아 알란족은 게르만 부족인 반달족 및 수에비족과 동맹을 체결하고 라인강을 넘어 벨기에, 갈리아, 아키텐을 약탈했다. 인기 있는 남자 이름으로 강인한 전사를 의미하는 알랑과 알랭 그리고 지명인 알랭빌, 알랭쿠르, 알랑송-오른에서 분명히 알 수 있듯이 많은 알란족이 갈리아 서남부에 정착했다(Littleton and Malcor 1994: 234). 기원후 409년에 10만 명 규모의 반달족, 알란족, 수에비족이 스페인을 침입했다(Littleton 1995: 264). 이 기간에 유럽이 겪은 엄청난 혼란과 파괴는 블루아 주교 앙리 그레구아르[프랑스의 가톨릭 신학자. 1750~1831]가 지방어로 기념하고 있다. 그는 프랑스 혁명의 공포를 수 세기 앞서 반달족이 저지른 파괴와 잔혹 행위에 비유하면서 프랑스 혁명의 난폭한 행위를 '반달리즘vandalism'이라고 비난했다(Onesti 2002: 12). 기마 침입자인 반달족은 피레네산맥부터 지브롤터 해협까지 2년 동안 이베리아반도 전역을 휩쓸었다. 그들은 안달루시아 지방에 자기 이름을 붙였으며 아프리카 해안으로 정복을 넓혀갔다(Carr 2002: 26~28). 군사적으로 개입할 수 없었던 로마는 갈리아 서남쪽 서고트족을 매수해서 로마 제국을 대신해 이베리아반도의 영토를 탈환하게 했다. 429년에 서고트족의 공격을 받은 반달족과 알란족 8만 명은 그들의 지도자이자 '반달족과 알란족의 왕rex Vandalorum et Alanorum' 가이세리크를 따라 아프리카로 가기로 결정했다. 북아프리카 연안을 따라 신속하게 이동한 침입자들은 아리우스파 기독교도로서 로마의 지배에 분개한 반란자 무어인들과 오랫동안 정통 기독교에 의해 이단으로 박해받아온 도나투스파와 제휴했다. 로마는 435년에 이 지역 대부분을 야만족들에게 양도한다는 협정을 체결했으며, 가이세리크가 카르타고를 장악한 이후인 442년에는 북아프리카 독립 왕국을 승인했다. 원래 알란족은 기원전 162년경 토하라어를 쓰는 월지인들에 맞서 한나라와 동맹을 맺었던 이리강 계곡의 사르마티아계 오손족이었다. 이제 알란족은 반달족과 함께 문명세계에서 두 번째로 거대한 중심지를 지배하게 되었다. 그들은 유라시아 초원지대 전체와 광범한 유럽 대륙을 가로지른 뒤에 영국 해협에서 유럽의 가장 서쪽에 위치한 반도의 최남단 끝으로 이동해서 북아프리카에 승리자로 도착했다. 그러나 그곳에서 팽창을 멈추는 일은 없었다. 가이세리크는 공격적인 제해권으로 시칠리아와 이탈리아, 스페인의 해안을 침입해 발레아레스 제도, 코르시카, 사르디니아를 정복했다. 기병을 실은 그의 함선이 다음에 어디에 상륙할지는 아무도 몰랐다. 이런 고삐 풀린 해적질은 455년 로마 약탈에서 정점을 이루었다(Bright 1987: 10~11).

훈족도 알란족에 뒤이어 양 떼와 천막을 갖고 초원지대를 넘어 서쪽 헝가리 평원을 향해 이동했다. 그들 무덤에 대한 고고학적 발굴을 통해 일부 유럽 혈통이 뒤섞여 있긴 하나 훈족은 원래 몽골 혈통이었음이 밝혀졌다. 훈족은 로마와 접촉을 늘리면서 사르마티아계 알란족과 함께 로마 제국 군대에서 용병으로 싸웠다. 전투 중에 훈족은 올가미를 무기로 사용했다. 훈족과 알란족의 합동 전술은 멀리 쏘는 훈족 기마 궁수들과 그들을 보완해서 무거운 창과 긴 칼을 들고 접근해서 싸우는 알란족의 포위 작전으로 이루어졌다. 예전에 파르티아인들이 사용했던 경기병과 중기병의 이러한 조합은 12세기에 다시 몽골인들에 의해 성공적으로 활용될 것이다(Hildinger 2001: 63~64). 434년에 블레다와 아틸라 형제가 라인강 서쪽에서 흑해 북쪽 초원지대까지 확대된 훈족의 영토를 정치적으로 지배했다. 그 결과 로마 제국의 반쪽 두 곳이 모두 위협받았다. 침입을 두려워한 테오도시우스 2세는 두 형제와 협상하도록 가장 뛰어난 사절들을 파견했다. 블레다와 아틸라는 다뉴브강과 모라바강이 합류하는 지점에서 로마 요새 맞은편에 화려하게 장식된 천막을 쳤다. 그들은 말을 탄 채로 협상할 것을 주장하면서 회담 내내 말에서 한 번도 내리려 하지 않았다. 결국 마르구스[다뉴브강 근처] 협약이 체결되면서 콘스탄티노플은 훈족의 상인들에게 국경 지역에서의 동등한 교역권을 허가했으며 훈족에게 연간 160킬로그램에서 320킬로그램으로 금을 더 많이 바쳐야 했다(Howarth 1994: 36~37). 훈족이 만약 누군가의 주장처럼 실제로 흉노족이었다면,[5] 블레다와 아틸라가 비잔티움에 보인 행동은 몇백 년 전 묵돌 선우가 중국의 한나라에 보인 '속임수 아니면 사탕'이라는 교섭 방식과 놀라울 정도로 유사했다. 나중에 훈족은 카스피해로 지배권을 넓혀나갔으며 448년에는 아틸라의 군대가 트라키아와 일리리아를 공격했다. 수천 명이 노예로 붙잡혔을 뿐 아니라 테오도시우스 2세는 연간 공물을 세 배로 늘려 바

---

5   아마도 흉노족의 요소가 있었겠지만 그들이 아시아를 횡단해 이동하면서 마주쳤던 다른 부족들과 섞였을 것이다.

쳐야 했다(Hildinger 2001: 68).

　로마의 동쪽 제국을 갈취한 아틸라는 서쪽으로 방향을 틀었고 생각지도 못할 전쟁 구실을 찾아냈다. 발렌티니아누스 3세의 누나[호노리아]가 시종에게 유혹당해 콘스탄티노플로 추방되었다. 단식의 상황과 후회에서 간신히 벗어난 그녀는 아틸라에게 자신의 금반지를 보냈다. 아틸라는 이를 결혼 제안으로 받아들였다. 그는 즉시 지참금으로 로마의 서쪽 제국 절반과 함께 호노리아를 요구했다. 발렌티니아누스 3세가 항의하자 아틸라는 전쟁을 선포했고 451년에 50만 병사를 이끌고 라인강으로 진격해 트리어와 메스를 공격했다. 아틸라는 주변 지역을 파괴한 다음 오를레앙을 향해 진격했다. 서고트족 테오도리크 1세 및 알란족 상기바누스와 동맹을 맺은 플라비우스 아에티우스 장군이 트루아에서 아틸라와 마주쳤다. 싸움은 격렬했지만 결국 아에티우스가 이점을 활용하지 못했다. 그는 훈족을 섬멸하는 대신 징계에 그치는 것을 택했다. 그가 불신한 알란족과 서고트족의 균형을 잡는 데 훈족이 필요했기 때문이다. 예상대로 훈족은 이듬해 전쟁을 재개하여 이탈리아를 침입해 아퀼레이아를 파괴했으며 밀라노에서 공물을 강제로 거두어들였다. 파두아 주민들은 아틸라의 기병들에게서 벗어나려고 아드리아해 늪지대로 피신했으며, 그곳에서 베네치아를 건설했다. 아틸라는 로마를 향해 진격했지만 그의 군대에서 전염병이 발생했다. 이에 그는 헝가리로 군대를 철수시키기로 결정했고 그곳에서 새로운 젊은 아내를 얻는 것으로 위안을 삼았다. 뒤이은 축하 행사에서 술에 취한 아틸라는 밤사이에 머리 동맥이 파열되어 자는 도중에 질식사한 것으로 보인다(Durant 1950: 40~41; Hildinger 2001: 69~72).

장례식은 초원지대의 고대 전통에 따라 치러졌다. 아틸라의 시신은 그가 기병을 이끌고 전투했던 평원에 설치된 비단 천막 안에 안치되었다. 부족 사이에서 용맹함으로 선발된 정예 기병들이 서거한 왕을 기쁘게 해주려고 서커스처럼 아틸라의 시신 주위를 거칠게 질주했다. 그의 매장을 흥청대며 축하하는 동안 훈족에게는 특이하게도 슬픔과 기쁨이 교차했다. 애도자들은 칼로 머리카락을 자르고 얼굴을 난도질했다. 이는 위대한 전사를 여자의 눈물이 아닌 남자의 피로 애도하기 위해서였다. 매장 고분이 쌓아 올려졌고 각 민족이 바친 공물인 금·은·철로 덮인 아틸라의 시신이 그 안에 매장되었다. 시종들이 그의 시신 위에 희생제물로 바쳐졌듯, 아틸라가 적들에게서 강탈한 무기, 보석, 그 밖의 귀한 물건들도 함께 매장되었다(Thompson 1996: 164~165).

아틸라의 제국은 그의 죽음으로 인해 해체되었다. 하지만 훈족의 군사 기술은 비잔틴인들이 훈족과 연합하고 훈족의 군대를 편입함으로써 지속될 수 있었다. 초원지대는 오랫동안 평화로운 상태를 유지하지 못했다. 6세기에 아시아에서 또 한 번의 유목민 침입이 있었다. 몽골계 아바르족이 부다 인근에 자신들의 수도를 요새화하기 위해 판노니아를 넘어 진군했다. 중부와 동부 유럽에 대한 그들의 위협은 796년 샤를마뉴의 승리로 막을 내릴 것이다. 동쪽에서 비잔틴 황제들은 새로운 위협에 대처할 준비가 더 잘되어 있었다. 아바르족은 여러 차례 로마 동쪽을 공격했으나 성공하지 못했다. 체인 메일chain mail〔작은 쇠사슬을 엮어 만든 갑옷〕, 창, 날이 넓은 칼, 그리고 지금은 안장에서 사용되는 뒤쪽으로 휜 훈족의 복합궁으로 무장한 동로마 기병은 초원지대 전투에 상당히 숙달되어 있었다. 동로마 기병은 유목민들의 강인함, 장거리 활쏘기, 매복, 포위 전술, 위장 후퇴, 갑작스러운 방향 전환을 알고 있었다. 아바르족이 아시아 동쪽에서 가져온 한 가지 혁신은 금속 등자였다. 금속 등자는 비잔틴인들에 의해 즉시 받아들여졌으며 하나는 프랑크족과 유럽 전역으로 급속히 퍼져나갔다. 금속 등자는 창과 긴 칼을 가진 중무장 기병에게 더 안정감 있는 자세를 갖추게 해주었다는 점에서 중세의 가장 중요한 발명품으로 이야기된다. 반면에 파르티아인은 물론이고 사르마티아인도 등자 없이 무거운 창을 들고 완전 무장한 채 말을 탔다. 그렇지만 창 전투 중에는 기마병이 자신의 타격으로 인해 본인이 쓰러질 수도 있는 위험이 언제나 잠재해 있었다. 등자는 기마병으로 하여금 아래로 겨눈 자세에서 창을 단단히 붙잡게 함으로써, 즉 오른손에 창을 붙잡고 팔 밑에 고정시키게 함으로써 이런 문제를 피하도록 해주었다. 반면에 예전에는 창을 느슨하게 붙잡았다. 이처럼 창을 더 단단히 붙잡음으로써 기마 전사는 팔 하나의 힘뿐 아니라 말의 전력 돌진으로 적을 공격할 수 있었다. 등받침이 보강되고 높아진 안장 덕분에 기마 전사는 말 엉덩이 위에서 뒤로 밀려나지 않을 수 있었다. 아래로 겨눈 창으로 가해지는 이처럼 빠른 속도의 공격은 중세 기사 전투가 발전하는 데 가장 중요한 요소가 되었다.

아서왕의 서사시: 서방의 기사도

러시아인, 불가리아인, 마자르족이 아바르족에 뒤이어 계속해서 초원지대에서 진격해 들어왔으나 결국에는 패배를 맛보았다. 이러한 이교도 예속민들을 확실히 구원하기 위해 선교사들이 북쪽으로 파견되었을 때, 기독교의 강요는 비잔티움의 도덕적 의무가 되었다. 실제로 개종은 야만족 침입자들을 길들이고 시민사회로 흡수하는 장치로 작동했다. 하지만 더 멀리 서쪽에서 게르만족 대이동이 대륙을 완전히 휩쓸어버렸으며 서유럽에 500년 동안 지속될 암흑시대가 점점 다가왔다. 멀리 떨어진 브리타니아에서 중앙집권화된 로마의 지배가 막을 내리면서 켈트족은 북쪽 산지 너머에서 픽트족과 스코트족의 침입을, 북해 너머에서는 앵글족, 색슨족, 데인족의 침입을 받았다.

이 충돌에서 아서왕과 원탁의 기사 전설이 생겨났다. 일부는 켈트적이고 일부는 기독교적인 이 전설은 더 오래된 인도·유럽어족의 구전으로 가득 채워지기까지 했다. 이런 이야기에서 많은 경우 중요 인물은 분명히 켈트적이다. 아서 아버지의 이름인 우서 펜드래건Uther Pendragon은 웨일스어로 '병사들의 영예로운 지도자'를 의미한다. 아서의 아내이자 왕비인 귀네비어Guinevere는 다산의 여신(웨일스어로 그웬휘파르Gwenhwyfar, 고대 아일랜드어로 '흰자에서 태어난' 핀다베어Findabair, 그리스어로 '거품에서 태어난' 아프로디테Aphrodite를 참조하라) 이름을 따서 지어졌다. 아서는 갈리아에서 군사 작전을 벌였던 브리타니아인들의 가공의 왕 리오타무스Riothamus와 연결되었다(Mair 1998: 297, 299). 하지만 1925년에 켐프 멀론Kemp Malone은 아서라는 이름의 유래를 켈트족이 아닌 로마 황제 마르쿠스 아우렐리우스가 브리타니아에 주둔시킨 사르마티아인 지원군을 지휘했던 루키우스 아르토리우스 카스투스Lucius Artorius Castus에게서 찾을 수 있다는 의견을 제시했다. 멀론은 더 나아가 사르마티아인 지원군이 브리타니아에서 야만족을 격퇴하기 위해 켈트족과 연합했을 때, 그들 지휘자의 전설에 어느 정도 이란의 요소가 더해졌다고 주장했다. 사실 아서왕 이야기는 외국의 침입자들에 저항해서 각기 다른 전쟁 지휘자들이 거둔 불가사의한 위업을 합쳐놓은 것처럼 보인다. 아서라는 이름은 수 세기에 걸친 교전을 통해 '군사 지휘자'의 명칭으로 살아남았는지도 모른다. 이는 카이사르Caesar가 다른 곳에서 카이저 Kaiser 또는 차르Czar가 되었던 것과 마찬가지다(Nickel 1974: 151).

이 위대한 서사시에서 사춘기를 갓 넘은 어린 아서는 충성스럽고 의협심 강한 케이Kay 경[6]의 수행을 받고 기적의 검이 나타났던 장소에 말을 타고 갔다. 그리고 다른 사람들이 지금까지 실패했던 곳에서 그는 자신이 기사가 될 준비가 됐으며 돌에서 검을 뽑아 우서 펜드래건의 왕위를 계승할 권리가 있음을 증명해 보였다. 앞서 봤듯, 검을 신성하게 숭배하는 것은 초원지대 유목민의 전통에 깊이 뿌리 내리고 있다. 초원지대에서 땅과 바위 또는 제단에 박혀 있는 칼은 세계의 축과 영토에 대한 권리를 상징한다. 실제로 사르마티아인들이 숭배한 부족신은 돌에 수직으로 박혀 있는 칼이었다(Littleton 1982: 58~59; Nickel 1974: 152). 봉건적인 왕이었던 아서와 그의 왕비 귀네비어는 캐멀롯 궁전을 통치했다. 일부는 캐멀롯 궁전이 로마의 카물로두눔에 위치해 있다고 주장했지만, 아마도 브리타니아인들이 오랫동안 자치권을 유지했던 북쪽과 서쪽 지역 거석 봉분과 언덕 꼭대기 요새 가운데 위치했을 가능성이 더 크다(Haywood 2001: 90). 조르주 뒤메질Georges Dumézil이 캅

---

6   아마 아베스타 야슈츠Yashts[조로아스터교 경전 아베스타의 일부로, 고대의 신들을 찬미하는 노래]의 전설적인 전사 카이 호스로Kai Khosrau였을 것이다(Littleton and Malcor 1994: 126, 143).

카스산맥의 사르마티아계 오세트족에게서 수집한 전설들[7]에서 아서의 삶 후기 모습들이 나르트족 영웅 바트라즈의 모험과 유사하다는 점이 확인되었다(Littleton 1979: 329). 마법사 멀린을 따라 호수의 여신에게 갔을 때 아서왕은 두 번째 검인 엑스칼리버Excalibur[8]를 받았다. 아서는 죽을 때까지 이 불가사의한 검을 간직했다. 이 검이 지닌 마법적 힘이 아서로 하여금 기적 같은 위업을 이루게끔 해주었다. 이와 유사하게, 바트라즈도 신비로운 재능을 부여받은 그의 숙모이자 여성 예언자인 산타나에게서 엑스칼리버와 비슷한 검을 받았다. 나르트족 전설에서 바트라즈는 거대한 검을 휘두르면서 아버지의 죽음에 복수했고 추종자들을 이끌고 불가사의한 모험에 뛰어든다(Littleton 1995: 264~265). 브리타니아에서 수 세기에 걸쳐 음유시인들에 의해 읊어진 서방 켈트족의 비슷한 전설들은 둑스 벨로룸dux bellorum〔전쟁 사령관, 전쟁 지도자〕인 아서가 어떻게 브리튼인들을 지켜주었는지 말해준다. 이 이야기들은 고대 영웅들의 고귀한 행위를 상세히 알려준다. 이야기는 이렇게 진행된다. 어두운 숲속에 숨겨진 외딴 성들 한복판에서 위험 가득한 모험에 나선다. 신성한 보물을 찾는다. 고통스러워하는 소녀들을 구한다. 온갖 괴물을 처치한다. 수 세기에 걸쳐 구전으로 전해진 이런 이야기들은 민간전승에 의해 내용이 끝없이 풍부해졌다.

---

7   오세트족은 훈족을 피해 캅카스산맥으로 피신했다. 현재 오세트족은 50만 명 정도로 여전히 자신들의 북부 이란어를 쓰고 있으며 사르마티아 신화를 간직하고 있다. 수십 년 동안 뒤메질이 영웅 나르트의 전설을 수집했으며, 매우 최근에 존 콜라루소John Colarusso가 이러한 이야기들을 연구했다.

8   최초의 형태인 'Caliburnus'는 라틴어의 칼리브스(chalybs, 강철)와 그리스어의 칼리베스(Kalybes, 사르마티아의 금속세공인)에서 유래했다(Nickel 1974: 152).

아서왕 이야기에서 중요하게 반복되는 부분은 성배 찾기다. 성배는 영성을 기사적이고 낭만적인 모험과 결합시킨다. 성배의 신비로움은 우주의 순환과 탄생에서 죽음에 이르는 인생의 순환여행이라는 개념으로 떠받쳐진다. 신성한 힘의 출처로서 원형 그릇이라는 상징은 인도·유럽어족의 민간전승에서 매우 오래된 역사를 지닌다. 기원전 제1천년기 동안 돈강에서 알타이산맥까지 초원지대 유목민들은 의례에서 원형 가마솥을 사용했다. 그들은 원형 가마솥으로 역법의 축제일에 공동 식사를 위한 희생제 음식을 준비했다(Kuzmina 2007: 404). 하늘은 대체로 땅을 덮고 있는 끝이 위로 굽은 그릇으로 여겨졌다. 태양과 달이라는 그릇에는 신의 음료가 가득 채워져 있었다. 그리스인들에게 원형 그릇 개념은 기본적으로 크라테르Krater◆ 또는 불타는 듯한 잔으로, '그 안에서 태양빛이 뒤섞인' 창조의 모체였다. 불교에서는 티베트 여신 나로카코마Narokhachoma가 변신 의식에서 사람의 두개골로 피를 마셨다. 서쪽에서 접대용 접시를 의미하는 단어 그랄graal은 풍부함을 암시했으며 위대한 영웅들이 신들의 거처에서 연회를 베풀었다는 켈트족의 전설과 관련 있을지도 모른다. 말 희생제의인 에포메두오스 축제(제4장 참조)의 우주 스튜 요리에서 이미 친숙해진 켈트족의 가마솥은 영감과 부활을 상징했다. 구네스트루프 솥에서 부활의 주제는 전투 중에 사망한 전사들의 행렬에서 분명히 드러났다. 여기서 사망한 전사들은 케르눈노스 신에 의해 가마솥 안으로 거꾸로 넣어져 되살아나기를 기

◆ 포도주와 물을 섞는 데 사용한 용기. 고대 그리스인들은 포도주를 원액이 아닌 물에 희석해 마셨다.

다리고 있다. 아서왕은 일찍이 혼자서 성배를 찾아나섰지만 그의 수많은 기사처럼 빈손으로 돌아왔다(Mahoney 2000: 9; Matthews 1981: 8~9, 51, 78). 이와는 대조적으로 오세트족의 나르트 전설에서는 성배를 찾아나선 바트라즈가 가마솥 모양의 잔인 신성한 나르티몬가Nartymonga를 관리하는 책무를 맡게 되었다(Littleton 1979: 327).

기원후 5세기 동안 기독교 선교사들은 유럽에 복음을 전파하고자 북쪽으로 흩어졌으며, 프랑스에 정착한 사르마티아계 알란족이 이들 수도사와 동행했다. 이 무렵에 랜슬럿Lancelot(Alanus a Lot⁹) 경이 전형적인 사르마티아 마차를 몰고 원탁의 기사에 들어왔다(Littleton and Malcor 1994: 98). 고대 켈트족의 비유적 묘사는 기독교의 영향을 받아 그리스도의 희생적 죽음과 부활의 주제로 가득 차 있다. 성배는 성찬식聖餐式과 그리스도가 최후의 만찬에서 마셨던 잔과 관련되었다. 최후의 만찬에서 빵과 포도주 형태로 제자들이 그리스도의 몸을 먹고 피를 마셨다(Matthews 1981: 30). 최후의 만찬이 이루어진 식탁을 나타내기 위해 마술사이자 마법사인 멀린이 원탁을 만들었다. 이 원탁tabula rotunda¹⁰은 불가사의한 힘으로 여겨졌으며 도상학에 의해 운명의 수레바퀴와 연결되었지만 한편 기사 조직이기도 했다. 아서왕은 호전적인 봉건영주들의 싸우기 좋아하는 경쟁의식을 미연에 방지하려고 기사도 규정에 묶여 있던 기사 50명을 자신의 궁정으로 불러모았다(Biddle 2000: 17). 시간이 지나면서 기사들이 늘어났다. 그 후 모든 기사가 모인 어느 성령강림절〔오순절〕에 엄청난 천둥 굉음이 울렸으며 궁전이 100배나 밝아

---

9   로트강 하류 유역은 알란족이 대거 정착했던 지역이다.

졌다. 햇빛 광선 위에 떠다니며 베일로 가려진 성배가 나타났다. 성배가 신비롭게 사라지기 전의 아름다운 광경에 압도돼 누구도 꼼짝하지 못했다. 그다음 기사들은 성배를 찾는 일에 착수하기로 맹세하고 성인들의 유물을 갖고 캐멀롯에서 말을 타고 출발했다. 그러나 성배 찾기는 암호, 금기, 건방지거나 야비한 행위에 대한 가혹한 형벌이라는 해결해야 할 문제들에 둘러싸여 있었다. 순수한 사람만이 자격을 지녔으며 그들은 목표를 달성하는 데서 용기와 신념의 호된 시련을 겪어야 했다. 랜슬럿은 성배에 접근하는 데 성공했지만 아서왕의 아내이자 여왕인 귀네비어를 향한 불륜의 사랑 때문에 성배에 거부당해 일시적으로 눈이 멀었다. 불과 세 사람만이 진짜 성배를 응시하고 그 신비로움을 함께 나눌 수 있었다. 세 사람은 고결한 처녀 기사 갤러해드, 여전사인 카에르 로위의 마녀들에게서 무기 사용법과 기마술을 배운 퍼시벌, 겸손하고 평범한 보르스였다(Matthews 1981: 6~7).

랜슬럿이 귀네비어와 죄 많은 사랑을 다시 시작하려고 캐멀롯으로 돌아왔을 때, 아서와 랜슬럿 가문 사이에 전쟁이 일어났다. 전쟁은 멀리 브르타뉴와 아르모리카로 확대되었다. 많은 원탁의 기사가 살해되었으며 아서는 전투 중에 치명상을 입었다(Pastoureau and Goussetr 2002: 10). 아서왕은 병들어 누워 있을 때 베디비어 경에게 자신의 검인 엑스칼리버를 바다로 던지라고 명령했다. 베디비어는 검을 숨기면서 주군인 아서왕을 두 번이나 속이려고 했다. 하지만 아서는 거짓말을 알아차

10　최초의 원탁에는 열세 자리가 있었다. 그중 마지막 자리 즉 배신자 유다의 자리는 비어 있었다. 이 위험한 자리는 더 나중의 식탁에도 그대로 있었다.

리고 검을 버리도록 요구했다. 세 번째로 베디비어 경은 순순히 엑스칼리버를 바다로 내던졌다. 놀랍게도 바다 깊은 곳에서 손 하나가 나타나더니 엑스칼리버를 꼭 잡은 다음 서서히 바다 밑으로 가라앉았다. 이 사건을 보고받은 아서왕은 자기가 죽을 시간이 되었음을 알아차렸고 켈트어로 저승을 의미하는 애벌론Avalon섬으로 가는 거룻배에 옮겨 탔다. 오세트족의 바트라즈는 엑스칼리버 사건과 놀랄 만큼 유사하게 자신의 신하 대부분을 죽이고 나르트인 추종자들에게 자신의 죽음이 임박했으며 마법의 검을 바다에 넘겨야 한다고 알렸다. 비슷한 방식으로 나르트인들은 처음에 두 번이나 검을 감추려고 시도했지만 결국에는 명령대로 그 불가사의한 무기를 바다로 내던졌다. 놀라운 사건이 엑스칼리버 때처럼 벌어졌다. 격렬한 폭풍우가 휘몰아치더니 번개가 하늘 너머로 번쩍였으며 피처럼 붉은 파도가 밀려왔다. 죽어가던 지도자 바트라즈는 이를 알아채고 기꺼이 현세와 작별을 고했다(Littleton 1995: 265). 사르마티아계 이아지게스족과 알란족에 의해 유라시아를 넘어 브리타니아로 전해졌든, 고대 인도·유럽어족의 공통 전통인 무훈에서 비롯되었든 간에, 켈트족과 오세트족 신화의 구조는 놀라울 정도로 유사하다. 유사성은 목숨을 건 전투, 치명적인 상처, 죽어가던 지도자의 소원에 대한 초기의 속임수, 결국 불가사의한 검의 포기, 놀랍게도 거대한 무기를 잡아채는 바다, 전쟁 지도자가 저승세계로 이동하는 점 등에서 나타난다.

아서왕 전설에서 표현된 극적인 격변들은, 고전기 로마를 쓰러뜨려 유럽을 중세로 몰아넣은 대륙 전체를 가로지른 민족대이동을 반영한다. 서유럽에서 중앙집권화된 로마의 지배가 사라지면서 영토 침략에 대한 군사적 반응으로 정치적 분열이 초래되었다. 이는 봉건제도가 발전하는 촉진제가 되었다. 봉건체제하에서 군주는 자신의 궁정에서 수많은 기사를 거느렸지만 또한 귀족들에게 넓은 토지를 나눠주기도 했다. 귀족들은 하급기사들에게 토지를 하사했다. 토지는 기사가 전쟁에 대비해 말을 타고 전투하러 나갔을 때 가족을 부양하기에 충분했다. 그사이에 그의 봉신封臣들이 토지를 경작했으며 보병으로 복무했다. 봉건제도는 맹세로 표현되는 충성이 특징이었다. 교전 시에 기사는 귀족 지배자에게 군역을 제공했으며, 귀족 지배자는 결국 군주에게 속박되었다. 이렇게 하사된 토지는 군사적 의무가 아버지에게서 아들로 옮겨가면서 세습되었다. 교회령에도 동일한 내용이 적용되었고, 교회령은 전시에 왕에게 기사를 제공했다. 중기병은 중세 전투의 전투부대가 되곤 했다. 그리고 기병에 대한 일상적 라틴어 표현에서 파생한 카발리에cavalier, 슈발리에chevalier, 카발레로caballero[11]는 귀족의 차이를 나타냈으며 서방의 기사제도를 탄생시켰다(Hopkins 2004: 22, 26).

아서의 명성은 브리타니아에 국한되지도 않고 중세에 국한되지도 않았다. 북쪽으로부터 앵글족과 색슨족의 침입을 피하기 위해 켈트족인 수많은 콘월인과 웨일스인이 영국 해협 너머로 도망쳐 브르타뉴의 북쪽과 서쪽 해안을 따라 정착했다. 그들은 고귀한 왕 아서와 그의 편력 기사들의 무훈을 찬미하는 많은 전설을 가지고 갔다. 이런 노래와 이야기가 프랑스 북부 너머로 전해졌으며 12세기에 샹파뉴 궁정에서 크레티앵 드 트루아[중세 프랑스의 설화 작가]의 고대 프랑스어 낭만시로

---

11 독일어의 Knecht와 고대 영어의 cniht는 군대 추종자를 의미한다.

인해 불후의 명성을 얻었다. 다양한 국적의 작가들이 원탁의 기사에 대한 중세 기사 이야기를 다루는 후기 작품을 썼으며, 이는 중세 유럽 전역으로 널리 퍼져나갔다. 최근 몇 세기 동안 월터 스콧 경과 윌리엄 워즈워스에 의해 되살아난 이들 중세 발라드와 중세 기사 이야기에 대한 관심이, 앨프리드 테니슨 경이 앞장선 아서왕 전설의 부활에 활기를 불어넣었다. 테니슨 경의 '왕의 목가Idylls of the King'[아서왕 이야기에 근거를 둔 서사시]는 빅토리아 시대에 엄청난 인기를 얻었다. 성배는 20세기에 접어들어 T. S. 엘리엇의 「황무지The Waste land」에서 계속되었다(Mahoney 2000: 3, 37, 41; Barber 1979: 2~3). 오늘날까지 아서왕의 서사시는 희곡, 뮤지컬, 오페라뿐 아니라 광선검을 가진 제다이 기사들이 억압에 맞서 약자를 지켜내는 「스타워즈」 같은 영화에까지 영감을 불어넣었다.

비잔티움: 동방 기독교의 기마 요새

북쪽과 동쪽에서 야만족의 침입이 유럽을 뒤흔들었을 때, 제국의 지배권은 로마에서 비잔티움으로 옮겨갔다. 콘스탄티노플은 비록 포위되긴 했지만, 켈트족 왕국들이 서쪽에서 기독교의 전초 기지가 되었던 것처럼 동쪽에서 기독교의 요새가 되었다. 앞서 보았듯, 동로마는 초원지대에서 온 새로운 이주자들과 여러 차례 맞섰다. 그러나 더 멀리 동쪽에는 더 오래된 페르시아라는 적이 있었다. 기원전 54년 초에 서쪽에서 카이사르와 폼페이우스가 거둔 승리를 시기한 마르쿠스 크라수스Marcus Crassus[12]가 시리아 총독으로서 동쪽에서의 군사 정복을 갈망하고 있었다. 크라수스는 산지를 통해 파르티아로 들어가라는 아르메니아 왕의 충고를 무시하고 평원을 가로질러 카레Carrhae로 진군해 파르티아의 가공할 중기병 및 경기병과 맞붙었다. 파르티아인들은 초원지대 방식대로 멀리서 쉬지 않고 활을 쏘아대며 로마군을 포위했다. 크라수스는 화살이 곧 바닥날 것으로 예상하고 파르티아의 공격을 견뎌내리라고 생각했지만 낙타 행렬이 새로운 화살을 공급해주었다. 그때쯤 크라수스의 아들 푸블리우스가 기병, 궁수, 군단병 1300명으로 파르티아인을 공격했다. 푸블리우스 군대는 거짓 후퇴에 속아 보병과 분리되어 괴멸되었다. 이튿날 크라수스는 배반당해 살해되었고, 그의 머리는 제거되어 파르티아 궁전에서 상연된 에우리피데스의 바카이Bacchae〔바쿠스의 여신도들〕에서 펜테우스 역할을 하게 되었다. 카레에서의 패배는 한니발 시절 이래로 로마에는 최악의 군사적 참패였으며, 페르시아는 다가올 수 세기 동안 아시아의 가공할 적으로 존속할 것이다(Hildinger 2001: 42~46).

고전 세계에 처음에는 비잔티움으로, 나중에는 콘스탄티노플로 알려진 도시는 기원전 658년에 초기 그리스인 식민지 개척자들에 의해 건설되었다. 기원후 324년에 로마 제국의 두 반쪽을 통합한 콘스탄티누스〔콘스탄티누스 1세〕는 파르티아인을 계승한 사산조 페르시아인에 맞서 아시아 국경 지역을 방어하기에 더 좋은 위치에 있는 동쪽의 수도를 직접 찾아나섰다. 또한 콘스탄티누스는 쇠퇴하는 제국에 새로운 영적인 힘이 필요하다고 결론 내리고 기독교를 그리스·로마의 종교와 결

---

12   스파르타쿠스의 노예 봉기를 진압한 사람.

합하기로 결심했다. 아폴로 신에게 헌신적이었던 콘스탄티누스 황제는 이교에 관대한 일신교 신자였다. 당시 아폴로 신에 대한 제례는 자라투스트라 신자들 사이에서 널리 퍼져 있었다. 따라서 그는 이전의 박해 정책을 뒤집고 기독교도에게 자유로운 종교적·시민적 권리를 부여했다. 그리스도의 영적인 힘을 황제의 세속적 권한과 결합시킨 콘스탄티누스는 반신半神으로 교회와 국가를 통치할 수 있었다. 콘스탄티누스는 이렇게 그리스도를 전쟁과 연결함으로써 유럽 전역으로 확산되면서 다른 많은 인도·유럽어족 신을 지방의 성인들로 흡수할 그리스-로마 기독교의 일에 착수했다. 콘스탄티누스는 다양한 철학의 싱크리티즘syncretism〔제설諸設혼합주의〕을 목표로 공적 공간들을 아름답게 꾸미고자 제국 전역에서 가장 멋진 고대 조각품들을 들여왔다. 아폴로 태양신으로서 콘스탄티누스의 거대한 황금 조각상이 "주여 우리를 불쌍히 여기소서"라는 기도 문구에 맞춰 공공 광장Forum의 중앙에 30미터 높이의 반암 원주에 세워졌다. 로마시를 비추는 그의 왕관에서 나오는 빛은 성 십자가의 못을 구체화하는 것으로 여겨졌다. 황제의 어머니 헬레나가 예루살렘으로 여행을 갔다. 그곳에서 갈보리 언덕을 발굴해 면류관과 성 십자가, 그 외 여러 신성한 유물을 찾아냈다. 콘스탄티노플은 이런 신성한 유물들을 수호하는 도시가 될 것이다. 콘스탄티누스를 계승한 콘스탄티우스 2세는 360년에 하기아 소피아Hagia Sophia(신성한 지혜Holy Wisdom) 대성당을 건설하려는 아버지의 계획을 이어나갔다(Kinross 1972: 16~18, 20). 그는 이렇게 해서 기독교 교회에 조로아스터교의 아후라 마즈다(지혜의 주Lord Wisdom) 개념을 받아들였다.

장인 수천 명이 요새로서 해벽海璧을 건립했으며 예술가들과 함께 화려한 건물들을 지었다. 대중이 경마에 보이는 열정에 경의를 표하기 위해 콘스탄티노플의 인기 있는 중심부 가운데 비잔틴 세계의 세속적 중심축에 7만 관중을 수용하는 경마장이 세워졌다. 기원전 479년 플라테아에서 그리스가 페르시아인에게 거둔 승리를 기념해 경마장 중앙에 델피에서 가져온 나선형 청동 원주가 세워졌다. 개회식에서는 황금 전차가 경마장 주위로 금박 입힌 황제의 조각상을 끌었다. 황제가 앉는 자리는 리시포스[고대 그리스의 청동 조각가]의 고대 조각품인 금박 입힌 네 마리 청동 말로 장식되었다. 이국적인 동물들의 전시, 동물 사냥과 벌이는 싸움, 체육 경기로 성대한 축제가 거행되었다. 특히 24마리의 말과 전차 경주가 가장 큰 흥분을 자아냈다. 각기 색깔이 다른 옷을 입은 경마 기수와 전차 기사들은 관중의 열화와 같은 박수갈채를 받았다. 비잔티움에서 고위 관직은 전권을 가진 황제가 임명하는 귀족 집단에만 주어졌다. 대중의 정치적 청원이나 반대 의견은 오로지 경마장에서만 표출될 수 있었다. 대중은 선물을 간청하거나 개혁을 요구할 수 있으며, 부패한 관리를 고발할 수 있을 뿐 아니라 존엄한 황제의 자리에 앉아 있는 황제를 비난할 수도 있었다. 경쟁자들끼리는 경쟁의식이 대단했으므로 황제는 분파 간에 결판을 내도록 함으로써 자신의 권한을 쉽게 유지할 수 있었다. 기마 분파들은 단순한 스포츠협회가 아니라 주민들 내부에서 실질적인 사회적, 경제적, 종교적 차이를 반영하는 정당에 맞먹는 수준으로 발전해갔다. 적색파, 백색파, 녹색파, 청색파로 나뉜 주요 네 개 분파에서 청색파와 녹색파가 특히 두각을 나타냈다. 이 같은 양극화는 당시에 널리 퍼진 종교적 논쟁인 기독교 정통론과 단성론 간의 균열을 드러낸다. 또한 이들 파벌에게는 야만족의 공격을 받을 때 콘스탄티노플의 성벽을 방어할 중요한 군사적 의무가 부과되었다. 그들은 심지어 황제를 바꾸려는 시도까지 했다. 532년에 무거운 과세 부담과 정치적 부패 및 경제적 불만으로 힘들어한 청색파와 녹색파가 니카Nika의 반란에서 연합해 유스티니아누스〔유스티니아누스 1세〕황제를 폐위시키려 들었다. 반란자들은 일주일 동안 광란에 가까운 파괴 행위로 도시를 휩쓸었다. 황궁의 일부인 하기아 소피아와 여러 공공건물이 초토화되었다. 결국 벨리사리우스 장군이 경마장 바닥에서 3만 명을 학살함으로써 반란자들을 궤멸시킬 수 있었다(Cameron 1976: 2, 46; Kinross 1972: 18, 27).

6세기에 콘스탄티노플은 인구 100만에다 문명 세계에서 가장 부유하고 아름다운 도시였다. 반란이 끝난 뒤 유스티니아누스는 수도를 복원하는 데 헌신적이었으며 콘스탄티누스의 교회보다 훨씬 더 큰 교회를 건설하기로 결심했다. 이전에 그처럼 대규모로 건설이 이루어진 적은 결코 없었다. 하기아 소피아의 창조는 공학자의 전문적 기술과 과학자의 지적 통찰력뿐 아니라 예술가의 상상력까지 요구하는 작업이었다. 400년 앞서 건설된 로마의 판테온은 구조물의 압력을 견뎌낼 견고한 콘크리트에 의지했다. 하지만 비잔틴인들은 벽돌과 회반죽으로 건설했다. 이들 재료는 너무 쉽게 휘었기 때문에 둥근 천장과 지지하는 여러 개의 아치가 돔의 압력을 지탱할 수 없었다. 따라서 버팀벽, 원통형 궁륭穹隆, 반 돔으로 보강할 필요가 있었다. 하기아 소피아에서 구형球形 돔이 마침내 정확한 형태를 갖추게 되었다. 곡선 모양을 한 삼각 펜덴티브pendentive◆ 네 개에 의지하면서 직경이 30미터가 넘는 원형 돔은 석조건축에 의해 지탱되는 것이 아니라 하늘의 천막으로서 하늘에 매달린 것처럼 보였다(Kinross 1972: 35, 43~45). 금박을 입힌 지붕 표면이 아주 찬란히 번쩍여 하늘에서 내려와 날아다니는 성령처럼 금이 용해되어 돔에서 흐르는 듯 보였다. 동쪽을 마주하는 삼각 돌출부에 고정된 이 같은 영적 등대는 두 대륙, 즉 서쪽 유럽과 동쪽 아시아 간의 대결이 내려다보이는 위치에 있었다. 흑해와 에게해 사이에 자리한 하기아 소피아는 이미 알려져 있는 세계의 중심에 서 있었다(Kinross 1972: 14~15).

스톤헨지의 태양 신전을 건설하기 위해 수백 킬로미터 너머에서 엄청난 화성암이 수송되었던 것처럼, 신성한 지혜의 교회인 하기아 소피아는 다른 모든 것을 확실히 능가할 수 있도록 대단히 귀한 건축 재료들이 서쪽으로 멀리 갈리아까지 제국 전역에서 조달되었다. 가장 유명한 출처에서 모든 색깔의 대리석이 조달되었다. 40개의 창문으로 이루어진 돔의 코로나corona〔돌림띠 최상부의 돌출부〕를 통해 둥근 천장의 내부로 강렬한 태양빛이 들어와 비쳤다(MacDonald 1962: 36). 하기아 소피아의 밝기는 둥근 천장과 아치의 표면을 장식한 전체 4에이커에 이르는 황금 모자이크에 의해 더욱 고조되었다. 게다가 광택이 나는 대리석 벽과 바닥에서 빛이 반사되었다. 빛은 각각 다른 높이에서 빙빙 맴도는 천 개의 램프와 나뭇가지 모양 촛대들에 의해 교회 전체로 확산되었다(Kinross 1972: 36~37). 거대한 돔 아래 본당 회중석會衆席 중앙에 정사각형 틀에 고정된 원반 모양의 검은 대리석인 옴팔로스가 있었다.

◆　정사각형의 평면 위에 돔을 설치할 때 돔 바닥 네 귀에 쌓아 올리는 구면球面의 삼각형 부분. 비잔틴 건축에 사용되었다.

천 년 후에 거대한 콜로세움이 폐허로 변하고 유스티니아누스의 태양의 건축물이 세계에 로마의 힘을 선포하기 위해 세워질 것이다.

　개관식 날 유스티니아누스는 의례상 네 마리 말이 끄는 전차를 타고 오래된 희생제의를 거행하러 왕궁을 나섰다. 새 1만 마리, 수사슴 600마리, 양 6000마리, 소 1000마리가 희생제물로 봉헌되었고 3만 부셸의 식사가 빈곤한 자들에게 베풀어졌다. 다음 9세기 동안 매년 같은 날 되풀이될 의례에서 유스티니아누스 황제는 총대주교와 함께 하기아 소피아 성당으로 행렬을 이끌었다. 성당으로 들어서자 첫 번째 장밋빛 광선이 이 아치에서 저 아치로 날쌔게 움직이더니 짙은 어둠을 몰아냈다. 귀족들은 이런 극적인 사건을 찬미하는 노래를 부르면서 뒤를 따랐다. 태양신의 오래된 불의 신전으로 지금은 기독교 바실리카인 하기아 소피아가 유럽의 동쪽 가장자리에 세워졌다. 하기아 소피아의 돔은 그리스도의 금빛 십자가로 장식되었다. 553년에 발생한 지진은 동쪽 아치를 훼손했다. 563년경 하기아 소피아 성당은 복원·정상화되었으며 (Kinross 1972: 15, 45), 더 견고해질 필요가 있었다. 격동의 천 년이 앞에 놓여 있었기 때문이다.

남쪽 아랍인의 정복

기원후 500년으로의
시대 전환

비잔티움은 그 역사에서 여러 차례 유라시아 초원지대 유목민의 공격과 동쪽에서 밀려오는 페르시아의 진격을 격퇴했다. 그러던 중 7세기에는 남쪽에서 온 다른 유목민과 또다시 맞서게 되었다. 아라비아 사막에서 무슬림 기병 군대가 동로마와 사산조 페르시아 문명에 도전하기 위해 곧 북쪽으로 밀려들었다. 포위된 기독교 요새인 콘스탄티노플은 육상과 해상의 양면으로 치고 들어오는 아랍의 공격에 완강히 버텼다. 반면 페르시아는 아랍의 유목민 침입자에게 함락되어 이슬람교로 개종했다. 그래도 장차 페르시아는 부활하게 되어 조로아스터교의 정체성을 재주장하고 그 과정에서 이슬람교를 개조했다. 아시아 초원지대와 아프리카 사막에서 온 기마 부족들 또한 개종해서 이슬람교에 활기를 북돋웠다. 하지만 얼마 안 있어 아시아·북아프리카의 건조·반건조 지역을 지배할 남쪽에서 온 아랍 침입자에 대해 말하기 전에 먼저 3000년에 걸친 인도·유럽어족의 침입이 중동에 남긴 흔적을 간략하게 살펴보자.

대륙의 교차로

수천 년 동안 기마 군대들은 북쪽에서 중동 지역을 넘어 급습했으며 동쪽 약사르테스강과 인더스강에서 서쪽 아나톨리아에까지 자신들의 흔적을 남겼다. 셀레우코스 왕조 무렵에는 이들 지역에서 엄청난 문화의 혼합이 나타났다. 알렉산더의 뒤를 이어 그리스어가 공용어로서 아람어를 대신했으며 그리스 알파벳이 대★이란 인도·유럽어족 언어들에 맞춰졌다. 그럼에도 높은 터번을 둘러쓴 마기 사제가 그리스의 제례 조각상들을 숭배하는 신전에서 변함없이 타고 있는 불의 제단을 관리했던 것처럼, 조로아스터교는 그리스의 다신교와 나란히 존재했다. 조로아스터교가 우주의 구세주에 대해 보인 갈망은 그노시스파와 유대교 사상에 영향을 주었으며, 이 시기에 유대인까지도 널리 개종을 했다. 셀레우코스 왕조에 공물을 바치고 있던 독립 왕국 아르메니아는 동쪽과 서쪽 사이에서 완충국 역할을 했다. 아르메니아인들은 아후라마즈다를 숭배했지만 나중에 사산 왕조에 저항해 기독교를 받아들였다. 박트리아에서 쿠샨인들은 불의 신전을 유지하면서도 조로아스터교 신, 그리스 신, 불교 신을 나타내는 주화를 발행했다. 쿠샨인들은 더 인도화되면서 프라크리트어를 받아들였고 불교를 장려했다. 대승불교는 중앙아시아를 통해 북쪽으로 퍼지면서 조로아스터교의 경쟁 종교로 이란 국경지대에서 번성했다. 동시에 대승불교는 미래의 부처미륵으로서 조로아스터교의 구세주 개념을 받아들였다(Boyce 1987: 83~90).

이 지역의 극단적 세계주의가 콤마게네Commagene(지금의 넴루트다이/넴루트산) 매장 봉분에서보다 더 고도로 압축되어 나타나는 곳은 없었다. 기독교의 기념비적인 하기아 소피아 성당이 안티타우루스산맥 동남쪽 산지에 있는 아나톨리아를 가로질러 유럽의 가장자리 끝에서 동쪽을 마주보고 서 있었지만, 거기에 또 하나의 태양신전, 즉 콤마게네 왕국의 안티오코스 1세(기원전 69~기원전 34)의 무덤이 건립되었다. 기원전 제2천년기 히타이트-아시리아 텍스트에 등장하는 도시 왕국 쿰무하-쿰무후Kummuha-Kummuhu는 남부 아나톨리아를 넘어 북부 시리아까지 한 줄로 늘어선 다른 신히타이트 왕국들과 함께 수 세기 동안 유프라테스강의 비옥한 서안에서 존속했다. 쿰무하-쿰무후는 알렉산더의 침입과 셀레우코스 왕조의 재정복으로 콤마게네에 그리스화되었다. 콤마게네는 기원전 2세기에 셀레우코스 왕국의 지배에서 벗어나 잠깐 독립한 뒤 기원후 72년에 베스파시아누스에 의해 로마의 속주로 편입되었다. 베스파시아누스는, 로마에 대항해 파르티아인들과 정치적 모반을 기도했다는 이유로 안티오코스 4세를 퇴위시켰다. 멀리 떨어진 초원지대의 오래된 전승에 따르면, 안티오코스 1세의 히에로테시온hierothesion은 너비 150미터에 높이 45미터의 원뿔형 봉분이었지만 2100미터의 산 정상에 자리한 랜드마크로 멀리서도 사방에서 분명하게 볼 수 있었다. 이 봉분은 파르티아 제국을 오가는 대상로 옆을 가로지르는 협곡과 산등성이의 광대한 전경을 내려다볼 수 있는 높은 위치에 있었다(Sanders 1996: 17~20). 다른 여러 인도·유럽어족의 신전들에서처럼 멀리에서 온 숭배자들이 안티오코스 1세의 제례 중심지에 모였다. 이들은 굽이치는 오솔길을 따라 행렬을 이루며 산 정상에 있는 신전까지 힘들게 올라갔으며 매장 봉분 앞에서 희생제의를 올렸다(Sanders 1996: 92~93). 매일 새벽에 떠오르는 태양의 빛이 산 동쪽 면, 석회암 봉분, 조각상들을 불타오르듯 빨갛게 물들이면서 산 정상에 눈부신 빛을 비추었다. 이 거대한 봉분은 중앙에 거대한 제우스-오르마즈드Zeus-Ormazd[1]를 모시고 다른 그리스-페르시아 수호신들은 측면에 배치했으며 아나톨리아 전통에 헬레니즘과 이란 요소를 혼재하여 구사했다(Sanders 1996: 31). 남쪽 석비가 알렉산더와 함께 시작해서 안티오코스의 마케도니아와 셀레우코스 혈통을 상세히 열거했던 반면, 북쪽 석비는 다리우스 대왕과 함께 시작한 안티오코스의 페르시아와 콤마게네 조상들을 알려주었다(Sanders 1996: 2~4).[2]

안티오코스가 죽고 나서 오랜 시간이 지나 이 지역은 동쪽과 서쪽 사이에 분열이 계속되었다. 파르티아인의 페르시아 지배는 기원후 224년에 페르세폴리스의 사제이자 사산의 아들 아르다시르[아르다시르 1세. 사산조 페르시아 창시자]에게 패하면서 막을 내렸다. 아르다시르는 종교적 열정에 사로잡혀 서쪽 세력을 파괴하고 아케메네스인들의 제국을

---

1   오르마즈드는 앞서 본 대로 나중에 조로아스터교의 아후라 마즈다를 부르는 말이다. 문자 그대로 '지혜의 주군'을 의미하며 '신성한 지혜'를 뜻하는 하기아 소피아와 전적으로 유사하다.

2   안티오코스로서는 분명히 혈통을 속인 것이다.

재정복하기로 결심했다. 따라서 사산조 시대에 조로아스터교는 강화되었고 불의 제례는 정교하게 다듬어졌으며 군대는 기병을 중추로 쇄신되었다. 260년에 샤푸르 1세는 안티오크를 공격했고 말에 오를 때 발판으로 삼으려고 로마 황제 푸블라우스 리키니우스발레리아누스를 사로잡았다. 그리고 이란에서 강제노역을 시키기 위해 로마인 포로 수천 명을 강제로 이송했다. 사산인들이 아르메니아를 넘어 티그리스강으로 진격하면서 페르시아의 힘과 번영은 증대되었다. 오르마즈드 3세는 충성을 확보하려고 동맹자들에게 은도금 접시를 나누어주었다. 은도금 접시 위에는 아후라 마즈다 신으로 묘사된 오르마즈드 3세가 사악한 아리만에 맞서 말 위에서 몸을 뒤로 돌려 화살을 쏘는 장면이 그려졌다. 아리만은 처음에는 금방이라도 달려들 태세지만 나중에 말발굽 밑에서 살해되는 사자의 모습으로 나타난다. 500년 무렵에 가장 계몽된 사산조 왕 호스로(코스로에스) 1세는 관개, 토지 개간, 학문 연구 분야에서 많은 개혁을 시도했다. 호스로는 그의 아름다운 배우자인 시린처럼 뛰어난 폴로 선수이기도 했다. 페르시아 시인 니자미는 궁신들과 벌인 폴로 시합을 둘러싼 두 사람의 아름다운 사랑 이야기를 엮어냈다. 폴로는 페르시아에서 비잔티움, 아라비아, 티베트, 중국, 일본으로 퍼졌다. 그곳에서 폴로 채는 문장紋章에서 두드러지게 중요한 역할을 했다. 호스로 2세는 기독교도에게 신성한 전쟁을 선포하면서 614년에 예루살렘을 약탈했고 기독교도 9만 명을 학살했으며, 가장 중요한 유물인 성 십자가를 손에 넣었다. 양편의 지도자들은 대중의 신앙에 더는 무관심하지 않았다. 각 황제는 위계적으로 조직된 성직자들을 이용해 왕국 전역에서 종교적 일치를 강력하게 추진해나갔다. 전투는 점점 더 종교적 성격을 띠게 되었고 종교적 편향이 정치적 차이와 동일시되었다. 비잔틴인들은 10년 동안 사산인의 공격에 대항했다. 새로운 황제 헤라클리우스는 예루살렘을 신성모독한 것에 대한 보복으로 조로아스터의 탄생지 클로루미아를 파괴했고, 신성한 불까지 꺼버렸다. 헤라클리우스는 그와 싸우도록 파견된 모든 군대를 격퇴함으로써 이전 영토의 대부분을 되찾았다. 이렇게 하여 4세기에 걸쳐 결론이 나지 않은 채 끊임없이 계속된 대립 이후에 사산조 페르시아 제국과 비잔틴 제국의 양쪽 군대는 교착상태에 빠져들었다(Durant 1950: 142~147; Harper 2007: 25; Spencer 1971: 2~3).

비잔틴 제국과 사산조 제국의 대(對)아라비아 정책

두 제국의 남쪽으로 셈족의 아라비아반도가 놓여 있었다. 아라비아반도는 기원전 제3천년기 이래로 인더스강 계곡과 중동 사이에서 장거리 해상무역을 중개했다. 기원전 제3천년기 말경에 단봉낙타가 아라비아반도에서 사육되었다. 제2천년기 말경에는 낙타 유목민들이 메소포타미아와 엄청나게 번창하는 향신료 무역을 확립했다(Schwartz 2006: 256). 기원전 제1천년기 동안에 단봉낙타는 북쪽으로는 중동, 동쪽으로는 페르시아와 인도를 향해, 서쪽으로는 아프리카까지 퍼져나갔다. 기원전 제1천년기가 다음 천년기로 바뀌기 몇 세기 전에는 사하라 사막에까지 이르렀다. 미디안족으로 아리비aribi('낙타 모는 사람들')들이 성서의 땅들을 지나 북쪽으로 나아가면서 정착민의 농경지대에 엄청난 피해를 입었다. 이렇듯 이동하는 유목민들은 여기저기 물웅덩이를 찾아 가면서 양과 염소와 낙타 무리를 이끌고 아라비아 사막 및 그 인근 지역을 배회했다. 안장 기술의 발전이 단봉낙타를 매우 효율적인 수송 수단으로 만들어주었다. 단봉낙타는 박트리아 낙타보다 빨라서 시속 2~3킬로미터로 200킬로그램까지 운반할 수 있었다. 습격할 경우에는 하루에 65~80킬로미터까지 타고 갈 수 있었다. 하지만 두 종〔단봉낙타와 박트리아 낙타〕 사이에 교배가 이루어졌다 해도, 단봉낙타는 혹한에 대한 내성이 떨어져서 중앙아시아에서 박트리아 낙타를 완전히 대체하지는 못했다. 어쨌든 단봉낙타는 전속력으로 달릴 때에도 전투 중에 기병 공격의 여세와 효과를 전혀 전달할 수 없었다. 낙타는 기수의 명령에 반응 없기로 악명이 높았던 탓에 낙타 등에 타서 창을 가지고 싸운다는 것은 수월한 전투 방식이 아니었다. 무장 상태에서 벌이는 교전에서는 언제나 군마가 가장 선호되었다. 이런 이유로 물 없는 사막에서 단봉낙타는 말을 지원하는 중요한 역할을 수행하게 되었다. 군마는 이동 중에 힘을 비축할 수 있도록 낙타의 안장 띠에 묶어두었으며 공격할 때에만 군마에 올라탔다. 아랍의 단봉낙타는 말이 마실 물을 담을 그릇을 수송했다. 또한 말이 도중에 영양분을 섭취할 젖을 매일 10킬로그램씩이나 제공하기도 했다. 게다가 긴급한 상황에서는 단봉낙타의 위를 절개해 그 안에 비축된 물을 마실 수 있었다(Bulliet 1990: 99; Hill 1975: 34; Kohler-Rollefson 1996: 282, 286~291).

아라비아반도 전체가 사막이었던 것은 아니다. 오아시스와 중부 네지드고원의 푸른 계곡에서는 말들이 사육되었다. 남부 해안의 몬순〔인도양과 남아시아 지역의 계절풍〕 지역을 따라서는 도시문화가 번성했다. 고대 교역 교차로에 위치한, 이처럼 아름다운 탑으로 장식된 도시들이 인도와 아프리카와 중국으로부터 비단, 면화, 향신료, 방향제, 상아, 금에 대한 교역을 지배하고자 서로 경쟁을 벌였다. 이에 이 풍부한 교역은 대상로를 따라 지중해 연안 지역까지 이동했다. 이러한 교역에서 가치가 가장 높은 품목은 인도산 강철 주괴였다. 로마 제국은 그들의 유명한 짧은 검을 만들기 위해 기꺼이 금과 은을 인도산 강철과 바꾸었다. 철은 인도·아리아족 침입의 후기 단계에 인도에 들어왔다. 하지만 기원전 500년 초에 하이데라바드Hyderabad의 인도인들이 연소 중인 목탄에서 탄소를 없애기 위해 단지 노爐에서 철을 가열하는 것을 훨씬 능가하는 기술을 고안해냈다. 그들은 나무와 특정 식물의 잎이 결합된 작은 연철鍊鐵 조각들로 점토 도가니를 채우는 법을 알게 되었다. 맨 위에 점토층을 씌운 도가니를 목탄이 가득한 1미터 깊이 구덩이에 놓고 높은 온도로 공기를 분사해 오랜 시간 발화했다. 철이 용해되면서 식물 재료의 탄소가 용해된 액체 전체에 골고루 퍼졌다. 이렇게 해서 문명 세계 전체에서 엄청나게 수요가 많았던 최고 품질의 강철 주괴가 생산되었다. 인도의 강철 제조 방식은 수 세기 동안 비밀로 간직되었지만, 승리한 아랍 기병들이 이 뛰어난 강철 기술을 멀리 서쪽으로 톨레도까지 전해주었다(Raymond 1984: 78~80).

비잔틴 제국과 사산 제국의 대對아라비아 정책은 따라서 이중적이었다. 한편에서는 약탈하는 남쪽 유목민들을 견제하면서 동시에 수익성 높은 교역로를 지배하는 식이었다. 약탈 유목민을 견제하기 위해 시리아와 이라크의 가산 왕조나 라흠 왕조 같은 강력한 아랍 부족 연합과 동맹을 체결했다. 제국의 무기와 군마로 무장한 군대는 아라비아반도 내부에서 800킬로미터 떨어진 부족들에게 가혹한 보복을 가할 수 있었다(Donner 1981: 43~49). 수익성 높은 교역로를 지배하기 위해 비잔틴인들이 북쪽에 기독교 교회와 수도원을 세웠던 반면에 페르시아인들은 페르시아만 해안을 따라 총독을 임명했다. 두 경쟁 제국 간의 대결이 그 시대의 정치를 지배했다. 그러나 어떤 제국도 아라비아반도를 정복할 순 없었다. 522년에 비잔티움은 기독교도인 아비시니아인에게 아라비아반도 서남부의 유대계 힘야르족을 침입하도록 부추겼다. 575년에 페르시아는 예멘에 군대를 파견하는 것으로 맞섰다(Durant 1950: 156). 의심할 여지 없이 6세기 말경에 페르시아만 지역에서는 긴장이 고조되고 있었다.

예언자 무함마드

모든 국가의 지배권에서 벗어난 아라비아반도의 변방 지역에서 권력 기반을 확립하는 수단 중 하나는 하람haram이었다. 하람은 어떤 경건한 제식祭式 창립자의 자손들이 통제하는 종교 유적이었다. 하람의 신성한 경내에서는 폭력이 금지되어 있어서 상거래가 활발히 이루어지는 시장 도시가 번성했다. 그곳에서는 신성한 가문의 구성원들이 정치적 분쟁에 판결을 내리면서 사회적으로 유명해졌다. 시장에 참여하는 교역망들은 강력한 종교적 유대로 인보동맹鄰保同盟의 중심부에 결합되었고 이로 인해 탄탄한 지역경제를 발전시켰다(Donner 1981: 34~36). 아라비아반도 서부 해안 인근의 우카즈는 이러한 시장 중심지 중 하나였다. 카바 신전은 메카의 제례 중심지 근처에 있었다. 쿠라이시족이 카바 신전의 사제와 수호자들을 임명했고, 신전의 세입을 관리했으며, 정부를 통제했다. 6세기 초에 쿠라이시족은 두 분파로 쪼개졌다. 하나는 부유한 상인이자 박애주의자인 하심이 이끌었고 다른 하나는 하심의 질투심 많은 조카인 우마이야가 이끌었다(Hitti 2002: 184~185; Kennedy 2007: 44).

하심의 증손자 무함마드 이븐 압드 알라Muḥammad ibn ʾAbd Allāh[마호메트]는 570년 메카에서 태어났다. 무함마드는 일찍이 고아가 되어 대상 지도자가 될 삼촌 아부탈리브의 손에 양육되었다. 25세의 나이에 무함마드는 부유한 과부이자 그와 결혼한 카디지에게 고용되었다. 둘 사이에서 태어난 딸 파티마는 나중에 아부탈리브의 아들이자 무함마드의 사촌인 알리와 결혼했다. 명상하는 데 익숙한 무함마드는 지브릴(가브리엘) 천사의 환영을 체험했다. 그는 지브릴 천사에게서 모든 우상을 거부하라는 신의 지시를 받았다. 613년에 신의 계시를 확신한 무함마드는 유일신 신앙, 빈자에게 베푸는 자선, 엄격한 성적 정숙함을 통해 내세에서 구원받을 수 있다고 주장했다. 그의 뛰어난 통찰력은 사회적 불공평을 다루었으며 이로써 사회적 지위가 낮은 사람들이 모여들었다. 불가사의한 야간여행[또는 밤의 여행]Night Journey[al-ʾIsrāʾ]으로 무함마드는 자면서 메카에서 예루살렘으로 옮겨졌다. 예루살렘에서 날개 달린 백마 부라크Buraq가, 파괴된 유대교 성전의 통곡의 벽에서 무함마드를 기다렸다. 부라크에 올라탄 예언자 무함마드는 일곱 하늘을 승천al-miʿraj해 알라·모세·예수와 이야기를 나누었고, 이렇게 해서 이슬람을 더 오래된 두 종교[유대교, 기독교]와 연결시켰다. 궁극의 의식 상태로 고양된 체험을 통해 절정에 이른 예언자 무함마드는 이슬람교 창시를 되돌이 킬 수 없는 평생의 임무로 받아들였다. 무함마드의 가족은 이를 즉시 지지했지만 새로운 신앙인 이슬람은 메카의 상인 집단으로부터 강한 비판을 받았다. 메카의 상인들은 카바 신전의 다양한 부족신을 숭배 하러 온 순례자들에게서 상당한 수입을 벌어들이는 데 오랫동안 익숙 해져 있었기 때문이다.

한편 야트리브 시민들은 무함마드의 메시지에 귀 기울였다. 그들은 일부 파벌 분쟁을 중재하도록 무함마드를 초청했다. 622년에 무함마 드가 야트리브(이후의 메디나)로 이동한 사건은 헤지라(히즈라)로 알려져 있고 이슬람력의 시작을 알린다(Donner 1999: 6~9, 23). 메디나에서 무 함마드는 추가적인 계시, 즉 코란을 받았다. 메카와 메디나 간에는 전 투가 여러 차례 뒤따랐다. 결국 628년에 후다이비야 조약으로 휴전이 체결되었다. 이로써 무슬림은 메카로 순례할 수 있게 되었다. 무함마드 는 유목민들의 경제적 상황에 대한 정통한 지식 및 그들과 여러 차례 맺은 정략결혼으로 부족 집단들과 군사동맹을 체결할 수 있었다. 이들 부족 집단의 지원으로 무함마드는 630년에 메카로 진격했고 유혈 사 태 없이 메카를 점령했다(Donner 1981: 61~63). 예언자 무함마드는 일반 사면을 선언하면서 적들을 관대하게 다루었다. 그런 뒤 카바 신전 주 위에서 검은 돌Black Stone[al-Ḥajar al-Aswad]을 제외한 모든 우상을 파괴함으 로써 일신교 성역을 새로 열어젖혔다. 무함마드는 주변 유목민들이 의 존했던 헤자즈의 오래된 시장과 농업 중심지를 지배함으로써 부족들 의 견고한 지지를 받았다. 그는 또한 아라비아반도 너머로 광범위한 접 촉을 시도했다. 이에 따라 쿠라이시족과 도시, 오아시스, 아라비아반도의 부족들이 불가침조약을 체결했다. 그들의 충성 선언은 알라의 뜻에 복종islam하는 것이나 다름없었다. 예언자 무함마드가 규정한 이슬람의 다섯 기둥arkān al-Islām은 "알라 외의 다른 신은 없다. 무함마드는 알라의 사자使者다"라는 말로 신의 단일성에 대해 이슬람 신앙을 고백하는 샤하다šahādah, 하루에 다섯 번 메카의 대大모스크를 향해 법으로 정해진 기도와 알라에 대한 찬미를 지시한 살라트al-ṣalāt, 궁핍한 사람에게 자선을 베풀도록 매년 10분의 1세를 의무적으로 지불하게 한 자카트zakāt, 이슬람력으로 음력 아홉 번째 달인 라마단 기간에 한 달 동안 단식을 규정한 사움ṣawm, 이슬람력으로 열두 번째이자 마지막 달에 매년 메카로 순례할 것을 규정한 하즈Hāji다. 이슬람 신자라면 평생에 적어도 한 번은 메카를 순례해야 했다(Ozigboh 2002: 41~46). 무함마드는 새로운 아랍 국가를 건립했지만 남자 상속인을 남기지 않은 채 632년에 죽었다. 무함마드는 생존해 있는 동안 우상 숭배와 미신을 억누르기 위해 노력했다. 무함마드는 유대교와 기독교 그리고 그의 토착 신앙의 요소를 결합해 일신교를 만들었다. 그가 내세운 간단하고 명쾌하며 강력한 일신교를 통해 아랍인들은 부족의 제휴를 뛰어넘어 공동의 율법으로 정치적 통일을 이룰 수 있게 되었다.

아라비아반도를 벗어나 군사적으로
팽창하는 이슬람 국가

그러나 많은 부족이 예언자 무함마드가 죽으면서 자신들이 맺은 계약 또한 만료되었다고 생각했고 더는 세금을 내고 싶어하지 않았다. 이런 릿다riddah, 즉 변절 또는 이슬람에 대한 불경한 거부에 직면한 첫 칼리프인 무함마드의 후계자 아부 바크르는 도시에 거주하는 지배 엘리트가 지휘하는 무장 병력을 파견했다. 모든 릿다 운동은 메디나에 기반을 둔 초기 국가의 패권에 도전했고 아라비아반도에 대한 이슬람의 지배를 위협했다. 2년간의 전투로 무함마드가 시작한 정치적 통합과정이 마무리를 짓게 되었다. 아부 바크르의 군대는 릿다 전쟁의 끊임없는 군사활동 이후로 거의 상비군 수준의 인력을 갖추게 되었다. 바크르가 전통적이고 혁신적인 수단을 써서 달성한 정치적 통합으로 유목민의 요소는 철저히 국가의 통제를 받았고, 이로써 바크르는 아랍 주민의 군사적 잠재력을 완벽하게 이용하게 되었다(Donner 1981: 84~90).

릿다 전쟁으로 아라비아반도에서 교역이 와해되어 많은 유목민은 비참한 경제적 궁핍에 빠져들었으며 비옥한 초승달 지대로 부족의 습격이 확대되었다. 아라비아반도 북쪽의 변방 사막 공동체들은 아랍인들과 혈맹을 맺었다. 이를 통해 얻을 수 있는 매력적인 경제적 이점은 새로운 땅의 획득, 피정복 주민들에게 부과하는 세금, 전리품으로 챙기는 재산이나 노예, 시리아와 이라크 외곽 지역에서의 아랍 부족들의 정치적 통합이었다. 이 같은 이유로 비잔틴 제국과 사산 제국이 무슬림인들과 직접 충돌하게 될 것이다(Donner 1981: 6, 271). 아랍의 장군 칼리드 이븐 왈리드는 비잔틴인들과 한 차례 대결하고 나서 칼리프의 지시로 이라크에서 방향을 바꿔 곤경에 빠진 아랍 군대를 구하러 수와로 갔다. 아랍인들과 시리아의 수와 사이에는 5일 밤과 6일 낮에 걸쳐 전혀 물이 없는 사막이 놓여 있었다. 베두인족에게는 그렇게 먼 거리 너머로 병사와 말이 마실 수 있도록 충분히 공급할 물을 담는 가죽부대가 없었다. 그들은 이러한 장애를 극복하기 위해 처음에는 물을 억제함으로써 목마른 낙타들에게 엄청난 양의 물을 강제로 마시게 했다. 그러고 나서 낙타가 되새김질을 못 하도록, 또 위 속에 들어 있는 물을 더럽히지 못하도록 낙타의 입을 묶어버렸다. 이동하는 동안 매일 낙타들이 도살되었으며, 낙타의 위를 절개해 병사와 군마에게 물을 공급했다(Donner 1981: 121~122). 634년에 칼리드의 성공적인 시리아 진격으로 사막 초원지대에서 아랍인들의 깜짝 놀랄 만한 효율성이 입증되었다. 이는 또한 칼리프 수도인 메디나에서 행사한 강력한 지배력을 입증했고 무슬림의 진격이 조화를 이룬 일련의 군사 작전이었음을 보여주었다. 무슬림들은 지하드jihad(성전聖戰)에 대한 군사적 열정과 칼리드의 전술적 천재성으로 남부 시리아의 광활한 지방을 성공적으로 지배했다. 앞서 아라비아반도 페르시아 보호령에서 빼앗은 무기로 무장한 아랍인들은 민첩한 기마병으로서 물을 훨씬 덜 마시면서 효과적으로 싸웠고 가장 더운 한낮에 공격했다(Nicolle 1994: 20, 89). 사막의 곤경에 단련된 아랍인들은 규율이 잘 잡혀 있었다. 아랍의 승리가 부분적으로 종교적 열정 때문이었다는 데는 의심의 여지가 없다. 하지만 실제로 비잔티움과 사산조 페르시아 모두 부패했으며 상당한 정치적 혼란에 빠져 있었다. 비잔틴이 네스토리우스파와 단성론파에 가한 박해는 시리아와 이집트 주민 대부분은 물론이고 주둔군마저 멀어지게 했다(Durant 1950: 188).

이슬람과 비잔티움 간의 가장 중요한 전투는 636년에 갈릴리호 근처 야르무크에서 벌어졌다. 교전에 대비해 제2대 칼리프인 우마르 이븐 카타브[우마르 1세]가 시리아의 피정복지에서 체계적으로 군마를 확보했다. 예멘인들이 전투용 낙타와 인도에서 들여온 가공할 인도산 강철 검을 제공했다(Nicolle 1994: 20, 40). 기독교도인 아르메니아인 야전 사령관 바한이 처음에 양쪽 측면을 공격하면서 중심부를 붙들어두었다. 전승에 따르면 처음에 전세는 아랍인들에게 불리하게 기울었지만, 총퇴각하던 아랍인들이 천막 기둥을 휘두르는 부인들의 모습에 부끄러워하며 공격을 재개했다고 한다. 며칠에 걸쳐 격렬한 전투가 계속되었다. 결정적 순간에 아랍인들이 와디 루카드강 위의 다리를 장악했을 때 비잔틴 기병이 주력 부대에서 분리되었다. 비잔틴인들은 루카드강과 야르무크 골짜기 사이에 갇혔는데 유일한 탈출 방법은 협곡 아래로 기어내려가 후퇴하는 것이었다. 그사이에 많은 비잔틴인이 죽었다(Nicolle 1994: 69~77). 야르무크 전투는 수적으로 우세하고 무장이 더 잘된 기독교 군대의 참패로 끝났다. 이는 아랍인들에게는 놀라운 승리이자 이슬람에게 신의 은총이 입증된 불가사의한 사건이었다.

사막의 말

아라비아말(아랍종種)의 기원에 대해서는 확실하게 일치되는 견해가 없다. 더 일반적으로는 아라비아말이 처음에 아라비아에서 나타나 북아프리카로 퍼져나간 게 아니라 처음에 북아프리카에서 나타나 아라비아로 퍼져나갔다고 생각되더라도 말이다. 제1장에서 보았듯, 아프리카에는 조상 당나귀와 얼룩말에 대한 증거가 풍부하지만 야생말 에쿠스 페루스 화석은 전혀 없다. 당나귀는 최초로 아프리카에서 사육되었지만 사육된 말은 다른 곳에서 아프리카에 전해졌다. 제4장에서 자세히 언급한 대로, 기원전 7세기에 최초로 힉소스인들이 서남아시아에서 이집트로 군마와 전차를 가져왔다. 앞서 사육된 당나귀가 아프리카에서 북유럽으로 확산된 것을 다루면서 더 추운 지방에서는 당나귀가 몸통이 더 육중해지고 다리가 짧아졌다고 언급한 바 있다. 정확히 그 반대 현상이 아프리카에 말이 전해질 때 나타난 듯 보인다. 북쪽 유라시아 초원지대는 야생말의 천연 서식지였다. 그곳에서는 토종 프르제발스키 말이 머리가 무겁고 귀가 짧은 작고 단단한 동물이다. 이와 비슷하게, 카스피해 지역에서 온 메디아인의 유명한 니사이아 말은 살집이 아주 실팍했고 숫양의 머리를 하고 있었다. 니사이아 말은 초원지대에서 남쪽으로 근동까지 확산되는 동안, 베르크만 법칙과 앨런 규칙에 따라, 생물학적 적응을 거치면서 길고 멋진 사지를 가진 더 날쌔고 우아한 동물이 되었던 듯하다. 기원전 17세기의 수단과 기원전 15세기 테베의 말 유해는 오늘날 이집트와 아라비아반도에서 특징적으로 나타나는 것과 같은 단단한 사지를 보여준다. 또한 둘 다 골격이 오늘날 아라비아말과 공통된 특징을 나타낸다. 즉 사육된 다른 종들이 통상 척추골을 6개 가지고 있는 것과는 대조적으로 척추골이 5개다. 아랍에미리트 밀레이하에는 2000년 전 아라비아말이 정성스럽게 보석으로 치장된 마구와 함께 매장되었다. 고대 그림에서는 자주 이집트 말들이 타조 깃털에 덮인 채 등장한다. 그들의 우아한 사지, 호리호리한 몸통, 작은 머리는 오늘날 아라비아말과 눈에 띄게 유사하다. 이 이집트 말들의 더 호리호리한 체격은 아마도 건조하고 뜨거운 사막 환경에 적응한 결과였을 것이다(Bin-Sultan al-Nahyan 1998: 7; Clutton-Brock 1992: 80~83).

파라오의 기록들을 통해 북아프리카의 다른 곳에서 말의 존재를 알 수 있다. 기원전 13세기에 페리레 전투에서 파라오 메르넵타(또는 메렌프타)가 서쪽에서 리비아인, 아카이아인, 도리아인 연합군의 말과 전차로부터 공격을 받았다는 기록이 있다. 대략 이 시기에 사육된 말과 전차가 처음으로 사하라 사막에 들어왔던 듯하다. 사하라 사막의 오아시스를 가로질러 기원전 1500년에서 기원전 1000년까지로 거슬러 올라가는 암각화가 200개 넘게 발견되었다. 여기에는 기수나 전차를 끄는 말들이 그려져 있는데, 전차 묘사는 미케네 양식 미술과 두드러지게 유사하며, 말은 날개를 편 독수리의 모습으로 "나는 듯이 질주한다" (Hyland 2003: 31). 사하라 사막을 가로질러 남쪽의 구리와 금 광산까지 이어진 주요 경로인 다르 티치트-왈라타에서, 침입해오는 기마인들과 토착 오아시스 농부들 사이에 장기간 교전이 있었다는 분명한 증거가 있다. 기원전 제1천년기 후반, 좀더 초기의 흑인 목축업자들과 수수 재배 농부들의 흔적이 모두 사라졌고, 티피나르tifinar 문자로 쓴 비문들과 이슬람 이전의 리비오-베르베르Libyo-Berber 무덤들 그리고 말 탄 전사들의 그림들로 대체되었다. 이는 북쪽에서 기마 유목민이 정복해왔음을 말해준다. 사하라 사막의 다른 곳에서 보이는, 기병이 묘사된 기원전 300년경의 암각화는 전차에서 기병으로 전면적인 변화가 일어났음을 나타낸다. 뒤이어 곧 단봉낙타가 사하라 사막에 전해졌다(Levtzion 1980: 5~6, 12~13). 단봉낙타는, 주로 짐 나르는 동물로 활용됐지만 견인과 쟁기질에서도 뛰어난데, 그 화물 수송의 효율성으로 북아프리카와 대부분의 아랍 세계에서 바퀴 달린 이동 수단을 대체할 것이다(Law 1980: 160). 또한 사하라 사막 전역에서 나타난 단봉낙타의 높은 효율성은 바퀴 달린 이동 수단이 남부 아프리카로 전해지지 못하게 할 것이다.

사하라 종단 교역이 번성하면서, 사헬지대[세네갈에서 수단까지 뻗은 서아프리카의 반건조 지대]에서 금 산지産地와 북쪽으로의 금 수송을 지배하는 와가두 흑인 왕국이 출현했다. 중앙집권화된 국가인 와가두는 기병을 군대 내의 타격부대로 이용했다. 게다가 철 사용으로 군사 면에서 우위를 드러냈다. 철 사용은 기원전 300년경 사하라 사막 대부분으로 확대되었다. 말과 철검과 쇠창으로 와가두 왕국에서 권력을 장악한 소닌케족이 철이 없어서 흑단나무 막대기만 가지고 싸우는 흑인 이웃 부족들을 습격해 노예로 삼았다(Levtzion 1980: 13~14). 하지만 시간이 지나면서 열대 근채작물을 재배하는 흑인 농부들이, 기원후 제1천년기부터 그 효율성의 증대로 울창한 열대우림을 개간하게 될 새로운 철 기술을 획득하게 되었다. 이런 발전에 힘입어 반투 부족민들은 동남아시아 작물인 타로감자와 바나나를 받아들이고 동시에 여러 차례 남쪽과 동쪽으로 이동해 사하라 사막 이남 아프리카 대륙의 주요 부분을 수월하게 차지할 수 있었다(Clark 1970: 214~216; Vansina 1996: 15). 경작자들이 콩고강을 넘어 광범하게 이동함으로써 북쪽 기마 노예 상인들에게서는 어느 정도 벗어날 수 있었을 것이다. 사바나 지대 왕국에서 온 군마들은 체체파리가 퍼뜨리는 수면병 탓에 적도우림 깊숙한 곳에서는 살아남을 수 없었고, 따라서 도망치는 농부들을 추격할 수 없었다. 뒤이어 남쪽으로 아프리카 사바나를 가로질러 팽창한 반투족이 얼룩말을 사육하지 않은 이유에 대해서는 여러 추측이 있었다. 그렇지만 나중에 얼룩말을 사육하려는 보어인들의 시도를 통해 드러났듯이, 얼룩말도 야생당나귀처럼 사육하는 데서 심한 저항이 따랐다(Diamond 1999: 164, 171~172).[3]

그런 이유로 기원전 제2천년기 무렵부터 사하라 사막 전역에서 존재한 사육된 말은 사바나 지대를 넘어 남쪽으로 그다지 확대되지 않았다. 반면 북아프리카에서는 사육된 말이 넘쳐났다. 먼 옛날 우리는 사막의 말에 대해 카르타고인들에게서 익히 들어 알고 있다. 기원전 3세기에 로마 군대는 카르타고인들의 가공할 누미디아 기병에 의해 철저하게 격파되었다. 아프리카·리비아·누미디아의 말은 근대 아라비아말

---

3   18세기에서 19세기까지 보어인의 실험에 따르면, 얼룩말들은 안락한 승마에 적합한 체형과 마차를 견인할 체력을 갖추지 못했다(Child 1967: 6~7). 비록 괴짜인 월터 로스차일드 경이 이색적으로 얼룩말들이 끄는 마차를 타고 런던 시가지를 가로질러 갔다고 하더라도, 충분히 발육한 얼룩말은 대단히 성미 급한 동물로 알려져 있다. 또한 얼룩말은 사납게 물고, 올가미 밧줄을 쉽게 피하고, 오늘날 매년 호랑이보다 더 많은 동물원 사육사들에게 상처를 입힌다.

과 유전적으로 구조가 유사했으며, 카르타고인들은 이베리아반도를 점령하는 동안 스페인종을 품종 개량하기 위해 아프리카·리비아·누미디아의 말을 광범하게 사용했다. 아프리카에서 아랍인들은 말을 타고 타조, 코끼리, 기린을 사냥하곤 했다. 아치형의 기다란 목, 오목한 이마, 일직선의 코 윤곽, 다소 튀어나온 커다란 눈을 가진 아라비아말은 몸통이 길었고, 힘이 넘치는 볼기가 그 절정이었다. 잘 자리 잡은 비절飛節〔뒷다리 가운데 부분 관절. 이동과 충격 흡수를 돕는다〕의 힘과 기동력을 갖추게 해주었다. 아라비아말은 영리하기로 유명했으며 말 중에 가장 빠르고 강인했다. 아라비아말은 사료를 거의 먹지 않고도 건강을 유지했고 가장 빠른 속도를 냈으며 엄청난 체력을 과시했다(Bin-Sultan al-Nahyan 1998: 8; Hyland 1990: 24~27, 209; Law 1980: 163).

무슬림이 야르무크에서 승리한 데 이어 베두인 전사들이 강인하고 민첩한 말을 타고는 아라비아반도에서 등장했다. 그들은 전투 중에 종마가 아니라 암말을 타는 것을 더 좋아했다. 암말은 다른 말에게 도전하는 성향이 덜했기 때문이다. 아라비아말은 사막의 위험에 익숙한 데다 매일 낙타 젖과 대추야자를 먹고 자라서 가장 힘든 상황에서도 강인함과 우아함을 보여주었다. 이들 아라비아말은 강인함과 기민함을 요구하는 환경에서 오랜 근친교배를 통해 강화되고 유지되었다는 차별성을 지녔다. 사막 부족들이 동족결혼에 보이는 존중은 말 품종 개량에 대한 엄격한 감독에도 반영되었다. 순혈종asil의 암말은 늘 순혈종의 종마와만 교미했다. 적의 영토를 습격할 때, 아랍인들은 암말이 열등한 종마와 교미하지 못하게 암말의 질을 꿰매버렸다. 베두인족은 감응感應유전◆을 믿었다. 암말이 비순혈종 말과 교미한다면 장차 태어날 모든 망아지가 불결한 피로 더럽혀질 것이라는 염려가 있었다. 태어난 후에 소중하게 다뤄진 순혈종 망아지는 땅에 떨어지지 않게 했으며 갓난아기처럼 붙잡고 쓰다듬어주었다. 암말과 망아지는 병사 천막에서 같이 생활했고 암말의 목은 종종 주인을 위한 베개가 되었다. 망아지는 한 달 뒤에 젖을 떼어 낙타 젖을 주었고 나중에는 보리를 먹였다 (Amirsadeghi 1998: 18~19). 물을 운반하고 대량 수송을 하는 단봉낙타의 지원을 받는 이슬람 기병대는 사막 지역을 가로질러 중앙아시아와 인도까지 그리고 북아프리카를 가로질러 대서양까지 사방팔방으로 뻗어나가게 되었다.

◆ 순혈종의 암컷이 다른 계통의 수컷과 교미하면 그 순혈성이 파괴되어 잡종성을 띠게 되고 이후 동종의 수컷과 교미해도 다른 형질이 나타나는 현상.

2

동쪽으로 팽창하는 이슬람 기마병

비잔틴인들은 모든 길을 개방된 채로 두고 북쪽으로 철수했다. 무슬림 군대는 야르무크에서 거둔 승리로 격렬한 저항에 부딪히는 일이 별로 없이 도시들에 무조건 항복을 강제하면서 중동을 넘어 확대해나갔다. 실제로 제국주의적 폭정에 분노하던 많은 아랍어 공동체가 기꺼이 무슬림 침입자들의 지배를, 그리고 그들의 신앙을 받아들였다. 도시는 줄을 이어 성문을 개방하고 노래와 춤으로 무슬림 해방자들을 환영했다(Foltz 2000: 91). 이런 초기 전쟁에서 아랍인들은 단봉낙타의 지원을 받는 말의 뛰어난 기동성 덕분에 적들보다 우세했다. 아랍인들은 사막을 통로와 습격 기지 및 피난처로 활용함으로써 장거리를 빠르게 이동할 수 있었고 심각한 위기 순간에 병력을 집결할 수 있었다. 아랍인들의 중심 전략은 사막의 국경 지방을 가로지르는 기습 공격이었다. 곤경에 처했을 때는 비잔틴인이나 페르시아인의 추격을 염려할 필요 없이 사막으로 후퇴할 수 있었다. 그리고 재집결할 더 유리한 기회를 엿볼 수 있었다. 이러한 전술로 아랍인들의 후방과 보급로는 적의 방해로부터 안전했으며 증원군 파견에 전혀 위험이 따르지 않았다(Hill 1975: 41~42).

637년 카다시야 전투에서 사산인의 코끼리가 처음에는 아랍인 침입자들을 깜짝 놀라게 했지만, 아랍인들은 코끼리의 눈을 창으로 찌르고 하우다howdah〔코끼리 또는 낙타의 등에 얹는 달집이 있는 가마〕의 뱃대끈을 잘라 적이 땅에 쓰러지게 하는 것으로 보복했다. 시리아에서 증원군이 도착하면서 3일째 밤은 어둠을 틈타 공격하는 데 시간을 보냈다. 싸움은 4일째 계속되었으며, 모래폭풍이 페르시아인들 면전에 불어닥쳐 사막의 유목 아랍인이 앞이 보이지 않은 적들을 압도했고 사산인 장군 루스탐을 죽일 수 있었다. 일단 유프라테스강을 넘자 티그리스강이 몇 주 동안 아랍의 동쪽 진격을 저지했다. 결국 일단의 기병들이 강을 건넜고, 야전군이 크테시폰〔페르시아 제국의 수도. 637년에 아라비아인에게 파괴되었다〕의 왕궁을 점령하기 위해 뒤따랐다. 642년에 아랍의 기병이 자그로스산맥 니하반드에서 승리를 거두었다. 완패한 사산인들은 결코 다시는 전투에서 주력군을 편성하지 못했다(Glubb 1964: 197~199, 202~203, 251).

이렇게 해서 이슬람은 아시아를 넘어 동남쪽으로 인더스강 하류의 신드까지, 동북쪽으로는 사마르칸트까지 확대해나갔다. 750년에 타슈켄트의 카비시 세력과 페르가나의 이흐시드 세력 사이에 싸움이 벌어졌다. 두 세력의 지도자는 모두 당나라 황제의 가신이었다. 중국의 서역西域 총독[안서절도사 고선지高仙芝]이 타슈켄트를 약탈하려고 싸움에 개입했을 때, 사마르칸트의 무슬림 총독이 중국인들에 맞서 진격했다. 751년 탈라스 전투◆ 중에 튀르크계 카를루크[갈라록葛邏祿] 부족 지원군이 아랍인들에게 도망쳤다. 그 결과 중국 군대는 크게 패했으며 중앙아시아에서 영구히 철수했다. 당나라 포로 중에 기원후 2세기에 중국에서 발명된 종이를 만드는 기술자◆◆가 포함되어 있었다는 점은 탈라스 전투가 가져온 엄청난 결과였다. 아랍인들은 즉시 이 새로운 재료의 높은 효용성을 알아차렸다. 섬유 식물을 두드려 펄프로 만든 다음 말려서 얇은 종이가 만들어졌다. 종이는 덜 탄력적이면서 더 비싼 양피지를 빠르게 대체했다. 양피지를 뜻하는 파치먼트parchment는 그보다 오래전에 쓰인 파피루스papyrus라는 이름에서 유래했다. 아랍인들을 통해 이런 혁신적인 재료인 종이가 경제적이며 문화적인 혁명적 부산물들과 함께 서쪽으로 퍼져나갔다. 종이 제조는 794년에 바그다드에서, 800년에 이집트에서, 950년에 스페인에서, 12세기에 콘스탄티노플과 시칠리아와 이탈리아에서, 13세기에 북유럽에서 시작되었다(Soucek 2000: 67~69).

이슬람 팽창 내내 수비대인 리바트ribat[종교적 성격의 수도원이자 군사적

◆ 아랍의 아바스 왕조와 중국의 당나라 군대 사이에 벌어진 전투. 고선지가 이끄는 당나라 군대가 지야드 이븐 살리흐Ziyad ibn Salih가 이끄는 아바스 왕조 군대에 패했다.
◆◆ 두환杜環을 말한다. 탈라스 전투에서 이슬람군의 포로가 된 두환에 의해 제지 기술이 이슬람 세계에 알려졌다. 두환은 762년 석방되어 귀국했으며, 포로로 있을 때 보고 들은 바를 『경행기經行記』에 남겼다. 책은 소실되어 전하지 않는다.

제7장 남쪽 아랍인의 정복

성격의 요새]가 주요 지역에 만들어졌으며, 이 같은 주요 지역이 이후 쿠파, 바스라, 메르프, 카이라완과 같은 새로운 도시의 핵심이 되었다. 그곳에서 학자들이 이슬람의 가치를 수호하는 울라마ulama[이슬람교 법·신학의 지도자]로 나타날 것이다. 처음에 아랍인들은 자신들이 지배했고 종교적 가르침까지 받은 피정복민과는 분리되어 이처럼 요새화된 주거지에 밀집했다. 아랍인들은 군역의 대가로 정부로부터 급여를 받았으며, 이슬람을 신봉한 기간과 뛰어난 기병으로 전투 중에 거둔 업적을 반영해 급여의 등급이 매겨졌다(Crone 1996: 11~12). 예속민을 다루면서 이슬람은 '책의 사람들peoples of the book'을 의미하는 딤미dhimmi에 대한, 즉 유대인, 기독교도, 일부 조로아스터교도에 대한 규정을 마련했다. 딤미는 자신들의 종교를 믿고, 예배 장소를 유지하며, 인두세 납부로 군역을 면제받을 수 있었다(Hitti 2002: 170~171). 자발적으로 이슬람으로 개종한 마왈리mawali(피호민)에 대해서는 비교할 만한 어떤 재정상의 차별도 없었다. 마왈리는 이슬람을 받아들인 데 대해 경제 면에서 우대 조치를 받았다(Crone 1996: 16~17). 하지만 시간이 지나면서 농업 금지가 중단되었으며 버려진 토지가 국경지대에서 주거 목적으로 이용되었다. 이러한 발전의 결과로 아라비아반도의 메마른 땅에서 경작지를 갈망하는 이동 물결이 북쪽과 동쪽으로 퍼져나갔다.

우마이야 칼리프 왕조와 시아파의 분열

아랍의 정복은 대단히 성공적이었다. 이슬람으로의 동화가 놀라운 비율로 확대되었다. 그러나 이런 군사적 성공 와중에 정치적 불화가 발생했다. 656년에 제3대 칼리프 우스만 이븐 아판이 메디나에서 암살되었다. 이로써 주로 예언자 무함마드의 쿠라이시족에 반대하는 파벌들이 벌인 내전이 촉발되었다. 하심 가문은 예언자 무함마드의 사촌이자 사위[4]인 알리 이븐 아비 탈리브를 다음 칼리프로 승인했다. 하지만 그의 지명은 우마이야 가문에 속한 우스만 친족들의 강한 반대에 부딪혔다. 우스만 친족은 무함마드의 주요 적이었던 아비 수피얀의 아들로서 시리아 총독인 무아위야의 지휘를 받았다. 바스라 근처 낙타 전투 Battle of the Camel에서 처음에는 알리의 일당인 시아파가 승리했다. 하지만 661년에 알리는 호전적 신앙심으로 유명한 종파인 하리즈파에 의해 암살되었다. 그 뒤 무아위야는 알리의 큰아들 하산을 독살하고 칼리프로서 다마스쿠스에 우마이야 왕조를 세웠다(Donner 1999: 15~16). 다마스쿠스에 대ᄉ모스크가 세워졌고 이제는 인도 방식에 익숙한 아랍의 금속세공사들이 정복에 나서는 무슬림 전사들을 무장시킨 가공할 검에 쓰이는 인도산 강철을 생산했다.[5]

그러나 알리의 작은아들 후사인[또는 후세인]이 알리 가문의 대의를

---

4 알리는 무함마드의 딸 파티마와 결혼했다.
5 이 과정에서 티타늄이 강철과 섞였다. 이렇게 해서 물결무늬를 부조하고 물무늬로 마무리해서 탄력 있는 칼날을 만들어낼 수 있었다.

위해 끝까지 싸웠다. 680년 무아위야의 죽음에 뒤이어 두 번째 내란이 발생했다. 죽은 하산의 동생 후사인이 쿠파에서 강력한 시아파의 지도자가 되어달라고 요청받았다. 후사인은 사산조의 마지막 황제 야즈데게르드 3세의 딸로 포로가 된 페르시아 공주와 결혼했다. 무하람Muharram(이슬람력으로 음력 1월)에 후사인은 가문 측근과 추종자들을 거느리고 메카를 떠났다. 하지만 카르발라 평원에서 후사인과 그의 일행은 무아위야의 아들 예지드가 지휘하는 수니파 군대의 매복 기습을 받았다. 패배가 확실해 보였음에도 후사인이 이끄는 72명의 소규모 무리는 4000명의 대군과 일전을 치를 각오를 했다. 유프라테스강에서 물을 조달하려는 모든 시도가 적에 의해 차단되었지만 이맘 후사인의 동료들은 사막의 타는 듯한 더위 속에서 10일 동안 저항했다. 10일째 되던 날(아슈라Ashura◆) 포위 공격은 피투성이로 막을 내렸다. 후사인과 그의 친척 및 충실한 지지자들을 포함한 모든 남자는 후사인 일행의 무훈에도 불구하고, 여자와 아이들이 공포에 떨며 바라보는 가운데 가장 야만스러운 방식으로 무자비하게 학살당했다. 그들의 머리는 잘려 창에 꽂혔고 시신은 우마이야 가문의 말발굽 아래에 짓밟혔다. 그런 뒤 후사인의 머리는 후광과 함께 우마이야 왕조의 새로운 칼리프 예지드에게 전승 기념품으로 바쳐졌다(Homayouni 1976: 1~2). 후사인 가문이 학살당한 현장인 카르발라에 시아파는 피투성이의 희생을 기려 신전을 세웠다. 이 전장戰場과 더불어 알리와 후사인 두 사람의 무덤은 이

◆　무하람으로 매년 1월 10일. 카르발라 전투에서 수니파에 항거하다 전사한 이맘 후사인을 기리는, 이슬람 시아파 최대 종교 행사이기도 하다.

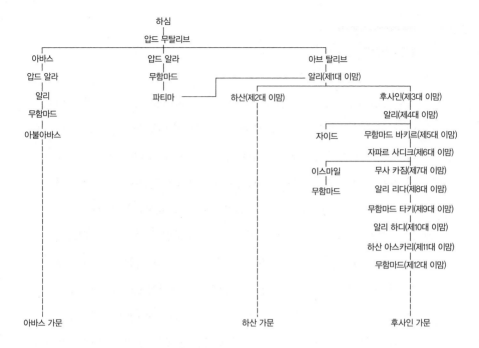

[그림 7.1] 예언자 무함마드의 가문인 하심가 가계도(Crone 1996: 20) (케임브리지대 출판사의 허가를 받아 재수록)

슬람 제국 전역에서 시아파가 순례하는 신성한 유적이 되었다. 이제 이슬람 사회는 격렬하게 대립하는 두 파벌, 즉 알라의 유언대로 선출에 의한 칼리프의 계승이라는 아라비아의 전통을 지지하는 수니파와 무함마드와의 혈연을 통한 상속 계승을 지지하는 시아파로 분열되었다. 시아파의 대분열은 이런 투쟁으로 거슬러 올라간다(그림 7.1).

12이맘과 7이맘

콘스탄티노플을 장악하려는 아랍의 모든 시도가 실패했지만 우마이야 가문의 지배는 이슬람 제국에 위대한 번영을 안겨주었다. 그러나 우마이야 가문이 칼리프 지위를 탈취했으므로 우마이야 가문과 하심 가문 사이에 부족 간의 적대감은 지속되었다. 알리 가문과 그 시아파 지지자들은 알라가 마디mahdi(구세주)를 보내 자신들을 우마이야 가문의 불경한 지배에서 구해줄 것이라고 기도하면서 여러 차례 봉기를 일으켰다. 하지만 그런 지도력을 제공한 것은 알리 가문이 아니라 하심 가문의 다른 분파인 아바스 가문이었다. 무함마드의 삼촌의 고손자 아부 아바스가 호라산에서 봉기를 일으켰다. 750년에 다마스쿠스가 함락되었을 때, 아바스는 우마이야 가문의 모든 왕자를 잡아 처형하도록 명령했다. 이는 사면을 선언하고 우마이야 가문의 지도자 80명을 초청한 연회에서 그들을 식사 중에 간악하게 암살함으로써 교묘하게 이루어졌다. 시신들 위로 양탄자를 덮고 적들의 죽어가는 신음소리를 음악 삼아 아바스 가문의 연회가 재개되었다(Hitti 2002: 285~286). 아바스 가문은 멸망한 다마스쿠스 체제에 대한 거부로 제국의 화려한 새 수도를 티그리스강 동쪽 바그다드에 건립해 정치적 패권의 상징으로 삼았다. 동쪽으로의 이와 같은 권력 이동은 비아랍인 무슬림 개종자들이 더 큰 역할을 하게 되리라는 것을 의미했다. 무슬림 개종자 대부분은 사산조의 국정 운영 방식을 교육받은 이란인들로 궁정에 페르시아의 우아함과 정교함을 도입할 것이다. 이슬람이라는 새로운 프리즘을 통해서이긴 하나, 페르시아는 아랍 침입자에게 예속된 한 세기가 지나 다시 한번 중동을 지배하게 될 것이다(Crone 1996: 22; Donner 1999: 24~25).

시아파가 아바스 가문의 우마이야 가문 타도를 지지했음에도 알리 가문은 정치권력을 획득하지 못했고, 바그다드는 대부분 수니파의 수중에 남아 있었다. 여전히 강력한 시아파는 무함마드가 알리를 자신의 이맘 계승자로 지명했다고 공표했고 처음의 세 칼리프를 비난했으며, 우마이야 가문과 아바스 가문을 거부했다. 또한 알리와 파티마의 후손만이 칼리프 지위를 합법적으로 요구할 수 있다고 주장했다. 죽기 전에 이맘이 후계자에게 이슬람을 이끌 신성한 지식과 신의 권한을 전했다. 이맘이 폭정 대신에 정의와 평화를 가져올 것이며 세상에 참된 이슬람을 복원시킬 것으로 기대되었다(Lewis 1967: 24). 그러나 시아파 구성원 사이에 의견 충돌이 있었고, 이로써 다음 두 집단이 나타났다.

'12이맘'을 주장하는 시아파는 12명의 이맘을 인정했다. 제8대 이맘은 알리 리다로, 페르시아 동북쪽 마슈하드에 있는 그의 무덤은 시아파 세계의 영광으로 숭배된다. 여전히 갓난아기인 제12대 이맘 무함마드 마디가 사마라에서 종적을 감춘 874년에 계보가 단절되었다. 다시 한번 페르시아의 고대 조로아스터교 전통을 반영해서 마디로서 제12대 이맘이 최후의 심판에 대비하여 모든 무슬림을 인도하기 위해 종말 때 재림할 것으로 기대하고 있다. 이맘 마디에 대한 믿음은 마디의 재림에 대한 천 년의 시아파 교리에서 중심을 이루었다(Donner 1999: 44: Crone

1996: 20).

'7이맘'을 주장하는 시아파는 7명의 이맘만을 인정했다. 760년 무렵에
제6대 이맘 자파르 사디크가 큰아들 이스마일을 후계자로 지명했다.
하지만 그 지명은 철회되었고 동생이 대신 지명되었다. 일부 시아파는
그 지명을 뒤집을 수 없다고 주장했고 이스마일 또는 그의 아들 무함
마드를 제7대이자 마지막 이맘으로 인정했다. 9세기에 이스마일파, 즉
'7이맘파'는 압달라 이븐 카다흐의 지도를 받고 무함마드 이븐 이스마
일이 메시아로 재림할 것이라고 주장했다. 본질적으로 이스마일파는 이
맘의 직분이 874년에 끝나지 않았으며 현존하는 이맘으로 결코 끝나
지 않았다고 선언했다. 그리고 마디가 무슬림의 구세주로 나타날 것이
라고 선언했다. 이스마일파에 가입할 때 신자들은 마디가 지상에 보편
적 평등과 형제애를 확립할 것이라는 기대로 비밀 엄수와 위대한 주인
Dai-d-Duat에 대한 절대 복종을 맹세했다. 카르마트Qarmat로 알려진 이라
크인 함단 이븐 아스라트가 압달라를 계승했으며 아랍인들을 타도하
고 페르시아 제국을 부활시키려는 음모를 꾸몄다. 이런 카르마트파는
추종자 수천 명을 모아 신비주의적이고 공산주의적인 종교를 만들었으
며, 코란에 대한 자유로운 해석을 받아들였다(Donner 1999: 44).

이슬람 안에서 이들 주요 종파는 현재에도 지속되고 있다. 수니파가
무슬림교도 다수파를 대표하고는 있지만 12이맘을 주장하는 시아파
집회는 오늘날 주로 이란과 이라크 남부에 집중되어 있다. 오늘날 평화
적인, 7이맘을 주장하는 이스마일파는 아가 칸Aga Khan을 이맘으로 인

정한다. 수백만 명으로 추정되는 이스마일파는 인도 아대륙〔인도반도〕에서 중동을 가로질러 아프리카까지 확대되고 있다.

타지예 서사극: 말에 올라탄 오페라

시아파는 천 년 이상이 지난 오늘날까지 매년 최초의 세 이맘을 숭배하는 타지예Ta'zieh 수난극 재연을 통해 알리, 하산, 후사인의 비극적 죽음을 기념하고 있다. 이러한 비극들은 수 세기 동안 부글부글 끓어 올랐던 민족적·종교적 측면에서의 격렬한 대립관계를 반영한다. 시아파에게 알리와 그의 후손은 이맘이고, 이맘은 본보기이자 결코 틀리지 않는 신성한 지혜의 화신이자 무함마드의 권능을 계승한 자이며 구원에 꼭 필요한 존재다. 조로아스터교의 부활 개념과 구세주가 종말 때 신성한 씨앗에서 나타날 것이라는 예언에서 영향을 받았음에 틀림없는(Lewis 1967: 22) 시아파는 알리와 후사인을 신성한 인물로 간주했다. 이는 되풀이해서 인간의 모습을 갖게 되는 불교의 보살 개념과 다르지 않은 듯 보인다. 타지예라는 용어는 애도, 연민, 위안을 의미하며, 타지예 상연은 카르발라 포위 공격에 초점을 맞춘다. 놀랍게도 이런 제의 연극은 이슬람 종교 세계에서 전적으로 독특하다. 이슬람 종교 세계는 모든 곳에서 생명이 있는 형상을 묘사적으로 표현하지 못하도록 한다. 물론 제의 연극의 뿌리는 아라비아반도 셈족 전통에서가 아니라 페르시아에서 선례를 찾을 수 있다. 파르티아 궁전은 그리스와 인도의 두드러진 극작 전통 사이에서 그리스 비극들을 상연했다. 크라수스가 사후에 파르티아 궁전에서 펜테우스[그리스 신화에 나오는 테베의 왕]로 상연되었다는 예를 앞서 언급한 바 있다. 이와는 대조적으로, 극적 요소에서 타지예의 특징이 많을 것으로 예상되는, 고대 페르시아의 전통에 깊이 뿌리내린 두 가지 토착 비극이 있다. 글로 남겨지기 전에 수 세기 동안 파르티아의 음유시인들이 불렀던 자러 회상록Memorial of Zarer에서는 독실한 전사 한 명이 조로아스터교 교당의 신성한 왕 비슈타스파를 지켰던 이야기를 상세히 전하고 있다. 자러는 이맘의 수난처럼 대규모 적군에 용맹하게 맞섰지만 결국 배신당해 전장에서 살해되었다. 장차 벌어질 재난들이 타지예에서처럼 배우의 초기 예감, 예언, 애도에서 예견되었다. 애가로 표현된 이 같은 계시는 영웅이 맞이할 불가피한 운명에 대해 청중이 감정적으로 대비할 수 있게 해주었다. 자러의 회상록은 이후에 나온 이슬람의 타지예에 견줄 만한 종교적·카타르시스적 역할을 했음이 분명하다. 즉 신앙의 열정으로 고무된 한 용감한 전사가 사악한 대규모 적군과 맞서다가 전투 중에 쓰러지고 열렬하게 애도를 받는다.

타지예보다 훨씬 더 전에 시야부시의 비극이 있었다. 선사시대 전통에서 유래한 시야부시의 비극은 시기상 조로아스터교 개혁에 앞서지만 야슈츠로 통합되었고 나중에 『샤나메Shāh-nāmeh』◆에서 상세히 이야기되었다. 시야부시의 비극은 멀리 투라니아에서 잔인하게 살해된 한 페르시아 왕자의 운명에 대해 이야기한다. 임신한 아내를 신뢰한 시야부시

◆　페르시아의 시인 피르다우시Firdausi가 35년에 걸쳐 지은 장편 서사시. 7세기 중엽 사산 왕조가 멸망할 때까지의 신화와 역사를 대구對句 형식으로 노래했다. '왕자王者의 서書', '왕의 책'이라는 의미다.

는 곧 닥쳐올 재난을 예견한다. 순교 중에 자신이 희생제의 동물처럼 사지가 절단되고 목이 잘려나가며 얼굴이 난도질된 채로 내던져질 것이라는 예견이었다. 시야부시가 우주의 대격변 중에 매장되었을 때, 소그디아나에서 콰리즈미아까지 음유시인들은 아름다운 노래를 불렀다. 사람들은 음유시인들의 진정 어린 애도 속에서 자신들의 얼굴을 거칠게 때리고 상처를 입혔다(Yarshater 1979: 89~93). 아마도 타지예 애도극보다 훨씬 더 오래전에 존재했을 의식을 유라시아 초원지대 기마 전사들의 장례에서 볼 수 있다. 왕이 죽을 때 부족들은 자신들의 신성한 영웅-왕의 영구 마차를 호위할 제례 행렬을 만들었다. 매장할 때 말과 인간의 희생제의가 거행되었으며 애도자들이 격정적으로 슬퍼하면서 자신들의 살을 난도질하고 찢어서 상처를 내곤 했다.

초원지대의 기마 전사들은 전장에서 가장 중요하고 그들의 종교에서 중심 역할을 하는 말과 함께 아나톨리아와 이란을 침입했다. 수 세기 뒤 이들 지역을 가로질러 북쪽의 얼어붙은 산지에서 남쪽의 타는 듯한 사막까지, 초원지대의 그것과 유사한 장례식 만가가 무하람의 최초 10일 동안 목격되었다. 형형색색의 옷을 입고 겉치장을 많이 한 이슬람 시아파가 행진하거나 말에 올라타 열을 지어 카르발라의 비극적 사건들을 연기했다. 몸이 절단된 척하는 핏빛 순교자들이 거리를 행진하는 바퀴 달린 무대 위에서 생생한 장면들을 펼쳐 보였다(Chelkowski 1979: 3). 낙타 위에서 여자와 아이들이 야지드 1세◆의 포로처럼 흐느

◆ 우마이야 왕조의 제2대 칼리프. 카르발라에서 야지드 1세가 보낸 군대와 전투를 벌이다 후사인과 그의 일가 남자들은 살해당하고 여인과 아이들은 포로로 잡혔다.

껐다. 색을 칠한 그들의 머리와 얼굴은 마치 화살로 상처를 입은 것처럼 멍이 들어 보였다(Baktash 1979: 105). 고대 전쟁의 군기軍旗가, 값나가는 갑주·마구·안장을 온갖 무기와 방패로 무장한 가장 멋진 말들의 뒤를 따랐다(Mahjub 1979: 140). 무장한 배우 수백 명이 모의 전투를 몸짓으로 표현했으며 일부는 검술과 여러 전투 기술에서 뛰어난 재주를 보여주었다(Shahidi 1979: 43). 때로 다른 행렬의 깃발을 훔치기 위해 곤봉 싸움이 벌어졌고, 만약 이 소란한 중에 어떤 사람이 죽는다면 그의 영혼은 즉시 천국으로 옮겨간 것으로 생각되었다(Baktash 1979: 104). 흰옷을 입은 다른 열광적 신자들이 편달鞭撻 고행자[자기를 채찍질하는 고행자]의 행렬을 이루었다. 그들은 시간이 되어 심벌즈 소리가 들리면 살이 찢겨져 피가 흐를 때까지 자신들의 등을 쇠사슬로 때린다. 또 다른 열광적 신자들은 자신들의 맨등을 금속 채찍으로 매질했다. 머리를 단검과 칼로 강타해서 피가 엄청나게 뿜어져 나오고 셔츠에 붉은 피가 튀기는 열광적 신자들도 있었다. 이런 피비린내 나는 옷들을 축제 내내 입었으며, 그 옷들은 나중에 신성하다고 선언된 땅속에 묻혔다. 장례식 음악 반주에 맞춰 얼굴이 검게 그을리고 머리카락이 헝클어진 구경꾼들이 애도하고 울부짖으며 비탄에 빠져 자신들의 맨가슴을 때렸다(And 1979: 240~242).

이처럼 카르발라에서 죽은 영웅들을 기리는 최초의 장례 애도는 시아파의 경건한 서민들에 의해 민간 수준에서 최초로 행해졌다. 그러던 중 10세기 무렵 부와이 왕조 시대에 시아파가 바그다드에서 지배권을 장악하면서 훨씬 더 장엄한 무하람 의식들이 공식적으로 권장되었다. 훨씬 뒤에 시아파 이슬람이 사파비 왕조 페르시아의 국가 종교로 확립되었을 때, 후사인의 순교를 기념하는 것은 애국자로서의 의무가 되었다. 타키예Takiyeh(원형극장)는 부자들의 공공부조로 건립되었는데, 무하람의 '가두 연극' 전통과 배우와 관객 사이의 극적 상호작용을 유지하도록 설계되었다. 높이 올린 무대가 극장의 중앙을 차지했으며, 그 중심부에는 조로아스터교에서 유래되었음을 나타내는 칼라크kalak(제단)가 세워져 있었다(Peterson 1979: 73). 예를 들어 백마에 올라탄 후사인이 시간의 변화, 장소 또는 이동을 알리려고 질주할 수도 있는 원형 띠 모양의 공간이 무대를 에워싸고 있었다. 외벽에서 중앙 무대까지 관람석을 지나 퍼져나간 회랑으로 군대가 입장하고 말, 낙타, 또는 수송 수단들의 행렬이 지나갈 수 있었다. 그 외 부차적인 줄거리, 결투, 소규모 접전이 관객 뒤쪽으로 개방된 주변 경기장에서 상연되었다. 보조 배우가 이따금 주연 배우와 대화를 나누거나 또는 극적 절정의 순간에 중앙 무대를 차지하려고 관객 사이로 황급히 뛰어들기도 했다. 원형극장인 타키예는 카르발라 평원에서 우마이야 가문에 포위당한 후사인을 상징했으며 타지예 자체로 시아파의 중심을 대표했다(Chelkowski 1979: 4~5).

후사인의 순교라는 절정에 차츰 다가가기 위해 「카셈의 결혼Marriage of Qasem」이 보통 무하람 5일에서 10일 사이에 상연되었다. 카셈은 후사인의 형 하산의 아들이다. 하산은 아버지 알리가 암살당하고 나서 곧 독살되었다. 하산은 카셈이 후사인의 딸 파티마와 결혼하기를 바랐다. 두 젊은이는 아직은 10대였지만, 그들의 죽음이 임박해 있음을 알아차린 후사인은 결혼을 명령한다. 결혼을 위한 축제가 준비되면서 리본으로 장식한 결혼식 천막이 세워지고 의식에 따라 관객 사이로 사탕이 전해진다. 갑자기 후사인의 아들 알리 악바르의 말이 기수를 태우지 않은 채 나타난다. 이는 전장에서 알리 악바르가 죽었음을 알리는 전조다. 파티마는 비명을 지르고 원형극장 전체가 얼어붙는다. 카셈이 급히 달려나가지만 방패 위에 알리 악바르의 시신을 올려 나르는 전사들과 함께 중앙 무대로 돌아온다. 관객들은 흐느끼며 일어나 연기자들과 함께 만가를 부른다. 장례 행렬 가까이에 있는 관객들은 운구자들을 도와주려고 시도한다. 장례 행렬에서 가까이 있지 않은 구경꾼들은 상징적 동작으로 팔을 뻗쳐본다. 시신이 결혼식이 열리는 천막 반대쪽에 놓인다. 후사인은 아들이 탄 말의 등자와 안장에 입을 맞추면서 아들의 죽음을 애도한다. 무대 한쪽 편에서 애도하는 장례 의식이 거행되는 동안 다른 편에서는 결혼식이 즐겁게 거행된다. 관객은 울부짖고 웃기를 번갈아 한다(Chelkowski 1979: 5~6; Humayuni 1979: 23). 부부가 신방을 향해 떠날 때 전쟁의 북소리가 울린다. 다른 사람 없이 혼자서 신랑은 신부와 작별을 고한다. 자신의 운명을 염두에 둔 신랑은 최후의 심판 때 자신들의 결합이 완성될 것이라고 고백한다. 한 비극 안의 이 같은 비극은 카셈이 전장을 향해 떠나면서 끝을 맺는다. 후사인은 사위의 결혼 예복을 수의로 감싼다. 이는 카셈에게 용감히 싸울 지하드 참전을 허가하는 것이다(Humayuni 1979: 14~15, 20). 그러나 카셈은 치명적 상처를 입고 마침내 말에서 떨어진다. 카셈은 사랑하는 사람의 얼굴을 마지막으로 한번 보게 해달라고 간청하지만 적장 슈미르에게 잔인하게 참수된다. 이처럼 비극적인 사랑 이야기는 관객을 깊은 감정적 고통에 빠뜨린다.

이맘 후사인이 순교한 날로 무하람 10일째인 아슈라 때 사방에서 행렬이 등장한다. 말들은 녹색 터번 하나만 쓰고 있다. 사람들은 말들의 목 주위에, 다른 사람들에게 물을 줄 병을 매달아준다. 이렇게 해서 억압받은 후세인의 갈증을 덜어주려는 것이다(Baktash 1979: 105~106). 12세기의 시인 바드루드딘 카바미Badrud-din Qavami는 후사인이, 파렴치한 간통으로 태어나 사악한 세므르에게 마침내 잔인하게 참수된 것을 만가를 지어 애도한다(Mamnoun 1979: 160).

비열한 자들이 당신을 유프라테스강 물로부터 격리시켜버렸네.
그들이 당신의 피를 카르발라의 먼지와 뒤섞어버렸네.
신앙의 적들이 당신의 목숨을 노리고 매복하고 기다렸네.
한 명의 친구도 한 명의 아는 사람도 당신에게는 남아 있지 않네.
당신의 친구가 되어줄 친절한 사람이 한 명도 없네.
당신에게 존경을 표시할 냉혹한 사람이 한 명도 없네.
당신의 가슴은 찢겨나가고, 목은 잘려나가고, 손은 내던져졌네.
머리가 몸에서 떨어져 피와 먼지가 뒤섞여 굴러다니네.
그들은 당신의 사랑스러운 마음을 그들의 말로 짓밟아버렸네.
오, 당신은 온 세상에서 예언자 무함마드처럼 뛰어난 사람이었네.
어떻게 당신의 몸을 말발굽으로 짓밟을 수 있단 말인가.
언제쯤 감히 산들바람이 당신의 장밋빛 얼굴에 꽃가루를 떨어뜨리지
않을까(Eqbal 1979: 197)?

살해된 이맘 후사인 자식들의 시신이 무대 위에 쌓일 때, 다시 한번 열광적인 수백 명의 신자가 자신들의 머리를 때리고 상처를 입힌다. 양

귀비색으로 붉게 물들 때까지 땅이 피로 얼룩진다(Baktash 1979: 106). 자연의 만물이 이처럼 냉혹한 장면에 너무 오싹해져, 사나운 포식자가 아니라 실제로는 사자의 가죽을 둘러쓴 배우가 후사인의 깃발을 입에 문 채로 시신 더미를 부드럽게 밟고 지나간다. 사자로 분장한 배우는 머리 위 지푸라기를 내던지고 죽은 순교자들의 시신에서 화살을 부드럽게 끄집어낸다(Wirth 1979: 35). 마지막으로, 기수가 타고 있지 않은 백마가 등장하고 그 위에 하산과 후사인의 영혼을 상징하는 흰 비둘기 두 마리가 앉는다(Ard 1979: 240). 서사적 비극인 타지예는 이렇게 해서 조로아스터교의 선과 악 세력인 영웅과 악당, 순수한 자와 타락한 자의 불멸의 드라마를 재연한다. 기마인의 제례의식이라는 더 넓은 맥락에서 신랄하고 절절한 비유적 묘사는 희생의 어두움과 구원의 빛이라는 심오한 의미를 뒷받침해준다.

아바스 왕조와 튀르크인의 침입

8세기 중반에 우마이야 왕조를 몰아낸 아바스 왕조는 인더스강 하류 서쪽에서 중동과 북아프리카를 가로질러 스페인까지 이어지는 제국을 통치했다. 아바스 왕조는 이슬람 세계를 대표하는 최대 세력이었다. 200년 동안의 황금시대에 학자와 예술가들이 후원자를 찾아 아바스 왕조의 궁전에 모여들어 예술과 과학이 전성기를 맞이했다. 칼리프들은 모든 무슬림 지도자를 위한 양식을 만들어냈으며 그들이 발전시킨 행정 체계는 아바스 왕조를 계승하는 모든 체제에 본보기 역할을 했다(Kennedy 2004: xix). 하지만 아바스 칼리프 왕조는 종교 분쟁이 끊일 날이 없었다. 시아파와 수니파 사이의 적대는 지속되었으며 주기적으로 공공연한 전쟁으로 번지곤 했다. 이슬람의 경계로 뻗어나가고자 가지스ghazis[이슬람 용사들]가 북쪽에서 튀르크계 유목민을, 서쪽에서 기독교도를, 남쪽에서 힌두교도를 공격했을 때 전쟁은 외부로도 향했다. 아바스 왕조는 교전에 필요한 인적 자원 확보를 수입된 노예들에지나치게 의존했다. 수입된 노예 중 다수는 초원지대에서 온 튀르크인맘루크였다. 뛰어난 기병인 튀르크인 노예 병사는 칼리프에게 봉사하는 다른 어떤 군대 구성원들보다 선호되었다(Ayalon 1994: 1). 국경 전투에 상당히 익숙한 이들 튀르크계 전사는 시간이 지나면서 아바스 왕조 칼리프의 권력을 강탈할 것이며, 또한 제국 변방에서 이란과 인도의토착 지도자들을 전복해 그들 자신의 거대한 제국을 만들 것이었다(Bosworth 1975: 196).

이라크로 권력이 옮겨가면서 아바스 왕조의 제2대 칼리프 만수르al-Mansur가 바그다드에 화려한 새 수도를 세웠으며, 정부와 군대 모두를 재조직하는 데 끊임없이 헌신했다. 그와 그의 아들이자 후계자인마디가 통치하는 동안 알리 가문을 사칭하는 자들에 맞서 군사행동이 취해졌다. 또한 아랍 내부가 갈등을 겪을 동안에 무슬림에게 정복된 아나톨리아 영토 대부분을 회복한 비잔틴인들과 여름 전투를 벌였다. 784년 무렵에 그리스인들을 콘스탄티노플로 다시 몰아낸 제4대칼리프 하룬 라시드는 『천일야화』 속 화려한 궁전의 주인이 될 것이다(Bosworth 1996: 277). 809년 하룬 라시드의 죽음에 뒤이어 형제간의 전투가 잇달아 일어났으며 큰아들 마으문이 승리자가 되었다. 예술, 과학, 문학, 철학에 대한 마으문의 왕실 후원은 하룬 라시드마저 능가했다. 마으문은 콘스탄티노플과 알렉산드리아에서 그리스 대가들의 고대 원문들을 입수했고 일단의 학자들에게 급여를 지급하며 이들 저작을 아랍어로 번역하게 했다. 그는 또한 바그다드에 천문대와 과학아카데미를 건립했다(Mottahedeh 1975: 72~73).

그러나 9세기 동안 칼리프들이 외곽 속주에 총독을 임명하는 정치군사적 추세가 분명해졌다. 그리고 874년 무렵에 트란스옥사니아와 호라산을 소그드 지방 출신의 사만 왕조가 완전한 자치권을 갖고 통치했다. 사만 왕조는 사산 왕조로 기원이 거슬러 올라간다. 경건한 수니파인 사만 왕조는 아바스 왕조의 행정을 본떴다. 실제로 부하라와 사마르칸트에 있는 사만 왕조 궁전은 학문 중심지로서 바그다드와 경쟁했다. 그럼에도 사만 왕조 영토는 칼리프 왕조의 중심과는 완전히 달랐다. 사만 왕조 지역은 중앙아시아 초원지대로부터 유목민의 대규모 침입에 맞서 이란 세계의 동북쪽 요새 구실을 했다. 국경 지역은 약 2000개의 리바트로 가득했으며, 이교도 튀르크인에 맞서는 이런 방벽들에는 사만 왕조의 영토에서 지원병으로 온 이슬람 용사들이 배치되었다. 최초의 이슬람 이래로, 금욕적인 리바트는 무슬림 전사를 위한 군사 훈련과 종교적 교화의 중심지로 사용되었다. 이러한 국경 방어 말고도 사만 왕조 토후들은 개인적으로 사람과 말의 엄청난 전리품을 손에 넣으려 초원지대로 징벌적 원정을 지휘했다. 이 같은 침략의 주요 대가는 노예들이었다(Bosworth 1973: 30~31). 빠르게 움직이며 기동작전을 하는 말에서 신속하게 화살을 쏘는 튀르크인의 기마 궁술은 고도로 숙련된 기술이었다. 이 기술은 이른 나이 때부터 기마 궁술로 길러진 사람들만이 숙달할 수 있었다. 시간이 지나면서 초원지대를 떠돌아다니는 탁발 수도사인 수피교도가 많은 튀르크인을 개종시킬 수 있게 되었다. 하지만 사로잡히거나 팔려나갈 때 어린 튀르크인은 즉시 이슬람으로 교화되었으며, 사만 왕조가 유지했던 학교에서 혹독한 훈련을 통해 군사적·행정적 업무에 대비했다. 따라서 엄청나게 많은 부족의 유목민들이 초원지대에서 이슬람 지역으로 수입되었으며, 이들 대부분은 칼리프나 토후 또는 속주 총독을 위해 일하는 군사 호위대로 고용되었다(Kennedy 2001: 123; Frye 1975: 150).

아바스 왕조 내부에서 군사노예제는, 초기 칼리프들이 자유로운 아랍 무카틸라muqatila 병사들의 급여를 처음으로 줄인 시기로 거슬러 올라간다. 이때 절약된 돈을 사용해 튀르크인 노예들을 사들였다(Bosworth 1973: 99). 이 과정은 무으타심al-Mu'tasim에 의해 가속화되었다. 무으타심은 833년에 칼리프가 되자마자 3만 병사로 군대를 증강했으며, 그중 절반이 튀르크인 노예 병사였다. 이들 노예 병사가 군대에서 유목민들에게 정예 기병의 역할을 빼앗긴 데 분개한 바그다드 시민 및 군부대와의 충돌에 휩쓸려, 무으타심은 수도를 북쪽 사마라로 이전했다. 그곳에서 그의 무장 병력은 더 안전하게 적응하게 될 것이었다. 고국에서 뿌리 뽑히고 지역 주민에게서 격리된 이 노예 병사들은 지도자에게 직접 충성할 의무가 있었다. 그러나 그들의 수가 많아지고 정치적 영향력이 커지면서 칼리프를 즉위시키고 폐위시키는 것이 튀르크인 군사 지휘관들에 의해 좌우되었다. 그들은 마음에 드는 사람을 자신들이 다루기 쉬운 꼭두각시로 앉혔다(Bosworth 1996: 278~279; Kennedy 2001: 122, 126). 892년 죽기 직전에, 칼리프 무으타미드는 노예 병사들의 힘에 제동이 걸리기를 바라면서 칼리프의 본거지를 바그다드로 복귀시켰다. 그렇지만 바그다드에서 칼리프의 지위는 945년에 훨씬 더 약해졌다. 그때 시아파 부와이족이 카스피해 고원에서 침입해 들어와 아바스 왕조의 칼리프를 명목상의 지도자로 격하시켰다(Mottahedeh 1975: 85).

튀르크인의 힘은 사만 왕조 영토에서도 분명히 커지고 있었다. 961년, 토후가 죽자 사만 왕조 군대의 튀르크인 지휘관이 반란을 일으켰다. 알프티긴은 자신이 내세운 후보자를 제위에 앉히는 데 실패하자 제국의 동쪽 변방으로 철수했고, 거기서 자신의 소규모 노예 병사들과 타지크인 이슬람 용사들로 가즈니 요새를 점령했다. 나중에 그의 아들이 부하라의 토후에 의해 총독으로 취임했다. 하지만 여러 해에 걸친 격변 이후에 알프티긴의 사위 세뷕티긴(사부크티긴)이 20년 동안 이어질 가즈나 통치권을 차지했다. 카를루크의 튀르크인 세뷕티긴은 적 부족에게 사로잡혀 노예 상인에게 팔렸으며 나중에 알프티긴이 그를 사들여 그에게 호위하는 일을 맡겼다. 세뷕티긴은 전투 중에 빠르게 두각을 나타내 18세 무렵에 노예 병사 200명을 지휘했다. 주인을 가즈나까지 수행한 그는 교전에서 주목할 역할을 했다. 994년에 세뷕티긴은 호라산을 침입해 승리를 거두었다. 그의 아들 마흐무드는 호라산 지배권을 강화하기 위해, 약사르테스강 계곡을 침입해온 카라한 왕조 튀르크인들의 압박에 대응하여 니샤푸르에 사령부를 설치했다(Bosworth 1973: 37~44). 그러나 사만 왕조의 힘이 약화되면서 양쪽의 튀르크인 적들은 전리품을 분배하고 사만 왕조의 영토를 분할하는 편이 상책임을 알았다. 999년에 카라한 왕조는 부하라를 확실히 점령해 이란 왕조를 멸망시켰다. 그사이에 마흐무드는 남쪽으로 옥수스강에서 페르시아 만까지 영토 지배권을 성공적으로 확대했다(Frye 1975: 159).

하지만 가즈나는 또한 튀르크인 기마인이 인도 아대륙으로 팽창하는 출발점 역할을 할 수 있었다. 이들 남쪽의 이교도 지역은 척박한 북쪽의 초원지대보다 무한히 더 풍부한 약탈품을 기대하게 했다. 마흐무드는 칼리프의 승인으로 정통성을 부여받았고 수니파 정통 신앙의 대의를 과시하는 듯이 지지했다. 그는 광범하게 펼쳐진 남부 아시아 전역에서 수십 년간 계속되는 전투에 착수해 위대한 이슬람 용사로서 영구한 명성을 얻었다. 그는 국내에서는 종교적 반대자들을 숙청하고 국외에서는 힌두교 우상 숭배자들을 박해했다(Bosworth 1975: 168~169). 겨울마다 동쪽 이슬람 세계 각 지역에서 전리품에 굶주려 찾아든 수천 이슬람 용사들로 세가 늘어난 정규군이 인도 평원을 습격할 것이다.

마흐무드의 승리로 서북쪽 고갯길이 출구로 확보되었으며, 그곳을 통해 수 세기 동안 중앙아시아 튀르크인 침입자들이 끊임없이 인도 아대륙 북쪽 평원으로 쏟아져 들어오게 되었다. 기병은 전술적으로 기동성과 공격력, 소규모 접전에서 유용해 가즈니 왕조 군대에서 가장 중요한 세력을 이루었다. 보병은 전면전과 포위 공격에서 매우 유용했다. 마흐무드의 솜나트 원정(1025~1026) 군대는 통상적으로 주축을 이룬 노예 호위대, 3만 기병, 여기에 덧붙여 지원병으로 구성되었다(Bosworth 1973: 114). 마흐무드의 침입에는 필연적으로 약탈 습격이 따랐다. 술탄의 금화와 은화를 주조하는 데 사용할 금괴와 은괴를 마련하기 위해 힌두교 사원이 조직적으로 약탈되었다. 수만 명에 이르는 노예가 붙잡혀 서쪽 아시아 각 지역에서 가즈니로 집결한 노예 상인들에게 팔려나 갔다. 일부 노예는 군대에 편입되었으며, 라지푸트족의 전투 자질이 높게 평가되었다(Bosworth 1975: 179~180).

마흐무드가 인도에서 세운 위업은 군사적으로 놀랄 만한 성취였다. 그가 죽을 당시에 가즈니 왕조의 세력 판도가 가장 넓었다. 하지만 1030년 무렵에 교전 중인 또 하나의 유목민 부족이 북쪽 초원지대의 지평선에 집결했다. 오구즈 튀르크 일족 셀주크족이 그 지역을 약탈하면서 경제생활을 정체 상태에 빠트렸다. 1040년에 마흐무드 계승자 마수드[마수드 1세]가 단다나칸의 리바트에서 유목민들과 대결했다. 거기서 수적으로 우세한 마수드 군대가 1만 6000명의 셀주크 기병에게 궤멸되었으며 마수드는 호라산을 버리고 인도로 퇴각했다. 이렇게 가즈니 왕조의 방어선이 무너지면서 불가피하게 더 많은 오구즈 부족들이 중앙아시아에서 유입되었다. 이미 초원지대에서 수니파 이슬람으로 개종한 셀주크족은 이란을 넘어 서쪽으로 이라크까지 진격했다. 1055년에 바그다드에서 부와이 왕조를 축출한 셀주크족 술탄 투그릴 베크[셀주크 제국 창건자]는 수니파 칼리프 카임al-Quaim을 시아파 지배자들에게서 사실상 벗어나게 해주었다. 투그릴 베크는 칼리프 통치 지역의 보호자 역할을 차지하게 되었다(Bosworth 1968: 16, 19, 22, 46). 이렇게 해서 11세기 중반 무렵에 아바스 왕조에서 아랍 세력이 현저하게 감소했다. 제국의 동쪽 변방에서 군사작전을 수행한, 가즈니 왕조와 셀주크족 기마병이 중동에서 치른 전투는 실제로 수 세기 동안 튀르크인이 이슬람 세계 대부분을 정치적으로 지배하는 데서 본보기가 되었다. 가즈니 왕조의 기마병은 뒤이어 티무르인과 무굴인이 인도 북부를 정복할 수 있도록 침입 루트를 구축해놓았으며, 셀주크족 기마병은 줄곧 서쪽으로 진격해갔다.

3

서쪽으로 팽창하는
이슬람 기마병

무슬림 군국주의가 서아시아 대부분에 큰 소란을 일으킨 것처럼, 아랍이 아프리카를 넘어 서쪽으로 팽창해간 것도 무함마드가 죽은 직후의 일이었다. 아랍의 승리가 대규모 집단에서 비롯되었다고는 할 수 없다. 아랍인들은 적에 비해 상당한 수적 열세에 놓여 있었기 때문이다. 아랍인들의 힘은 종교적 열정과 놀라운 군사적 기동성이었다. 이는 사막에서 아랍의 군마와 단봉낙타의 지원 덕분에 가능했다. 병사와 말 모두 베두인족의 생존 방식, 즉 부족한 음식물로 생계를 유지하는 데 익숙해 있었다. 베두인족은 강인하고 지략이 풍부해 보급품 수송대 없이도 척박하고 황량한 지역을 이곳저곳 돌아다녔다. 그들은 사막의 밝은 별빛에 의지해 밤에 이동했으며 밤에 전투를 벌이기도 했다(Kennedy 2007: 371). 이집트에서 마침내 641년에 알렉산드리아가 포위 공격으로 함락되었다. 그사이에 장차 카이로가 될 푸스타트가 건립되었으며, 나일강과 홍해 사이에 130킬로미터에 이르는 운하가 재개되었다. 운하가 재개되면서 인도양과 지중해 사이의 직접 항해가 가능해졌다. 누비아 남쪽 동골라에서, 642년에 아프리카에서 무슬림 노예무역의 기초를 마련하는 조약이 체결되었다. 이 조약에 따르면 모스크가 도시 중심부에 유지되어야 하고 매년 건강하고 흠이 없는 남녀 성인 노예 360명을 인도해야 했다(Heers 2003: 27). 기록을 통해 본 아프리카 최초의 흑인 노예화는 말을 손에 넣은 직후인 기원전 16세기로 거슬러 올라간다. 그때 이집트의 제18왕조가 푼트의 땅Land of Punt〔소말리아 북부〕에서 노예를 손에 넣었다. 후기 역사 자료들은 이슬람이 출현하기 수 세기 전에 페르시아만 지역에서 상당수의 흑인 노예가 있었다고 증언한다(Patterson 1982: 150). 그렇지만 무슬림이 아프리카로 진군하면서, 고대 노예무역은 아랍인들이 수단까지 나일강 계곡을 그리고 홍해를 가로질러 잔지바르까지 동아프리카 해안을 급습하며 강화되었다. 성지로 가는 기독교도 대상隊商들이 맹렬한 공격을 받았으며 기독교도 순례자들은 노예가 되었다. 에티오피아에서 페잔과 차드까지 모든 지역에서 매년 강제로 징수된 공물은 한결같이 360명의 성인 노예였다. 인간 재산인 노예들은 맨 먼저 거세 중심지castration centers에 집결된 다음에 아랍 국가와 지중해 및 이집트의 목적지로 팔려나갔다(Heers 2003: 28~31).

비잔틴의 측면 공격으로부터 이집트를 방어하기 위해 4만 명의 무슬림 군대가 643년부터 647년까지 키레나이카와 트리폴리타니아를 가로질러 갔다. 키프로스섬과 로도스섬도 공격받았다. 670년에 우크바 이븐 나피Uqba ibn Nafi가 이프리키야에 중요한 무슬림 주둔군 도시 카이라완(카이루안. 지금의 튀니지 중북부 도시)을 건립했다. 그러나 여기에서 진군의 기세가 꺾였다. 비잔티움은 카르타고를 장악하면 무슬림인들이 지중해를 지배할 수 있을 것이라고 생각해 함대와 대규모 증원군을 보냈다. 680년에 우크바는 원정군 수천 명을 이끌고 북아프리카를 가로질러 갔으며 베르베르인과 비잔틴인을 수차례 공격했다. 결국 아랍인들은 대서양(아가디르 근처)에 이르렀으며, 그곳에서 우크바는 말을 타고 바다 깊숙이 들어가 대서양이 없었더라면 훨씬 더 먼 곳까지 지하드를 했을 것이라고 단언했다! 우크바는 유럽 대륙 서쪽 가장자리에서 돌아와 아우레스산맥에서 대규모 베르베르인 기병과 대결했는데, 그는 여기서 자신이 갈망했던 순교를 맞았다. 자나타 부족의 여女예언자 카히나가 지휘하는 토착 베르베르인들이 계속해서 아랍 군대에 격렬히 저항했다. 698년이 되어서야 카르타고가 정복되었다. 아랍인들은 수만 명을 노예화하며 북아프리카 연안 지역을 따라 서쪽으로 계속 정복해 나갔으며 708년에는 탕헤르를 정복했다. 무슬림 세력은 이집트를 떠난 지 70년이 채 되기도 전에 중앙아시아에서 대서양까지 7000킬로미터로 확대되었다(Kennedy 2007: 211~223). 북아프리카가 이슬람의 지배를 받게 되면서 연속적인 유대인 이동 물결이 근동에서 칼리프 왕조 서쪽 지방들로 옮겨갔다. 아바스 왕조 치하에서 『바빌로니아 탈무드Babylonian Talmud』가 지배적인 교리로 등장했으며, 그것의 『미드라시midrash』(고대 유대의 성서 주해서)가 9세기에 상당히 번영할 카이라완까지 퍼졌다(Cohen 1987: 149~151).

서쪽으로 정복해나가는 동안 대서양에 도달했던 아랍인들은 아프리카 대륙 서부 내륙으로 이동하기 시작했다. 사하라 사막 깊숙한 곳에서, 산하드자 부족의 지배를 받은 아시아·아프리카어족 계통의 베르베르인 목축업자들이 낙타 방목을 위해 오아시스를 지배했다. 또한 이 기마 유목민들은 지중해 연안 지역과 남부 사막 변두리 지역 사이에서 사하라 사막을 횡단하는 대상무역을 안내하고 보호하는 중요한 역할을 했다. 적도 삼림지대를 통과할 때에는 낙타와 말이 질병에 걸릴 것을 염려해 당나귀와 인간 짐꾼에게 물건을 옮겨 실었다. 사하라 사막을 횡단하는 무역에서 주요 물품은 노예와 금이었다. 주로 세네갈강, 나이저강, 볼타강 상류를 따라서 사금 광상과 마주칠 수 있었다. 북쪽과 거래된 물품으로는 말, 무기, 직물과 교환된 소금, 구리, 상아가 더 있었다. 인도양에서 수입된 개오지 조개껍데기가 가끔 통화로 사용되기도 했다(Carlake 1990: 118~120).

통화 형태로 사용된 또 하나는 인간 노예였다. 나중에 대상무역을 지배하기 위한 전쟁에서 1만 마리 또는 그 이상의 말이 가끔씩 사바나의 군대에서 반드시 필요했다. 그럼에도 말들은 극한의 기후로 늘 심각한 질병에 걸릴 수밖에 없어 2년마다 교체되어야 했다. 말 한 마리의 가격은 인간 노예 15~20명에 해당되었다. 이에 기병을 보충할 목적으로 해마다 수천 포로를 얻기 위해 남쪽 흑인 주민들을 주기적으로 습격했다. 기습 공격 분대를 유지하기 위해 약 20명이 한 무리를 지은 병사들이 습격 대상 마을에서 1킬로미터쯤 떨어진 곳에 말을 남겨두곤 했다. 이들은 몸을 숨긴 채 마을로 통하는 길 근처의 우물 가까이에 있거나 또는 종종 아이들이 지키는 경작지 가운데에 웅크리고 있었다.

이는 적절한 순간에 언제라도 희생자들을 급습하기 위해서였다. 경우에 따라서는 기병과 낙타 모는 병사들로 이루어진 기동대가 새벽에 마을 전체를 기습하곤 했다. 이렇게 해서 쓸모가 있는 사람들을 붙잡아 북쪽으로 보냈으며 허약하고 나이 든 사람들은 학살했다(Heers 2003: 64~67). 사헬지대에서 금을 장악하는 데 필수였던 군마가 노예무역을 촉진하기도 했다.

이베리아반도로 진군하는 이슬람 그리고 푸아티에 패배

대서양과 지중해를 오간 이슬람의 정복 흐름이 북쪽으로 방향을 틀었다. 동쪽에서는 비잔티움이 계속해서 수 세기 동안 무슬림의 진격을 저지할 것이었다. 하지만 서쪽에서는 스페인이 기독교 유럽을 공격하는 대체 통로가 되었다. 711년에 베르베르인 사령관 타리크 이븐 지야드가 지휘하는 군대가 지브롤터, 즉 제벨 타리크(타리크의 바위산) 근처에 상륙했다.[6] 북아프리카 총독 무사 이븐 누사이르가 이끄는 두 번째 군대가 뒤따랐다. 내부적으로 분열된 서고트 왕국 스페인에서 강력한 정치적 지도력은 그 어디에서도 찾아볼 수 없었다. 그들의 왕 로드리고는 과달레테 전투로 단련된 아랍인과 베르베르인에 맞서 싸우다 죽

---

6   같은 해에 무함마드 이븐 카심Muhammad ibn Qqsin이 인더스강 하류의 데발을 침입했다(Kennedy 2007: 299).

었다. 그의 패배에 뒤이어 세비야, 코르도바, 메리다, 그다음에 톨레도와 사라고사가 함락됐다. 이로 인해 많은 사람이 죽거나 다쳤으며 주변 농촌이 파괴되었다. 무슬림에 무장 저항했던 도시들은 가혹한 이슬람 관습에 따라 성인 남자들은 즉결 처형 되었고 여자와 아이들은 노예가 되었다. 이슬람 정복자들에게 복종한 도시들은 안전과 그들의 종교를 믿을 자유를 보장받았다. 이슬람 율법은 스페인에서도 중동에서처럼 '책의 사람들'인 기독교도와 유대인이 그들의 종교를 믿을 수 있도록 허용해주었다. 대신에 일부는 돈으로, 일부는 농산물로 인두세를 납부해야 했다. 이 세금은 서고트 왕국이 징수하는 세금을 초과하지 않았다. 이 같은 조건 때문에 주둔군으로 복무할 의무가 없었던 무슬림들은 광범위한 영토 너머로 진군하는 기동력을 발휘할 수 있었다. 720년 무렵에 아스투리아스[7]를 제외한 이베리아반도 전역이 이슬람 침입자들의 지배를 받게 되었다. 아스투리아스에서는 기독교도의 봉기로 아랍인들이 코바동가에서 패배했다. 무슬림들은 코르도바의 정복 영토들에 대한 지배권을 확립했다. 그들은 새로운 이슬람 땅을 안달루스라고 이름 지었다(Fletcher 1992: 17~19; Halsall 2003: 84).

무슬림들은 전리품과 노예를 찾아야 한다는 팽창의 필요성에 따라 계속해서 갈리아 깊숙이 급습해 들어갔다. 732년에 아랍인 총독이 자신이 지나간 영토들을 약탈하면서 정예 베르베르인 기병을 이끌고 멀리 북쪽으로 푸아티에까지 진격했다. 마침내 733년에 푸아티에와 투르 사이 평원에서 아랍인 총독은 카를 마르텔Karl Martell〔카롤루스/샤를

---

7   아스투리아스는 9세기에 레온 왕국이 되고 결국은 카스티야가 될 것이다.

마르텔. 카롤링거 왕조 수립자)이 지휘하는 메로빙거 왕조 군대와 마주쳤다(투르·푸아티에 전투. 전투가 벌어진 시기에 대해서는 732년 10월이라는 주장도 있다). 7일간 벌어진 격렬한 전투 끝에 프랑크인들이 전리품을 모아 놓은 야영지로 가는 통로를 열었다. 즉시 대규모 기병대가 전리품을 지키기 위해 아랍인 군대에서 빠져나갔고, 혼란이 뒤따랐다. 무슬림 수천 명이 살해되었다. 아랍 군대가 야음을 틈타 퇴각했으며 두 번 다시는 프랑스를 대규모로 습격하지 않았다. 실제로 안달루스는 베르베르인이 741년 마그레브에서 노예무역의 잔혹함에 대해 일으킨 대규모 반란에 맞서느라 여념 없었으므로 북쪽 공격은 더는 시도되지 않았다(Enan 1940: 57~59; Kennedy 2007: 321~323). 이렇게 해서 마르텔의 승리는 아랍인의 정복을 결정적으로 저지함으로써 기독교 유럽을 구하고 방어했다. 마르텔은 아랍인 침입자와 벌인 교전을 통해 무슬림들을 영구적으로 격퇴하기 위해서는 기병이 전략적으로 중요하다는 점을 깨달았다. 예전에 프랑크인들이 어느 정도는 말을 타고 싸웠지만 이제 위대한 궁재宮宰(왕실 관리) 마르텔은 군대에서 기병 수를 늘리는 일에 착수했다. 중세 유럽에서 이런 목표는 말 사육을 위한 땅을 추가로 획득하는 것을 통해 달성될 수 있었다. 마르텔은 목표를 실현하기 위해 광대한 교회령을 몰수했으며, 이어 군대에서 기병으로 복무하기 위해 훈련하고 스스로 무장한다는 조건으로 가신들에게 몰수한 토지를 나누어 주었다. 가신들은 이 의무를 지키지 않으면 토지를 몰수당했다. 말과 값비싼 무기 제공 말고도 기사의 주요한 자부심과 의무는 말을 타고 보여주는 용감한 행위였는데, 이는 일정 기간에만 해야 하는 일이 아니었다. 사춘기에 시작한 기마 전투에는 강인한 신체 훈련은 물론이고 말 타기와 창·방패 사용에 필요한 장기간의 기술적 훈련이 필요했다. 당연히 마상 창 군사 훈련은 장관을 이루는 12세기의 마상시합으로 발전했다. 대영주의 가정은 아버지의 충성에 대한 볼모로 잡혀온 젊은 이들에게 기사도를 가르치는 학교가 되었다. 그들은 노블레스 오블리주의 전통, 기사의 무훈 경쟁, 전투부대의 규율을 배웠다.

이와 같은 조치는 프랑크인의 군사력을 크게 강화시켰다. 말 탄 기병은 후기 카롤링거인들이 프로방스에서 무슬림들과 효과적으로 싸우고 게르만인 영토에서 지배권을 확립하게 해주었다(White 1962: 4~5, 31~32). 샤를마뉴는 777년에 작센에서 교전하는 동안 바르셀로나의 아랍인 총독이 보낸 사절단을 접견했다. 사절단은 총독이 코르도바 토후에 맞서 반란을 일으키려고 하며 프랑크인의 도움이 필요하다고 전했다. 샤를마뉴는 아키텐에 대군을 집결시키고 남쪽으로 사라고사를 향해 진군했다. 그의 군사적 모험은 실패로 끝났고 프랑크인들은 철수하는 것 말고는 달리 방법이 없었다. 샤를마뉴 군대는 피레네산맥을 통해 후퇴하는 중에 롱스보 고개에서 매복 공격을 받았다. 나중에 샤를마뉴의 아들 루이가 이 매복 공격에 복수했다. 루이는 801년에 바르셀로나를 정복했으며 프랑크인들을 이끌고 카탈루냐로 진군했다(Fletcher 1992: 29~30; Owen 1973: 31).

「롤랑의 노래」

프랑크 군대가 롱스보[론세스바예스]에서 당한 비참한 패배는 프랑스 서사시 중에서 가장 음울한 「롤랑의 노래 La Chanson de Roland」에 영감을 불어넣었다. 「롤랑의 노래」는 중세 무훈시 가운데 최초의 그리고 가장 멋진 작품이다. 「롤랑의 노래」는 무슬림 적들에 맞선 기독교도의 신성한 전쟁을 찬미하는 작품으로 샤를마뉴는 궁전의 12명 귀족 동료에 둘러싸인 기독교 왕국의 투사로 그려진다. 바람에 흩날리는 위엄 있는 흰 수염의 샤를마뉴는 여러 차례 멋진 원정에 착수했다. 이 프랑스 초기 서사시들은 아마도 중요한 전투의 결과로 자연스럽게 위대한 전사들의 무훈에 찬사를 보낸 민간 가요에서 발전했을 것이다. 처음에는 구전되다가 시간이 지나면서 이들 짧은 민간전승의 담시가 시적으로 갈고 다듬어져 간단하고 유창한 시구로 이루어진 전설이 되었다. 탁월한 재능을 지닌 음유시인들이 산티아고데콤포스텔라 같은 성지로 가는 위대한 순례길을 정기적으로 왕복하면서 지방의 영웅적 전승을 모아 서사시 형태로 만들어냈다. 성 또는 시장터에서 배회하는 음유시인들은 청중이 넋을 잃고 집중하도록 하기 위해 퍼들fiddle[바이올린 종류의 현악기]로 강한 박자의 멜로디를 반복 연주하곤 했다. 아마도 처음에는 시구를 낭송하고 그런 뒤 고도로 긴장되고 애절한 순간에 노래를 터트렸을 것이다. 몸짓과 흉내는 이 같은 배반과 재난 그리고 복수로 점철된 이야기에서 없어서는 안 될 역할을 했다. 그래서 음유시인은 각각의 극적 행동에 목소리를 달리했다. 그는 이교도의 죽음은 승리의 기쁨으로 이야기했지만 기독교도 영웅의 비극적인 죽음은 애도했다(Owen 1973: 39~40).

778년 8월에 샤를마뉴는 피레네산맥을 통해 프랑스로 돌아왔다. 그의 군대가 구불구불한 협곡을 통과하고 있었을 때, 일단의 바스크족이 전리품을 가득 실은 맨 뒤 수송부대를 습격했다. 이에 샤를마뉴 후위대가 계곡으로 가서 최후의 한 사람까지 바스크족을 죽였다. 하지만 12세기 롤랑의 서사시는 바스크족이 전全 이슬람의 카이로 토후에게 선동되어 나중에 이교도 군대를 이끈 사악한 스페인 왕으로 대체된다는 점에서 원래의 무훈 사건들과는 다소 다르다. 봉신으로서 샤를마뉴의 조카이자 귀족 동료 12명 중 첫 번째인 브르타뉴 변경백邊境伯 롤랑은 죽는 순간까지 왕, 조국, 가족의 명예에 헌신했다. 그는 자원해서 위험한 후위대 방어를 지휘했다. 롤랑은 수적으로 열세였지만 든든한 친구 올리비에와 대주교 튀르팽의 측면 지원을 받으며 병사들을 이끌고 불가항력의 적에 맞서 필사적으로 저항했다(Owen 1973: 31, 34, 37). 자신들의 지도자인 롤랑의 비상한 체력과 롤랑이 거인 페라귀와 싸워 승리한 데 자극받은 병사들은 사력을 다해 싸웠다. 대학살이 벌어지는 가운데 롤랑은 지원 요청을 단호하게 거부한다.

롤랑 백작은 피가 뚝뚝 떨어지는 자신의 검을 잡았다.
아마도 그는 프랑스인들의 끔찍한 슬픔을 들은 듯했다.
그리고 심장이 엄청난 슬픔으로 부풀어 터질 듯하다.
그는 이교도에게 말했다. "신이 너에게 재앙을!
넌 내가 소중히 여기는 한 사람을 죽였다."

그는 자신의 말에게 불같은 속도로 달리도록 박차를 가한다.

이익이나 손해에 개의치 않고 적과 맞붙는다.

(…)

백작은 이교도에게 강력한 타격을 입힌다.

코 가리개까지 투구 전체가 쪼개진다.

코와 입, 이빨을 지나

쇠사슬 갑옷을 입은 알제리인의 몸통을 베어낸다.

은색 활이 달린 금 안장을 통과해

말 등을 깊숙이 베어낸다.

(Owen 1972: 67: CXXIII 1629~1635, CXXIV 1644~1649)

여기서 기독교도 전사인 롤랑의 고귀한 헌신에 의문이 든다. 이 용 맹스러운 지휘관은 유명해지려는 오만과 야망에 물든 나머지, 자신에게 운명을 맡긴 병사들이 무엇에 행복해하는가를 깨닫지 못하는가? 마침내 롤랑은 관자놀이에서 피가 터질 때까지 뿔나팔 올리판트를 분다. 샤를마뉴는 뿔나팔 소리를 듣고 롤랑을 구하려 주력군을 되돌린다. 그렇지만 암흑의 위험한 산길이 프랑크인들의 전진을 방해한다. 올리비에 시신에 슬퍼하는 롤랑에게 죽어가는 대주교가 안전하게 도망하라고 재촉한다. 하지만 고귀한 전사 롤랑은 자신을 공격하는 자들이 모두 도망할 때까지 계속해서 싸운다. 롤랑은 마지막 있는 힘을 다해 보석으로 장식된 자신의 검인 뒤랑달을 바위에 기대어 세워 부러뜨린다. 적이 자신의 강력한 무기를 사용하지 못하게 하려는 이유에서였다. 칼자루에 있는 신성한 흔적이 그 칼에 기독교의 성전에서 가공할 불가사의한 힘을 발휘하게 해주었다. 치명적 부상을 입은 롤랑은 충성스러운 가신의 표시로서 신에게 자신의 장갑을 들어올린다. 프랑크 기사단의 귀감이었던 롤랑은 이러한 비극적인 후위대 전투에서 죽었다. 샤를마뉴는 피레네산맥에서 살해된 최측근 군사 지휘관들의 이름을 두번 다시 언급하지 않는다. 프랑스에서 황제 샤를마뉴는 롤랑의 약혼녀이자 롤랑의 발밑에서 죽어간 올리비에의 여동생 오드에게 소식을 전해주었다. 위대한 서사시 「롤랑의 노래」는 계속해서 프랑스의 기독교 군대에서 위대한 용기를 북돋워주었다. 1066년 헤이스팅스 전투에서 잉글랜드를 침입하는 노르만인들에게 용기를 주기 위해 음유시인 타유페르Taillefer가 샤를마뉴, 롤랑, 올리비에, 그리고 롱스보에서 죽어간 기사들의 영웅적 이야기를 노래했다. 앞으로 수 세기 동안 중세 기사들은 롤랑의 앞뒤를 가리지 않는 용기와 기사도를 본받을 것이다(Owen 1973: 37, 39).

유럽의 중무장 기사

샤를마뉴는 롱스보에 뒤이어 유럽 너머로 팽창 전쟁을 여러 차례 계속했다. 790년대에는 200년 동안 다뉴브강 유역을 차지했던 몽골계 아바르족을 극적으로 정복했다(Halsall 2003: 144). 물론 아바르족은 7세기 후반에 중국으로부터 초원지대를 넘어 중부 유럽으로 금속 등자를 소개했다. 9세기에 성 갈렌의 시편詩篇에 따르면 안장을 사용한 카롤링거인 기병은 로마 시대의 기병과 거의 같았지만 등자를 갖췄다는 점에서 달랐다(Hyland 1994: 7). 말발굽을 죄는 힘이 훨씬 센 뛰어난 편자가 결국 9세기 무렵 시베리아 예니세이 지역과 유럽 전체에서 나타났다. 이 편자는 11세기경에 널리 사용되었다(Clutton-Brock 1992: 13, 73). 등자의 사용으로 프랑크족 기사는 기수의 힘과 돌진하는 종마의 힘을 결합해 말 위에서 공격하는 방법을 발전시켰다. 이는 동물의 힘으로 사람의 힘을 증대시키는 방법이었다. 일찍이 전투 기술은 팔 끝에서 창을 휘둘러 이두박근의 힘으로 가해졌다. 하지만 등자 사용으로 안장에 앉아 있을 때 안정성을 더 확보하게 되면서 서방의 기사들은 한 팔로 길고 무거운 창을 다룰 수 있게 되었다. 그들은 상박과 몸통 사이로 창을 비스듬히 자신 있게 겨누면서 전례 없는 힘으로 적을 타격할 수 있었다(White 1962: 1~2). 오래전에 초원지대에서 사르마티아의 중장기병은 등자 없이 양손으로 창을 휘둘렀다. 따라서 전투 중 일촉즉발의 순간에는 말의 목에 고삐를 달고 말을 무릎으로 제어해야 했다. 이와는 대조적으로 프랑크족 기사는 카우치드 랜스couched lance(정지한 상태에서 창을 비스듬히 겨누는 방법)를 사용해 언제나 말을 고삐로 제어할 수 있었고 게다가 왼팔에 연蔦 모양의 방패를 휴대할 수 있었다. 이 방법은 공격과 방어 모두에서 효과를 발휘했다(White 1962: 8~9). 이런 정교한 기술들은, 바이외 태피스트리(중세 직물 벽걸이)에서 볼 수 있듯이, 1066년 헤이스팅스 전투에서 정복왕 윌리엄(윌리엄 1세)에게 도움을 주었을 것이다. 당시 그의 노르만족 기사들이 색슨족을 무찔렀다. 앞서 본 대로 북쪽의 더 추운 지방의 말들이 덩치가 더 건장하다. 수 세기 전에 율리우스 카이사르는 몸집이 더 큰 갈리아인의 말이 견인에 더 효과적 역할을 한다는 점에 주목하면서 찬사를 보냈다(Hyland 1994: 3). 결국 말의 크기가 공성 무기의 역할을 한 새로운 형태의 기병 전격전 때문에 더 무거운 갑옷이 개발되면서 몸집이 훨씬 더 큰 말이 필요하게 되었다. 몸집이 더 큰 프랑크족 말이 종종 180킬로그램이 넘는 엄청난 무게를 지탱할 수 있게 되면서 기사와 말을 위한 갑옷 전체가 투구, 방패, 깃발 문장紋章 도안과 함께 발전했다. 문장 도안은 각각의 완전 무장을 갖춘 기마 전사를 나타내기 위한 것이었다. 창을 비스듬히 겨누고 밀집해 돌진함으로써 초기 전차전이 나타났다고 봐도 틀리지 않을 것이다(White 1962: 33). 피레네산맥 북쪽에서 강력한 프랑크 세력이 등장했다. 프랑크족 군대는 다음 수 세기 동안 서쪽에서는 이베리아반도의 탈환을 위해 스페인의 기독교도와 함께 싸울 것이며, 또한 동쪽에서는 이슬람의 심장부에 도전하기 위해 지중해를 가로질러 항해할 것이다.

안달루스

그렇지만 피레네산맥 남쪽의 이슬람은 다가올 수 세기 동안 유럽에서 방어에 유리한 장소를 차지할 수 있었다. 이베리아반도로 이동해간 무슬림은 아마도 아랍인만큼이나 많은 베르베르인으로 구성되었던 듯 보인다. 그들은 토착 여성들과 결혼해서 시작부터 혼합 문화를 만들어냈을 것이다. 기독교도는 대부분 처음에 빠르게 개종하지 않고 무슬림인들과 대규모 모자라브Mozarab 공동체에서 나란히 살았다. 모자라브 공동체는 아랍 문화를 많이 받아들였지만 기독교에 확고한 애착이 있었다. 더 일찍 서고트족에게 박해받은 유대인은 도시에 밀집했는데, 이들 유대인은 자신의 신앙을 실천하면서도 이슬람을 자신들에게 번영을 가져다줄 제도로 보았다. 프로방스와 북아프리카에서 같은 유대교 신자들과 결혼으로 맺어진 유대인은 스페인의 가장 성공한 상인이 되었다(Grabar 1992: 4, 6~7). 755년에 아바스인의 학살을 피해 도망친 유일한 우마이야인 압드 라흐만[압두르-라흐만 1세 에스파냐 코르도바 이슬람 왕국(後 우마이야 왕조)의 시조·군주]이 스페인에 도착했다. 코르도바로부터 그와 그의 후계자들이 토후 통치 구역과 칼리프 통치 구역 모두에서 1030년까지 안달루스를 지배할 것이었다. 우마이야 왕조의 지배는 스페인 남부의 경제 상태를 바꾸어놓았다. 광물 자원인 수은, 철, 납이 상당히 개발되었다. 톨레도는 서쪽에서 중요한 인도산 강철을 제조하는 중심지가 되었다. 혁명적 농업 기술이 도입되었다. 특히 이제까지 지중해 서쪽에 알려지지 않았던 쌀이 재배되었다. 외국산 직물이 제조되었으며 사하라 사막 변두리에서 획득된 금과 상아는 사치품으로 정교하게 만들어졌다. 안달루스가 소비재 상품을 많이 수출하게 되면서 생산성과 교환이 증대되었다.

하지만 9세기 무렵에 사회적·정치적으로 긴장이 고조되면서 이슬람에 대한 기독교의 저항이 거세졌다. 우마이야인들은 여기에 반응해 기독교 종탑들을 파괴함으로써 경쟁 종교의 과장된 힘을 억누르려 했다. 첨탑 미너렛[이슬람교 사원의 외곽에 설치하는 첨탑]이 종탑을 대신해 세워졌으며, 곧 안달루스 도처에서 미너렛을 볼 수 있게 되었다. 이제 탑에서 기도 시간을 알리는 사람의 외침은 안달루스에서 흔히 볼 수 있는 도시 풍경이 되었다. 수 세기 동안 종은 기독교도와 무슬림 사이에 논쟁 대상으로 남게 될 것이다. 폭군 만수르[아부 아미르 만수르]는 바르셀로나를 약탈한 후에 10세기 동안 기독교도에 대한 보복 공격에서 멀리 아스투리아스-레온에 있는 산티아고데콤포스텔라의 기독교 교회를 파괴했다. 그는 도시의 모든 주민을 절멸시키고 기독교도를 노예로 강제 이송했다. 또 산티아고 교회의 크기가 엄청난 종을 기독교도 포로들의 어깨 위에 짊어지게 해서 코르도바로 옮겼다. 이렇게 옮겨진 종은 모스크에 램프로 매달게 했다(Dodds 1992: 17~18, 24).

하지만 유럽인 노예들은 종보다 훨씬 더 가치가 나가는 상품이었으며 이슬람 지배하에서 대규모로 매매되었다. 바이킹이 대서양 연안 지역을 따라 노예 매매를 하고 있던 사이, 무슬림 함대는 자신들이 점령한 지중해 섬 기지들로부터 랑그도크, 프로방스, 이탈리아의 지중해 및 아드리아해 연안 지역을 습격했다. 가끔 200척이나 되는 함선이 항구에 집결해 기독교 지역에 요새화된 막사를 구축했고, 이곳에서 약탈적인 기병들이 멀리 내륙 지역으로 질주해 들어가 노예를 납치하고, 약탈하고, 강탈했다(Heers 2003: 12~14). 유럽 북부에서 이교도 포로들이 스칸디나비아와 슬라브 지역에서 베르됭과 프라하의 거세 중심지로 잡혀왔고, 유대인과 기독교도 상인들의 통제하에 남쪽으로 안달루스 항구 도시와 북아프리카 화물 집산지들로 보내졌다. 안달루스에서 사칼리바saqaliba(거세된 슬라브인)는 군 엘리트의 주요 구성원과 정치 세력이 되었다. 비잔틴 황제 레오 5세는 공식적으로 노예무역을 금지했지만 베네치아가 노골적으로 거부했다. 베네치아는 무슬림 습격에 복수해서 사라센 지역들을 즉시 약탈했다. 유럽인 노예들도, 아프리카 노예들이 사하라 사막을 넘어 지중해 또는 홍해 시장으로 집결했던 것처럼, 다양한 종교를 가진 무역업자들에 의해 남쪽 아랍 지역으로 수송되었다(Grabar 1992: 4~7; Heers 2003: 16~21; Kennedy 2001: 159).

노예무역으로 엄청난 부가 그리고 사하라 사막 남쪽에서 금이 안달루스로 유입되면서 코르도바는 바그다드에 필적하는 위대한 문화 중심지가 되었다(Fakhry 1999: 284). 코르도바의 도서관은 40만 권이 넘는 장서를 소장했던 것으로 유명하다. 스페인-우마이야 왕조 칼리프들은 아바스 왕조 정치 세력과 대립했음에도 불구하고 열정적으로 바그다드와 사마라의 화려한 궁정예술을 모방했다. 최초의 코르도바 모스크가 기독교 교회들과 로마의 도시 건물들에서 획득한 약탈품으로 건립되었다. 우마이야 왕조의 유산을 거듭 주장하고 칼리프의 권위를 나타내는 데 열중하던 압드 라흐만 3세는 그의 선조들이 다마스쿠스에 세웠던 대大모스크를 정식으로 모방해 코르도바의 모스크를 쇄신하도록 명령했다. 그의 아들 하캄 2세는 키블라qibla(카바 신전 방향)[8] 벽을 모자이크로 장식하게 했다. 그는 콘스탄티노플에서 온 숙련공들에게 이 일을 해달라고 간청했다. 바그다드에 맞서기 위해 잠재적 동맹자가 필요했던 비잔틴인들이 간청을 받아들였다. 모자이크가 빛나면서 시각적으로 최초의 우마이야 왕조 모스크를 재현했다. 코란의 글귀가 새겨졌으며 새겨진 글귀의 상징적 어휘가 복잡하게 뒤얽혀 기하학적 형태와 식물의 형태가 추상적인 모형을 만들어냈다. 미문美文이 알라의 말씀을 전파했고 무슬림 승리의 이미지를 그려냈으며 동시에 구왕조 시리아와 신왕조 안달루스 사이의 유대를 강화시켰다(Dodds 1992: 19~23).

---

8   이슬람교도는 기도할 때 메카의 카바 신전을 향하도록 되어 있다.

아랍 문명의 개화

모스크가 동쪽에서 서쪽까지 이슬람 세계를 가로질러 하늘 높이 치솟았으며 금색과 하늘색의 모스크 돔은 모스크의 존엄을 상징했다. 모스크 내부는 모자이크, 대리석 장식 판자, 화려하게 금박 입힌 천장으로 정교하게 장식되었다. 최초의 주요 이슬람 기념물 중 하나인 바위 돔 사원[바위의 돔]이 칼리프의 후원을 받고 예루살렘 솔로몬 사원 유적에 비잔틴인 건축가와 숙련공에 의해 692년에 건립되었다. 바위 돔 사원에서 모자이크로 표현된 식물과 하늘의 시각예술은 무슬림인들에게 약속된 천국의 정원과 관련 있었다(Blair and Bloom 1999: 253, 266). 아랍어가 수 세기 동안 죽 사마르칸트에서 코르도바까지 1000개 모스크에서 공식 언어가 되었다. 하지만 아라비아말들이 아시아를 넘어 유럽으로 새로운 언어, 종교, 건축만을 빠르게 전했던 것은 아니다. 앞서 봐왔듯이 이슬람의 정복은 새로운 재배종, 산업, 발명품을 동반했다. 아랍인들이 받아들인 중국의 놀라온 발명품인 제지술은 서법, 도서 제작, 정보의 빠른 확산, 서점, 공공 도서관의 발전을 촉진했다. 영민한 아랍인들이 정복지의 고대 문화를 빠르게 흡수하면서 학문이 새롭게 강조되었다. 중국의 국경 지역에서 대서양까지 철학자와 과학자들이 보편적인 소통 언어로 아랍어를 받아들이면서 다양한 학문 분야에 대한 지식을 추구했고 앞선 문명에서는 전례 없을 정도로 사상의 교류에 종사했다(Dallal 1999: 158). 마수디는 잔지바르에서 인도를 경유해 중국에 이르는 지역을 조사하고 그 지역의 생태와 지형 정보를 제공했다. 시칠리아의 노르만 궁전에서 지리학자 이드리시는 자신의 논문인 「먼 땅으로 가는 즐거운 여행Kitab nuzhat al-mushtaq」에서 세계지도를 작성했다. 이 논문에는 북대서양의 풍요로운 어업과 대서양 너머의 땅에 고래수염으로 만든 집에서 사는 사람들에 대한 언급이 나온다(Dallal 1999: 183, 185; Fagan 1991: 19).

수학에서도 대단히 중요한 혁신이 나타났다. 수학에서 아랍인들의 지식 유산은 바빌로니아인과 그리스의 그것에 비해 압도적이었다. 그러나 남쪽에서 가즈니인들이 침입하면서 무슬림 세계도 인도의 영향을 받았다(Dallal 1999: 160~161, 184). 제4장에서 언급되었듯, 5세기 무렵에 인도인들은 숫자 체계를 10에 기반을 둔 산술 체계에 맞추었다. 이는 십 자리, 백 자리, 천 자리 등의 단위를 나타내기 위한 9개 숫자와 결합하여 그리스의 오미크론omicron〔그리스어 알파벳의 열다섯째 자모 O/o의 명칭〕을 사용했다. 이제까지 서방에 알려지지 않은 인도인의 숫자 체계에서 텅 빈 원을 나타내는 명칭은 수냐sunya였다. 텅 비어 있다는 의미의 수냐를 아랍인들은 시프르sifr(숫자 0)로 번역했고, 라틴인은 제피루스zephirus로 바꾸었으며, 이탈리아인은 제로zero로 단축해 썼다. 제로는 어떤 숫자를 만들기 위해 다른 숫자와 조화를 이루면서 수판을 이용하는 것보다 훨씬 더 빠르게 수학자가 더하고, 빼고, 곱하고, 나눌 수 있었다. 실제로 많은 사람이 인간의 주요한 성취 중 하나로서 기술의 전환점이라고 주장하는 심오한 개념인 제로는 음수를 인정했고 공간과 무한대를 개념화했으며, 복잡한 계산을 매우 쉽게 함으로써 수학의 발전을 크게 자극했다(Seife 2000: 67~70, 73~74). 초원지대 기마인들이 중요한 중국의 비단과 등자를 유라시아를 가로질러 가져왔던 것처럼, 이제 인도인의 혁명적인 제로 개념도 구세계 전역으로 퍼져나갔다. 이런 인도인의 숫자를 사용해서 콰리즈미al-Khwarizmi,[9] 즉 무함마드 이븐 무사(780~850)는 라틴어 형태로 논문 「인도 숫자에 대한 콰리즈미의 서Algoritmi de numero Indorum」를 출판했다. 시간이 지나면서 그의 이름 콰리즈미에서 전와된 알고리즘algorism이라는 용어는 십진법에 기초한 산술 체계를 나타내게 되었다. 이뿐 아니라 수학의 거장 콰리즈미는 최초의 삼각함수표를 만들어냈고, 이차방정식의 분석적이고 기하학적인 해법을 제공했으며, 천문계산표를 편찬했다. 979년에 콰리즈미의 천문계산표는 코르도바 자오선에 맞춰졌으며, 이런 지식은 북쪽 기독교 유럽으로 확산되었다. 대수학 명칭은 아랍인들의 신세를 졌다.◆ 서로에 대한 다양한 수학 원리의 적용이 추론 방식을 변화시켰고 많은 과학 분야에서의 발전을 촉진했다(Fletcher 1992: 71). 불교도와 힌두교도 여행자들이 실크로드를 따라 동쪽 중국으로 제로(0)를 빠르게 전해주는 사이에 무슬림 기마인들은 제로 개념을 서쪽으로 전해주었다(Kaplan 2000: 91). 서쪽에서 인도인의 숫자는 북아프리카 무역을 하는 피사 상인 레오나르도 피보나치에 의해 유럽으로 보급되었다. 제로의 효용성에 감명받은 이탈리아 상인들이 새로운 산술 체계를 받아들였으며, 이는 상업상의 필요성 때문에 유럽 대륙 전역으로 빠르게 퍼져나갔다(Seife 2000: 78~79).

---

9 흔히 불리는 콰리즈미라는 이름은 그의 탄생지인 아랄해 남쪽 콰리즘 Khwārism[호라즘Khorezm]에서 파생했다.

◆ 대수학 명칭인 algebra는 콰리즈미의 저서 『키타브 자브르 와 무카발라Kitāb al-jabr wa al-muqābalah』(적분과 방정식의 책)의 '자브르'에서 유래했다.

콰리즘 출신의 또 한 명의 뛰어난 학자 비루니(973~1048)는 여러 분야로 연구를 확대시켰다. 그는 천문학, 수학, 야금술, 지리학, 역사, 철학 저서를 150권 넘게 썼다. 혁명적인 새로운 수단들로 무장한 비루니는 전문화된 주제들 즉 그림자, 중력, 지리적 위치의 좌표를 철저하게 조사했다. 그의 천문학적 관찰은 정확성과 범위로 유명했다. 천문학자들을 위한 값비싼 정밀 기기, 즉 아스트롤라베astrolabe[고대의 천체 관측기], 혼천의, 컴퍼스 함(컴퍼스를 보관하는 상자), 지도 제작 기준선망, 반경 9미터의 사분의, 반경 20미터의 육분의가 발명되었다. 톨레도에서 자르칼리가 이와 같은 많은 기기를 개량했고 최초로 별들과 관련해서 태양 원지점遠地點의 이동을 입증했다. 나중에 코페르니쿠스는 천체 관측기에 대한 자르칼리의 논문에 신세를 졌다고 인정할 것이다(Dallal 1999: 168~169, 181).

약제사를 둔 많은 무슬림 병원이 건립되었으며 의사들은 전문적 행위에 대한 히포크라테스와 갈레누스의 규정을 준수해야 했다(Dallal 1999: 201). 아랍 의학은 치료와 약제 분야에서 특히 강점이 있었다. 과학으로서 화학은 실제로 무슬림인에 의해 창조되었다. 무슬림들은 세심히 관리되는 실험, 정밀한 관찰, 기록을 도입했다. 또한 증류기를 발명했고, 알칼리와 산을 정의했으며, 많은 물질을 분석했고, 셀 수도 없이 많은 약을 제조했다(Durant 1950: 244~247). 사만 왕조 궁전에서 의학 분야의 걸출한 인물은 라지al Razi, 즉 라제스(844~926)였다. 그는 질병과 치료와 임상적 관찰에 대한 백과사전적 의학 개론을 편찬했다. 이븐시나ibn Sina, 즉 아비센나(981~1037) 또한 의학 분야에서 중요 인물이었다. 그는 이론적 원리를 엄격히 적용해서 의학 지식을 체계적으로 종합했다(Dallal 1999: 203~204). 철학 분야에서 의학 분야에 비견될 흥분이 있었다. 아비센나는 철학자로도 유명했으며 아리스토텔레스와 파라비(878~950)의 영향을 많이 받았다. 파라비의 유명한 작품『이상도시Al Madina al Fadila』는 한 개인의 다른 개인들에 대한 영구적인 투쟁을 다루었다(홉스의 '만인에 대한 만인의 투쟁bellum omnium contra omnes'). 아비센나는 대중적 신념을 논리적 추론과 조화시키려 했다. 그의 문체는 유려하고 예리했다. 결과적으로 그의 작품의 영향력은 중세 학자 집단을 통해 걸출한 유대인 철학자 겸 의사인 마이모니데스와 스페인의 아베로에스〔이븐루시드〕에게 확대되었다. 스페인과 북아프리카를 가로질러 무와히드 왕조의 박해를 피해 도망친 마이모니데스는 이집트에서 주요 작품인『당혹해하는 자에 대한 지침Moreh Nevukhim』을 썼다. 여기에서 그는 유대교와 아리스토텔레스 사이를 종합하려고 시도했다(Cohen 1987: 155; Fakhry 1999: 275). 도처에서 과학자들 사이에 활발한 이동과 효율적인 소통이 이루어졌다. 말을 통해 빠르게 이동한 과학 지식이 이슬람 세계 여러 지역을 가로질러 또 그 너머로 광범한 분야의 식자층에게 빠르게 퍼져나갔다. 스페인과 시칠리아에서 아랍인 학자, 유대인 학자, 기독교 학자가 유럽을 위해 아랍어 작품들을 라틴어로 서둘러 번역했다.

아프리카에서 베르베르인 기병이 일으킨 반란

하지만 이슬람이 지배하는 동쪽과 서쪽 모두에서 예술과 과학이 융성하는 동안에, 유목민들은 여전히 남쪽 주변 지역을 돌아다니고 있었다. 아바스 가문이 다마스쿠스에서 바그다드로 왕조를 옮기고 나서 수십 년 동안 북아프리카 서쪽의 이슬람교도가 정치적으로 분열되었다. 금과 노예의 무역으로 풍요로워진 지중해를 따라 걸쳐 있는 지방들이 차례로 자치권을 확립하게 되었다. 여기에서 이슬람교로 개종한 기독교 종파들이 나타나 아바스 왕조와 우마이야 왕조를 위협하곤 했다. 튀니지에서 시아파 7이맘 교리를 따르는 쿠타마-베르베르Kutama-Berber의 추종자들이 아글라브 왕조의 지배를 무너뜨렸다. 구세주 마디로 열렬히 지지받은, 약속된 구세주적인 인물 오베이달라 이븐 무함마드가 909년 무렵에 아라비아반도에 도착해 카이라완의 왕권을 차지했다. 그는 예언자 무함마드의 딸 파티마의 혈통을 주장하면서 자신의 왕조를 파티마 왕조로 불렀다. 사하라 사막 북쪽 입구에서 청교도적 파티마 왕조의 기병들은 카와리즈파의 아랍계 베르베르인에게서 지배권을 빼앗고 남쪽 금광 지대로 통하는 동쪽 경로 3000킬로미터의 지배권을 장악했다. 파티마인들은 바그다드 아바스 왕조에 맞서는 전투 자금으로 이 엄청난 금 자원을 이용함으로써, 이집트 정복에 대비한 '선전망'을 구축하는 데 막대한 돈을 효율적으로 사용했다(Levtzion 1980: 127). 969년에 파티마인들은 수도를 카히라(카이로)로 옮겼으며 나중에 아라비아반도와 시리아로 지배권을 확대해나갔다. 이집트의 비옥한 농지에서 거두어들인 세입, 끊임없이 유입되는 아프리카의 금, 동쪽과 벌인 해상무역이 다음 200년 동안 파티마 왕조를 강화시켰다. 이같은 엄청난 부에 둘러싸인 칼리프 하킴은 권력에 중독되어 1005년에 유대인과 기독교도를 박해하고 예루살렘의 성묘교회 등 많은 건물을 파괴하기로 결정했다. 그의 잔혹 행위는 향후 몇 년간 십자군 전쟁의 원인으로 영향을 끼칠 것이다(Donner 1999: 45~47).

북아프리카의 다른 곳이 모두 다 평온했던 것은 아니다. 이전의 수니파 주민들에 대한 시아파 파티마 왕조와 부와이 왕조의 지배에 대응해 11세기 초에 정통 수니파 이슬람이 부활했다. 이슬람의 가장 서쪽 모퉁이에서 상당한 종교적 이단이 존재했으므로 전도자인 압달라 이븐 야신이 사하라 사막 서쪽 산하자〔센하자〕 기마족을 교화시키도록 파견되었다. 동쪽에서처럼 리바트의 방어를 견고히 한 종교 중심지들이 아프리카의 이슬람 국경지역들을 따라 설립되었다. 그곳에서 독실한 이슬람교도들이 알라를 경배하고 이교도와 싸워서 이슬람 왕국을 확대할 수 있었다. 유목민들이 이븐 야신의 엄격한 지도하에 강인한 규율의 전투부대로 발전했다. 무라비트al-murabitun(리바트의 지하드 전사들), 즉 나중에 무라비트인으로 알려진 그들은 많은 사막 부족을 대의를 위해 규합했다. 산하자족은 수니파 개혁운동으로서 1054~1059년에 정치적 경쟁자인 자나타 베르베르족을 정복하고, 북쪽의 시질마사와 남쪽의 아우다구스트를 점령했다. 산하자족은 사하라 사막을 넘어 금 루트의 두 끝 지점을 지배하며 서북 아프리카 무역 전체를 통제했다(그림 7.2). 불행하게도 그들은 이븐 야신이 쿠리팔라트 전투에서 죽으면서 패배를 맛보았다(Hrbek and Devisse 1988: 347~348).

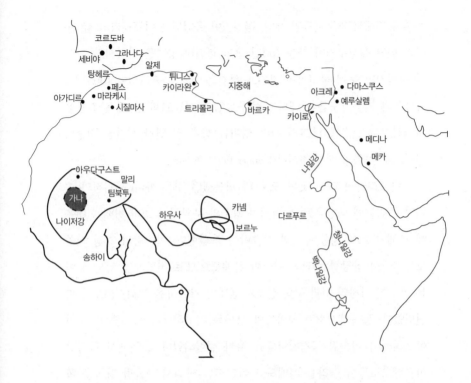

[그림 7.2] 남쪽으로 시질마사에서 사하라 사막을 가로질러 가나로 확대해가는 무라비트 왕조. 사바나의 후기 흑인 기병 왕국들.

    남부 산하자족 이븐 야신을 계승한 아부 바크르Abu Bakr는 부족의 기마병과 낙타기병을 이끌고 차드호와 대서양 사이에 있는 빌라드 수단Bilad al-Sudan(흑인들의 땅)의 반란을 진압하기 위해 남쪽으로 갔다. 이렇게 해서 1076년에 지금의 가나인[10] 와가두의 지배자들을 개종시켰으며 남아 있는 모든 형태의 시아파와 카와리즈파의 이슬람을 없애고 수니파 정통 신앙을 강요했다(Levtzion 1980: 45). 무라비트 왕조의 기마 군국주의는 모로코와 세네갈 사이의 연결 통로를 따라 있는 부대 집결지를 강화함으로써 그 지역의 서로 다른 경제 체제를 마그레브의 정치적 통일로 통합하는 데 성공했다(Hrbek and Devisse 1988: 361). 이처럼 고대 가나는 오랫동안 금 무역으로 엄청난 부를 누리면서—가나의 왕은 금 장식용 마구馬具로 장식된 10마리 말에 둘러싸인 채 금 머리장식으로 치장하고 군중 앞에 모습을 보였다—12세기에 무슬림 독립 왕국으로 번영할 것이었다(Bovill 1958: 81). 하지만 13세기 중반 무렵에 가나는 쇠퇴했다. 말리가 나이저강을 따라 나타났기 때문이다. 말리의 무역망은 사헬지대에서 남쪽의 금 매장지까지 뻗어 있었다. 무슬림 상인들이 계속해서 말리 전 지역에 교역 중심지를 설립했기 때문에 번영하는 무역망에 참가하기를 바라는 사바나인들에게 이슬람 개종은 절대적으로 필요했다. 1433년에 투아레그 유목민들이 팀북투를 장악했을 때, 사헬지대에서는 송하이가 그리고 수단 중부에서는 카넴보르누와 하우사가 말리를 대체했다. 카넴보르누와 하우사의 요새화된 도시들은 금 무역을 지켜주곤 했다.

이들 기병 왕국에서 무슬림 무역업자와 종교 지도자들은 일찍이 이슬람 교리를 받아들여 이슬람화 과정을 촉진한 다른 지도자들에게 정기적으로 조언을 듣곤 했다(Levtzion 1999: 476~481). 이 군국주의적 왕국들은 끊임없이 이웃과 경쟁했다. 그들의 군대에서 타격부대인 기병

---

10 8세기 초에 고대 와가두 왕국은 아랍 상인들과 접촉했다. 아랍 상인들은 흑인 왕의 허가를 받아 와가두 왕국 수도 쿰비 살레의 특별 구역에 거주지를 세웠다. 무역이 이루어지면서 몇몇 지역 주민이 이슬람으로 개종했고, 사헬의 와가두 왕국은 아랍인들에 의해 가나로 알려지게 되었다.

은 초기에 자유민으로 구성된 듯 보인다. 지휘관들은 왕에게서 선물과 토지로 보상받았다. 나중에 기병부대에는 노예전사들과 용병이 포함되었다. 몸집이 적은 말들은 위치상으로 북위 12도 이상에서 사육될 수 있었다. 몸집이 더 큰 말들은 비쌌고 북부 베르베르인들 아니면 동골라에서 노예와 교환해서 수입될 필요가 있었다. 15세기 중반 무렵에 포르투갈인들도 세네감비아 연안 지역을 따라 졸로프와 말리 왕국에 말을 공급하기 시작했다. 말 1마리당 노예 14명이 교환되었다. 아랍인 역사가 우마리al-Umari(1300~1384)는 말리의 왕이 자그마치 1만 명의 기병부대를 지휘했다고 말한다(Law 1980: 10, 41, 51, 148; Levtzion 1985: 154). 도처에서 군마는 부와 높은 정치적 지위의 상징이었다. 군사력이 강화되면서 무기류가 개선되었다. 나중에 활과 화살, 창, 칼을 보완하기 위해 쇠 투구와 쇠 미늘갑옷이 도입되었다. 이렇게 해서 이교도 적들에 대해 결정적 우위를 차지하게 되었다(Adeleye 1976: 558). 찌는 듯한 더위에 누비이불처럼 속을 넣은 면 갑옷이 사용되기도 했다. 기병의 주요 무기는 찌르기용 창과 투척용 창이었다. 비록 덜 중요하기는 했지만, 기병들은 백병전을 대비해 곤봉과 전투용 도끼들처럼 날이 넓은 날카로운 칼을 가지고 다녔다.

놀랍게도 서아프리카 기마병들은 작은 활과 화살을 사용했다(Law 1980: 112, 127~129). 사헬지대에서 온 무슬림 세력은 이런 영토 팽창에서 남쪽으로 열대우림 바깥 가장자리까지 세력을 넓히겠지만 광대한 팽창은 아니었다. 기병이 사막과 사바나에서는 무시무시한 군대였지만 습한 열대 지방에서는 효과적으로 군사작전을 펼칠 수가 없었다. 그곳으로 건초를 운반하는 데 드는 비용은 엄두도 못 낼 정도로 높았다. 또 서아프리카 남부 지역에서 말은 체체파리가 옮기고 세 달 안에 사망에 이르게 하는 수면병睡眠病이라는 전염병을 버텨낼 수 없었다. 체체파리 지대가 주기적으로 북쪽으로 이동하면서 가끔 사바나 왕국들까지 영향을 받았고, 이는 기병대 약화와 군사력 저하를 초래했다. 게다가 열대식물이 효과적인 기병 공격에서 극복할 수 없는 장애물이 되었다. 전진하는 말이 걸려 넘어지게끔 숲길을 따라 대나무 덫을 쉽게 설치할 수 있었다. 매우 일찍 식민지 시대 보고들의 여러 사례에서 요루바랜드 왕국의 이제샤 삼림 지역은 북쪽에서 침입하는 기병대에게 무덤으로 판명되었다고 알려져 있다(Law 1980: 76, 79~81, 139~140).

북부 산하자족 아부 바크르가 전투를 통해 남쪽에서 무슬림 세력을 강화시켰을 때, 그의 사촌 유수프 이븐 타시핀이 지휘하는 산하자 기병은 북쪽을 공격해 반이슬람화된 베르베르족을 정복하고 마라케시에 군 주둔지를 설립했다. 마라케시는 빠르게 성장해 1070년에 무라비트 왕조의 수도가 되었다. 이븐 타시핀은 1075~1083년 모로코 전체와 알제리 서부를 정복했으며, 마침내 지브롤터 해협을 손에 넣었다(Hrbek and Devisse 1988: 351). 무라비트 왕조의 지배권은 엄청난 거리에 걸쳐 있었으며 금 무역은 새로운 정점을 맞았다. 그러나 안달루스에서 스페인-우마이야 칼리프 왕조가 저항 세력인 베르베르족과의 내전으로 붕괴했으며, 여러 타이파Taifa[아랍이 지배한 스페인의 분할된 왕국의 각각] 왕국이 칼리프 왕조를 대체했다. 이들 타이파 왕국은 끊임없는 동족상잔의 싸움 때문에 중요한 정치 세력이 되지 못했다. 타이파 왕국들은 북쪽 기독교 군대를 격퇴하는 데 필요한 지원을 요청했다. 이븐 타시핀은 요청에 응해 1085년에 톨레도가 카스티야와 레온의 알폰소 6세에게 점령되고 있었을 때 자신의 국경 지역 전사들을 이끌고 안달루스로 갔다. 기독교 군대가 극적으로 패배함으로써 무라비트 왕조는 1086년에 바다호스 근처 아즈잘라카(사그라하스) 전투에서 적의 진격을 저지했다. 무라비트 왕조는 전장에서 계속 승리해 기독교도들을 북쪽에서 저지했지만 톨레도를 되찾는 데는 실패했다. 무라비트 왕조가 지배하는 동안 많은 양의 구리와 철과 은이 모로코에서 수출되었고 엄청난 양의 아프리카 금이 지브롤터 해협을 넘어 안달루스에 도달했을 정도로 경제가 번창했다(Hrbek and Devisse 1988: 363). 무라비트 왕조의 금화 디나르는 순금이었으므로 유럽 전역에서 수요가 많았다. 북아프리카에서 무라비트 왕조에 도전했고 1147년에 안달루스를 침입한 다른 복고주의자 집단인 무와히드 왕조는 똑같이 순도가 높은 금화를 유지했다(Levtzion 1980: 129). 이렇게 해서 제국의 서쪽 가장자리에서 베르베르족 두 기마 왕조가 북아프리카 사막으로부터 100년 넘게 기독교 군대의 돌격을 저지했다. 하지만 1212년에 무와히드 왕조는 라스나바스 데톨로사 전투에서 십자군에 참가한 레온, 카스티야, 나바르, 아라곤의 군주들에게 결정적인 패배를 당했다(Curtin 1970: 35~36). 안달루스는 다시 한번 소규모 공국으로 분열되었고 줄곧 기독교도의 약탈에 취약했다. 1236년에 페르디난트 3세는 코르도바 모스크에 매달린 성당의 종들을 산티아고데콤포스텔라로 돌려보냈다. 이번에는 무슬림 포로들의 등에 짊어지게 했다. 이 시기 나스르 왕조는 이베리아반도에 유일하게 남아 있는 이슬람 왕조였다. 나스르 왕조는 그라나다보다 더 높은 언덕 위에 자리 잡은 눈부시게 화려한 알람브라 궁전에서 1492년까지 통치하게 될 것이다(Dodds 1992: 18).

이슬람으로 개종한 튀르크인 침입자와 십자군

중세 시기에 서쪽의 아랍인 국경 지방은 북쪽의 스페인과 프랑크족 기독교도에게 그리고 남쪽 사하라 사막의 베르베르인에게 여러 차례 도전을 받았다. 튀르크족의 대이동이 중앙아시아에서 맹위를 떨칠 때 동쪽에서도 이에 필적하는 혼란이 있었다. 이러한 이동은 여러 면에서 앞서 훈족과 아바르족 유목민이 유라시아 초원지대를 넘었던 이동의 연속이었다. 유목민의 이동으로 인해 동쪽에서 온 알타이어를 쓰는 부족들이 이란어를 쓰는 사람들을 잇따라 서쪽으로 몰아냈다. 앞서 본 대로, 페르시아의 민족서사시 『샤나메』(왕자의 서書)에서 이런 민족적 대결은 침입자인 초원지대 세력과 페르시아의 전설적 영웅인 시야부시 왕자를 따르는 세력 사이에 벌어진 폴로 시합으로 묘사되기도 했다. 『일리아스』보다 세 배 더 긴 『샤나메』는 정착생활을 하는 문명화된 이란과 유목민의 지배를 받고 목축생활을 하는 초원지대 사이의 끝없는 싸움을 강조했다. 『샤나메』 서사시도 아랍인의 정복 영향으로 『타지예』처럼 조로아스터교의 유산을 상기시키면서 페르시아의 정체성을 거듭 주장했다. 수정된 형태의 아랍어 원고를 채택해 페르시아어로 썼던 『샤나메』 서사시는 초원지대에서 튀르크족이 침입했던 기원후 제1천년기 말에 사만 왕조의 긴장 상태와 중동에 일어나고 있는 변화의 본질을 반영한다(Donner 1999: 40).

『샤나메』

『샤나메』는 조로아스터교를 믿는 페르시아 조상들의 시적 전통에 따라 운율이 있는 6만 개의 시구로 이루어져 있다. 지은이는 10세기 시인 아불 카심 만수르로 훗날 피르다우시로 알려진 인물이다. 『샤나메』는 아베스타어를 사용했던 아주 오래된 시기부터 이란의 문명시대를 거쳐 아랍인의 사산 왕조 정복에 이르기까지 영웅과 왕들의 공훈을 상세히 설명하면서 그들 군대의 영광과 전쟁의 파괴에 대해 묘사한다. 『샤나메』는 조로아스터교 전통에 따라 빛의 순수성을 암흑 세력과 대비시켜 줄곧 정의의 원칙을 지지한다. 이러한 시들은 베다의 사례처럼 수 세기 동안 구전으로 전승되었다. 사산 왕조 군주 호스로 1세가 계몽적으로 통치한 6세기가 되어서야 비로소 이런 전설을 코다이나메 Chodainameh(군주의 책)라는 팔레비 문서로 편찬하려는 시도가 체계적으로 이루어졌다. 서사시들에 대한 조사는 사만 왕조 시대에도 계속되었다. 10세기에 시인 다키키Dakiki가 시로 이야기를 표현하라는 명령을 받았지만 프랑크인 환관에게 살해되었다. 이후 많은 사람이 이란 고대 전통의 후견인으로 간주한 호라산의 토지 귀족 출신인 피르다우시가 다키키를 대신했다. 사만 왕조가 패배한 뒤 1010년에 피르다우시는 마지못해 가즈니 왕조의 튀르크족 술탄인 마흐무드에게 완성된 작품, 즉 『샤나메』를 헌정했다. 그러나 35년간 6만 편의 시를 엮어 완성한 『샤나메』를 바쳤지만 시인 피르다우시는 궁정의 음모로 인해 변변찮은 보수밖에 받지 못했다. 게다가 당시 마흐무드의 군대는 페르시아 영토 대부분을 황폐화시켰다. 그는 시 100편을 지어 가즈니 왕조의 술탄을 통렬하게 풍자한 뒤 궁정에서 달아나 카스피해 연안으로 피신했다(Gottheil 1900: iv-vi). 몇 년 후 인도에서 전투를 치르던 술탄 마흐무드는 반란자에게 항복 요구를 보낸 뒤 회신을 기다리고 있었다. 그는 불안한 나머지 대신의 의견을 물었는데 『샤나메』를 찬미했던 대신은 다음의 2행 연구를 인용했다.

그리고 내가 바라고 소망하던 회신이 아니라면
아프라시아브의 전장과 철퇴 그리고 칼이 있겠지(Browne 1977: 137)!

술탄은 시의 통렬함에 크게 감명받아 시인의 이름을 알고 싶어했다. 피르다우시라는 답변이 올라오자 술탄은 피르다우시를 하찮게 대우한 일이 생각나 회한에 가득 찼다. 그는 즉시 『샤나메』의 각 시구에 금화 한 닢씩 계산해 금화 6만 닢의 가치가 있는 인디고indigo를 시인이 귀향한 투스로 보냈다. 하지만 선물을 실은 왕실 낙타들이 투스에 도착했을 때, 피르다우시의 시신은 매장을 위해 운구되고 있었다. 그의 딸은 하사금을 경멸하듯 거부했다(Browne 1977: 137~138).

『샤나메』의 놀라운 이야기의 숱한 극적인 사건 중 위대한 영웅 루스탐의 공훈보다 더 생생한 이야기는 없다. 루스탐은 사카 전설에서 멀리 동쪽으로 타림강까지 알려졌다. 루스탐은 태어날 때부터 민족의 수호자이자 구세주가 되도록 운명 지어진 정의와 용기의 전형이었다. 그는 600년 동안 살았으며 그동안 여덟 명의 샤shah〔황제〕가 통치했다. 그들 중 대부분이 루스탐의 영웅적 행동 덕분에 왕좌를 지킬 수 있었다. 루스탐은 키가 거인처럼 컸고 반신半神이었지만 완벽한 인물이 아니었다. 그 또한 인간의 약점을 가지고 있었고 불가피한 운명의 힘에 빠져들었다. 이는 곧잘 엄청난 도덕적 갈등을 불러일으켰다(Lillys 1958: 3). 비록 그의 모든 모험(한 가지만 빼고)이 왕권을 지지하는 데 바쳐졌지만 국왕 옹립자로서 영웅 루스탐은 역설적으로 왕권에 대해 맞서는 현존하는 도전이었다. 왕과 영웅 사이의 이러한 모순적 대립은 가장 멀리 떨어진 인도·유럽어족의 전승으로 거슬러 올라갈 수 있는 기본 주제인 듯 보인다. 이러한 관련성은 여러 언어권에서 나타난다. 그리스어에서 아르고스의 왕 에우리스테우스의 신하가 된 헤라클레스는 영웅으로서 자신보다 열등한 사람의 끈질긴 요청으로 열두 가지 노역을 떠맡아야 했다. 멀리 떨어진 프티아의 왕 아킬레우스가 전체 아카이아인에게 미치는 아가멤논의 권위에 분개했던 것처럼, 멀리 떨어진 시스탄 지방의 왕 루스탐도 결국 카얀 왕조 시기에 카이 카우스의 어리석고 고집 센 행동에 비판적이곤 했다. 루스탐은 필연적으로 이루 다 말할 수 없는 문제를 초래한 카이 카우스의 어리석은 행동 때문에 용감하게 개입하지 않을 수 없었다(Davidson 1994: 6, 12, 100~101). 헤라클레스와 루스탐 둘 다 인정이 깊은 인간적 성향을 가졌음에도 언제나 악과 싸우고 선을 지키는 모험에 뛰어든 초인이었다. 하지만 잊을 수 없을 만큼 이와 유사한 영웅과 왕 사이의 대립관계는 랜슬럿과 아서왕의 켈트족 전설에서, 엘시드와 카스티야 군주 알폰소의 이야기에서, 어쩌면 황제 샤를마뉴에 대한 브르타뉴 출신의 켈트족 국외자이자 프랑크 기사인 롤랑의 고집 센 영웅적 행위에서까지도 입증되었다.

『샤나메』 서사시의 맨 첫 부분에 우상을 숭배하는 아라비아 및 아시리아 사람들과 최초의 인도유럽인 페리둔 사이에 대립이 나타난다. 스키타이 타르키타우스 신화에서처럼 페리둔에게도 세 아들 실림, 이리즈, 투르가 있었다. 그는 세 아들 각각에게 나누어주려고 세계를 세 개로, 즉 서쪽의 유럽과 세계의 중심인 이란, 그리고 동쪽 초원지대의 투란으로 나누었다(Gottheil 1900: 37) 루스탐의 모험에서 세계 변두리에 거주하는 유목민 집단인 우랄 알타이인은 가장 증오받는 적이었던 것으로 보인다. 그들의 왕 아프라시아브[이란 신화에 나오는 유목민 왕. 아프라시아브]는 이란을 파괴하기 위해 악에 의해 창조되었다. 우랄 알타이인들은 최초의 아베스타 전승에서 입증된 것처럼 인도·유럽인들과 경쟁했다. 대담무쌍한 우랄 알타이인 전사들은 이란과 싸우는 의식을 거행했다. 나중에 그들은 더 복합적인 특성을 나타냈으며 이란의 국경지방을 지속적으로 위협하는 알타이계 튀르크 부족들과 동일시되었다(Davidson 1994: 103~105). 시 전체에서 어둠의 왕국이 빛의 왕국을 정복하려고 끊임없이 시도한다. 오르마즈드는 이란인으로 대표되고 아

리만은·이란을 괴롭히는 악마와 마귀 아니면 마법사로 대표된다. 루스
탐은 헤라클레스처럼 도주했던 흰 코끼리를 제압할 정도로 엄청난 힘
을 발휘했다. 그는 미쳐 날뛰는 코끼리에게 홀로 맞서 강력한 일격으로
그 자리에서 코끼리를 죽였다. 또한 루스탐은 아버지 잘의 가축 무리
에서 멋진 얼룩 망아지 라크시Rakhsh를 선택하는 책임을 떠맡았다(Lillys
1958:6~8). 사자의 용기와 호랑이의 힘을 겸비한 루스탐은 라크시를 타
고 우랄 알타이어족의 적을 향해 돌진했다(Gottheil 1900: 113).

> 주인의 외치는 소리에 흥분한 군마가
> 평원 위로 뛰어다니네.
> 무척 빨라서 날아가는 것처럼 보이네.
> 거만하게 콧김을 뿜어내고
> 바람에 나부끼는 갈기를 높이 흔들어대네. (Gottheil 1900: 114)

루스탐은 전속력으로 달려가 자신의 안장에서 사악한 아프라시아브
를 올가미 밧줄로 잡았다. 아버지 잘에 의해 카이 카우스의 군대를 구
하기 위해 파견된 루스탐은 모험으로 가득한 여행을 시작했다. 그는 여
행에서 일곱 가지 시련 또는 고난을 겪었다. 모험 내내 루스탐이 자신
의 왕좌王座라고 찬양한 멋진 말 라크시는 힘과 용기로 주인을 지켜냈
다. 루스탐은 숲속에서 야생당나귀를 구워 맛있게 먹고 깊은 잠에 빠
져들었다. 사자가 덤불에서 나타났을 때, 라크시는 그들을 막 먹어치
우려하는 사자를 격퇴했다. 라크시는 사자를 이빨로 단단히 붙잡고 발
로 짓밟았다. 또 한번은 용감한 라크시가 용과 맞붙었는데 이길 수 없

어 선잠을 자던 루스탐을 깨웠다. 루스탐이 사납게 날뛰는 용과 싸우고 있을 때, 라크시는 루스탐이 칼로 용의 머리를 벨 수 있도록 주의를 빼앗으려고 용의 어깨를 물었다. 또한 루스탐은 사악한 마법사와 싸워 결국 흰 악마White Demon를 죽이는 데 성공했다. 이렇게 해서 그의 군주인 카이 카우스가 감옥에서 벗어날 수 있었다(Gottheil 1900: 93, 93~102).

한번은 혼자 나선 사냥 원정 도중에 루스탐은 잠에서 깨어나 라크시가 납치되었음을 알게 되었다. 그는 걸어서 우랄 알타이어족 국경 지방을 가로질러 인근 사만간 왕국에 도착해 궁전에서 왕의 환대를 받았다. 왕은 즉시 라크시를 찾을 준비를 했다. 한밤중에 한 아름다운 소녀가 루스탐의 방에 왔다. 그녀는 언젠가는 루스탐이 올 것을 기대해 수많은 구혼자를 거절한 왕의 딸 타미나였다. 타미나는 루스탐에게 사랑을 고백했고 그의 아이를 갖고 싶다고 말했다. 만약 그가 그녀에게 아이를 낳게 해준다면 말을 되찾게 해주겠다고 약속했다. 둘은 이튿날 결혼했고, 루스탐은 증표로 자신의 도장을 맡긴 후 떠났다. 아이가 사내라면, 타미나가 아이의 팔에 도장을 매달아둘 것이었다. 아들 소라브[수라브]가 태어났고 아버지만큼 크고 강하게 자랐다(Gottheil 1900: 115~120).

그러나 루스탐의 멋진 사랑 이야기는 비극으로 끝났다. 타미나는 소라브의 탄생 소식이 루스탐에게 전해지지 못하게 했다. 아들이 전쟁을 위해 훈련받을 것을 두려워했기 때문이다. 하지만 그녀의 아들은 아버지에 대해 알고 싶어했고 결국 위대한 영웅 루스탐이 자신의 아버지임을 알게 되었다. 소라브는 충동적으로 카이 카우스와 아프라시아브를 모두 타도한 다음 아버지와 함께 두 왕국을 통치할 결심을 했다. 그렇지만 교활한 아프라시아브는 소라브가 카이 카우스를 공격하도록 했다. 소라브는 아름다운 여전사 구르다파리드가 지키는 페르시아 요새를 공격하는 것으로 전투를 시작했다. 그녀의 빛나는 미모에 속은 소라브는 그녀를 놓아주어 카이 카우스에게 경고하게 했다. 우랄 알타이인들과 싸우기 위해 페르시아 군대가 파견되었다. 여러 해가 지난 뒤 소라브와 루스탐이 전장에서 마주쳤다. 둘은 서로의 정체를 전혀 모른 채 창, 언월도[초승달 모양의 칼], 철퇴를 가지고 싸웠다. 싸움은 격투기 대결에서 절정에 이르렀다. 소라브는 루스탐을 땅에 내동댕이쳐 루스탐 위에 걸터앉은 채 치명타를 가하기 위해 단도를 꺼내 들었다. 루스탐은 재빨리 격투기에서의 승자는 단지 두 번째 기회에만 상대방을 죽일 수 있다는 전투 관례를 주장했다. 적에게 관대한 소라브는 그의 주장을 받아들였다. 이튿날 루스탐은 전장으로 돌아와 소라브를 땅에 내던진 후 두 번째 기회를 주지 않고 가슴을 찔렀다. 누워서 죽어가던 소라브는 자신의 아버지인 루스탐이 복수할 것이라고 언명했다. 루스탐은 증거를 요구했는데 그때 아들의 팔에 매달린 도장을 알아차렸다. 투사 루스탐은 아들의 팔에서 도장을 발견하고 미쳐버려 깊은 좌절에 빠져들었다(Robinson 2002: 32~35). 소라브가 숨을 거두면서 마지막으로 내뱉는 신음 소리에,

> 그와 같은 부류의 살인자인 아들을 빼앗긴 채
> 이제 더 날카로운 고통이 아버지의 가슴을 미어지게 한다.
> 죄를 범한 그의 칼은 자식의 피로 더럽혀졌고

그는 타는 가슴을 계속해서 치고 머리카락을 잡아 뜯는다. (Gottheil 1900: 153)

슬프게도 타미나 또한 우랄 알타이인 진영에서 아들의 사망 소식을 듣고 루스탐에게 그의 출생을 숨긴 것을 자책했다.

복받치는 감정에 그녀의 헐떡거리는 숨이 질식할 정도였다. (⋯)
마음이 산란해져 위를 응시한 그녀는 다시 흐느낀다.
그녀를 가련하게 쳐다보는 수행원들 가운데에서 미친 듯이 날뛴다.
이제는 소중한 것 그 이상이 되어버린 가장 아끼는 말의 발굽에
입 맞추고 눈물을 적셨다.
소라브가 전투 중에 입었던 쇠사슬 갑옷을 꼭 껴안고
타는 입술로 쇠사슬 갑옷에 계속 입을 맞춘다.
그녀는 아들의 전투복을 두 팔로 단단히 죄면서
갓난아기처럼 가슴에 껴안는다. (Gottheil 1900: 156)

이란인과 우랄 알타이인 사이에 교전이 계속되었다. 루스탐은 격렬한 전투에서 상대방 전사들을 각자 상대해 붙잡아 죽였다. 아프라시아브는 이란인들을 여러 차례 교묘히 피해갔다. 하지만 결국에는 악명 높은 통치자였던 그와 그의 동생이 함께 붙잡혀 시야부시의 아들이자 카이 카우스의 손자인 뛰어난 전사 카이 호스로에게 처형당했다 (Gottheil 1900: 246). 당연하게도 카이 호스로는, 원탁의 기사 이야기를 오세트족의 전설뿐 아니라 샤나메도 연계시키면서, 당연히도 카이

호스로는 아서의 신임을 받은 의협심 강한 전사 케이 경과 동일시되었다. 그러나 또한 루스탐은 고국에서 반역과 맞서 싸워야 했다. 샤 구시타스프의 아들이자 후계자가 될 이스판디야르가 루스탐을 잡아 가두려고 시도했다. 루스탐은 왕자를 진정시키려 노력했지만 실패했다. 두 사람 사이의 피할 수 없는 대결에서 루스탐은 야심만만한 샤의 두 눈 사이를 시무르그Simurg〔고대 이란의 신화에 등장하는 비상한 지혜를 가졌다고 하는 거대한 괴조怪鳥〕의 끝이 갈라진 치명적인 화살로 쏘았다(Robinson 2002: 74~76). 이런 '국왕 옹립자의 국왕 살해'는 근본적으로 비이성적인 행위였고 그 자체로 루스탐의 운명을 결정해버렸다(Davidson 1994: 12~13).

불가사의한 새 시무르그의 예견대로 이스판디야르를 살해한 자가 고통에 시달렸다(Davidson 1994: 140). 결국 루스탐은 카불의 왕과 그의 이복형 샤그하드가 공모한 덫에 빠져들고 말았다. 길고 날카로운 창 끝을 박아 넣은 거대한 구덩이가 풀로 덮여 있었다. 루스탐이 도착하자마자 카불의 왕은 루스탐이 사냥을 좋아한다는 것을 알고 그에게 사냥에 합류해달라고 부탁했다. 음모자들의 악행이 마무리되면서 루스탐은 그의 파멸을 향해 나아갔다. 영웅 루스탐이 사냥터에 접근했을 때, 그의 뛰어난 말 라크시가 새로 파낸 흙냄새를 알아채고 뒷걸음질 쳤다. 그다음 교묘하게 은폐된 구덩이 사이에서 조심스럽게 움직이기 시작했다(Robinson 2002: 77). 조바심이 난 루스탐은 라크시가 함정을 피하려 할 때 그를 가볍게 때렸다. 라크시가 비틀거렸고 결국 기수와 말 모두 암살자들이 교묘하게 파놓은 깊은 도랑 속으로 빠져 꼼짝 못하게 되었다. 치명상을 입은 루스탐은 습격해오는 사자들에 맞서기

위해 활을 요구했다. 샤그하드는 요구에 응했지만 루스탐이 힘껏 활을
붙잡아 무서워 벌벌 떨며 나무 뒤에 숨었다. 루스탐은 활을 자신의 귀
까지 당겨 나무를 관통하도록 마지막 있는 힘껏 화살을 쏘았고 반역
한 샤그하드가 즉사했다. 루스탐의 비극적인 소식이 빠르게 퍼져나갔
으며, 이란 전역에 비통함이 울려 퍼졌다. 마지막 작별 인사를 하며 루
스탐에게 경의를 표한 각계각층의 사람들은 그의 발밑에 장미와 사향
을 부었다. 애도자들이 피눈물을 흘렸다. 이보다 더 놀라운 장례식은
결코 없었다. 루스탐이 죽으면서 고귀했던 한 시대가 막을 내렸다(Lillys
1958: 13, 30).

동쪽에서 침입하는 기마인들

피르다우시의 서사시 『샤나메』의 소용돌이치는 긴장감은 동쪽 이슬
람 지역에서 나타나는 국지적 동요를 선명히 반영한다. 이는 초원지대
에서 침입하는 유목민에 대한 공동의 저항은 물론이고 이란 소왕국 사
이의 교전이라는 관점에서 볼 때 그렇다. 하지만 11세기에 이들 지역
을 셀주크족이 지배하면서 셀주크족의 군사적 지도력과 튀르크인의 이
동이 서로 연관된 사건임에도 불구하고 달랐다는 점을 인정할 필요가
있다. 계속되는 셀주크족 술탄들은 투그릴 벡이 그런 것처럼 상당 부
분 계속해서 그들의 군대를 튀르크멘족에게 의존했으며, 튀르크멘족
은 셀주크족을 자신들의 왕실 지도자로 인정했다. 그러나 두 집단 사
이에는 상당한 알력이 있었다. 그래서 셀주크족은 자신들 군대의 핵심

부분을 지속적으로 채우기 위해 노예용병을 모집하는 관례를 확립했다. 그리고 때에 따라 특별한 전투를 치르기 위해 다른 유목민 집단과 동맹을 맺었다. 동시에 셀주크족은 유목민에게 국경 지대(종종 기독교 지역)를 습격하도록 부추겨서 자신들이 통제하는 도시 인근의 비옥한 충적토 밖으로 부족을 이주하게 만들었다. 따라서 튀르크멘족은 수니파 술탄 왕국이 트란스옥사니아에서 이라크까지 느슨한 제국을 통치했던 동안에 바그다드에서 멈추지 않고 계속 아나톨리아로 이동하면서 비잔틴 요새들을 공격했다. 이렇게 연합한 튀르크족이 서쪽으로 진군하면서 셀주크의 술탄 알프 아르슬란의 경무장한 기마가 만지케르트의 여름 더위에서 비잔틴 황제 로마누스 4세 디오게네스의 중무장 철갑병을 압도했다. 이리하여 사실상 1071년에 아나톨리아 동부에 대한 기독교의 지배가 막을 내렸다. 셀주크 일족과 아르메니아족, 튀르크족, 쿠르드족 족장들 사이에 복잡하게 뒤얽힌 권력 투쟁 이후 아나톨리아 서부에서 비잔틴의 저항 또한 막을 내렸다. 그런 다음 셀주크족은 파티마 왕조의 이집트를 희생시키면서 시리아로 뻗어나갔다. 1080년대 후반 무렵 가장 위대한 셀주크의 술탄 말리크 샤〔셀주크 튀르크의 제3대 술탄〕가 보스포루스 해협 너머 콘스탄티노플을 응시하고 있었다. 남쪽에서는 경쟁 일족인 룸의 셀주크족이 수피교의 주요 중심지인 코니아(이코니움)에서 권력을 강화했다(Donner 1999: 54~55; Hyland 1994: 53).

서쪽에서 침입하는 기마인들

『샤나메』의 글귀에 따르면 제2천년기 초에 초원지대 우랄 알타이어
족 유목민 침입자들이 문명화된 이란인들을 압도했다. 하지만 중동에
서 또 다른 침입자가 사라졌는데 페리둔의 장남 살름, 구체적으로 말
하면 서방에서 온 유럽인의 후손들이 사라졌다. 10세기에 피르다우시
의 작품에서는 알 수 없었지만, 유럽에서 온 서방 기사들의 대군이 곧
근동에 도착할 것이다. 일찍이 서쪽의 기독교 왕국을 격분시켰던 시아
파 파티마 왕조의 예루살렘 성묘 신성모독부터 아나톨리아에서 거듭
되는 비잔틴의 패배와 튀르크족이 마지막으로 보스포루스 해협에 진
군한 것까지 여러 요인이 기독교 십자군의 성지 침략 사건을 초래했다.
1095년 비잔틴 황제 알렉시오스 1세 콤네노스는 소아시아에서 셀주크
족이 거둔 승리에 놀라 교황 우르바누스 2세에게 사절단을 파견해 라
틴 유럽이 수니파 무슬림의 침입을 격퇴해줄 것을 거듭 간청했다(Irwin
1996: 43). 1054년에 교황권이 분열된 이래 서방으로부터 정치적으로
고립된 비잔틴 황제는 동방의 기독교를 도와줄 것을 로마에 호소했다.
또한 이슬람에 맞서 그리스 교회와 라틴 교회의 재통합을 제안했다.
그리고 튀르크족 침입자들이 서유럽의 도시들을 포위 공격하기 위해
발칸반도에 몰려들기 전에 아시아 땅에서 이교도와 맞서는 게 전략적
으로 중요하다고 강조했다. 유럽 내부에서의 피비린내 나는 교전으로
고통받았던 우르바누스 교황은 이제 기사들의 공격적인 충동을 무슬
림에게 돌림으로써 고국에서의 싸움을 멈추게 하고 싶었다. 이미 스페

인의 기독교도들은 프랑크족 기사들의 도움으로 1085년에 무어인들에게서 톨레도를 탈환하여 안달루스의 국경선을 뒤로 밀어냈다. 1091년에는 노르만족이 아랍인들을 몰아내고 시칠리아 전체를 정복했다. 따라서 교황은 1095년 클레르몽 공의회에서 알렉시오스의 간청에 응답했다. 교황은 이교도들에게서 성지를 탈환하고 동쪽의 기독교 왕국을 이슬람의 채찍에서 해방시키자고 신자들에게 열정적으로 호소했다. 교황은 전쟁 기간에 기독교도들에게 강력한 유인책들을 제시했다. 농노와 가신에게는 주군에 대한 충성에서 벗어나게 해주었고 병사들에게는 세금을 면제해주었으며, 전투 중에 죽을지도 모르는 사람들에게는 모든 죄를 완전히 면제해주었다. 기독교도 순교자들은 천국을 약속받았다(Durant 1950: 431, 586~588). 교황의 선언에 보인 대중의 반응은 엄청났다. 기사들은 장기간의 전투에 대비해 말, 갑옷, 무기를 직접 갖추는 데 많은 돈을 지출했다. 젊은 기사들은 클뤼니파의 순례 정신에 입각해 부유한 연장자들에게 재정적 도움을 받았으며 기부금은 가난한 순례자들에게 분배되었다(Armstrong 1991: 150).

제1차 십자군 교황의 호소에 즉각 반응하여 농민 십자군이 결성되었다. 농민 십자군은 1096년 봄에 유럽을 넘어 진군하는 동안 라인란트의 유대인들에게 말로 다할 수 없는 만행을 저질렀는데, 이는 십자군 활동의 특징이 될 일련의 대학살 중 첫 번째에 해당되었다. 1096년 말에 프랑스 왕 필리프 1세의 동생과 샤를마뉴의 후손 고드프루아 드 부용이 지휘하는 3만 명 규모의 제1차 십자군 병력이 콘스탄티노플에 도착했다. 비잔틴인들은 프랑크족 기사들의 대형을 이룬 집단 공격에 너무 감명받은 나머지 황제[알렉시오스 1세 콤네노스]의 딸 안나 콤네네가 "손에 창을 쥔 프랑크인은 바빌론 성벽을 뚫을 수 있어요"라고 감탄하기까지 했다(Hopkins 2004: 38). 알렉시오스는 점령한 모든 지역을 콘스탄티노플이 장악한다는 십자군 병사들의 충성 맹세에 대한 대가로 위기 시에 수송과 군사적 지원을 제공했다. 하지만 두 집단은 그러한 맹세를 지키는 데에 각자 의심을 가지고 있었던 것 같다. 제1차 십자군의 지휘관들은 단순히 비잔틴을 대신해 근동에 개입하기보다는 훨씬 더 원대한 영토에 대한 야심을 품었다. 한편 비잔티움은 가끔씩 십자군의 노력에 대한 약속된 지원을 제공하는 데 매우 소극적이었다. 아주 운 좋게도 라틴 기독교 군대는 술탄 왕국이 경쟁 친족 간 알력으로 분열되고 위대한 마지막 술탄 말리크 샤가 죽은 직후에 도착하여 셀주크족을 상대로 손쉽게 최초의 승리를 거두었다. 그들은 안티오크, 트리폴리, 아크레로 진군했고, 무슬림과 유대인 주민들을 잔혹하게 살육해 1099년에 파티마 왕조로부터 예루살렘을 빼앗아 점령했으며, 서쪽 기독교 왕국을 위해 시리아-팔레스타인 연안 지역을 따라 일련의 십자군 공국을 세울 수 있었다(Irwin 1996: 43).

성지에 도착한 제1차 십자군은 육로를 따라 유럽을 가로질러 콘스탄티노플로 갔고, 그곳에서 보스포루스 해협 너머로 수송되었다. 비잔틴인은 말의 해상수송에 오랜 경험이 있었다. 그들은 수 세기 동안 소아시아와 북아프리카에 군대를 배치했으며, 바로 얼마 전에는 무슬림이 점령했던 시칠리아를 공격하기 위해 노르만족 용병을 메시나 해협 너머로 실어 날랐다. 비잔틴인의 대형쾌속범선Dromon 또는 삼단노선Trimere은 선미에 램프ramp[경사로]가 있는 큰 통로를 갖추고 있었다. 수송선을 해안 쪽으로 후진시키면서 함선의 측면에서 램프를 내릴 수 있었는데, 이 램프 덕분에 쉽게 말을 태우고 내릴 수 있었다. 하지만 제1차 십자군 동안 기독교도들은 심각한 말 부족에 직면했다. 안티오크를 오랫동안 포위 공격한 후 십자군 전사들은 불과 말 200마리만을 모을 수 있었으며, 짐 나르는 말 대부분이 전투 기마로 바뀌었다(Asbridge 2004: 233). 십자군에서는 군대에서 이용할 말의 숫자를 늘리기 위해 라틴 기독교도들이 비잔틴의 해상수송 기술을 받아들였다. 수송선이 개량되고 수송 용량이 늘어나면서 대량의 말과 노새가 서유럽에서 동부 지중해까지 직접 배로 수송되었다. 선상에는 구유, 마구간 방책, 아프리카 나래새 짚, 그리고 말 아랫배를 고정시키는 밧줄과 같은 마구간 설비를 갖추고 있었다. 초기의 수송선은 배의 중앙 갑판 아래에 일렬로 말 20마리를 마구간에 넣었고, 마부를 위한 방이 있어서 사이로 지나다닐 수 있었다. 일단 말을 배에 실으면 갑판의 승강구를 막아 물이 새지 않게 했다. 나중에는 배에 말을 30마리에서 60마리까지 실을 수 있었다. 장거리 항해에서는 환기와 담수 보급을 위해 잦은 상륙이 필요했다. 말은 하루에 보통 4갤런의 물을 마셨다. 게다가 갑판 아래 덥고 습기 찬 제한된 공간에 갇혀 있어 물 섭취량이 더 늘어났다. 배 위에서 활동할 수도 없어 근육이 줄어들었다. 또한 바다의 거친 기상 조건 때문에 스트레스가 쌓였다. 이런 곤경에도 이후 200년 내내 대규모의 기마병 분견대가 배에 실려 예루살렘 왕국으로 수송되었다. 그러나 이렇게 유럽에서 배에 실어 보내는 것만으로는 필요한 말과 짐 싣는 동물을 모두 공급하기에 결코 충분하지 않았다. 시리아는 훌륭한 말 사육지였다. 따라서 부족한 말은 구입하거나, 습격으로 강탈했으며, 전투로 포획되거나, 배상금으로 지불받았다. 그것도 아니면 공격을 피하려는 요새 도시들에게 땅을 빌리거나 선물로 받았다. 전투에서 사상자가 다수 발생했던 때에 기사들에게 노새와 당나귀는 필수였다(Hyland 1994: 143~148).

수도사 전사들 기독교 공국의 초기 생활에서 흥미로운 현상 하나는 수도사 전사들의 종교기사단 설립이다. 정예 기사단인 템플기사단 Knights Templar은 1119년에 예루살렘 왕 보두앵 2세에 의해 창립되었으며 궁전의 한쪽 날개 부분에서 살았다. 과거 이 궁전 가까이에 유대인 성전temple이 있었고, 성전을 뜻하는 템플이라는 단어에서 템플기사단이라는 명칭이 유래한다. 시간이 지나면서 부속 성전들이 예루살렘 바깥에 세워졌다. 십자군 전사들이 불과 몇 안 되는 요새만을 지배하던 시기에 위그 드파앵이 지휘하는 프랑스 기사들이 이러한 종교 공동체를 만들었다. 이는 도둑과 노상강도의 위협을 받는 성지 순례자들을 보호하기 위한 것이었다. 템플기사단 단원은 독특한 예복을 입었는데 빨간 십자가가 도드라지는 흰색의 헐렁한 겉옷이었다. 각각의 기사는 청빈과 정절 그리고 기사단을 지휘하는 단장에 대한 복종을 맹세했다. 템플기사단 단원은 부분적으로 성 베르나르 드 클레보의 저작 때문에 급격하게 늘었다. 베르나르의 저작은 성지를 방어하는 군대로 복무하기 위해서뿐만 아니라 유럽 귀족 세력과 힘의 균형을 이루기 위해 교황에게 복종하는 기사단을 설립하면서 수도원 제도에 군사력을 도입했다. 기사와 수도사의 이러한 통합은 고대 인도·유럽어족 마이리이아(조직 주변부에서 움직이는 미혼 전사 집단)의 특정 요소를 유지했다. 마이리이아에서는 그리스도가 늑대 신 오딘[북유럽 신화에 나오는 최고의 신]을 대신했고 천국이 발할라Valhalla◆를 대신했다. 베르나르의 정치적 비전에서 기독교 십자군은 수도원은 물론이고 전장에서도 희생이 필요한 신성한 원정이었다(Seward 1972: 3~4). 유럽의 왕과 여왕들도 유럽 전역의 성전과 성지 예루살렘에 자금을 공급하면서 엄청난 땅과 재산을 기사단에 기증했다. 템플기사단은 뛰어난 군사적 능력 덕분에 여러 지역을 넘어 안전하게 금괴를 수송하는 은행업자 역할을 수행할 수 있었다. 1139년에 교황 인노켄티우스 2세는 교황 직속의 기사단을 설립했다.

11세기에 아말피에서 온 이탈리아 상인들은 이와 유사하게 병자를 치료할 목적으로 예루살렘에 병원을 세우고 또 순례길을 따라 요양소를 설립했다. 하지만 템플기사단이 성공하면서 12세기 초 예루살렘의 성 요한 병원기사단Knights Hospitalers of St. John of Jerusalem이 군사적 의무와 병자 보살피는 일을 다 맡기 위해 재조직되었다. 병원기사단 단원은 흰색 십자가 문양이 도드라지는 검은색의 헐렁한 겉옷을 입었다. 템플기사단보다 더 세계주의적인 병원기사단은 유럽인 아버지와 시리아인 어머니 사이에 태어난 현지 주민 투르코폴레스를 경기병輕騎兵으로 받아들였다(Howarth 1993: 96~97). 투르코폴레스는 12세기 후반에 튜턴기사단에 가입했다. 십자군이 아크레를 포위 공격하는 중에 독일인 상인들이 부상병을 돌보기 위해 자선단체를 만들었으며 이후에 병원을 설립했다. 이 자선단체는 다음에 템플기사단처럼 종교기사단으로 변모했

◆ 북유럽 신화에서, 오딘을 위해 싸우다가 살해된 전사들이 머무는 궁전. 전사자의 큰 집' 또는 '기쁨의 집'이라는 뜻이다.

으며 검은색 십자가가 도드라지는 흰색 망토를 입었다. 고국에서 멀리 떨어져 요새 안에 격리된 채 시토 수도회의 가치 체계인 청빈과 정절과 엄격한 군사 훈련으로 고취된 이들 기사단은 성지 예루살렘에서 결의에 찬 상비군을 형성했다.

라틴 기병과 무슬림 파리스faris(기마전사)의 기마술은 달랐다. 십자군 시기 유럽인의 말은 어깨높이가 대략 15핸드(150센티미터)에 몸무게는 545~590킬로그램이었다. 투르크멘족의 말은 이와 견주어 어깨높이가 같았지만 몸무게는 360~400킬로그램에 불과했다. 아라비아말은 훨씬 더 가벼웠다. 서방의 기사는 무거운 창으로 가장 강하게 찌르기 위해 발을 곧게 펴고 말을 몰았다. 안장이 말 등에 아주 높게 얹혀 있어 기수는 말의 움직임에 상당히 둔감했다. 튀르크인과 아랍인은 무릎을 구부린 채 더 균형 잡힌 자세로 말을 몰았으며 창을 찌를 때 가해지는 충격 일부를 다리가 흡수했다. 따라서 기수와 말이 더 긴밀하게 상호 작용할 수 있었다. 더 가벼운 사라센인의 말은 갑자기 멈추는 데도 용이했고, 뒷다리로 순식간에 방향을 바꿔 어느 방향으로든 돌진할 수 있었다. 반대로 집단으로 격돌하여 싸우는 데 단련된 몸집이 더 크고 중무장한 유럽인 말은 좁은 범위에서의 신속한 기동력이 부족했다. 기사들이 밀집해 있는 부대에서 사용된 카우치드 랜스couched lance는 적을 안장에서 쓰러뜨릴 뿐만 아니라 말을 뒤엎을 정도의 훈련과 부대 응집력을 필요로 했다. 실제로 십자군 전사들의 밀집 공격은 파괴적이었지만 공간이 필요했다. 십자군 전사들의 카우치드 랜스 전술은 사라센인들이 변형해 사용했다. 십자군 전사들 또한 성지 예루살렘에 머무는 동안 더 가벼운 몸집의 사라센인들이 타는 말을 붙잡아 동쪽의 기술을 터득했다(Hyland 1994: 8, 113~114, 117; Nicole 2001: 31).

가끔 무모해 보일 정도로 행동하고 롤랑처럼 개인적 무훈에 몰두하는 세속의 기사들과는 대조적으로, 종교 기사단들은 모범적인 규율을 따랐다. 중세 기사의 특징인 형형색색의 값비싼 옷과 화려하게 장식된 장비는 수도사에게 금지되었다. 사냥도 금지되었으며 경마는 드물게 허용되었다. 무기를 던지지 않는 가짜 마상 창 시합과 속도를 반으로 줄인 창 공격은 허용되었고, 기사에게 말을 정확한 위치에 놓도록 가르쳤다. 그 훈련은 또한 공격하는 말에게 자신감을 심어주었다. 전투에서의 불복종은 패배보다 더 나쁘다는 것을 강조하면서 규정 위반에 대해서는 가혹하게 처벌했다. 전투에서 템플기사단이 우위를 보인 것은 군대의 관례를 엄격히 따랐기 때문이다. 물을 마시기 위해서는 승낙이 떨어져야 했다. 적이 교묘히 우물이나 강에 매복하는 일이 흔했기 때문이다. 10명의 기사로 이루어진 정예 호위대가 전투 중에 깃발을 지켰다. 호위대는 재앙에 직면한 병사들이 다시 집결할 수 있도록 여분의 접힌 깃발을 갖고 있었다. 템플기사단의 깃발이 휘날리는 동안에는 어떤 수도사도 후퇴하지 않았다. 템플기사단이 특화되어 있었던 접전은 종마에 걸터앉아 수행되었다. 규율을 엄수하는 것은 대단히 용맹스러운 행동이어서 많은 병사와 말이 전투 중에 쓰러졌다. 사라센인들은 수도사들의 기사단이 보여준 불굴의 용기에 찬사를 보내면서도 동시에 두려워했다(Hyland 1994: 159~164).

아바스 왕조와 셀주크족 모두 서쪽의 침입자들에게 지하드를 수행하는 데 그다지 관심을 보이지 않았다. 그래서 무슬림의 저항을 레반트에 있는 이웃 십자군 전사에게 맡겼다. 1128년에 이마드 앗 딘 장기가 룸의 술탄에 의해 북부 시리아와 소규모 경쟁 국가들을 그러모은 지역의 아타베크atabeg(총독)로 임명되었다. 장기는 무자비한 군사 작전으로 이들 지역을 강제로 통합했다. 다민족으로 구성된 사라센 군대에서 정예는 노예 출신의 병사들이었다. 반면에 대다수의 병사는 토지를 받기로 한 자유민 출신의 아랍인, 튀르크족, 쿠르드족으로 이루어져 있었다(Hyland 1994: 114~115). 아랍 베두인족은 사막에서의 고통에 단련된, 맹렬하게 말을 모는 경기병으로 유명했다. 쿠르드족은 검술로 명성을 떨쳤으며 부족 단위나 개인 용병으로서 싸웠다. 튀르크족은 초원지대의 모든 민족처럼 기마 궁수로서 군사적으로 중요한 역할을 했다. 그들의 궁술은 소나기처럼 퍼붓는 일제 사격에 바탕을 두었다. 실제로 그들은 수레 안에서 비탈길로 굴러가는 짚으로 만든 동물을 겨냥하는 훈련을 했다. 튀르크족 궁사들은 적에게 전속력으로 돌격하면서 동시에 왼손에 활과 화살을 잡고 수평으로, 위아래로 자유자재로 쏠 수 있었다. 그들은 화살통에서 화살 다섯 개를 집어들고 2.5초 안에 다 쏠 만큼 빨랐다. 궁수는 활을 쏠 때 고삐를 놓아야 했기 때문에 빠르게 고삐를 다시 잡을 수 있도록 오른손 손가락 하나에 가죽끈을 매달아놓았다. 무슬림 기마전사는 다양한 방법으로 창을 사용했다. 양손을 사용하는 전통적인 방식에서는 창을 낮출 때 고삐를 느슨히 했고, 적을 공격할 때에는 고삐를 놓았다. 이후에는 무슬림 기마전사도 그의 적인 십자군 전사처럼 카우치드 랜스 방식을 사용했다. 검술은 매우 정교해져 말 위에서도 무서울 정도로 충격적이고 정확하게 타격할 수 있었다(Nicolle 1997: 11, 13).

제2차 십자군과 살라딘의 등장 1144년에 모술의 아타베크 장기가 혼성 군대로 기독교 공국 에데사를 점령했다(Irwin 1996: 44). 이처럼 무슬림에 의해 대패한 것에 반응하여, 프랑스의 루이 7세와 그의 아내 아키텐의 엘레오노르가 지휘하는 제2차 십자군이 유럽을 출발해 1148년 안티오크[고대 시리아의 수도]에 도착했다. 안티오크의 레몽이 그들을 영접했으며, 레몽은 즉시 엘레오노르의 연인이 되었다. 독일의 콘라트 3세도 성지에 도착했지만 최초 군대의 생존자들만이 그와 함께했다. 기독교도들은 장기의 세력이 강해지는 데 놀라 다마스쿠스를 공격하기로 결정했다. 그러나 포위 공격은 완패로 끝났으며 엄청난 인명 손실이 따랐다. 제2차 십자군이 불명예스럽게 유럽으로 돌아간 후에 장기의 아들이자 후계자인 누르 앗딘(재위 1146~1174)이 라틴인 침입자들을 상대로 지하드를 준비했다. 그는 서서히 시리아를 정복하고 기독교 국가들을 포위했으며 결국 1164년에 다마스쿠스를 수도로 만들었다(Armstrong 1991: 219~221).

또한 장기 왕조는 쇠약해진 이집트 칼리프 왕조에 개입했다. 이집트의 군사 지휘관들은 파티마 왕조의 배후에서 실질적인 권력을 소유한 고관의 자리를 차지하려 다투고 있었다. 누르 앗딘은 자신이 총애하는 쿠르드족 장군 시르쿠를 파견해 고관의 자리를 차지하게 했다. 1169년에 시르쿠가 죽자 그의 조카이자 쿠르드족인 살라흐 앗딘이 그를 계승했다. 이제 살라딘(살라흐 앗딘은 서방에 살라딘으로 알려져 있다)이 누르 앗딘을 대신해 이집트를 통치했다. 바로 앞 장에서 보았듯 시아파는 바그다드의 수니파 아바스 왕조에 대립한 카이로의 파티마 왕조의 공식 신앙으로 일찍이 이집트에서 정치적 우위를 차지했다. 살라딘은 병든 파티마 왕조의 칼리프가 너무 아파 저항할 수 없게 되자 1171년에 시아파 신앙을 정통 수니파 이슬람으로 대체했다. 하지만 그의 대담한 조치에 예상치 못한 이란 아사신파Assassins가 반대하고 나섰다. 아사신파는 이스마일 7이맘 시아파의 극단주의 분파로서 북부 페르시아 엘부르즈산맥을 중심 근거지로 활동했다. 그곳에 있는 3200미터 높이의 알라무트Alamut(독수리 둥지) 성새城塞는 군사교육의 중심지로 시아파가 그들의 신앙에 반대하는 자들에 맞서 테러 작전을 수행한 곳이다. 아사신파는 이스마일 혁명의 대의를 주창하기 위해 하산 이븐 사바흐에 의해 1090년에 설립되었고, 아사신파의 신성한 전사들은 정치·문화 분야의 저명한 수니파 지도자들을 살해했다(Donner 1999: 49). 필요하다면 죽어야 한다는 위대한 지도자Grand Master의 유언을 충실히 따르는 지하드는 하슈샤신hashshashin—여기에서 암살자를 뜻하는 영어 단어 assassin이 유래했다—이 맡아야 하는 의무였다. 하슈샤신은 추종자들이 순교하기 전에 천국의 신비로운 환영을 유도하려고 해시시◆를 피우는 관습과 관련이 있다. 이 종파는 테러리즘을 신성한 종교적 의무로 받아들였다. 이러한 중세 이슬람의 급진적 테러리스트들은 중동 너머로 근거지를 확대해나갔다. 시리아의 산악 요새인 마시아프에서 그들의 사절단이 예루살렘의 왕 아말릭Amalric[아모리 1세]에게 접근해 수니파 살라딘에 맞서 기독교도와 시아파가 동맹을 맺자고 제안했다. 아말릭은 그 제안에 응했다. 십자군 전사들에게 시리아에 있는 아

◆ 인도 대마大麻가 결실을 맺는 초기의 이삭이나 잎. 이슬람교도는 이를 마취제로 쓰거나 담배처럼 만들어 썼다.

사신파의 전설적인 지도자 샤이흐 자발shaykh al-jabal◆은 '산중 노인Old Man of the Mountain'으로 알려져 있었다. 암살의 대가인 아사신파는 자살에 대한 열정으로 가공할 동맹자들을 만들었다. 그러나 살라딘은 자신을 암살하려는 그들의 다양한 음모를 좌절시켰다(Howarth 1993: 128).

1174년에 누르 앗딘이 죽은 후 살라딘은 다마스쿠스를 점령하기 위해 기병 700명과 함께 이집트를 떠났다. 그는 십자군 국가들을 상대로 지하드를 수행함으로써 시리아와 이후의 메소포타미아 지배를 정당화했다(Irwin 1996: 44). 살라딘은 지배자로서 위대한 도덕성과 엄격한 신앙의 정통성을 보여주었다. 살라딘은 이집트로 돌아와 카이로에서 아이유브 왕조를 창시해 정의롭고 근면하게 통치했다. 그는 항상 신민들의 접근을 허용했고 안장을 회의실로 만드는 걸 멈추지 않았다. 전투 중에는 종종 자신의 군마를 끄는 시종 한 명만을 데리고 장병들 사이를 통과했다. 살라딘은 군대에 교육 프로그램의 일환으로 사병들을 집결시켜 하디스hadith를 읽어주었다. 경전 토론은 기병들이 적을 향해 진격할 때에도 계속되었다(Armstrong 1991: 237~240). 처음에 살라딘은 기독교도들에 대한 소규모 습격에 만족했지만, 1183년 벌어진 사건이 그의 종교적 분노를 자극했다. 프랑크인 사티용의 레지널드Reginald of Châtillon〔르노 드 샤티용. 사티용의 레날드〕가 예언자 무함마드의 시신을 훔쳐내고 카바 신전을 박살낼 결심을 했다. 그는 모험가들과 함께 홍해 아래로 항해한 다음 베두인족에게서 구입한 말을 타고 메디나로 갔다.

◆　샤이흐 또는 세이흐. '장로' '노인'이라는 뜻으로, 아랍 이슬람 사회에서 부족장 또는 종교적으로 권위나 학식이 있는 사람을 일컫는 경칭이다.

그의 군대는 이집트인들에게 저지되었다. 레지널드는 사로잡히지 않았지만 그의 동료 대부분은 공개 처형을 당했다. 이슬람 성소의 신성함을 일부러 훼손하려는 그들의 시도는 극단적인 도발이었다(Regan 1998: 57~58).

살라딘은 케라크에 있는 레지널드의 성을 포위 공격하는 것으로 보복했다. 포위 공격은 실패했지만 살라딘은 자신의 특징인 관대한 모습을 보여주었다. 당시에는 결혼식이 열리고 있었는데 피로연은 8개의 투석기에서 날아온 돌로 성벽이 부서지는 와중에도 계속되었다. 프랑크인들은 살라딘에게 정중히 잔치 음식을 보냈으며, 살라딘은 병사들에게 젊은 부부가 신혼 첫날밤을 보낼 성의 일부를 포격하지 말라고 명령하는 것으로 응답했다(Howarth 1993: 142). 살라딘의 점잖고 고귀한 태도는 다른 많은 사례에서도 분명히 드러났다. 살라딘의 명예는 계속되는 수많은 고난에도 더럽혀지지 않을 것이다(Regan 1998: 128). 그러나 불가피하게 두 군대의 결정적인 대결은 피할 수 없었고, 1187년 여름 살라딘은 요르단강을 건넜다. 기독교도들은 급수가 잘되고 방목하기 좋은 세포리아에서 야영했다. 살라딘이 티베리아스에 있는 성을 포위 공격했고 이로 인해 레몽 백작 부인이 위험에 빠졌다는 소식이 전해졌다. 기사들은 고통에 빠진 부인을 즉각 도와주어야 한다는 반응을 보였다. 하지만 몇몇 기사는 그것이 자신들의 견고한 위치를 포기하는 어리석은 짓이 될 수 있음을 알고 반대했다. 그럼에도 왕의 칙령을 받아 군대는 새벽에 공격을 감행했다. 그사이 사라센인들은 180미터 아래의 하틴 마을로 이동했다. 세포리아와 하틴 사이에는 물이 없이 19킬로미터에 이르는 눈부시게 반짝거리는 흰색 석회암이 펼쳐져 있었다. 기독교 기사들이 잔혹한 한여름의 태양 아래서 중무장한 채 말을 타고 지나갔다. 날쌘 기마 궁수들의 분견대가 사라센 진영에서 말을 타고 나와 기독교 기사들을 괴롭혔으며, 템플기사단을 주력군에서 분리시키는 데 거의 성공할 뻔했다. 해질 무렵 바람이 불기 시작했다. 적을 에워싼 무슬림인들이 마른 잔나무 가지에 불을 붙였다. 이미 탈수 증상을 보이던 프랑크인들에게 연기가 밀려들었다. 이튿날 보병들이 아래쪽에서 햇빛에 반사되어 반짝이는 갈릴리 호수로 필사적으로 돌진했지만 대거 죽임을 당했다. 기병들은 열심히 싸워 여러 차례 무슬림 전선을 무너뜨렸고 결국에는 왕의 붉은 천막과 성 십자가를 방어하면서 호른스에 대한 최후의 저항을 했다. 그러나 왕의 천막이 무너지면서 예루살렘의 왕 가이가 사로잡혔다. 성 십자가는 굴욕적으로 질질 끌려갔다. 살라딘은 템플기사단과 병원기사단에 어떤 관용도 베풀지 않았다. 그는 전투 중에 죽지 않은 사람들을 참수형에 처했고 레지널드는 직접 처형했다(Howarth 1993: 149~153). 그해 10월 2일 무슬림인이 무함마드의 야간여행을 기념하는 날 살라딘이 예루살렘을 점령했다. 술탄 살라딘은 엄청난 관용을 베풀었다. 살인과 약탈이 전혀 없었으며 수천 명이 석방되었다. 몸값을 치를 수 없었던 사람들만 노예가 되었다. 예루살렘의 패배자 대부분은 티레로 피신했다. 반도 모양의 항구인 티레는 살라딘이 두 차례나 포위 공격했지만 정복하지 못했으며, 이에 티레는 기독교 저항의 견고한 기반이 되어 사라센의 지배에 저항했다(Armstrong 1991: 258~259).

제3차 십자군 제3차 십자군에는 영국과 프랑스의 왕, 즉 푸아티에의 사자왕 리처드[리처드 1세]와 그의 경쟁자인 카페 왕조의 존엄왕 필리프[필리프 2세]가 모두 참가했다. 이 둘은 각자 유럽 왕국에 대한 상대의 계획을 크게 불신했으며 상대방이 참가하는 조건으로 십자군에 나서는 걸 받아들였을 뿐이다. 뛰어난 기수이자 검객인 리처드는 아키텐에 사는 활력 넘치는 엘레오노르의 아들이었다. 엘레오노르는 성지 예루살렘에서 돌아오자마자 루이 7세와 이혼하고 잉글랜드의 헨리 2세와 결혼했다. 제3차 십자군에 참가한 세 번째 군주는 신성로마 제국의 황제인 프리드리히 바르바로사[프리드리히 1세. 붉은 수염왕]였다. 그는 세속 군주로서 교황의 즉위식에서 통상 의례에 따라 교황의 굴레와 등자를 잡아 교황이 말에서 내리도록 돕는 것을 처음에는 거부했다. 교황 하드리아누스 4세가 평화의 입맞춤과 그에 따른 제국의 왕위를 보류하자, 프리드리히 바르바로사는 전통적 경배의식을 따를 수밖에 없었다. 1189년에 바르바로사는 10만 병사를 이끌고 성지로 향했지만 불행히도 실리시아[길리기아]에서 강을 건너다 익사하고 만다(Armstrong 1991: 262~264; Durant 1950: 662~663). 필리프와 리처드는 시칠리아에서 함께 겨울을 났다. 그곳에서 리처드는 탄크레디 왕에게서 리처드의 여동생 조안나의 지참금을 양도받아 1136킬로그램의 금을 확보했다. 탄크레티에게 조안나는 선왕[굴리엘모 2세]의 미망인이었다. 1191년 초에 필리프와 리처드는 해외로 출항했다. 하지만 배가 바람에 떠밀려 경로를 이탈했고 영국 왕 리처드는 키프로스에 상륙해 그곳을 정복했다. 메시나와 키프로스의 부를 손에 쥔 리처드는 계속해서 사라센이 장악하고 있는 아크레로 향했다. 아크레는 19개월 넘게 기독교도들에게 포위 공격을 당했다(Howarth 1993: 162~165).

해상 모험의 성과로 부유해진 리처드는 공격 속도를 높이기 위해 성채에서 빼낸 돌을 가져오면 장려금을 주겠다고 제안했다. 7월 초에 아크레 수비대가 항복했다. 리처드가 정복의 영광을 한껏 즐기면서 아크레를 면밀하게 살피던 중 누벽에서 휘날리는 외국 깃발 하나가 그의 주목을 끌었다. 리처드는 그것이 오스트리아 레오폴트 공〔레오폴트 5세〕의 깃발임을 알고는 그것을 찢으라고 명했다. 리처드와 필리프는 각자가 정복지의 절반을 차지하리라는 가정하에 행동했다. 아크레에 남아 있는 독일인은 거의 없었으며 레오폴트를 수행하는 인원은 극소수였다. 레오폴트는 너무 궁핍해 자신의 깃발 아래 기사를 더는 끌어들일 수 없었기에 본국으로 돌아가는 것 말고는 선택의 여지가 없었다. 그러나 왕의 이런 분노발작temper tantrum으로 하마터면 리처드는 목숨을 잃을 뻔했으며 영국은 상당한 돈을 지불하게 된다(Gillingham 1999: 224~225; Regan 1998: 164). 사라센인에게 제시된 강화 조건에 따라 기독교도 포로들과 함께 성 십자가가 그달 말까지 반환되어야 했다. 모든 조건이 이행될 때까지 무슬림인은 인질로 남았다. 하지만 살라딘은 얼버무렸던 것으로 보인다. 8월 말경 리처드의 인내심이 바닥을 보였다. 그는 무슬림 포로 2700명을 사라센 군대가 눈앞에 있는 언덕에서 학살했다. 이것이 단순히 하틴에서 살해당한 기독교도들에 대한 보복으로 이뤄진 것인지 아니면 대규모 적군을 뒤에 남기는 위험을 고려하여 필요에 의해 내린 조치였는지는 분명하지 않다. 어쨌건 리처드는 48시간 이내에 군대를 지휘해 예루살렘을 향해 남쪽으로 갔다. 순교의 붉은 십자가로 장식된 흰 망토를 입은 템플기사단의 정예부대가 선두에 섰고 병원기사단이 후위에서 말을 타고 갔다(Howarth 1993: 166~171).

기독교도들은 로마인이 닦아놓은 도로를 이용해 해안을 따라 남쪽으로 갔다. 피사의 보급선이 이들을 지원했다. 로마의 도로를 따라 약 5킬로미터로 펼쳐진 리처드의 전투 대형은 모범적이었다. 아슈켈론으로 가는 중간 지점인 아르수프에서 두 군대가 전투를 시작했다. 기독교도들은 사라센의 공격에 바위처럼 꿈쩍하지 않았다. 나팔소리가 울리자 중무장한 말들이 우레처럼 소리를 내며 돌진했고 기사들이 사단별로 보병을 지나치며 행진했다. 리처드가 선봉에 섰다. 기동력이 뛰어난 사라센 기병들마저도 기독교도들의 돌진이 주는 중압감에서 벗어날 수 없었다. 살라딘의 전기 작가는 다음처럼 이야기한다.

우리 군의 측면 부대가 완전히 패배했다. 나는 중앙에 있었다. 중앙 부대가 갈팡질팡하면서 도망갔다. 아마도 좌측 날개 부분—내게 가장 가까운 곳이었다—으로 피신한 것 같다. 하지만 내가 도착한 좌측 날개 부분도 모두 퇴각하는 중이었고 중앙 부대만큼 빠르게 도망가고 있었다. 나는 다시 말을 타고 우측 날개 부분으로 갔다. 하지만 이곳은 좌측 날개 부분보다 훨씬 더 처참하게 패배했다(Regan 1998: 173, 180~182).

리처드는 아르수프 회전會戰에서 십자군 전사보다 수적으로 훨씬 많은 사라센 군대를 결정적으로 물리쳤다. 그의 승리는 기독교도들에게 살라딘이 정복할 수 없는 존재가 아님을 입증했다. 살라딘은 그 이후로 계속해서 전술을 바꿔나갔다. 그는 지연 전술과 초토화 전술에 더 많이 의존했다. 라틴인들은 예루살렘을 향해 계속 열정적으로 진군했지만 목적지를 겨우 약 20킬로미터 앞둔 곳에서 저지당했다. 예루살렘을 손이 미칠 정도로 가까이 둔 채 토착 귀족들과 협의에 들어간 템플 기사단과 병원기사단 기사들이 예기치 않게 정복에 반대 의견을 냈다. 수도사 전사들은 십자군 전사들이 곧 유럽으로 돌아갈 것임을 염두에 두고 있었다. 그래서 그들은 만약 기독교도가 길고 가느다란 해안가 땅의 항구들만을 점령한다면, 거대한 내륙 도시인 예루살렘이 살라딘에게 도로 빼앗길 정도로 취약하다는 것을 알고 있었다. 대신에 그들은 협상을 통한 해결을 주장했다(Howarth 1993: 173~175).

그렇지만 휴전협정이 즉시 실현 가능하지는 않았다. 살라딘은 이슬람을 위해 예루살렘을 보존하는 일에 몰두해 기민하게 리처드의 입장을 파악했다. 공격과 평화 제안이 번갈아 이루어지면서 수개월이 흘렀다. 해안으로 기독교도들을 뒤따라간 살라딘은 야파를 점령했다. 용맹한 리처드는 즉시 야파로 항해했으며, 그곳에서 소수의 기사들만을 이끌고 무슬림 군대를 향해 돌진했다. 무슬림 군대는 리처드 왕의 용맹함을 너무 두려워한 나머지 어느 누구도 감히 그와 맞서려 들지 않았다(Gillingham 1999: 18~19). 리처드 또한 외교에 몰두해 살라딘의 동생 아딜과 친밀한 우정을 쌓았다. 리처드는 조안나 몰래 쿠르드족 왕자 아딜에게 자신의 여동생과 결혼할 것을 제안했다. 각 지도자는 기사적인 미덕의 본보기를 보여주며 빛났지만 군사적으로는 교착 상태였다. 마침내 1192년에 평화조약이 체결되었다. 이 조약으로 기독교도들은 예루살렘 성전을 방문할 수 있게 됐으며, 무슬림과 기독교도는 상대방 지역을 자유롭게 통행할 수 있게 되었다. 기독교도는 상업적 기질을 지닌 베네치아인과 피사인과 제노바인의 권고에 따라 야파에서 베이루트까지 펼쳐진 아크레를 수도로 하는 훨씬 축소된 해안 왕국으로 만족했다. 그곳의 왕 몽페라트의 콩라드[콩라드 1세. 몽페라트 후작]는 여전히 아쉬운 듯 자신을 예루살렘의 왕이라고 불렀다. 하지만 왕으로 선출되고 8일이 지나 콩라드는 '산중 노인'을 추종하는 아사신파의 칼에 찔려 죽었다. 그가 지중해에서 아사신파 화물선 한 척을 약탈했기 때문이다(Armstrong 1991: 266~271). 사자왕 리처드는 즉시 성지를 떠났다. 그의 동료 십자군 전사인 존엄왕 필리프는 리처드의 프랑스 영토 국경 지방을 침략했다. 잉글랜드에서는 리처드의 동생 존이 왕국을 강탈하기 위한 음모를 꾸미고 있었다. 리처드는 통과해야 할 길을 따라 적들이 매복해 있다는 경고를 받고 코르푸로 항해한 후 더 작은 배로 갈아 탔다. 그 배는 이탈리아 북부 아드리아 해안에서 난파되었다. 리처드 일행은 순례자로 위장한 채 계속해서 육상으로 여행했다. 그러나 용맹한 젊은 왕 리처드는 신분을 감춘 채 여행하는 게 쉽지 않았다. 1193년에 오스트리아를 지나가다가 정체가 탄로 난 리처드는 레오폴트 공에게 사로잡혔다. 앞서 리처드는 레오폴트의 깃발을 아크레에서 버린 적이 있었다. 15개월 후에 잉글랜드가 그의 석방을 위해 엄청난 몸값을 전달했고 그 덕분에 빈에 총안이 있는 흉벽을 건설할 수 있었다. 이는 앞으로 수 세기 동안 동쪽에서의 다른 튀르크족의 침입으로부터 중부 유럽을 방어할 요새가 될 것이었다(Gillingham 1999: 231~232).

제4차 십자군과 콘스탄티노플 약탈 제3차 십자군은 예루살렘을 탈환하는 데 실패했고 손상되기 쉬운 기독교 재산을 뒤에 남겨놓았다. 반면에 성 십자가를 수중에 넣기 위해 집결한 유럽의 귀족과 함께 순조롭게 시작한 제4차 십자군은 심지어 성지에 도착하지도 않은 채 비잔 티움과의 전쟁으로 변질했다. 서방의 기독교도들은 십자군이 예루살 렘을 확보하지 못한 이유를 그리스인들이 배신한 탓으로 돌렸다. 비잔 틴인들은 서방과 이슬람이 팔레스타인을 둘러싸고 벌인 교전으로 인 해 양쪽 다 세력이 약화되는 것을 차분히 지켜보았다. 신학적인 분열이 서방과 동방 사이의 적대감을 더욱 심화시켰다. 하지만 비잔티움 내부 의 불화 또한 존재했다. 1201년에 비잔틴 황제 이사키오스 2세가 형〔나 중의 알렉시오스 3세〕이 일으킨 쿠데타로 인해 장님이 된 채 왕위에서 물 러났다. 독일인과 프랑크인은 그 상황에서 득을 보려고 콘스탄티노플 이 제4차 십자군에 1만의 병사를 보강해주는 대가로 이사키오스 2세 의 아들 알렉시오스〔나중의 알렉시오스 4세〕를 비잔틴 황제의 자리에 앉 히려는 계획을 세웠다. 거의 장님인 베네치아의 총독 엔리코 단돌로는 배로 기사 4500명, 종자 9000명, 보병 2만 명, 말 4500마리를 콘스탄 티노플로 수송하는 데 동의했다. 그는 이보다 앞서 목재, 철, 노예를 거 래하는 동쪽의 수지맞는 시장을 지키기 위해 카이로 술탄 아딜에게 십 자군 전사 전체를 우트르메르Outremer로 돌리겠다고 약속했다. 이에 베 네치아 갤리선 50척이 콘스탄티노플로 향했으며, 아드리아해를 따라 경쟁 상대인 헝가리 항구 도시 자라를 처음으로 습격했다(Armstrong 1991: 383~385, Kinross 1972: 70). 그리스인은 라틴인에게 열정적으로 저 항했지만 전면 공격을 개시한 십자군 전사들이 의기양양하게 콘스탄 티노플을 점령해 성당, 궁전, 도서관을 약탈했다. 상인으로서 콘스탄 티노플에 친숙한 베네치아인들은 멋진 보물들이 어디에 있는지 알았 다. 값을 매길 수 없는 예술작품과 보석, 그리고 콘스탄티누스 황제의 금박을 입힌 네 마리의 웅장한 청동 말을 경마장에서 약탈해 베네치아의 산마르코 성당 정면 흉벽에 장식했다. 교회 또한 신성한 유물을 약탈당했으며, 이렇게 약탈된 유물은 서유럽에 불법으로 팔려나가 돈벌이가 되었다. 루이 9세는 성 십자가 일부와 면류관을 보관하기 위해 생트샤펠 성당을 세웠다. 수아송에서는 성모聖母의 베일, 세례 요한과 성 스테파노의 머리, 그리스도의 옆구리 속에 넣었던 성 토마스의 손가락을 입수했다. 샤르트르 대성당은 성 안나의 머리를, 아미앵 대성당은 세례 요한의 머리를 입수했다. 약탈품은 대부분 경질 금hard gold과 경질 은이었는데, 이는 당시 영국 1년 세입의 일곱 배에 달했다(Kinross 1972: 71~77).

그리스인들은 마침내 1261년이 되어서야 그리스인 황제를 콘스탄티노플 왕좌에 복위시켰다. 그러나 두 세기에 걸친 서방과 동방 기독교 왕국 사이의 정치적 충돌은 그리스인들에게 큰 피해를 주었으며 그리스 세계의 활력을 서서히 약화시켰다. 초원지대에서 온 훈족, 사르마티아족, 아바르족 침입자들을 복종시킨 비잔틴 제국은 북아프리카 해안을 지배했고 사산 왕조의 맹공격을 저지했으며, 우마이야 왕조와 아바스 왕조 그리고 셀주크 이슬람의 거듭되는 공격에 저항했다. 비잔틴 제국은 제4차 십자군이 콘스탄티노플을 약탈했을 때의 피해를 결코 회복하지 못했다. 동료 기독교도들이 비잔티움에 가한 타격은 제국을 심각하게 약화시켰고, 이는 오스만 제국에 최종적으로 정복당하는 시기를 앞당겼을 뿐이다. 이제 지중해의 제해권은 비잔티움에서 이탈리아로 옮겨갔다. 이탈리아 함대와 바르셀로나 및 마르세유 동맹이 순례자와 전사들을 성지 예루살렘으로 수송했고, 물품을 기독교도의 주둔지 요새에 공급했으며, 동방의 사치품을 유럽으로 다시 수입해 들여왔기 때문이다. 서쪽의 산업이 비잔티움과 이슬람으로부터 배운 새로운 금융기술로 인해 촉진되어 확장됐고 번영을 누렸다(Durant 1950: 606, 612~613). 하지만 정말 중요한 것은 처음으로 기병을 이용한 장기간의 군사적 침입이 장거리의 해상 너머로 수행되었다는 것이다. 이는 유럽의 남쪽 반도들에서 인근의 외국 해안으로 잠시 들르는 정도가 아니었다. 수만에 이르는 군마, 기수, 장비로 가득 찬 십자군 함선이 서유럽에서 근동까지 지중해 전 범위에 걸쳐 있었다. 서방 기독교 세계의 기마 전사들이 동부 지중해 해안에 침입했고, 토착민의 무장 저항에 맞서 해안 요새를 설립했으며, 두 세기보다 더 긴 기간에 걸쳐 식민지 주민들에게 식량을 공급하고 그들을 보강했다. 이로써 기마 세력으로 무장한 서유럽은 훗날 지중해보다 훨씬 더 멀리 확대해나갈 해상 팽창에 대비할 수 있게 되었다.

기마전사 기사단이 남긴 불후의 유산

이처럼 기독교가 이미 수니파와 시아파 간 경쟁으로 분열된 근동의 무슬림 아랍인과 튀르크족과 쿠르드족 군대에게 한 세기 넘게 가한 공격은 그 지역의 정치적 혼란을 확대시켰다. 프랑크인의 처신은 동쪽의 기독교도들을 소외시켰다. 기독교도 기사들은 서로 악랄한 음모를 꾸몄으며, 그들의 제후는 사라센 지도자와 동맹을 맺었다. 어떤 기독교도 왕은 악명 높은 아사신파와 공모했다. 게다가 제4차 십자군은 비잔티움을 약탈했다. 그럼에도 이러한 싸움에 참가한 기병대는 장차 정치적 발전에 지속적으로 영향을 끼칠 것이다. 민족적으로 전혀 다르지만 다른 종교를 받아들이면서도 놀라우리만치 유사한 이 국경 지방의 기마인들은 수 세기 동안 유럽과 아시아와 아프리카에서 자기네 신앙의 경계를 정하기 위해 싸울 것이다.

이집트의 맘루크 제5차, 6차, 7차, 8차 십자군이 13세기까지 계속되면서, 기독교도들의 침입은 이제 새로운 군사 세력인 맘루크인의 저항에 직면했다. 살라딘은 이집트를 지배하자마자 이들 노예부대를 군대에 도입했다. 그 후 아이유브 술탄 왕조가 맘루크인 분견대를 크게 늘렸다. 성왕 루이 9세가 지휘한 제7차 십자군 때 만수라[지금의 이집트 다칼리야주 주도] 참패의 원인이 된 맘루크인들이 1250년 이집트 정부에 더 많은 권한을 요구했다. 요구가 거부되자 맘루크는 쿠데타를 일으켜 아이유브 왕조의 술탄을 암살했으며 맘루크 왕조를 개창했다. 맘루크 술탄들은 신성한 도시인 메카와 메디나로 후원을 확대해나갔다. 또한 다음 장에서 살펴볼 것처럼, 1260년 아인잘루트 전투에서 몽골인의 근동 진입을 저지했다. 또한 그들은 레반트에서 기독교도와의 신성한 전쟁을 무자비하게 수행했다. 1291년 맘루크가 아크레와 프랑크인이 장악한 다른 도시와 요새를 정복함으로써 시리아와 팔레스타인에서 십자군의 존재가 사라졌다(Hildinger 2001: 159~161).

'소유된'을 의미하는 아랍어에서 유래한 맘루크Mamluk는 오래된 관습과 관계가 있는 것으로 처음에 우마이야인들에 의해 채택되었다. 맘루크는 튀르크계 유목민 부족 젊은이들을 조달해 노예 병사로 복무케

함으로써 군사적 팽창에서 결정적으로 중요한 역할을 했다. 앞 장에서 본 대로, 트란스옥사니아가 이슬람화되자 동북부 국경 지방 사람들의 도움으로 엄청나게 많은 초원지대 부족들을 노예로 사로잡거나 구매할 수 있었다. 사춘기 나이의 노예가 구매하기에 가장 적합한 시기로 여겨졌다. 그 나이 때의 젊은이는 초원지대 특유 기마술과 전투 기술을 대부분 이미 터득했다. 그럼에도 새로운 주인의 이익에 적합하게 만들 수 있을 정도로 여전히 다루기 쉽고 유순한 젊은이들이어서 그들은 아랍어를 배웠고, 이슬람으로 개종했으며, 숙련된 기마궁수로서 무슬림 군대에 편입되었다. 다른 군부대와 분리된 맘루크는 당연히 자신이 속한 전투부대에 강한 충성을 나타냈으며 군대에서 배타적 지위를 누렸다(Ayalon 1975: 55~56; Patterson 1982: 308).

이집트 맘루크의 군사 훈련은 엄했으며 훈련과 교육에 쓰인 푸루시야 기마 전술 매뉴얼에서 나타난 대로 창술과 궁술, 검술의 숙달을 요구했다. 맘루크는 팔 근육을 강화하려고 진흙 덩어리를 얇게 베는 연습을 하루에 1000번씩 했다(Irwin 1999: 240). 쇠사슬 갑옷으로 무장한 기수는 창을 겨누는 여러 방식을 사용했다. 호라산 방식은 초원지대의 사르마티아 방식처럼 양손을 썼다. 오른손은 창 손잡이 끝을 잡고 왼손은 창끝을 단단히 고정시켰다. 기수는 말의 몸체로부터 보호받기 위해 몸을 살짝 구부렸다. 이렇게 창을 양손으로 잡는 방식은 손의 위치를 바꿀 수 있고 불시에 창을 찌르며 거두어들일 수 있었다. 창을 오른손으로 잡고 겨드랑이 밑에서 비스듬히 아래로 겨누는 다마스쿠스 방식은 좀더 엄격했다. 궁술에서 기수는 오른쪽과 왼쪽에 과녁을 다섯 개 설치해놓은 다음 질주하면서 과녁들을 향해 화살을 쏘았다. 매번

제8장 이슬람으로 개종한 튀르크인 침입자와 십자군

과녁에 더 가깝게 다가갔다. 폴로는 전쟁에 대비한 연습 중 가장 격렬한 것으로 여겨졌다. 폴로에서는 말과 기수가 함께 방향을 바꾸고, 방어하고, 공격하고, 상대방과 싸우고, 공을 낚아채고, 자유롭게 질주하면서 전투의 위험에 대비해 마음의 준비를 하곤 했다. 폴로는 전투에 승리하는 전사의 용기와 기민함을 연마하는 기동 훈련이었다(Hildinger 2001: 156~158). 노예해방은 대체로 18세 무렵쯤 됐을 때 이뤄졌다. 전사들은 제복, 말, 무기를 받자마자 지위가 각기 다른 토호들에게 소속되거나 직접 술탄에게 배속되었다. 왕실의 맘루크만이 토호의 지위로 올라갈 수 있었다. 지배권을 장악하고 있는 술탄에 의해 노예 상태에서 해방된 맘루크만이 술탄 지위를 계승할 수 있었다. 말과 기마술이 지배하는 데서 중추가 된 기마 과두정은 초원지대에서 새로운 젊은 노예가 끊임없이 들어옴으로써 영속화되었다(Hrbek 1977: 40~41).

맘루크 술탄 중 가장 위대한 바이바르스 1세는 이집트와 시리아의 공정한 지배자로서 해군을 강화하고 도로와 항만과 운하를 개척했다. 외국 향신료 무역의 독점이야말로 이집트의 경제적·재정적 힘의 가장 중요한 원천이었다. 카이로는 다시 한번 인더스강 서쪽에서 가장 풍요롭고 북적이는 도시가 되었다. 킵차크 튀르크인 바이바르스 1세는 자신의 초원지대 혈통을 잊지 않았다. 그는 카이로에서 푸루시야 기마전술을 확실하게 연습할 수 있게끔 멋진 경마장 두 곳을(메이단maydan과 마야딘mayadin) 건립했다. 그는 일주일에 두 차례씩 엄격한 훈련을 함으로써 다른 사람들의 본보기가 되었다(Hildinger 2001: 167). 바이바르스 1세는 군대를 크게 확대하면서 기병의 수를 1만에서 4만으로 늘렸다. 이렇게 맘루크 군대는 세계에서 손꼽히는 최정예 군대가 되었다. 맘루크 군대는 십자군 전사와 근동에서 침입하는 몽골인에게 거둔 승리로 무적이라는 명성을 얻었다(Amitai-Preiss 1995: 71, 139, 215~216).

맘루크 시대의 이집트의 힘은 기념비적인 건축물에서도 입증된다. 그 건축물들은 몽골의 맹공격을 피해 도망쳐왔던 장인들이 들여온 것으로 시리아와 페르시아의 영향을 받아 풍부해진 아이유브 양식이었다. 모스크, 병원, 영묘, 고등교육 시설이 호화로운 정면(파사드)및 회반죽의 조각들과 함께 세워졌다(Clot 1996: 288~301). 전에는 수니파 셀주크인과 가즈니 왕조의 튀르크인이 서아시아와 북인도를 지배했다. 즉 1192년에 가즈니 왕조를 계승한 고르 왕조가 맘루크 전사들과 함께 힌두인의 중심부 깊숙이 침투해 델리를 몰락시켰다(Lawrence 1999: 399~400). 이와 유사하게, 서아프리카의 베르베르족 유목민은 종교적으로 자극을 받아 남쪽의 세네갈강에서 북쪽으로 멀리 스페인 에브로강까지 이르는 무라비트 왕조의 무슬림 제국을 만들었다. 이제 킵차크 맘루크의 군사력이 시리아에서 남쪽 나일강 아래로 확대되고 무슬림 세력이 동쪽으로 사막을 가로질러 차드로 전진하게 되었다.

파티마 왕조와 아이유브 왕조 동안 유목민 아랍인들이 항상 상上이집트[나일강 삼각주와 누비아 사이의 지대]에서 혼란의 원인이 되었다. 하지만 그들의 반란은 바이바르스 1세 치하에서 더 잘 훈련받고 장비를 갖춘 맘루크에게 조직적으로 진압되었다. 그 결과 많은 유목민 부족이 남쪽으로 이동했으며 누비아 국경 지역에서 일촉즉발의 상황이 연출되었다. 그들의 반란은 누비아의 공격에 응답해 1276년에 누비아 군대를 격퇴하기 위해 동골라 원정에 착수했다. 이 사건이 끼친 직접적인 영향으로 누비아의 기독교가 쇠퇴했고 이집트에서 콥트파 기독교의 지위가 악화되었다. 그 뒤를 이어 누비아가 붕괴되면서 위대한 아랍인 바이바르스 1세는 나일강 계곡과 차드호 사이의 목초지로 쉽게 돌파해 들어갈 수 있었다. 이에 나일강과 차드호 사헬지대가 이슬람화되었다. 1324년에 메카로 순례를 떠난 니제르강 유역 말리 왕국의 만사 무사 왕이 카이로를 방문해 엄청난 양의 금을 선물로 나누어줌으로써 부와 관대함을 과시했다. 그 결과 금의 가치가 크게 떨어졌다. 술탄이 그에게 이집트의 안장과 굴레를 갖춘 아라비아말을 선사했다. 또한 무사는 자신의 경호대로 사용하기 위해 맘루크 30명을 사들여 함께 말리로 돌아갔다. 매년 대규모의 대상이 1만2000마리나 되는 낙타와 함께 이집트와 말리 사이를 여행했을 때, 수단의 맞은편에 사는 사람들은 점점 더 무슬림 세계의 상업 중심지로서 카이로 쪽으로 향했다(Hrbek 1977: 76~79, 90; Law 1980: 121).

맘루크 왕조 이집트는 200년 넘게 근동에서 가장 강력한 국가로 군림할 수 있었다. 14세기 말 무렵 캅카스산맥에서 온 시르카시아 맘루크들이 줄어든 킵차크인들을 대체하기 시작했다. 그러나 1516년에 오스만인에 맞선 맘루크 군대가 알레포 외곽 마르지 다비크에서 심각한 패배를 당했다. 오스만 제국의 제9대 술탄인 폭군 셀림 1세가 대가의 이름에 부끄럽지 않게 대포를 사용한 것이 맘루크 군대의 결정적 패인이었다. 셀림의 150개 대포에서 쏘아대는 집중포화에 용감하게 돌진한 맘루크 기병이 궤멸되었다(Clot 1996: 173~174, 194~195). 훗날 오스만 시대에 근대화된 맘루크 정예 연대는 변하지 않고 계속되어 결국 오스만 사회의 최고 지위에 스며들어 사회를 지배할 것이다. 이렇게 하여 1798년 이집트를 침입한 나폴레옹은 1811년에 무함마드 알리에게 축출될 맘루크 체제와 대결하게 된다(Clot 1996: 322~326).

맘루크는 중세부터 근대까지 살아남은 유일한 군사 기사단이 아니었다. 서쪽의 수도사 기사단은 거의 13세기 말까지 계속 해외에서 싸웠다. 그들의 군사 규율은 앞서 보아왔듯이 미혼 남자들의 전사 집단 마이리이아의 요소들을 간직했다. 수도사들은 성지에서 당한 실패에도 운명적으로 유럽 기독교의 미래를 만들어내는 정치적 환경에 중요한 영향을 끼치게 되어 있었다. 이런 기마 팽창 시대에 각기 다른 신앙을 가진 전사들은 전장에서 원한이 사무치는 적이었음에도 조직의 특징을 많이 공유했다. 수도사 전사들은, 이슬람의 초원지대와 사막의 리바트처럼, 유럽 북쪽의 삼림지대와 남쪽의 해안을 따라 기독교 왕국을 방어하고 확대하기 위해 성을 세웠다. 십자군에 참가하고자 하는 열정은 유럽의 정예 기사들 사이에 계속되었다. 그들은 동쪽의 침입자에 맞서 기마술을 해군의 모험과 결합시켜 새로운 전략적 상황에 독창적으로 적응해나갔다. 기독교 수도사 전사들도 그들의 상대인 이슬람 용사들, 즉 아랍과 베르베르 그리고 튀르크의 국경 지역 기마인들이 중앙아시아와 인도, 북아프리카의 오지에 이슬람을 전파하기 위해 열정적이고 맹렬하게 싸웠던 것처럼, 유럽의 국경을 정하기 위해 그리고 유럽의 해외 식민지 팽창을 위해 오랫동안 맹렬하게 싸울 것이다.

튜턴기사단 튜턴기사단은 일찍이 동유럽 너머로 기독교 왕국을 확대하기 위해 북쪽으로 군사행동을 개시했다. 처음에는 헝가리 왕 안드레아 2세를 도와 성을 건설해 킵차크 튀르크계 유목민 쿠만족에 맞서 트란실바니아 국경지대를 지켜냈다. 하지만 튜턴기사단의 빠른 성공은 헝가리 귀족들의 저항에 직면했다. 헝가리 귀족들은 튜턴기사단 기사들을 몰아냈는데, 이는 헝가리인 편에서는 실수로 보일 수도 있다. 왜냐하면 다뉴브강 하류 연안 지역에 배치된 강력한 주둔군이야 말로 20~30년 후에 침입하는 몽골인들에 의해 겪은 헝가리의 비극적 패배를 막아줄 수 있었을지도 모르기 때문이다(Urban 2003: 34~36). 1226년 호엔슈타우펜가※ 황제 프리드리히 2세가 리미니의 금인칙서 Golden Bull of Rimini에서 다시 쓴 규약에 따르면 튜턴기사단은 더는 교황의 은혜를 입지 않고 직접 황제의 명령에 따라야 했다(Armstrong 1991: 422). 그 후 기사들은 중부 독일에서 징집한 평신도 지원병들과 함께 폴란드 대공 콘라트 1세를 도와 비스와강 하류의 이교도 프러시아인들과 싸웠다. 십자군 군대는 엄청난 유혈 속에서 발트해 프러시아 부족들을 침략했다. 빈곤과 복종을 맹세한 독신자 튜턴기사단은 북쪽의 긴 겨울의 혹한을 견뎌냈으며, 결국에는 공한지에 세속의 기사와 농민들을 정착시켰고, 새로운 도시를 세우기 위해 독일 시민들을 끌어들였으며, 살아남은 프러시아인들을 독일화하여 동화시켰다(Urban 2003: 56~57).

북쪽의 십자군은 계속해서 발트해 리보니아로 갔으며 이에 더해 러시아 기독교 정교회 국가들을 침략하려고 시도하기까지 했다. 그곳에서 수도사들은 모피, 광석, 호박, 목재를 거래하는 유익한 하천 무역을 지배할 작정이었다. 그러나 1242년 얼어붙은 페이푸스호에서 벌어진 전투에서 튜턴기사단과 동맹자들이 노브고르드의 알렉산드르 넵스키 대공에게 참패를 당했다. 이후 튜턴기사단은 남쪽으로 방향을 돌려 발트해의 리투아니아와 싸웠다(Nicholson 2004: 46~47). 이 같은 불모의 황무지에서는 봄과 여름에 대규모 홍수가 발생해 기마병은 한겨울에 교전할 수밖에 없었다. 한겨울에는 눈이 굳었고 습지가 얼어붙었다. 유럽의 모든 가톨릭 국가에서 온 기사들이 북쪽 십자군에 집결해 이교도와 분리주의자에 맞서 싸웠다. 이러한 십자군 참가에서 무장한 기사들의 형제애를 확인하는 명예 식탁Ehrentisch의 상징적 사용은 기사도 숭배의 구심점을 집약적으로 보여준다(Housley 1999: 272~273). 튜턴인의 공격은 리투아니아가 기독교를 받아들인 후에도 계속되었다. 이는 리투아니아는 물론이고 그단스크를 잃어 해상 봉쇄를 당한 폴란드에 적대감을 불러일으켰다. 튜턴기사단은 1410년 타넨베르크 전투에서 이 두 나라에게 충격적인 패배를 당했으며, 이어 1466년에는 수도인 마리엔부르크(말보르크)를 잃었다.

튜턴기사단의 노력이 몽골 대격변의 여파로 중부 유럽을 재건하는 데 도움을 주었던 것처럼, 튜턴기사단은 1389년 코소보에서 오스만인이 거둔 승리에 뒤이어 발칸 전선을 따라 이루어진 군사작전에서 합스부르크 왕실을 지원했다. 튀르크인들은 1529년에 처음 오스트리아의 수도 빈을 공격한 이후 1689년에 마지막으로 빈을 포위 공격할 때까지 매년 국경 지방을 침입했다. 논리적으로 볼 때, 오스만 군대는 말에게 먹일 풀이 충분히 자라났을 때에만 이스탄불을 떠나 진군할 수 있었다. 튜턴기사단의 지휘를 받고 멀리 떨어진 국경 지역의 성에 배치된 오스트리아 군대는 북쪽으로 진군하는 튀르크인들을 전술적으로 지연시키는 데 도움이 되었다. 이렇게 튜턴기사단이 서유럽 방어에 매우 중요한 역할을 했다(Urban 2003: 274). 튜턴기사단의 영향력은 북쪽 프로테스탄트의 압력을 받고 현저하게 감소했다. 튜턴기사단의 토지는 이후 나폴레옹에 의해 국유재산이 되었다. 오늘날 튜턴기사단은 중부 유럽 전역에서 자선 병원에 관여하는 각각 다른 사제단의 형태로 존재하고 있다.

병원기사단 병원기사단은 1291년 아크레 함락 당시에 잠시 키프로스로 피신했으며 1309년에는 로도스에 본부를 설치했다. 또한 병원기사단은 로도스에서 200년 동안 지중해의 무슬림 선박을 위협했으며 맘루크인과 튀르크인의 거듭되는 공격에 저항했다. 1522년에 위대한 술레이만 1세[오스만 제국의 제10대 술탄]가 직접 로도스에 대한 대규모 해군 포격을 지휘했다. 병원기사단 단원 7000명이 20만 튀르크인에 맞서 6개월에 걸친 포위 공격을 견뎌냈다. 결국 병원기사단의 요새는 파괴되었으며 기사단은 섬에서 철수했다. 이는 서방의 처참한 패배였다(Edbury 1999: 298~299). 1530년에 신성 로마 황제 카를 5세에게서 몰타를 유증받은 병원기사단은 병자 간호를 위해 병원을 건립했다. 하지만 술레이만 1세는 재차 병원기사단의 뒤를 쫓아 1565년에 몰타를 포위 공격했다. 엄청난 수적 열세에 있던 병원기사단은 기사단장 장 파리조 드라 발레트의 지휘 아래 용맹하게 시칠리아와 나폴리로 침입해 오는 적을 방어했으며 결국 오스만 침입자를 격퇴했다. 1571년에 병원기사단은 교황, 스페인, 베네치아의 신성동맹함대와 연합해 레판토 해전에서 튀르크인에게 중요한 승리를 거두었다. 병원기사단은 그 후 수세기 동안 계속해서 국제적 의료 조직으로 그리고 지중해의 초국가적 육해군으로 존속했다(Housley 1999: 288, 290). 병원기사단은 마침내 1798년 나폴레옹에 의해 몰타에서 쫓겨나 로마에 근거지를 두게 되었다. 그곳에서 오늘날까지 몰타 기사단이 전 세계를 대상으로 의료활동에 전념하고 있다.

템플기사단과 계승자들 병원기사단과 템플기사단 모두 유럽 전역에서 분배된 풍부한 토지를 소유했다. 그들은 군사적 의무를 수행하기 위한 자금을 얻기 위해 경작 방식을 개선하고 경제활동과 상업활동을 확대하면서 토지를 적극적으로 관리했다. 동유럽의 튜턴기사단처럼, 두 기사단도 브리타니아에서 앵글로족과 게일족 국경 지방을 따라 그리고 이베리아반도에서 기독교도와 무슬림 국경 지방을 따라 서쪽의 불모지를 개발하는 데 적극적이었다. 특히 템플기사단은 포르투갈과 스페인 왕국에서 장기간 머물렀다. 포르투갈에서 템플기사단은 1128년에 (무어인에게서 되찾은) 첫 번째 성을 받았으며 1147년에는 리스본 장악에 참가했다(Nicholson 2001: 91~92). 13세기 초 스페인 왕국을 도우러 온 템플기사단과 병원기사단은 발레아레스제도와 발렌시아 정복에 중요한 역할을 했다. 하지만 템플기사단은 성지 예루살렘에서의 요구 때문에 기독교도 지배자들이 필요로 하는 충분한 병력을 제공할 수 없었다. 그 결과 왕들은 지역 종교 기사단 군대를 승인했다. 1158년 칼라트라바Calatrava기사단이 창설되었다(Martinez Diez 2001: 64~65, 77). 1170년대에 알칸타라Alcántara와 산티아고 기사단이 레온에 설립되었다. 칼라트라바와 알칸타라 기사단은 시토 수도회의 규정에 따라 생활했다. 산티아고 기사단은 덜 엄격한 아우구스티누스 교회법을 준수했다. 엔코미엔다encomienda(토지)를 받은 기사들은 이베리아반도에서 무슬림을 몰아내는 공격적인 정책을 추진했다. 기사들의 부와 영향력 때문에 왕은 스페인 기사단들을 통제하지 않을 수 없었다(Luttrell 1999: 328). 따라서 왕들은 어떤 한 기사단이 너무 강해지지 않도록 각각 기부금을 달리 주는 데 신중을 기했다. 포르투갈 왕들은 무슬림이 장악한 포르투갈 도시들을 공격하기 위해 제2차, 3차 십자군에 참가하러 출항하는 유럽 기사들을 이용했다(Nicholson 2004: 28~29). 그 대신 스페인과 포르투갈 기사들은 지브롤터 해협을 장악하기 위한 해군 작전에 그리고 나중에는 북아프리카 습격 작전에 배치되었다(Forey 1999: 179; Luttrell 1999: 329). 템플기사단과 병원기사단, 스페인 기사단은 모두 결정적인 라스나바스데톨로사 전투에 참가해 무와히드 왕조 칼리프 나시르에게 완벽한 승리를 거두었다(Martinez Diez 2001: 82~83).

튜턴기사단과 병원기사단과는 대조적으로, 템플기사단은 나폴레옹에 맞서 싸울 때까지는 존속하지 않았다. 성지 예루살렘에서 그리스도를 위해 싸우고 프랑스에서 이단인 카타리파를 괴롭힌 그리고 이베리아반도에서 무어인과 싸운 이들 수도사 전사의 형제단은 서방세계에서 최고로 단련된 군대였다. 템플기사단의 성은 돈과 보석과 문서를 보관하는 장소로 사용된 가장 견고한 건물로 알려졌다. 템플기사단의 기병 망 조직은 물품을 한 장소에서 다른 장소로 수월하게 운반하게끔 했다(Forey 1999: 191~192). 그러나 템플기사단은 병원기사단과는 다르게 병원과 학교를 전혀 지원하지 않았다. 템플기사단의 재정 및 무장과 교황에 대한 충성은 프랑스에서 필리프 4세의 초기 단계의 민족주의를 훼손했다. 만성적으로 자금이 부족했던 필리프 4세는 템플기사단의 엄청난 부를 탐냈다. 1310년에 부도덕함과 이단으로 기소된 기사들이 고문으로 자백을 강요당했으며 그들의 토지는 국가에 몰수되었다. 기사단장 자크 드 몰레를 포함한 템플기사단의 많은 기사가 잔혹한 고문을 당한 뒤 화형에 처해졌다(Howarth 1993: 14~18). 그들의 끔찍한 운명은 아마도 곧 유럽을 그리고 장차 해외의 유럽 영토를 집어삼킬 종교 박해의 전조일 것이다. 그럼에도 스페인 기사단들은 계속해서 장기간 격렬하게 진행되는 레콩키스타Reconquista◆에 전투 병력을 제공한다. 1491년에 산티아고 기사들이 그라나다에 집결한 말 1만 마리 중에 1000마리를 인도했다(Luttrell 1999: 328). 그리고 1519~1521년에 산티아고 기사단 단장 페르디낭 드 마갈량이스의 함대가 배로 세계를 일주했다.

◆ '재정복.' 8세기부터 15세기에 걸쳐 이슬람교도에게 점령당한 이베리아반도 지역을 탈환하기 위해 일어난 기독교도의 국토 회복 운동을 말한다. 1143년에 포르투갈 왕국과 1469년에 에스파냐 왕국을 건설하고 1492년에 이슬람교도의 마지막 보루였던 그라나다 왕국을 함락함으로써 종식되었다.

초원지대 알타이어족 유목민이
유라시아를 정복하다

1

몽골 기마병이
유라시아를 넘어 팽창하다

초원지대의 기마 유목민—피르다우시의 시詩에서 우랄알타이어족—은 서아시아에서처럼 여러 차례 남쪽의 농경지대를 침입했다. 셀주크인은 십자군 전사의 적으로 중세에 중동을 침입한 수많은 튀르크계 부족 중 하나였다. 한편 초원지대 동쪽 끝에서 다른 유목민들이 중국을 침략하고 있었다. 10세기에 당나라의 멸망과 더불어 일어난 혼란의 와중에서 알타이 몽골어를 하는 유목민 거란족이 중국 북쪽에 요나라를 세웠다(표 9.1) 남쪽의 송 왕조는 오랑캐로 다른 오랑캐를 몰아내는〔이이제이以夷制夷〕 오래된 정책에 따라 만주 지방에서 알타이 퉁구스어를 하는 여진족을 부추겨 요나라를 절멸시키게 했다. 여진족이 모여들었지만 금나라를 세우기 위해 중국 북쪽으로 계속 진군했고, 이는 송나라의 엄청난 분노를 불러일으켰다. 중국은 3개의 독립국, 즉 남쪽의 송과 북쪽의 금, 서북쪽의 탕구트족으로 쪼개졌다. 탕구트족은 티베트의 농경민족으로 1038년에 송으로부터 독립해 산시성陜西省과 오르도스에 서하 왕국을 세웠다(Saunders 2001: 35~37). 하지만 얼마 안 가 정착 국가인 페르시아와 중국 모두 초원지대 기마인들의 대규모 침략에 휩쓸릴 것이다. 앞 장에서 본 대로, 말은 초원지대 국경 지역에서 최초로 사육되었으며 여러 유목민이 초원지대의 주변에서 문명화된 중심부로 이동해 들어왔다. 이번 장에서는 동북부 초원지대의 가장 먼 주변부에서 시작된 한 유목민의 침입을 살펴볼 것이다. 그들의 군사력이 광범한 유라시아 대륙을 삼켜버릴 것이다.

요	907~1125
금	1115~1234
송	960~1279
원	1271~1368
명	1368~1644
청	1644~1911

[표 9.1] 후기 중국 왕조.

몽골족의 칭기즈칸Chingiz Khan, 成吉思汗은 어려서 고아가 되었고 부랑자로서 초원지대의 가장 황량한 변방에서 생존을 위해 먹을 것을 찾아 헤맸다. 그는 극단적인 부족의 혼란 속에서 성장하며 모든 유형의 상실감과 폭력을 경험했다. 놀랍게도 그는 살아남았으며 그의 후손들은 수많은 영토의 황제가 될 것이었다. 칭기즈칸은 비록 읽고 쓸 줄은 몰랐지만 몽골인의 삶을 위협하는 적대적인 부족들의 의표를 찌르고 싸워 이기는 법을 하나씩 터득했다. 마침내는 모든 불리함을 무릅쓰고 초원지대 유목민들의 대연합을 이끌어냈다. 50세에 칭기즈칸은 전투에 단련된 기병으로 수 세기 동안 초원지대 사람들을 착취해온 정착 문명과 맞섰다. 그는 대륙 너머 여러 전선에서 신속한 공격과 공포의 전쟁을 수행했다. 그는 어떤 유목민도 가져보지 못한 새로운 전투술을 고안했고 새로운 무기를 사용했으며 공성술까지 활용했다. 불과 10만의 기마병으로 태평양에서 모스크바 대공국까지 광범한 지역을 정복했다. 지역 곳곳의 도로가 대륙 간 교역을 위해 보호되었다. 신속한 우편 중계 제도로 멀리 떨어진 나라들이 세계에서 가장 규모가 큰 자유무역 지대로 조직되었고, 국제법이 확립되었다. 교육기관, 교사, 성직자, 법률가, 의사는 모두 세금을 면제받았으며, 귀족의 특권과 남용이 폐지되면서 개인의 재능과 역량이 중시되었다(Weatherford 2004: xvi-xix).

말총 신령기의 서사시

칭기즈칸이 죽은 직후 그의 젊은 시절을 잘 아는 사람들이 편찬한 『몽골 비사蒙古祕史』에는 그의 놀라운 경력이 자세히 소개되고 있다. 두 운체로 쓰인 시 구절들에 따르면, 이 상세한 이야기는 글로 기록되기 전에 부족 집회에서 먼저 노래로 불린 듯 보인다. 『몽골 비사』는 제목에서 드러나듯 몽골족에게 헌정된 이야기다. 이 기록은 부족의 전설과 대大칸의 무훈을 후세에 전하는 내용으로 가득하다. 『몽골 비사』는 쿠빌라이 통치 시기에 체계화된 것 같다. 당시 중국 관습의 영향으로 원대元代 학자들에게 역사 기록을 몽골어와 중국어로 각각 번역하도록 지시했다(Saunders 2001: 193~194). 오늘날 이 저작의 사본 하나가 남아 있으며, 이를 통해 몽골족이 오논강과 케룰렌강, 툴라강 상류의 부르칸 칼둔 산악지역에서 유래했음을 알 수 있다. 환상적·신화적 요소로 가득한 계보를 통해 몽골의 부족과 혈통은 멀디먼 전설적인 과거에서 자신들의 기원을 찾았다. 신화 속에 등장하는 그들의 조상은 가공의 유사 친족관계fictive kinship였는데, 이를 통해 생물학적으로 전혀 관련 없는 사람들이 혈통의 조작으로 정치적 유대를 맺을 수 있었다.

가장 오래된 몽골 혈통은 보르지긴Borjigin족[孛兒只斤氏]으로 12세기에 금에 맞서 초원지대 부족들을 연합했다. 여진족과 타타르족에 맞선 교전에서 지도적 지위가 타이추드Tayichiud족[泰赤烏部]으로 옮겨갔지만 나중에 보르지긴족으로 되돌아갔다. 이것이 타이추드족을 격분시켰다(Allsen 1994: 330~332). 보르지긴족 예수게이Yesugei[也速該]가 1160년대에 형제들과 함께 메르키트Merkit족[蔑兒乞]의 한 부족민에게서 장차 자신의 신부가 될 옹기라드Onggirad(또는 온기라드, 弘吉剌) 혈통의 호엘룬Hoelun[訶額侖]을 납치했다. 그런 뒤 예수게이는 타타르족과 전투를 벌여 위대한 전사 한 명을 살해했다. 그는 전쟁에서 돌아와 호엘룬이 아이를 낳았다는 사실을 알게 되었다. 불길하게도 그 아이는 오른손에 피가 묻은 큰 옷을 꽉 쥐고 있었다. 호엘룬이 낳은 첫아들에게 아버지는 죽은 타타르족 전사인 테무친Temuchin[鐵木眞]의 이름을 붙여주었다. 이 이름은 나중에 세상 사람들에게 칭기즈칸으로 알려진다. 그 후 예수게이는 곧 일정한 수준의 지도적 지위를 획득했다(Man 2004: 63~68, 72~73). 그러나 황량한 지역에서 지내는 삶은 불확실했다. 모든 가문은 더 약한 가문을 파멸할 기회를 노렸다. 예수게이의 추종자들은 그의 아들을 족장으로 인정하는 걸 내켜 하지 않았다. 타이추드족은 배신에 능한 집단이었다. 그들은 계속 원한을 품고 있었다. 타이추드족은 호엘룬과 예수게이의 또 다른 아내 그리고 그들의 여섯 아들과 딸 한 명에게서 가축 무리를 빼앗아 떠났다. 예수게이의 가까운 친족이 타이추드족을 따라갔다. 호엘룬은 말을 타고 쫓아가 용감하게 투그tugh(종마의 꼬리로 만든 예수게이 가문의 깃발)를 잡고 배신자들에게 열변을 토했다. 이 신령기spirit banner는 가장 뛰어난 종마의 머리털로 만들어졌으며 예수게이가 야영지의 영원한 수호자로 남기 위해 그의 게르ger(몽골족의 이동식 주거용 둥근 천막) 바깥에 항상 세워두는 창 손잡이에 묶여 있었다. 바람에 엉키고 나부끼는 말총은 태양과 하늘의 힘을 얻어 몽골 전사인 예수게이에게 활력 넘치는 힘을 전해주었고, 멀리 떨어진 목초지를 향해 나아가도록 끊임없이 부추겼다. 하지만 두 미망인은 친족들의 경제적 지원 없이 오논강 상류의 황량한 지역에서 가족을 부양해야 했다. 테무친은 아버지 없이 극도의 결핍과 고통 속에서 자라난다(Grousset 1966: 42~43; Onon 2001: 62~63).

테무친은 성장하면서 우정과 충성뿐 아니라 비극과 배신 또한 경험한다. 처음에 그는 유리아트족 몽골인 자무카札木合와 친밀한 우정을 쌓았다. 테무친은 자무카와 안다anda[安答], 즉 결의형제結義兄弟로서 변치 않는 형제애를 맹세했다. 몽골의 어린아이들은 네 살쯤 되면 말을 탈 수 있었다. 두 아이는 함께 안장 없이 선 채로 격투 시합을 했다. 테무친과 자무카는 말을 탄 채 올가미 밧줄을 던지고 바람에 흔들리는 과녁을 향해 활 쏘는 연습을 했다(Grousset 1966: 44; Man 2004: 74). 예수게이의 아들들이 나이가 들었을 때, 그들은 새와 마멋을 사냥해 가족의 생계에 한몫했다. 이런 배경에서 테무친과 그의 이복형 벡테르別克帖兒가 격렬하게 대립했다. 예수게이의 장남 벡테르는 테무친에게 자신의 지위를 주장하는 데 몰두했다. 그는 테무친이 포획한 종달새와 물고기를 착복했다. 테무친은 복종하는 것이 내키지 않아 신속하게 복수했다. 반대 방향에서 벡테르에게 접근한 테무친과 그의 어린 친동생이 활과 화살로 이복형을 쏘아 죽였다. 호엘룬은 의붓아들을 죽였다는 이유로 두 아들을 호되게 나무랐다. 특히 당시는 가족이 외부의 공격에 취약한 상황이었다. 하지만 테무친은 완강했다. 훗날 대중 앞에 모습을 나타냈을 때에도 테무친은 자존심에 상처를 주는 도전을 대수롭지 않게 묵인하는 사람이 아니었다(Onon 2001: 66).

호엘룬이 적의 공격을 두려워한 데에는 타당한 근거가 있었다. 벡테르가 죽은 직후 타이추드족이 테무친을 납치했다. 그들은 테무친을 인질로 잡아 나무로 만든 멍에에 그의 팔을 묶어두었다. 테무친은 굴욕과 고통에 시달렸지만 아버지의 오래된 동맹자 소르칸 시라Sorqan-Shira의 도움으로 마침내 탈출하는 데 성공했다. 테무친은 가족과 재회했지만 곧이어 강도가 습격해 가족의 아홉 마리 말 중에 여덟 마리를 가지고 달아났다. 남은 말에 올라 탄 테무친은 그들을 뒤쫓아 잃어버린 말들을 되찾았다(Grousset 1966: 48~57). 이러한 성공으로 대담해진 테무친은 어머니의 혈통인 옹기라드족에게 가서 자신과 약혼한 신부를 요구했다. 그의 아내 보르테孛兒帖는 지참금으로 값비싼 담비코트를 가져왔다. 테무친은 담비코트를 적절하게 사용해 아버지의 전 안다이자 케레이트족[客烈亦 또는 怯烈亦]의 칸(부족 지도자)인 투그릴 칸과 관계를 복원했다. 족장 투그릴은 테무친의 정통성을 인정해 그를 후원했다. 투그릴의 후원에 고무되어 한때 배신자였던 테무친의 친족이 보르지긴족으로 되돌아왔다. 그러나 다시 한번 재난이 닥쳤다. 예수게이가 호엘룬을 납치한 데 대한 복수로 메르키트족이 보르테를 포로로 붙잡은 것이다. 테무친은 안다인 자무카와 함께 방심한 메르키트족을 엄습했다. 보르테는 아무 탈 없이 구출되었지만 메르키트족 족장의 아이를 임신했다. 테무친은 주치朮赤◆라는 아이를 받아들여 아들로 인정했다. 보르테는 지적이고 지략이 풍부한 아내였다. 이후 테무친이 권력을 장악하는 데 보르테가 큰 힘이 되었다(Allsen 1994: 335~336; Onon 2001: 76~91).

하지만 두 젊은 동맹자 사이에서 경쟁의식이 표면화되기 시작했다. 『몽골 비사』에서는 추종자들과 함께 이동하고 있었을 때 자무카가 가축 무리를 어떻게 나누어야 한다고 말했는지에 대해 상세하게 서술된다. 자무카는 자신이 말들과 함께 산지 가까이에 야영하고 테무친은 저지대에서 양과 염소를 지켜야 한다고 했다. 테무친은 이를 자무카 편에서 지배권을 확립하려는 시도라고 해석했다. 귀족과 종복 사이의 차이는 기마병의 용기와 군사 기술에 달려 있었다. 말을 재산으로 갖는다는 것은 족장이 자신의 부족을 전쟁과 전리품으로 이끌어내는 수단이었다. 보르테의 충고에 따라 테무친은 전 동지인 자무카와 갈라서고 독립 노선을 걸었다. 그는 자무카의 추종자들과 그들의 가축 무리

◆　보르테가 테무친과 결혼하고 얼마 지나지 않아 납치되는 바람에 주치의 부계 혈통에 대해서는 논란이 있다. 출생이 의심스러운 점 때문에 중세 몽골어로 '손님'이라는 뜻을 지닌 '주치'라는 이름으로 불리게 되었다고 한다.

를 받아들였다(Dupuy 1969: 6; Man 2004: 89~90). 자무카는 자신의 전 동맹자가 권력을 장악한 데 분노해 달란발조트에서 몽골족을 공격했다. 전투는 승패가 가려지지 않았지만 자무카는 포로 70명을 산 채로 쇠가마솥에서 잔혹하게 끓여 죽였다. 자무카의 적절치 못한 잔혹함 때문에 수많은 지지자가 그를 멀리하고 테무친에게로 돌아섰다(Saunders 2001: 50). 테무친은 이와는 대조적으로 불화를 극복하려는 도전과 결단력으로 다른 유능한 개인들의 충성을 고무했다. 그리고 앞서 보아왔듯이 뛰어난 지도력으로 그들의 충성을 유지해나갔다. 테무친은 반목하는 유목민들이 정치적 혼돈을 겪는 와중에 많은 노력을 기울여 아주 힘들게 새로운 부족연합을 만들어내게 된다.

몽골 세력의 등장

1196년에 타타르족이 북쪽으로 침략해오는데 지친 금은 전형적인 이이제이 전술로 오논강과 케룰렌강 지역의 타타르족에 맞서 케레이트족, 몽골족, 여진족을 연합시켰다. 투그릴과 테무친에게는 자신들의 오래된 적들에게 복수할 기회였다. 타타르족은 철저히 격파되었으며 테무친은 타타르 병사들로부터 추가로 전사를 징집했다. 또한 몽골족은 타타르족에게서 빼앗은 물건들, 특히 화려한 금란金襴[황금색 실을 섞어서 짠 바탕에 명주실로 봉황이나 꽃의 무늬를 놓은 비단]의 호사스러움에 놀랐다. 이때 테무친은 타타르족의 고아 한 명을 입양해 보르테에게 다섯 번째 아들로 키우게 했다. 금은 투그릴에게 옹칸王矸이라는 칭호를 수여함으로써 두 명의 칸이 거둔 군사적 성취를 기렸다(Allsen 1994: 338). 테무친은 여러 차례 나이만족, 메르키트족, 유리아트족과 대결했으며, 마침내 1201년에는 타이추드족을 전멸시켰다. 유명한 궁수인 타이추드족 전사 한 명이 테무친의 군마에게 상처를 입혔다. 그는 사로잡혀 테무친 앞에 끌려가 자신의 행위를 인정하고 용서를 빌었으며 몽골족에게 충성을 맹세했다. 테무친은 젊은 궁수의 용기를 높이 사서 화살을 뜻하는 제베[哲別, 者別, 제베이]라는 이름을 부여했으며, 자기 옆에서 말을 탈 것을 권했다. 제베는 테무친의 장군 중에서 가장 위대한 장군이 되었다(Grousset 1966: 106~107). 하지만 마지막으로 해결되어야 할 숙제가 남아 있었다. 바로 증오의 대상인 타타르족과의 마지막 결전이었다. 이 군사작전을 위해 테무친은 병사들에게 준엄하게 명령하여 교전 중에 약탈을 금했으며 이 명령을 어기는 자가 누구든 가장 가혹하게 처벌하겠다고 위협했다. 약탈은 전장에서 혼란을 야기했다. 또한 약탈은 패배한 군대가 반격을 위해 다시 집결할 수 있게 함으로써 완벽한 승리에 걸림돌이 되기도 했다. 대신에 테무친은 몽골의 전통인 공동 사냥에서 참가자뿐 아니라 미망인과 고아에게도 공평하게 사냥감이 분배된 것처럼 전투 후에 전리품 분배를 집중적으로 통제하려 했다. 테무친은 1202년에 타타르족을 공격해 궤멸시켰다. 이로써 아버지의 비극적 죽음에 대한 복수가 마무리되었다(Weatherford 2004: 50~51).

그러나 반역의 음모가 꾸며지고 있었다. 테무친이 동쪽 몽골 지방에서 거듭 승리하면서 투그릴 옹칸과의 관계가 긴장감에 휩싸이게 되었다. 투그릴은 아들 셍굼桑昆과 함께 결혼잔치에서 테무친을 위한 함정을 팠다. 테무친은 결혼잔치에 가는 도중 암살 계획에 대한 정보를 입수하여 일행 몇몇과 함께 동쪽으로 달아났다. 초원지대 전사들은 퇴각하는 장군을 버리는 것이 보통이었다. 그러나 테무친의 동료들은 추격자들에 비해 수적으로 매우 열세였음에도 결코 머뭇거리지 않았다 (Hartog 2004: 24~26). 그들은 야생말을 사냥해 배고픔을 해결했다. 나무가 없는 초원지대에서는 마른 똥으로 불을 지폈고, 말가죽으로 자루를 만들었으며, 물과 고기를 섞어놓은 자루 속에 달군 돌을 넣어 음식을 요리했다. 병사들에게 우주에서 가장 숭배받는 동물인 말의 이러한 자비로운 모습은 신이 개입했음을 상징하는 것이었다. 이후로는 몽골인의 모든 중요한 전투에 앞서 말 희생제의가 거행되었다. 테무친은 독실한 무속신앙 신자로 하늘과 산을 숭배했지만, 그의 동료들은 기독교도, 불교도, 무슬림으로 다양했다. 그들은 발주나 호수의 쓰디쓴 물을 함께 마심으로써 테무친이 추종자들의 충성을 결코 잊지 않겠다고 맹세한 서약을 널리 알렸다. 테무친은 밑바닥에서의 군사 경험을 통해 이질적으로 구성된 추종자들에게서 힘을 끌어냈다. 이런 활력 넘치는 힘이 그의 제국을 성장시키는 자양분 노릇을 했다(Weatherford 2004: 57~58). 몽골 분견대로 증강된 테무친은 사흘간에 걸친 전투로 케레이트족을 궤멸시켰다. 이제 테무친은 10진법에 기초해 군대를 재편성했다. 이는 앞서 기원전 3세기에 몽골족이 자기네 조상으로 간주한 흉노족, 즉 훈누Hun-nu(태양의 민족)가 초원지대에서 시도한 적이 있었다. 하지만 테무친은 10진법 체제를 더 엄격히 시행했다. 이는 군사 규율을 확실하게 하는 것만큼이나 정치적 지배권을 획득하기 위한 것이었다. 테무친은 전투 중에 전우를 절대 버리고 가지 않겠다고 맹세한 아르반〔십호十戸〕으로 군대를 나누었다. 10개 아르반은 1개 자군〔백호百戸〕

을, 10개 자군은 1개 밍간[천호千戶]을, 10개 밍간은 1만 명으로 이루어진 1개 투먼[圖們[만호萬戶]을 구성했다(Hildinger 2001: 118). 몽골족은 서쪽으로 알타이산맥까지 진격했으며, 거기서 자무카와 동맹한 나이만 세력을 무찔렀다. 그런 뒤 테무친은 수도를 서쪽인 카라코룸으로 옮겼다. 이곳은 역사적으로 초원지대 최초의 제국인 흉노의 묵돌 선우가 지배했던 핵심 영토였다. 옥새 관리자로 임명된 위구르인이 위구르어 알파벳(소그디아나어에서 유래)을 몽골어로 바꾸도록 지시받았다. 원래 유목민이었던 위구르족은 동쪽 투르키스탄 오아시스에 정착해서 토카르인들의 문화 대부분을 흡수했다. 위구르족은 기원후, 관리, 상인으로 고용되어 몽골 제국의 형성 단계에 정치 문화에 강한 영향력을 행사하게 된다(Allsen 1997: 6).

1206년에 몽골고원을 넘어 동쪽 삼림지대에서 서쪽 알타이산맥까지 그리고 남쪽 사막지대에서 북쪽 툰드라지대까지 확장된 새로운 강력한 연합 형성을 축하하는 쿠릴타이khuriltai(족장 회의)가 소집되었다. 카간khagan(可汗, 칸 중의 칸)은 부르칸 칼둔의 신성한 산기슭에서 숭배되었다. 그곳에서 신화에 등장하는 파란 회색의 늑대와 진한 갈색의 암사슴이 최초로 모든 몽골족의 조상을 낳았다. 테무친의 관습상 측근인 노얀noyan(那顏, 지휘관들—가까운 친족과 충성스러운 동맹자들)은 물론이고 최근에 동맹을 맺은 모든 부족의 지도자가 부족회의에 참석했다. 처음으로 거행된 의식은 9개의 말총이 휘날리는 테무친의 전투 깃발을 올리는 것이었다. 몽골 전통에 따르면, 9라는 숫자는 행운의 전조를 나타내며 깃발이 휘날린다는 것은 테무친의 카리스마를 인정하는 것이었다. 펠트 담요에 앉은 테무친은 '펠트 천막의 사람들'에 대한 통치권을 축하하기 위해 높이 들려졌다. 몽골의 우주론에서는 하늘의 신이자 유목민들의 주신인 텡그리Tengri[천신天神]가 세속 지배자에게 통치권을 수여했다. 따라서 사람들의 시선을 집중시킨 테무친의 집권은 하늘의 힘이 표현된 것으로 그리고 그의 통치권은 천상의 명령으로 보였다. 몽골의 군사적 팽창은 신이 승인한 것으로 여겨졌으며 모든 민족이 몽골의 종주권에 복종하는 일은 당연한 것으로 여겨졌다. 몽골 지배에 반대하는 국가는 모두 신을 반대하는 것으로 간주되어 보복을 받아야 했다(Allsen 1994: 342~343). 북 치고 노래 부르며 공중과 땅으로 마유주馬乳酒를 뿌리는 장엄한 의식이 진행되는 동안 최고 주술사 콕추 Kokchu가 몽골족 지도자 테무친에게 전 세계 무적의 통치자를 뜻하는 칭기즈칸이라는 공식 칭호를 부여했다. 게르가 사방으로 수 킬로미터 펼쳐져 있는 가운데 나담naadam[나다무那达慕] 축제가 시작되었다. 축제에는 몽골인의 스로트 싱잉throat singing[흐미Khuumii], 경마, 격투기, 활쏘기 시합이 포함되어 있었다.

칭기즈칸은 개인 경호원을 1000명으로 늘려 호위 임무와 동시에 일일활동을 관리하는 집사 임무를 맡겼다. 볼모로 잡혀온 가신 지도자들의 아들들이 궁전에서 행정가로 양성되었다. 칭기즈칸은 호엘룬을 통해 최고 주술사가 새로운 행정 기구에서 영향력 있는 지위를 차지하려고 남동생 테무게[테무게 옷치긴鐵木哥斡赤斤]를 위협했음을 알게 되었다. 작은아버지가 호엘룬과 그녀의 자식들을 운명에 맡긴 채 타이추드족과 함께 떠났음을 안 칭기즈칸은 외부인이 자기 가족에게 간섭하는 것을 내버려두지 않으려 했다. 그리고 무자비하게도 주술사의 등을 부러뜨리라고 명령했다(Saunders 2001: 50, 53). 칭기즈칸은 새롭게 확대된 행정 기구의 기능을 조정하기 위해 그의 가까운 집안에 입양된 타타르족 고아 시기 쿠투쿠Shigi Khutukhu를 대大재판관에 임명했다. 몽골에서 최고의 법률적 권한을 가진 재판관은 예속민을 할당하고, 죄인의 생사를 결정하며, 모든 사법상의 결정과 카간의 법적 결정이 판례로 기록된 코코 뎁터Koko Debter를 보존할 의무가 있었다(Allsen 1994: 344). 칭기즈칸은 모든 사람에게 변함없는 푸른 하늘Eternal Blue Sky(Munkh Khukh Tengri)이 궁극적으로 최고의 법이라고 믿었다. 칭기즈칸은 위대한 야사 Great Yasa(법전)의 법들을 반포하면서 번식기 동안의 사냥과 개울과 강의 오염을 금지했다. 더 나아가 동물을 훔치는 행위를 사형으로 다스렸고 몽골족 사이의 갈등의 원인이었던 부녀자 납치를 금했으며, 완전한 종교의 자유를 선언했다. 칭기즈칸은 배신과 절도와 간통을 금지했으며 현자와 학자에 대한 존경과 빈민과 노인에 대한 자비를 주장했다 (Weatherford 2004: 68~69).[1]

숙련된 전투부대는 칭기즈칸의 주요 관심사였다. 30킬로미터 간격으로 새로운 말들이 준비된 역참이 화살처럼 빠른 전령Arrow Messenger을 위해 설치되었다. 전령들은 빠른 속도로 이동하는 데 따르는 진동을 흡수하기 위해 붕대를 감았다. 전장에서의 높은 기동력을 위해 사냥 원정 방식으로 평상시에도 훈련이 정기적으로 열렸다. 그 훈련에는 군 전체가 참가했다. 각 부대의 지휘관은 전투에서의 용맹함을 기준으로 선발되었다. 사령관은 병사들에게 절대적 권한을 행사했으며, 상관

---

1   야사는 심지어 적이었던 이집트의 맘루크인에게도 받아들여지곤 했다. 맘루크인은 야사가 칭기즈칸의 군사적 성공의 핵심이었다고 믿고 있었다.

의 엄격한 통제에 따라야 했다. 지휘관들은 대규모 군사 이동을 위해 사전에 조정된 군사작전의 일정을 지켜야 했다. 만약 그들이 일정을 따르지 않으면 엄한 처벌이 뒤따랐다. 옹기라드족처럼 충성을 나타냈던 칭기즈칸의 오랜 부족 동맹자들은 그들 지도자들이 지휘하는 민족적으로 동질적인 밍간을 구성했다. 하지만 몽골족 지도자 칭기즈칸은 나이만족과 타타르족처럼 최근의 적들에 대해서도 십진법 체계를 활용했다. 이는 개개인을 조금씩 이질적인 혼성 부대에 할당함으로써 잠재된 부족의 충성을 약화시키기 위한 것이었다(Allsen 1994: 346~347), 몽골군은 전적으로 기병으로만 구성되었다. 경기병은 중기병보다 수가 두 배 많았으며, 투구와 속을 채워 넣은 가죽조끼, 활과 화살, 올가미 밧줄, 칼 또는 전투용 도끼, 창, 가죽이 덮인 고리버들 방패로 무장했다. 중기병은 더 튼튼한 말을 탔고 가끔 갑옷을 입고 뒤쪽과 양 옆으로 늘어진 가죽 자락이 달린 쇠투구를 썼다. 중기병은 쇠로 만든 비늘과 고리로 덮인 엷은 판으로 된 갑옷을 입었다. 이 갑옷은 서방기사의 갑옷보다 신축성이 더 뛰어나 민첩하게 움직일 수 있었다. 몽골군은 활과 화살, 방패, 언월도, 창을 휴대했다. 모든 전사는 올이 성긴 비단으로 만든 속옷을 지급받았다. 이런 비단 속옷은 보통 화살촉으로 찢어지지 않아 부상을 당하지 않았다. 비단을 세게 당기기만 하면 화살을 쉽게 뽑아낼 수 있었다. 부상당한 병사를 전투 중에 내버려두는 일은 찾아볼 수 없었다(Hildinger 2001: 119~121). 예비용 말들이 병사들 뒤에 무리를 이루고 있었다. 전투가 시작되면 경기병이 전위부대로 앞장섰으며, 사정거리에 들어오면 화살을 빗발치듯 쏘아댔다. 그다음 경기병이 후방으로 이동하면 주력부대인 중기병이 밀집해 돌진했다. 이들 기병으로 칭기즈칸은 탕구트족 영토를 침입했고 서하의 수도를 점령하기 위해 포위 공격을 시도했다(Dupuy 1969: 7~8, 28~29).

1210년에 연로한 금 황제가 죽었다. 그의 계승자 위왕은 몽골족에 사절을 파견해 신하의 예를 요구했다.◆ 칭기즈칸은 조롱하듯 땅에 침을 뱉고 말에 올라탔다(Dupuy 1969: 31). 이듬해인 1211년에 몽골족은 남쪽으로 이동했다. 칭기즈칸과 그의 막내 아들 톨루이Tolui[拖雷, 툴루이]가 중국의 동쪽을, 다른 세 아들 주치, 차가타이Chaghatai[察合台], 오고타이Ogotai[窩闊台]가 서쪽을 공격했다. 금나라 군대는 매복 기습을 당해 서쪽 산지에서 괴멸되었으며, 농경지는 황폐화되어 기아와 전염병이 퍼졌다. 말을 탄 신속한 전령들을 통해 몽골의 통일된 지휘 체계가 수백 킬로미터 너머까지 확대되어 모든 군사작전에서 발휘되었다. 전술적 이동이 연대장의 지시로 검은색과 흰색 신호기를 통해 통제되었다. 어둠 속에서 불타는 화살은 미리 준비된 전갈을 보내기 위해 사용되었다(Dupuy 1969: 43~45). 1212년에 제베 장군이 랴오허遼河강 계곡을 공격했고, 그곳에서 초원지대의 다양한 위장 퇴각 전술을 사용했다. 랴오양을 포위한 제베는 장비와 소지품을 내버려둔 채 서둘러 철수하는 척했다. 랴오양遼陽 주민들은 전리품을 챙기기 위해 서둘러 밖으로 나왔다. 성문이 열리고 성벽이 무방비 상태가 되자 몽골족은 랴오양을 점령하기 위해 돌진했다(그림 9.1).

이 패배는 거란족 사이에 반란의 불을 지피는 데 도움을 주었다. 거

◆ '연로한 금 황제'는 제6대 황제 장종章宗(재위 1189~1208)을, '위왕'은 제7대 황제 위소왕衛紹王(재위 1208~1213)을 말하는 듯하나 연도에 착오가 보인다. 장종이 죽은 해는 1208년이다.

란족은 즉시 몽골족의 종주권을 인정했다(Dupuy 1969: 39~40). 금나라의 중심부에서 몽골족은 그 지역의 공성전 전문가들을 징집했고 금의 무기와 기술, 즉 발리스타ballista[커다란 화살을 발사하는 장치], 캐터펄트catapult[공성전攻城戰용 투석기], 트레뷰셋trebuchet[캐터펄트가 개량·강화된 형태의 대포]을 받아들였다. 대나무로 만든 화약통인 화염 창firelance이 불을 퍼뜨리고 병사와 말들을 공포에 떨게 만드는 화염방사기로 사용되었다(Weatherford 2004: 94~95). 1215년에 중도中都(지금의 베이징)가 약탈당했다. 몽골로 돌아오기 전에 칭기즈칸은 박학한 학자이자 과학자인 거란족 출신 야율초재yēlǜ chǔcái[耶律楚材]를 임명해 새로 획득한 중국 북쪽 지방에 대한 행정 자문을 구했다. 중국화된 거란족 학자 야율초재는 결국 몽골 제국의 실질적 수상이 되었다. 그는 유목민들에게 익숙한 주기적 침략 대신에 정기적으로 세금을 부과하는 징세 제도를 고안했다. 몽골인 장군 무칼리木華黎는 2만 몽골군과 2만 거란군을 지휘하는 만호장萬戶長으로 임명되어 기세를 회복한 금과 싸웠다(Dupuy 1969: 54~55).

칭기즈칸은 오랫동안 몽골 지방의 자리를 비운 터라 국내 문제를 해결할 필요가 있었다. 서북쪽에서 시베리아 부족과 약간의 접전이 있었다. 그들은 통상적인 공물인 모피, 임산물, 어린 처녀들을 바치려 하지 않았다. 몽골 토벌대는 시베리아 부족의 여왕 보토위 타룬과 싸우도록 파견되었으나 북쪽의 무성한 숲지대에서 싸우는 데 익숙지 않아 매복 습격을 당했고 토벌대 장군이 죽었다. 칭기즈칸은 이제 반란자 여왕을 무찌르기 위해 치밀하게 계획된 우회 전술을 채택했다(Weatherford 2004: 102~103). 여전사 여왕들은 13세기에도 여전히 활약했던 것 같

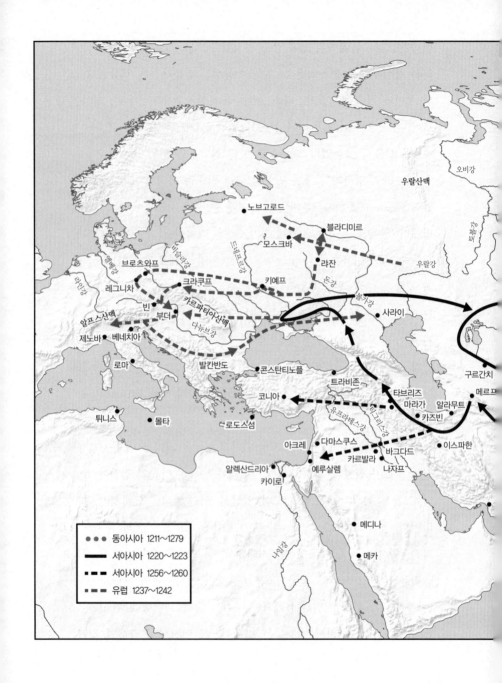

오비강

우랄산맥

노브고로드

블라디미르

모스크바

랴잔

브로츠와프

레그니차

크라쿠프

키예프

우랄강

돈강

빈

카르파티아산맥

부더

볼가강

사라이

알프스산맥

제노바

베네치아

발칸반도

콘스탄티노플

구르간치

로마

트라비존

코니아

타브리즈

메르프

마라가

알라무트

몰타

튀니스

카즈빈

이스파한

유프라테스강

티그리스강

아크레

다마스쿠스

알렉산드리아

예루살렘

카르발라

바그다드

카이로

나자프

메디나

나일강

메카

●●● 동아시아 1211~1279

━━ 서아시아 1220~1223

▪▪▪ 서아시아 1256~1260

▪▪▪ 유럽 1237~1242

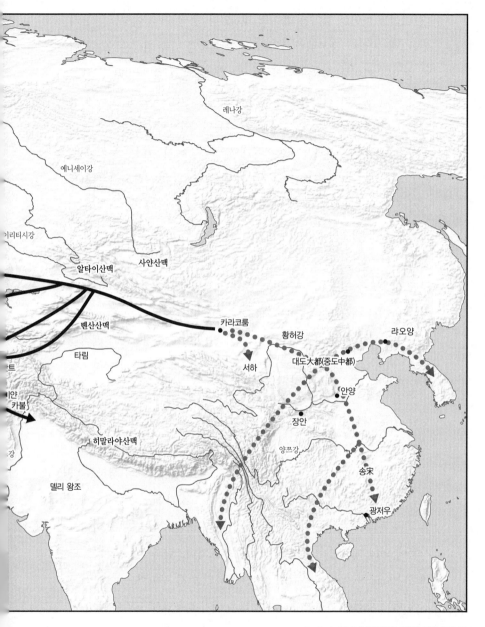

레나강

예니세이강

기리티시강

알타이산맥

사얀산맥

톈산산맥

타림

카불

강

델리 왕조

히말라야산맥

카라코룸

황허강

서하

대도大都(중도中都)

안양

장안

양쯔강

라오양

송宋

광저우

[그림 9.1] 13세기 유라시아 전역을 정복한 몽골.

다. 그리고 이러한 활약은 계속될 것이었다. 몽골 귀족 여성들은 놀라우리만큼 지략이 풍부했다. 아마도 가장 걸출한 귀족 여성은 오고타이의 손자인 카이두海都[하이두]의 딸 쿠툴룬忽禿倫이었을 것이다. 쿠툴룬은 유목민 생활의 전통적 미덕을 존중해 말 타기를 즐겼고 전투에 참가했다. 마르코 폴로는 그녀가 매우 아름답지만 너무 강하고 용맹스러워 어떤 남자도 신체적인 인내력과 군사 기술에서 그녀를 능가할 수 없었다고 묘사했다. 쿠툴룬은 100마리의 말을 걸고 시합에서 자신을 이기지 못하면 어떤 구혼자도 받아들이려 하지 않았다. 어느 날 쿠툴룬은 자신과 약혼하기 위해 1000마리의 말을 걸 준비가 된 잘생긴 젊은 왕자의 도전을 받았다. 둘은 공개 시합에서 멋지게 겨뤘고 어느 누구도 상대방을 압도할 수 없었다. 하지만 결국 쿠툴룬이 도전자인 왕자를 땅으로 내동댕이쳤다(Rossabi 1988: 104~105). 이런 시합은 오늘날 몽골 축제에서 말을 타고 벌이는 격투와 말 위에서 사내아이가 채찍을 휘두르며 소녀를 뒤쫓는 전통적인 방식으로 이어져 내려오고 있다.

칭기즈칸은 서하 땅을 통해 중국 북쪽으로 유입되는 실크로드의 엄청난 부를 장악하면서 군사적으로 의기양양해져 지역 문제에 주의를 기울이는 것에 만족하고 어떤 새로운 공격도 계획하지 않았다. 그러나 왕국의 서쪽 국경 지역에서 일어난 사건들이 머지않아 그의 생각을 바꾸어놓을 것이다. 제8장에서 본 대로, 말리크 샤가 죽자 셀주크 제국은 속주들의 느슨한 연합체로 분열되었다. 이러한 힘의 공백은 콰리즘 샤들에 의해 메워졌다. 이들은 영토를 아프가니스탄과 인도 북부로 확대했다(Saunders 2001: 40~41). 1218년에 콰리즘 샤 무함마드가 몽골 궁전에 외교 사절을 파견했다. 칭기즈칸은 여기에 응답해 교역에 대한 열망을 강하게 표현했다(Allsen 1994: 354). 그 후 이제까지의 판단 실수 중 최악의 것—세계사 최대의 실수—으로 짐작되는 사건이 일어났다. 사건은 불가피하게 몽골이 페르시아와 동유럽을 정복하고 서하와 금·송 제국을 재침략하는 것으로 이어졌다. 대부분 무슬림 상인으로 구성된 사치품으로 넘쳐나는 무역 대상隊商이 몽골의 후원을 받고 시르다리야강 하류 우트라르에 도착해 콰리즘 샤에게 안부를 전했다. 태수 이날치크[이날추크]가 첩보활동으로 의심해 대상을 약탈했고 상인들을 학살했다. 칭기즈칸은 즉시 콰리즘 샤에게 사절을 보내 태수를 처벌하고 물품을 반환할 것을 요구했다. 무함마드는 응답으로 사절 일부를 죽이고 나머지 사절은 수염을 깎고 얼굴을 훼손시킨 채 몽골 지방으로 돌려보냈다. 칭기즈칸은 신성한 부르칸 칼둔산 정상에 틀어박혀 영원한 하늘의 신 텡그리의 조언을 구했다(Weather 2004: 106~107). 칭기즈칸은 3일 밤낮을 자신을 낮추면서 신의 지도를 간청했다. 그는 60세에 가까웠지만 이 같은 의도적인 모욕에 복수 말고는 달리 방법을 찾지 못해 콰리즘에 전쟁을 선포했다(Allsen 1997: 48~49).

기마인의 서방 정복

1219년에 주치가 전초 부대 병사 2만5000명을 지휘해 눈이 1.5미터 쌓인 4000미터의 톈산산맥을 횡단했다. 말의 다리는 들소 가죽으로 감싸져 있었다. 칭기즈칸은 병력을 제베와 그의 손위 아들들과 자신에게로 나누었다. 이렇게 해서 각기 다른 네 방향에서 콰리즘으로 집결했다. 효율적으로 연락을 유지하면서 독립적으로 작전을 수행하는 이런 독창적인 전술은 머지않은 장래의 전투에서, 그리고 나중에 유럽 너머의 전투에서 몽골의 승리를 보장할 것이다. 실제로 이는 "흩어져 진격하고 집결해 싸워라"라는 나폴레옹의 격언처럼 미래에 근대 군대의 본보기가 될 것이다. 차가타이 장군과 오고타이 장군은 우트라르를 급습해 수비대 전체를 학살하거나 노예로 삼았고, 그곳의 난폭한 태수 눈과 귀에 용해된 은을 부어 처형했다(Dupuy 1969: 62~64; Hildinger 2001: 129). 콰리즘 샤는 일찍이 바그다드의 칼리프와 언쟁을 벌인 적이 있었다. 화가 난 칼리프는 몽골족에 사절을 파견해 칭기즈칸에게 무함마드를 공격해달라고 간청했다. 그때 포로가 된 십자군 전사들의 분견대가 몽골족의 뒤를 따르고 있었다. 십자군 전사들은 모두 보병이어서 몽골족에게는 아무 쓸모가 없었고 그래서 칭기즈칸은 십자군 전사들을 풀어주었다. 풀려난 십자군 전사들은 중앙아시아의 정치적 혼란에 관한 소식을 유럽에 가지고 돌아갔다. 하지만 칼리프가 몽골의 지도자 칭기즈칸을 초대했으므로 페르시아의 대다수의 무슬림은 몽골족과의 동맹을 받아들였다(Weatherford 2004: 110).

칭기즈칸은 여러 아들이 국경 도시들을 공격하는 사이에 위험한 키질쿰(붉은 모래사막)을 가로질러 서쪽으로 광범위하게 이동했다. 칭기즈칸은 도중에 유목민들을 같은 편으로 삼았고 적진 배후 깊숙이 타격을 가하기 위해 640킬로미터의 황량한 지형 너머로 5만 병사를 이끌어 갈 수 있었다. 그는 부피가 큰 장비를 가지고 느리게 이동하는 대신 공병대와 함께 이동해 기동력을 확보했다. 공병대는 사막에서 벗어나 첫 번째 나무가 보이자 즉석에서 필요한 장비를 만들었다. 공병대는 군대의 이동을 가속화하기 위해 교량을 건설했다. 거란족 야율초재가 천문학자와 예언자의 역할을 수행했듯 중국인 의사들도 군대와 동행했다. 1220년에 부하라 서쪽 사막에서 칭기즈칸이 깜짝 등장해 튀르크족 수비대를 놀라게 했다. 튀르크 병사 중 2만 명이 공포에 질려 도망갔지만 잠복해 있던 몽골 전사들에게 괴멸되었다(Allsen 2001: 165; Dupuy 1969: 66~67). 그 후 칭기즈칸은 중국의 정교한 공성술로 성채를 공격했다. 칭기즈칸은 캐터펄트, 트레뷰셋으로 공중에 포격을 가하면서 흙을 파내 성벽의 기반을 약화시켰다. 칭기즈칸은 공포를 고조시키기 위해 포로들의 피로 해자를 가득 채우게 했고, 살아 있는 포로들을 쌓아 성벽을 만들었으며, 다른 포로들에게 성벽 위로 전쟁 장비를 끌고 가게 했다.

3월에 몽골군이 네 갈래로—동쪽에서 주치, 남쪽에서 제베, 북쪽에서 차가타이와 오고타이, 서쪽에서 칭기즈칸—50만 인구가 사는 교역과 문화의 중심지 사마르칸트로 진격했다. 몽골족은 사마르칸트의 완강한 저항을 예상했다. 그러나 사마르칸트는 콰리즘 샤 무함마드가 가족과 함께 도망가고 난 사흘 뒤 항복했다. 튀르크 병사들의 수비대 전체가 학살되었고, 도시는 약탈되었으며, 숙련공·장인·노동자 6만 명이 징집되어 몽골 지방으로 강제 이송되었다. 이들 중에는 카간[칭기즈칸]이 감탄한 금빛 옷을 만드는 숙련된 전문 직공織工이 수천 명 있었다. 칭기즈칸은 즉시 제베, 수보타이, 토구카르 장군에게 3만 병사로 발흐, 헤라트, 메르프까지 무함마드를 추격하도록 명령했다. 결국 카스피해 근처에서 그들에게 따라 잡힌 무함마드는 1221년에 죽었다(Dupuy 1969: 67~73). 그 후 제베와 수보타이는 서쪽으로 북부 페르시아, 아제르바이잔, 캅카스산맥까지 탐험 원정에 나섰다. 조지아[현재의 캅카스 산맥 남쪽, 흑해 동쪽에 있는 공화국]에 도착해서는 그곳의 기병과 알란족, 하자르족, 불가르족, 쿠만족으로 구성된 유목민 연합을 무찔렀다. 또한 그들은 칼카강 근처에서 수적으로 세 배나 되는 러시아군을 하루 동안의 격렬한 전투로 궤멸시켰다. 제베가 죽고 나서는 수보타이가 칭기즈칸에게 유럽 탐험에 대해 상세히 보고했다(Dupuy 1969: 85~90).

칭기즈칸은 콰리즘에서 주민들에 비하여 수적으로 적은 몽골 세력을 염두해 사람들을 겁주어 복종하게 하려고 의도적으로 공포를 확산했다. 힌두쿠시산맥의 바미안에서 칭기즈칸이 총애하는 손자인 무투겐(차가타이의 아들)이 살해되었을 때, 그 지역의 모든 사람이 학살당했다.♦ 바미안계곡에 몽골 분견대를 재정착시켰으며, 그들의 후손은 페르시아어로 1만을 의미하는 하자라족Hazara[2]으로 알려지게 된다. 몽골족은 아랄해 남쪽 비옥한 지역에서 구르간치를 장기간 포위 공격한 후 댐을 파괴해 전 지역을 침수시켰다. 의도적으로 관개 제도를 파괴해 농부들이 그 지역으로 돌아오지 못하게 했다. 이렇게 함으로써 장차 있을 전투에서 몽골군의 진로와 퇴로에 걸림돌을 없애 그 지역을 목초지로 되돌릴 수 있었다. 칭기즈칸은 아시아 전역의 교역 흐름을 재편하기 위해 비교적 중요하지 않은 도시들을 파괴했다. 이는 그의 기병들이 정찰하고 방어할 수 있는 주요 지역들로 교역을 집중하기 위함이었다(Weatherford 2004: 117~119). 이런 혼란의 와중에 메르프 근처에서

♦ 이처럼 몽골 군대가 성을 공격할 때, 적의 군사들뿐만 아니라 저항하는 주민들까지 모두 죽이는 것을 '도성屠城'이라 불렀다.

가축 무리를 방목하던 튀르크계 유목민 일족이 남쪽으로 이라크를 가로질러 아나톨리아로 달아나 그곳에서 코니아의 셀주크인으로부터 피난처를 제공받고 정착해 오스만인의 조상이 되었다(Saunders 2001: 60). 칭기즈칸은 남쪽에서 인도와의 전투를 계속했으며, 1221년에 그곳에서 맹렬히 싸웠던 무함마드의 아들 잘랄 딘이 인더스강 너머로 도망가도록 내버려두었다. 칭기즈칸은 처음에는 인도 북쪽을 침략하고 그 뒤 중국 남쪽으로 이동해 송宋을 정복할 작정이었다. 하지만 몽골족이 더 낮은 위도와 경도로 내려오자 초원지대에 살았던 그들의 말이 아열대 더위에 병들었다. 더위와 마찬가지로 골칫거리였던 저지대의 습함 때문에 북쪽의 건조한 기후에 적합하도록 만들어진 몽골인의 활이 가공할 정확성을 잃어버렸다(Dupuy 1969: 80~81).

공물을 가득 실은 낙타들이 북쪽으로 콰리즘에서 몽골 지방을 향해 느릿느릿 움직이는 동안 칭기즈칸은 새로 징집한 병사들을 몽골 군대의 방식으로 훈련시키기 위해 이란고원으로 돌아왔다. 군사 훈련을 목적으로, 칭기즈칸은 여러 달 계속되는 의례적인 사냥을 위해 사방에서 군대가 집결하는 방대한 지역을 차단했다. 이렇게 장기간 계속된 사냥은 초원지대 칸들 사이에서의 공통 관습이었다. 게다가 아케메네스 왕조 시대로 거슬러 올라가면 말을 타고 하는 호화로운 왕실 사냥이 있었음을 알 수 있다. 이는 어느 모로 보나 사냥술만큼 기마술을 시험하는 것이었다. 기본적으로 몽골인의 사냥 원정은 카간과 귀족 측근,

---

2   2001년 연합군이 아프가니스탄을 침입했을 때 탈레반은 침입자들을 몽골족에 비유하여 하자라족에 보복했다.

그의 기마 부대를 포함한 정치적으로 중요한 행사였다. 이러한 집단 사냥에서 군대와 지역 주민 가운데 몰이꾼들은 피리와 북 그리고 불로 사냥감을 쫓아냈다. 그사이에 병사들이 사냥을 위해 엄청나게 큰 원(페르시아어로 nirkah, 몽골어로 nerge)을 만들었다. 그리고 원을 단단히 조여가면서 사냥감을 앞으로 몰았다. 엄격한 군사 규율이 적용되어 어떤 동물도 도망가지 못하도록 세심한 주의를 기울였으며 대형을 이탈하는 사람은 누구든지 가장 가혹한 처벌을 받았다. 필사적인 노력과 정찰대의 정찰활동, 힘든 말 타기가 따르는 이 같은 기동작전은 병사들에게 전쟁의 고통에 대비하게 했다. 대규모 원 사냥ring hunt[불로 에워싸 사냥감을 잡는 사냥법]이 성공하기 위해 무엇보다 중요한 것은 효율적인 지휘 체계, 정확한 신호 보내기, 개인과 부대의 신속한 협력이었다. 일단 원이 1리그[약 4.8킬로미터] 직경으로 좁혀지면 군대가 기둥과 밧줄로 만든 울타리로 사냥감을 에워쌌다. 피비린내 나는 절정의 순간, 덫에 걸려 미쳐 날뛰는 동물들이 다량으로 도살되었다(Allsen 2006: 23~27, 215~217).

칭기즈칸은 한 지역이 정복되고 나면 도시를 재건하고 경제를 복구하는 데 진력을 다했다. 유목민들은 교역을 즐겼으며 상인들은 몽골 군대의 보호하에 상업활동을 재개하도록 권장받았다. 국제무역의 활력을 촉진하기 위해 모든 조치가 취해졌다. 상인 집단은 자본금을 받았고 유라시아를 가로지르는 통로를 따라 많은 권리와 특권을 누렸다. 군대가 도로를 정찰했고 무장 호위대가 대상과 동행했으며 강도들이 붙잡혔다. 유목민 침입에 맞서 오아시스가 방어되었다. 음식, 보급품, 그리고 말이 갖추어진 역참이 주요 통로에 일정한 간격을 두고 설치되었다. 공식 여행자들은 통행증을 제시하면 여행을 계속하기 위한 음식물과 갈아탈 말을 제공받았다. 칭기즈칸은 더 나아가 새로 획득한 제국을 강화시키고 더 잘 통합하기 위해 토지세와 관세를 도입했다. 그는 모든 종교, 즉 불교와 기독교, 이슬람교, 유대교에 신앙의 자유를 허락했다. 이로써 모든 종파의 성직자에게 호의를 이끌어냈으며 결국에는 그들이 몽골 지배에 대한 충성과 정치적 지지를 설교하고 다녔다. 이러한 후원으로 몽골족은 성직자들의 영적인 힘과 연락망을 제국을 위해 활용했다. 결국 1225년 봄 카간은 막내 동생 테무게를 남겨두고 고국으로 떠났다(Saunders 2001: 65, 67~69).

칭기즈칸의 죽음

칭기즈칸은 1225년에 몽골 지방으로 돌아온 즉시 본격적으로 상속 문제에 착수했다. 그는 광대한 영토를 자손에게 유증하면서 네 아들에게 정복지를 할당했다. 차가타이는 투르키스탄을, 주치는 이르티시강과 볼가강 사이의 서쪽 지역을, 톨루이는 몽골 지방의 세습 토지를 물려받았다. 오고타이는 대칸으로서 칭기즈칸을 계승했다. 오고타이는 형제들에 대해 최고 권한을 지녀 중앙정부를 통치하고, 항소법원을 후원하며, 전쟁과 강화 조약을 결정하는 책임을 맡았다. 다음으로 칭기즈칸은 콰리즘 전투에 병력 제공을 거부할 정도로 다루기 힘들다고 판명된 서하의 탕구트족 왕국(서하)으로 관심을 돌렸다. 카간의 통치권을 무시하는 것은 복수하지 않고 내버려둘 문제가 아니었기에 1226년에 몽골군은 남쪽으로 이동했다(Saunders 2001: 62). 몽골족은 서하 왕국과 전쟁을 벌이기 위해 고비 사막을 넘어 이동하면서 야생말을 사냥했는데, 그중 한 마리가 칭기즈칸의 말을 공격했다. 칭기즈칸은 땅으로 떨어져 내상을 입었지만 탕구트 전투를 강력히 밀어붙이는 일을 그만둘 수 없었다. 하지만 연로한 전사 칭기즈칸은 탕구트 전투가 완결되는 모습을 살아서 볼 수 없었다. 칭기즈칸은 탕구트족이 최종적으로 정복되기 불과 며칠 전에 죽었다. 그가 죽은 뒤 그의 시신은 백단향으로 가득한 흰 펠트로 감쌌으며 3개의 황금 가죽끈으로 묶였다. 예전에 부르칸 칼둔에 사냥을 가서 산 정상의 신성한 샘에 둘러싸여 있었을 때 칭기즈칸은 커다란 나무그늘에서 쉬려고 잠시 멈춘 적이 있었다. 칭기즈칸은 잎이 우거진 거대한 나무를 올려다보면서 이곳이 자신이 묻힐 곳이 될 거라고 선언했다. 매번 큰 전투가 시작될 때 칭기즈칸이 위대한 신 텡그리의 도움을 구하러 간 곳이 세계의 산World Mountain에 있는 생명의 나무 밑이었다. 몽골 지방으로 돌아올 때, 높이 들어올려진 신령기가 대칸의 장례 행렬을 이끌었다. 칭기즈칸의 말이 장례용 수레 뒤를 따라갔다. 바람에 나부끼는 말갈기는 영원히 살아남을 전사의 정신이었다. 말굴레는 느슨하게 늘어져 있고 안장은 없었다(Grousset 1966: 291; Weatherford 2004: xvi, 128~129). 초원지대에서 게르는 우주의 축소판으로서 결혼과 출산의 통과의례 장소였다. 따라서 카간은 죽어서도 전쟁 지휘관들이 제국 전역에서 경의를 표하기 위해 오는 동안 펠트 궁전에 안치되어 있었다. 마침내 칭기즈칸은 그의 출생지 가까이에 있는 부르칸 칼둔에 매장되었다. 부르칸 칼둔은 모든 몽골족이 신성시한 산으로 그곳에서 흘러내린 세 개의 강, 즉 오논강과 케룰렌강과 툴라강이 조상 대대로 내려오는 아래쪽의 방목지에 물을 공급했다. 칭기즈칸의 무덤은 그가 어린 시절 절망한 채 도망쳐서는 헤치고 들어갈 수 없는 덤불 속에 은신했던 산기슭에 마련되었으며, 처녀 40명과 말 40마리가 희생제물로 바쳐졌다(Rossabi 1988: 7; 그림 9.2).

칭기즈칸의 계승자들

1231년에 칭기즈칸을 계승한 오고타이는 동쪽에서 금과 송에 맞서 전쟁을 재개하고, 서쪽에서 콰리즘 반란을 진압하고 유럽 영토를 더 깊숙이 침투하기로 마음먹었다. 중국과 중동과 유럽을 상대로 한 동시다발적 전투는 9500킬로미터 넘게 전선을 확대시켰으며 경도상으로는 100도를 넘게 아울렀다. 이것은 인간 역사에서 전에는 결코 시도되지 않았던 위업으로 수 세기가 지나 제2차 세계대전의 연합군 공세 때까지 필적할 만한 사례가 없었다(Weatherford 2004: 144). 이 책의 여러 부분에서 지리적으로 다양한 지역에 기마인의 팽창이 가져온 파괴적이면서 동시에 건설적인 결과가 나타난다. 이제 우리는 몽골의 두 번째 공포와 파괴의 물결 뒤에 세계적인 정복자 몽골족이 군사 분야를 뛰어넘어 다른 많은 문화적 분야에서 탁월했다는 사실을 확인하게 될 것이다. 몽골족은 유라시아 너머로 엄청난 문화의 융합을 촉진했다. 이는 규모 면에서 사실상 근대의 도래를 알리는 일이었다. 동쪽에서 오고타이와 동생 톨루이가 중국을 가로질러 진격하는 사이에 서쪽에서는 몽골 기마군이 아제르바이잔의 비옥한 방목지에 기지를 세웠다. 아

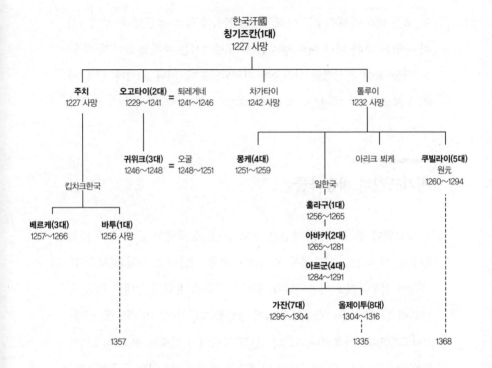

[그림 9.2] 몽골 제국 칸의 가계도.

나톨리아와 레반트 지역 무슬림 국가들과 캅카스산맥 기독교 왕국들을 동시에 위협하기 위한 기지였다. 1240년 무렵에 조지아와 아르메니아가 파괴되어 공식적으로 오고타이에게 굴복했고, 그들의 교회는 황제의 보호를 받게 되었다. 킬리키아의 소小아르메니아는 재빠르게 북쪽 동포들의 선례를 따랐지만 기독교도와 몽골족이 무슬림에 맞서 군사동맹을 맺기를 더 바랐다. 사실 십자군 전쟁에 휩쓸린 기독교도들에게 그런 기대는 용기를 북돋아주는 듯 보이기 시작했다. 당시는 주군

바이주拜住가 지휘하는 몽골족이 아나톨리아를 침략해 쾨세다으 전투에서 룸/이코니움의 셀주크의 술탄 카이 호스로를 무찌른 때였다. 호스로는 몽골족의 가신이 되었다(Saunders 2001: 78~79).

그러나 서방과 몽골의 동맹은 아직 실현될 수 없었다. 칭기즈칸이 서쪽 속지屬地를 "몽골의 말발굽이 찍히는 곳까지"(Saunders 2001: 80) 주치에게 할당했을 때, 이 지역은 제베와 수보타이에 의해 답사되었을 뿐이었다. 이제 수보타이의 노련한 통솔력으로 서쪽을 정복하는 것은 주치의 계승자들, 특히 바투의 책무가 되었다. 바투拔都는 형제들을[3] 측근으로 두었으며 또한 오고타이·차가타이·톨루이의 아들들에게 지원을 받았다. 1237년에 몽골족은 볼가강 지역으로 이동해 불가르족과 킵차크 유목민들을 정복했고 그들 대부분을 몽골군에 편입시켰다. 몽골족은 볼가강을 따라 전진 기지를 확립해 초원지대 너머 수백 킬로미터에 걸쳐 예비용 동물 수백만 마리를 방목했다(Saunders 2001: 80~82). 수보타이는 동북쪽에서 러시아로 들어갔다. 그는 얼어붙은 강과 호수와 늪지를 이용해 신속하게 진격할 수 있는 겨울을 택해 전쟁을 시작했다. 게다가 겨울에는 말이 먹을 수 있는 싱싱한 풀이 여름철에는 마른 먼지만 있을 눈 밑에서 자라났다. 또한 싱싱한 풀은 사냥감을 유인했다. 이에 군대는 사냥 기회를 최대화하고 말의 먹이를 찾기 위해 광범한 전선 너머로 넓게 흩어졌다. 신속한 연락이 전령을 통해 줄곧 유지되었다. 다수의 예비용 말 외에 군대는 크고 무거운 군수품 수송 행렬과 함

3　바투는 명목상의 지휘권을 보유했고 볼가강 서쪽 지역 킵차크한국의 칸이 될 것이다.

께 이동하지 않았다. 각 기병에게는 최소한 예비용 말이 3마리 있었다. 빠른 속도가 필요할 때에는 하루에 세 번 말을 교체해 적이 상상도 할 수 없는 속도로 이동했다. 몽골족은 말에 의지해 살았다. 이동하는 동안 식량으로 사용하기 위해 말의 젖을 짜고 말을 도살했다. 몽골족은 주식으로 말 젖과 요구르트를 먹었고 말의 피를 마셨으며 말 분유 반죽에 물, 말린 고기, 기장을 섞었다. 생고기는 말안장 밑에 놓아서 부드럽고 먹을 수 있게 만들었다. 몽골 전사들은 말을 탈 때 큰 소리로 행동의 원칙과 규율을 노래했다. 보병 없이 광범위한 전선에서 군사 작전을 수행하면서 적을 마주치는 순간 가장 근접한 부대가 교전하곤 했다. 그사이에 널리 퍼진 다른 부대는 계속해서 적의 측면과 후방으로 진격해 들어갔다. 이는 대규모 원 사냥에서처럼 포위와 파괴로 막을 내렸다(Dupuy 1969: 22~25; Weatherford 2004: 86~89).

　러시아 군주들은 14년 전 침략에서 아무런 교훈도 얻지 못했던 것 같다. 그들은 여전히 분열된 채 몽골의 두 번째 진격에 단결된 저항을 하지 못했다. 몽골족은 시골에서 그 지역의 노동자들을 강제 모집해서 포위한 도시를 에워싸는 방책[4]을 세우려고 나무를 베어 운반했다. 몽골족은 바윗돌, 화약, 나프타로 도시를 포격하기 위해 정교한 공성 장비를 성벽 뒤에 설치했다. 화염 창을 이용해서 도시 성벽 너머로 소이탄燒夷彈이나 구탄球彈을 발사했다. 도시가 점령되면 귀족들은 난도질당했고, 성직자는 불태워져 죽임을 당했으며, 수천 명의 포로는 전리품으로 카라코룸까지 강제 이송되었다. 다음 표적이 된 장소에 재배치하기 위해 포로들에게 방책을 해체하게 했다(Weatherford 2004: 146~148). 랴잔, 블라디미르, 모스크바, 키예프가 모두 파괴되었다. 유일하게 노보고르드만이 봄의 해빙과 늪지 덕에 말이 접근할 수 없어 몽골족의 공격을 피할 수 있었다. 몽골족은 서쪽으로 휩쓸고 지나가면서 3개의 독립된 무리로 나뉘었다. 북쪽에서는 몽골족이 브로츠와프와 레그니차에 도달해 발슈타트 전투에서 엄청난 파괴를 초래하는 우레와 같은 소리를 내는 폭탄을 발사해 튜턴기사단과 한자Hansa동맹◆ 방어자들을 괴멸시켰다. 물론 몽골족도 전투 중에 상당한 피해를 입었다. 무거운 창을 휘두르는 중세 기사들에게 어느 정도 경의를 표했던 카이두는 보헤미아 왕 바츨라프 1세의 5만 군대를 피해 동남쪽으로 향했다. 남쪽에서는 카단이 멀리 아드리아해의 알바니아까지 침입했다. 하지만 남쪽과 북쪽 두 지점에서 실제로 양동작전이 수행되었다. 이는 신중히 계산된 것으로 유럽 너머로 공포를 확산시키고 몽골군의 실제 목표였던 풀이 무성한 헝가리 평원에 증원군이 도착하지 못하게 하려는 것이었다. 격렬한 저항에도 불구하고 수보타이와 바투는 4일 동안 카르파티아산맥의 눈 덮인 고갯길을 따라 300킬로미터 넘게 떨어진 라틴 기독교의 동쪽 전초 기지인 부더로 이동해 헝가리 왕 벨러 4세를 깜짝 놀라게 했다. 양쪽 군대가 셔요강에서 마주쳤고, "우레 같은 소리와 포화의 불빛"이 동 틀 무렵 헝가리군 교두보의 잠을 깨웠다(Dupuy 1969). 혹자는 이것이 유럽의 군사軍史에서 최초로 사용된 대포였을 것이라고 생각한다. 헝가리인들은 출정했지만 함정에 걸려들었다. 상류에서 발

---

4   대규모 원 사냥에서 동물들을 에워싸기 위해 원nerge을 만들 때 쓰는 나무로 된 형태의 전통적인 밧줄과 장대.

◆   13~15세기 독일 북부 연안과 발트해 연안 여러 도시 사이에 맺어진 도시 연맹. 해상 교통의 안전 보장, 공동 방호, 상권 확장 등이 목적이었다.

각되지 않고 숨어 있던 수보타이가 기병들과 함께 얼음으로 뒤덮인 강을 넘어 벨러의 측면과 후방을 파괴적으로 돌격해 들어갔다. 사방에 쓰러져 죽은 헝가리인이 5만 명은 되었을 것이다. 몽골족은 계속해서 서쪽으로 빈 근처까지 진격했으며, 그런 뒤 베네치아를 피해 남쪽으로 이탈리아 북쪽 평원을 습격했다. 당시 베네치아는 늪지 덕분에 몽골의 공격을 피할 수 있었다. 그런데 1242년에 9500킬로미터 떨어진 몽골 지방에서 오고타이가 죽었다는 전갈이 도착했다. 모든 군주와 족장은 『야사』의 법률에 따라 새로운 카간 선출을 위해 카라코룸으로 복귀해야 했다(Dupuy 1969: 99~108).

서방의 입장에서는 놀랍게도 이후 몇 달 동안 몽골 세력이 중부 유럽에서 러시아 볼가강 하류에 위치한 요새로 철수했다. 수도 사라이〔킵차크한국 수도〕에서, 바투는 불가리아로부터 동쪽으로 러시아를 지나 콰리즘까지, 남쪽으로 캅카스산맥 북쪽까지 자신의 지배권을 확립했다(Saunders 2001: 88~89). 이 영토는 천막에 걸린 정성 들여 만든 금 벽걸이 때문에 서방에 황금군단Golden Horde으로 알려졌으며, 대다수가 부분적으로 이슬람화된 킵차크 튀르크인이었으므로 킵차크한국汗國으로 명명되었다. 몽골족은 유럽 도시들에서 노획한 전리품이 동방의 부와 견주어 매우 초라한 데 실망해 유럽인 포로를 서방에서 제조된 물품과 교환하기 위해 크림반도 항구 도시의 이탈리아 상인들과 거래했다. 이런 거래는 베네치아 및 제노바 상인들과의 풍부하고 지속적인 교역의 시작이었다. 베네치아와 제노바 상인들은 이 같은 새로운 부의 원천—즉 동부 지중해의 노예시장으로 향하는 인간 화물—을 활용하기 위해 흑해를 따라 무역기지를 설립했다. 하지만 겉보기에 수지맞아 보이는 이 계획이 엉뚱한 결과를 낳았다. 포로의 대부분을 차지했던 슬라브인과 킵차크인이 맘루크 노예군대를 강화하려는 이집트의 술탄에게 팔렸다. 머지않아 몽골족은 대부분 킵차크 튀르크인으로 구성된 이 노예군대와 충돌하게 될 것이었다. 킵차크 튀르크인들은 초원지대의 전투 기술에 숙달되어 있었고 몽골족과 전투한 경험이 있었다. 장차 시리아에서의 그들의 대결은 러시아 초원지대에서 몽골과 킵차크가 최초로 교전했던 것과는 전혀 다른 결과를 가져올 것이다(Weatherford 2004: 158~159).

오고타이의 미망인이며 네스토리우스파 기독교도인 퇴레게네脫列哥那는 아들 귀위크[쿠유크]를 왕위에 앉히기 위해 노련하게 일처리를 했다. 1246년에 카라코룸 외곽에서 선거를 위한 쿠릴타이가 열렸다. 또한 교황 인노켄티우스 4세도 유럽에서 저질러진 학살에 항의하려고 프란시스코 수도사 플라노 카르피니의 요한[조반니 데 피아노 카르피니]이 이끄는 외교 사절을 파견했다. 리옹을 출발한 지 거의 1년이 지나 사라이에 도착한 카르피니는 동쪽의 말을 타고 100일이 조금 덜 되는 시일 동안 남은 5000킬로미터를 서둘러 갔다. 그곳에서 카르피니는 1000명을 수용하는 호화로운 칸의 게르 오르도ordo를 유럽에 보고했다. 오르도 외부는 금못이 박혀 있는 흰 펠트였다. 천막은 금으로 덮인 기둥으로 지탱되었고 내부의 지붕 및 벽과 아치 복도는 나시즈nasij(금란)로 꾸며져 있었다. 당연히 금은 정치권력의 상징으로서 초원지대의 오래된 전통이 있었다. 스키타이 타르기타오스 신화에 나오는 하늘에서 내던져진 금빛 물체는 태양왕에게 정통성을 부여했다. 나중에 유목민들은 금을 신의 은총과 황제의 존엄에 대한 상징으로 숭배했으며, 몽골족은 금에 손을 얹고 맹세했다(Allsen 1997: 13~14, 20, 60~61; Watt 2002: 67~68).

프랑스 루이 9세는 용맹한 수도사 카르피니가 몽골 궁전에 네스토리우스파 기독교를 다시 알렸다는 소식에 자극받아 즉시 플랑드르의 프란시스코 수도사 기욤 드 뤼브루크(윌리엄 루브룩)를 카라코룸에 파견했다. 기욤은 귀위크가 죽은 뒤에 도착했다. 그때는 군주들 사이에 정치적 불화가 있었던 시기로 군사적으로 가장 강한 파벌의 지도자 몽케蒙哥는 1251년에 카간이 될 정도로 우월한 지위에 있었다. 기욤은 신학논쟁에 참가할 특권이 있었는데 이 논쟁에서는 이슬람교도, 불교도, 기독교도가 각자의 종교에 대해 상세히 설명했다. 몽골족은 논쟁을 무척 좋아해 격투 시합과 비슷하게 경쟁 종교 간의 토론회를 개최했다. 토론회에서는 대규모 관중 앞에서 화려한 옷과 예복을 입은 박식한 학자들이 새로운 토론에 대비해 엄청난 양의 마유주를 마셔야 했다. 라틴 기독교도와 동방 정통 기독교도가 서로를 분리주의자로 그리고 아르메니아인과 네스토리우스파 기독교도를 이단자로 간주했다는 사실 때문에 상황은 한층 더 복잡해졌다. 논리적 설교를 통해 아무것도 해결될 수 없을 때, 기독교도들은 찬송가를 불렀다. 이슬람교도는 기독교도를 압도하기 위해 결연히 코란을 암송했다. 불교도는 아마도 마유주의 도움으로 깊은 명상에 빠져들었던 것 같다(Weatherford 2004: 172~173).

그러나 기욤은 남아 있는 무슬림 국가들을 제거하기 위해 몽골족이 곧 결정적인 전투에 착수할 것이라는 귀중한 정보를 전달했다. 몽케는 자신이 중국 동쪽의 전쟁을 책임지는 것을 전제로 하고 1253년 동생 훌라구Hulagu(旭烈兀, 홀레구Hulegu)에게 서쪽의 이슬람을 정복하라는 임무를 맡겼다. 훌라구는 처음 2세기 동안 이슬람 세계를 공포에 몰아넣은 광신적인 아사신파를 겨냥했다. 몽골족은 엘부르즈산맥의 알라무트 요새를 캐터펄트로 포격해 1256년에 점령했다. 중동의 다른 곳에 있는 독수리 요새들이 파괴되었으며 그곳의 수감자들은 무자비하게 학살당했다. 그 뒤 몽골족은 군대를 아바스 칼리프 왕조의 본거지인 바그다드로 향했다. 수백만 무슬림에 대한 아바스 칼리프 왕조의 속박은 대칸과 텡그리 신에게는 모욕이었다. 1258년에 바그다드가 점령되었고 칼리프의 보물은 강탈되었으며 궁전, 모스크, 아바스 왕조의 칼리프 36인 무덤이 불에 완전히 타버렸다. 바그다드의 칼리프는 카펫에 둘둘 말려 처형되었으며 말들에게 차여 죽었다. 1259년 훌라구는 기독교도인 조지아인, 아르메니아인, 십자군 전사 보에몽 백작을 측면에 포진해 시리아로 돌진했다. 네스토리우스파 기독교도이자 몽골인인 케드 부카가 군대를 지휘했다. 알레포와 다마스쿠스가 침략자들에게 함락되었을 때, 훌라구는 카이로 맘루크에게 항복하라는 황제의 칙령을 공포했다. 하지만 멀리 중국에서 훌라구의 형 몽케가 죽으면서 상황이 바뀌었다. 오고타이의 죽음이 기독교 유럽을 구해준 것처럼 이제 몽케의 죽음이 무슬림 아시아를 구해준 것이다. 몽케의 동생 쿠빌라이忽必烈와 아리크 뵈케[아리크 부카Arikbukha, 阿里不哥]가 카간의 지배권을 놓고 무장한 채 싸웠다. 이로 인해 훌라구는 그의 병력 대부분을 북쪽 아제르바이잔으로 이동시키고 시리아에 소규모 부대를 집결시켜 케드 부카에게 지휘를 맡겼다. 카이로는 몽골의 전력이 약화되었음을 알아차렸으며, 술탄 쿠투즈는 맘루크 기병을 북쪽 팔레스타인으로 집결시키고 십자군 전사인 아크레 프랑크인들에게 그들의 영토를 지나가도록 허용해줄 것을 요청했다. 몽골족과 동맹을 맺은 보에몽[보에몽 6세]은 교황의 파문으로 처벌되었다. 이에 얼마 전 유럽이 몽골에 유린당한 것을 마음에 새겨 잊지 않고 있었던 아크레 기독교도들은 맘루크가 그들의 영토를 통과하게 해주었다(Saunders 2001: 106, 109~115). 1260년에 카이로의 술탄 쿠투즈는 킵차크인 맘루크 장군 바이바르스와 함께 1만 명 규모의 군대를 지휘해 아인잘루트 전투에서 몽골군을 괴멸시켰다. 이는 서쪽에서의 몽골의 진격을 저지했고 근동에서의 기독교 부활의 꿈을 영원히 꺾어버리는 전환점이 되었다(Hildinger 2001: 163~165). 나중에 술탄 바이바르스가 자신의 체제를 합법화하기 위해 마지막 아바스 가문의 친척을 카이로의 꼭두각시 칼리프로 임명했다. 1257년에 바투의 동생 베르케別兒哥가 킵차크한국을 계승했다. 그는 이슬람을 포용하고 바이바르스와 동맹을 맺었다. 적대적인 지역들 때문에 분리된 이집트와 킵차크한국은 알렉산드리아와 흑해 항구 도시들을 경유해 뱃길로 효과적인 연락을 취했다. 그들의 동맹은 카이로의 새로운 아바스 가문 칼리프의 승인을 받았다. 맘루크와 킵차크 동맹은 콘스탄티노플이 끊임없이 경계를 게을리하지 않았음에도 이슬람이 중동에서 새로운 힘을 되찾게 되면서 견고한 상태를 변함없이 유지하게 된다(Saunders 2001: 115~116).

2

아시아를 가로지른
몽골 무역과 다문화의 융성기

쿠빌라이칸과 원나라

쿠빌라이가 동생 아리크 뵈케를 군사적으로 제압하고 제5대 칸이 되어 통치했다고는 하지만, 1259년 몽케의 죽음으로 몽골 제국의 통일은 사실상 막을 내렸다. 차가타이한국과 킵차크한국뿐 아니라 일한국까지도 처음에는 대칸의 지배권을 인정했지만 실제로는 독립 국가로 발전해갔다. 이들 독립 국가에서 몽골인 지배계급은 서서히 지역 주민인 튀르크인과 이란인에 가려 사라졌다. 유일하게 일한국만이 대칸의 정치적 동맹자로 남았다. 몽케가 시작해 쿠빌라이가 마무리한 송과의 길고 지루한 싸움으로 인해 카간의 지도력이 중국으로 제한되었다. 따라서 카간은 제국의 중심지를 카라코룸에서 대도大都(지금의 베이징)로 옮겼다. 주요 목적은 당나라 때 달성했던 중국 통일을 복원하는 데 있었다. 1273년 무렵에 양쯔강 계곡으로 가는 통로가 탁 트이게 되었다. 1275년에는 몽골 장군 바얀伯顏이 송의 군대를 물리쳤으며 1279년에는 송의 해군이 패배하면서 어린 황제가 바다에 빠져 죽었다.◆ 쿠빌라이는 이 눈부신 군사적 승리로 5000만 주민을 지배하게 된다. 몽골 침략은 동남아시아에서 계속되었다. 안남, 참파,◆◆ 버마, 자와가 모두 몽골의 지배를 받게 되었다. 하지만 초기의 성공 뒤에 동남아시아에서 직면한 곤경은 극복할 수 없는 것으로 드러났다. 왜냐하면 몽골족은 토착민의 저항을 억누르기 위해 밀림을 베어 길을 내지 않으면 안 되었는데, 말은 무덥고 습한 지형에 부적합해서 몽골 군대의 핵심인 뛰어난 기병이 무력화되었기 때문이다. 몽골족의 원정은 열대우림에서 위험한 매복 공격을 당하기 쉬워 많은 희생이 따라 실패로 끝났다(Rossabi 1988: 213~220). 쿠빌라이는 고국에서 지방의 반란에 대처하기 위해 중국 도시들의 구불구불한 골목길을 군대 기동 연습에서 말 9마리가 나란히 지나갈 수 있을 정도로 넓히는 데 주의를 기울였다.

일찍이 칭기즈칸의 신임을 받은 조언자였던 거란족 출신의 야율초재는 오고타이에게 제국은 말을 타고 쟁취할 수 있지만 말을 타고 통

◆ 애산[지금의 광둥성 장먼] 전투에서 패해 왕조가 망하자 당시 재상 육수부陸秀夫는 남송 제9대 황제이자 마지막 황제인 소제少帝(위왕衛王, 조병趙昺, 당시 7세)를 업고 바다에 뛰어들어 자결한다.
◆◆ 안남은 베트남으로, 당나라가 지금의 하노이에 안남도호부安南都護府를 설치한 데서 유래했다. 참파는 2세기 말엽 참족族이 지금의 베트남 남부에 세운 나라다.

치하지는 못할 것이라고 주의를 준 바 있었다. 새로운 쿠빌라이는 정복 지역에서 지배권을 강화하고 싶어한 터라 칭기즈칸의 종교 관용 정책을 이어갔다. 쿠빌라이 자신은 오래된 초원지대의 전통을 고수했고 주술신앙을 따랐다. 그는 봄마다 순백의 축제White Feast를 거행했다. 이때는 신성한 숭배의 대상인 순종의 흰 종마와 암말의 무리가 제너두〔상도上都 또는 개평부開平府〕에 있는 여름 궁전의 정원을 마음껏 달렸다. 늦여름에 카간은 말 희생제의를 올리면서 초원지대에 대한 몽골족 지배의 상징으로 바람에 흰 암말 젖을 흩뿌렸다(Trippett 1974: 142). 늦가을 또는 초겨울에 다른 중요한 의례적 행사, 즉 의례에 따른 대규모 사냥이 제너두에서 거행되었다. 초원지대의 대규모 원 사냥법에서 유래된 중국 북쪽의 사냥터 전통은 꽤 먼 옛날로 거슬러 올라간다. 주周(기원전 1046년경)를 세운 무왕은 아버지로부터 가로세로 70리의 사냥터를 물려받았다. 1000년 후에 용맹스러운 한 무제가 통치할 당시 장안 외곽에 위치한 상림원上林苑의 둘레는 200리를 넘었다. 공원 안쪽에는 언덕, 숲, 늪지, 개울, 연못, 섬과 같이 다양한 지형이 펼쳐져 있었다. 또 새, 사슴, 엘크, 영양, 오록스〔중세 이전의 유럽들소〕, 야생당나귀, 물소, 낙타, 코끼리 등 풍부한 사냥감이 도처에 있었다.

쿠빌라이 시대에 대도에서 북쪽으로 400킬로미터 떨어진 제너두에도 이와 유사하게 야생의 사냥감이 도처에 있었다. 한가운데에는 인공 언덕과 호수가 있었다. 이곳은 물질적으로 풍요롭고 우주론적으로 의미가 많은 태고의 낙원으로 시작의 중심, 산의 시초, 물의 근원, 식물과 동물의 고향, 그리고 왕권의 발원지였다(Aiisen 2006: 41~47). 대규모 원 사냥은 사냥의 성공이 전쟁의 승리와 동일시된 영적 소통의 한 방식이었다. 제국의 호화로움에 둘러싸인 황제는 아ᆖ북극에서 들여온 백송고리白松鶻들로 치장하고 아열대 지방에서 들여온 코끼리 네 마리가 끄는 마차를 타고 이동했다. 제너두에서 기병이 야생동물들을 풀면 황제는 전속력으로 말을 몰며 활과 화살로 겨냥했다. 이러한 황제의 행동은 정치적인 것으로 극적으로 선전되고 찬양된 영웅적인 놀이였다. 왕은 의기양양한 사냥꾼으로서 자신이 정복한 동물에게서 받아들인 용맹스러운 힘과 잔인성을 전장에서 발휘했다. 사랑받는 존재이면서도 두려움의 대상이었던 황제는 신들처럼 자비로울 뿐 아니라 무자비한 존재로 보일 필요가 있었다(Allsen 2006: 86, 98, 162, 273). 이에 카간은 왕의 사냥에서 자비를 베풀면서 동시에 몰살시키는 힘을 과시했다. 황제는 삼림 보호 구역을 정하고 사냥감을 관리해 땅을 보호했고 부족함 속에서 비옥함과 풍요로움을 보장했다. 말, 사냥개, 길들인 치타, 맹금으로 사냥을 준비한 황제는 야생동물이 주민들의 가축과 수확물을 위협하지 못하도록 강력하게 저지했다. 황제는 사냥한 동물의 고기를 사냥 참가자들에게 나누어줌으로써 자신을 수행한 더 궁핍한 사람들에게 겨울 양식을 제공했다. 그리고 기근이 발생했을 때 황제는 주민들이 작은 사냥감을 사냥할 수 있도록 자비를 베풀었다(Allsen 2006: 49~50, 199). 왕의 사냥은 전쟁에 대비한 총연습이기도 했다.[5] 만주 지방에서 봉기가 일어났을 때, 쿠빌라이는 이를 응징하기 위해 제너두를 군사 기지로 사용했다. 반대로 지방의 제후 및 부족장들과의 정

---

5 야생당나귀를 추격하는 것은 기마 검술을 돋보이게 했다. 훗날 무굴 제국의 황제 바부르는 검으로 말 위에서 달아나는 야생당나귀의 목을 단칼에 벨 뻔했다고 뽐낸다(Allsen 2006: 211).

치적 결속을 주기적으로 갱신하기 위해 협치協治, governance가 필요했다. 그렇게 하지 않을 경우 그들은 반란에 휘말려들 수 있었다. 널따란 시골에서 거행되어 장관을 이루는 왕의 사냥은 지방의 충성을 강화시키고 한 지역에 대한 황제의 지배권을 재확인하는 데 도움이 되었다. 이와 유사하게 국경 지역을 따라 거행된 대규모 원 사냥은 성가신 적들에 대한 전쟁 억제력으로서 또는 응징과 보복의 사전 준비로서 효과적인 역할을 했다. 이 같은 사냥법은 군대의 용맹과 군사의 무기, 병사의 단결력을 과시했다(Allsen 2006: 186, 220).

쿠빌라이는 매년 의례적인 사냥과 오래된 초원지대의 전통인 순백의 축제에 참여하는 내내 중국인들에게 초원지대의 주술신앙을 강요하려는 어떤 시도도 하지 않았다. 그 대신 쿠빌라이는 야율초재의 조언에 귀 기울이며 사려 깊게 주요 종교들을 후원하는 정책을 받아들였다. 이때 그는 형 몽케보다 더 세련된 방식을 사용했다. 쿠빌라이는 유학자들과 우호관계를 조성하기 위해 중국 고전을 몽골어로 번역하게 했다. 1271년 쿠빌라이는 왕조의 명칭을 중국의 규범적 전통을 기록한 책 『역경易經』의 대원大元(근원적인 힘, 우주의 기원)에서 따왔다. 쿠빌라이는 도교가 일반 대중에게 강한 호소력을 지닌다는 것을 인정하여 도교 사원을 많이 건립할 수 있도록 자금을 지원했다. 그는 자신의 후계자가 선도적 유학자와 도교 대가들에게서 지도를 받도록 지시했다. 수십 년간 중국 사회의 골칫거리인 종교 분쟁을 피하기 위해 유교도와 불교도 사이에 화해 또한 모색되었다. 불교도 중에 오랫동안 정치적·세속적 문제에 적극적으로 뛰어든 라마승들이 쿠빌라이의 가장 신뢰받는 동맹자가 되었다. 장려금 말고도 모든 종파가 세금과 징집을 면제받

왔다.

쿠빌라이는 중국에서 오랫동안 확립된 종교들을 후원했으며 아울러 서방에서 최근에 전래한 신앙으로 후원을 확대해나갔다. 중국 서북쪽과 동남쪽에서는 무슬림 숙련공과 상인들의 자치공동체를 후원했다. 그들 대부분은 이주민이었지만 활기 넘치는 모스크, 의료시설, 바자르〔시장〕를 갖춘 중국인 개종자도 있었다. 쿠빌라이는 어머니 소르칵타니 唆魯合貼尼의 영향 아래 기독교와 관련해 많은 네스토리우스파 기독교도를 궁전에 고용했고, 중국 서북쪽 장성 너머 도시들에서 다수의 네스토리우스파 교회를 조성했다. 그러나 당시의 신속한 말 수송으로 인해 서쪽에서 다른 기독교도들이 왔다. 1265년에 쿠빌라이는 두 베네치아 상인 니콜로 폴로〔마르코 폴로의 아버지〕와 마페오 폴로〔마르코 폴로의 숙부〕를 기꺼이 받아들였다. 둘은 어린 마르코 폴로와 동행해 다시 몽골로 돌아왔다. 마르코 폴로는 황제 쿠빌라이의 '눈과 귀'로서 중국 전역과 동남아시아에 파견되었다. 그는 이후 유럽에 이런 동쪽 나라들의 경이로움에 대해 보고했다. 쿠빌라이는 더 멀리 서방에 호소하기 위해 1275~1276년에 네스토리우스파 고위 수도사 라반 사우마〔라반 바 사우마〕와 그의 제자 라반 마르코스〔이후의 야발라하 3세〕를 아시아 너머의 페르시아 몽골계 일한국에 파견했다. 둘은 그곳에서 이슬람에 맞서 기독교 군주들과 동맹을 맺기 위해 유럽으로 갔다. 라반 사우마는 비잔틴 황제 안드로니쿠스 2세, 프랑스 왕 필리프 4세, 보르도에서 영국 왕 에드워드 1세와 만났다. 그는 이란으로 되돌아가기 전에 교황 니콜라우스 4세를 알현해 일한국의 궁전사제로 임명되었다(Rossabi 1994: 457~465). 몽골족은 채 50년이 안 되어 서쪽으로 멀리 발트해까지 유라시아를 약탈했고 아시아 내륙 너머로 지배권을 확립했으며, 아시아 동쪽 연안에서 멀리 남쪽으로 자와까지 세력 범위를 넓혀나갔다. 이제 모든 주요 종교가 중국에 포교되었으며 원나라 사절단이 태평양에서 대서양까지 도달했다. 세계가 말 위에서 빠르게 더 작아지고 있었다.

쿠빌라이는 유학자 관료가 끼치는 영향력을 없애기 위해 과거제도의 부활을 거부하는 대신에 유능하고 근면한 외국인들을 채용해 고문, 관료, 지방 장관으로 복무하게 했다. 튀르크계 위구르인 고위층 관료들이 몽골인 지배자와 중국인 사이에서 하부 구조를 형성했다. 대칸의 칙령이 중국어 말고도 위구르의 튀르크 알파벳 사본으로 공포되었다. 중앙아시아에서 온 다른 무슬림 이주민들은 금융, 건축, 의료, 홍수 통제, 물 관리 등 다양한 전문 분야에서 일했다(Roberts 1999: 100). 쿠빌라이는 또한 중국 문화를 장려했다. 인쇄술이 그의 후원을 받아 광범하게 발전하면서 제국 전역에서 읽고 쓰는 능력이 눈에 띄게 향상되었다. 정부 관청과 개인 모두 방대한 양의 책, 즉 문학작품과 백과사전, 불경과 의학 전문서, 왕조실록과 교본校本을 인쇄했다(Allsen 2001: 181~182). 그리고 다름 아닌 몽골의 역참제가 이러한 정보의 흐름을 전국적으로 가속화했다. 대칸은 전 가족을 세습 가구로 지정해 도공들에게 새로운 방식을 실험할 수 있는 융통성을 주어 도자기 생산을 적극적으로 장려했다. 명 특유의 청화자기는 몽골 시대에 시작되었고, 이때 중국인들이 처음으로 서쪽에서 짙은 청록색인 코발트색을 받아들였다(Rossabi 1988: 169~170).

팍스 몽골리카Pax mongolica[몽골의 평화]로 대상들이 효과적으로 보호받으면서 실크로드를 따라 교역량이 늘어났다. 이렇게 해서 동쪽과 서쪽 사이의 직접적인 접촉이 강화되고 합리화되었다. 쿠빌라이는 그늘을 제공하기 위해 버드나무가 심어진 도로 건설을 지원했다. 중요한 급송 공문서를 전하는 공식 전령은 상태가 양호할 때 하루에 400킬로미터를 이동할 수 있었다. 원대에 1400개가 넘게 있던 역참은 우편물 전달 기능 말고도 이동 중인 고위 인사와 상인들을 위한 편의시설로 사용되었다. 역참은 편의시설 유지 임무를 맡았던 지역 주민들에게 엄청난 부담을 주었지만, "말 5만 마리, 황소 8400마리, 노새 6700마리, 수레 4000개, 소형 배 약 6000척, 개 200마리 이상, 양 1150마리"를 갖추고 있었다(Moule and Pelliot 1938; Rossabi 1988: 124). 무역업자들을 경멸한 중국인들과는 다르게 몽골족은 국제무역을 엄청난 부를 창출하는 수단으로 보고 외국인들과의 관계를 열정적으로 장려했다. 육상무역 대부분은 오르톡ortogh 斡脫(상인조합)에 의해 체계화되었다. 상인조합은 위험을 수반하는 모험사업에 출자할 자본을 조달할 때 특혜를 받았다. 상인조합의 무역은 원나라 정부에 이익이 되었는데, 모든 상인은 중국에 도착하자마자 귀금속을 지폐와 교환해야 했기 때문이다(Roberts 1999: 110). 인쇄된 지폐는 중국에서 오랜 기간 확립된 제도였다. 매년 1000만 장의 지폐가 12세기에 송에서 발행되었다(Hobson 2004: 54). 몽골족은 뽕나무 껍질로 만든 종이에 인쇄된 돈을 신속하게 받아들였다. 쿠빌라이 시대의 지폐는 비단 또는 귀금속으로 보완되어 국제 통화가 되었고, 원나라 전역에서 즉시 법정 화폐로 채택되었다. 전체적으로 지폐 발행과 물품의 안전한 육상 수송은 무역에 새로운 추동력으로 작용했다. 그 결과 중국 북쪽에서 중앙아시아를 지나 중동까지 이르는 오래된 길들이 통행으로 활기가 넘쳤다(Barfield 1989: 206). 제국의 운하 체계 확대로 중국의 내륙 깊숙한 곳에서 상품 수송이 용이해졌다. 중국의 강과 항구는 교역이 번창하면서 북적거렸다. 쌀, 설탕, 고급 자기, 비단, 진주, 보석이 서쪽으로 남부 아시아 해안을 따라 페르시아 쿠르모스(호르무즈) 항구로 수송되었다. 중국의 상업활동에서 쿠르모스 항구는 서쪽 화물의 집산지였다(Saunders 2001: 124~125).

국제적인 일한국: 기마인의 아시아를 가로지른 예술과 과학

칭기즈칸의 광대한 제국이 손자들 사이에서 분열되었을 때, 톨루이계의 두 형제 쿠빌라이와 훌라구는 사촌들과 일한국의 경쟁자들 및 차가타이한국에 맞서 동맹을 강화했다. 그들의 국경 북쪽에서 계속 교전이 발생했으므로 쿠빌라이와 훌라구는 친밀한 관계가 되어갔다. 그들은 서로를 외교적·군사적으로 지원했으며 사절단과 상품, 정보를 교환했다. 문화의 다양성과 교환이 그들의 성공 요인이었다. 두 형제는 순수하게 사업 단위의 관점으로 봤을 때 세계사에서 전례가 없는 대륙적 규모의 무역 기회를 창출했다(Allsen 2001: 13, 22~23). 하지만 일한국 시대에 무역과 외교는 동쪽의 중국뿐 아니라 서쪽의 유럽까지 확대되었다.

일한국에서 훌라구는 무슬림을 적극적으로 차별 대우했다. 한편 그의 아내 도쿠즈 카툰脫古思可敦은 네스토리우스파 기독교도로서 유럽 기독교와의 관계를 강화하기 위해 열정적으로 나섰다. 그녀는 훌라구

　　제9장 초원지대 알타이어족 유목민이 유라시아를 정복하다

의 아들 아바카阿八哈와 비잔틴 황제 미카일 8세의 친딸 마리아 사이의 결혼을 계획했다(Rossabi 2002: 31). 훌라구 자신은 기독교도와 불교도에게 호의를 베풀었다. 페르시아 도처에서 이슬람 패배와 칼리프 왕조 파멸을 상징하는 교회와 불탑이 세워졌다. 1285년에 훌라구의 손자 아르군阿魯渾이 교황 호노리우스 4세와 연락해 시리아를 침입하는 서방 군대에 페르시아 말 3만 마리를 제공하겠다고 제안했다. 이는 그들 공동의 적 맘루크인을 공격하기 위한 것이었다. 그러나 교황은 이탈리아에서 호엔슈타우펜 세력[12세기부터 13세기까지 신성 로마 제국을 지배하던 독일의 왕가]을 분쇄하는 데 너무 몰두하고 있던 터라 또 다른 십자군에 착수할 수 없었다. 그 대신에 맘루크인은 레반트 해안에 유일하게 남아 있는 십자군 전초기지 아크레를 점령했다. 이로써 시리아에서의 유럽의 영향력이 결정적으로 막을 내렸다. 이런 패배에도 불구하고 라틴 선교사들은 수천 명에게 세례를 주고 『구약성서』 시편을 몽골어와 튀르크어로 번역하기 위해 말을 타고 페르시아를 넘어 극동으로 이동했다(Saunders 2001: 129~131, 134, 152~153). 페르시아가 교황과 유럽의 군주들 그리고 제노바와 베네치아 해상 중개인들과의 거듭되는 연락으로 개방되었으며, 이 개방은 서방과 의미 있는 접촉에까지 이르렀다. 흑해에서 해적을 소탕한 일한국은 이탈리아인 선원들에게 흑해 연안을 따라 무역기지를 설치하도록 고무했다. 트라비존을[516쪽 지도 참조] 통해 연결된 아바카의 새로운 수도 타브리즈가 유라시아 너머 주요 통로에서 시장 도시로 급성장했다. 이는 상인과 선교사 모두에게 중요한 도시였다. 하지만 1295년에 짧은 내전이 끝나고 가잔合贊이 아버지 아르군의 왕위를 물려받아 이슬람을 받아들이고 시아파 성지인 카르발라의 후사인 성묘로 순례를 떠났다. 불탑과 불상이 파괴되었고 기독교 교회와 유대교 예배당이 공격받았다. 가잔 시대에 시아파와 긴밀하게 결합된 대중적 신앙심을 특징으로 하는 이슬람이 새롭게 부활했다. 시아파는 궁극적으로 일한국을 페르시아 민족국가로 바꾸었다. 1303년에 가잔은 시리아를 침략하려 했지만 맘루크인에게 패했다. 룸 셀주크 왕조가 무정부 상태로 해체되었을 때, 아나톨리아의 권력 공백을 뚫고 오스만 튀르크인들이 나타났다. 이란에서는 정식으로 가잔의 동생 올제이투完者都, 그 후에는 조카가 가잔을 계승했다. 이후로 비무슬림이 이란인 국가를 통치하는 일은 결코 발생하지 않았다(Saunders 2001: 134~138).

유럽과 중국 사이에 위치한 일한국은 불교도건 기독교도건 이슬람교도건 믿을 수 없을 정도로 놀라운 융합의 장소였다. 유목 생활의 생태학적 조건 덕분에 차용과 양도가 촉진되었다. 칭기즈칸과 그의 여러 아들은 앞서 보아왔듯이 유라시아 너머에 대한 파괴적인 공격에서 처음에는 비옥한 농경지에 제대로 관심을 보이지 않았다. 그 대신 인간의 능력과 기술에 엄청난 가치를 두었다. 인간의 능력과 기술은 유목민 침략 이후, 가축 및 약탈품과 매우 유사하게, 가족 사이에 분배될 일종의 전리품으로 간주되었다. 칭기즈칸의 형제와 사촌들은 몽골 재건 노력에 없어서는 안 될 이 전문가들을 얻고자 경쟁했다. 일단 도시를 약탈하고 그곳의 지배층을 처형하면 몽골족은 생존자 사이에서 제국의 업무에 필요한 숙련된 장인들을 선발했다(Allsen 1997: 31~32). 장인들의 목숨을 살려주는 관습은 몽골 제국 전역으로의 강제적인 인구 대이동을 불러왔다. 가장 선호하는 장인은 직조공과 금속세공사였다.

이들은 세습 종복으로 등록되어 식민도시나 궁전 제작소에 재정착했다(Watt 2002: 63).

앞서 스키타이인이 그랬듯 늘 기동성에 적응해온 몽골 유목민이 가장 탐내는 품목은 말을 타고 입을 수 있거나 지닐 수 있는 재산이었다. 그렇지만 유목민은 무엇보다 공공연히 사회적 지위와 부를 표현하는 수단인 품질이 뛰어난 직물을 매우 좋아했다. 모직물, 펠트, 양탄자는 항상 초원지대 문화에서 중요한 구실을 했다. 쿠릴타이가 열리는 동안 직물은 펠트 담요 위에 있는 카간의 존엄을 보여주는 데 중심 노릇을 했다. 이렇게 해서 카간은 "펠트로 둘러싸인 천막에 사는 사람들"에게 통치권을 행사했으며, 이는 몽골인에게 유목민 뿌리와 정치적 핵심을 상징하는 의식이었다(Allsen 1997: 51~52). 몽골 세력의 전성기에 미적으로 가장 호소력 있고 소중히 간직된 것은 나시즈, 즉 비단 바탕 위에 금으로 짠 직물이었다. 왕의 말들에게까지도 비단 금박을 한 옷을 입혔다(Komaroff 2002: 171). 이러한 값비싼 직물을 만들려면 금과 은이 엄청나게 필요했다. 알타이(황금)산맥에서 입수할 수 있는 금은 초원지대 신화에서 태양과 하늘의 근원적 가치를 간직한 것으로서 영원성과 불멸을 상징했다. 원나라는 동쪽으로 뽕나무를 집중 재배해 생사生絲의 생산을 전례 없는 수준으로 늘렸다. 바그다드의 전문화된 작업장에서 중앙아시아를 넘어 동방의 재정착 식민지까지 인간의 기술이 사방으로 교류되면서 직물 제조업이 전성기를 맞았다. 원은 금실청Gold Thread Office을 설치하여 서쪽에서 온 사람들에게 고도로 전문화된 기술을 중국인 숙련공들에게 가르치게 했으며 제조를 감독했다. 민족적 배경이 각기 다른 장인들이 함께 일하면서 직조 기술에 새로운 활력을 불어넣고 위대한 예술 혁신의 분위기를 만들어냈다. 서로 다른 문화 간에 생각이 뒤섞이면서 각각의 중심지에서 지역 전통을 흡수했을뿐더러 확산된 혼합 양식이 대륙 너머로 나타났다(Watt 2002: 70~71). 의례적 집회에서 보이는 웅장한 대형 천막은 몽골족이 세계 무대에 영웅적으로 등장했음을 알려주었다. 천막의 외부 펠트는 몽골 유목민의 과거를 환기했으며, 내부의 금란은 몽골 제국의 성공을 극적으로 표현했다. 국제적으로 몽골의 재정적 예비 재원은 금괴뿐 아니라 값비싼 나시즈 직물이었다. 이 같은 화려한 직물을 선물하는 것은 몽골 외교에서 장관을 이루었다(Allsen 1997: 55~57).

초기의 일한국 궁전은 그들의 조상인 몽골족의 고국에서처럼 매, 스라소니, 치타와 함께 대규모 부족 사냥에 참가하면서 한 해 내내 계절에 따라 야영지를 바꾸면서 이동했다. 즉위식과 외국 사절 접견이 진주와 보석으로 장식된 웅장한 천막에서 열리는 한편, 이러한 계절 야영지에 영구적인 구조물이 세워지기도 했다. 중요한 궁전 단지인 타브리즈 남쪽 타흐트 술레이만에 8각형 및 12각형 건물이 여럿 위치했다. 고고학자들은 이 건물들이 유목민의 둥근 천막, 즉 게르 형태에 기초한 다각형 구조를 몽골족이 선호했기 때문이라고 생각한다. 궁전의 벽은 종종 광택을 내는 타일로 화려하게 장식되었다. 이는 아마도 부족회의가 열리는 화려하게 장식된 몽골족 천막의 황금 나리즈 벽걸이를 모방해 만든 것처럼 보인다. 일부 타일 장식은 원나라 궁전과 유사하게 상서로운 상징인 신화상의 용과 불사조처럼 보이게 만들어졌다. 반면에 다른 일부 타일 장식은 고대 이란 민족서사시인 『샤나메』에서 묘사하는 장면들을 표현했다. 이런 점에서 문화적 통합이 더 분명하게 드러났다(Masuya 2002: 90~99). 또한 장례무덤 탑 또는 카즈빈[이란 북쪽, 테헤란 서북쪽에 있는 도시] 북쪽 올제이투 무덤처럼 일한국 무덤들의 특징인 다각형의 달집 비슷한 웅장한 무덤은 조상들의 게르를 뚜렷하게 연상시킨다. 직경 38미터인 거대한 8각형 건물에는 직경 24미터와 높이 53미터가 넘는 거대한 돔이 얹어졌다. 나중에 오스만 시대 퀼리예 külliye(장례 관련 건물)◆의 효시로서 정교한 아름다움을 자랑하는 이 기념물은 타지마할에 이르기까지 수 세기 동안 몽골인이 건립한 황제 무덤의 원형이 될 것이다(Blair 2002: 123~124).

일한국의 정복자들은 또한 불과 두 세대 전에 그들이 철저하게 파괴한 지역의 역사와 문화적 유산을 장려하기 시작했다. 이 과정에서 주목할 것은 하마단의 유대인 라시드웃딘이 편찬한 『집사集史, Jami' al-tawarikh』다. 이 책은 전례가 없을 만큼 방대한 양으로 알려져 있는 세계의 역사를 제공했다(Hillenbrand 2002: 137, 146). 하지만 14세기에 제일 아름다운 삽화가 들어 있는 텍스트는 단연 11세기 피르다우시의 최고 걸작을 채색해 표현한 『대大몽골 샤나메Great Mongol Shahnameh』다. 주제는 무훈, 죽음 앞에서의 용기, 언제나 웅장하고 고귀한 왕조의 계승이었다(Blair and Bloom 1994: 28~30). 피르다우시의 민족서사시가 이렇게 기념비적으로 부활하면서 유목민 정복자들은 적대적이었던 이란 예속민과 화해를 모색하고 페르시아 천년의 문화를 야심 차게 거듭 주장함으로써 선대의 용맹스러운 영웅과 자부심 강한 왕들의 고귀함과 정통

◆ 현재는 이슬람 사원을 중심으로 학교, 도서관, 시장, 병원 등 일체의 시설이 갖추어진 복합 사원을 이른다.

성을 과감하게 이었다. 선전을 이유로 선택된 많은 이야기가 삽화로 표현되어 당시 몽골 역사에서 일어난 사건들과의 유사성을 나타냈다. 타브리즈가 기독교 선교사, 중국인 관리, 각국의 여행자들로 북적거렸을 때, 다방면에 능통한 몽골인들은 복잡하게 이야기를 표현하는 새로운 기술을 개척했다. 그들은 성모 마리아와 예수의 십자가 처형과 같은 복음서의 원형을 불교의 조각상, 용, 중국의 산, 구름과 뒤섞었다. 죽어가는 루스탐[『사냐메』에 등장하는 영웅]마저 중국 황제의 옷을 입은 것으로 표현되었다. 일한국의 거장들은 간단한 삽화에서 주석서와 다차원의 예술작품 속 그림들로 이제까지 이슬람 책의 그림에 없었던 표현의 깊이를 이뤄냈다. 몽골인들이 새로운 관점을 받아들이고 표현 수단의 한계에 도전함으로써 거둔 성취는 장차 수 세기 동안 티무르 왕조, 무굴 왕조, 사파비 왕조의 그림에서 나타나는 시각적 화려함의 기초가 되었다(Hillenbrand 2002: 158~167).

몽골인들은 또한 과학을 적극적으로 장려했다. 경제적으로 중요한 농경법 분야에서는 타브리즈 시험 기관이 당시 세계에서 가장 생산적인 중국 농업에서 들여온 새로운 종자와 식물을 풍토에 적응시키는 과정을 진행했다. 각기 다른 여러 전통을 참고해 이란의 쌀 재배가 철저히 다각화되었다. 반대로 원대에는 일찍이 서쪽에서 보급된 재배종들이 널리 보급되었으며, 이는 요리의 혼합을 가져왔다(Allsen 2001: 116, 120~124, 137). 이때 중국에서 처음으로 교자餃子(만두)를 먹었을 것이다(Rossabi 2002: 26). 몽골인들은 식재료와 아울러 약재로도 쓰기 위해 식물을 구했다. 중국 의학이 서쪽으로 이동하면서 무슬림 약품들이 동쪽에서 거래되었다. 침술, 진맥, 뜸 요법이 14세기까지 일한국 궁전에서 행해졌다. 게다가 타브리즈에 병원이 설립되어 여러 나라에서 온 의사들이 그들의 전문 분야를 지역 수련의들에게 가르쳤다(Allsen 2001: 141~156).

기술 인력이 동쪽과 서쪽으로 이동하면서 페르시아와 중국의 몽골 인들이 특히 지도 제작 분야에서 중요한 지리 자료의 **빠른** 보급과 통합을 촉진하는 중요한 역할을 했다(Allsen 2001: 107~113). 그러나 지도 제작이 아무리 중요했다 해도 유목민은 언제나 하늘에 경외심을 가졌고, 천문학은 몽골인들에게 다른 어느 것보다 더 중요했다. 칸에 대한 정치적 관점에서 볼 때, 식蝕 계산에서 보이는 사소한 실수마저도 칸이 군주로서 우주와 맺는 관계와 그의 신성한 통치권을 훼손시킬 수 있었다. 이에 대규모의 천체관측소가 대도와 타브리즈 남쪽 마라가에 세워졌다. 늘 그렇듯 기구들을 가지고 서아시아 과학자들이 중국으로 이동했으며 그 반대의 경우도 마찬가지였다. 이들의 협력이 가져온 한 가지 중요한 결과로, 몽골 제국 전역에서 사용된 서로 다른 달력 체계 사이에서 날짜를 기준에 맞추는 환산표가 마련되었다. 이는 통치와 아울러 농업을 위해서도 중요했다. 중국과 페르시아 천문학자들은 길일을 정하기 위해 계속해서 태양의 흑점, 성식星蝕〔천체의 빛이 행성이나 위성과 같은 다른 천체에 의하여 가려지는 현상〕, 일식과 월식을 관찰했다. 하지만 마라가 학교에서의 지적인 동요로 중국인들의 새로운 우주관이 프톨레마이오스의 행성 모형에 대한 근본적인 비판을 불러일으켰다. 이는 지배적 패러다임에 도전해 광범한 이론상의 수정을 고무하여 폴란드 천문학자 코페르니쿠스의 연구에 영향을 끼쳤을지도 모른다(Allsen 2001: 161~175; Saliba 1987).

아시아를 넘어 유럽까지 미치는 몽골의 영향

14세기 무렵에 각기 다른 유럽의 군주들이 사절단과 선물을 교환하면서 이란의 일한국 궁전과 직접 접촉했다. 헝가리와 이탈리아에서 르네상스 시대 여성들이 초원지대의 특징인 비단으로 만든 높은 원뿔형 머리쓰개를 썼다(Allsen 1997: 18). 초원지대의 바지와 웃옷이 유럽에서 유행했고, 유럽인들은 악기를 계속해서 손가락으로 뜯기보다는 활로 켜서 연주하기 시작했다. 이러한 기술은 콰리즘과 트란스옥사니아 초원지대에서 시작된 것으로 보인다(Lawergren 1992: 115). 영국에서는 에드워드 3세의 가터 훈작사Knights of the Garter를 위한 타타르 직물로 된 250개 양말대님이 만들어졌다. 양말대님 각각에는 금과 은으로 기사단의 좌우명이 수놓아져 있었다. 1331년의 치프사이드 마상시합에서는 난폭한 몽골족 전사로 가장하고 타타르인의 나시즈 비단옷과 가면을 착용한 기사 16명이 앞장섰다. 단테와 보카치오는 둘 다 그들의 작품에서 동방에서 온 화려한 금란과 은란銀襴을 찬미했다(Allsen 1997: 1~2). 초서는 인도를 정복한 데메트리오스[기원전 200년경 그리스-박트리아 왕국 왕위를 계승한 데메트리오스 1세]를 묘사한 기사 이야기에서 다음과 같이 썼다.

뒷다리에서 뒷발굽까지 마름모꼴 무늬로 장식된
금빛 천으로 뒤덮고 강철 마구로 장식된 구렁말을
타고 가네. 마르스 신처럼 보이네.

타타르 직물로 만든 그의 갑옷 위 겉옷에는

커다란 흰 진주들이 박혀 있네.

안장은 새롭게 두드려 광택이 나는 금으로 만들어졌다네(Chaucer 1977:
77).

이 시를 통해 중국 원 몽골 제국과 페르시아 일한국 사이에 집중적
인 교역과 기술 교류가 아시아 변방 지역에서 끝나지 않고 서쪽으로 확
대된 사실을 분명히 알 수 있다. 타브리즈는 유럽으로 통하는 일한국
의 관문이었다. 이 가교를 가로질러 금과 은으로 만든 화려한 나시즈
직물 말고도 많은 제품과 기술이 동쪽에서 기독교 지역으로 흘러들어
갔다.

인쇄술에서 중국이 보인 우위는 기록이 잘 남아 있다. 몽골 시대
에 인쇄된 지폐가 이란에 도입되었다. 역사 발전의 관점에서 6세기에
목판 인쇄술이 발명되었다. 문서 한 장을 밥풀칠이 되어 있는 목판에
붙이고 목판공은 잉크가 묻지 않은 부분을 잘라내기만 하면 되었다.
868년 당나라 시대에 최초의 완성본 『금강반야바라밀경金剛般若波羅蜜
經』이 인쇄되었다. 송대에 인쇄술과 출판업이 급격히 확대됐다. 11세기
초 무렵 중국에서 시작된 토기와 나무로 된 가동 활자[낱낱이 하나씩 새
겨진 활자]가 13세기에 한국에서 동銅활자가 만들어지면서 그 정점을
맞이했다. 그렇지만 수천 개의 동방 문자로 작업하는 것이 비현실적이
었으므로 동방에서는 가동 활자로 어떤 진전도 이루어지지 않았다. 그
러나 목판 인쇄는 흔히 볼 수 있었으며, 주로 위구르인 덕분에 몽골족
지배자들이 인쇄 방법을 알게 되었다. 1273년 원나라에 설립된 비서

감祕書監〔황실도서관 성격〕이 1000권이나 되는 책의 사본을 인쇄했으며, 14세기 초 무렵에는 달력이 매년 수백만 개 제작되었다. 인쇄술이 어떻게 서방에 전래되었는지는 확실하게 알 수 없다. 다소 놀랍게도 이슬람이 인쇄술과 관련해 중개자 노릇을 했던 것 같지는 않다. 몽골 팽창에 뒤이어 수많은 기독교 사절단이 타브리즈를 통해 중국으로 들어온 것을 봤을 때 아마도 인쇄술은 중국에서 이란을 경유해 유럽으로 전파되었을 것이다(Allsen 2001: 176~185). 유럽에 대해 말하자면 몽골 팽창의 여파로 목판 인쇄술이 1259년에 폴란드에서, 1283년에 헝가리에서, 이후 독일에서 처음으로 입증되었다(Hobson 2004: 185). 인쇄 방법은 중국인의 것과 동일했다. 하지만 15세기 초 중세 동업조합에 의해 유럽에서 금속판 인쇄가 중요한 진전을 이루어냈다. 알파벳 문자가 새겨진 연한 청동 또는 황동 금형물로 실험한 금속활자 주조공들이 목판보다 훨씬 더 내구력 있고 빠르게 복사할 수 있는 납 활자체를 만들어냈다. 활판인쇄술 발전의 마지막 단계는 1450년 무렵 라인란트에서 요하네스 구텐베르크에 의해 이뤄졌다. 활자 조각이 한 자 한 자 홈이 파인 식자판에 배열되었다. 그다음 활자로 짠 한 페이지를 틀에 고정해 인쇄기에 연결했다. 선명하고 일관되게 그리고 양면을 인쇄함으로써 1475년경 구텐베르크의 발명은 다음 4세기 동안 서양 인쇄술의 특징이 될 정도로 중요한 역할을 했다(Raymond 1984: 106~107).

물론 서방의 인쇄술이 동방에서 보급된 것인지 아니면 독자적인 발명인지에 대해서는 여전히 의견이 분분하다. 화약과 화기에 대해서도 마찬가지로 견해가 일치하지 않는다. 화약은 중국에서 오랜 역사를 자랑한다. 중국의 충적토는 질산칼륨〔초석硝石〕을 강하게 함유하고 있어

간단한 불로도 뜻하지 않게 폭발을 일으킬 수 있다. 9세기 중국의 화약에는 질산칼륨, 황, 목탄이 대략 75 대 14 대 10 비율로 섞여 있다. 따라서 673년 콘스탄티노플 공방전 시기 아랍인에 맞서 사용된 석유를 바탕으로 한 '그리스의 불Greek fire'◆과는 달랐다. '그리스의 불'은 불길이 닿으면 화약이 폭발했는데 이때 과열된 가스가 방출되면서 목표물을 향해 먼 거리로 발사체를 날려 보냈다. 중국에서 화약은 잘 알려진 대로 처음에는 의례 행사용 폭죽 제조로 아무런 피해 없이 사용되었다. 이후 송대에 북쪽의 거란족과 여진족에 맞서는 전쟁에서 폭약과 소이탄 분야의 주목할 만한 혁신이 이루어졌다. 결국 캐터펄트가 총으로 바뀌었다. 1232년 무렵에 화약이 소화탄, 폭탄, 로켓탄에 활용되었다. 거란족은 몽골족에 대항해 뤄양을 방어하면서 진천뢰震天雷, 즉 "가득한 화약에 불을 붙여 캐터펄트에서 쏘는 쇠그릇"을 사용했다(Saunders 2001: 197). 진천뢰는 포위군이 입은 금속 갑옷을 관통했다. 1259년에는 화창火槍, 즉 "230미터 거리에서 연속으로 작은 탄환을 쏘는 대나무 관"에서 화약이 폭발했다(Saunders 2001: 198). 쿠빌라이 시대에는 화약이 무기고에 보관되었으며 1274년과 1281년에 몽골이 일본을 침략했을 때에는 "총신銃身이 쇠로 되어 있고 화약으로 발사되는 총"이 전투에 사용되었다. 언제나 적에게서 배우는 것이 빨랐던 수보타이가 지휘한 몽골족은 신속하게 진천뢰를 받아들여 두 번째 유럽 침략

◆　유럽에서 선구적인 화약으로 알려진 액체상의 발화물. 673년 비잔틴 제국의 수도 콘스탄티노플이 사라센 군대에 포위되었으나 비잔틴 제국이 헬리오폴리스 출신의 칼리니코스가 만들었다고 전하는 '그리스의 불'을 사용해 이를 물리쳤다는 기록이 있다.

때 서쪽에 이를 전했다. 유럽에서는 셔요 전투에서 헝가리인에 대항해 구식 대포가 동원되었다고 한다. 몽골족이 팽창하기 전에는 서쪽에 화약이 알려지지 않았다. 십자군 전쟁 동안 기독교도건 이슬람교도건 화약을 사용했다는 기록은 어디에도 없다. 14세기 무렵에는 아시아와 유럽 모두 화기가 널리 사용되었다(Hobson 2004: 59). 그 기술은 몽골인이 중국에서 서쪽으로 전해준 것으로 보인다.

또 다른 중요한 혁신 중 하나로, 기원전 3세기 무렵 중국에서 주철 도구가 대량 생산되었다(Hobson 2004: 52). 한漢대에 최고의 효율성에 도달한 뛰어난 용광로 기술로 중국인들은 고로에서 엄청나게 높은 온도를 이용할 수 있었다. 이는 거대한 풀무의 사용과 탄소 연료의 대규모 연소와 결합되어 섭씨 약 1150도에 광재鑛滓〔노爐에서 광석을 제련한 후 남은 찌꺼기〕에서 액상의 철 탄소 합금을 만들었다. 이후 액상 철에서 탄소 함유량을 줄여 강철이 생산되었다(Raymond 1984: 74~75). 기원후 제2천년기 중반 이전에 강철과 주철 고로는 유럽에 없었다. 문서 기록에 따르면 주철 고로 기술은 1380년에 라인강 계곡에 도달했으며, 다음 200년 동안 중국의 강철 생산에서 오랫동안 확립된 수많은 과정이 뒤를 이었다. 15세기 무렵 서방에서 거대한 풀무를 움직이는 데 물레방아가 사용되었다. 독자적 발명을 전적으로 배제할 수는 없지만, 방대한 증거를 통해 몽골족이 유라시아에서 거둔 압도적 승리로 수많은 기술이 짝을 지어 확산되었음을 알 수 있다. 가장 중요한 기술, 즉 인쇄술과 화약, 주철·강철 기술은 14~15세기에 동부 아시아에서 라인란트로 전래된 듯 보인다(Flemings 2002: 118). 더 일찍 이루어진 비단·등자·종이의 전파에서 알 수 있듯이 또 한번 말이 그 전파의 수단이었다. 이런 기술적 진전이 중세와 근대 사이의 간극을 메웠다.

유목민의 기마 군국주의를 계승한 국가들

21세기의 시점에서, 13세기에 정치적으로 분열된 몽골 지방의 혼란한 상태에서 읽고 쓸 줄도 모르는 유목민 출신의 지도자가 어떻게 등장할 수 있었는지 이해하기란 어렵다. 그는 반목하는 경쟁자들을 한 명씩 제압했고, 부족 연합체를 만들어 주변 국가들을 정복했을뿐더러 인류 역사상 최대 규모의 육상 제국을 만들었다. 이는 기마인의 기동성을 통해서만 실현될 수 있었던 눈부신 위업이었다. 또한 이는 당연히 수천 년 동안 진행된 과정, 즉 초원지대 유목민의 군사 세력이 정착 문명을 침입한 사건에서 정점을 이루었다. 그러나 일찍이 정착 문명에 대한 침입이 조금씩은 있었다. 기원전 제2천년기에 다른 인도·유럽어족 무리들이 따로따로 아나톨리아, 인도, 이란으로 뚜렷이 진출했다. 기원전 제1천년기에 흉노족이 중국 한나라를 공격하면서 아케메네스 제국과 중국 제국이 따로 형성되었다. 기원후 제1천년기에 남쪽 사막에서 아랍 유목민이 중동과 북아프리카를 넘어 폭발적으로 증가했지만, 8세기 말 이전에 무슬림 기마 군대가 탈라스와 피레네산맥에서 저지되었다. 결국 13세기에 초원지대 몽골족의 침입이 동방과 서방을 동시에 강타했다. 탁월한 전략가인 칭기즈칸은 고도로 훈련된 기병을 이끌고 아시아 전역을 가로질러 유럽의 국경 지역까지 진격했다. 이처럼 엄청난 규모의 정복은 잔혹한 학살 행위로 흠집이 나기는 했지만 나중에는 유능한 장군과 계승자 칸들에 의해 강화·확대되었다. 하지만 기마 전투에 불리한 열대 삼림 지역인 아시아 대륙 남쪽과 동남쪽 반도는 정복에서 제외되었다. 행정 조직이라곤 전혀 없던 유목민 정복자들은 정착 예속민들의 전문 지식을 빠르게 자신들의 것으로 만들었다. 그들은 전례 없는 규모로 기술과 인간의 재능을 결집시켰다. 몽골족은 예술이건 과학이건 종교건 전쟁이건 민족적 편견 없이 다양성과 혼합의 방식으로 접근했다. 몽골족이 문화를 융합하고 세계적인 교역에 뛰어들면서 일찍이 한 문명을 다른 문명으로부터 고립시켰던 장벽이 무너졌다. 과학과 산업의 탐구는 대륙을 넘어 사상과 발명을 촉진했다. 또한 국제적 세속법의 장려는 문화를 철저하게 근대적인 방식으로 맞춰나갔다. 칭기즈칸의 통치권은 200년에 조금 못 미칠 운명이었지만, 몽골 팽창에 따른 부산물로서 수많은 계승 국가가 곧 등장해 현대세계에서의 아시아의 윤곽을 분명히 나타낼 것이었다.

아시아 본토 동쪽의 기마전사들

먼저 중세 아시아에서 몽골 정복의 일반적인 방식과 관련해 주목할 만한 한 가지 예외로 돌아가보자. 초원지대에 기마 전통을 빚지고 있는 한 국가가 용맹스러운 민첩함으로 중국 원나라에 도전해 몽골족의 영토 침입을 모두 격퇴했다. 일본에서 기마병에 대한 최초의 기록은 4세기로 거슬러 올라간다. 당시는 동아시아에 있어 혼란과 격동의 시기였다. 서흉노(제5장)가 311년 무렵 서진을 약탈하는 사이에 다른 유목민 선비족이 만주 지방에서 가축을 사육하는 부여인을 공격했다. 부여인은 도미노식으로 남쪽 한반도로 쫓겨나 백제 왕국과 일본의 섬 규슈를 침략했다. 『니혼쇼키日本書紀』[6]에 따르면 이러한 기마민족이 지방의 와족佤族을 제압했다. 말에 관한 고고학적 기록이 전혀 없는 야요이(미생彌生) 시대(기원전 250~기원후 250)와는 대조적으로 갑자기 그곳에서 활력 넘치는 기마 문화의 증거가 나타났다. 이 시기 한국과 일본의 문화 모두가 초원지대에서 유래했음을 밝혀주는 거대한 장례 봉분, 즉 고분古墳이 세워졌다(Ledyard 1975: 219~246; Littleton 1995: 269). 이런 봉분과 유사한 흙무덤에 말 장식, 무기, 철제 갑옷, 작은 소조상이 망자와 함께 매장되었다. 불에 탄 소조상에는 안장, 굴레, 고삐, 등자, 칼과 투구로 무장한 전사들이 표현되어 있었다. 고분 갑옷의 작은 금속 장식판은 한편으로는 기원전 제1천년기에 유목민 갑옷의 특징인 쇠 장식판과 그리고 다른 한편으로는 이후의 일본의 강철 장식판 갑옷과 어느 정도 유사했다. 한반도에서 온 고대의 기마 전사들은 기마 전투 연습을 통해 비옥한 야마토大和 평원으로 이동했으며, 그곳에서 일본의 섬 주민들을 지배했다(Ackroyd 1987: 581; Blomberg 1994: 1~3; Turnbull 2003: 11~12).

한국의 왕국과 일본의 섬 주민들 사이에 교전이 계속되면서 일본에서는 기마병을 강화하려는 조치들이 취해졌다. 외국의 도전에 맞서기 위해 황제가 귀족 지주들에게 말을 타면서 활을 잘 다룰 수 있는 무

---

6 4세기에 일본인들은 아주 미미한 수준으로 글을 읽고 쓸 줄 알았다. 각각 712년과 720년에 쓰인 고대의 책 『고지키古事記』와 『니혼쇼키』에서 일본의 초기 시작에 대해 알 수 있다.

사武士(정예 전사)를 제공해줄 것을 주문했다(Turnbull 2003: 13). 당시 기마 전사의 기량은 뛰어난 궁수 능력에 초점을 맞추었다. 최초의 서사시는 "말 타기와 활쏘기 방법"에 대해 언급하고, 오늘날까지 야부사메流鏑馬(궁수가 전속력으로 말을 타고 달리면서 나무 과녁을 〔명적鳴鏑, 즉 우는살로〕 겨냥하는 고대 무예)는 여전히 일본에서 시행되고 있다(Turnbull 2003: 95~96). 따라서 주요 무기는 두 대나무 조각 사이에 나무 조각 하나로 구성된 긴 활로 옻칠이 되어 있고 등나무 줄기로 동여매어져 있었다. 활은 사람 키보다 컸고, 손잡이는 세로로 3분의 1 위의 지점에 고정되어 있었으며, 위쪽이 아래쪽보다 두 배 길어서 말 머리가 어느 쪽을 향하건 쉽게 과녁을 조준할 수 있었다. 여기에 크기가 각기 다른 강철 화살촉이 달린 긴 화살이 사용되었다. 등자와 함께 나무 안장에 올라 탄(Harris and Ogasawara 1990: 27) 일본 전사는 비단 끈으로 신축성 있게 묶인, 옻칠이 된 강철과 가죽 비늘로 만든 동체갑옷을 입었다. 이 갑옷은 공격을 막아낼 만큼 충분히 견고하면서 또한 걸어서 민첩하게 움직일 수 있게 해주었다. 추가로 사용된 무기는 미늘창과 칼이었다. 최초의 철검이 야요이 시대에 중국에서 들어왔다(Till 1984). 처음에는 주로 찌르기 용도로 원시적인 직선 검이 사용되었지만, 나중에는 구부러지고 1미터 또는 그 이상의 예리한 날을 가진 외날 칼로 대체되었다. 이런 외날 칼은 특히 기마 전투에 적합했다(Yumoto 1958: 28).

전설로 내려오는 그 칼은 일본 문화에서 마법의 중심적 역할을 한다. 고대의 책들에 따르면 위대한 태양의 여신 아마테라스 오미카미天照大神가 손자 호노니니기天孫를 바다 건너 비옥한 논이 있는 지역을 통치하도록 보냈다. 아마테라스는 호노니니기에게 야마토 황실의 신성한 왕권을 상징하는 삼신기三神器, 즉 야타의 거울八咫鏡과 구사나기의 검草薙劍, 야사카니의 곱은옥曲玉[八尺瓊勾玉]을 주었다. 이처럼 세 부분으로 된 고대의 전설을 분석한 일본 학자 요시다 아쓰히코吉田敦彦의 주장에 따르면 이런 성물聖物들이 하나가 되어 3개의 구조로 된 스키타이와 사카의 신화와 유사한 사회의 개념을 구성했다.♦ 야타의 거울은 스키타이의 황금 술잔처럼 일본 민족의 정신과 지도자, 성직계급을 상징했다. 구사나기의 검은 스키타이의 창과 화살처럼 검은 전사계급을 상징했다. 야사카니의 옥은 스키타이의 멍에로 연결된 쟁기처럼 경작지의 풍요와 많은 자손을 상징했다(Yoshida 1977: 94~97). 필자가 생각하기에, 일본에 이처럼 세 부분으로 이루어진 신화를 소개한 기마 침입자들이 인도·유럽어족이었을 가능성이 약간 있다. 하지만 한국어와 일본어가 언어학적으로 알타이어족의 몽골어, 튀르크어, 퉁구스어와 관련 있음을 고려하면 아시아 본토에서 온 기마인들이 알타이어를 말하는 사람이었을 가능성이 훨씬 더 크다. 그들은 아시아 초원지대에서 이란인 유목민들과 지속적으로 접촉하면서 우주론과 영웅 서사시의 요소들을 흡수했다(Yoshida 1977: 110~111).

일본을 이란인의 초원지대와 연결시킬 수 있을지도 모르는 또 하나의 흥미를 끄는 유사점은 게이코景行 제12대 천황[일본에서 그 왕 또는 군주를 이르는 말]의 둘째 아들인 야마토 다케루日本武尊의 전설이다. 민속학자 C. 스콧 리틀턴C. Scott Littleton에 따르면, 야마토 다케루의 무훈은

♦ 중앙아시아 유목 민족인 스키타이족 가운데 기원전 2세기 후반에 남하해 서북부 인도에 여러 왕국을 건설한 종족. 그리스인이 '스키타이'라고 부른 유목민을 페르시아인은 '사카'라고 부르기도 했다.

사르마티아 오세트족 영웅 바트라즈의 무훈과 이뿐 아니라 유럽의 아서왕 전설과 닮았다고 한다. 실제로 앞에서 살펴본 서구의 서사시와 일본의 서사시 사이에 불가사의한 유사점이 있다. 야마토 다케루는 아서처럼 어린 나이부터 위대해질 운명이었다. 그는 10대에 작은 칼로 무장하고 강력한 적인 구마소熊襲족[『니혼쇼키』속 신화에 등장하는 소수민족] 둘을 찔러 죽여 전사와 지도자로서의 지위를 입증했다. 세 위대한 영웅은 모두 나중에 한 여성에게서 마법의 칼을 받는다. 아서는 호수의 여인에게서, 바트라즈는 숙모인 예언자 사타나에게서, 야마토 다케루는 후원자인 숙모에게서 마법의 칼을 받았다. 야마토 다케루는 숙모에게서 일본의 가장 신성한 무기인, 그의 두 번째 신비로운 검 구사나기를 받았다. 구사나기는 신들이 야마타노오로치八岐大蛇[일본의 신화에 등장하는 8개의 머리와 8개의 꼬리를 가진 상상의 괴물]의 꼬리 중 하나를 잘라서 나온 검이었다. 야마토 다케루는 몇 안 되는 왕실 기사들의 수행을 받으며 야만인들을 정복하기 위해 동정東征을 떠났다. 많은 무공을 세운 그는 마지막 모험에 나섰으며, 무시무시한 신과 대결해 치명적인 병에 걸렸다. 아서와 바트라즈처럼 마지막 순간에 해안에 쓰러진 야마토 다케루는 비극적으로 죽었고, 새가 되어 현세를 떠나 하늘로 올라갔다(Littleton 1995: 260~264). 흥미롭게도 이란 서사시 모티프의 흔적은 고대 중국 신화에서도 등장한다. 불교가 초원지대를 가로질러 인도로부터 중국과 일본으로 확산되었듯이, 이와 유사하게 훨씬 더 일찍 이란의 영향이 중국 북쪽에 미쳤을 것이다. 이때는 기원전 800년 무렵으로 마기 사제 점성술사들이 주 왕실에서 중요한 역할을 수행했다. 기원전 제1천년기 중국 전설들에서는 커다란 솥鼎이라는 주제가 반복해 등장하고, 요동 치는 바다에 내던져진 빛나는 칼이 어떻게 초자연적인 손에 의해 높이 들어올려졌는지 상세히 이야기되고 있다(Mair 1998: 297). 당연하게도 검과 검술에 대한 전통적인 숭배는 그 기원이 오래되었다. 소용돌이치는 바다, 초자연적인 검, 신비로운 여성 보호자, 대담한 모험, 강력한 적들과의 싸움, 때 이른 죽음에 대한 놀라운 이야기들은 아마도 유라시아 대륙에 걸친 기마인의 전통인 영웅주의를 나타내는 것 같다.

무사는 처음에 정예 기마 전사로서 일본 천황을 섬겼다. 이후에 이 기마 전사들은 강력한 지주들에게 소속되었으며, 사무라이侍[일본 봉건시대의 무사]라는 용어가 사용되었다. 지방에서 그들의 군사력이 강해지면서 사무라이 출신은 기마병으로서의 기량을 인정받게 되었다. 이렇게 자신의 훈련과 장비를 책임지는 기마 전사가 등장했다(Friday 2003:1~2; 그림 9.3). 12세기에 사무라이 장군들 사이에서 격렬한 내전이 5년 동안 맹위를 떨쳤다. 소헤이[승병僧兵]들도 완전 무장을 하고 싸웠다. 이 피비린내 나는 전투는 대서사시 『헤이케 모노가타리平家物語』◆에서 기념되었다. 『헤이케 모노가타리』는 전통적으로 비파를 연주하는 맹인 편력 수도승이 낭송[헤이쿄쿠平曲]했다(Blomberg 1994: viii-ix, 128~129). 사무라이 문화에서 잊히지 않는 한 부분인 겐페이 합전源平合戰[중세 헤이안 시대인 1180~1185년 일본에서 당시 조정을 장악하고 있던 다이라 씨平氏와 지방 세력 미나모토 씨源氏가 벌인 내전. 미나모토 씨가 전국을 장

◆ 일본 중세의 영웅 서사시. 일본 가마쿠라鎌倉 막부 초기의 전쟁 이야기로, 무사계급으로서 최초로 권력을 장악한 헤이케平家 일족의 대두와 흥성, 몰락을 그린 작품.

악하여 가마쿠라 막부가 수립되었다]의 무훈은 가장 고귀하고 용맹스러운 전사의 행동에 관해 미래 세대에게 영감의 원천을 제공할 것이다. 교전에서 전쟁 지도자 미나모토 요리토모源賴朝가 승리해 쇼군將軍[일본 도쿠가와 막부의 우두머리]의 칭호를 차지했으며 무사도武士道의 군대 규율을 따랐다. 무사도는 사무라이에게 기마술, 검술, 궁술에 전념할 것을 요구했다. 새로운 사무라이 군대가 궁정 귀족을 대신해 1868년까지 일본의 정치와 경제를 지배했다. 교토의 천황은 정치권력을 박탈당하고 전적으로 종교적 역할만을 맡게 되었다(Turnbull 2003: 14~15).

전장에서 검술의 중요성이 커지면서 사무라이는 관례적으로 상대에게 일대일 결투를 신청했다. 깃 장식을 한 안장에 앉아 옻칠한 갑옷을 입고 가지가 진 뿔이 밖으로 구부러진 투구를 쓴 사무라이는 우레 같은 소리로 조상의 혈통을 암송했다. 뒤이어 용기를 뽐내고 자신이 어떻게 상대를 격파할지에 대해 위협을 가했다. 결투 신청을 받은 전사는 항상 조상의 공적을 길고 지루하게 설명한 후 전투에 뛰어들었다. 결국에는 결투의 승자가 살해된 상대의 힘과 용기를 칭송했다. 일본 종교에서는 조상들이 숭배되었으며 모든 전사는 그의 성姓에 명예를 가져오기를 갈망했다(Turnbull 2003: 47~48). 하지만 불명예스럽게 포로가 될 경우에는 죽는 것이 오히려 바람직했다. 오직 사무라이에게만 두 칼, 즉 공격용 긴 칼과 자결용 짧은 칼을 지닐 특권이 있었다(Till 1984). 패할 경우 사무라이는 자신의 영혼을 놓아주기 위해 할복割腹(의례적인 자살)으로 배를 가로로 갈랐다. 정치적으로 명예가 더럽혀질 경우 사무라이는 집에서 할복했다. 이때 관례적으로 배에서 흐르는 피로 작별의 시를 썼다(Blomberg 1994: 72~74).

[그림 9.3] 활을 들고 '원뿔꼴' 모자를 쓴 걸출한 사무라이 미나모토노 요시이에源義家(하치만타로八幡太郎, 1041~1108). (Turnbull 2003:49)

그러나 일본의 기마 전통은 곧 외부의 적, 즉 바다 건너에서 온 몽골 세력에게 시험을 당했다. 1274년에 쿠빌라이는 규슈섬 최남단을 침략하려 했다. 일본인은 몽골인만큼 전투에 단련되어 있지 않았으며, 전투에는 뛰어났을지언정 침입자들의 정교한 폭약과 소이탄에 맞서기에는 역부족이었다. 일본군은 하루의 전투에서 결정적으로 참패했지만,

그날 밤 침입자들의 수많은 목숨을 앗아가고 수백 척의 배를 침몰시킨 태풍으로 인해 위험에서 벗어났다(Rossabi 1988: 99~103). 일본인들은 이 최초의 승리에 고무되어 가공할 석조 요새를 세워 앞으로 있을 침략을 격퇴할 준비를 했다. 1281년에 4만5000명의 몽골군과 12만의 고려군이 남쪽과 북쪽에서 동시에 침입해왔다. 침입자들은 두 달 동안 맹렬한 전투를 펼쳤지만 기마 전사인 사무라이의 격렬한 저항에 맞닥뜨려 진격하지 못했다. 사무라이 전설에 남을 만한 무훈으로 겐페이 합전의 전통이 계속되었지만, 결국 자연재해로 전쟁은 중지되었다. 여름의 태풍이 규슈를 강타했으며, 그사이에 바다에서 익사했건 사무라이의 칼에 살육되었건 6만 명이나 되는 침입자들이 죽었을 것으로 추측된다. 일본인에게 태풍(가미카제神風)은 신들이 적의 침략으로부터 일본 영토를 지키라고 보낸 신성한 폭풍우였다. 이는 늘 바다 건너에서 침입해오는 세력에 맞서 영웅적인 자기희생을 고무했다(Turnbull 2003: 16).

몽골의 위협은 일본 전역에서 군대에 대한 열정을 강화시켰다. 민족 서사시 「7인의 사무라이七人の侍」〔구로사와 아키라 감독의 영화, 1954〕는 사무라이의 명예와 자기희생의 헌신을 찬양한다. 선종禪宗은 전사들에게 강한 기질을 발현시키도록 격려했다. 일본 연극 노能◆는 비극이 대부분이었고 선禪의 이상과 조화를 이루었는데, 사무라이 무훈에서 끌어낸 주제를 상연해 군사 귀족들이 선호하는 오락물이었다. 일본인들은 전투에서의 완벽한 탁월함을 찾기 위해 군사적인 노력을 통해 정교함

◆ 일본의 고전 예술 양식의 하나로, 피리와 북소리에 맞추어 노래를 부르면서 춤을 추는 가면 악극.

과 치사율을 새로운 수준으로 끌어올렸다(그림 9.4). 일본은 극동에서 가공할 전투 세력으로 등장해 다음 몇 세기 동안 한국, 중국, 러시아와 전쟁을 벌여 승리하곤 했다(Till 1984).

서아시아와 아시아 서쪽에서 기마인의 정복

1281년 일본은 중국 원나라에 충격적인 일격을 가했다. 난공불락이라는 몽골족의 평판은 사무라이에게 완패함으로써 산산이 부서졌다. 몽골족의 정치적인 힘이 먹힌 것은 난공불락이라는 공포가 갖는 심리적인 위력 때문이었다(Rossabi 1988: 212). 또한 주목할 만한 흥미로운 점은 막부가 원나라의 해상 공격을 물리친 게 이집트를 점령하려는 일한국의 시도가 다른 기마 세력인 맘루크인에게 좌절된 지 불과 20년도 지나지 않아서 일어났다는 사실이다. 맘루크인은 바다 너머 초원지대의 용맹스러운 킵차크인과 동맹했다. 이에 아시아 동쪽과 서쪽의 정반대쪽 끝에서 거의 동시에 몽골 기마 세력이 저지되었다. 원나라와 일한국은 오래 지속되지 못했다. 14세기 중반 원은 동쪽의 명과 서쪽의 중앙아시아에서 일어난 다른 기마 세력에게 굴복했다.

몽골인을 계승한 티무르인과 무굴인 1335년 칸이 상속자 없이 죽고 그의 영토가 소규모 적대 국가들에 귀속되었을 때, 일한국은 갑작스럽게 멸망했다. 동쪽의 차가타이한국도 이와 유사하게 서로 경합하는 세력들로 쪼개졌다. 1370년에 새로운 세력인 티무르가 등장해 대人이

[그림 9.4] 임진왜란 당시 사쓰마군軍을 이끈 사쓰마 번주 사무라이 시마즈 요시히로島津義弘(1535~1619, 완전 무장한 모습). (Turnbull 2003: 101)

란 지역에 활력을 불어넣었다. 티무르는 일찍이 칭기즈칸의 추종자였던 고귀한 바를라스 씨족의 튀르크인이었다. 그는 군사 원정의 본보기로 몽골인의 유목민 전사 전통을 따랐다. 권력을 장악하는 동안 화살에 입은 상처로 절름발이가 된 티무르帖木〔티무르 왕조의 제1대 황제(재위 1369~1405)〕는 터키어로 '절름발이 티무르Tīmūr -i Lang' 혹은 서방에서 번역한 것처럼 '타메를란Tamerlane'으로 알려졌다. 결코 단련된 전략가나 정치가다운 비전을 가지고 있지 않았던 티무르는 정치적 통합을 지속적으로 달성하지 못한 채 수많은 파괴 전쟁에 착수했다. 그럼에도 그

제9장 초원지대 알타이어족 유목민이 유라시아를 정복하다

의 무훈은 극적으로 주변 지역에 영향을 끼쳤다(Roemer 1993a: 43, 47, 86). 대大에미르[또는 아미르Amīr, 아랍-이슬람 세계에서 수장首長을 일컫는 칭호]인 티무르는 처음으로 1391년에 킵차크한국과 장기적인 교전에 들어갔다. 우랄강에서 킵차크 군대를 격파하고 볼가강까지 640킬로미터를 추격했다. 이런 공세는 서쪽의 한국들을 약화시키고 모스크바 대공국의 지휘로 러시아가 반란을 준비할 수 있게 하는 데 크게 한몫했다(Hildinger 2001: 176~182). 이란에서 티무르의 원정은 반란을 일으킨 지방들, 특히 이스파한에 대한 징계를 포함했다. 티무르는 이스파한에서 반란에 대한 응징으로 주민 전체를 학살하고 도시 성벽 외곽에 죽은 자들의 머리 7만 개로 피라미드를 쌓아 다른 곳의 반란을 단념시켰다. 티무르는 이렇게 의도적으로 공포를 조성하기 시작했다. 심지어 기병에게 참수된 포로들의 머리로 폴로 시합을 하도록 명령하기도 했다. 몽골족이 정복 내내 저지른 그 어떤 짓도 티무르의 짐승 같은 악행에 견줄 수 없었다(Roemer 1993a: 55; Spencer 1971: 4). 1398년에 티무르는 인더스강을 건너 델리의 술탄국에 맞서 지하드에 착수했다. 그는 등 위에서 장작 다발이 불타고 있는 들소를 풀어줌으로써 인도의 전투용 코끼리에게 공포를 심어주었다. 이렇게 해서 티무르의 강력한 기병이 적을 정복했으며 티무르는 우상 숭배자인 인도인 포로들을 야만적으로 고문했다(Chaliand 2004: 77). 티무르는 1400년에 맘루크와 교전해 시리아 대부분을 점령했다. 티무르 군대가 소아시아를 넘어 진격했을 때, 오스만 술탄 바예지드Bayezid[바예지드 1세]는 계획했던 콘스탄티노플 공방전을 단념할 수밖에 없었다. 티무르는 우회 전술을 통해 오스만인들에게 괴멸적인 패배를 안겼다. 동시에 빈사 상태에 있던 비잔틴 제국의 멸망은 불안하게 반세기 더 보류되었다(Hildinger 2001: 184~192).

정복의 규모에도 불구하고 티무르는 대이란 지역을 제국의 핵심으로 만들었다. 동쪽과 서쪽에서 무자비하게 모집된 가장 뛰어난 장인들이 부하라, 사마르칸트, 헤라트의 특별한 건물에서 일했다. 푸른 광택이 나는 구와 원뿔 모양의 돔을 갖춘 대규모 모스크들이 건립되었다. 이는 위풍당당한 일한국 건축의 연속이었지만 또한 새로운 티무르 왕조의 지배를 선언하는 것이기도 했다. 카스티야-레온 왕 엔리케 3세의 대사로서 1404년에 사마르칸트의 티무르를 방문한 루이 곤살레스 데 클라비호는 초목으로 뒤덮인 정원 가운데에 타일을 붙인 여러 층의 키오스크kiosk[정자亭子]와 보석이 박힌 금빛 천으로 만든 화려한 대형 천막에 깜짝 놀랐다. 티무르 왕조 건물의 웅장함은 중앙아시아에서 훨씬 멀리 떨어진 곳에도 건축에 영향을 끼칠 것이다. 터키에서 인도까지 그리고 그 이후에 등장하는 오스만 제국, 사파비 제국, 무굴 제국 또한 티무르의 웅장한 양식을 모방할 것이다(Blair and Bloom 1994: 37~39, 53~54). 티무르는 중국 침략을 준비하다가 1405년에 죽었다. 중국 명나라는 티무르 왕조의 계속되는 팽창을 두려워해 1405년과 1421년 사이에 서쪽으로 아시아 남쪽 해안을 따라 여섯 차례에 걸친 해상 탐험에 나섰다. 다섯 번째 탐험은 멀리 동아프리카까지 이르렀다. 항해의 목적은 해외에서 동맹을 확보해 중국의 영향력을 공해 너머로 확대시키고 서아시아에서의 몽골의 정치권력을 좌절시키려는 것이었다(Chan 1988: 232~236).

명나라의 해상 사업에도 불구하고 티무르의 후손 바부르Bābur[티무르의 5대손으로, 인도 무굴 제국 제1대 황제(재위 1526~1530)]가 기병을 거느리고 카불에서 인도 북쪽을 침입했다. 바부르는 모계로 차가타이를 통해 칭기즈칸까지 혈통을 거슬러 올라갈 수 있다. 바부르는 우타르프라데시의 아프칸인과 라지푸트Rājpūr 연맹,◆ 델리의 술탄국을 멸망시켜 1526년 무렵에 무굴 제국을 설립했다(Roemer 1993b: 127). 바부르의 손자 아크바르[무굴 제국 제3대 황제]는 1556년부터 1605년까지 재위한 가장 위대한 무굴 제국의 통치자였다. 그는 제국을 동쪽으로는 벵골만, 남쪽으로는 데칸고원까지 확대했다. 또한 그는 엄청난 폴로광으로 밤중에도 횃불을 켜고 시합을 할 정도였다. 아크바르의 아들 자한기르의 아내인 누르자한까지도 뛰어난 폴로 선수였다(Spencer 1971: 3~4). 자한기르의 아들 샤자한의 시대는 중요한 건축물들이 등장했던 문화의 융성기였다. 타지마할Tāj Mahal은 샤자한이 사랑하는 아내 뭄타즈 마할을 기념해 만든 건축물이다. 이들 건축물 모두 인도 양식이 결합되기는 했지만 이란의 북쪽 전통의 영향을 두드러지게 받았다(Blair and Bloom 1994: 279~280, 287). 무굴 제국은 영국인이 마지막 통치자인 바하두르 샤 2세를 랑군으로 추방하고 그의 두 아들을 참수한 1857년까지 인도를 통치했다(Wolpert 1993: 328).

사파비인−몽골인을 계승한 이란인 티무르 왕조가 중앙아시아 동쪽에서 대살육전을 벌이고 있을 때, 서쪽의 사파비인이 ─ 우랄알타이인에 둘러싸여 ─ 새로운 왕조를 세웠다. 18세기까지 지속될 사파비인의 통

◆　인더스강 남쪽 일대에 사는 그리스인과 이란인 등의 혼혈로 된 아리아족. 5세기 중반에 중앙아시아에서 인도 서북부에 침입한 후 인도화하여 라자스탄 지방을 중심으로 여러 영주領主 국가를 세웠다.

치는 페르시아의 옛 정치적·문화적 전통을 강조하고, 페르시아의 옛 영토 대부분을 확보하며, 호전적인 시아파 신앙을 국가 종교로 확립하기 위해 이슬람을 이란화할 것이다(Roemer 1993c: 189~190). 샤이크 하이다르는 이란 서쪽에서 투르크멘 세력을 타도하기 위해 사파비 수도회를 설립한 샤이크 사피 앗딘Shaikh Safi ad-Din의 혈통을 주장했다. 이러한 민간 전승에 기초해 하이다르는 자신이 시아파 이맘들의 화신이라고 선언하고 자신의 혈통을 알리의 아내 파티마를 통해 예언자 무함마드에서 찾아냈다. 또한 하이다르는 알리의 아들 후사인이 사산조 마지막 황제 야즈다기르드 3세의 딸 샤흐르바누 공주와 결혼했기 때문에 사산조 황실의 혈통을 주장했다. 1501년 하이다르의 아들 이스마일이 아제르바이잔의 샤에 즉위했다. 이스마일은 10년이 지나지 않아 이란 전역에 사파비 왕조를 수립했고, 시아파 지파 이트나 아샤리Ithna Ashari, 즉 12이맘파를 국가 종교로 지정했다. 적수인 오스만인은 수니파였으므로 페르시아인 대부분이 시아파의 대의를 지지하고 이스마일을 통치자로 받아들이기 위해 모여들었다. 시아파 신앙은 페르시아가 국가로 재등장하면서 민족의 정체성 의식을 불어넣었으며 게다가 수니파 튀르크인의 침략에 맞서 강력한 결속력을 다졌다. 1514년에 이스마일은 신성 로마 제국과 접촉해 튀르크인에 대항하는 동맹을 결성하려 했다. 그의 시도는 소통 부족으로 실패로 끝났다. 이스마일의 기병은 동쪽 국경에서 우즈베크인에 맞서 그리고 서쪽 국경에서 오스만인에 맞서 교전에 직면해 1514년에 타브리즈 외곽에서 벌어진 격렬한 찰디란 전투에서 튀르크의 우세한 포와 소화기小火器에 결정적으로 참패했다. 게다가 그해에 바스쿠 다가마의 희망봉 일주를 철저하게 조사해 페르시아의 중요한 쿠르모스[호르무즈] 항을 장악한 포르투갈인들로 인해 상황이 복잡해졌다(Lockhart and Boyle 1978: 37~39).

이란 국경 지방에서의 불안이 계속되면서 사파비 왕조가 궁전을 동쪽 카즈빈으로, 1598년에는 이스파한으로 옮겨갔다. 이스파한에서 샤아바스 1세는 사파비 시대의 가장 찬란했던 기간을 통치했다. 사파비 왕조 통치의 정당성은 12이맘파의 신학적 권위와 12이맘파의 후견인으로 선정된 아바스의 역할에 대한 공식 인정에 근거했다. 이렇게 하여 아바스는 새로운 수도 이스파한을 국가의 정치와 경제, 종교의 중심지로 만들어나갔다. 그는 야심 찬 도시계획으로 이스파한을 광택이 나는 타일, 치솟은 현관, 가느다란 미너렛, 볼록한 돔을 갖춘 멋진 곳으로 바꾸었다. 그 옆으로는 큰 길, 궁전, 공원, 전형적인 정원 카페트 모양의 거대한 분수가 자리 잡고 있었다. 새로운 왕실 광장인 8헥타르 크기의 나크시에 자한Naqsh-e Jahān[세상의 그림/원형, 지금의 이맘 광장]은 국가 의례와 궁술 시합 및 폴로를 위해 건설되었다. 밤에는 5만 개의 램프가 왕실 광장을 밝혔다. 나크시에 자한의 중간 지점 서쪽 편에는 30미터 높이로 우뚝 솟은 왕실 연단인 알리 카푸Ali Qapu가 자리 잡고 있었다. 이미 아파다나[다리우스 1세의 궁전 접견실]에 존재했던 전통적인 탈라르talar[궁전의 열주列柱, 중정中庭의 주랑柱廊]의 진화형인 알리 카푸는 왕족과 손님들이 군대 열병식과 폴로 시합을 볼 수 있는 높은 대형 관람석이었다. 샤가 득점했을 때 알리 카푸의 나팔수들이 경의를 표하는 소리를 냈다. 8야드 떨어진 아바스의 석조 골대는 지금도 계속해서 폴로 규정의 표준이 되고 있다. 아케메네스인, 사산인, 아랍인, 중국인, 비잔틴인, 튀르크인, 무굴인, 사파비인이 했던 폴로 경기는 몇 세기가 지난 뒤에는 인도 북쪽에서 영국군의 모든 연대가 심취하게 될 것이다. 폴로는 영국 제국과 함께 전 세계로 확산되어 오늘날의 현대 스포츠가 된다(Blair and Bloom 1994: 183~185, 190; Spencer 1971: 4~5).

오스만인-몽골인을 계승한 튀르크인 오스만 튀르크인의 조상은 앞서 보았듯 몽골족에게 쫓겨 이란에서 서쪽 아나톨리아로 갔다. 그곳에서 코니아의 셀주크인에게로 피신했다. 이들 셀주크인이 일한국의 가신이 되었을 때, 튀르크 부족들은 영토를 찾아 서쪽으로 계속 이동하고 있었다. 그곳에서 많은 튀르크 부족이 제국 변방에서 이슬람교도 전사가 되었다. 오스만리Osmanli[오스만 제국을 구성한 기간基幹 부족]와 오스만 튀르크인 지도자 오스만은 1301년에 비잔틴군을 격파한 후 니케아(지금의 이즈니크)를 점령했다. 14세기 동안 오스만인은 유럽의 연안을 가로질러 발칸반도 너머 아드리아해까지 퍼져나갔다. 그곳에서 1389년에 오스만인은 코소보Kosovo(지빠귀의 땅)에서 세르비아인과 보스니아인의 연합군을 전멸시켰다. 그 결과 다뉴브강을 따라 영토가 병합되었다. 오스만인은 이 전쟁 동안 서방에서 재빠르게 대포와 머스킷 총[강선腔線이 없는 구식 총. 총신이 길며 총구로 장전된다]을 받아들였다. 오스만의 공세로 동유럽에서 다수의 비잔틴 학자가 서쪽의 이탈리아로 도망쳤다. 이들은 그리스 학문의 전통에 따른 중요한 책과 사본들을 가지고 갔다. 그 결과 르네상스가 일어나 서유럽 전역에서 고전 학문에 대한 관심이 부활했다. 이러한 관심에서 정신적·지적으로 새로운 관점인 인문주의가 나타난다. 결국 1453년에 오스만의 술탄 메흐메드 2세가 정치적으로 고립된 콘스탄티노플을 공격했다. 1000년 넘게 포위 공격을 견더냈던 콘스탄티노플의 중세 성벽은 새롭게 등장한 괴물 같은 대포에는 더 이상 상대가 되지 않았다. 그리스의 전투 병력 7000명은 8만 튀르크 군대에 비하면 엄청난 수적 열세였다. 튀르크인 침입자들은 기독교도의 수도인 콘스탄티노플을 점령하는 순간 천국의 특별한 장소를 차지한다는 기대로 사기가 충천했다. 53일간에 걸친 포격 끝에 황제의 본거지이자 이슬람에 맞서 기독교 왕국의 동쪽 방파제 역할을 해온 콘스탄티노플이 아시아의 공격에 의해 멸망했다. 비잔틴의 마지막 황제 콘스탄티누스 11세 팔라이올로고스가 싸움에 뛰어들어 손에 칼을 든 채 죽었다. 콘스탄티노플이 약탈에 내맡겨지면서 주민들은 노예가 되었고, 하기아 소피아의 보물들은 신성 모독을 당했으며, 값을 매길 수 없는 금실로 장식된 옷들은 강탈되어 튀르크의 말을 장식하는 데 쓰였다. 하기아 소피아 대성당은 모스크로 바뀌었고 돔 꼭대기에는 기독교 십자가 대신에 청동 초승달 모양이 들어섰다. 이제 콘스탄티노플은 오스만 제국의 새로운 수도가 되었다(Bisaha 2004: 61~63; Kinross 1972: 90~102).

스물한 살 먹은 메흐메드 2세의 목표는 다름 아닌 세계 정복이었다. 그는 다른 수많은 지휘관이 실패한 곳에서 성공해 마침내 우마이야 왕조의 제1대 칼리프 무아위야가 677년 콘스탄티노플 점령에 실패한 데 대한 복수를 했다. 메흐메드 2세는 수천 년 전 그리스가 아시아의 트로이를 약탈한 것에도 복수를 가했다. 이제 그는 고대 도시 트로이의 유적에 가서 장차 있을 군사 작전에서 알렉산더와 카이사르를 능가하겠다고 맹세했다. 또한 오스만의 분노는 이슬람의 경쟁 종파들로 향했다. 메흐메드의 손자 셀림 1세는 샤 이스마일을 추종한 4만 명을 처형

함으로써 모든 시아파 적대 세력을 아나톨리아에서 제거했다. 그런 뒤 셀림은 시리아와 이집트를 침략해 1517년 레이다니야 전투에서 맘루크 기병 4000명을 궤멸시켰다. 그때 메카의 장관이 그에게 신성한 도시들의 열쇠를 선사했다. 이들 고대 지역에 대한 지배권은 오스만의 국운을 강화시켰다. 이제 신앙의 보호자로서 오스만 가문에 필요한 것은 수니파 이슬람의 국경 확대였으며, 오스만 가문은 이를 위해 모든 유형의 이단과 무자비하게 싸웠다. 오스만 술탄은 홍해 전역에 걸쳐 인도와의 교역과 말루쿠 제도의 향료무역으로 막대한 부를 차지했다. 이번에는 튀르크 해군이 흑해를 지배한 다음 서쪽으로 지중해를 가로질러 팽창했다(Inalcik 1989: 33~34, 36). 그동안 유럽은 마음을 졸이고 있었다.

셀림의 아들 위대한 술레이만[술레이만 1세, 오스만 제국의 제10대 술탄]은 세계에서 가장 잘 단련된 군대의 지도자로서 자신의 직권을 재빠르게 이용하기 시작했다. 1520년대에 오스만인에게 부더가 함락되었을 때 용맹스러운 기독교도 기사 수만 명이 죽었다(Bridge 1983: 99~100). 술레이만이 빈을 향해 10만 명 넘는 튀르크 군대를 이끌고 간 1529년에 다시 한번 말총 군기가 게양되었다. 이제 튀르크인은 더 이상 아시아 국경에서 교전하지 않고 유럽의 심장부를 위협하고 있었다. 정예 시파이sipahi(페르시아어로 '기병')가 튀르크 기병 대부분을 구성했으며, 시파이를 보완하는 아킨지akinji(비정규 기병)는 제국 국경을 정찰했다. 이에 더해 소화기小火器의 중요성이 강화되면서 술탄이 군대와 예니체리yeniçeri(오스만 제국의 친위 기사단, 튀르크 페르시아로 '신군新軍')를 통합했다. 예니체리는 젊은 시절 발칸 지방에서 징집되어 강압적으로 이슬람으로 개종해 독신으로 살아야만 했으며 혹독한 군사훈련을 받아야 했던 기독교도 노예였다. 술탄 술레이만은 봄에 독일을 침략하기에 앞서 겨울을 나기 위해 빈으로 갔다(Clot 1992: 15~16, 46, 64~65). 신성 로마 황제 카를 5세는 서쪽에서 군사 작전을 조직하고 있었다. 이곳에는 심지어 이전에 튀르크의 승리를 교황의 죄에 대한 응징으로 여겼던 독일 신교도들도 튀르크인과 싸울 각오가 되어 있었다. 카를 5세의 제국 전역에서 선발된 2만 병력이 폰 잘름 백작의 지휘를 받고 오스트리아의 수도 빈을 방어할 준비를 하고 있었다. 그러나 공격에 나선 튀르크인들은 병참 문제에 부딪혔다. 술레이만의 전쟁은 더는 초원지대 유목민의 전격전이 아니었다. 기병이 여전히 전투의 선봉에 서기는 했지만, 이제 중포重砲와 폭약을 가득 실은 마차가 기병을 뒤따랐다. 마차는 대부분 억수같이 퍼붓는 여름 비 때문에 진흙에 빠져 꼼짝 못하게 되었다. 중포 없이 빈 요새를 포격하는 일은 대부분 효과가 없었다. 요새 방어자들에게는 72개의 대포와 수백 개의 화승총◆이 있었다. 10월경에 튀르크인의 식량과 탄약이 고갈되었고 추위와 눈이 다가왔다. 술레이만으로서는 철수 말고는 달리 방법이 없었다. 그는 철수하기에 전에 방어자들이 모두 보는 앞에서 기독교도 포로 1000명 또는 그 이상을 화형에 처하거나 난도질해 죽였다. 튀르크군이 동쪽으로 후퇴하는 동안 오스트리아 기병이 그들을 집요하게 괴롭혔다. 결국 튀르크군은 다수의 병력과 말, 장비를 잃었다(Bridge 1983: 113~120). 이는 오스만인에게는 심각한 패배였다. 서유럽은 푸아티에에서처럼 아슬아슬하게 위기에서 탈

◆ 불을 붙이는 데 쓰는 노끈인 화승火繩의 불로 터지게 만든 구식 총. 보통 어깨에 고정한 채 심지, 바퀴, 부싯돌을 이용하여 발사했다.

출했다.

하지만 술레이만은 다른 전선을 따라 진군했다. 그는 1523년에 로도 스섬을 미래의 십자군을 위한 교황의 첨병으로 생각해 병원기사단을 공격했으며 사실상 그들의 철수를 강요했다. 뒤이어 오스만이 발칸반 도를 장악하면서 그리스인 해적 바르바로사가 이슬람으로 개종해 하이르 앗딘〔바르바로스 하이렛딘 파샤〕으로 알려지게 되었다. 하이르 앗딘 은 카푸단 파샤kapudan pasha(해군 제독)로서 바바리 해안의 무어인 해적을 이끌고 서부 지중해에서 기독교도 선박을 급습했다는 이유로 스페인에서 추방당한 데 대해 보복하려 했다. 따라서 오스만인은 전혀 힘들이지 않고 멀리 서쪽으로 알제까지 북아프리카 해안 주요 지역을 병합했다. 하이르 앗딘은 베네치아 소유의 에게해 섬을 하나씩 정복하고 유린했으며 수천 기독교도를 노예로 만들었다. 결국 1538년에 제독하이르 앗딘은 제노바인 용병대장 안드레아 도리아와 카를 5세의 군대 그리고 프레베자〔그리스 서부에 있는 항구〕에서 베네치아를 책략으로 압도했으며, 이렇게 오스만인은 동부 지중해를 확보했다(Bridge 1983: 131~146). 술레이만은 이런 해상 공세 중에 틈을 내서 다른 적수인 이란의 시아파 샤와 맞붙었다. 1534년에 오스만 군대는 티그리스강 아래로 진격해 바그다드를 점령했으며, 이후 남쪽으로 이동해 카르발라와 나자프의 시아파 성전을 강탈했다. 이처럼 이단자에게서 아바스 왕조의 수도를 되찾음으로써 수니파 이슬람세계에서 술레이만의 명성이 치솟았다. 만약 동쪽 시아파 적들의 종교 및 군사 세력과 충돌이 계속되지 않았다면 술레이만은 당연히 유럽으로 훨씬 더 깊숙이 침투할 수 있었을 것이다(Clot 1992: 89~93; Inalcik 1989: 38).

유라시아 전역에 남긴 초원지대 유목민의 유산

몽골의 기마인은 유라시아 극동 지역과 극서 지역 사이에 빠르고 직접적인 교류와 교역이 이루어지면서 태동 중인 근대세계에 분명한 발자취를 남겼다. 한때 거대하고 광범했던 제국은 많은 변화를 겪었다. 오늘날까지도 몽골의 수도인 울란바토르는 신화에 등장하는 세 강, 즉 오논강과 케룰렌강과 툴라강의 상류 바로 남쪽에 자리 잡고 있다. 이 세 강은 신성한 부르칸 칼둔산 아래에 흐르고 있다. 쿠릴타이 시대처럼 매년 국가적 축제로 수 킬로미터의 의례용 게르에 둘러싸여 스로트싱잉[흐미], 궁술, 격투, 경마 나담 축제가 거행된다. 식전 행사에 등장하는 기수들은 대부분 10세 이하의 아이다. 아이들은 모두 화려한 비단옷을 입고 나타난다. 축제 개막일에 용맹스러운 말 타기를 시험하기 위해 계획된 시합에서 1000명이 넘는 어린 경쟁자들이 초원지대를 가로질러 울란바토르를 향해 20킬로미터를 질주한다(Man 2004: 44). 그들이 오는 것은 지평선의 가장자리를 따라 드리워진 그림자로 가장 먼저 알 수 있다. 이 그림자는 몽골인이 돌진하는 광활한 전선에서 먼 언덕 비탈 위아래 사방으로 퍼진다. 드물지 않게 결승점을 앞두고 선두에 섞여 말을 모는 어린 여전사들이 보인다.

몽골족의 전통적인 핵심 영토의 남쪽과 동쪽으로 오늘날의 중국, 한국, 일본, 동남아시아 국가들이 원대와 거의 같은 영토를 차지하고 있다. 아시아에서 더 멀리 서쪽에 위치한 민족국가들은 이와 유사하게 그들의 역사와 발전을 13세기 몽골의 존재로 거슬러 올라가 찾는다. 일한국 시대에 훌라구가 아바스 왕조의 바그다드를 파괴함으로써 페르시아어를 말하는 이란이 아주 작은 시아파 국가로 최초로 등장했다. 시아파 국가 이란은 서쪽의 아랍 수니파와 북쪽 국경의 우랄알타이인과는 교리적으로 전혀 달랐다. 무굴인과 함께 차가타이 몽골의 영향력이 멀리 남쪽으로 인도까지 미쳤다. 그곳에서 칭기즈칸의 후손들이 1857년까지 무굴 제국을 통치했다. 1857년 세포이 항쟁◆에 뒤이어 영국인들은 무굴 제국의 황제 바하두르 샤 2세를 추방하고 새로운 '부디카' 빅토리아 여왕이 '인도 여황제Empress of India'라는 칭호를 물려받게 했다. 동유럽에서 러시아는 1480년까지 240년 넘게 타타르인의 지배를 받았다. 1480년에 모스크바 대공 이반 3세Ivan III는 킵차크한국이 가신에게 요구한 의례적 행위였던 칸의 등자에 입 맞추기를 거부했다. 계속되는 교전에서 몽골 기병은 모스크바에서 더 이상 말을 탈 수 없게 되었다. 러시아가 독립을 위해 싸우기 시작했기 때문이다. 이반 4세(이반 뇌제雷帝)는 1550년대에 카잔과 아스트라한을 정복했으며, 표트르 대제와 예카테리나 2세는 18세기까지 계속 싸웠다. 차르들은 서방의 소화기를 가지고 동쪽으로 팽창하고 아시아 북쪽 유목민 지역을 점령하면서 제국주의의 흐름을 튀르크-몽골인 쪽으로 돌려놓을 것이다 (Saunders 2001: 168). 아이러니하게도 주치와 킵차크한국을 거친 칭기즈칸의 마지막 유력한 후손은 부하라의 토호 사이드 알림 칸이었다. 부

◆　1857년에 영국령 인도에서 영국 동인도회사의 용병 세포이Sepoy(페르시아어로 '병사'라는 뜻)들을 중심으로 일어난 항쟁. 델리를 점령하고 무굴 제국의 왕을 황제로 받들었으나 영국군의 출동으로 1859년에 진압되었으며, 그 결과 무굴 제국이 멸망하고 영국이 인도를 직접 지배하게 되었다.

하라는 칭기즈칸이 콰리즘 너머 대공세에서 최초로 정복한 도시였다. 수도 부하라가 볼셰비키의 집중 공세를 받았고 튀르크인이 더는 러시아인을 노예로 만들 수 없게 된 1920년에 폐위된 알림은 1944년 카불에서 죽었다(Weatherford 2004: xx, 263). 러시아인들은 스키타이와 몽골의 조상들처럼 유럽 군대와 벌이는 대결에서 오랜 세월에 걸쳐 유효성이 입증된 초원지대의 책략을 사용했다. 러시아인들은 후퇴하는 척하며 나폴레옹과 나치의 군대를 얼어붙은 러시아 깊숙이 유인해 치명적인 반격으로 괴멸시켰다.

몽골의 맹공격으로 중세의 동유럽 지역이 파괴되었다. 이러한 잿더미에서 결코 회복하지 못한 동유럽 지역 주민들은 뒤이은 오스만의 약탈 행위에 쉽게 희생당했다. 맘루크인에게서 수니파 이슬람의 지도적 지위를 빼앗은 셀주크인을 계승해 오스만인은 몽골인이 완성하지 못한 알타이인의 유럽 정복을 마무리하기 위해 서쪽으로 진격했다. 오스만인은 교황과 황제 그리고 왕과 용병 대장 사이의 격렬한 정치적 분열을 이용해 동남 유럽, 레반트, 북아프리카 연안 지역에 대한 지배권을 강화했다. 프로테스탄트의 우상 파괴와 유사성을 발견한 튀르크인 무슬림은 독일 제후들과의 동맹을 시도했다. 튀르크인 무슬림은 기독교도의 연대의 맹세에 대한 대가로 프로테스탄트가 독일 남부의 가톨릭으로부터 정치적 양보를 이끌어낼 수 있게 해주었다. 이렇게 해서 북유럽에서 신교(프로테스탄티즘)의 대의가 진전되었다(Inalcik 1989: 37). 서유럽은 시칠리아와 이베리아반도에서 아랍 군대의 접근을 막는 데 성공했고 몽골 침략에서 살아남았다. 서유럽은 처음에는 지중해에서 북쪽으로 서서히 움직인 이슬람 학문으로부터, 그 뒤에는 극동에서 온 새로운 발명품들로부터 수혜를 받았다. 르네상스 시기의 인쇄술의 발전이 극적으로 책값을 낮췄다. 그사이에 대중이 이용할 수 있는 책이 많아지고 고전 학문이 부활했으며 과학 또한 그 전파가 촉진되었다. 유럽인들은 아시아의 기마 침입자들이 최근에 자신들의 영토를 공격한 데 맞서기 위해 계속 고집스럽게 육상에서 오스만인들과 싸웠다. 하지만 다음 장에서 살펴볼 것처럼 대서양을 등진 채 유럽 서쪽 끝에 위치한 국가들이 과학과 기술 그리고 대담성을 가지고 대양으로 향했다.

말이 유럽에서 출생지로 돌아오다

제2장에서 본 대로 기원전 제4천년기에 농경사회 유럽의 동쪽 변방 반건조 지역에서 말이 사육되었다. 뒤이어 농경 목축업자들이 동쪽으로 팽창했으며 유목민이 유라시아 초원지대 가장 먼 지역으로 침투해 들어갔다. 그다음 장들에서는 이런 불모의 황무지를 정복한 유목민 군대가 수천 년 동안 초기 문명 중심지들을 둘러싸고 보호했던 위험한 지역들을 어떻게 수차례 돌아다녔는지 기술했다. 유목민 군대는 고대 정착 국가들을 여러 대륙에 걸친 광범한 기마 제국으로 통합했다. 그러나 기원후 제2천년기 무렵에 또 하나의 유럽 변방이 존재하게 되었다. 이번에는 서쪽이었다. 유목민 세력은 수차례 초원지대에서 침입해 들어와 동유럽을 무자비하게 파괴했다. 서유럽은 이와는 대조적으로

비교적 상처를 입지 않은 채 살아남았다. 기독교가 초원지대 사르마티아족·훈족·아바르족·마자르족을 개종시켜 흡수했으며, 푸아티에에서 마르텔이 남쪽에서 쇄도하는 아랍인을 방어했기 때문이다. 그렇지만 유라시아 서쪽 끝에서 중세 유럽은 동쪽 문명의 위대한 문화적 진보로부터 차단된 채 지적으로 상당히 침체되어 있었다. 그럼에도 불구하고, 앞서 보아왔듯이, 중요한 발명품이 기마인이 닦아놓은 대륙 간 교통로를 따라 유럽에 도달했다.

하지만 마침내 콘스탄티노플이 1453년에 튀르크인에게 함락되고 오스만인들이 육상과 해상을 가로질러 서쪽으로 진격했을 때, 변방의 유럽이 아시아의 강력한 힘에 대항해 아직 탐험되지 않은 서쪽 대양으로 팽창해나갔다. 다음 장들에서는 일찍이 북쪽에서 바이킹과 남쪽에서 포르투갈인이 시작한 대서양 탐사로 이득을 챙긴 스페인이 어떻게 대양에서 승리를 거두고 말 탄 스페인 기사들이 신세계를 정복했는지 살펴볼 것이다. 고대에 기마병들이 초원지대를 가로질러 사방으로 흩어졌던 것과 놀라우리만치 유사하게, 군마가 전全 대양을 항해해 지구 어느 곳이든 실제 전략적 지점에서 해상에 배치되었다. 이렇게 해서 강철과 소화기로 무장한 유럽인들이 구세계 상대 제국들을 공격할 수 있었을뿐더러 전에 탐험되지 않은 대륙들을 침입할 수 있었다. 이 같은 발전을 이해하려면 레반트에서 이슬람이 십자군에게 승리를 거두고 나서 몇 세기 동안 서유럽 상황이 어떻게 변화되었는지 주목할 필요가 있다.

중세 말의 유럽

서쪽에서 로마의 쇠퇴로, 동쪽에서 유목민의 침입으로, 북쪽에서 게르만족의 침입으로, 남쪽에서 무슬림의 침입으로 유럽은 정치-경제적으로 지방분권화되었으며, 통신 체계와 수송 체계는 심각하게 붕괴되었다. 수확이 있기 몇 달 전은 심각한 흉작에 직면했다. 린 화이트(Lynn White, 1962: 53~54, 69)의 주장에 따르면, 슬라브족이 깊게 팔 수 있는 쟁기와 농종법農種法〔밭을 갈아서 이랑을 만들고 그 위에 파종을 하는 방법〕을 유럽에 소개함으로써 이 '암흑시대'의 무기력증을 상쇄하는 데 크게 이바지했다. 이는 7세기부터 9세기까지 괄목할 만한 인구 증가에 크게 기여했다. 화이트는 또한 말 봇줄과, 말 체형에 맞춘 목걸이형 마구〔말 목에 매는 줄 형태〕의 등장이 농업 생산성을 더 한층 고무했다고 주장한다. 말 봇줄과 목걸이형 마구는 원래 기원전 제1천년기에 중국에서 발명되어 8세기와 10세기에 각각 초원지대를 넘어 서쪽에 전래되었다. 앞에서 언급했듯이, 이런 중국의 발명품들에 앞서 등장한 말 목에 연결된 뱃대끈은, 르페브르의 주장처럼 질식시킬 정도는 아니었다고 하더라도, 수천 년 동안 말을 전력으로 견인하는 데 실패했다. 이러한 원시적 마구 체계로는 이탈리아 라티푼디아(대농장)에서 수도 로마까지 짧은 거리의 밀 수송에서도 전적으로 부적합한 것으로 드러났다. 이에 로마 제국은 주민들을 먹여 살리기 위해 이집트, 북아프리카, 시칠리아에서 곡물을 배에 실어 가져올 수밖에 없었다(Temple 1999: 21). 이와는 대조적으로, 말은 체형에 맞춘 목걸이형 마구와 징이 박힌 뒤어난 쇠 편자가 채택되면서 황소보다 훨씬 더 빨라져 MKS_{meter-kilograms} per second당 50퍼센트 더 많은 견인력을 보였으며 더 뛰어난 지구력으로 매일 두 시간 더 일할 수 있었다. 말이 보여준 더 높은 속도와 지구력은 북유럽의 매서운 추위에서 결정적으로 중요했다. 북유럽에서 작황의 성공 여부는 기후가 좋은 짧은 기간 내에 쟁기질하고 심고 수확하는 것에 달려 있었다. 농경에 말을 동원하는 데서 사회적 반향이 초래되기도 했다. 일찍이 느린 황소로 경작한 농부들은 경작지가 접해 있는 작은 마을에 흩어져서 살 수밖에 없었다. 하지만 11세기와 13세기 사이에 소농들이 더 규모가 큰 촌락과 도시로 모여들기 시작했다. 속도가 더 빠른 말의 견인력 때문에 매일 경작지로 쟁기를 끌어낼 수 있었으며 전에는 경작하지 못한 외진 지역들까지 쉽게 접근할 수 있었다 (White 1962: 62~66).

존 랭던(John Langdon, 1986)은 치밀하고 상세한 연구를 통해 화이트가 내린 결론들을 논박했다. 그는 말 목걸이의 중요성을 인정하면서도 말의 뛰어난 견인력은 농경에 미친 영향이 훨씬 더뎠으며 이는 화이트가 제기한 것보다 더 장기간에 걸친 과정이었다고 한다. 랭던은 황소를 말로 대체하는 데는 많은 장애물이 있었다고 한다. 대체로 말은 쟁기질 같은 하찮은 일이 아니라 승마와 전투를 목적으로 사육된 기품 있는 동물로 간주되었다. 게다가 지중해 국가들은 당나귀와 노새, 특히 어깨높이가 16핸드[160센티미터]가 넘는 푸아투Poitou 노새를 이미 활발히 농사에 이용했다. 말이 농사일에서 보여준 결점 중 하나는 풀보다 곡물을 먹는다는 것이다. 말은 사육하기에 더 많은 비용이 드는 동물이었다. 그렇지만 이와 같은 결점은 말이 먹을 수 있는 최상의 사료인 귀리를 더 많이 수확할 수 있게 해준 삼포제의 윤작으로 상쇄되었다. 또 하나의 결점은 말고기 섭취의 금지였다. 소비용 말고기를 거래하지 못하게 했던 것이다. 그런데 아이러니하게도 말고기 금지가 말 가격을 떨어뜨림으로써 말이 소규모 자작농들이 감당할 수 있는 가격이되었고 농사일에 더 광범하게 사용되었다. 따라서 여러 제한 요인에도불구하고 견인할 때 말이 점차 황소를 대신하게 되었다. 이로써 소농과장원 모두 전면적이고 효율적인 농경이 가능해졌다(Langdon 1986: 96, 250~252, 259, 262).

그러나 12세기에 말이 전면적으로 농경에 이용되지는 않았다. 말은오랫동안 써레질에 특화된 터라 계속해서 써레질을 했다. 말은 또한 물이 잘 스며드는 토양뿐 아니라 돌투성이 구릉 지형을 경작하는 데서도탁월한 능력을 발휘했다. 점토질이 더 많은 충적토에서는 황소가 끄는쟁기가 널리 보급되었다. 황소와 말이 뒤섞여 경작하는 것은 흔히 볼수 있는 광경이었다. 이때 앞에 있는 여러 마리 말이 뒤에 있는 황소들을 위해 속도를 조절하는 역할을 했다. 이 때문에 점토질이 많은 끈적거리는 땅을 경작하는 데서는 황소의 힘을 유지했어도 쟁기질 속도는빨라졌다. 새롭게 도입된, 마구의 봇줄을 매는 가로막대whippletree로 더유연하게 마구를 매달 수 있게 되었다(Langdon 1986:1~12, 51, 100~101). 그럼에도 아마 말이 보여준 가장 주요한 장점은 그 융통성에 있을 것이다. 즉 말은 승마와 짐을 싣는 일 말고도 써레질과 쟁기질 그리고 견인에 이르기까지 전반적으로 그 속도에서 육중한 황소를 능가했다.

하지만 랭던의 계속되는 주장에 따르면(1986: 268), 쟁기질에서 황소를 말로 대체한 것이 노동비용의 감소와 더 높은 수준의 정지 작업으로 농업 효율성을 향상시켰다 할지라도 농부의 보수적 성향 때문에 즉시 생산성 증대로 이어지지 못했다. 그러나 목축은 고기와 유제품 생산을 위한 가축 사육과 양모 생산을 위한 양 사육을 강조하면서 지역적으로 더 특화되었다. 그 결과 말은 집약적 혼합농업의 발전을 자극했다(Campbell 2007: 547). 그럼에도 랭던은 황소에서 말로 전환되면서 얻게 된 단연 가장 큰 이점은 수송 분야에 있다고 주장한다. 대략 13세기 후반에 이르면 말이 물자 수송의 75퍼센트 이상을 담당하게 되었다. 말이 견인하는 수송 수단이 경제에 현저한 영향을 끼치면서 도시 공동체에서 눈에 띄게 중요한 역할을 했다. 빠른 수송이 시장에서 물품 거래 속도와 금화 및 은화의 신속한 대량 유통을 촉진했다(Langdon 1986: 270~272). 예전에는 겨울에 얼음과 강풍에 시달린 내륙 수로와 연안 해역을 따라 주로 수송이 이루어졌다고 한다면, 이제는 선박이 지나갈 수 있는 강에서 멀리 떨어진 농촌 지역이 번영을 이뤘다. 이는 육상의 말 수송 덕분에 농촌 지역의 귀중한 직물과 상하기 쉬운 상품을 급성장하는 도시들로 빠르게 전달할 수 있었기 때문이다. 북쪽 상인과 지중해에서 온 이탈리아 기업가들이 만나는 장이었던 샹파뉴 정기시定期市에서 양질의 영국산 양모와 플랑드르산 고급 직물이 동방의 비단 및 향신료와 교환되었다(Gies and Gies 1972: 35~36). 이처럼 말의 효율적인 견인력과 발전하는 농경술이 장원제도의 경직된 한계를 무너뜨리고 더 유연한 경제 토대를 마련하는 데 이바지했고, 결국 소농들은 과거의 봉건적 속박에서 벗어나게 되었다.

중세 사회는, 신흥 상인들이 전반적으로 번영해갔다고는 해도, 여전히 세 계급 즉 교회와 기사와 소농으로 구성되었다. 12세기 말 무렵 유럽의 통치자들은 이웃 국가를 방문하거나 친척들과 싸우러 이동할 때 기동력이 매우 뛰어났다. 그들에게 성城은 대단히 중요했다. 영주의 엄청난 부와 위엄은 그의 시종이 되려는 기사들, 그의 재산을 관리하려는 성직자, 그의 궁전을 즐겁게 해주려는 문학자와 음유시인을 끌어들였다. 궁전의 지출 수요는 농촌의 가내공업이 아닌 도시의 전문 작업장을 감독하며 국제적 규모로 장사하는 상인들이 채워주었다. 귀족의 궁전은 기사문화의 중심지였다. 그곳에서 명예와 명성에 대한 기사의 미덕과 열망의 범위가 정해졌다. 적어도 이론적으로는 기사가 교회를 방어하고 여성과 병자와 노인을 보호하는 일에 전념했다. 귀족 말고도 행정관과 하급 귀족들의 아들 또한 이제는 상급 영주의 궁전에 가서 기사 지위에 오를 수 있었다. 그들은 그곳에서 군사적인 전투 기술 말고도 사회적 예법인 기사도를 배웠다(Hopkins 2004: 24~34). 완전무장한 젊은이에게 말을 타고 질주하면서 무거운 창을 휘두르도록 훈련시키는 데는 여러 해에 걸친 연습이 필요했다. 이 훈련에서 정점을 이루는 순간은 기사 작위 수여식이었다. 이를 통해 그는 주군의 전사 집단에 편입될 수 있었다(Hopkins 2004: 39~42).

중세 말 무렵에 기사단 의식은 명예, 충성, 용기, 관대함을 강조하며 전사 엘리트에 의해 정교하고 화려하게 다듬어졌다. 영국의 가터 기사단Order of the Garter과 나중에 프랑스의 황금 양털 기사단Toison d'Or처럼 유명한 기사단들이 등장했다. 황금 양털 기사단에 대해 부르고뉴 공작 선량공 필리프Philip the Good는 이아손과 그의 아르고 원정대를 편력 기사들로 간주하면서 황금 양털을 문장紋章으로 선택했다. 문장은 상당히 중요한 역할을 했다. 단순하고 선명한 문장이 한없이 복잡해지면서 이제는 창기[창기병槍騎兵이 창 끝에 달았던 깃발], 깃발, 장식 마구에서 혈통을 과시하는 수단이 되었다. 대大영주가 군사 작전을 위해 유능한 기사들을 모집해서 그들의 기량을 시험하는 마상시합에는 화려한 실력 과시가 동반되었다. 중세의 마상시합은 암흑시대 이래 줄곧 전투에 대비해 기사를 훈련시키는 중요한 역할을 했다. 하지만 최초의 마상시합은 너무나 자주 매우 진지하게 거행되었다. 이 같은 통제되지 않은 난투극에 전투원과 말뿐 아니라 관객까지도 자주 불구가 되거나 죽었다. 또한 마상시합을 구실로 지방 귀족들이 자주 옛날의 개인적 원한에 대해 복수하기도 했다. 이는 교황의 거듭되는 금지에도 마상시합이 사적인 전쟁이 되어버리는 상황을 초래했다. 이제 민족국가가 출현하면서 이러한 소모적인 피의 복수를 군주들이 더는 용인할 수 없게 되었다. 군주들은 국민군을 구성하는 인력과 마력에 관심을 집중했다. 결국 마상시합은 훨씬 더 형식화된 행사가 되었다. 날이 무딘 무기가 도입되면서 기사들 사이의 대결은 엄격한 규정의 제한을 받았다. 예전에는 패자가 승자에게 자신의 말과 갑옷을 몰수당했지만, 이제는 승자에게 멋진 보석이 수여되었다. 마상시합에 참가한 기사는 엄청난 명성은 물론이고 상당한 재산도 모을 수 있었다(Vale 1981: 39, 68~71).

아서왕 이야기의 주제에 맞추어 기사 대회가 자주 거행되었다. 특히 성령강림절에는 원탁Round Table♦ 모임을 주제로 거행되었다. 영국 왕 에드워드 1세(재위 1272~1307)는 아서왕 이야기의 윤리를 열정적으로 장

♦ 중세 영웅 전설의 중심으로, 영국의 전설적 통치자 아서왕과 그를 따르는 기사들이 앉았던 둥근 탁자.

려했다. 에드워드는 1299년에 프랑스의 마르그리트와 결혼할 때 원탁의 기사들의 화려한 공연을 연출했다. 공연에서 에드워드는 아서왕을 연기했고 그의 기사들은 이런 궁정풍 의식에서 전승으로 전해지는 랜슬럿, 갤러해드, 트리스탄, 퍼시벌을 연기했다(Dean 1987: 40). 이 같은 관습은 외국으로 퍼져나갔으며, 머지않아 유럽의 급진적인 귀족들은 이들 전설적 기사 이름으로 세례를 받았다. 그리스도의 화신化身과 죽음의 불가사의가 대규모 의례적 사냥으로 거행되는 고대의 유니콘 신화에서 비유적 의미로 해석되기도 했다. 이마에 뿔이 하나 달린, 반은 말이고 반은 새끼염소인 기품 있는 유니콘은 처녀의 마법으로만 길들일 수 있었다(Sipress 1973: n.p.). 장례식 또한 마찬가지로 극화되었다. 검은색 옷을 입은 여섯 마리 말이 화려하게 장식된 통치자의 상여를 끌었다. 죽은 귀족의 운명적 죽음을 상징화하기 위해 망자 역을 맡은 기사가 교회로 말을 타고 들어와 상여 옆으로 떨어졌다. 그때 무기가 관 위에서 부러졌다(Vale 2001: 243~244). 전사의 용맹스러운 행동을 기념하는 무장한 인형이 무덤을 장식했다. 문장은 그의 고귀한 혈통과 군사 동맹을 떠올리게 했다. 만약 기사가 십자군에 참전했다면, 다리는 십자 모양으로 교차되었다(Vale 1981: 89~90). 중세 기사는, 아서왕이 곤경에 처한 영국인들을 침입자로부터 해방시켜줄 구세주로 나타났던 것처럼, 언젠가는 유럽의 민족국가가 될 서로 싸우는 공작령과 작은 공국들에서 민족의 해방자로 등장했다. 대부분 시골에 뿌리를 두고 있는 아서왕의 전설은 대저택만큼이나 오두막에서도 인기였다. 원래는 고대 인도와 페르시아 군사용어에서 나타나 이슬람 세계를 통해 유럽으로 확산된 체스는 이제 아서왕 이야기의 등장인물인 왕, 여왕, 그리고 기사를 받아들였다. 13세기 말 무렵에는 도시들까지도 아서왕 이야기의 마법에 빠져들었다. 한자동맹이 고귀함을 모방해 성배 협회와 원탁의 협회를 창설했다. 기사의 무훈을 알렉산더의 경이로운 동방 탐험에 비유하는 거대한 벽화가 그려졌다. 궁전은 대담한 모험, 짝사랑, 낭만적 영웅들의 비극적 운명을 묘사하는 거대한 프레스코화로 장식되었다(Pastoureau and Gousset 2002: 15~17; Vale 2001: 173~174). 이러한 중세의 기념행사는 결국 르네상스의 호화로운 축제에 자리를 내줄 것이다.

시에나 팔리오 축제

르네상스[1] 축제 중 가장 유명한 것은 토스카나 지방의 시에나 팔리오Palio of Siena 축제였다. 이 같은 대축제는 고대에 시작되었던 것처럼 보인다. 기원전 4세기의 테라코타 프리즈frieze〔띠 모양의 장식물〕 조각에서 안장 없이 말을 타는 에트루리아인 기수를 볼 수 있는데, 그는 오늘날 의례적 경마에서 사용되는 것과 똑같은 채찍을 휘두르고 있다. 또한 팔리오 축제는 로마의 도시 창설과 관련되어 있다. 전승에 따르면, 레무스의 두 아들 세니우스와 아스키우스가 백마와 흑마를 타고 도망간다. 로물루스의 기병이 그들을 죽이려고 추격한다. 형제는 엄청난 거리를 미칠 듯이 달리고 나서야(신화적인 '팔리오 알라 룽가Palio alla lunga') 멋진

---

1   재생. 고대 인도·유럽어족의 전통과 다시 조화를 이룬다는 의미다.

인도·유럽인의 방식대로 새로운 도시[시에나]를 세우기 위해 안전하게 도착한다(Falassi and Betti 2003: 7~10). 팔리오 축제는, 많은 인도·유럽인의 의식에서처럼, 부활과 재생의 주제를 표현한다. 매년 금빛 색깔의 흙을 가져와 광장을 세계의 중심인 태양 경마장으로 바꾸었다. 시민들은 다가올 해의 행운을 점치려고 "흙을 밟기 위해pestare la terra in piazza" 세계의 중심으로 올 것이다(Dundes and Falassi 1975: 53~54). 최초의 '세나에Senae'는 세 개 언덕 꼭대기에 있는 세 개 성이었고, 중세의 팔리이Palii[Palio의 복수형]는 전쟁의 시대에 기사 훈련으로 마상시합과 경마가 들어 있는 귀족의 축제였다(Falassi and Catoni 1983: 9, 33). 사람들에게 도시 방어에 대비하도록 주먹싸움 시합 또한 열렸다. 상인계급이 등장하면서 마상시합과 싸움은 다소 덜 잔인해졌고 더 화려하게 연출되었다. 또한 의례적인 불로 에워싸 사냥감을 잡는 사냥법의 전통에 따라 대규모 사냥이 로마 시대의 호화로운 사냥처럼 중앙 광장에서 거행되었다. 남자들이 말을 타고 야생수퇘지, 사슴, 여우, 산토끼를 쫓았다. 울타리 안에서는 가장 용감한 젊은 남자들이 투우에 참가했다(Allsen 2006: 238; Falassi and Betti 2003: 12, 15). 그래도 단연 제일 중요한 행사는 팔리오 경마la corsa del palio였다.

시에나는 수 세기에 걸쳐 도시의 최초 3분할을 계속 유지했다. 그러나 시간이 지나며 콘트라데contrade[(중세 도시의) '구역' '자치 구역'을 뜻하는 Contrada의 복수형]로 세분화되었다. 주민들은 자신이 속한 구역에 열정적으로 충성했다. 각 구역은 이웃의 중심지였다. 구역의 작은 예배당에는 지방의 보물들이 보관되어 있었다. 중세 시대에는 기사들이 경마대회에서 말을 몰았다. 하지만 몇 세기가 지나면 각 구역을 대표하는 제복을 입은 판티니fantini(기수, 단수형은 판티노fantino)가 팔리오 알라 톤다 Palio alla tonda 즉 중앙광장 주변을 도는 것[원형 경주]으로 경쟁했다. 각 구역은 문장의 제명題名과 함께 문장에 동물 우화집에서 끌어낸 토템 신앙의 동물을 그려 넣었다. 팔리오 축제 동안 이런 구역 깃발들이 거리를 누비고 다녔다. 장식 수레에 둘러싸여 운반된 구역 깃발들은 고대 시대 이래 시에나인들에게 알려진 정확한 메시지를 전달했다. 불꽃과 폭죽을 쏘아 올리고 나팔 소리, 사냥용 뿔피리 소리, 북 소리가 울려퍼지는 가운데 반짝반짝 빛나는 깃발들이 공중에 극적으로 게양되어 펄럭였다. 깃발들의 '마상 창 시합jousting'에는 알피에레alfiere(아랍어로 '기마 전사'를 뜻하는 al-faris)가 형형색색의 기를 내던지거나 뛰어넘었던 것처럼 장애물을 뛰어넘도록 훈련받은 말의 힘과 민첩성이 요구됐다(Falassi and Catoni 1983: 10~12, 27, 70~71).

라틴어의 팔리움pallium(직사각형의 겉옷)에서 파생한 용어 '팔리오' 자체는 경마 결승점에서 의기양양한 우승자를 기다리는 화려한 직물을 가리켰고, 결국 이것이 팔리오로 알려지게 되었다. 최초의 팔리이는 다람쥐 모피로 안감을 댄 값비싼 직물이었으며 매우 높은 장대에 매달린 채로 경주에 앞서 성당 안에서 전시되었다. 13세기에 이 깃발은 자주 벨벳과 비단이 결합된 금 직물로서 문장과 장식술로 장식되어 있었다. 매년 엄청난 돈을 가진 신하가 팔리오 제작에 필요한 재료를 구하기 위해 동방에서 이국적 물건들이 도착하는 항구 도시 베네치아로 갔다. 몇 세기 뒤 이러한 사치스러운 물품은 더 소박한 비단 그림으로 대체되었다. 경마 예선이 결승에 앞서 벌어졌고, 구역 지지자들이 전통적인 노래를 부르면서 중앙 광장까지 그들의 말을 따라갔다(Falassi and

Catoni 1983: 18~19, 57). 경마 마지막 날에 장엄한 미사가 성당에서 열렸다. 죄수들이 사면되었고, 정숙한 미혼녀들이 공동체 비용으로 지참금을 받았다. 광대, 음악가, 시인들이 군중을 즐겁게 해주는 사육제가 뒤를 이었다. 가신의 주군들이 호화로운 연회에 초대되었고, 그사이에 무료 음식과 포도주를 마을 사람들에게 나누어주었다.

각각의 말은 캄포 광장으로 향하기 전에 구역 예배당에서 축성을 받았다. 성수가 말 위에 뿌려졌을 때 말이 배변하면, 그것은 행운과 승리의 전조로 여겨졌다(Falassi and Catoni 1983: 60~61, 64). 정교한 깃발 연습 사이에 네 마리 위풍당당한 흰 황소가 끄는 승리 축하 전차에 뒤이어 팔리오가 중앙 광장에 진입하고, 군중은 박수갈채를 보내고 스카프를 흔들며 환영한다(Dundes and Falassi 1975: 100~101, 107~108). 에트루리아인들이 했던 대로 경마에서는 모든 기수가 채찍〔황소의 채찍〕 nèrbo di bue[2]을 갖고 안장 없이 말을 몰았다. 하지만 팔리오는 경주였을 뿐만 아니라 마상 창 시합 즉 전투이기도 했다. 말을 다루기 힘들게 하려고 경쟁 구역 마구간 문에 암말의 질 분비물을 발라놓았는지도 모른다(Falassi and Catoni 1983: 56). 자신의 말을 몰기 위한 도구인 채찍이 다른 구역의 승리를 막기 위해 상대편 말 또는 기수를 공격하는 데 사용될 수도 있었다(Dundes and Falassi 1975: 125). 그렇게 하지 않으면 말이 봉쇄되어 울타리 바깥쪽으로 몰리거나 관객에게 공격받을 수도 있었을 것이다. 중앙 광장을 세 번 도는 사이 많은 기사가 말에서 떨어졌

---

2   젖을 떼지 않은 송아지에게서 떼어내어 말린 남근을 늘려서 길이 76센티미터의 채찍을 만들었다(Dundes and Falassi 1975:125).

으며, 이들이 말을 다시 몰고 경주에서 이기는 경우도 가끔 있었다. 어떤 행사가 이어지건 유명한 팔리오를 수여받은 우승자는 축하 만찬에 가기 전에 상금을 빈민에게 나누어줄 것으로 기대되었다. 축하 만찬에서 우승자의 말은 주빈석 뒤 명예로운 자리에서 환대받았다(Falassi and Catoni 1983: 21). 우승한 기수는 패배한 구역 사람들에게 호되게 맞거나, 패배한 기수가 격분한 자기 구역 사람들에게 공격받을 수 있었다(Dundes and Falassi 1975: 131).[3] 시에나인들은 말을 타건 걸어서건 시에나 팔리오 축제를 통해 경쟁 도시국가 사이에 줄곧 재발하는 전쟁에 대비해 전투 기술을 연마했다. 축제는 결과에 상관없이 시에나 공동체의 재생과 존속을 나타냈다. 새롭게 쟁취한 깃발은 속어로 여전히 신생아 아들il cittino로 불린다(Falassi and Catoni 1983: 77). 오늘날의 이탈리아어로 환희에 넘쳐 말하는 "파타 라 페스타! 코르소 일 팔리오Fatta la festa! Corso il Palio!"는 잘 조직되어 거행된 행사를 나타내는 표현이다.

중세 후기의 전쟁

말은 행사와 의식에서 줄곧 중심에 있었다. 그러나 14세기 무렵에는 전쟁에서 말 탄 기사의 우월한 지위가 대포와 새로운 보병의 도전을 받게 되었다. 쿠르트레 전투(1302), 배넉번 전투(1314), 크레시 전투

---

3   두 번째로 들어온 말은 가장 수치스러운 존재가 되었으므로 경주의 패자로 인정되었다.

(1346)에서 대궁大弓 사수들과 창 밀집군의 파괴적 효과가 입증되었다. 대궁은 사정거리, 발사 속도, 정확성에서 실제로 석궁을 압도했다. 대궁은 무거운 화살로 기사의 쇠사슬 갑옷과 초보적 판금갑옷Plate armor을 관통할 수 있었으며, 기사의 말을 죽이거나 미친 듯 날뛰게 할 수 있었다. 보병의 2미터짜리 미늘창에는 갑옷을 관통하고 기사를 말에서 떨어지게 할 장치로 도끼날이 탑재되었다. 미늘창의 두 배 길이인 창은 25센티미터의 뾰족한 끝부분으로 기병을 막아낼 수 있었다. 그리고 창은 밀집해서 사용될 때 꿰뚫을 수 없는 방어벽을 만들었다. 이들 새로운 병기에 맞서 기사의 취약성을 상쇄하기 위해 14세기 후반부 동안 완전한 형태를 갖춘 판금갑옷인 아르누아 블랑harnois blanc(흰 갑옷)이 개발되었다. 앞서 보아왔듯이 몽골의 진군 여파로 유럽에서 금속 세공술이 높은 수준으로 정교해졌다. 이제 양질의 철과 강철이 새로운 탄소 처리 과정과 고로高爐에 의해 생산되었다. 기동성과 투석기에 대한 저항에 적합하도록 최대한의 방어를 위해 판금갑옷의 바깥 면이 담금질 처리되었다. 이때 금속이 아주 뜨거워져 있는 동안 담금질하는 것이 가장 중요했다. 전장 갑옷과 마상시합 갑옷은 달랐다. 마상시합 갑옷은 전투 중에 기동성이 필요한 야전 갑옷과는 달리 장식이 더 많았고 안정성에 초점이 맞추어졌다(Vale 1981: 104~107).

뛰어난 방어용 갑옷을 더 잘 관통할 수 있도록 창 전투 기술에도 변화가 일어났다. 앞선 세기의 쇠사슬 갑옷과 동체갑옷〔가슴받이와 등받이로 된 갑옷〕은 이제 훨씬 더 무거워진 무기에 충분한 도움을 주지 못했다. 대략 18킬로그램이나 나가는 무거운 창은 아래로 낮추어 겨냥해야 했고, 말이 전속력으로 달리는 동안에는 평형을 유지해야 했다. 충돌

순간에 거대한 창을 단단히 잡고 반동을 흡수하는 그리고 충돌할 때 기사의 팔이 부러지지 않도록 하는 새로운 장치 아레 드 퀴라스arrêt de cuirasse[창 받침. 갑옷의 가슴받이에 붙어 있는, 창을 수평으로 겨눌 수 있게 하기 위한 받침]가 발명되었다. 이 새로운 장치와 함께 돌격할 때 창의 균형을 맞추어주는 버팀대 역할을 하는 뾰족한 금속 기구가 오른쪽 흉갑에 장착되었다. 이로써 기사는 빠른 속도로 진격하는 동안 무기를 수직에서 수평으로 낮출 수 있게 되었다. 창의 무시무시한 효과를 상쇄하기 위해 판금갑옷이 변형되었다. 취약한 부분에 타격이 가해지지 않도록 갑옷의 표면을 주름지고 뒤틀리고 골 지게 함으로써 창이 표면을 스치고 지나가게 할 수 있었다. 보강재로 중요한 부분들을 보호했으며 강철 투구로 머리 전체를 가렸다. 말의 갑옷도 개선되어 가슴(페이트럴peytral), 목(크리닛crinet), 옆구리(크러퍼crupper)를 판금으로 보호했다. 이는 일제히 발사되는 화살과 창 방어벽으로부터 말을 보호해주었다. 중기병은 강철이 보강되면서 돌격의 탄력과 충격력으로 모든 것을 휩쓸어버렸고, 이에 따라 더 오래 살아남을 수 있었다(Vale 1981: 114~119, 128).

영국과 프랑스의 백년전쟁(1337~1443)은 북서 유럽 최대의 정치-군사 대립이었다. 놀랍게도 가장 유명한 기사는 오를레앙의 처녀 잔 다르크Joan of Arc, Jeanne d'Arc 즉 동정녀 잔Jeanne la Pucelle이었다. 토미리스, 펜테실레이아, 히폴리타◆에 비유되는 서방 기독교 왕국의 여전사 잔은

◆ 토미리스Tomyris는 헤로도토스의 『역사』에 나오는, 키루스 2세를 죽인 스키타이족 일파 마사게타이족의 여왕이다. 펜테실레이아Penthesileia는 그리스 신화에 나오는 아마존의 여왕으로, 여군을 이끌고 트로이를 위해 용감히 싸웠으나 아킬레우스에게 살해되었다. 히폴리타Hippolyta는 그리스 신화 속 아마존의 여왕이다.

　　　　　　　　　　　제10장 말이 유럽에서 출생지로 돌아오다

1413년에 로렌주 동레미 벽촌에서 태어났다. 잔은 13세 때 다른 소녀들과 도보 경주를 하는 중에 영국에 맞서 프랑스의 검을 잡으라는 천상의 음성을 들었다. 빠른 발과 유연한 팔다리는 당연히 여전사의 특징이었다. 또한 잔을 아르크arc 즉 화살과 관련시킴으로써 잔 다르크는 초원지대의 여걸 기마궁수들과 아르테미스-디아나 여신에 연결되었다(아르테미스-디아나 여신의 활은 초승달이었다). 잔은 아르테미스처럼 분명히 동정녀(처녀)였고 게다가 월경하지 않은 것으로 알려졌다(Warner 2000: 19, 200, 202) 샤를마뉴와 성왕 루이[루이 9세]의 환영이 잔 다르크를 로렌의 궁정으로 향하게 했다. 잔 다르크는 그곳에서 첫 번째 검을 받았다. 그다음, 아서처럼, 두 번째 검 즉 샤를 마르텔의 검이 불가사의하게 그녀에게 전해졌다. 샤를 마르텔[카를/카롤루스 마르텔]은 프랑스 군주정의 창설자이자 일찍이 아랍 침입자들에 맞서 프랑스를 방어한 전설 같은 인물이다(Warner 2000: 120, 162~164).

1429년 2월에 영국인이 루아르강 북쪽 영토를 지배하는 부르고뉴 동맹자와 함께 강을 건너 프랑스 남부를 지배하기 위해 오를레앙을 공성전으로 공격했다. 남쪽의 시농까지 호위받은 잔 다르크는 발루아 왕가의 샤를 황태자[이후의 샤를 7세]에게 자신이 하느님에게서 오를레앙에 대한 포위 공격을 풀고 샤를을 도와 영국인을 몰아내 그의 왕국을 되찾게 하라는 명령[음성]을 받았다고 말했다. 잔 다르크의 찬란한 빛에 감명받은 샤를은 5월에 오를레앙을 구하기 위해 진격했다. 처음에는 영국인이 프랑스인에게 엄청난 손상을 입혔다. 잔 다르크는 거침없이 병사들과 함께 영국인이 점령하고 있던 레투렐 요새로 말을 몰았다. 격렬한 전투가 이어졌고, 비록 목에 상처를 입었지만 마침내 잔 다르크는 자신의 깃발 아래 병사들을 집결시켰다. 프랑스인이 승리를 위해 파도처럼 밀려들었다. 결정적으로 패배한 영국인 생존자들은 즉시 후퇴했다(Warner 2000: 54, 66~67)

잔 다르크는 오를레앙 승리에 뒤이어 카롤링거 왕조 전임자들의 의식에 따라 프랑스 왕위에 오를 샤를 황태자에게 북쪽 랭스로 진격할 것을 주장했다. 잔 다르크는 흰 갑옷을 차려입고 창을 든 채 군마를 타고 왕 앞을 달렸다. 그녀의 무기가 번쩍였고 깃발이 펼쳐졌다(Warner 2000: 70). 그러나 8월에 샤를 황태자는 부르고뉴와의 휴전에 동의했다. 잔 다르크는 전쟁 중단에 격분해 휴전을 무시하고 부르고뉴파가 차지하고 있는 파리를 공격했지만 실패했다. 잔 다르크는 이듬해 봄에 참가한 전투에서 영국인과 부르고뉴파의 협공 작전으로 붙잡혔다. 이후 투옥되어 종교재판소의 가혹한 심문을 받고는 이단으로 기소되었고 화형에 처해졌다(Warner 2000: 5, 70, 75). 그렇지만 프랑스 북부에 대한 영국의 지배권은 현저하게 약화되었다. 비극적인 최후에도 잔 다르크는 전투의 흐름을 뒤집어놓았다. 그녀의 용맹한 싸움은 프랑스의 군주정 복원과 민족국가 형성에 이바지했다.

백년전쟁의 후기 단계에 처음에는 별나고 신뢰할 수 없던 소화기가 더 효과적인 무기가 되고 있었다. 대격돌의 특징인 장기전이 일종의 군비 경쟁을 초래했다. 대구경의 커다란 대포, 사석포, 박격포가 요새를 강타했을뿐더러 더 가벼운 컬버린culverin[15~17세기 유럽에서 사용된 대포]과 뵈글레르veuglaire[14~15세기의 대포]도 멀리서 선택적으로 사람을 죽였다. 결국 대포는 무장 기사가 몰락하는 신호탄이 될 것이다(Vale 1981: 131, 137). 승리를 거머쥔 프랑스 군주들은 전령들을 파견하기 위해 주요 포장도로를 손질하거나 건설하고 정규 우편 제도를 체계화하는 일에 착수했다. 하지만 이런 도로들은 민간 교통로에 불과했다. 포차에 실려 20마리 말이 견인하는 2250킬로그램 이상 나가는 이동식 중형포重型砲가 이제 포장도로로 이동했으며, 이에 더 튼튼하고 더 넓은 도로와 다리가 필요했다(Gille 1969a: 351~352; 1969b: 480).

스페인의 레콩키스타

718년에 아랍인들이 코바동가에서 기독교도에게 패한 뒤 중세 스페인 피레네산맥 남쪽에서 고트족의 펠라요〔펠라기우스〕가 자신을 아스투리아스의 왕으로 선포하고 스페인 군주정을 설립했다. 아스투리아스는 푸아티에에서 무슬림이 격퇴되면서 이후 국경을 루시타니아, 갈리시아, 비스카야, 그리고 9세기에는 레온까지 확대할 수 있었다. 다음 몇 세기 동안 기독교 스페인은 산으로, 지방 간의 대립으로, 형제간의 싸움으로 분열될 것이다. 귀족들은 대체로 왕과는 별도로 일을 처리했고, 주교는 교황과는 별도로 군대를 이끌고 전쟁을 수행했다. 이런 격동의 시대에 한 가지 일관된 특징은 한 양치기가 산에서 별 모양 대리석 관에 인도되어 발견한 경이로운 물건이었다. 관 안에는 사도 야고보의 유골이 있었고, 관이 발견된 자리에는 장엄한 성당이 건립되었다. 산티아고데콤포스텔라 즉 별이 빛나는 들판의 성 야고보St. James of the Field of the Star는 기독교도 순례의 신성한 중심지가 되었다. 산티아고 마타모로스Santiago Matamoros ('무어인〔무슬림〕을 멸망시키는 성 야고보〔산티아고〕'

는 스페인의 수호자 성인이자 조국을 되찾으려 싸우는 기독교도들을 불러모으는 외침이 되었다(Durant 1950: 458~459).

하지만 거의 800년 가까이 지속될 이 같은 싸움에서 무슬림과 기독교도 즉 아랍인과 스페인인은 밀접하게 관련되었다. 9세기 초 최초의 스페인-아랍의 연애시가 쓰였다. 이 연애시는 다정함과 자제의 가치를 강조하고 저속한 만족을 회피하면서 영적인 사랑의 주제를 탐구했다. 1022년에 이븐 하즘의 「비둘기의 목걸이Ṭawq al-Ḥamāmah」가 등장하면서 안달루시아의 연애시는 정점에 도달했다. 이 같은 연애시가 등장한 것은 이슬람 정복의 여파로 사회에서 여자보다 남자의 비율이 높아졌기 때문이다. 땅과 부를 차지해야 한다는 유혹이 중동에서 많은 아랍인 남자를 그리고 북아프리카에서 베르베르인 용병을 끌어들였고 이로 인한 여자의 부족은 부유한 무슬림들이 유지한 하렘[이슬람 국가에서 부인들이 거처하는 방으로, 가까운 친척 이외 일반 남자들의 출입이 금지된 장소.] 때문에, 유럽 연안 지역을 따라 근동의 노예시장에 내다 팔 여자아이들을 의도적으로 약탈했기 때문에 악화되었다. 「비둘기의 목걸이」는 남자들이 아름다운 소녀 노예들에 보이는 열광과 소녀들을 진정으로 자유롭게 해주고 싶어하는 갈망으로 가득하다. 프랑스와 부르고뉴에서 비교적 많은 남성 기독교도가 스페인 북부로 유입되었다. 그들은 대對이슬람 전쟁에서 전리품을 통해 이익을 얻고자 갈망했다. 기독교도 전사들 중 눈에 띄었던 것은 하급 귀족과 모험가들이었다. 이들

4　하급 기사들이 지켜야 할 성castle이 건설되고 있었다. 이러한 요새에서 카스티야Castile라는 지방 이름이 생겨났다.

은 전장에서 무훈을 세워 기사계급으로 진출하고 싶어했다.[4] 그러나 사회적으로 출세할 확실한 경로 중 하나는 귀족과 결혼하는 방법이었다. 하지만 고르지 못한 성비性比를 고려하면 어린 귀족 여성들은 당연히 매우 드물었다. 아름다운 여성들의 사랑을 쟁취하기 위해 야심만만한 기사들은 낭만적인 노래와 우아한 궁정풍 연애시에 의존했다. 연애시의 낭송은 사교적 친목이 이루어지는 공공 광장에서 이루어졌다. 그곳에서는 귀족 집단의 우아한 취향과 호감에 맞추어 연기가 구성되었다. 욕망을 부추기는 이런 연애시는 인기가 치솟으면서 스페인에서 프로방스를 가로질러 북유럽까지 퍼져나갔다. 12세기 말에는 이븐 하즘의 걸작을 모방한 「궁정식 사랑의 기술The Art of Courtly Love」〔안드레아스 카펠라누스Andreas Capellanus의 「사랑에 관하여De amore」를 말한다.〕이 샹파뉴 마리 궁전에서 창작되었다. 여기에서는 흠모하는 일방적인 사랑의 미덕이 품위 있게 찬양되고 있다(Guttentag and Secord 1983: 71~73).

이 기독교와 이슬람의 대결 시대에 무훈시는 계속해서 인기가 있었다. 가장 유명한 무훈시는 스페인의 민족서사시 「엘 시드의 노래(나의 주군의 노래)El Cantar de Mio Cid」◆였다. 여기엔 레콩키스타Reconquista(재정복) 싸움의 무훈과 번민이 구체적으로 나타난다.

가슴 위로 방패를 고정시키네.

깃발을 매단 긴 창을 아래로 낮추네.

◆ 스페인어로 쓰인 최초의 문학작품. '엘시드'는 아랍어로 '주군' '군주' '주인'이라는 뜻인 'sayyid'에서 비롯한 말이다. 떠돌이 가수 후글라르에 의해 구전되었으며, 14세기에 다시 필사한 판본이 전한다.

안장틀 위로 얼굴을 숙이네.
용맹스럽게 공격을 준비하네.

보았어야 했어. 수많은 창이 낮춰지고 올려지고
수많은 방패가 꿰뚫리고 관통되고
수많은 쇠미늘 갑옷이 깨지고 움푹 들어가고
수많은 흰 깃발이 피로 물든 채 높이 들리고
수많은 준마가 기수 없이 달리는 것을(De Chasca 1976: 115~116).

엘 시드는 1043년에 부르고스 외곽 중류 귀족 가문에서 태어난 로
드리고 디아스 데비바르Rodrigo Díaz de Vivar다. 로드리고는 15세에 피후
견인 신분으로 스페인 궁전에 들어갔고, 그곳에 있는 동안 군사와 문
학 분야에서 탁월한 기량을 발휘했다. 국왕 페르디난드 1세가 죽자 왕
국이 서고트족 장자상속권과는 반대로 세 아들 산초, 알폰소, 가르시
아에게 분할되었다. 이들은 각각 카스티야, 아라곤, 갈리시아와 포르
투갈을 물려받았다. 장자 산초는 이에 격분해 로드리고를 왕실 군대의
사령관으로 임명했고 형제들의 영토를 빼앗는 일에 착수했다. 엘 시드
의 대담무쌍한 통솔력과 전투 중에 세운 뛰어난 무훈으로—이 일로
엘 시드는 엘 캄페아도르El Campeador(투사Champion)라는 별명을 얻었다—
산초의 군대가 승리했다. 하지만 1072년에 산초가 암살당했다. 망명에
서 돌아온 알폰소 6세가 카스티야인들의 지지를 얻기 위해 그들의 투
사인 엘 시드를 가신으로 받아들였다. 그러나 루스탐, 랜슬럿, 롤랑의
경우에서처럼 긴장관계가 왕과 영웅 사이에서 끊임없이 진동했다. 알

폰소는 투사 엘 시드의 인기를 경계해 엘 시드가 군사적 재능을 발휘할 기회를 차단해버렸다. 그럼에도 무슬림 공국 세비야에서 공물을 징수하러 파견된 엘 시드는 토후 무으타미드를 공격해온 그라나다를 격파했다. 그는 이 일로 카스티야에 돌아오자마자 반역죄로 고발당했다. 카스티야가 무슬림이 지배하는 톨레도에 맞서 싸우면서 1081년에 엘 시드와 그의 기사들은 두에로강의 가장 중요한 요새를 용감하게 방어했다. 알폰소는 이 승리에 격분해 엘 시드를 추방했다. 그럼에도 이후 기독교도들은 두에로강 지역을 견고하게 함으로써 서고트족의 가장 오래된 수도로 숭배받은 톨레도를 점령하는 데 성공했다.

부당하게 대우받았지만 왕에 대한 충성에서 결코 흔들리지 않았던 엘 시드는 카스티야에서 멀리 그의 기사들을 이끌고 가서 기독교 바르셀로나를 도와주겠다고 제안했다. 엘 시드는 제안이 거절당하자 그 대신에 사라고사 무슬림 토후들과 동맹을 맺고 스페인 동부를 대대적으로 정복해나갔다(De Chasca 1976: 19~27). 여기에서 또 한 번 루스탐이 암시되고 있다. 엘 시드도, 페르시아 투사 루스탐이 타미나와 빈둥빈둥 시간을 보내며 우랄알타이인 적과 어울렸던 것처럼, 자신이 속한 조직의 주변부에서 싸웠다. 하지만 남쪽 안달루시아에서 세비야의 무으타미드가 모로코에서 가나까지 걸쳐 있는 무라비트 왕조의 최고 토후 유수프 이븐 타시핀에게 침략을 부탁했다. 유수프는 1086년에 사라고사에서 알폰소에게 막대한 패배를 안겼다. 서사시는 계속해서 뒤엉킨 동맹, 배신, 전투, 그리고 기독교도 왕과 무슬림공국 토후들, 무라비트 침입자들의 패배를 끔찍하게 묘사한다. 거듭 엘 시드는 당당하게 왕을 재앙에서 구해주었지만 퇴짜를 맞았다. 그러나 투사 엘 시

[그림 10.1] 황소를 창으로 찌르고 있는 엘 시드. 고야의 에칭(판화 연작 『투우La Tauromaquia』, 1815년경). 뉴욕 히스패닉소사이어티 박물관 제공.

드는 발렌시아 포위 공격에서 무라비트 왕조를 저지하는 데 성공했다. 1094년에 그는 다시 한번 콰르테 전투에서 무라비트인들과 맞섰다. 그는 빈틈없는 매복으로 이제까지 무적이었던 무라비트 군대를 격파했다. 알폰소가 굴욕적인 패배를 겪는 사이에 엘 시드는 발렌시아를 굳건히 지켰고 더 나아가 동쪽에서 더 많은 전투에서 승리해 기독교 스페인의 방비를 강화했다. 엘 시드는 1099년에 죽어 부르고스 근처 수도원에 묻혔으며 전투에서 보여준 용맹함으로 존경받았다. 그의 용맹함은 줄곧 레콩키스타에 영감을 불어넣어주었다(De Chasca 1976: 28~30, 38~49; 그림 10.1).

12세기 무렵에 4개 기독교 왕국, 즉 레온-카스티야, 나바르, 아라곤, 포르투갈이 이베리아반도에서 무어인의 패권에 저항했다. 앞서 보아왔듯이 북부 기독교도와 남부 무슬림 경계에서 각각 다른 군사적 종교 교단이 등장했다. 이들 중에 산티아고 교단은 "아랍인의 피로 칼이 물들게 하소서Rubetr ensis sanguine Arabum"라는 전투적 표어를 따랐다. 미혼 남자들의 전사 집단 마이리이아의 오랜 전통에 따라 이들 전사 기병은 무슬림 침략에 대한 두려움으로 어떤 소농들도 정착할 용기를 내지 못한 채 외진 평평한 고원지대를 정찰했다. 결국 기사들은 기독교도들을 새로 정복한 영토로 끌어들이는 데 도움을 주었다. 이런 수도사 신분의 변경 개척자들은 반半야생적 방식으로 대규모 가축 떼를 사육했다. 이들은 여름에 높은 산악 지역으로 이동했다. 이들의 말은 당시 유럽에서는 최상급으로 아랍종, 북아프리카종, 이베리아반도종이 섞여 있었다. 3개 종 모두 용기와 지능 면에서 인상적인 아름다움을 갖추고 있었다. 당시의 자유 방목 목축은 주기적인 가축몰이로 말을 끌어들여 낙인을 찍고 육상으로 내모는 방식이었다. 이는 이베리아반도 남부 특유의 방식으로 머지않아 신세계에 도입될 것이었다. 스페인 왕들이 교단들에 유증한 최상의 목초지로 이루어진 토지 재산에서 대농장이 발전했고 부가 생성되었다. 하급귀족의 젊은 남자들이 사회적으로 출세하기 위해 이 위험과 경제적 기회의 땅으로 몰려들었다(Bouroncle 2000: 69~70). 기마 기사의 성공과 명성의 중심에는 용맹스러움이 자리

---

5   말을 타고 하는 투우는 소매 없는 망토로 소를 다루는 고대의 카페아스capeas에서 유래하는데 지금도 계속해서 스페인과 포르투갈에서 레호네오rejoneo로 지속되고 있다. 서구의 로데오는 아마도 방목장에 적용된 이 같은 기마 방식에서 파생했을 것이다.

하고 있었으며 승마 기술을 투우[5]보다 더 과시하는 곳은 어디에도 없었다. 페르시아에는 폴로가, 프랑스와 영국과 독일에는 마상시합이, 토스카나에는 팔리오가, 스페인에는 코리다 데토로스corrida de toros 즉 투우가 있었다. 스페인에서는 알타미라 동굴벽화를 통해 알 수 있듯이 아주 오래전에 황소가 의례에 등장했다. 이베리아반도의 황소는 매우 유명해 그리스 신화의 헤라클레스가 카디스에서 게리온(게리오네우스. 그리스 신화에 등장하는 삼두삼신三頭三身의 거인)의 빨간 소떼를 훔치도록 요구받았을 정도였다. 수 세기 동안 시골의 카페아capea(울타리로 둘러싸인 공간에서의 축제)는 황소를 특별한 성적 힘을 가진 존재로 여겼으며, 황소의 힘은 인간의 다산과 관련되었다. 이러한 다산 의식은 카스티야 국경 지역들이 대립하는 가운데 왕과 귀족 앞에서의 마상시합으로 바뀌었다. 여기에서 기수와 토로 브라보toro bravo(싸움 소)는 경쟁하는 관계였으며 황소를 죽이는 사람이 승리했다(그림 10.2). 『국경 지역 이야기Romances fronterizos』는 오랜 세기에 걸친 기독교도와 무어인의 경쟁을 기사의 성전聖戰으로 상세히 이야기하는데, 남자들이 "무어인 및 황소와 싸워" 부와 명성을 얻는다고 했다(Bouroncle 2000: 59~61, 71).

1147년에 무와히드인들이 스페인을 침략했다. 기독교 왕국을 방어하기 위해 프랑스, 이탈리아, 포르투갈에서 온 기사들이 라스나바스데톨로사 전투에서 스페인 십자군 전사들과 힘을 합쳤다. 1479년에 카스티야의 이사벨과 아라곤의 페르디난드가 결혼하면서 두 군주는 자신들의 연합 왕국을 종교적·정치적으로 통일하고자 했다. 따라서 로마 가톨릭교회가 스페인 종교재판소에 무슬림, 유대인, 이단자들과 싸울 수 있는 권한을 부여해주도록 요구했다. 무슬림 도시와 요새가 하나하

[그림 10.2] 말을 타고 하는 스페인 투우 레호네오. 미스 토레이Miss Torrey 그림. (Tinker 1964: 39)

나씩 기독교도들에게 함락되었으며, 마지막으로 그라나다가 아홉 달에 걸친 공성전 끝에 1492년에 함락되었다(Hopkins 2004: 92~93).

서반구에서 멸종한 말과 말의 귀환

"1492년에 콜럼버스가 대서양을 횡단했다In 1492, Columbus sailed the ocean blue"는 것은 사실이다. 그렇지만 콜럼버스가 신세계를 발견했다는 것은 사실이 아니다. 콜럼버스는 아마 발견된 지 1만5000년 정도가 지난 신세계를 발견했던 것 같다. 아득히 먼 과거에 대한 가장 확실한 증거에 따르면 신세계로 들어온 고대 이주민들이 아시아에서 베링 육교Beringia◆를 경유해 북아메리카에 도달했다. 이 베링 육교는 비록 정반대 방향으로의 이동이었다고는 해도 그보다 2300만 년 앞서 안키테 륨Anchitherium 말과科 동물들과 뒤이어 히파리온과 에쿠스가 넘었던 육 교陸橋였다. 각각 다른 빙기에 거대한 빙하에 갇힌 물이 지구의 해수면 을 낮추었으며, 그 결과 초식동물이 먹이를 구할 수 있었던 해저海底가 해안평야로서 모습을 드러냈다. 아시아에서는 구석기시대 사냥꾼들 이 사냥감을 쫓아 동쪽으로 갔다. 그러나 14000 BP〔방사성 탄소연대 측 정법에서 1950년을 기준으로 역산한 연대〕 무렵에 지구 기온이 상승하고 빙 하가 녹으면서 육교가 서서히 물에 잠겼다. 좋은 기회를 노리며 사냥 감과 사냥꾼 모두 동쪽의 더 높은 땅으로, 일찍이 인간이 거주하지 않 은 대륙을 향해 이동했다(Fagan 1991: 67~71). 알류샨 열도를 따라 통나 무배를 타거나 또는 북대서양 빙하 가장자리를 따라 가죽배를 타고 대 양을 항해하는 두 이주 우회 경로가 있었다. 하지만 이에 대해서는 확 실한 고고학적 증거가 없다. 그럼에도 분명한 사실은 크고 작은 사냥 감을 사냥하면서 신세계로 이주한 고대인들이 서반구 전체에 거주하 게 되었을 정도로 빠르게 확산했다는 점이다. 이들이 더 일찍은 아니 더라도 13000 BP 무렵에 칠레 남쪽 몬테베르데에 도달했다. 이들의 기 술적 적응은 대단히 성공적이어서 10000 BP 무렵에 이르면 서반구 남 북 아메리카 대륙에서 거대동물이 괴멸되는 결과를 낳았다. 일부 학자 들은 이런 종의 감소를 더 따뜻해진 기후와 점점 늘어나는 건조한 환 경 탓으로 설명한다. 종들이 기후변화로 멸종되었건 아니면 인간의 대

◆ 플라이스토세의 빙기에 해면이 저하되어 생겨난, 시베리아와 알래스카 사이를 연결하는 육지. 매머드와 그것을 쫓는 인류가 아시아 대륙에서 아메리카 대륙으로 이주했다.

량살상으로 멸종되었건 간에 확실한 것은 6000만 년 동안의 말의 진화 이후 에쿠스 또한 거대동물과 함께 신세계에서 멸종되었다는 점이다(Dillehay 2000: 71).

수천 년이 지나 신세계에 좀더 최근에 도착한 사람들은 기원후 시작과 함께 천년 동안 바이킹 지역에서 건너왔다. 982년에 붉은 에리크 [에리크 라우디]가 아이슬란드에서 서쪽으로 항해해 그린란드의 비옥한 초원지대와 풍부한 어장을 발견했다. 다수 정착민이 가축을 데리고 뒤를 따랐다. 북유럽 신화들은 이 강인한 항해자들이 우뷔그디르 즉 서쪽 수평선 너머 '사람이 살고 있지 않은' 땅으로 항해하면서 달성한 경이로운 위업들을 상세히 이야기한다. 레이프 에릭슨Leif Eriksson은 이 북쪽 바다를 항해하면서 래브라도반도와 뉴펀들랜드에서 빈랜드까지 동부 연안을 탐험했다. 고래 뼈로 지은 집에 살고, 철은 가지고 있지 않으며, 바다코끼리 엄니로 던지는 무기를 만들었던 스크랠링Skræling 원주민에 관한 이야기가 유럽에 알려졌다. 노르웨이인들은 이와 대조적으로 철이 있었고 나중에는 화력까지 갖추었다. 정착이 이루어졌고, 뗏장으로 벽을 쌓은 집이 만들어졌으며, 농경이 시작되었다. 하지만 지역 토착민들과 벌인 소규모 접전으로 농경은 곧 중단되었다. 이후 11세기에 지역 주민들과의 교전으로 사망자가 생기며 더 광범한 식민화 시도가 포기되었다. 다음 4세기 동안에는 주로 그린란드의 부족한 목재를 얻기 위해 이누이트족 및 알곤킨족과 간헐적으로 접촉이 확대되었다. 그러나 노르웨이인의 내륙 쪽 팽창은 훨씬 더 많은 토착민의 완강한 저항에 부딪혔다. 흥미롭게도 이 시기에 어떤 말이든 북아메리카 대륙에 도입되었다는 증거는 없다. 노르웨이인의 그린란드 정착은 1500년까지 계속되었으며, 결국 적대적인 바스크족 고래잡이들의 해적질로 그린란드의 안정성이 훼손되었다(Fagan 1991: 15~18; Walhgren 1986: 126~133).

앞서 보아왔듯이, 티무르 왕조의 계속되는 침략에 대한 반응으로 15세기에 이르러 명나라는 해외에 정치적 힘을 강화하기 위해 동쪽 항구에서 탐험 항해를 시작했다. 기마 유목민들이 거의 유라시아 전역으로 지배권을 확대해갈 때—몽골족은 계속해서 중국 북쪽을 위협했고 튀르크인은 빠르게 유럽 너머로 진격했다—유라시아 대륙 극동과 극서에 위치한 국가들은 대양 항해로 방향을 돌려야 했다. 이는 분명 주목할 만한 가치가 있다. 멀리 유럽 서남부 변방에 위치한 포르투갈과 스페인은 극동의 명나라에 필적할 만큼 적극적으로 대양 탐험에 뛰어들었다. 그렇다면 일찍이 바이킹의 북쪽 탐험보다 위도상 더 남쪽으로 과감하게 나아간 이들의 대서양 탐험으로 관심을 돌려보자.

콜럼버스는 잘 알려져 있다시피 콘스탄티노플 약탈이 있기 2년 전인 1451년에 제노바에서 태어났다. 오스만인이 동부 지중해를 접수하면서 사실상 에게해에서 베네치아와 제노바의 무역은 사라졌으며 유럽은 동방의 향신료와 사치품에 접근할 수 없게 되었다(Granzotto 1985: 3). 콜럼버스는 젊은 시절 제노바인과 함께 항해하면서 해적의 습격과 선박의 난파를 겪으며 살아남았다. 그는 25세에 리스본에 재정착했고 그곳에서 아이슬란드에서 기니까지 대서양을 정기적으로 왕복했다. 그는 노르웨이인에게서 대양 너머 멀리 서쪽 거대한 섬들에 대한 이야기를 들었으며, 서아프리카에서 남쪽 위도의 바다와 별을 경험했다. 콜럼버스는 일찍이 항해왕 엔히크◆ 밑에서 훈련받은 포르투갈인 장인丈人에게서 지도와 포르투갈 대서양 탐험에 대한 항로 안내서를 물려받았다. 또한 그는 피렌체 수학자이자 천문학자 파올로 토스카넬리의 세계지도를 입수하게 되었다. 토스카넬리의 세계지도에 따르면 동방은 리스본에서 서쪽으로 불과 6000킬로미터밖에 떨어져 있지 않았다. 2년간 마데이라에 배치된 젊은 제노바인 콜럼버스는 대양 중앙의 바람과 조류에 익숙해졌다. 15세기 무렵 유럽의 지식인 대부분은 도서관에 지구의地球儀를 갖춰놓았고, 그것으로 콜럼버스는 서쪽을 경유해 동쪽을 찾기로buscar el levante por el poniente 결심했다. 다시 말하자면 그는 대서양을 넘어 서쪽 인도 대륙으로 항해함으로써 적대적 중동의 무슬림 장벽을 우회할 수 있다고 확신했다(Collis 1989: 38; Granzotto 1985: 34~37, 42~46, 56~57).

콜럼버스는 처음에 포르투갈의 왕 주앙 2세에게 접근해서 탐험 항해에 대한 재정 지원을 요청했지만 실패했다(Collis 1989: 45). 1485년에 콜럼버스는 스페인의 우엘바로 이동했다. 그곳에서 스페인의 부유한 재정가인 메디나-시도니아의 공작Duke of Medina-Sidonia의 도움으로 카스티야 이사벨 여왕[이사벨 1세]에게 청원서를 제출했다. 이사벨은 기니의 금을 독점한 포르투갈인들과 교전한 바 있어서 콜럼버스에 호의적이었지만 그라나다 무어인들에 맞선 마지막 전투에 휩쓸리면서 재정적으로 곤궁한 상태였다(Granzotto 1985: 67~69). 콜럼버스는 필사적으로 프랑스 샤를 8세와 잉글랜드 헨리 7세에게 접근했지만 아무 소용이 없었다. 1488년에 바르톨로메우 디아스가 희망봉을 돌아 원정 탐험

◆　Henry the Navigator I Henrigue, o Navegador. 포르투갈 왕 주앙 1세의 셋째 아들인 엔히크 왕자(1394~1460). 근세 초기 포르투갈의 해상 탐험·발전의 기반을 마련한 인물이다.

에서 막 돌아오자 유럽의 관심은 동방으로 가는 동쪽 통로에 집중되었다. 하지만 1492년에 콜럼버스는 다시 한번 스페인 궁전의 부름을 받았다. 그라나다가 항복하기 직전이었으며, 스페인은 팽창주의 방식에 따라 공해에서 경쟁자인 포르투갈에 도전할 준비를 했다. 스페인 국왕 페르디난드는 적대적인 튀르크와 지중해의 북아프리카 무슬림이 점점 더 강하게 가해오는 압력에 직면해 있어 그에게 관심을 보이지 않았다. 하지만 이사벨은 생각이 달랐다. 카스티야가 대양을 소유할 기회라고 생각한 것이다. 4월 17일에 콜럼버스는 '대양의 제독'이라는 칭호를 수여받았고, 스페인은 인도 아대륙으로의 원정 탐험에 캐러벨caravel[16세기경 스페인 등에서 사용한 작은 범선] 세 척을 지원하는 데 동의했다(Collis 1989: 58~63).

[1492년] 8월 2일, 10년 넘게 계속되어온 콜럼버스의 고집 센 꿈이 실현되었다. 산타마리아호,[6] 핀타호, 니나호가 경험 많은 선원들을 태우고 팔로스 항을 떠났다. 선원 대부분은 안달루시아인이었지만 바스크인, 포르투갈인, 베네치아인, 제노바인, 칼라브리아인도 있었다. 소함대가 암말의 만Gulf Of Mares이라 불린 바다 한 구역을 가로질러 한 세기 넘게 스페인령이었던 카나리아 제도를 향해 출항했다.(길든 암말을 가득 싣고 카나리아 제도로 가던 모든 배가 도중에 침몰한 이후 암말의 만이라고 불렀다.) 콜럼버스와 선원들은 카나리아 제도에서 뒤에서 부는 무역풍을 맞으며 광활한 대서양의 외딴 공간을 가로질러 정서正西 방향으로 항해했다. 콜럼버스는 선상 반란에도 단호하게 밀고 나갔다. 원정대

---

6 산타마리아호는 길이 25미터로 다른 두 캐러벨보다 3미터 더 길었다.

는 출항하고 36일이 지나 바하마 제도에 상륙했고, 그 뒤 서남쪽의 대
ㅊ앤틸리스 제도로 항해했는데, 그들은 만나는 원주민들에게 한결같이
금을 부탁했다(Granzotto 1985: 102, 110, 133, 139, 147). 그러나 산타마리
아호가 들쭉날쭉한 암초에 부딪혀 가라앉았을 때 히스파니올라(아이
티)에 재앙이 닥쳤다. 콜럼버스는 할 수 없이 일부 선원들을 남겨 난파
선의 잔해로 요새를 지었다. 니나호와 핀타호는 두 차례 대서양 허리케
인에서도 살아남아 1493년에 의기양양하게 팔로스 항으로 귀환했다.
깃과 금으로 화려하게 꾸민 '인디언'들을 옆에 대동한 콜럼버스는 바르
셀로나에서 페르디난드와 이사벨의 환대를 받았다(Collis 1989: 82~83,
93~99, 105, 108~109). 스페인은 유럽에서 금 수요가 공급을 훨씬 앞
지르게 되자 금을 얻기 위해 줄지어 신세계로 향하는 원정대를 재정
적으로 지원했다. 콜럼버스는 세 차례 더 항해했다. 그는 1493년에 병
사 1200명과 말 50마리를 거느리고 먼저 원주민들에게 학살당한 선원
37명을 찾기 위해 히스파니올라로 돌아왔다. 원주민들은 새로 도착한
말에 소스라치게 놀라 즉시 섬 내부 산악지대로 피신했다(Collis 1989:
119~121). 스페인의 침략이 카리브해를 가로질러 대륙 본토까지 계속
되었을 때, 대서양을 넘어 수송된 말은 콩키스타Conquista[7]에서 결정적
역할을 할 것이다. 비극적이게도, 제독을 지낼 때보다 훨씬 더 천부적
인 몽상가였던 콜럼버스는 나쁜 평판 속에서 생을 마감했다. 콜럼버스
가 죽고 불과 7년 뒤인 1506년에 바스코 누녜스 데 발보아가 파나마
밀림지대를 뚫고 나아가 태평양을 바라보았다. 이처럼 콜럼버스는 자

---

7   스페인의 아메리카 대륙 정복.

신이 그렇게 찾고자 했던 인도 아대륙으로 가는 서쪽 경로를 보지 못하고 죽었다. 인도 아대륙 대신 그가 발견한 서쪽 대륙은 그의 이름을 따서 불리지 않았다. 그 명예는 열정적인 피렌체 사람 아메리고 베스푸치Amerigo Vespucci에게 돌아갔다(Granzotto 1985: 277~278).

콜럼버스는 아메리카 대륙을 발견하지 못했지만 아메리카로 가는 가장 빠르고 직접적인 경로를 발견했다. 이 경로를 통해 사람과 아마도 훨씬 더 의미 있게 말, 당나귀, 노새가 유럽에서 효율적으로 대량 수송될 수 있었다. 콜럼버스가 이런 경로를 발견한 것은 내부 경쟁으로 고통받고 육상과 해상으로 호전적인 동쪽 이슬람의 침략을 받은 유럽이 대서양 항해의 후원자를 갖게 된 때였다. 레콩키스타 동안 수십 년에 걸친 군사적 시도로 국고가 고갈된 이사벨이 그라나다를 정복함으로써 사하라 사막 남쪽의 금에 대한 무어인들과의 육상무역이 단절되었다. 북아프리카 서해안에서 해상을 통해 기니의 금에 접근하려는 시도는 경쟁자 포르투갈에 의해 저지되었다. 근동에서 오스만튀르크는 동방으로 가는 육상과 해상 경로를 완전히 지배했다. 절망한 스페인은 대서양 너머 새로운 땅으로 방향을 돌렸다. 함대가 줄지어 신세계[8]로 향하면서 새로운 유형의 기사, 즉 피정복민에게서 약탈한 전리품을 약속받은 한껏 고무된 직업적 모험가들이 항해에 나섰다. 콩키스타도르conquistador[정복자라는 뜻으로, 16세기에 중남미를 침입한 스페인인을 이르는 말]들은 병사이거니와 그들이 개척한 식민지에서 자신들의 몫을 차지한 동업자이기도 했다. 결국 대농장, 궁정풍의 연애시, 투우, 무시무시한

8　1499년에만 스페인에서 식민지 정착민 2500명이 배 30척에 타고 이주해왔다.

종교재판이 아메리카 대륙에 도착할 것이다. 하지만 가장 먼저 도착한 사람은 스페인의 하급귀족 이달고hidalgo였다. 그들은 무장한 채 최고급 강철 갑옷에 소화기로 무장했으며, 기사도의 군사적 전통에 따라 잘 훈련받았고, 무어인들과 벌인 장기간에 걸친 피비린내 나는 전쟁으로 강인해졌다. 또한 그들은 이제 결정적 승리로 의기양양해져 있었으며 앞으로 있을 새로운 정복에 대해 종교적 열정으로 고무되어 있었다. 스페인 병사들과 함께 뛰어난 스페인 말 수백 마리가 왔다. 이 말들은, 십자군 전쟁 시기 지중해에서 개발되고 그 후 카나리아 제도 식민화 동안에 삼각파도가 이는 대서양에서 개선된 장비와 방법들로 대서양을 가로질러 수천 킬로미터 거리로 수송되었다. 그렇다 하더라도 말은 수송하기 힘들었다. 많은 말이 대서양 수송 중에, 특히 동북 무역풍 가장자리에 놓여 있는 열대성 무풍지대를 통과하는 중에 죽었다. 이곳은 말들이 희생된 곳이라 해서 말 위도Horse Latitudes로 불렸다. 9000년 동안 말이 멸종한 서반구에서 유럽의 군마와 기수는 원주민들과의 대결에서 치명적 결합으로 그 위력을 과시할 것이다. 원주민들은 왜곡된 역사와 지리에도 전체적으로 아메리칸인디언으로 불릴 것이다.

메소아메리카와 스페인의 테노치티틀란 정복

이렇게 해서 스페인의 말이 신세계로 들어갔다. 그곳 사람들은 대략 1만5000년 동안 구세계 아시아인 혈통과 분리되었다. 비록 신세계에서 수천 년 뒤 농업, 야금술, 도시화 같은 중요한 진보가 대체로 있었다고 하더라도, 전체적으로 문화 발전은 구세계와 신세계 양쪽 모두에서 어느 정도 유사하게 진행되었던 것 같다(차이점은 나중에 살펴볼 것이다). 메소아메리카Mesoamerica◆에서 기원전 제3천년기 무렵 콩, 호박, 옥수수가 재배되었고, 그 뒤를 이어 고추, 토마토, 아마란스, 화폐로 사용된 카카오 콩을 포함해 여러 작물이 재배되었다(Smith 1995: 157~167). 칠면조, 벌, 개가 사육되었지만 어떤 다른 동물도 식용으로 사육되지는 않았다. 바퀴는 정복의 시대까지 1000년 동안 텍사스 국경에서 엘살바도르까지 작은 도기 장난감(그림 10.3)에서나 활용되었다. 이는 견인 동물이 없어 바퀴가 수송 수단에서 전혀 활용되지 않았기 때문이다. 북아메리카에서는 광범위한 구리 세공이 기원전 4000년 무렵에 처음으로 오대호 주위에서 시작되었다(Moriatry 1982: n.p.). 메소아메리카에는 금속 광석이 풍부했지만 야금술은 650년 무렵에 소규모로만 그리고 지역적으로는 800년 무렵에 멕시코 서부에서 처음으로 시작되었다. 또한 야금술은 자생적으로 발전하지 않았다. 비철금속의 용해는 중앙아메리카와 남아메리카 특히 북부 안데스산맥 지역으로부터 해상 접촉을 통해 확산된 기술에서 채택된 것처럼 보인다(Hosler 1994: 14~17). 금과 은은 주로 장식용으로 사용되었다. 구리는 작은 종, 도끼, 화살촉으로 활용되었다. 칼은 흑요석으로 장식된 나무에 불과했다.

최초의 메소아메리카 문명인 올메카Olmeca 문명은 남쪽 베라크루스 지역과 주요 고무 생산 지역인 이웃한 타바스코에서 기원전 1500년 무

◆　고고학·민족학 문화 영역으로, 오늘날의 멕시코·과테말라·온두라스·엘살바도르·니카라과·코스타리카 등의 중앙아메리카 일원. 메소아메리카 문명에는 올메카·마야·톨텍·아스테카 문명 등이 속한다.

[그림 10.3] 아즈텍의 바퀴 달린 장난감. (미국 자연사박물관 제공)

렵에 등장했다. 형성 단계였던 또 하나의 문화인 오악사카 계곡의 몬테 알반 1기Monte Albán I는 기원전 400년 무렵의 문헌 텍스트와 달력 계산의 완전한 증거를 보여주었다.[9] 두 개 달력이 사용되었다. 하나는 20일씩 18개월에 5일을 추가해 구성된 그리고 태양 둘레 지구 궤도를 지나는 365일로 이루어진 상용력常用曆이었다.[마야인의 달력 중 '하압 haab' 달력 또는 단위를 말한다. 추가되는 5일은 매우 불길한 흉일이다.] 다른 하나는 제례력祭禮曆 또는 점력占曆으로 종교적인 260일로 이루어졌다.[마야인의 달력 중 '촐킨tzolkin' 달력 또는 단위를 말한다.] 여기에서는 선과 점

---

9   사포텍Zapotec 문자의 최초 형태는 기원전 8세기로 거슬러 올라간다.

으로 나타낸 13개 숫자가 20개 지정된 날짜와 맞물렸다. 상용력과 제례력은 결합되어 금세기와 유사한 52년 주기를 형성했다.〔주기가 서로 다른 하압과 촐킨이 52년마다 그 끝이 일치하는 것을 말한다.〕 사포텍족 영토에서 이런 역법 순화〔회전 주기〕Calendar Round는 동쪽으로 멕시코 만 연안까지 그리고 남쪽으로 중앙아메리카 마야 지역까지 퍼져나갔다. 그리고 이들 지역에서 기원전 36년 무렵이 틀림없지만 아마도 더 일찍 장주기 달력Long Count calendar이 특별히 발달하면서 신화상의 창조일인 기원전 3114년 8월 11일부터 매일매일의 주기를 제공했다. 메소아메리카 전역에서 고대에 채택된 이 달력은 마야 시대에 가장 정교하게 다듬어졌다(Coe 1993: 61~62; Marcus 1992: 95, 139). 20진법에 기초한 계산법과 제로를 나타내기 위한 상형문자를 가지고 제로에서 시작하는 마야의 장주기Long Count는 동시대 구세계 달력들보다 뛰어났다(Closs 1997: 307; Seife 2000: 16~18).[10] 물론 고전기 마야 문명(250~950)은 고무공 경기로 유명했다. 이 경기는 태양, 달, 행성의 연속을 보장하려는 천국 세력과 지옥 세력의 싸움을 상징적으로 재연했다.

메소아메리카에서도 구세계에서처럼 초기 문명의 모든 중심지는 비옥한 충적토 계곡에 자리 잡았다. 멕시코 해분海盆〔분지 모양의 해저 지형〕에서 테오티우아칸이 기원후 제1천년기 초엽에 메소아메리카를 지배했다. 테오티우아칸의 군사력은 일시적이기는 했지만 멀리 남쪽으

---

10   기독교 달력은 유럽인들에 의해 제로가 개념화되지 않았을 때 만들어져서, 기원전 1년에서 기원후 1년으로 곧바로 지나갔다. 따라서 천문학자들이 천체 현상을 추적해 기원전과 기원후가 교차할 때 손으로 1년을 더하거나 뺄 필요가 있었다. 물론 이 같은 상황은 기원후 16세기 조제프 쥐스튀스 스칼리제르에 의해 율리우스력이 창안되면서 교정되었다.

로 과테말라까지 확대되었다. 톨텍족(950~1150)은 광범한 상업제국이었지만 테오티우아칸의 전통을 대부분 계승했으며, 전설에 따르면 케트살코아틀Quetzalcoatl(날개 달린 뱀)이 수도 툴라를 창건했다고 한다(Pohl 1999: 159). 톨텍족의 쇠퇴 여파로 수많은 치치멕족이 북쪽 사막에서 남쪽으로 이동했다. 이들 중에는 부족의 전쟁신이 우이트실로포치틀리Huitzilopochtli인 멕시코 조상들[아즈텍족]이 있었다. 멕시코 아즈텍족은 나우아어를 말하는 다른 아즈텍인과 맹렬하게 교전하면서 1345년 무렵에 서쪽 호반을 따라 있는 섬들에 쌍둥이 도시 테노치티틀란과 틀라틸롤코를 세웠다. 그들은 진흙과 습지식물로 비옥한 치남파chinampa♦를 만들며 거주지를 넓혀나갔다. 아스테카 왕국은 테노치티틀란, 텍스코코, 틀라코판의 3중 동맹으로 태평양에서 대서양까지 이어지는 38개 속주를 지배하게 되었다. 하지만 이는 영토에 근거한 왕국이 아니라 패권에 근거한 왕국이었다. 동물 수송 없이 아즈텍족은 이처럼 다양한 지역에 주둔군을 배치할 수 없었다. 이들은 엘리트 상인 집단인 포치테카pochteca의 전략적 정보에 의존해 공물을 강제 징수했다. 공물을 납부하지 않거나 포치테카를 살해한 속주에는 잔혹한 전쟁이 뒤따랐다(Wolf 1966: 140~141). 승리 축하 행사에 우이트실로포치틀리의 피라미드 꼭대기에 많은 인간 희생제물을 바쳤다. 고동치는 심장이 절개된 채 희생제물로 바쳐진 적 전사들의 영적인 힘이 태양을 움직이고 암흑 세

♦ 메소아메리카에서 얕은 못이나 배수된 습지, 소택지 등에 갈대를 엮은 뒤 그 위에 호수 바닥의 기름진 진흙을 쌓아 만든 밭. 관개농업 방식으로, 자연환경에 따르는 제약을 극복하고 농작물 생산성을 높이기 위해 고안된 아즈텍족의 도시 농법이다.

력이 태양을 파괴하지 못하게 한다고 여겨졌다(Brundage 1972: 130~133, 217).

1518년 무렵에 멕시코 만 너머 쿠바인이 유카탄반도의 도시 마야인과 베라크루스 지역 토토낙〔토토나카〕 원주민과 접촉했다. 이를 통해 스페인 사람들은 아즈텍족의 위대한 왕국 도시의 눈 덮인 산봉우리들 너머에서 금을 구할 수 있다는 정보를 입수했다. 1509년에 쿠바에 이주한 에르난 코르테스Hernán Cortés는 레콩키스타 기간 남쪽에서 싸워온 강인한 엑스트레마두라 가문 출신이었다. 가축 무리를 들여오는 데 성공한 코르테스에게 쿠바 총독 벨라스케스가 접근해 멕시코 아스테카 왕국 원정을 지휘하게 했다(Wood 2000: 24~25). 코르테스는 채 두 주가 안 되어 배 11척에 화승총병 13명과 석궁사수 32명을 포함한 병사 450명, 소형 경포 4문, 대포 10문, 군견을 태우고 항해 준비를 했다. 널따란 갑판 위에 밧줄로 묶어 지탱시킨 말 16마리도 준비했다. 벨라스케스는 원정대 규모에 놀라 간섭하려고 시도했지만 코르테스는 마지막 순간에 그를 피했다(Hassig 1994: 46~47). 1519년 4월 20일에 베라크루스에서 스페인 사람들은 토토낙인들의 환영을 받았다. 토토낙인들은 새로 온 사람들을 아즈텍족에 맞서 싸운 해방전쟁에서 동맹자가 되어줄 것으로 기대했다. 하지만 그러한 분위기는 아즈텍족 사절이 도착했을 때 깨지고 말았다. 코르테스는 아즈텍족에게 경의를 표하면서 말과 총으로 보란 듯이 과시하기 시작했다. 그는 번쩍이는 칼을 들고 대포를 발사하면서 전속력으로 기병을 돌진시켰다. 아즈텍족은 잔뜩 겁을 먹었다(Wood 2000: 34). 코르테스의 강인하고 억세며 좀처럼 지치지 않는 스페인의 말들은 빠른 발과 엄청난 지구력으로 정복자들에게 도움을 주었다. 테노치티틀란에 들어서자 전쟁에 적합한 말들의 화려한 옷은 황제 목테수마Moctezuma[목테수마 2세. 몬테주마 2세. 제9대 아스테카 왕. 재위 1502~1520]를 깊이 감동시켰다. 말들의 민첩성과 용기가 결정적인 전투에서 승리할 것이다.

그다음 침략자들은 아즈텍족에게는 불공대천의 적인 틀락스칼라의 영토로 들어갔다. 전투가 계속되었고 공격하는 틀락스칼라인들에게 대포가 가공할 타격을 가했다. 게다가 말 덕분에 스페인 사람들은 주기적으로 식량을 찾아 습격할 수 있었다. 결국 틀락스칼라인들은 강화를 요구했으며 오랜 협상 끝에 침략자들을 수행해 테노치티틀란에 들어갔다. 도중에 그들은 촐룰라의 저항에 직면했고, 스페인 사람들이 수천 명의 촐룰라인들을 학살했다. 코르테스는 이를 통해 다른 적대적 도시들에 경고 메시지를 보낼 수 있었다. 또한 코르테스는 계속해서 해안지대로 접근할 수 있었다(Hassig 1994: 72~79). 사람들은 믿기지 않는 일이지만 아즈텍족 달력으로 케트살코아틀 신이 동쪽을 향해 떠났던 것과 똑같은 해에 스페인 사람들이 도착한 며칠 동안 멕시코 아즈텍족 군대가 보여준 무기력에 의아해한다. 수염을 기른 신이 태양이 떠오르는 곳에서 돌아올 것이라고 약속되었기 때문에, 목테수마는 수염을 기른 스페인 사람들이 케트살코아틀과 함께 왕국의 반환을 요구하기 위해 돌아온 아즈텍족 판테온의 신들일지도 모른다고 생각하고 동요했다. 이에 코르테스 병사들과 틀락스칼라 동맹자들이 아무런 저지도 받지 않고 약 200만 주민이 사는 멕시코 계곡으로 진격했다. 멀리서 그들은 통나무배들로 가득한 텍스코코호와 그 너머로 희미하게 빛나고 있는 테노치티틀란의 궁전과 피라미드를 흘끗 쳐다보았다. 인구

20만의 이 도시는 동시대 파리의 두 배 규모였다(Hassig 1994: 84). 전투 장비를 완전히 갖춘 스페인 병사들이 선두에 서서 수도까지 화려하게 장관을 이루며 진격했다. 기병이 선두에 섰고 말은 갈지자걸음을 걸었으며 기수들이 날렵하게 깃발을 빙빙 돌리고 있었다. 아메리칸인디언 동맹자들이 그 뒤를 따랐다. 코르테스는 영접을 받았고 금과 보석을 선물받았으며, 병사들은 호화스러운 막사에 수용되었다(Wood 2000: 58).

그러나 코르테스는 지배권을 행사할 필요가 있었으므로 일주일 이내에 목테수마를 체포했다. 코르테스는 그를 통해 통치하려고 했다. 벨라스케스 총독이 쿠바에서 토벌대를 보냈다는 소식이 들려왔다. 코르테스는 서둘러 해안으로 가서 스페인 토벌대를 기습 공격했고 상당수 우수한 병사들로부터 충성을 이끌어냈다. 그들 중에는 지중해 전쟁에 참전했던 이탈리아 용사와 그리스 용사가 많았다. 병사 1300명, 말 96마리, 석궁 사수 80명, 화승총병 80명과 함께 테노치티틀란으로 돌아온(Diaz 1974: 284) 코르테스는 상황이 악화되었다는 것을 알았다. 그가 자리를 비운 사이에 스페인 병사들이 아즈텍족 귀족 수천 명을 학살한 것이다. 코르테스는 목테수마에게 아즈텍족을 진정시키게 했다. 하지만 목테수마는 빗발치듯 퍼붓는 화살에 부상을 입고 죽고 말았다(Hassig 1994: 90~94). 1520년 7월 1일 자정에 스페인 분견대와 아메리칸인디언 동맹자들이 본토로 탈출을 시도했다. 그들의 도망은 발각되었고 경보가 울렸으며 통나무배 수백 척이 제방 길에 집결했다. 병사들은 엄청나게 수적 열세여서 모두가 자기 안전을 도모하지 않으면 안 되는 급박한 상황이었다. 금, 통나무배, 화약이 모두 호수에 잠겨버렸다. 코스테스는 간신히 살아서 탈출했다(Diaz 1974: 301~302). 스페인 포로들이 테노치티틀란 피라미드 꼭대기에 희생제물로 바쳐지는 사이에 코르테스 군대는 호반 도시들의 식량 지원을 받았다. 북쪽으로 도망한 스페인 사람들은 아즈텍족 수천 명에게 추격을 당했다. 그들이 오툼바 계곡에서 기어올랐을 때, 갑자기 인구 밀집 지역인 텍스코코에서 징집된 수많은 전사와 맞닥뜨렸다. 스페인 기병들이 소화기 없이 소규모로 무리 지어 몇 번이고 반복해 적을 공격하자 보병들이 힘과 용기를 얻었다. 고향의 산이 시야에 들어오자 틀락스칼라인들이 용맹스럽게 싸웠다. 적들은 계속해서 새로운 병력을 지원받았다. 갑자기 코르테스는 귀족 족장들 옆에서 가마에 탄 멕시코 아즈텍족 지휘관을 보았다. 그 지휘관은 깃털로 장식된 화려한 겉옷을 입고 있었고 금이 촘촘히 박힌 화려한 깃털장식의 왕관을 쓰고 있었다. 코르테스는 자신이 가장 신임하는 지휘관 넷을 불러 저돌적으로 전투에 뛰어들었다. 기마 창기병 다섯이 힘을 합쳐 돌격했다. 코르테스가 아즈텍족의 깃발을 끌어내렸고, 후안 데 살라망카Juan de Salamanca는 아즈텍족 지휘관에게 치명상을 입혔으며, 다른 기사들은 족장들을 공격했다. 아즈텍족은 순식간에 벌어진 일에 압도되어 후퇴했으며 동료에게 자신들이 경험한 공포를 알렸다. 나머지 스페인 기병들은 적을 사방으로 흩어지게 하면서 승리의 최후 순간까지 싸웠다(Diaz 1974: 304~306; Prescott 2001: 612~616).

증원군이 멕시코만을 넘어 도착했을 때, 스페인 사람들은 아즈텍족에 대한 지배권 경쟁에서 아메리칸인디언들의 갑작스러운 후퇴 덕분에 틀락스칼라 서쪽과 남쪽 여러 도시국가로 지배권을 더 확대해나갈 수 있었다. 거기엔 이유가 있었다. 천연두(두창) 바이러스가 쿠바에서 멕시코로 전파되었다. 구세계 질병들에 어느 정도 면역력이 있던 스페인 사람들과는 다르게, 아메리칸인디언들에게는 유전자에 의해 만들어지는 저항력이 전혀 없었다. 그 결과 전염병이 엄청난 수의 사망자를 만들어냈고 가파른 인구 감소를 초래했다(Diamond 1999: 210). 공포의 천연두 바이러스는 일단 아메리카 대륙에 전파되자 육로를 통해 북쪽으로 미시시피강 계곡의 족장사회chiefdom 지역까지 그리고 남쪽으로 안데스 산맥 지역까지 확산되었다. 스페인 사람들이 이들 지역에 도달하기 수년 전 아메리칸인디언 수천 명이 이미 천연두로 죽었다. 스페인 사람들은 쌍돛대 범선으로 호수를 장악해 테노치티틀란의 수많은 가신국에 항복을 강요할 수 있었으며, 이로써 아즈텍족에게서 양식과 전투력을 빼앗을 수 있었다. 굶주린 도시에 대한 최후의 공격에서 코르테스에게는 900명이 넘는 스페인 사람, 약 7만 5000명에 이르는 아메리칸인디언 동맹자, 86마리 말이 있었다(Hassig 1994: 122). 하지만 의외의 격렬한 저항에 놀란 스페인 병사들은 80일 동안 고전한 끝에 결국 기병이 틀라틸룰코 북쪽 광장을 돌파했다. 거대한 광장의 광활한 공간에서 몇 시간 내에 스페인 이달고가 무자비하게 독수리 전사와 재규어 전사◆들을 격파했다. 아즈텍족은 1521년 8월 13일에 마침내 항복했다(Wood 2000: 88~91).

◆ 아즈텍족 전사. 무훈을 세운 병사들만이 독수리 전사와 재규어 전사로 계급이 높아졌다. 이들은 아즈텍족이 신성시한 독수리와 재규어의 모습을 하고 싸움에 나섰다.

안데스인과 스페인의 타완틴수유 정복

남아메리카 서쪽 사막 연안은 계곡물이 범람해 형성된 강에 따라 나뉘어 있다. 이런 주기적 범람원들이 기원전 제3천년기 무렵부터 옥수수, 콩, 호박, 고추 재배에 도움을 주었다. 기원전 1800년 무렵 관개 시설이 생겨나자 주민들은 해안선에서 계곡 중앙 거주지에 있는 주요 농경지로 이동할 수 있었다. 페루에서는 완벽한 기술로 산간 계곡에 계단식 경작지를 만들어 옥수수와 키노아quinoa를 대량으로 재배했으며, 고산지대에서는 감자와 오카oca, 마슈아mashua, 우유쿠ullucu[이상 안데스의 뿌리작물]가 재배되었다. 푸나puna[안데스산맥의 춥고 건조한 고원]에서는 야생낙타과 동물, 비쿠냐vicuña[낙타과의 하나로 야생의 알파카], 과나코guanaco[낙타과의 하나]가 그리고 기원전 제3천년기 무렵에는 유일하게 몸집이 큰 사육된 포유동물인 야마llama[야생의 과나코를 가축화한 종]와 알파카Alpaca[야마와 비슷한, 낙타과의 포유류] 무리가 돌아다녔다. 그럼에도 작은 기니피그guinea pig가 가장 중요한 음식이었다. 안데스산맥 동쪽 경사면에서는 코카coca, 마니옥manioc[카사바, 이상 남아메리카가 원산지인 열대성 식용 식물], 땅콩, 고구마가 재배되었다(Smith 1995: 176~178; Morris and von Hagen 1993: 17~21). 페루 문명의 최초의 중심지들은 구세계에서처럼 높은 곳에 둘러싸인 충적토 계곡에서 나타났다. 중부 사막 해안 평야를 따라 이집트의 구왕국 피라미드, 수메르의 지구라트, 동시대에 속하는 가장 오래된 노르테치코 단지Norte Chico complex◆가 기원전 3000년 무렵에 등장했다. 이는 현무암 덩어리로 만들어진 거대한 기념비적 고분, 의례가 거행되는 광장, 계단식 대지가 특징이었다(Morris and von Hagen 1993: 37~38). 종교 중심지들과 순례 때문에 다양한 생태학적 자원이 있는 지역들 너머로 사람과 물품의 왕래가 촉진되었다. 기원전 2000년 초까지는 코토시 고원지대에서, 기원전 900년 무렵에는 차빈 데 우안타르에서(Von Hagen and Morris 1998: 33~34, 45, 212, 221), 기원후 제1천년기에서 잉카시대까지는 페루 중부 해안 루린 계곡 파차카막에서(Morris and von Hagen 1993: 61) 왕래가 이루어졌다.

금속 세공술은 페루 고원지대에서 메소아메리카에서보다 훨씬 더 일찍인 기원전 1500년 무렵에 나타났다(Hosler 1994: 16). 안데스산맥의 풍부한 천연 금속과 광석 덕분에 뒤이어 야금술이 아르헨티나, 칠레, 볼리비아로부터 중앙 안데스산맥을 지나 콜롬비아와 중앙아메리카에까지 나타났다. 기원전 500년 콜롬비아에서는 구리와 금의 합금인 툼바가tumbaga를 로스트 왁스 기술을 사용해 주조했다. 기원전 400년 무렵 차빈에서 양각기법의 금장식, 납땜, 용접이 행해졌다. 기원후 제1천년기에 구리 괭이와 청동 괭이, 철퇴, 투창기, 창끝 같은 비소를 함유한 주석 청동품이 제작되었다. 게다가 얇은 판 황금 마스크, 왕관, 귀마개, 그리고 금은 선 세공으로 장식한 코 장신구 등을 망치로 두드려 만들었다. 복잡한 표면 장식 기술로 안데스 금세공인들은 구리 또는 구리-금-은 합금 위에 금과 은으로 표면을 처리하기까지 했는데, 이는

◆   노르테치코 문명은 아메리카에서 가장 오래된 문명으로, 페루 북중부 해안 지역인 노르테치코(지금의 리마 북쪽)에 있던 30여 개 도시로 이루어진 콜럼버스 이전의 고대 문명을 말한다. 카랄Caral 문명이라고도 한다.

오늘날 복잡한 전기화학 처리 과정을 통해서만 가능한 기술이다(Morris and Von Hagen 1993: 215~226).

기원후 100~700년 무렵 페루 해안을 따라서 안데스산맥의 대규모 도시 즉 북쪽의 모체와 남쪽의 나스카가 발전했다. 얼마 안 있어 남쪽 고원지대에도 도시들이 나타났다. 티티카카호 바로 남쪽에는 티와나쿠 문명이 375년 무렵부터 지배권을 확립하면서 연안 지역, 저지대 볼리비아, 아르헨티나에 식민지를 설립했다. 티티카카호 주위에서는 주변 지형보다 경작지를 높이는 경작제도가 발전했다. 점토 이랑 밑을 흐르는 수로가 낮 동안 태양 복사열을 흡수하고 밤에 보존된 열을 방출했다. 이렇게 해서 서리 피해를 줄이고 광범한 습지를 비옥하게 만들 수 있었다. 황량한 고원지대에서는 나무가 전혀 자라지 않아서 티와나쿠는 기념비적 규모의 토목공사를 위해 13만 킬로그램에 달하는 안산암 덩어리들을 토토라_{totora}(호반을 따라 자라는 갈대)를 묶어 만든 배에 싣고 호수를 가로질러 운반했다(Von Hagen and Morris 1998: 125, 213~215). 500~750년 무렵에 와리_{Wari}[페루 아야쿠초를 중심으로 안데스 중남부에서 번성한, 잉카 이전의 문화]가 아야쿠초강 유역을 지배하게 되었다. 와리는 물자 수송을 관리하면서 흩어진 자원이 재분배될 수 있는 지역에 광범위하게 자리 잡음으로써 세력을 팽창해나갔다. 이러한 재분배에 대한 정확한 자료는 결승문자 키푸_{quipu}◆로 기록되었다. 결승문자는 채색된

◆ 결승문자結繩文字, 즉 글자가 없던 시대에, 새끼줄이나 띠 따위에 매듭을 지어 기호로 삼은 문자. 고대 중국, 잉카 제국, 티베트, 아프리카 등지에서 사용한 흔적이 보인다.

펜던트와 보조적 줄을 사용한 잉카의 정교한 회계 시스템에 영향을 미쳤다. 고원지대 문명 티와나쿠와 와리가 쇠퇴하면서 1400년 무렵에 치무족이 예전의 모체 계곡에서 지배 세력이 되었다. 치무Chimu 왕국은 부유한 수도인 찬찬으로부터 북쪽 연안 지역 전체를 통합했다. 그사이 페루 남부에서 여러 종족 집단이 권력을 장악하기 위해 분주하게 움직이고 있었으며, 잉카인이 이 싸움에서 지배적 민족으로 등장했다(D'Altroy 2002: 41).

잉카 제국 타완틴수유Tawantinsuyu◆는 잉카의 제9대 황제 파차쿠티 Pachakuti가 정권을 쥔 1438년에 실제로 시작되었고 남쪽 고원지대 너머로 확대되었다(Brundage 1963: 95). 1460년대에 파차쿠티의 아들 토파Topa〔투팍Túpac〕잉카는 군대 지휘권을 장악하고 고원지대를 정복하기 위해 멀리 에콰도르 키토를 향해 북쪽으로 진격했다. 그다음 잉카인들은 연안 지역으로 방향을 돌려 주민 100만 명의 치모르Chimor 제국을 침략했다. 남쪽에서는 아르헨티나와 칠레의 광대한 지역들처럼 볼리비아 전체가 정복되었다. 1483년 토파 잉카가 죽고 그의 아들 우아이나 카팍Huayna Capac이 제국을 에콰도르 북부에서 현재 콜롬비아와 국경을 이루는 앙카스마요강까지 확대했다(Lanning 1967: 157~158).

잉카인들은 계속 고원지대 전통에 따라 권역의 세력들을 엄격히 통제하지 않고 광범한 자원에 접근할 수 있도록 보장해 지방이 효율적 독립을 유지할 수 있게 해주었다. 파종기와 수확기 사이에 수만 명이

◆ '4방위'라는 뜻으로, 잉카 제국의 정식 명칭. 잉카 즉 타완틴수유는 '4개 수유 (땅, 쿤티 수유, 친차 수유, 안티 수유, 코야 수유)로 구성되었다.

계단식 대지를 만들고 관개시설을 설치하거나 확대하는 일 또는 강물을 나르기 위해 수로를 파는 일에 대규모로 강제 동원되었다. 이렇게 해서 농업 생산을 위해 새로운 국유지가 개방되었다. 숙련된 야금술사들이 수도 쿠스코 주위에 몰려들었으며, 고급 직물 작업장 또한 수도에 집중되었다(Schaedel 1978: 291~292, 294, 299). 정교하게 만들어진 도로와 국영 창고, 행정 도시들이 제국을 통합했다. 바퀴 달린 수송 수단이 없어 도로 포장이 반드시 필요하지는 않았으며 급경사면에는 계단이 사용되었다. 가파른 지형에서는 뛰어난 토목공사 솜씨가 발휘되어 구릉지대를 통과하는 터널과 협곡을 가로지르는 현수교, 저지대 강을 가로지르는 부교浮橋[교각을 사용하지 않고 배나 뗏목 따위를 잇대어 매고, 그 위에 널빤지를 깔아서 만든 다리]가 건설되었다. 하지만 열을 지어 짐을 나르는 야마의 속도는 기마인의 이동 속도에 결코 근접하지 못했다(Mason 1957: 161~167).[11] 당연히 제국의 보석은 코리칸차Coricancha 황금사원[태양신전]이 있는 쿠스코였다. 황금사원의 실내는 50센티미터가 넘는 황금 판금들로 온통 뒤덮였고 신성한 황금 대양 조각상과 금과 은으로 만들어진 불가사의한 옥수수 정원으로 장식되어 있었다. 옥수수 정원에는 날아다니는 새와 실물 크기의 12마리 야마 조형물이 목축업자와 나란히 함께 서 있다. 이것들은 모두 귀금속으로 정교하게 세공해서 만들어졌다. 잉카의 우주론에 따르면 "금은 태양신의 땀이고 은은 달의 신의 눈물이다"(D'Altroy 2002: 298~299).

---

11   야마는 타기에 적합하지 않았고 46킬로그램 넘게는 운반할 수 없었으며, 매일 19킬로미터 정도의 이동에 그쳤다(Mason 1957: 140).

1520년대 초에 남쪽 황금의 땅 '비루Biru'(비루 계곡Viru valley)에 대한 소문이 퍼지면서 코르테스처럼 엑스트레마두라 가문 출신 프란시스코 피사로Francisco Pizarro가 파나마에서 콜롬비아와 에콰도르, 페루의 태평양 연안을 탐험하기 시작했다. 1527년에 피사로 함대가 가벼운 발사나무 원목balsa log으로 용골[선박 바닥의 중앙을 받치는 길고 큰 재목]을 만든 원양 항해용의 뗏목배를 가로챘다. 이 뗏목배는 평갑판으로 덮여 있었고 돛과 노로 추진되었다. 피사로 함대는 최고급 직물을 포함한 교역품을 수송했다. 20명 남짓한 승무원들은 귀금속과 보석용 원석으로 만든 장식물을 착용하고 있었다. 1531년에 스페인 국왕의 위임을 받고 피사로는 배 세 척에 기병 62명과 포병 102명으로 이루어진 세 번째 원정대를 조직했다. 1532년 2월에 스페인 병사들은 잉카 제국의 툼베스를 공격하고 군마를 강탈했다(Patterson 1991: 133~134).

황제 우아이나 카팍은 에콰도르 원정 중에 멕시코에서 멀리 남쪽 쿠스코까지 광범위하게 퍼진 천연두에 걸리고 말았다. 1528년에 황제가 죽자 두 아들 우아스카르와 아타우알파 사이에 피비린내 나는 내전이 발발했다. 노련한 전사 아타우알파는 키토에서 시작해서 마침내 1532년에 코토팜파 전투에서 이겼지만 아직 쿠스코에 입성하는 승리는 올리지 못했다. 그때 스페인 사람들이 도착했고 그들이, 바람처럼 달리며 사람들을 죽이는 거대한 동물을 사로잡고 있다는 소식이 아타우알파에게 전해졌다. 당시 잉카의 정치적 상황을 숙지하고 있었던 피사로는 새로운 잉카 아타우알파와 대결하는 일에 착수했다. 피사로는 화승총 여섯 자루만으로 무장한 164명의 무리를 이끌고 카하마르카로 진격했다. 그곳에는 8만 잉카 군대가 집결해 있었다(Diamond 1999: 68).

도착하자마자 유명한 기병 에르난도 데 소토가 기마 호위병 16명과 함께 선발되어 맨 먼저 황제에게 접근했다. 아타우알파는 황금 의자에 앉아 스페인 사람들이 국가 재산을 도둑질한 것에 대해 질책했다. 데 소토는 질책에 격분해 흥분한 채 큰 걸음으로 돌아가 말에 올라타고는 결국 황실 무리를 향해 정면 공격하려고 방향을 바꾸었다. 조신들은 말이 들어올린 앞발에 너무 놀라 겁을 먹고 물러섰다. 그러나 아타우알파는 금방이라도 말에 짓밟힐 수 있었지만 시종일관 눈 하나 깜빡하지 않았다. 나중에 황제는 명예로운 전통을 거슬렀다는 이유로 공포에 질려 쩔쩔맸던 사람들을 모두 처형하도록 명령했다(Brundage 1963: 298~302).

이튿날 아타우알파는 5000명의 군중을 만나 밤을 지내기 위해 안장을 내린 말들은 전쟁에서 쓸모가 없다는 정보를 접하고 해질녘에 도시로 돌아왔다. 한 스페인 수도사가 맨 먼저 다가와 황제에게 기독교 기도서를 건넸다. 아타우알파는 기도서를 조롱하듯 땅에 내던졌다. 이때 모여 있는 군중에게 천둥 소리처럼 들리고 번개처럼 보이는 집중 포격이 시작되었다. 사원 탑에 숨어 있었던 스페인 사람들이 "산티아고! 산티아고!"라고 함성을 지르며 걷거나 말을 타고 나타났다. 아메리칸인디언들은 대규모 돌격에 겁에 질려 급히 도망하는 중에 말에게 짓밟히거나 칼에 찔려 쓰러졌다. 피사로는 아타우알파에게 제일 먼저 다가갔고, 호위병에 맞서 싸워 황제를 가마에서 잡아채어 포획했다. 그날 밤 피사로의 계략으로 인해 아마 3000명 이상이 학살되었을 것이다. 달아난 사람들은 잉카 연대가 멀리 북쪽으로 후퇴했던 길을 따라 기병들의 무자비한 추격을 받았다(Brundage 1963: 303~305).

잉카인들은 아타우알파의 몸값을 마련하기 위해 제국 전역의 신전과 궁전에서 보물을 모았다. 유입된 보석과 귀금속의 양은 지금까지 신세계에서 경험했던 그 어떤 것도 능가할 정도로, 가장 탐욕스러운 스페인 사람들의 예상마저 흔들리게 할 만큼 엄청난 양이었다. 카하마르카에서만 22.5캐럿 금 6000킬로그램이 만들어졌다. 이는 오늘날 6000만 달러 가치에 해당될 것이다. 200만 달러 가치에 해당되는 은 1만1800킬로그램도 만들어졌다. 두 명의 이달고가 신성한 도시 쿠스코에서 금을 확보하기 위해 육상으로 서둘러서 갔다. 도중에 둘은 잉카의 지배에서 해방된 것을 열광적으로 축하하는 종족들과 마주치게 되었는데, 혼란을 틈타 가장 신성한 코리칸차의 우아카 신전에 들어선 스페인 사람들은 각각 2킬로그램의 금도금판 700개를 벽에서 헐어냈다. 스페인 주력군이 도착했을 무렵에는 값을 매길 수 없을 정도로 귀중한 금은 세공품들이 모두 사라졌고 무자비하게 녹은 뒤였다. 쿠스코에서 벌어들인 것의 가치는 카하마르카[페루 북쪽, 안데스산맥에 있는 고원 도시]를 능가했다(D'Altroy 2002: 299~300). 아타우알파는 막대한 몸값에도 목이 졸려 처형되었다. 1533년에 우아이나 카팍의 아들 망코 잉카가 황제 자리에 올랐다. 그의 가장 뛰어난 장군 키소 유판키는 1536년에 리마 돌격을 시도했다. 리마는 스페인의 두 기병 대대와 아메리칸인디언 동맹자들이 방어하고 있었다. 잘 훈련된 스페인 병사들은 키소의 대규모 습격대를 괴멸시키고 말았다. 망코 잉카는 직접 쿠스코를 포위·공격하기 위해 반란을 지휘했지만 스페인 사람들에게 다시 한번 패배했다. 스페인 기병 26명이 집중 공격해 망코의 최정예 군대를 전멸시켰다. 망코 잉카는 스페인 기병의 힘이 미치지 않는 외딴 빌카밤바 밀림 요새로 도망해, 그곳에서 잔류국rump state을 세워 1571년까지 통치했다(Diamond 1999: 77; Patterson 1991: 127~128).

스페인 사람들은 반란과 당파 투쟁에도 불구하고 군마를 이용해 고원 지역과 연안 지역 전체에 걸쳐 잉카 제국을 지배했다. 그렇지만 동부 열대 저지대 습격은 다른 결과를 가져왔다. 콜롬비아와 베네수엘라에서 스페인 탐험가들은 '엘도라도' 즉 열대우림 지대의 엄청난 금에 대한 이야기를 전했다. 피사로의 동생 곤살로는 이 전설적인 부를 활용하려고 결심하고는 강력한 원정에 착수했다. 그는 1541년에 동쪽 키토에서 출발했다. 곤살로는 스페인 사람 약 280명, 말 260마리, 탄약과 식량을 운반하는 토착민 수천 명을 지휘했다(Wood 2000: 192~196). 스페인 원정대는 억수같이 내리는 비 때문에 금을 전혀 발견하지 못한 채 코카강을 따라서 나포강까지 배회하며 6개월을 허비했다. 그때 아메리카인디언 대부분이 굶주림이나 학대로 죽었다. 크리스마스 무렵에는 병사들이 말을 먹기 시작했다(Wood 2000: 200, 203). 프란시스코데 오레야나는 원정대가 먹을 식량을 찾기 위해 하류에 만들어놓았던 쌍돛대 범선을 가져오자고 제안했다. 하지만 오레야나가 스페인 병사 57명과 함께 하류로 향했을 때, 조류를 거슬러 돌아온다는 것은 불가능함을 알게 되었다. 그사이에 곤살로는 오레야나의 귀환을 단념하고는 토착민의 격렬한 공격을 격퇴해 굶주린 부하들에게 다시 안데스산맥으로 진격하도록 했다. 출발한 지 16개월이 지나 그의 부하 중 80명만이 살아서 키토로 돌아왔다. 열대우림의 진흙 속에서 수백 마리 스페인 군마들은, 건조한 안데스산맥에서와는 다르게, 전혀 쓸모가 없었다. 곤살로의 원정은 완전한 실패였다(Wood 2000: 209~216).

오레야나는 이와는 대조적으로 성공했다. 2월경에 그의 부하들이 나포강과 마라논강 합류점에 도달했다. 그곳에서 이들은 나중에 하류에서 교전하게 될 호전적인 부족인 거친 여전사들에 관해 들었다. 아이러니하게도 이들은, 스페인으로 하여금 신세계로 달려가게 했던 유럽 군주 이사벨이 아닌 초원지대의 전설적 여전사들 이름을 따서 그 강을 아마조나스강[아마존강]이라고 불렀다. 4월에 더 큰 외항선이 한 척 만들어졌고 작은 배 두 척이 바다를 향해 출항했다. 이들은 도중에 토착민들의 무장 저항에 직면했다. 오레야나는 위험천만한 강을 3200킬로미터 넘게 이동한 후에 대서양 연안을 따라서 카리브해까지 1930킬로미터에 이르는 또 한 번의 항해에 착수했으며, 2주 후에는 트리니다드에 도착했다(Wood 2000: 218~226). 물론 포르투갈인들이 더 일찍 그 지역을 항해한 적이 있었다. 1500년 페드루 알바르스 카브랄이 브라질 남부 연안 지역을 발견했다. 그러나 그 후 포르투갈인들은 수지맞는 설탕 플랜테이션을 위해 대서양 연안 지역을 따라 집단 거주지를 설립하다가 아메리칸인디언들의 결연한 저항에 직면했다. 이렇게 해서 포르투갈인들의 내륙 진출이 좌절되었다. 실제로 군마는 아마존강을 식민지로 만들지 못했다. 군마는 콩고와 동남아시아의 밀림 지대에서처럼 아메리카 대륙의 열대우림 지대에도 적합하지 않았다. 나중에 포르투갈은 배로 아마존강의 수많은 지류를 따라 아마존 내륙 지역으로 침투해 들어갔다. 스페인 사람들은 안데스산맥 동쪽 측면 아래로 진격해 수목으로 뒤덮인 고지대 산악 지역을 차지하는 데 성공했다. 하지만 그곳에서마저도 스페인 사람들의 말은 일찍이 식민지 개척자들을 몰아냈던 토착민들에게 꿋꿋이 맞설 수 없었다. 1599년, 에콰도르의 반항적인 수아르 부족이 스페인 사람 3만 명가량을 학살하고, 창자가 터질 때까지 녹인 금을 목에 쏟아 부어 총독을 처형했다. 신대륙 정복자들은 많은 화기와 강철 검을 지녔지만 우림에서 기병은 도움이 되지 않았다. 신대륙 정복자들은 수 세기 동안 열대우림 안쪽의 아메리칸인디언들에게 자신들의 규칙을 강요할 수 없었다(Stirling 1938: 16~18).

이처럼, 스페인의 남아메리카 식민 지배는 처음에 안데스산맥 지역으로 국한되었다. 식민지 개척자들은 전통적인 쿠라카curaca〔부족장〕 지도자들과 우호관계를 맺음으로써 수리학과 농업 분야의 탁월한 잉카 체계를 유지했다. 스페인 사람들은 계속해서 신전과 창고를 약탈했지만 약탈품이 줄어들면서 광산으로 눈을 돌렸다(Patterson 1991: 132). 볼리비아 남부의 세로 포토시는 세계 최대의 은광이었다. 은이 너무 많아서 닳아 해진 편자를 대체할 쇠가 없었을 때 간단히 은으로 편자를 만들었다(Crosby 1972: 81). 아메리칸인디언 수천 명이 광산에 강제로 끌려갔다. 수천 개의 은괴와 은화가 일관—汞 작업 방식으로 생산되어 배에 실려 북쪽 파나마로 갔다. 그곳에서 고대로부터 금속을 나르는 동물이었던 노새의 등에 실려 카리브해에서 대기하고 있는 스페인의 갤리언선船 galleon◆으로 운반되었다. 신대륙 정복에 뒤이은 50년 동안 아메리카 대륙에서 생산된 금과 은은 세계 나머지 지역에서 생산된 양의 10배에 달했다. 금과 은이 고갈된 뒤에는 질이 떨어지는 금속들 즉

◆ 16~17세기 유럽의 전형적인 외항용外航用 돛단배. 돛대는 3~4개 였고, 대항해 시대 이래 무역선으로 활약했다.

아연, 구리, 주석, 보크사이트가 개발되었다. 나중에 이 금속들은 모두 유럽 산업혁명에 한몫을 하게 된다(Weatherford 1988: 12~14, 51~52).

신대륙 정복 이후의 유럽

배에 고스란히 실려 유럽에 건너온 얼마 안 되는 특별한 금제품들에 대한 순회 전시회가 스페인 군주 카를로스 1세의 치세를 찬양하기 위해 조직되었다. 미술가 알브레히트 뒤러[독일의 화가·조각가, 1471~1528]는 순전히 금과 은으로 만들어진 태양과 달의 거대한 조각상들을 보고 금세공사 아들로서 이렇게 말하고 싶었다.

나는 지금까지 살아오면서 이것들만큼 내 심장을 기쁘게 한 것을 결코 본 적이 없다. 왜냐하면 나는 놀라운 물건들을 보았고 이런 먼 나라 사람들의 섬세한 솜씨에 놀라움을 금치 못했기 때문이다. (Bray 1982: n.p.)

뒤러의 무아지경에 빠진 찬사에도 불구하고 값을 매길 수 없는 이 걸작품들은 스페인의 왕실 화재로 비극적 운명을 맞고야 말았다. 물론 카를로스 1세는 1519년에 신성 로마 제국 수장 카를 5세로 선출되기도 했다. 따라서 신세계에서 금과 은이 세비야 항구로 향하고 있었지만 금과 은이 죄다 스페인에 머물렀던 것은 아니다. 일부 금괴와 은괴가 이베리아반도 궁전들과 성당들을 치장하는 데 사용되었지만, 적어도 그것의 3분의 2는 스페인령 네덜란드, 독일, 스위스, 오스트리아, 이탈리아의 합스부르크 보유 자산으로 전용되었다(Weatherford 1988: 14). 오스트리아 궁전은 너무도 웅장해서 1562년에 카를 5세의 동생 페르디난트 1세는 빈의 스페인 승마협회를 위해 유명한 눈처럼 흰 안달루시안 바르브 말Andalusian Barb들을 스페인에서 들여왔다. 1580년에 종마 사육장이 리피차에 세워졌다. 그곳에서는 이미 군마들이 공중으로 뛰어올라, 뒤에서 공격하는 적에게 뒷다리로 휘두르는 군사적인 훈련을 받아왔다. 이제는 빈의 고전 음악에 맞춰 정교하게 동작하는 법을 배웠다. 웅장한 카드리유quadrille♦에서 각각 균형 잡힌 여덟 마리 종마의 아름다움이 황금 굴레와 가슴걸이breastplate로 배가되었다. 멋진 춤 속 사람과 말의 율동적인 동작—한 발을 축으로 팽이처럼 도는 피루엣pirouette, 뒷무릎을 굽히고 몸을 일으켜 앞다리를 끌어안는 르바드levade, 말이 두 앞다리를 올린 채로 뒷다리만으로 도약·전진하는 쿠르베트courbette—을 통해 대중은 지배자의 화려함과 부에 감동받았다(Tinker 1964, 10~11).

신세계에서 얻은 부는, 덜 경박하게 말하면, 유럽 전역에서 지적 활동을 폭발시켰다. 폴란드 천문학자 코페르니쿠스는 「천체의 회전에 관하여De revolutionibus orbium coelestium」(1543)에서 프톨레마이오스의 오래된 이론을 거부했다. 그는 행성들과 관련해 태양이 중심 위치를 차지하고, 각각의 행성이 매일 자전하고 1년에 한 번씩 태양 둘레를 공전한다고

♦ 네 사람이 한 조가 되어 사방에서 서로 마주 보며 추는 프랑스 춤 또는 그 춤곡. 나폴레옹 1세의 궁정에서 비롯했는데 19세기 무렵에 전 유럽에 유행했다.

주장했다. 갈릴레오는 자신의 천문망원경으로 관측해 코페르니쿠스의 이론을 지지했다. 영국에서는 프랜시스 베이컨이 프랑스에서는 데카르트가 과학과 철학에 체계적인 합리적 방법을 제시했던 것처럼 실험과학의 방법을 주창했다. 독일에서는 라이프니츠가 미적분학을 창시했다. 이러한 성취들이 계몽주의 시대를 낳았다. 아이작 뉴턴 경은 계몽주의 시대에 이룬 연구로 영국에서 과학자로서 최초로 기사작위를 받았으며 근대 물리광학의 기초를 놓았다. 또한 그는 근대 물리학의 기본 원리가 될 세 가지 운동법칙을 만들어냈으며, 이는 그의 중력 이론에서 정점을 이루었다. 애덤 스미스와 카를 마르크스는 둘 다 유럽의 아메리카 대륙 정복을 전 세계에 미친 경제적 영향의 관점에서 '역사상 최대의 사건'으로 인정했다. 신세계에서 엄청난 부가 유럽으로 유입되면서 신대륙 정복에 뒤이은 처음 50년 동안 유럽에서 유통된 금과 은의 양이 세 배로 늘어났다. 이런 엄청난 부로 예전의 상업 체계가 진정한 시장경제로 전환되었다. 생산이 늘어났으며 앞선 세대들에 견주어 믿을 수 없을 정도로 많은 자본이 축적되었다(Weatherford 1988: 14~15).

신규 자금은 또한 해외 전쟁 자금으로 이용될 수 있었다. 해외 대륙에서 대양과 부를 지배한 서유럽은 이제 오스만 제국을 쓰러뜨릴 정도였다. 지중해에서 몰타의 섬 요새를 강화하기 위한 대규모 투자가 이루어졌다. 그곳에서 1565년에 병원기사단이 최신형 대포로 무장한 위대한 술레이만의 3만 튀르크인 정예병 공격을 격퇴했다. 더 나아가 아메리카 대륙에서 들어온 새로운 부는 스페인의 지중해 함대를 증강함으로써 기독교 서방을 강화하는 데 사용되었다. 1571년에 카를로스 1세의 아들인 스페인의 펠리페 2세가 튀르크인들과 대결하려고 베네치아와 교황 비오 5세를 끌어들여 동맹을 맺었다. 3만 명의 병사를 태운 200척이 넘는 기독교 함대가 코르푸로 출항했으며, 그다음 레판토에서 오스만 함대를 향해 전진했다. 튀르크인의 갤리선은 배의 양쪽 가장자리에서 발사할 수 있는 서방의 높은 배에 견주어 쓸모가 없었다. 결국 튀르크인의 함선 대부분이 침몰했다. 유럽 전역에서 이 사건을 기념하는 행사가 열렸다. 무슬림의 지중해 제해권이 격파되었다. 재빠르게 몰타 기사단Knights of Malta이 동부 지중해에서 적의 선적을 방해하는 일에 착수했다. 이제 트리폴리, 튀니스, 알제는 더이상 오스만 해상권에서 없어서는 안 될 부분이 아니었다. 아메리카에서 유럽으로 부가 유입되면서 인접한 경제에도 영향을 끼쳤다. 금과 은이 유럽 시장에 넘쳐나면서 튀르크의 은화 악체akçe의 가치가 절반으로 떨어졌으며, 이로 인해 광범위한 재정 위기가 초래되었다. 1497~1498년에 바스쿠 다가마가 희망봉을 돌아 인도에 닿았다. 16세기에 들어서면서 포르투갈과 스페인 전함들이 홍해를 정기적으로 왕복하면서 북아프리카 튀르크인 영토를 공격했으며 근동에서 다른 곳으로 무역을 전환했다. 대양 횡단이라는 새로운 기동성을 갖춘 포르투갈과 스페인의 전함들은 튀르크인들의 의표를 찌르는 책략으로, 선적된 유럽의 소화기를 호르무즈를 통해 샤 아바스에게 전달했다. 당시 샤 아바스는 오스만인들에 맞서 페르시아 전투를 준비하고 있었다. 여러 전선에서 전쟁에 직면한 오스만 대국은 얼마 안 있어 한때 지중해를 공포에 몰아넣고 유럽을 위협했던 세력에서 소아시아 지역에 한정된 제국으로 축소되었다(Inalcik 1973: 42~49). 기독교도와 무슬림의 1000년에 가까운 싸움 동안 페루와 멕시코에서 약탈된 금과 은은 어떤 다른 요인보다 더 이슬람 세력을 약화시켰다. 그뿐 아니라 1519~1521년에 페르디낭 드 마갈량이스 함대의 세계 일주에 뒤이어 아카풀코에서 태평양을 넘어 마닐라와 중국으로 은이 직접 흘러 들어갔다. 마닐라와 중국에서 은이 비단, 향신료, 도자기와 교환되었다. 이로써 많은 아시아 국가가 새롭게 표준화되었지만 현저하게 부풀려진 은화 가치의 영향을 받았으며, 이를 통해 세계경제가 최초로 작동하게 되었다(Weatherford 1988: 16~17).

경쟁은 기독교도와 무슬림 사이의 대결로 국한되지 않았다. 유럽의 기사들이 바다로 향했을 때, 그들은 수 세기에 걸친 반목을 육지에 남겨두지 않았을 것이다. 존 캐벗[이탈리아의 항해가·탐험가], 조반니 다 베라차노[이탈리아의 항해가·탐험가], 자크 카르티에[프랑스의 항해가·탐험가], 사뮈엘 드 샹플랭[프랑스의 탐험가, 초대 캐나다 총독]이 일찍이 북아메리카 영토를 찾아 대서양을 배회했다. 1579년, 프랜시스 드레이크[영국의 항해가·제독·탐험가]는 골든 하인드호를 타고 남태평양 연안을 항해해 칠레와 페루 항구에서 상당한 양의 금은과 에메랄드를 강탈해 북쪽 파나마로 향하는 스페인 갤리언선에 가득 실었다. 그리고 서쪽으로 항해해 말루쿠 제도를 지나 영국의 향신료 무역권을 확립했다. 이후 1580년에 드레이크는 희망봉을 돌아 당시 150만 영국파운드의 가치가 있는 부를 가지고 플리머스 항에 도착했다. 그는 이러한 공훈으로 나중에 처녀여왕 엘리자베스 1세로부터 기사작위를 받았다. 이어 영국인들은 국왕의 지원으로 카리브해에 교두보를 마련했다. 포르투갈인들은 전 대륙을 휩쓴 전염병으로 절멸된 아메리칸인디언 노동력을 대체하기 위해 아프리카에서 노예를 계속 수입했다. 카리브해와 사우스·노스 캐롤라이나에서 영국인들은 아프리카 노예들을 수송하고 스페인의 갤리언선을 약탈하는 연계사업을 했다. 이 사업은 결국 무역회사의 발전으로 이어졌으며, 무역회사의 성공은 유럽의 은행 업무와 주식시장을 낳았다(Weatherford 1988: 29~32, 37).

유럽은 수 세기에 걸쳐 뛰어난 아메리칸인디언 장인의 솜씨로 만들어진 금은 보물에서뿐 아니라 정복한 아메리카 대륙의 토양 자체 즉 수천 년 이어진 대단히 수준 높은 농업에서도 이익을 얻었다. 토마토, 콩, 호박, 고추, 초콜릿이 전 세계 요리를 더 활기있게 하고 풍요롭게 했다. 가장 커다란 영향을 끼친 것은 안데스산맥의 감자였다. 신세계 발견 이전 구세계가 주로 의존했던 식품은 곡물이었다. 곡물은 영양분이 풍부했지만 기후 변동에 늘 취약했다. 기후가 온화한 지중해에서 고전 문명들이 정치적 지배권을 장악한 것은 매년 풍부하게 수확되었던 밀 덕분이었다. 그러나 추운 북유럽에서 흉작과 기아는 결코 드물게 일어나는 일이 아니었다. 감자는 재배하기 부적합한 변방의 돌투성이 토양에서도 재배할 수 있어서 곧 아일랜드 전역과 영국, 독일, 폴란드에서 재배되었다. 감자는 수확을 믿을 만하고 값싸게 영양분을 제공했으며[12] 비타민C의 원천이었다. 가축 사료로 쓰인 옥수수는 우유와 달걀 산출량을 증가시켰다. 따라서 이 같은 아메리카 식물재배종 덕분에 인구가 급증했고, 이를 통해 예로부터 이어져온 지중해 유럽의 우위가 도전받게 되었다. 혹독하게 추운 러시아에서는 해바라기 씨와 더

---

12 감자는 더 많은 영양분을 제공하며 곡물보다 더 믿을 만하고 노동력이 덜 필요하다. 1헥타르의 감자는 1헥타르의 밀에 비해 거의 두 배의 칼로리를 제공한다.

불어 튼튼하고 잘 자라는 감자가 소농들의 음식을 개선시켰다. 이로써 러시아인들은 오랜 투쟁을 통해 몽골인 침략자를 몰아낼 수 있었다. 아메리카 작물은 열대와 아열대 지방에서도 잘 자랐다. 아프리카와 아시아에서 잘 자란 옥수수, 면화, 아마란스, 담배, 고구마, 파인애플, 땅콩, 마니옥은 그곳의 인구 증가에 한몫했다. 무엇보다 마니옥은 다른 작물을 재배할 수 없는 극도로 척박한 토양에서도 자랐다. 올멕인의 고무는 세계 스포츠에 대변혁을 일으켰고, 유럽인들에게 세계의 밀림과 산을 탐험할 수 있는 방수 옷을 제공했으며, 또한 고무는 미래의 자동차에 타이어를 제공했다(Weatherford 1988: 48, 64~75).

유럽에서 농업 생산량이 늘어나면서 말의 경제 참여가 증가했고, 영국과 네덜란드의 셔shire 말처럼 몸집이 더 큰 동물들이 새로운 수요에 노출되었다. 하지만 마력馬力은 운송에서 훨씬 더 결정적 역할을 할 수 있었다. 14세기에는 이동할 수 있는 전위마차forecarriage가 두각을 나타냈었는데, 이는 사륜마차의 기동성을 더 실용적으로 만들어주었다 (Gille 1969: 434). 이륜 짐마차에 견주어 확실한 이점을 가진 사륜마차가 결국 더 작은 이륜 짐마차를 대신했다. 사륜마차는 뒤집힐 가능성이 더 적었기에 더 많은 짐을 실을 수 있었다.

해외에서 중요한 상품들이 유럽 해안에 도착했을 때, 이 귀중품들을 국가 산업에 배분하기 위해서는 훨씬 더 진전된 수송 체계가 필요했다. 15세기의 핵심적 발명은 납작한 원뿔 모양으로 변형된 바퀴였다. '움푹 파인' 바퀴는 울퉁불퉁한 표면에서 마차의 무거운 짐들이 흔들릴 때 생길 수밖에 없는 측면 압력에 버틸 수 있는 더 강한 힘을 제공했다(Jope 1956: 552). 곧 많은 마차가 매주 유럽 도시들로 들어왔다 나갔다를 반복했다. 6000킬로그램까지 수송했던 마차는 여섯 내지 여덟 마리가 한 조가 된 말들이 끌었다.[13] 이런 마차 수송 업무는 일단의 짐 나르는 말들에 의해 보완되었다. 말은 수송 수단을 이용해 더 무거운 짐을 수송했다. 마차를 끄는 말은, 짐 나르는 말이 한 마리당 109킬로 그램을 감당한 것과는 대조적으로, 한 마리당 305킬로그램을 나를 수 있었다. 짐 나르는 말은 대신에 더 빨랐고 겨울에도 가파른 경사와 질 나쁜 도로의 영향을 덜 받았다(Gerhold 2005: 66~67).

해안선, 강, 내륙 운하를 따라 이루어졌던 대량의 화물 운송은 훨씬 더 속도가 느렸다. 육상·해상수송보다 비용이 현저하게 더 높았다. 그러나 곧 농부, 제조업자, 상인들이 수송 업무의 속도와 신뢰성에 더 높은 점수를 준 도로로 엄청나게 다양한 상품들이 수송되었다. 즉 상하기 쉬운 농산물, 값비싼 직물, 수입 사치품들이 도로로 수송되었다 (Gerhold 1993: 1, 3). 항해 가능한 해역을 오가는 장거리 대량 화물수송에서도 그 시작과 끝은 육로였다. 따라서 두 수송 방식은 대체로 상호 보완적이었다. 말은 운하를 따라 바지선을 견인할 때도 이용되었다 (Barker and Gerhold 1993: 16). 더 나아가 마력 덕분에 주요 수로에서 떨어져 있어 노동력이 더 싼 지역들로 산업이 재배치될 수 있었다. 마력은 또한 다단계식 생산을 통해 일부 제품을 지방의 제조 중심지들로 수송했다. 이렇게 해서 지역의 전문화와 상업의 통합이 강화되었다. 사륜마차는 역마차stagecoach[승합마차]의 원조였다. 역마차는 처음에는 가

---

13 1700년대 무렵에 마차를 끄는 크고 튼튼한 말은 크기가 18핸드[180센티미터] 정도였고 1500킬로그램을 견인할 수 있었다. 곧 나타날 몸집이 매우 큰 다른 견인용 및 경작용 말은 페르슈롱Percheron, 클라이즈데일Clydesdales, 서펙Suffolk이었다.

죽끈의 완충 장치로, 나중에는 차체와 차대 사이의 얇은 층으로 이루어진 장력 강철로 사륜마차와 구별되었다. 역마차는 최초로 승객들에게 장거리 서비스를 정기적 일정에 따라 제공했다. 신세계의 부가 유럽으로 유입되면서 교통로가 대체로 개선되었다. 4~6마리의 힘센 견인 말이 끌었던 역마차는 가장 빠른 공공수송 방식이었다. 또한 얼마 안 있어 위풍당당한 사륜마차는 군주들 사이에 비용 절감 차원의 선물로 교환될 것이었다. 효율적 수송 체계와 새롭게 등장하는 국가경제로 런던은 빠르게 성장해 유럽의 선도적 항구 도시가 되었다. 영국은 산업혁명에 대비해 세계적인 제국과 세계 경제의 중심으로 성장하고 있었다. 영국에서는 해외에서 쏟아져 들어오는 원료가 지방 곳곳에 배분되어 제품으로 만들어졌고, 소비 또는 해외 수출을 목적으로 대도시로 돌아왔다(Gerhold 2005: 80~81, 116, 158, 169, 173). 또한 머지않아 여러 기능을 하는 말이 해외로 수출되어 멀리 떨어진 대륙에서 새로운 경제를 고무하곤 했다.

　신세계 정복은 유럽의 산업과 상업에서 해외 원료 수요가 치솟으면서 이후 전 세계적 식민지 팽창의 본보기가 되었다. 당연하게도 콩키스타에는 희생이 따랐다. 많은 스페인 사람이 전쟁이나 항해 중에 목숨을 잃었다. 하지만 아메리카 대륙을 파괴한 전염병인 천연두·홍역·말라리아로는 아니더라도 그리고 식민지 개척자들의 잔혹함과 억압으로는 아니더라도, 수백만 명의 아메리칸인디언이 죽었다. 최근 평가에 따르면 아메리카 대륙 전체 아메리칸인디언이 1492년에 5390만 명에서 1650년에 560만 명으로, 즉 90퍼센트인 4830만 명이 감소했다(Denevan 1992: xxix). 이 같은 엄청난 비극에 덧붙여 1500만의 노예가 아프리카에서 아메리카 대륙으로 강제로 끌려갔다. 수천 년을 지속해온 인간 문명이 철저하게 절단되어버렸고, 이러한 절단은 인간의 고통이라는 관점에서 칭기즈칸과 그의 알타이인 계승자들이 가했던 실로 가공할 살육보다 심한 것이었다.

신세계에서 보아왔듯, 스페인의 말 탄 신대륙 정복자들은 보병 전사들에 비해 엄청난 군사적 이점을 가졌으며, 15년이 못 되어 메소아메리카와 안데스산맥에서 원주민 2500만 명을 지배했다. 유럽은 신대륙에서 강탈한 엄청난 부 덕분에 이슬람의 진격을 차단할 수 있었다. 1588년에 영국이 스페인 무적함대Spanish Armada를 격파함으로써 유럽에서 권력의 추가 지중해 문명에서 대서양 연안 지방으로 기울었다. 오랫동안 대서양 어장을 개척했던 국가들이 이제 배를 먼 대양으로 향하게 했다. 포르투갈·영국·프랑스·벨기에·네덜란드 등 유럽의 포함들이 군마, 무역회사, 새롭게 획득한 아메리칸인디언의 식물재배종, 신세계의 부로 자금을 공급받아 이루어진 최근의 과학과 기술 혁신에 힙입어 아프리카, 남아시아, 오스트레일리아, 오세아니아를 식민지로 개척하기 위해 대양을 횡단했다.

아메리카 대륙의 반란과 말

말은 정복에서 중요한 역할을 수행했을뿐더러 반란에서도 중요한 역할을 하도록 운명 지어졌다. 멕시코에서 사카테카스 광산이 발견되면서 뉴스페인New Spain◆ 국경이 북쪽으로 이동했다. 1550년 무렵 케레타로 주변 방목지에 말 1만 마리가 있었다(Crosby 1972: 82). 1540년에 프란시스코 바스케스 데 코로나도[스페인 탐험가·정복자] 원정대가 멀리 지금의 캔자스까지 침입했다. 1598년에 후안 데 오냐테[스페인 탐험가·정복자]는 다른 원정대를 이끌고 북아메리카 서남부로 들어갔다. 그는 카스티야의 대농장 전통에 따라 양·소·당나귀 수천 마리와 말 300마리를 가지고 왔다. 마침내, 9000년 동안 멸종했던 말이 400만 년 전에 에쿠스가 최초로 진화한 북아메리카의 협곡과 메사mesa[꼭대기가 평평하고 주위가 급경사를 이룬 탁자 모양의 지형]로 돌아왔다. 이제 말은 예전에 탄생한 환경에서 번창했고 번식했다. 푸에블로인디언은 스페인의 지배를 받던 시대에 말 안장을 얹는 법, 말을 길들이는 법, 말 굴레를 씌우는 법, 말 타는 법을 배웠다. 곧 근처 메사에서 더 기동력이 뛰어난 아파치족이 말을 사냥에 이용했다. 이렇게 해서 기마 기술이 북아메리카에 전해졌다. 하지만 1680년에 푸에블로인디언이 반란을 일으켜 스페인 사람들을 1690년까지 서남부에서 몰아냈다. 그사이 10년 동안 수천 마리 말이 리오그란데강 상류 계곡에서 주변의 산과 평원으로 도망쳤다. 말들이 흩어지면서 북아메리카 서부 역사를 영원히 바꾸어놓은 엄청난 무스탕mustang[미국의 대평원에 사는 야생의 작은 말. 기르던 말이 야생화되었다] 무리의 기초가 마련되었다.

1705년 무렵에 유목하는 수렵채집인 코만치족이 텍사스의 비옥한 들소 평원으로 이주해왔다. 코만치족은 말이 풍부한 뉴멕시코를 침략

◆　누에바에스파냐 부왕령Virreinato de Nueva España, 1535~1821년 북아메리카와 아시아-태평양에 위치한 스페인의 영토 행정 단위.

해 말을 사육하는 데도 성공했다. 이로써 그들은 수천 마리 동물 떼를 획득했다. 유라시아 초원지대에서처럼 말 이전에 대초원에 거주하는 인간은 거의 없었다. 억센 잔디로 농사가 불가능했으며 평원의 동물들이 너무 빨라 확실한 식량원을 마련할 수 없었기 때문이다(Crosby 1972: 102; Fehrenbach 1974: 83~90, 94). 보행자로서 대평원 주위 숲과 강가에 살았던 농경부족들은 계절 따라 들소 떼를 함정이나 벼랑 위로 에워싸고 몰아붙여 사냥했다. 이와는 대조적으로 말을 타고 추격하는 새로운 사냥술은 가장 빠른 들소보다 더 빠른 말의 능력을 활용한 것이었다. 말의 속도와 기동력 덕분에, 노련한 사냥꾼은 특정 동물을 목표물로 선택해 나란히 달리다가 근접 거리에서 활과 화살로 죽이고 다음 목표물로 이동해 순식간에 엄청난 양의 고기를 획득한다. 추격 사냥은 시간과 노력이 조금 필요했고 훨씬 더 생산적이었다는 점에서 예전의 포위 사냥법보다 뛰어났다(Ewers 1969: 159, 303~305). 1720년 무렵에 더 많은 부족 즉 수족, 아라파호족, 다코타족, 크로족, 블랙풋족이 아마도 플랫강 북쪽까지 대평원의 들소 떼 사냥에 말을 활용했다. 말 사용은 다른 점에서도 유리했다. 유목민 사냥꾼들은 대초원을 가로질러 이동하는 데서 가족의 수화물을 운반할 필요가 있었다. 전통적으로 두 막대기를 묶어 끌게 하는 개썰매가 운반에 사용되었다. 그렇지만 이제는 말 썰매가 더 무거운 짐을 더 멀리, 더 빨리 운반했다. 말은 등에 90킬로그램의 짐을 꾸리거나 또는 하루에 썰매로 135킬로그램을 견인할 수 있었다. 이는 개에게 실은 짐의 네 배에 해당되는 무게였다. 이제 티피Tipi(티피tepee, 원뿔형 천막)까지 두 배 정도 멀리 40개 들소 가죽을 운반할 수 있게 되면서, 예전에 들소 가죽 6개로 만든 집이 더 큰 집으로 대체되었고 훨씬 더 많은 무리가 평원에서 살아갈 수 있었다. 들소를 사냥하는 강력한 부족들의 규모가 커지면서 사냥터를 놓고 충돌이 발생했다. 부족 간에 전쟁이 일어나면서 대담하게 말로 습격해 쿠 스틱으로 적을 가장 먼저 쳐서 무훈을 세우고counting coup 머리 가죽을 벗겼다. 포로들은 노예가 되어 집안일을 하거나 몸값을 치르고 풀려났다(Ewers 1969: 131, 214, 308).

스페인의 말 기술이 북아메리카 서남부에서 평원으로 퍼지는 사이에 많은 발명품도 대서양 연안 지방을 따라 자리 잡은 다른 유럽인 기병들을 통해 대륙의 내륙으로 확산되었다. 1776년에 아메리카 식민지인들이 영국 국왕에 맞서 반란을 일으켰고 폴 리비어Paul Revere(미국 독립혁명의 애국지사이자 은세공업자)는 영국군의 접근을 경고하기 위해 밤새도록 말을 타고 달려갔다.

마을 거리에 말발굽 소리
달빛 속에 드리워진 그림자와 암흑 속에 보이는 거대한 물체
말발굽이 밟고 지나가는 자갈 밑에 번뜩이는 불꽃
겁 없이 나는 듯 빨리 달리는 말이 만들어낸 것이라네.
이것이 전부라네! 어둠과 빛을 뚫고
민족의 운명이 그날 밤을 달리고 있네.
나는 듯이 달리는 말이 만들어내는 불꽃
열기로 타오르네(Longfellow 2006: 49).

이렇게 재촉하는 말발굽 소리로 새로운 국가 미국이 탄생했다. 대서

양에서 온 아메리카 이주자들이 동쪽 숲을 가로질러 광활한 대초원으로 갔다. 프랑스인들은 퀘벡 거주지에서 상인과 덫 사냥꾼들을 오대호 너머 미시시피-미주리강 하류 유역 아래로 파견했다. 표면상은 상업적인 프랑스인의 공격으로 머스킷 총과 탄약이 모피와 가죽으로 교환되었다. 프랑스인들은 이처럼 자신들의 영토 경계를 넘어 활동하며 북아메리카에서 경쟁하는 유럽인들에 맞서 무장 저항을 하기 위해 다른 부족들과 동맹을 맺으려 했다. 그 결과 대평원에서 상당히 격렬한 전투가 벌어졌다(Fehrenbach 1974: 119~120). 대서양 국가들에서 온 아메리카 개척자들이 서쪽 대초원으로 뿔뿔이 흩어졌다. 이들은 인도·유럽인들과 함께 6000년 전에 유라시아 초원지대를 넘어서 확대되었던 것과 동일한 덮개 있는 사륜마차, 재배종, 사육된 동물들을 가지고 왔다. 아메리카 개척자들이 만난 아메리칸인디언들은 16세기 초에 코르테스와 피사로가 마주쳤던 사람들과는 달랐다. 개척자들은 더는 보행자가 아닌 부족들과 만났다. 이들은 자신들의 중요한 사냥터를 침입한 이방인들에게 격분했고 식민지 이주자들의 진출에 격렬하게 저항했다. 평원의 말 탄 아메리칸인디언은 가공할 적수였다. 그들은 마지못해서이긴 했지만 스페인의 가벼운 말 굴레와 안장을 받아들였다. 미루나무틀 안장과 사슴 털 또는 풀을 채워 넣은 가죽 깔개가 이용되었다. 가죽 깔개에는 나무를 굽혀 만든 등자가 매달려 있었다. 방해를 받지 않으면 다부지고 강인한 무스탕은 특히 짧은 거리에서 동쪽 군마들을 손쉽게 앞질렀다. 평원에서 혁신된 장비는 말의 목둘레에서 미끄러져 내리는 가죽끈이었다. 날렵한 기수는 말 뒤쪽의 가죽끈에 매달려 적의 화살과 총탄으로부터 자신을 보호할 수 있었다(Fehrenbach 1974: 96~96; Ewers

1969: 81~86). 아메리칸인디언들은 결코 연속해서 목표물로 전진하지는 않았다. 대신에 여러 기수가 "빙빙 돌다가 돌진하고 다시 흩어지면서" 빗발치는 화살을 헤치고 대초원을 엄청난 기세로 달렸다(Fehrenbach 1974: 127). 이런 돌격에 맞서 머스킷 총 또는 대포를 집중 발사해서 얻는 효과는 제한적이었다. 들소 사냥으로 단련된 평원의 인디언들은 후퇴하는 군대를 추격할 때 전속력으로 질주하면서 치명적인 궁술을 발휘했다(Fehrenbach 1974: 128).

남북 전쟁 이후 이주자 수천 명이 서쪽으로 쇄도하면서 대평원 부족들과 여러 차례 맺었던 협정들이 토지와 귀금속을 갈망하는 아메리카인들에 의해 폐기되었다. 처음에는 백인들이 대평원 부족들을 보잘것없는 지역에 묶어두려 시도했지만, 이 같은 정책은 곧 노골적인 절멸 전쟁으로 바뀌었다. 아메리칸인디언의 식량원인 야생 들소 떼가 이제 후장식後裝式〔총포의 뒤쪽에 있는 폐쇄기를 열고 탄약을 재는 방식〕 강선총breech-loading rifle에 의해 조직적으로 살육되었다. 19세기 초에 대략 6000만 마리의 들소가 대평원에 살고 있었지만 19세기 말에 이르면 겨우 1000마리만 살아남았을 뿐이었다. 1876년 7월에 남북 전쟁의 영웅 조지 암스트롱 커스터가 지휘하는 정예 제7기병대가 리틀 빅혼 전투에서 시팅 불Sitting Bull〔앉아 있는 황소〕과 크레이지 호스Crazy Horse〔성난 말, 미친 말〕가 지휘하는 수족과 샤이엔족의 연합군에 전멸당했을 때 긴장이 최고조에 달했다(Farb 1971: 166~167). 좋은 사냥 지역에서 보호구역을 약속받은 크레이지 호스와 굶주린 그의 오글랄라족이 항복했지만, 결국 크레이지 호스는 1877년에 암살당했다. 시팅 불도 보호구역을 받아들일 수밖에 없었다. 1883년에 북태평양 철도회사가 대륙횡단

철도의 종착지에서 운행 축하 행사를 거행했을 때 시팅 불은 행사의 연사로 초청되었다. 그는 수족 말로 연설하면서 당신들이 우리에게 거짓말을 하고 부족 영토를 빼앗았으며 아메리칸인디언을 자신의 땅에서 부랑자로 만들었다며 청중을 호되게 꾸짖었다. 1890년에 시팅 불도 암살당했다. 배신과 '강철 말iron horse〔즉 기관차〕'이 서부의 운명을 결정했다(Brown 1981: 294, 401, 411).

남아메리카의 풀로 덮인 평원에서, 북아메리카에서의 사건들과 놀라울 정도로 유사하게, 말이 급증했다. 칠레 남부에서 신대륙 정복자들은 아라우칸족의 격렬한 저항에 부딪혔다. 아라우칸족은 스페인 말을 포획해 재빠르게 이를 도입했다. 그다음 유목민인 페우엔체족이 스페인 말을 동쪽으로 안데스산맥의 낮은 산길을 가로질러 팜파스pampas〔아르헨티나 부에노스아이레스를 중심으로 하는 초원지대〕로 전해주었다. 팜파스에서 말이 급증했다. 1598년에 마푸체족이 총독 마르틴 가르시아 오녜스 데 로욜라Martín García Óñez de Loyola〔예수회를 창립한 이그나티우스 데 로욜라의 종손〕에 맞서 반란을 일으키자, 300년에 걸친 아라우코 전쟁이 시작되었다. 남부 국경 지방을 따라 줄줄이 이어진 예수회 요새가 수 세기에 걸쳐 칠레에서 선교 사업을 했다. 페우엔체족은 중개자로서 엄청나게 많은 말을 코르디예라산맥을 넘어 다시 매매했다. 이로써 칠레 마푸체족 기병이 훨씬 더 적은 말을 가졌던 식민지 개척자들을 상대로 결정적인 군사적 이점을 누릴 수 있었다. 스페인 사람들은 안데스산맥 고원지대에서 더 북쪽에 있는 산길이 가파르고 위험해서 팜파스로 쉽게 접근하지 못했다. 스페인 사람들의 식민지가 마푸체족의 무자비한 습격을 받았을 때, 수천 명의 여자와 아이가 노예로 납치되거나 나중에 제조품과 교환되었다. 실제로 인종 혼합 비율이 매우 높아서 부에노스아이레스를 습격하기 위해 멀리 대서양까지 팜파스를 가로지른 칠레의 이그나시오 콜리케오Ignacio Coliqueo는 '금발의 인디언들 Blonde Indians'로 알려졌다(Aldunate del Solar 1992: 32~41; Jones 1999: 148; Schwartz and Salomon 1999: 474).

야생말이 팜파스에 가득할 정도로 많아서 전에 야생의 낙타과[科] 과나코와 레아 타조rhea ostrich를 걸어서 사냥했던 테우엘체족이 이제는 말을 타고 약탈하는 것으로 전환했다. 아메리칸인디언들은 나무 재갈, 안장, 그들의 맨발에 맞는 발가락 등자toe stirrup가 있는 말을 타고 자신들의 무기인 볼라bola를 기마 사냥을 위해 개조했다. 볼라(또는 볼레아도라boleadora)는 두 개 또는 세 개의 가죽끈으로 이루어졌으며, 각각의 가죽끈 끝에는 가죽으로 감싼 돌 뭉치가 있어서 달려가는 동물의 목이나 다리에 내던져 동물을 도망가지 못하게 할 수 있었다(Cooper 1963: 14~15; Burri 1968: 22). 하지만 말이 남아메리카 대초원에서 번식하는 동물 중 유일하게 도입된 것은 아니었다. 즉 날카로운 뿔로 쿠거 cougars〔퓨마〕를 죽일 수 있었던 사나운 야생 소 수천 마리도 초원지대를 가로질러 떼 지어 이동했다. 17세기 동안 대초원에서 새로운 기마 모험가 가우초gaucho〔남아메리카의 팜파스에 사는 주민 또는 목동〕가 등장했다(그림 10.4). 마찬가지로 나중에 칠레에서는 우아소huaso가, 페루에서 찰란 chalán이, 베네수엘라에서 야네로llanero가, 멕시코에서는 바케로vaquero〔이상 '카우보이' 또는 '목동'의 의미다〕가 등장했다. 아르헨티나에서 대규모 원정대가 가죽과 쇠기름을 얻기 위해 야생 소를 사냥하러 대초원을 가로질러갔다. 쇠기름은 유럽인의 미사에서 양초를 밝혔다. 기다란 행렬

[그림 10.4] 볼레아도라를 휘두르는 가우초. 알베르토 기랄데스Alberto Guiraldez 그림. (Tinker 1964: 55)

의 우마차 호위대가 야생 짐승 떼를 볼 때까지 폭풍우와 아메리칸인 디언의 공격을 뚫고 싸웠다. 그다음 가우초 여섯 명이 말을 타고 반원 을 그리며 수백 마리 동물 떼를 몰아냈다. 전속력으로 질주하는 가우 초가 자기 앞에 있는 동물의 뒷다리 관절 뒤 힘줄을 능숙하게 베어냈 다. 그가 다음 먹잇감을 향해 돌진할 때면 힘줄을 베인 동물이 땅에 쓰러졌다. 아마도 한 명이 하루에 100마리 전후의 황소를 때려눕혔을 것이다. 가우초 일행은 틀림없이 며칠 안에 1000마리를 때려눕힐 것이 다. 일이 끝난 뒤에 가우초들은 둘러앉아 불 위에서 요리한 쇠고기 몸 통을 배부르게 먹었다. 이러한 잔치에는 파라과이의 식물 잎으로 만든 음료인 마테 차를 곁들였다. 마테 차는 은으로 만든 봄비야bombilla〔마테 차를 빨아 마시는 가는 빨대〕로 조금씩 마셨다. 호화로운 연회가 끝나면 가우초는 판초로 몸을 감싸고 별 아래 광활한 대초원에서 안장을 베개 삼고 안장 덮개를 침상 삼아 잠들었다(Burri 1968: 17, 26; Tinker 1964: 53~54).

가우초는 주로 스페인 혈통이었지만 아메리칸인디언이나 흑인도 있었다. 그의 재킷과 바지는 대체로 단추로 장식되었다. 안장과 말 장식은 정교하게 만들어진 은 세공품으로 장식되었다. 가우초는 화려하게 장식된 혁대에 항상 칼을 휴대했다. 그는 망아지 가죽으로 만든 장화 위로 커다란 톱니바퀴와 날카로운 대못이 달린 순은으로 만든 박차인 나사레마nazarema를 착용했다. 파야도르payador(가우초 음유시인)로서 가우초는 기타를 손가락으로 가볍게 퉁기며 즉석에서 짝사랑의 애가인 2행 연구聯句, 발라드, 야라비yarabi(감미롭고 슬픈 멜로디)를 노래한다(Burri 1968: 23~24, 29). 발라드는 아마도 노래 부르는 사람 자신의 무훈을 자랑했을 것이다. 크리오요criollo 결투 즉 판초를 방패처럼 왼팔에 걸치고 죽을 때까지 칼로 싸우는 결투에서 자신이 죽인 사람들을 하나하나씩 열거할 것이다. 그렇지 않으면 발라드는 용맹한 마트레로matrero(보안대가 찾아내려 했던 〔도망자〕 가우초)의 삶과 무훈을 상세히 이야기했을 것이다. 무법자 가우초는 늘 반복되는 주제였다. 종교재판까지도 가우초의 마테 잎에 유죄를 선고했고 공개적으로 불태웠을 정도였다. 실제로 아르헨티나 민족서사시는 가우초 시인 중 가장 유명한 호세 에르난데스가 도망자 영웅이자 마트레로인 마르틴 피에로를 위해 지은 시다. 시인은 끝없이 계속되는 마르틴의 박해받는 삶을 상세히 이야기한다. 이야기는 이렇다. 마르틴은 강제로 군대에 징집되어 국경 요새에 배속된다. 부패한 군대 관리들에게 괴롭힘을 당하고 지역의 아메리칸인디언들과 소규모 접전을 치른다. 그리고 탈영한다. 그를 붙잡기 위해 파견된 보안대와 마주친다. 그는 혼자 힘으로 용기 있게 자신을 방어한다. 보안대의 용감한 상사 크루스가 용감한 투사 마르틴을 구하기 위해 자신의 부하들과 맞선다. 같은 편이 된 마르틴과 크루스는 법을 피해 도망치면서 두 사람 모두 똑같은 불법의 희생자임을 알게 되고 아메리칸인디언 부족에게 피신한다. 아르헨티나 사람들은 이런 반란자 영웅의 무용담에 공감한다. 수 세기 동안 외딴 사막의 풀페리아 pulpería(값싼 음식점)에서 글을 모르는 가우초들이 마르틴 피에로의 서사시를 들으러 가족과 함께 모였다. 그들은 떠돌아다니며 읽는 사람들이 낭독하는 서사시를 듣거나 또는 파야도르 기타 연주자들이 노래하는 것을 그저 경청한다. 이는 중세 음유시인들이 다른 사람들보다 잘 노래하려 했던 것과 비슷하다(Burri 1968: 48~49; Steiner 1995: 225).

가우초 유격대는 아르헨티나 전쟁에서 광적으로 잔인하게 싸웠다. 그들은 대담하게 경계 중인 스페인 보초병을 올가미 밧줄로 잡아챘고 적진을 말을 타고 쇄도해 전멸시켰다. 그리고 가공할 무기인 볼레아도르를 내던져 유명한 호세 마리아 파스 장군을 붙잡았다. 1771년에 가우초 기병이 포르투갈인 침입자들을 우루과이에서 아르헨티나로 격퇴했고, 1807년에 산티아고 데 리니에르스Santiago de Liniers의 정규 기병대와 연합해 영국인에게서 부에노스아이레스를 재탈환했다(Burri 1968: 36~39; Tinker 1964: 57~58). 북쪽에서 콜롬비아와 베네수엘라의 야노스Llanos(남아메리카 북부 오리노코강 상류 지역에 있는 초원 지대) 창기병들도 스페인 왕당파와 격렬하게 싸웠다. 그들의 족장 호세 안토니오 파에스Jose Antonio Paez는 아푸레강에서 100만 마리 소, 50만 마리 말, 노새들을 지휘해서 1819년 라스 케세라 델 메디오Las Queseras del Medio 전투에서 왕당파 기병을 전멸시켰다(Slatta and De Grummond 2003: 160, 182). 파에스의 강인한 야네로들이 없었다면 시몬 볼리바르가 민족해방 전쟁에서 승리했을지 의심스럽다. 애국적인 무훈이 이런 거칠고 글 모르는 기병들을 낭만적인 민중 영웅으로 바꾸어놓았다. 그들의 남성적인 강인함과 모험이 전 지역에서 민요가수들의 노래로 찬양되었다(Tinker 1964: 58~59). 20세기 초의 멕시코 혁명에도 바케로 영웅들이 등장한다. 멕시코의 시가집 칸시오네로cancionero는 시가詩歌 코리도corrido에서 에밀리아노 사파타[멕시코의 농민운동 지도자. 1879~1919]의 용맹함을 찬양한다. 판초 비야Pancho Villa[프란시스코 비야Francisco Villa. 멕시코의 혁명가. 1878~1923]가 셀라야시를 공격하는 밤에 모닥불 주위에서 남자 병사들과 솔다데라스soldaderas[여자 병사들]가 시가집의 시를 경청하곤 했다. 솔다데라스는 자주 아기를 등에 업고 남편을 따라 전선을 따라다니면서 부상자의 소총을 낚아채 언제라도 싸움을 계속할 각오가 되어 있는 놀라운 여전사들이었다. 극적으로 이런 시들은 한참 지난 전쟁이 아니라 그날의 전투에 대해 노래한다. 여기에서는 장군들의 지휘, 개개인의 무훈, 혁명의 희망에 찬사를 보냈다(Tinker 1964: 62~64).

미국은 1845년 텍사스의 합병으로 엄청난 야생 소 떼와 함께 서남부 대평원을 획득했다. 이 시기에 멕시코의 바케로 전통을 상당히 많이 지닌 북아메리카 카우보이가 등장했다. '버커루Buckaroo'는 스페인어 바케로vaquero와 유사했고 '카우보이cowboy'는 바케로를 직역한 것이다. 카우보이는 바케로에게서 모든 장비 즉 스페인 사람들이 무어인에게서 모방했던 고리 재갈과 앞부분이 높고 깔개가 넓게 드리워지는 안장을 받아들였다. 카우보이의 안장에는 올가미를 던져 잡을 수 있도록 뿔 모양이 추가되었다. 카우보이는 모자를 쓰고 가죽바지를 입었으며 로데오에서 야생말을 탔다. 또 채찍으로 말을 훈련시켰으며 무스탕을 밧줄로 묶었다. 카우보이는 말 떼를 레무다remuda라고 불렀고, 목장의 말을 카바야다caballada로, 줄여서 카비cavvy라고 불렀다(Tinker 1964: 50~51). 롱혼longhorn〔뿔의 길이가 긴 소의 일종〕종은, 위풍당당한 이베리아 황소가 그 선조로, 카우보이가 서쪽으로 이동했을 때 모아들인 야생 소였다. 가우초, 바케로, 카우보이는 아메리카 대륙을 떠돌아다니는 기사였다. 고독한 투사 카우보이는 '아메리칸인디언'과 싸웠고, 목장 전쟁에서 싸웠으며, 가축 도둑들을 추격했고, 여주인공을 구출했다. 고대의 시련을 반영하는 태양을 주제로 하는 할리우드의 카우보이 대작들은 전 세계에서 갈채를 받았다. 「내일을 향해 쏴라Butch Cassidy and the Sundance Kid」「백주의 결투Dual in the Sun」「하이 눈High Noon」의 서정시는 미국 서부 지방의 영웅주의와 로맨스를 표현했다. 20세기의 무훈시 「하이 눈」을 이야기해보자. 오늘은 윌 케인의 결혼식이자 보안관으로서 마지막 날이다. 한 무법자가 패거리를 데리고 보안관에게 복수하러 정오에 마을로 향한다. 짝사랑의 주제가 처음에 구슬프게 울려 퍼진다.

나를 버리지 마오, 나의 애인이여
오늘 우리 결혼식 날에……

하지만 기사의 결투 예법을 지켜야 하는 케인은 자신이 무법자들과 맞서기 위해 머물러야 한다는 것을 알고 있다.

오, 사랑과 의무 사이에서 가슴이 찢어지는구나
나의 아름다운 머릿결의 미인을 잃는다고 생각하니
시계의 큰 침이 움직이는 것을 보시라
정오를 향하여.

애수에 잠긴 발라드는 계속된다. 케인도 영웅 루스탐처럼 싸움을 피하는 치욕보다는 그럴싸한 죽음을 선택한다.

어떤 운명이 나를 기다리고 있는지 모르오
다만 내가 용감해야 한다는 것만 알 뿐이오
나를 미워하는 한 남자와 맞서야 하오
그렇지 않으면 겁쟁이, 비겁한 겁쟁이로 누워야 하오
그렇지 않으면 나의 무덤에 겁쟁이로 누워야 하오.

케인은 보안관 대리와 마을 사람에게 거듭 배신당하고 마침내 정오 high noon에 총잡이들과 대결하러 나선다. 총성이 울리고 그의 신부 에이미는 충동적으로 무법자 한 명이 이미 총에 맞아 쓰러진 곳으로 달려간다. 그 무법자의 총을 빼앗은 아름다운 머릿결의 미인 여전사는 남편을 찾아나선다. 숨어 있던 윌 케인이 마구간에서 말들을 한꺼번에 도망치게 하면서 자신은 말을 낮게 타고 탈출한다. 에이미는 부상당한 남편을 쏘려는 총잡이 중 한 명을 죽이지만 사악한 우랄알타이 출신 무법자에게 붙잡힌다. 케인은 신부를 구하기 위해 총을 던질 각오를 하고 적을 향해 걸어간다. 그때 에이미는 용감하게 적에게 덤벼들었고 투사 케인은 적을 쏘아 죽인다.

말과 인간

이 책 전체에 걸쳐 초원지대에서 유래한 말 문화를 추적했다. 말 문화는 유라시아와 북아프리카로 퍼져나가 구세계 문명에 대변혁을 가져왔다. 앞 장에서 군마가 신세계에 미친 영향이 입증되었다. 신세계에서 야생말은 오래전에 멸종했다. 사육 말이 아메리카 대륙에 도착하기 전 거의 6000년 동안 구세계 문화에 영향을 끼쳤다는 점에서 지구상의 인류 문명에서 두 가지 실험이 행해졌던 것처럼 보인다. 하나는 말이 있는 문명이고 다른 하나는 말이 없는 문명이다. 따라서 말이 있고 없음이 인류 문화 발전에서 어떤 영향을 끼쳤는가라는 관점에서 접촉의 시대에 구세계와 신세계를 비교하는 일이 아마도 유익할 수 있을 것이다. 따라서 짐작건대 대양 너머 다른 말 없는 지역으로 확대된 말 문화의 역사적 결과와 말이 전 세계에 미친 다양한 영향 그리고 오늘날의 기계화된 시대에도 계속되는 말이 남긴 유산의 이득과 손실이 입증될 수 있을 것이다.

말을 가진 세계와 갖지 못한 세계

구세계에서 농업, 야금술 그리고 충적토로 제한된 문명은 모두 말 사육보다 먼저 발생했다. 세 가지 발전 모두는 구세계에 비해 다소 늦었기는 했지만 신세계에서 자생적으로 나타났다.

농업 다이아몬드(Diamond, 1999)는 모든 인간 사회에서 독창적 발명이 나타나지만 사회는 반드시 그들 환경의 식물과 동물의 제약을 받는다고 정확히 지적한다. 중앙아메리카에서 농업은 기원전 제3천년기에 발전했다. 세 주요 작물인 옥수수, 콩, 호박이 아메리카 대륙을 가로질러 북쪽 캐나다와 남쪽 칠레 중부까지 거의 1만3000킬로미터를 퍼져 나갔다. 관개, 치남파, 와루 와루waru-waru 농법〔홍수로 인한 토양 침식을 막기 위해 관개 용수로用水路를 갖춘 농지에 농사를 짓는 방법〕으로 강화된 충적토 문명이 중앙아메리카와 안데스 지역에 제한적으로 등장했다. 하지만 말이 없는 아메리카 대륙 중부 대초원은 농업을 위해 개발되지 않은 채로 있었으며 대체로 사람이 살지 않았다. 숲 주변과 강 계곡을 따라 사람이 아주 조금 살고 있을 뿐이었다.

야금술 신세계 야금술에서 자연동自然銅은 최초로 오대호 주위에서 채굴되었으며 말을 타지 않은 보행자가 기원전 4000년 무렵에 북아메리카에서 거래했다. 그러나 북아메리카에는, 유라시아 초원지대에서와는 다르게 말이 없어서, 동 세공이 남쪽으로 확산되지 못했다. 한편 유라시아 초원지대에서는 마력馬力이 있어서 새로운 매장물을 조사했고 금속을 수송했으며 금속세공술을 퍼뜨렸다. 불과 수천 년 후인 기원전 1500년 무렵에 야금술이 페루에서 독자적으로 발명되었다. 흥미롭게도 야마 떼와 수송의 기동성 덕분에 안데스산맥에서 광물을 찾아낼 수 있었고 야금술을 남쪽으로 칠레와 아르헨티나까지 그리고 북쪽으로 콜롬비아까지 확산시킬 수 있었을 것이다. 하지만 고속 전달이 존재하지 않은 터라 또다시 수천 년이 지나 기원후 650년 무렵이 되어서야 비철 금속에 대한 야금술이 해상 접촉을 통해 중앙아메리카에 전파되었다. 아메리칸인디언 야금술사들이 두 핵심 지역에서 금과 은으로 위대한 걸작품을 만들어내고 있었지만, 중심지들 사이에 산업적 소통과 상호 자극은 거의 없었다. 비록 용제溶劑로 사용되었다고는 해도 철은 신세계에서 자생적으로 생산되지 않았다. 따라서 수 세기에 걸쳐 말이 전달하고 수송했던 스페인 사람들의 톨레도 강철과 맞섰던 것은 흑요석 날을 끼워 박은 아즈텍족의 나무칼과 구리 화살촉, 안데스산맥의 청동 철퇴와 창끝에 불과했다.

무역 마력은 육상 무역과 해상 무역 모두에 영향을 끼쳤다. 기원전 제1천년기에 구세계 아케메네스 제국과 진秦 제국에서 기마 정복 이후 페르시아와 중국의 지배자들이 여러 지역을 가로지르는 무역을 촉진하기 위해 수천 킬로미터에 걸친 도로 건설 계획에 야심차게 착수했다. 다리우스 1세는 인더스강 삼각주와 지중해 간의 거래를 촉진하기 위해 수에즈에서 나일강의 부바스티스까지 운하 건설을 계획하기까지 했다. 이와 유사하게 시황제는 중국 내륙과 광저우 남쪽 항구를 연결할 운하를 건설해 제국의 수상 운송을 개선했다. 이렇게 해서 해외 무역이 자극되었다. 한 무제가 중앙아시아에서 페르가나와 접촉을 시작하고 실크로드를 따라 육상 무역이 크게 늘면서 중국과 서방 사이의 해상 교역도 급증했다. 또한 우리는 북아프리카를 잊어서는 안 된다. 기원전 제2천년기에 사하라 사막에 진출한 말과 뒤이은 사헬지대와의 금 무역으로 기원전 제1천년기에 페니키아가 북아프리카 지중해 연안 지역을 따라 팽창했을 가능성이 높은 것으로 보인다. 그리고 결국에는 카르타고가 직접 해상을 통해 사하라 사막 이남의 금을 손에 넣기 위해 서아프리카의 대서양 연안 지역을 탐험했다. 말이 없는 신세계에서는 이와는 대조적으로 중앙아메리카 상품들이 인간 짐꾼들에 의해 걸어서 소량으로 거래되었다. 인간 짐꾼들은 평균 매일 21~28킬로미터까지 23킬로그램을 운반하는 데 그쳤다. 이들은 중앙아메리카에서 북쪽으로 가장 멀리 아메리카 서남부 국경 지방에서 터키옥을 그리고 남쪽 과테말라에서 카카오를 운반했다. 안데스산맥 지역에서 야마 수송은 더 대규모의 무역을 가능케 했다. 하지만 야마는 매일 19킬로미터의 거리까지 46킬로그램을 운반할 수 있을 뿐이었다. 이는 말과 당나귀와 노새의 수송력에 견주면 초라한 수준이었다. 잉카인들은 소식과 가벼운 물건을 빨리 전달하기 위해 차스키chasqui(잉카 제국의 파발꾼)의 중계 업무에 의존했다. 차스키는 놀라울 정도로 빨랐지만 매일 400킬로미터를 달리는 칭기즈칸 정예 전령들의 기동력에는 미치지 못했다. 요컨 대 비록 티티카카호에서 배로 130톤까지 수송할 수 있었다 하더라도, 신속한 대량의 육상 무역 없이는 신세계에서 대량의 해상 수송을 크게 자극할 수 없었다. 연안 지역에서, 에콰도르에서 중앙아메리카까지 태 평양을 정기적으로 왕복했던 발사나무로 만든 원양 항행용의 뗏목배 는 카리브해에서의 배처럼 적은 양의 귀중품만을 운반했다.

사상과 발명품의 전파 말이 없는 신세계에서 집중적인 장거리 전달과 무역이 덜 나타났다는 것은 사상과 발명품이 마력이 있는 구세계에서 보다 덜 효과적으로 퍼졌음을 의미한다. 거대한 신전이 신성한 순례의 중심인 아메리칸인디언들의 종교는 지역적으로 한계가 정해졌다. 잘 알다시피 잉카 제국에는 문자 체계가 없었다. 대신에 잉카 제국은 황실 회계를 위해 독창적 결승문자 키푸에 의존했다. 그러나 이런 계산 장치 는 중앙아메리카에서 결코 사용되지 않았다. 역으로 중앙아메리카 문 자 체계도 남아메리카로 결코 도입되지 않았다. 이는 구세계에서의 문 자 채택과 현저한 대조를 이룬다. 구세계에서는 다리우스 1세의 정복 에 뒤이어 자음문자를 가진 아람어가 그의 기마 제국에서 공용어로 확립되었다. 이렇게 해서 이질적 주민이 하나로 통일된 문화에 융합되 었으며 인근 아라비아와 인도에서 동족의 선진 문자 체계가 산출되었 다. 이러한 선진 문자 체계는 결국 아라비아와 인도의 위대한 문명에서 사용되었다. 나중에 기마인들이 이와 유사한 역할을 했다. 알렉산더는 그리스 알파벳을 실크로드의 인도·유럽어족 언어들에 소개했다. 글을 모르는 칭기즈칸은 즉시 문자의 가치를 인정하고 자신의 광범위한 제국 전역에 위구르 문자를 튀르크어와 몽골어에 적합하게 만들도록 했다. 문자만큼 중요한 또 하나의 발명품은 어느 모로 보나 마야인의 '제로zero'다. 이는 인도인의 제로를 500년 정도 앞섰다. 마야인의 제로는 빈 공간을 나타내는 영역이었을 뿐 아니라 수직선數直線에서 고정된 고유의 값을 가졌다. 마야인의 달력은 제로가 이미 개념화되었을 때 만들어져서 구세계의 달력보다 뛰어났다. 그럼에도 구세계의 말이 빠르게 인도인의 제로를 유라시아를 넘어서 동쪽과 서쪽으로 전파한 반면에 마야인의 제로는 중앙아메리카와 아메리카 중부를 넘어 확산되지 못했다. 게다가 중앙아메리카의 바퀴도 확산되지 못하지 않았는가! 멕시코는 바퀴를 그리고 페루는 짐 나르는 동물을 가졌지만, 둘은 결코 만나지 못했다.

전쟁 짐 나르는 동물이나 견인 동물이 전혀 없었다는 것은 중앙아메리카에 정치적으로 영향을 끼쳤음에 틀림없다. 중앙아메리카에서 수송은 짐과 거리라는 관점에서 모두 상당한 제한을 받았다. 이 같은 제한은 전쟁에 심각한 영향을 끼쳤다. 짐작건대 멕시코 아즈텍족 군대가 8일이 넘는 왕복 이동에 충분한 식량을 수송하는 일이 논리적으로 가능하지 않았을 것이다. 이는 분명 군대가 육상으로 진군해서 공격할 수 있는 거리를 제한했다. 병력 이동은 공식 도로[1]가 없어서 한층 더 어려움을 겪었다. 병사들은 상인들이 걸어서 물건을 팔러 다니는 비좁은 비포장도로를 따라 이동하거나 또는 어느 정도 동시성을 확보하기

---

1   유카탄반도에서 고대 마야 문명에는 수많은 공식 도로가 있었다.

위해 들판을 가로질러 나아갈 수밖에 없었다(Hassig 1994: 24~25). 멕시코 아즈텍족은 몽골 기마 군대가 매일 110킬로미터를 진격했던 것에 견주면 지나치게 느렸다. 그 결과 아즈텍족은 페르시아와 로마의 영토 제국을 이루지 못했다. 대신에 도시를 정복하고 공물을 강제로 징수하는, 그리고 인간을 제물로 바치게 하는 무시무시한 계획으로 속국들을 끊임없이 굴복시켜 위협하는 패권 제국으로 팽창했다. 아즈텍족은 그들에 앞선 테오티우아칸처럼 통합된 지역을 도전받지 않고 통치해본 적이 없었다. 서쪽에서는 일찍이 15세기에 타라스코족이 아즈텍족에게 완전한 승리를 거둔 적이 있었다. 동쪽에서는 틀락스칼라 동맹이 변함없이 저항하고 있었다(Hassig 1994: 33~35). 야마와 도로를 가진 잉카인들은 안데스산맥을 따라 3000킬로미터 뻗어 있는 더 큰 제국을 지배했다. 하지만 그들도 말이 없었으므로 반란에 취약했다. 일찍이 안데스 국가들은 비교적 단명했다. 잉카 제국은 우아이나 카팍이 죽으면서 둘로 쪼개졌다. 아타우알파는 북쪽 연안 지역의 다루기 힘든 동맹자들을 강하게 불신했다. 스페인의 강인한 말에 걸터앉은 정복자 아타우알파가 엄청난 거리를 놀라운 속도로 이동했을 때, 환멸을 느낀 잉카 동맹자들이 강철로 무장한 침입자들 편으로 돌아섰다.

여기서 잠깐 간단한 가설 하나를 짚고 넘어가자. 플라이스토세(홍적세. 약 180만~1만 1000년 전 기간) 말에 에쿠스가 구세계에서 멸종된 반면에 신세계에서 살아남았다면 어떻게 되었을까? 파타고니아 로스 톨도스에서 딜러헤이(Dillehay, 2000: 211)는 기원전 7000년경 말의 것으로 보이는 야생말의 화석 유적을 보고하고 있다. 이는 말이 구세계에서 사육되기 불과 3000년 전에 신세계에서 결국 멸종되었음을 의미한다. 6000만 년에 걸친 말의 진화라는 맥락에서, 3000년이라는 기간은 무시할 만하며 그리고 제기된 주장은 가능성 수준에 머무른다. 아마도 구세계 문명들은 각각 독특한 문화적 성취를 추구하면서 충적토 계곡에서 고립된 채로 있었을 것이다. 중앙아시아 내륙 지역은 지구상의 다른 모든 대륙에서 바람이 휘몰아치는 초원지대처럼 개발되지 않은 채로 있었을 것이다. 수천 킬로미터의 도로는 오랫동안 건설되지 않았을 것이다. 문자를 동반한 어떤 광범위한 링구아 프랑카lingua franca[다른 언어를 쓰는 사람들 사이에 의사 전달 수단으로 쓰이는 공통언어]도 도입되지 않았을 것이다. 광활한 지역 전역에서 화폐와 도량형이 통일되지 않았을 것이다. 위대한 발명품인 쇠, 종이, 강철, 인쇄술, 화약, 제로는 결코 유라시아를 가로질러 확산되지 않았을 것이다. 그리고 지금의 세계는 매우 달랐을 것이다. 거꾸로 말하면 서반구의 대초원에서 말을 방목함으로써 신세계에서 말 사육이 발전했을 것이다. 마력으로 오대호 지역의 구리 세공이 거의 분명히 남쪽으로 확산되었을 것이다. 이렇게 해서 남북 아메리카 대륙을 모두 가로질러 야금술이 일찍 활성화되었을 것이다. 원래 장난감용으로 발명된 중앙아메리카의 바퀴는 짐 나르는 동물에서 견인 동물로의 전환을 촉진했을 것이다. 무역망이 더 광범해지면서 금속화폐가 통화로서 카카오 콩을 대체했을 것이다. 그리고 링구아 프랑카²가 대규모 상권 전역에서 확립되었을 것이다. 아마도 이는 중앙아메리카 문자의 적응을 동반했을 것이다. 읽고 쓰는 능력이 확산

---

2   야마의 이동 결과로서 케추아족의 광범한 사용에서 이미 입증된 공통어는 말과 함께 아메리카 양 대륙의 무역에서 훨씬 더 광범하게 나타났을 것이다.

되면서 아시아에서 인도인의 숫자보다 500년 전에 만들어진 마야인의 제로가 안데스산맥 지역에 전파되어 키푸 문자의 연산 능력을 강화했을 것이다. 결국에는 도로, 교량, 터널 공사 분야에서 잉카의 공학기술이 북아메리카에 영향력을 확대하려는 중앙아메리카인들에 의해 받아들여졌을 것이다.

신세계 수상기술은 대단히 발달했다. 아메리칸인디언들은 돛을 올리고 용골을 갖춘 발사나무로 만든 뗏목배를 타고 대양을 정기적으로 왕복했고, 티티카카호를 가로질러 13만 킬로그램을 수송했으며, 빠른 통나무배 선단으로 중세 파리의 두 배 규모인 멕시코 아즈텍족 수도에 식량을 공급했다. 신속한 육상 무역이 늘면서 해상 교역이 태평양을 따라 그리고 카리브해를 가로질러 북아메리카 미시시피강 계곡 족장 사회 지역으로 팽창해나갔다. 아마도 지역 간에 충돌이 발생했을 것이다. 전차병이 구세계에서와 똑같은 방식으로 발전할 필요는 없었다. 하지만 분명히 말이 전쟁에서 현저하게 중요한 역할을 했을 것이다. 말과 함께 배에 탄 대담한 아메리칸인디언 항해자들이 말이 없는 유라시아를 침입하기 위해 위험을 무릅쓰면서까지 그린란드를 넘어 대서양 연안지역으로 나아갔을 것이다.

그러나 사실은 다르다. 말은 구세계에서 사육되었고 신세계를 정복한 것은 말 탄 스페인 사람들이었다. 스페인 기마 전사가 성공한 것은 총과 강철 덕분이었다. 그렇지만 당시의 화승총은 재장전하기에 불안정하고 매우 느렸다. 물론 노르웨이인들이 철과 화약을 가지고, 히스파니올라섬에서 총과 강철을 가지고 표류했던 콜럼버스의 부하들처럼, 코르테스와 피사로에 앞서 신세계에 왔다. 북대서양 바다를 500년 동안 배회한 바이킹은 피비린내 나는 전투에 전혀 낯설지 않았음에도 북아메리카에 확고한 거점을 구축하는 데 실패했다. 말이 없었던 노르웨이인과 콜럼버스의 용맹스러운 정예 선원들은 아메리칸인디언의 반격에 굴복하고 말았다. 피사로가 강철과 총으로 단단히 무장하고 아마존으로 원정을 떠났지만 열대우림의 진창에 빠진 그의 말들은 아무런 쓸모가 없었고 화기는 전혀 기능을 발휘하지 못했다. 또한 코르테스가 오툼바 전투에서 화약이 없었다는 것을 기억해보자. 테노치티틀란을 탈출했을 때 그는 모든 탄약을 호수에서 잃어버렸다. 그럼에도 끈질기게 거듭 말을 타고 돌격함으로써 마침내 자포자기한 스페인 병사들을 추격하는 압도적 다수의 아즈텍족 전사들을 격퇴했다.

말의 군사적 중요성은 아마도 대평원 인디언 사례에서 가장 잘 입증될 수 있다. 스페인 식민자들이 16세기 말에 말을 타고 미국 서남부에 도착했다. 그곳에서 그들은 아파치족의 습격을 받았다. 1640년 무렵에 건조한 그레이트베이슨Great Basin〔미국 서부 네바다주에 있는 대분지〕의 유목민 약탈자로서 그야말로 농사라고는 몰랐던, 쇼쇼니족에서 갈라져나온 코만치족이 말을 획득했다. 나중에 수천 명이 무리지어 강철이나 총 없이 텍사스의 남부 평원을 지배했다. 이렇게 해서 스페인 제국의 국경 지역들에 위협을 가했다. 17세기 말경에 말은 북쪽 평원의 부족들에게 전래되었다. 50년 후에는 캐나다와 로키산맥 북쪽 너머로 말이 전래되었다. 결국 부족들은 총과 강철을 둘 다 획득했지만 말 탄 대평원의 전사가 오랫동안 선호한 무기는 활과 화살이었다. 놀라울 정도로 유사하게, 마푸체족이 안데스산맥을 횡단해 대초원과 무역함으로써 스페인 사람들보다 더 많은 말을 획득하여 유럽인의 약탈적 팽창의 흐름을 뒤바꿔놓았다. 이들은 칠레 너머 수천 명의 백인들을 위협하고 노예로 만들었다. 강력했지만 말이 없었던 멕시코 아스테카 왕국과 잉카 제국이 붕괴한 반면에, 스페인의 기마 침입자들보다 대략 몇 달 앞서 남북 아메리카에서 한때 말을 소유한 아메리칸인디언 부족들은 3세기 동안 백인의 진출에 격렬하게 저항했다. 아메리칸인디언들은 가우초 군대 소속으로 라틴아메리카 독립 전쟁에서 용맹스럽게 싸웠다. 또한 아메리칸인디언들은 북아메리카에서 군사적으로 패배하지 않았다. 1876년 리틀 빅혼 강에서 수족과 샤이엔족이 커스터와 그의 정예 제7기병대에 결정적 승리를 거두었다. 결국 대평원 부족들은 발전하는 미국 산업사회에 맞선 싸움에서 패배했다. 이는 대체로 그들의 생존 환경이 무자비하게 파괴되었기 때문이다.

콜럼버스 이전 아메리칸인디언들은 중앙아메리카와 안데스산맥에서 놀라운 문화적 성취를 이루어냈다. 예를 들자면 문명 세계를 놀라게 한 경이로운 예술 걸작들, 야금술 분야에서 근대 후기에 복잡한 전기화학적 처리 과정을 통해서만 획득되었던 합금, 정교한 직물 제조, 위풍당당한 건축물, 뛰어난 공학기술, 원양 항해선, 다양하고 정교한 농경술, 머지않아 다른 모든 대륙으로 수출되어 세계적으로 농업 생산성을 향상시켰던 재배종, 그림문자·표어문자·표음문자(Marcus 1992: 19), 천문학, 세계에서 가장 정확한 달력, 수학에서의 제로가 있다. 그러나 아메리칸인디언들은 마력 때문에 가능했던 서로 다른 문화 사이의 상호 연결을 누리지 못했다. 그들의 뛰어난 발명품은 대륙 너머로 신속하게 전파되지 않으면서 주로 탄생한 지역에 머물고 말았다. 따라서 16세기에 오랫동안 말이 멸종되었던 아메리카 대륙에 스페인 사람들이 군마를 가지고 도착하면서 갑자기 두 위대한 토착 문명에 그늘이 드리워졌다. 하지만 신대륙 정복자가 말을 사육하지 않았을뿐더러 화약이나 강철을 발명하지도 않았다는 점에 주목할 필요가 있다. 수천 년 동안 유라시아와 북아프리카에서 전쟁용 말이 사육되고 훈련되었으며, 아시아·아프리카·유럽 전역의 수많은 중심지에서 발전된 치명적인 발명품들이 말을 통해 수천 킬로미터 너머로 퍼져나갔다. 따라서 스페인 기사들은 운 좋은 수혜자일 뿐이었다. 유럽의 가장 서쪽 변방에 위치한 스페인은 운 좋게 신세계로 향하는 가장 직접적인 대서양 횡단 경로에 가장 가까이 위치해 있었다.

전 세계에 기마술이 미친 영향

역사적으로 말이 있고 없음이라는 관점에서 구세계와 신세계를 비교·대조할 때, 지구적 차원에서 마력의 팽창이 끼친 영향을 평가할 필요가 있다.

종교 세계적으로 말의 영향력이 분명하게 드러나는 한 분야는 종교다. 아마도 세계적으로 수백 개의 상이한 종교가 있는 것으로 보이지만, 토착 남북 아메리카에서 보아왔듯이, 대부분의 종교는 지역 수준에서만 존재한다. 종교는 대륙에 걸쳐 있지 않다. 그러나 세계에서 가장 신도가 많은 종교인 기독교, 이슬람교, 힌두교, 불교는 여러 나라에 걸쳐 있고 각각 21억, 15억, 9억, 3억7600만 명가량의 신자가 있다

(Major Religions Ranked by Size 2005). 이 4개 종교는 각각 기마술과 완전하게 연결된다. 고대에 가장 먼저 등장한 힌두교는 인도·아리아 기마민족의 종교인 베다-브라만교의 최종 결과물이다. 기원전 제2천년기에 인도·아리아인들이 중앙아시아 초원지대에서 인도 아대륙으로 이동하기 시작했다. 인도 전역에서 확립된 힌두교는 두 번째로 해상을 통해 동남아시아로 확산되었다. 브라만교에서 파생한 불교는 기원전 제1천년기에 인도에서 시작되었고, 말을 통해 중앙아시아 대상로를 따라 아프가니스탄, 네팔, 티베트, 트란스옥사니아, 타림 분지, 중국에 전해졌다. 또한 불교는 이후 해상을 통해 동남아시아로 확산되었다. 기독교는 근동에서 유대교로부터 파생했다. 근동에서 기독교는 말을 통해 그리스도 단성론으로 이집트와 에티오피아로, 네스토리우스파 형태로 실크로드를 따라 중앙아시아와 중국으로, 그리고 서방 기독교 형태로 로마 기병들과 함께 유럽으로 확산되었다. 이어 가톨릭과 정교회 전도자들과 튜턴기사단이 기독교를 북유럽 경계 지역까지 전해주었다. 기독교는 아시아의 침입자에 맞서 유럽의 저항을 결집하는 대의명분이 되었으며, 나중에는 멀리 떨어진 대륙의 식민지인들을 달래는 역할을 했다. 로마와 페르시아의 경쟁자인 아랍인들이 사막의 말을 타고 동쪽으로 탈라스와 인더스강 하류까지, 서쪽으로 톨레도까지, 남쪽으로 가나까지 이슬람교를 매우 빠르게 전파했다. 이슬람교는 나중에 튀르크인과 몽골인이 개종함으로써 육상으로 중국 북쪽의 무역 종착 지점까지 전해졌다. 그리고 해상 교역이 늘어나면서 해외로 인도네시아와 중국 서남부 항구 도시들로 확산되었다. 이런 4대 세계 종교는 기마 제국들이 형성되고 있던 기원전 2000년과 기원후 1000년 사이에 나타났

다. 이를 반영하듯 4개 종교 모두 말 조각상들로 가득하다. 인드라 신에게는 전투용 전차와 말, 그리고 번개 즉 빛의 속도로 이동하는 태고의 힘을 대표하는 백마가 있었다. 싯다르타 왕자는 백마 칸타카에 걸터앉아 출가했고, 한나라 황제는 서쪽에서 도착한 전도자들을 기리기 위해 중국 뤄양 외곽에 백마사를 건립했다. 영국의 수호성인 조지는 백마를 타고 사악한 용과 싸웠다. 예언자 무함마드는 불가사의한 야간여행 동안에 날개 달린 백마 부라크를 타고 일곱 단계의 이슬람 천국으로 올라갔다. 게다가 시아파의 타지예에서 기수 없는 백마는 이맘 후사인의 순교를 극적으로 상징했다. 그리스도가 눈에 띄기 위해 당나귀를 탔다는 것은 의도적으로 보일 수 있다. 말을 통해 매우 빠르게 전파된 4개 종교는 모든 대륙의 절, 교회, 모스크에서 만날 수 있고, 인류의 72퍼센트가량을 영적으로 받아들이고 있다.

언어 분포 말 덕분에 세계의 주요 어군이 확산되기도 했다. 오늘날 아마도 세계 65억 인구 중에 3분의 1 이상이 모국어로 인도·유럽어족 언어를 말하고 있다. 이 같은 수치는 16세기에 시작된 유럽의 세계적 해상 기마 팽창에서 비롯된다는 생각이 들지도 모른다. 하지만 인도·유럽어족 언어를 말하는 사람들은 남북 아메리카, 남아프리카, 오스트랄라시아Australasia(오스트레일리아와 그 부근 남양 군도의 총칭)에서 각각 8억7000만 명, 1000만 명, 2400만 명에 불과하다. 인도·유럽어족 언어를 말하는 사람들 대부분은 유라시아에 살고 있으며, 이러한 분포는 15세기 이후 유럽 팽창에 따른 결과물이라기보다는 오히려 수천 년 전 기마인 팽창에 따른 결과물이었을 것이다. 물론 몽골족과 튀르크족의 정복에 의해 폭발적으로 확산된—경도 100도 넘게 걸쳐 있는—알타이어족[3]이 거의 완전히 인도·유럽어족 언어를 중앙아시아와 아나톨리아에서 대체했다. 그럼에도 오늘날 여전히 이란어 사용자 700만 명가량이 계속해서 중국 국경 지역 타지키스탄에 살고 있으며, 수천 명이 더 신장 너머로 퍼져가고 있다. 수 세기 동안 기마군대의 전쟁터였던 아프가니스탄, 터키, 이란, 파키스탄, 인도, 스리랑카, 방글라데시, 네팔의 국경 안쪽에 여전히 10억 명이 넘는 인도·유럽어족 사용자들이 튀르크어, 티베트·버마어, 오스트로·아시아어, 아랍어 사용자들과 공존하고 있다. 이들과 함께 그다음으로 가장 인구가 많은 아족亞族 즉 드라비다어 사용자 2억2100만 명이 대부분 인도 남부와 스리랑카에 살고 있다(Gordon 2005). 이들은 수천 년 전에 북쪽으로부터 인도·아리아인의 침입에서 살아남은 사람들이다.

아시아에서 초기 기마인 정복으로 생겨난 또 하나의 커다란 어군은 중국·티베트어족 사람들로 주로 중국인이다. 중국인은 10억 명이 넘는다. 대다수 중국인은 표준중국어Mandarin와 10개 동족 중국어를 말하고 있다. 또한 중국·티베트어족에 속하지 않은 여러 언어가 중국 남부 전역에서 여기저기 흩어져 분포되어 있다. 일찍이 중국·티베트어족에 속하지 않은 사람들이 중국 중심부에서 더 광범위한 영토를 차지했다. 이는 양쯔강에 대한 오스트로·아시아어족의 차용어인 장jiang(강江)에서 입증된다. 이런 언어 분화는 주나라에 대한 학계의 보고서에서

3　물론 알타이어는 인도·유럽어족 유목민들로부터 사육된 말을 손에 넣으면서 촉진되었다.

역사적으로 입증된다. 이 보고서는 비중국어 사용 지역들에 대한 중국어 사용 국가들의 군사적 팽창을 기술했다(Boltz 1999: 81~82; Rawson 1999: 449). 진시황제의 집중적 전차 및 기병 전투로 기원전 221년 무렵에 정복이 마무리되었다. 이 전투로 비중국어 사용자 중 상당 부분을 지배하고 그들의 언어를 바꾸게 함으로써 중국이 하나의 제국으로 통일되었다. 최종 결과로 10억 명을 더한 중국어 사용자들과는 대조적으로, 2500만 명가량의 중국·티베트어를 사용하지 않는 사람들만이 중국 남부에 남아 있다. 몽멘Hmong-Mien어족(먀오야오Miao-Yao어족, 苗瑤語族)과 타이·카다이Tai-Kadai어족, 오스트로·아시아어족 대부분이—망코 잉카의 군대가 스페인 기병을 피해 동쪽의 아마존 열대우림으로 달아난 것처럼—진나라 기병의 전쟁 기계가 되는 것을 피해 남쪽의 열대 지역인 동남아시아로 도망했다. 이곳에는 지금도 그들 중 1억 명 이상이 오스트로네시아어족과 뒤섞여 살고 있다(Comrie, Matthews, and Polinsky 1996: 64~65). 중국인들은 다른 인도·유럽어족의 팽창과는 대조적으로 자신들의 중국어를 포기하지 않은 채로 초원지대에서 침략해 들어오는 유목민들을 받아들일 수 있었다. 그렇지만 중국인들은 자신들의 지배를 남쪽으로 확장하고 광활한 지역에 자신들의 언어를 강요하기 위해 초원지대의 말, 전차, 철 기술을 받아들였다.

이에 필적하는 사건들이 북아프리카에서 아프로·아시아어족[아프리카 북부에 분포하는 함·셈어족]의 기마 팽창에서 나타났다. 아프로·아시아어족 전차 기사들(오늘날의 쿠시어, 차드어, 베르베르어를 쓰는 사람들의 조상)은 기원전 제2천년기부터 재빠르게 사하라 사막으로 진격해 흑인 농경민들을 사막 오아시스에서 몰아냈다. 이후 기원전 제1천년기에

제11장 말과 인간

철제 무기를 휘두르는 기마 노예상인들이 사헬 지대를 따라 흑인 주민들을 공격했다.[4] 이로 인해 할 수 없이 열대우림을 지나 남쪽과 동쪽으로 이동할 수밖에 없었던 그 지역의 많은 주민이 아프리카 중부와 남부 지역을 차지하게 되었다. 기원후 8세기에 무슬림의 팽창으로 또 하나의 아프로·아시아어족 언어인 아랍어가 중동에서 북아프리카를 넘어 서쪽으로 확산되었다. 이상의 세 차례 침입 모두에서 인도·유럽인이건, 중국인이건, 아프로·아시아어족이건 간에 남쪽으로의 기마 팽창이 주로 열대우림에서 저지되었다. 반건조 기후에서 진화한 말은 분명, 물에 잠긴 습지가 베네치아와 라벤나를 초원지대의 침입자들로부터 그리고 봄의 해빙이 노브고로드를 지켜주었던 것처럼, 울창한 열대우림과 밀림 전투에는 적합하지 않았다. 중국인들은 거듭 남쪽으로 팽창을 시도했지만 앞서 보아왔듯이 몽골족의 원나라마저도 열대지역 동남아시아에서 정복을 강화할 수 없었다. 대체로 언어 지도에 다음 같은 경계가 분명하게 드러난다. 즉 인도 아대륙에서는 북쪽 인도·아리아어족과 남쪽 드라비다어족이 분할된다. 극동에서는 북쪽 중국어권과 열대지역 남쪽의 다양한 오스트로·아시아어족, 타이·카다이어족, 몽몐어족, 오스트로네시아 어족으로 분할된다. 아프리카에서는 북쪽 사막의 아프로·아시아어족과 더 남쪽의 니제르·콩고어족으로 분할된다. 흥미롭게도 열대우림의 언어 분할은 남아메리카에서도 분명히 드러난다. 1541년에 아마존 열대우림에 대한 피사로의 기마 침입은 완전한 패배로 끝났다. 스페인의 기마 팽창이 대부분 건조 지역과 고원

---

4   말은 체체파리 때문에 아프리카 열대우림 깊숙이 침투해 들어갈 수 없었다.

그리고 온대 지역 전역에서 막힘없이 계속된 반면에 아마존 유역의 숲으로 덮인 고온다습 내륙 지역 식민화는 포르투갈인에게 맡겨졌다. 포르투갈인은 주로 강을 통해 그리고 나중에는 화력을 통해 식민화했다. 이러한 사실은 남아메리카 정치 지도에서 브라질이 차지하는 위치에서 분명하게 반영되고 있다.[브라질은 남아메리카에서 유일하게 포르투갈의 식민지였다.] 기마 침입은 여러 대륙을 넘어 어군 분포에 상당히 많은 영향을 끼쳤다.

마이오세[중신세. 2400만~520만 년 전 기간] 말기에 나타난 급격한 기후변화가 발가락이 셋 달린 채 습지대 적응에 특화되어 크게 성공한 히파리온에게 어떻게 악영향을 끼쳤는지 제1장에서 살펴본 내용을 기억해보자. 점점 더 늘어나는 건조화가 플라이오세에 계속되면서 히파리온이 선택에서 제외되었고 말족*Equini*에게 유리하게 작용했다. 발가락이 하나인 말족은 건조한 지형에 탁월하게 적합했다. 앞서도 보았지만, 최근에 발가락이 하나인 말·당나귀·노새가 온대와 건조 지역에서 인류 문명을 이롭게 했다. 이를 통해 그 지역 주민들이 수 세기 동안 정치적·경제적으로 지배적인 역할을 수행할 수 있었다.

식민 팽창 16세기 마지막 25년 무렵, 치명적인 발명품 대포는 무장한 기사 계급의 몰락을 알렸다. 화승총 개량에 뒤이어 권총이 등장하며 마침내 기사와 그의 창이 전장에서 사라졌다(Vale 1981: 146). 로시난테 등에 걸터앉아 풍차와 싸우지 않았을 때인, 중세와 근대 사이에서 엉거주춤해하는 돈키호테는 다음처럼 비난하는 것이 적절하다고 생각했다. 즉 "무시무시하게 맹위를 떨친 이런 악마 같은 무기에 낯설었던 행복한 시대들에는 복되게, 대포를 발명한 자가 지금 지옥에서 그의 저주받은 발명품 때문에 벌을 받고 있는 것에 만족한다"(Cervantes 1925: 402; quoted by Vale 1981: 129).

1571년에 레판토에서 기독교 함대와 함께 싸웠고, 바다에서 승리를 맛보았으며, 아메리카 대륙 정복의 완전한 의미를 알았던 세르반테스는 주위에서 변화하는 세계를 신랄한 풍자로 묘사했다. 비록 강철 갑옷이 소화기 때문에 못쓰게 되어버렸다고는 해도, 군마는 그렇지 않았다. 신세계의 부가 유럽으로 다시 유입되면서 전에는 고전기 지중해에 부차적 역할밖에 하지 못한 대서양 연안국들이 이제 대양으로 진출했다. 중포重砲 특히 대포가 배에 실렸다. "유럽의 해상 팽창"이라 불렸던 것에서 대서양 유럽인들이 지구의 가장 먼 곳으로 항해할 것이다. 이는 분명 포함을 가지고 팽창하는 것이었지만 핵심 요소는 역시 군마였다. 이와 같은 탐험에서 스페인의 신대륙 정복이 탐험의 본보기가 될 것이다. 즉 탐험의 주요 목적은 바다 너머 새로운 땅에 식민지를 건설하는 것이었다.

포르투갈인들은 아프리카를 일주해 이슬람을 측면에서 포위하려는 원대한 계획을 진행하면서 1471년 무렵에 아프리카 연안 지역을 따라 안정적 요새를 구축했다. 포르투갈인들은 체체파리 때문에 말을 타고는 열대우림 지역에 침입할 수 없었기에 다른 유럽인 선원에 맞서 내륙의 수지맞는 금 무역을 지켜내기 위해 이러한 요새를 쌓았다(Oliver and Fage 1966: 108, 113~114). 하지만 플랜테이션 제도가 카나리아 제도 연안 섬들과 카보베르데에서 발전한 후에 각각 스페인 사람들과 포르투갈 사람들에 의해 카리브해와 브라질에 도입되어, 열대지역 아메리카에서 농업노동력에 대한 필요가 증가했으며 포르투갈의 노예 매매가 잇따라 일어났다. 17세기에 유럽인의 설탕 수요가 늘면서 카리브해에서 네덜란드, 프랑스, 영국 사이에 경쟁이 심화되었고, 그 결과 대서양 횡단 노예무역이 강화되었다. 100만 명에 다소 못 미치는 흑인 노예들이 1600년 이전에 아메리카 대륙에 도착했다. 흑인 노예가 17세기에는 300만 명 가까이, 18세기에는 700만 명이, 19세기에는 400만 명이 배로 수송되었다. 노예 상인들이 인간 화물인 흑인 노예를 직물, 금속제품, 말, 화기와 교환했다. 무역으로 획득한 총을 가지고 연안 지역 아프리카인들이 수출할 노예를 포획하기 위해 위험을 무릅쓰고 내륙 깊숙이 들어갔다(Oliver and Fage 1966: 118~121).

19세기에 보어인들은 얼룩말에 마구를 다는 실험을 포기했다. 이는 주로 얼룩말의 급한 성격 때문이었다고 한다. 말과(科) 동물인 얼룩말은 수면병에 내성이 있음에도 사촌 격인 야생당나귀처럼 견인과 승마에는 부적합했다. 그렇지만 만약 아프리카인들이 얼룩말을 사육할 수 있었다면 어떤 일이 일어났을까 추측해보게 된다. 오늘날에도 수많은 얼룩말이 아프리카 사바나에 가득하다. 만약 진격하는 노예 상인들이 얼룩말 기병과 마주쳤더라면, 확실히 아프리카 역사는 크게 달라졌을 것이다. 일본이 몽골의 침략을 격퇴했던 것처럼, 철제무기를 휘두르는 토착 기마 전사들이 일찍 소화기로 무장한 침입자들마저 격퇴했을지도 모른다. 그래서 노예무역으로 죽거나 추방당한 수백만 인간 희생자들을 구했을는지도 모른다. 이는 똑같이 남아프리카에도 해당될 수 있을 것이다. 17세기에 동인도 제도로 항해하는 배에 식량을 공급하기 위해 네덜란드인이 남아프리카에 작은 식민지를 건설했다. 18세기에는 칼뱅파인 보어인들이 고대 초원지대의 말 떼, 양, 염소, 소, 포장마차를 이끌고 건조하고 평평한 고원지대를 가로질러 강수량이 더 많은 지역을 향해 북동쪽으로 전진했다. 이들은 도중에 코이산어족의 토착민을 몰아내거나 전멸시켰다. 이런 집단이주에서 부족한 물을 찾아 돌아다니고 사나운 약탈자로부터 가축을 보호하기 위해 말이 결정적으로 중요했다. 1779년에 보어인들은 그레이트피시강을 따라 인구가 많은 반투족 농경민의 국경인 몬순 지역에 도착했다. 이로 인해 한 세기 동안 계속될 카피르 전쟁Kaffir Wars◆이 시작되었다(Oliver and Fage 1966: 160~163). 만약 줄루족의 군사적 천재 샤카Shaka〔남아프리카 줄루 왕국의 왕. 1787경~1828〕가 얼룩말 기병을 지휘할 수 있었다면 인종차별 정책은 결코 존재하지 않았을는지도 모른다.

그러나 대신에 말 탄 보어인들이 활개를 쳤다. 1838년 블러드 리버 전투Battle of Blood River〔핏빛 강의 전투〕에서 안드리에스 프레토리우스〔보어인 지도자〕가 500명 소규모 병력으로 대담하게도 차진車陣에서 무장 기병의 동시 출격을 명령해 1만 명에 가까운 줄루족 보병을 격파했다(Child 1967: 67). 전염성이 강한 가축 유행병이 아프리카 대부분을 가로질러 널리 퍼져서 덥고 습한 연안 지역의 줄루족은 말을 자체적으로 사육할 수 없었다. 그렇지만 이 같은 배경에서 말의 군사적 중요성을 평가하려면 인근 바소토족의 특이한 사례를 살펴볼 필요가 있다. 바

◆ 1779~1879년, 케이프식민지Cape Colony 국경 지역에서 코사족과 유럽 백인 정착민 사이에 벌어진 전쟁. 코사족 전쟁Xhosa Wars, 케이프 프런티어 전쟁Cape Frontier Wars, 아프리카 100년 전쟁Africa's 100 Years War이라고도 한다. '카피르'는 '깜둥이'라는 의미로, 흑인을 가리키는 대단히 모욕적인 말이다.

소토족은 열대지역 외곽 드라켄즈버그산맥 바위투성이 지역에서 고도 때문에 말이 질병에 걸릴 염려가 없어 말 사육이 가능했다. 1830년 무렵에 말과 무기를 가진 바소토족 기마 전사들이 그들보다 훨씬 더 수가 많은 이웃한 줄루족과 보어인의 침략을 격퇴하고 있었다. 1851년에는 바소토족 왕 모셰셰 1세가 영국 원정군에 맞서 무장기병 7000명을 성공적으로 배치했다. 그 후 영국 보호령에서 벗어난 바소토족은 다른 많은 남아프리카인의 운명인 인종차별 정책을 피할 수 있었다. 바소토족 나라는 독립해서 지금의 레소토Lesotho가 되었다(Bardill and Cobbe 1985: 9, 13~20; Child 1967: 45~48). 19세기에 영국인들은 순종 말들을 보어인들이 희망봉으로 들여온 아랍종과 교배시켰다. 아랍종은 지구력이 뛰어난 발 빠른 말로 평평한 고원지대의 혹독한 기후에 잘 적응했다. 이후 영국인들은 해외 군사작전에서 아랍종을 사용했다(Yarwood 1989: 30~31). 하지만 1806~1807년에 희망봉에서 부에노스아이레스 침략에 실패했던 영국인들은 특히 리니에르스가 지휘하는 대초원지대의 용맹한 가우초 기병과 맞서는 곤란에 처했다. 영국은 제국 팽창 계획에 필요한 군마를 배치하기 위해 또 다른 대륙에서 말이 필요했다.

물론 유럽의 팽창은 인도양을 가로질러 아시아 남부 연안 지역을 따라 계속되었다. 그곳에서는 여러 국가가 향신료를 장악하기 위해 경쟁했다. 영국은 동인도회사가 인도에서 포르투갈을 제압하면서 무굴 제국 황제에게서 무역 이권을 얻어냈다. 18세기 말경, 영국은 기병포대를 군대에 도입했다. 일찍이 러시아와 폴란드 기병이 창시한 기병포대는 1759년 프리드리히 대왕[프리드리히 2세]에 의해 체계적으로 발전했다. 프리드리히 대왕의 엄격한 훈련과 규율로 대포의 속도와 기동성이 군사작전에서 결정적 요소가 되었다. 기병포대는 모든 대륙 군대에서 곧 채택되었다. 특히 프랑스인들이 이런 가공할 기병포대를 탁월하게 이용했다. 나폴레옹이 배치한 기병포대는 그가 거둔 모든 승리에서 파괴적 효과를 발휘했다. 대포는 이 같은 전투 방식에서 말에 올라탄 병사들이 좌마左馬 기수 방향으로 몰았던 말들이 견인했고, 일부 병사는 대포 앞차에 타고 있었다. 이는 완전히 새로운 기동작전 기술로 기병의 가치를 엄청나게 증대시켰다. 이 방식은 기병 전투를 지원하는 것 이상의 역할을 했는데, 철수할 때처럼 전초 부대의 첨병 역할에 치명적인 것이 될 수 있었던 것이다. 철수할 때 기병포대는 마지막 순간까지 철수를 늦추면서 공격을 재개할 수 있도록 더 좋은 지형으로 서둘러 간다. 부에노스아이레스에서 존 화이트로크 장군이 지휘하는 영국군 기병포대는 성공하지 못했다. 하지만 기병포대는 영국의 해외 식민지 특히 남아프리카와 인도에서 매우 효과적으로 활용되었다(Bidwell 1973: 2~3, 16~17).

영국인이 최초로 폴로를 한 곳은 아삼주였다. 폴로는 고대에 이란에서 인도로 퍼졌다. 영국의 차 재배자들은 폴로 경기를 마니푸리족에게서 배웠고 실차르[인도 아삼주의 도시명] 폴로 클럽을 1859년에 설립했다. 한 팀에 8명인 폴로 경기는 규칙이라고는 거의 없었으며 인도의 영국 기병부대에서 곧 규칙이 채택되었다. 이렇게 채택된 규칙은 전 세계로 퍼져나갔다(Singh 1971: 11). 더 멀리 동쪽에서 중국은 계속되는 유목민 위협에 맞서 대양 탐험에 착수하기는 했지만 대륙의 기마 세력에 맞선 스페인보다 훨씬 덜 성공적이었다. 몽골인들은 중국에서 쫓겨난 뒤에 계속적으로 초원지대에서 상당한 지배력을 행사했다. 그들은 변경 지역을 약탈하고 베이징 입구까지 습격했으며, 한 번은 명 황제[제6대 황제인 정통제正統帝. 토목보土木堡 싸움에서 대패하며 생포되었다]를 사로잡기까지 했다. 1644년에 이런 칭기즈칸의 몽골족 후손들과 연합한 퉁구스어군의 만주족이 중국 전체를 정복하려 침입했다(Barfield 1993: 166~167). 처음에 청나라는 유럽의 침투에 인도보다 더 성공적으로 맞섰다. 그러나 중국의 저항은 1860년에 영국과 프랑스 연합군이 베이징 조약으로 아편 거래를 합법화하면서 실패로 끝났다. 기마 전통이 있는 일본은 서방의 소화기를 재빠르게 받아들여 외국의 침입에 강력히 저항했다. 유럽의 식민지 건설은 더 멀리 동쪽으로 태평양까지 확대되었다. 전염병으로 피지, 하와이, 통가, 오스트레일리아, 그 밖의 다른 섬의 주민들이 잇달아 죽었다(Diamond 1999: 78).

종마 한 마리, 암말 세 마리, 망아지 세 마리가 1787년 오스트레일리아에 도착한 최초의 말이었다. 이러한 말들이 희망봉에서부터 영국인 죄수들과 혹독한 항해를 함께 했다. 말은 죄수 유형지인 새로운 식민지에서 처음에는 너무나 희귀한 품목이어서 사슬에 묶인 많은 죄수가 잔인하게 채찍질당하면서 말들을 견인했다. 시간이 지나면서 더 많은 말 즉 영국산 순종뿐 아니라 인도에서 아랍종과 페르시아종이 도착했다. 고원지대 블루마운틴산맥을 넘어 최초의 탐험자들과 말이 동행했다. 그다음 목축업자들과 식민지 정착민들이 대륙을 가로질러 초원지대 내륙으로 밀고 나아갔다. 낙타는 나중에 활용되었다. 6000만 년의 진화 과정 동안 한 번도 야생말을 경험하지 못한 이 같은 광활한 건조 지역들에 이제 야생말이 빠르게 확산되었다. 이것이 오스트레일리아 야생말 브럼비Brumby다. 온화한 날씨, 바위투성이 지형 너머의 광활한 목초지, 값싼 죄수와 원주민의 노동으로 말 사육이 더 번성했다. 뉴사우스웨일스보다 말 사육이 번성한 곳은 어디에도 없었다. 뉴사우스웨일스의 석회암 계곡은 말의 골격이 튼튼해질 수 있게 해주었다. 따라서 웨일스의 말이라는 '웨일러Waler'가 오스트레일리아의 말을 부르는 별칭이 되었다.

인도에서는 이와는 대조적으로 양질의 말 공급이 부족했다. 역사적으로 아리아인이건, 쿠샨인이건, 가즈니인이건, 티무르인이건, 무굴인이건 간에 인도 북부 정복자들은 자신들의 군마를 반건조 지역에서 서북쪽으로 끌어냈다. 갠지스 평원에서 영국인들은 그 지방의 말이 열등하다는 것을 발견했다. 집약적 농업은 광활한 목초지를 전혀 고려하지 않았다. 따라서 말은 두 다리를 묶어 방목했는데 이로 인해 다리와 가슴이 빈약하게 발달했다. 인도의 긴 더운 계절로 인한 운동 부족으로 암말이 생식력을 잃게 되었고, 따라서 토착종을 사육할 수 없게 되었다. 영국인들은 전쟁에 적합한 말을 찾아 헤매면서 발루치스탄에서 티베트까지 유목민 지역을 미친 듯이 질주했으며 멀리 부하라까지 이동했다. 16세기에 부하라는 페르가나 계곡 말 사육장에 의지해서 매년 말 10만 마리를 무굴 제국에 수출했다고 알려져 있다(Anthony 2007: 341; Levi 2002: 58~59). 하지만 중앙아시아에서 군마를 찾아 헤매는 영국의 시도는 러시아의 침입과 그 지역 유목민의 소동으로 좌절되었다. 남아프리카에서의 말 수입이 가축 유행병으로 중단되면서 문제가 악화되었다. 영국은 자포자기 상태에서 멀리 떨어진 건조한 대륙 오스트레일리아에 의존했다.

19세기에 들어서면서 곧 오스트레일리아는 아프리카와 아시아의 영국 식민지에서 싸우기 위해 매년 수만 마리 군마를 배에 실어 해외로 수송하고 있었다. 아프가니스탄에서 수천 년간 기마 전투를 해온 백전 노장 기마 종족과 싸운 영국은 일찍이 아르헨티나 가우초 기병들에게 당했던 것보다 훨씬 더 비참하게 패배했다. 1841년에는 아프가니스탄 유목민들은 1만6000명에 달하는 영국 침략군을 궤멸시켰다. 영국인들은 인도에서 수만 기병을 소유했던 시크교도 같은 적들과 맞서 그리고 나중에 세포이의 항쟁에 직면해 긴급하게 보충용 말을 자신들의 군대에 계속 공급할 필요가 있었다. 군사력의 강력한 상징인 기병과 기마포병은 영국이 인도를 지배하는 데 있어서 필수 요소였다. 영국은 인도인 병력 23만2000명의 지원을 받은 4만 영국군으로 인도의 2억 인구를 통치했다(Wolpert 1993: 221, 233~234). 오스트레일리아는 영국의 인도 지배뿐만 아니라 중국의 의화단 사건에 개입한 영국인들에게도 말을 제공했다. 또한 오스트레일리아는 홍콩, 모리셔스, 싱가포르, 수단에도, 필리핀의 미국인들에게도, 1904년에 러시아와 전쟁한 일본인들에게도 말을 제공했다. 오스트레일리아인들은 1899~1902년 보어 전쟁에 말 1만6357마리를, 제1차 세계대전 동안 이집트에 말 3만9348마리를 제공했다. 1861~1931년에 오스트레일리아는 약 50만 마리의 말을 수출했다. 그중 인도 한 곳에만 35만5000마리를 수출했다(Barrie 1956: 29; Colwell 1976: 19~26; Yarwood 1989: 25~28, 202). 영국이 바다에서 포함외교를 했을지는 모르지만 육상에서의 제국 건설에서는 기마전쟁을 하지 않았던가! 영국은 19~20세기에 다른 어떤 국가보다 더 많은 나라에 더 많은 말을 대양들 너머로 수송했다(Steele 1971: 8). 이는 분명 식민 팽창에서 유럽 경쟁자들을 능가하는 규모였다.

식민지 시대 오스트레일리아는 역마차·경마·로데오에서 미국 서부에 필적했고, 이후 여우(또는 딩고dingo, 오스트레일리아산 들개) 사냥에서 선조 국가인 영국에 필적하게 되었다. 오스트레일리아는 영국령 인도 기병에게서 천막 말뚝 뽑기tent pegging〔전속력으로 달리는 말 위에서 창으로 말뚝을 찔러 뽑는 인도의 기마술〕와 폴로를 배웠고, 계속해서 자체적으로 폴로크로스polocrosse〔끝에 그물이 달린 막대를 가지고 하는 마상구기〕라는 스포츠를 만들어냈다. 하지만 폴로가 아시아 초원지대 스포츠였던 것처럼, 폴로 경기도 오스트레일리아 초원지대에서 열광적으로 거행되었다. 폴로 경기는 외딴 사막 지역에서 당나귀를 타고 거행되기도 했다. 19세기 말 오스트레일리아 음유시인 밴조 패터슨Banjo Paterson이 시로 오지의 드라마를 표현했다〔패터슨은 말과 경마를 좋아하여 자신의 애마 이름인 '밴조'를 자신의 이름(필명)으로 사용했다〕. 그의 영웅서사시 「지벙 폴로 클럽The Geebung Polo Club」을 한 세기 후에 오스트레일리아를 공식 방문한 찰스 왕세자가 엄숙하게 낭독했다.

시골 북쪽 어딘가에 돌과 덤불투성이의 땅
그들은 지벙 폴로 클럽이라는 협회를 만들었지.
그들은 바위투성이 산허리에서 온 키 크고 마른 강인한 토착민이었어.
말에는 안장이 없어서 지벙인들이 탈 수 없었지.
하지만 그들이 폴로를 하는 방식은 변칙적이고 무모했어.
그들은 기량이라고는 내세울 것이 없지만 무수히 많이 돌진했지.
그리고 그들은 강건하고 힘센 조랑말을 타고 경기했지.
조랑말의 겉가죽은 거칠었고 갈기와 꼬리는 길었어.

그리고 그들은 관목 숲에서 소를 타고 다니며 조랑말들을 길들이곤 했지.

그들은 지벙 폴로 클럽의 회원들로 악마들이었지.

도시의 연기와 증기 속에, 시골 남쪽 어딘가에

'커프 & 칼라 팀The Cuff and Collar Team'이라는 폴로 클럽이 있었지.

사교단체로서 대성공을 거두었지.

회원을 식별했던 것은 고급스러움과 옷이었어.

그들에게는 멋지고 매끈한 그리고 손질이 잘된 작은 조랑말이 있었지.

세련된 주인들만이 일주일에 한 차례 조랑말을 탔지.

그래서 그들은 스포츠와 명성을 좇아 시골로 출발했어.

그들은 지벙인들에게 경기하는 방법을 보여주려 했어.

그리고 그들은 하인을 데려갔지. 하인들이 유일하게 하는 일이란

클럽의 활동이 시작되기 전에 주인의 장화를 윤나게 닦는 일이었지.

이제 독자들은 경기가 어떻게 성쇠했는지 상상할 수 있겠지.

지벙 사내아이들이 서두르면 길의 장애물을 치울 시간이 되었다는 것

이었어.

경기는 너무 격렬했어. 시간이 절반밖에 지나지 않았는데도

관중 한 명이 다리가 부러질 정도였지 ─ 구경만 하고 있었는데 말이지.

죽은 사람으로 평원이 뒤덮일 때까지 전투용 곤봉으로 서로를 강타했지.

하지만 어느 누구도 앞서지 못했을 정도로 경기는 동점이었어.

커프 & 칼라 팀 주장이 마지막으로 살아남았지.

경기는 무승부가 되었어.

그때 지벙인들의 우두머리가 땅에서 그를 천천히 일으켜 세웠어.
상처가 치명적이기는 했어도 그는 주위를 사납게 응시했지.
그에게 맞설 사람은 아무도 없었어. 나머지는 모두 실신해 있었지.
그는 마지막 기회를 잡으려고 조랑말에 기어올랐지.
그는 자기편에 승리를 가져다주고 싶었던 거였어.
그는 골문에 공을 넣으려 했지만 빗나갔고 거꾸로 넘어져 죽고 말았어.

산들바람에 풀이 흔들리는 오래된 캄파스 강가에
묘비들이 줄지어 있다네. 목동들은 절대 지나가지 않는다네.
묘비에 이렇게 쓰여 있기 때문이지. "낯선 자들이여, 눈물을 흘려라.
여기 커프 & 칼라 팀 선수들과 지벙인 사내아이들이 잠들어 있다."
안개가 자욱한 달빛이 비치는 저녁이면 들개들이 짖어대고
들개 그림자가 유령 같은 폴로 경기장 아래로 날아다니네.
날아다니는 선수들이 부딪히는 것처럼 커다란 충돌 소리가 들리네.
타구봉들이 시끄럽게 떠들어대고 조랑말들이 돌진하는 소리가 들리네.
겁에 질린 관중이 말을 타고 맹렬히 선술집으로 갈 때까지—
그는 지벙 폴로 클럽의 유령에게 사로잡혀 있었다네(Patterson 1894:
4~7).

현재 오스트레일리아에서도 다른 곳에서처럼 폴로—실크로드에서
는 '왕들의 스포츠'로 불렸다—는 엄청난 부자, 왕자, 플레이보이, 실업
계 거물의 오락거리다. 폴로는 이제 많은 규칙으로 규제를 받아서 말

탄 네 선수가 두 팀을 이루어 길이 300야드와 폭 160야드 잔디밭에서 경기를 한다. 양쪽 끝에는 골대가 있다. 경기자는 전속력으로 말을 몰아 맬릿mallet이라는 타구봉으로 골대 사이로 공을 쳐서 득점한다. 골대는 페르시아의 샤 아바스 대제 시대에서처럼 지금도 8야드 떨어져 있다. 경기는 여섯 번의 피리어드, 즉 차카르chakkar(산스크리트어로 차크라 cakra는 '바퀴'를 뜻한다)로 이루어진다. 각각의 차카르는 7분 동안 진행되며 차카르 사이의 3분간 주어지는 휴식 시간에 조랑말[폴로 포니polo pony, 폴로 경기에 사용하는 조랑말]을 교체할 수 있었다. 경기는 기수가 말에서 떨어진다고 끝나는 것이 아니고 조랑말이 쓰러져야 끝난다. 폴로는 국제적으로 아르헨티나인들이 지배하고 있는 스포츠다. 아르헨티나인들은 가우초의 유산을 자랑스러워하며 실제로 최고의 현역 선수 10명을 독점하고 있다. 사람들은 오늘날의 폴로 경기장에 지병인 사내아이들 말고도 대초원 가우초들이 출몰하는 것은 아닐까 생각한다. 더 나아가서는 초원지대의 부즈카시 선수들의 환영이 출몰하는 것은 아닐까 생각할지도 모른다.

말 타는 인간 Homo equestriens

이 책 초반부에서 언급되었듯이, 말과科 동물이 6000만 년 이상 진화해가는 사이에 두 발을 가진 인류의 조상이 600만 년 이상 전에 처음으로 등장했다. 이렇게 등장한 인류의 조상은 현생 인류인 호모 사피엔스의 특징인 뇌의 능력을 점차 발전시켰다. 600만 년 동안 대부분

인류의 조상은 두 발 상태로 있었다. 불과 대략 6000년 전에 세상에서 가장 똑똑한 두 발 동물이 세상에 가장 빠른 네발 동물과 협력한다. 역사 논문 대부분은 인간 문명의 특징이 중심에서 이루어지는 정착이라고 강조한다. 이 책에서는 이와는 대조적으로 문화 발전의 과정 속에서 이동하는 기마인을 추적하려고 시도했다. 이런 이유로 중심보다는 주변부에 집중했다.

요약하면 이렇다. 기원전 제4천년기에 당나귀와 말이 고대 농업 중심지가 아닌 주변부, 누비아 사막, 흑해-카스피해 초원지대에서 사육되었다. 당나귀와 말 그리고 그들의 교배종들이 농업, 야금술, 교역에서 중요한 역할을 수행했다. 말은 유라시아 초원지대에서 특별히 두각을 나타냈다. 처음에는 위험한 지형을 이곳저곳 돌아다녔고 나중에는 기마 전투에서 눈부신 활약을 했다. 수천 년 넘게 유목민들이 초기 문명 중심지들을 압도하고 변화시키기 위해 변방 초원지대로부터 출몰했던 것처럼, 기마문명으로 변한 새로운 문명들이 결국에는 제국의 패권을 놓고 경쟁했다. 하지만 기원후 제1천년기에 지중해 제국들이 또 하나의 주변부인 남쪽 사막으로부터의 도전에 직면했다. 그때 아랍 기마병이 중동과 북아프리카를 넘어 쇄도해 들어왔다. 제2천년기에 유라시아 대부분이 북쪽 초원지대 가장 먼 지역에서 불어닥친 몽골족의 폭풍으로 철저히 파괴되었다. 그 후 몇 세기 동안 몽골족을 계승한 오스만인들이 육상과 해상 너머로 진출해 유럽을 위협했다. 스페인이 무슬림 지배에서 벗어나기 위해 대륙의 가장 서쪽 변방에서 대서양을 가로질러 서쪽으로 항해했다. 역사적으로 아시아 기마인의 군사적 팽창이 일찍이 살라미스에서 그리스 해군의 승리로, 원나라와 바다를 격해 멀리 떨어진 섬나라 일본의 위치로, 흑해를 가로지른 맘루크-킵차크의 동맹으로 저지되었던 것처럼, 이제 스페인이 미지의 대양에 가한 무례한 행위는 구세계 기마 세력에 대한 대응책 역할을 할 것이다.

콜럼버스가 주도한 대서양 횡단은 수천 년 전에 중앙아시아 황무지를 가로질렀던 유목민들의 대담무쌍한 이동과 여러 면에서 유사했다. 농경사회 유럽의 동쪽 경계에 위치한 반半건조 지역에서 농목축업이 광활한 초원지대를 개방했다. 이로써 기마 유목민들이 멀리 떨어져 정착생활을 하는 적들을 수천 킬로미터에 걸쳐 공격할 수 있게 되었다. 이와 비교해 유럽 가장 서쪽 연안 지역에서 콜럼버스의 대담한 탐험 항해와 그가 대서양을 넘어 수송한 말 덕분에 인간이 개척할 수 있는 새로운 광활한 무대 즉 드넓은 바다와 그 너머 대륙들이 개방되었다. 유럽인들은 뒤이은 해상 팽창에서 전 세계의 말이 없는 지역에 말 수십 만 마리를 수송함으로써 멀리 떨어진 대륙들의 자원을 성공적으로 밝혀냈다. 대륙들을 에워싸고 있는 대양을 해군력으로 지배한 식민지 개척자들은 이제 탐내는 땅의 주민이건 경쟁 상대인 유럽인이건 간에 정치적 적수를 압도할 필요가 있는 곳이면 어디에서든 전 세계 분쟁 지역에서 군대의 기마력을 가차 없이 사용할 수 있었다. 유라시아 대륙 내륙 지역에서 드넓은 세계의 대양들까지 이러한 극적인 지정학적 변화로 국가 간 충돌이 육상과 해상에서 빚어졌다. 따라서 나일강과 트라팔가르에서 벌어진 해전은 어느 모로 보나 대규모로 밀집된 아우스터리츠와 워털루 기병전투만큼 결정적이었다. 워털루 전투에는 영국 기병 1만3000명과 프랑스 기병 1만6000명이 참가했다. 연대 최고의 명예와 함께 웰링턴 공작 아서의 군마를 위해 거행된 매장의식이 아마도

제11장 말과 인간

마지막 말 매장의식이었을 것이다. 뛰어난 종마의 무덤과 위쪽에 심어진 거대한 오크나무 위로 군대의 예포가 발사되었다(Brereton 1976: 84). 폴 리비어가 시인 롱펠로의 불후의 찬사를 받으며 밤새도록 말을 타고 질주했는데도, 미국 독립 전쟁은 본질적으로 보스턴 항구의 반항적인 '차 사건tea party'으로 시작되었다. 미국 남북 전쟁 또한 바다 즉 섬터 요새Fort Sumter에서 시작되었다. 아마도 남군의 항구 도시들에 대한 북군의 경제 봉쇄가 북군과 남군의 기병 돌격만큼이나 동족상잔 전쟁의 결과를 초래했을 것이다. 기마전쟁은 대포의 효율성이 커지면서 더 위험해졌다. 포화의 엄청난 효력이 크림 전쟁 동안 입증되었다. 이 전쟁에서 영국은 흑해에서의 러시아 해군력 증강을 저지하려고 시도했으며, 1854년에 발라클라바에서 경기병대 즉 '600명the Six Hundred'의 돌격이 앨프리드 테니슨 경에 의해 추모되었다[아래는 「경기병대의 돌격The Charge of the Light Brigade」이라는 시의 일부다].

이유를 물어보는 병사는 아무도 없었다
모든 병사는 그저 돌격해 죽어갔을 뿐
죽음의 계곡 속으로
600명의 병사들이 말을 타고 달려간다
그들의 우측에 대포를
그들의 좌측에 대포를
그들의 전면에 대포를
일제 사격과 천둥을 맞으며

빗발치는 포탄과 총탄에

그들은 대담하게 말을 타고 달려갔다

죽음의 턱 안으로

지옥의 입 안으로

600명은 말을 타고 달려갔다

(…)

그들의 우측에 대포를

그들의 좌측에 대포를

그들의 전면에 대포를

일제 사격과 천둥을 맞으며

빗발치는 포탄과 총탄에

말과 영웅이 스러져가며

그들은 너무나도 잘 싸웠다

죽음의 턱 안을 지나

지옥의 입에서 다시 나온다

그들이 남은 자들 전부,

600명을 남겨둔 채. (Tennyson 1987: 511~513)

공격 전술에서 기병의 밀집 배치가 마지막으로 성공을 거둔 것은 1917년 팔레스타인 사막에서다. 그때 제1차 세계대전 동안 인도양을 넘어 배로 수송된 오스트레일리아 경기병이 베르셰바[이스라엘 남부, 네게브 사막 입구에 있는 도시]와 그곳의 매우 중요한 우물들을 장악하기 위해 튀르크인들을 공격해 괴멸시켰다. 유능한 적에 맞서 수에즈를 지키기 위한 이 극적인 전투는 제1차 세계대전의 가장 뛰어난 무훈 중 하나였다(Yarwood 1989: 180). 그러나 제2차 세계대전에서 전차전이 등장하면서 전투에서 기병 전술은 거의 사라졌다. 동부 전선에서 독일군 진격을 저지하려는 폴란드 기병대의 숭고한 시도는 재앙을 맞았을 뿐이다. 말은 히틀러의 기갑사단과 급강하 폭격기의 상대가 되지 못했다. 1941년 11월 모스크바 서북쪽 제44몽골기병사단이 전속력으로 독일 전선을 돌격해 들어갔다. "등자를 서로 닿게 하면서 말 목에 머리를 깊이 숙인 기수들이 어깨 위로 기병대 검을 빼들었다." 10분 동안 기관총 발사가 움츠러들었지만 한 명의 사상자도 없었던 독일군에 비해 몽골 기병 2000명과 그들의 말은 피로 얼룩진 눈에 쓰러져 죽었거나 죽어가고 있었다(Brereton 1976: 146, 148). 러시아군은 스탈린그라드 전투에 뒤이어 소탕 작전에서 기병을 성공적으로 활용했다. 놀랍게도 20세기 전투에서 말의 중요성이 줄어들음에도 21세기에 연합군의 아프가니스탄 침입에서 말은 다시 한번 북부 산악지대에서 미국 특수부대와 함께 전투에 참가했다. 이는 차량 수송으로 접근할 수 없는 지형에서 당나귀가 짐 나르는 오래된 동물 역할을 했던 것과 마찬가지였다.

20세기에 접어들 무렵에 말에 의해 고무되고 늘 더 빠른 속도에 맞추어진 인간의 비행 시도가 잇따라 계속되었다. 또 하나의 주변부 즉 아직 강대국이 아닌 북아메리카의 한 나라에서 기계 말mechanical steed[자전거] 기술자인 라이트 형제가 1904년 키티호크에서 최초로 비행기를 띄우는 데 성공했다. 대단히 오랫동안 사람들은 질주하는 말을 쏜살같이 날아간다고 생각했다. 기원전 제2천년기 초에 사람들은 날개 달린 켄타우로스의 조각상을 만들었다. 아테나 여신이 길들이고 굴레를 씌운 페가수스는 제우스를 대신해 하늘을 가로질러 천둥과 번개를 운반했다. 1914년 무렵에 현대의 날개 달린 말인 군용기가 유럽의 하늘을 가로질러 폭탄을 나르면서 포격하고 있었다. 그때 플라잉 에이스flying ace[적기를 5대 이상 격추시킨 조종사. 여기서는 '최고의 조종사' 정도의 뜻]들이 중세 기사들처럼 대담하고 침착하게 사투가 벌어지는 제1차 세계대전의 참호 위를 선회했다. 제2차 세계대전이 시작될 무렵에 공습에 의한 치사율이, 유럽의 도시들을 초토화시켰던 전격전 수준에 근접했다. 미국의 제2차 세계대전은 일본 비행기가 태평양 함대를 무력화시킬 목적으로 은밀하게 폭격했던 호놀룰루 해군기지에서 시작되었다. 뒤이은 태평양 전쟁에서 미국은 일본군 조종사들의 가미카제 자살공격을 당했다. 라이트 형제의 발명이 있은 지 반세기 후에 미국이 공중에서 '원자핵 홀로코스트'로 히로시마와 나가사키를 파괴해 일본에 타격을 가했다. 이로써 미국이 세계 지배를 확립했고 제2차 세계대전은 막을 내렸다. 하지만 잇따라 반세기 후에 펜타곤과 세계무역센터가 [2001년] 9월 11일에 자살공격자들의 공습으로 타격을 입으면서 미국의 정치적 지배력은 도전받을 것이다. 이러한 자살공격자들은 고대 사무라이가 아니라 제3천년기인 지금 광신적 열정에 빠져 있는 암살자들이다.

6000년에 걸친 기마인들의 적응 과정을 고려하면서 주목해야 할 사실은 마력이 발전적이면서도 파괴적인 양면성을 가졌다는 점이다. 분명히 마력은 인류에게 특별한 기동성을 부여했고 경이로운 문화적 성취를 전달하는 데 도움을 주었다. 그러나 말이 받아들여지면서 인간 갈등의 속도와 규모 그리고 강도가 크게 증가했다. 몽골족의 중국 침입으로 1100만 명이 죽은 것으로 추정된다. 더 앞선 기마인 정복에서의 수치를 알 수 없지만 이 같은 정복이 극도로 많은 인간 목숨을 앗아갔다는 데는 논란의 여지가 없다. 유혈, 학살, 추방, 노예화, 절단, 참수, 고문, 화장, 강간, 거세, 기아, 전염병, 파괴가 잇달았다. 이 책에서는 수많은 잔혹한 행위가 입증되었으며, 인류에 대한 이런 끔찍한 범죄 행위들은 지금까지도 계속되고 있다. 말에 걸터앉은 인간은 정말로 스스로 상상한 피조물, 즉 지적으로 뛰어나기는 하지만 무자비하게 파괴할 수도 있는 반은 인간이고 반은 말인 켄타우로스가 되었다. 속도에 대한 인간의 흔들리지 않는 강박은 지금도 계속된다. 초원지대로부터 구세계를 정복하고 대양으로부터 신세계를 정복한 이후, 오늘날 국가들은 놀라운 속도로 지구상 어디든 군 전체를 교전 지역으로 공수한다. 인간의 빠른 기술이 처음으로 대기를 침입했다. 이제 우리의 열정적인 페가수스들이 우주로 돌진한다. 분명히 우주는 인간의 전투와 살육이 저질러질 운명적인 무대가 될 것이다.

기원후 제3천년기 미국의 대통령궁 즉 네로의 황금궁전이 아닌 백악관은 대통령 집무실과 함께 북아메리카 대서양 연안 지역인 워싱턴 D.C.에 위치해 있다. 이곳은 초원지대에서 유래된 인도·유럽인의 전통에서 멀리 떨어져 있다. 그럼에도, 미국 수도를 둘러싸고 있는 의식 대부분은 역사가 아주 오래다. 캐피털 힐[미국 국회의사당이 있는 언덕] 즉 세계의 산에서 미국의 유피테르 신전인 국회의사당이 포토맥강 위에 우뚝 솟아 있다. 국회의사당의 거대한 돔은 천상의 축복을 상징한다. 3개 층으로 된 돔 위에는 생명의 나무로 뒤덮인 조상묘의 원형건축물이 세워져 있다. 이는 금박 입힌 하기아 소피아의 십자가가 아닌 거대한 자유의 동상이다. 자유의 동상 아래쪽으로 국회의사당 중앙부에는 로턴다Rotunda[원형의 큰 홀]가 있다. 로턴다의 천장에는 콘스탄티노 브루미디Constantino Brumidi[그리스-이탈리아계 미국인 화가]의 「워싱턴의 신격화 Apotheosis of Washington」가 있으며, 이 프레스코화로 그려진 대형 돔의 하늘에서 말과 그리스·로마의 신들이 미국의 다른 영웅들과 뒤섞여 있다. 태양왕이자 카우보이 대통령으로 찬사 받은 전 대통령 로널드 레이건의 장례식에서 시신은 처음에는 윤회와 정치적 연속성을 상징하는 태양의 로턴다에 안치되었다. 그다음 장례 행렬에서는 깃발로 가려진 관을 실은 검은색 탄약차를 여섯 마리 말이 견인했고 그 뒤를 기수 없는 말 한 마리가 따라갔다. 기수 없는 말은 로마 시대 이래 죽은 전사나 왕의 영웅적인 상징물이었다. 레이건의 승마화는 등자에 거꾸로 놓였다.[5] 이는 죽은 군주의 칼을 망자의 안장에 붙이는 유럽의 의례를 연상시킨다. 레이건 대통령의 관은, 죽은 지도자를 나라 전역으로 운구하는 스키타이족 전통에 따라 그리고 한 무제가 스스로 상상했던 것처럼, 나라를 가로질러 서쪽의 산들을 지나갔다. 그곳에서 캘리포니아 주[레이건은 캘리포니아 주지사를 지냈다]에 묻히며 일몰을 맞이했다. 이와 비슷하게 알링턴 국립묘지에서 말 옷을 갖춘 기수 없는 말이 전투 중에 사망한 모든 미국 장교[6]의 장례식에 참석한다.

분명, 우리 대부분은 죽을 때 그렇게 장엄한 의식을 기대하지 않는다. 기마 의식의 장관은 지도자와 위대한 전사들에게 어울리는 것이다. 그러나 나머지 우리에게 수많은 기마인의 요소가 여전히 매일매일의

---

5   초원지대의 장례식에서 안장은 자주 뒤집어놓는다.

삶에 배어들어 있다. 더는 말을 타지는 않지만 패스트푸드에서 초음속 고속 인터넷 접근까지 광적인 라이프스타일에 맞춰 남자와 여자 모두 초원지대의 바지와 재킷과 장화를 착용한다. 실제로 카우보이 복장인 청바지는 오랫동안 전 세계 젊은이의 유니폼이었다. 지금은 로마 군대가 그렇게 거만하게 경멸했던 켈트족 기병의 형형색색 반바지처럼 화려하게 수놓아진 청바지를 입는다. 오늘날 말 전차는 경마장으로 한정되어 있고 위풍당당한 마차는 영국 왕실이나 또는 마차를 타고 이따금씩 향수를 느끼며 센트럴파크 주위를 도는 것으로 제한되어 있다. 하지만 현대사회는 또 하나의 '영웅들과 신들이 타는 신성한 운송 수단'인 말 없는 탈 것horseless carriage[자동차]을 스스로 찾아냈다. 어린 시절에는 섹스 심벌이며 성인 시절에는 지위의 상징인 자동차는 매일 우리에게 레크리에이션, 여행, 운송으로 봉사한다. 경제는 자동차 생산을 중심으로 돌아가고, 국가들은 최신식 유선형 모델을 생산하기 위해 경쟁한다. 매년 엄청나게 늘어나는 자동차—자동차의 엔진 성능은 마력horsepower으로 측정된다—는 세계의 고속도로를 가득 채우고 있다. 자동차가 배출하는 물질은 산업 배출 물질과 함께 지구의 오존층을 파괴하고, 자동차에 연료를 공급하는 대형 유조선들은 대양을 오염시킨다. 우리는 야생말을 아슬아슬하게 보존할 수 있었다. 다른 야생종들이 지구상에서 매일 사라지는 지금 우리의 고삐 풀린 기술을 제어할 수 있도록 기발한 재주를 발휘해보고 온난화로부터 지구를 살리자.

말은 전적으로 지나가버린 구시대의 유물이 아니다. 세계 미개발 지

---

6   대령 또는 그 이상의 계급.

역에서 말은 여전히 농업과 수송에서 전통적 역할을 하고 있다. 선진 지역에서까지도 말은 자주 연료 위기나 기계 고장 앞에서 원래의 역할로 되돌아간다. 그러나 고도로 산업화된 현대 세계에서 우리가 가장 익숙해져 있는 말은 장애물 넘기, 경마, 폴로, 사냥에서 볼 수 있는 멋진 말이다. 황금 굴레를 씌운 리피잔Lipizzan〔리피자너Lipizzaner〕 종마의 복잡한 마장마술은 지금까지도 장관을 이루고 있다. 리피잔 종마는 아마도 고대 이집트의 타조 깃털 장식을 한 말이나 당 현종 시대에 보석으로 화려하게 장식하고 춤추는 말과 유사한 것 같다. 하지만 모든 말이 빈의 스페인 승마협회의 안달루시안 바르브 말의 위풍당당한 모습을 누리는 것은 아니다. 대부분의 말은 오랫동안 농업, 산업, 전쟁에서 열심히 자신의 역할을 다해왔다. 아마도 20세기까지 수많은 갱내용 조랑말이 지하 광산에서 일하면서 생애를 보냈다. 제1차 세계대전에서 전투나 총포 끌기, 야전 취사장, 구급차에서 사용된 100만 마리 넘는 말과 노새 중에 10분의 1 미만이 전선에서 돌아왔다. 기원후 제3천년기에 인간 세계는 말의 세계만큼 극명하게 구분되고 있다. 21세기 자동차가 실제로 아시아 경제로 확산되었을지 모르지만 전 세계 인구의 절반인 30억가량은 현재 매일 2달러 미만의 빈곤선 아래에서 살고 있다. 게다가 그들 중 10억 명은 매일 1달러 미만으로 살아간다. 지난 50년 내내 엄청난 자원이 외계 탐사와 외계인 조사에 할당되었다. 반면에 지구상에서는 매년 어김없이 100만 명이 기아나 영양실조로 죽어간다. 세계의 부유한 5분의 1이 전체 재화와 용역의 86퍼센트를 소비한다. 이는 나머지 사람들의 6배가 넘는 규모다(New York Times 1998) 이러한 엄청난 불평등에도 세계은행은 전 세계 발전에 매년 500~600억 달러

만을 지출한다. 이는 전 세계 국가들이 매년 군비에 지출한 1조 달러에 비하면 지극히 미미하다.

제3천년기 입구에 서서 역사를 돌이켜볼 때 트로이 전쟁이 실제로는 결코 끝나지 않은 것처럼 보인다. 즉 아가멤논의 승리는 아케메네스 제국에 의해 저지되었으며, 뒤이어 알렉산더, 로마, 아랍, 십자군, 몽골, 튀르크에 의해 저지되었다. 지금의 중동은 늘 오래된 대립관계로 분열되어 있다. 팔레스타인과 이스라엘이 교전하고, 수니파와 시아파가 대립하며, 수단의 공군 지원을 받고 테러단체 잔자위드Janjaweed(말 탄 악마들)가 다르푸르의 농경민을 학살한다. 주요 자원 즉 오늘날의 페르가나 말을 놓고 전쟁이 계속된다. 여기서 말하는 페르가나 말은 신성한 자동차에 동력을 공급하는 신성한 석유가 아닌가! 6000년에 걸친 군사력 강화 이후 핵무기가 급증하면서 혈기에 넘치지만 치명적인 말을 제어할 필요가 있지는 않을까? 유럽이 아메리카 대륙에 식민지를 개척하는 동안 150년 사이에 5000만 명이 전쟁이나 질병으로 죽었다. 제2차 세계대전 동안에는 6년이 채 못 되는 사이에 5000만 명이 죽었다. 21세기에 우리의 최신 핵무기가 미국에서 폭발한다면 눈 깜짝할 사이에 5000만 명을 절멸시킬지도 모른다. 다시 생각해야 되는 것이 아닌가? 가속을 끝없이 추구하다 보면 네발짐승보다 더 이성적인 인간은 전혀 다른 형태의 속도를 추구하지 않으면 안 될지도 모른다. 최근 제기된 주장에 따르면(Friedman 2005) 국가 사이의 교전이 현대 인터넷 기술에서 비롯하는 경제적 상호 의존을 통해 감소될지도 모른다. 더욱이 거의 순간적으로 이루어지는 전자통신 덕에 세계의 전문가들이 지구 온난화, 자연재해, 환경 악화, 멸종 위기종, 기아, 전염병, 그 밖의 위기 문제를 두고 협력할 수 있을 것이다. 이런 전자통신의 힘은 가장 외진 촌락과 빈곤에 허덕이는 고립된 집단에게 모든 수준의 교육을 제공할 것이다. 이와 유사하게 의학지식과 전문적 외과의술이 전 세계적으로 공유될 것이다. 이제 우리가 관심을 갖고 탐구해야 할 것은 외계에서 핵무기를 가진 기사의 '스타워즈'가 아니라 빠른 위성통신과 협력의 지적 통로일 것이다. 전쟁이 줄어들지 않고 계속되는 지금이야말로 멈추지 않는 정복의 오만한 태도에서 벗어나 인종 말살의 대립, 파괴되는 오존층, 녹아가는 만년설, 사라지는 산호초로 고통받는 이 세상을 다시 일으켜야 할 때다. 세계의 도전에 더 현명하게 대처하는 것이 절실하게 필요한 시점이다.

Ackroyd, Joyce
1987 Bushido. *In* The Encyclopedia of Religion. Mircea Eliade, ed. Vol. 2. pp. 581–584. New York: Macmillan.
Adcock, F. E.
1957 The Greek and Macedonian Art of War. Berkeley: University of California Press.
Adeleye, R. A.
1976 Hausaland and Borno 1600–1800. *In* History of West Africa. Vol. 1. J. F. A. Ajayi and Michael Crowder, eds. pp. 556–601. New York: Columbia University Press.
Aldunate del Solar, Carlos
1992 Mapuche: Seeds of the Chilean Soul. Philadelphia: Port of History Museum; Museo Chileno de Arte Precolombino.
Allsen, Thomas T.
1994 The Rise of the Mongolian Empire and Mongolian Rule in North China. *In* The Cambridge History of China. Denis Twitchett and John K. Fairbank, general eds. Vol. 6, Alien Regimes and Border States, 907–1368. Herbert Franke and Denis Twitchett, eds. pp. 321–413. Cambridge: Cambridge University Press.
1997 Commodity and Exchange in the Mongol Empire: A Cultural History of Islamic Textiles. Cambridge: Cambridge University Press.
2001 Culture and Conquest in Mongol Eurasia. Cambridge: Cambridge University Press.
2006 The Royal Hunt in Eurasian History. Philadelphia: University of Pennsylvania Press.
Amirsadeghi, Hossein, ed.
1998 The Arabian Horse: History, Mystery, and Magic. New York: Thames and Hudson.
Amitai-Preiss, Reuven
1995 Mongols and Mamluks: The Mamluk-Ilkhanid War. Cambridge: Cambridge University Press.
And, Metin
1979 The Muharram Observances in Anatolian Turkey. *In* Taziyeh: Ritual and Drama in Iran. Peter J. Chelkowski, ed. pp. 238–254. New York: New York University Press; Soroush Press.
Andrews, Peter Alford
1997 Nomad Tent Types in the Middle East. Part 1, Framed Tents. Vol. 1, Text. Vol. 2, Illustrations. Wiesbaden: Dr. Ludwig Reichert Verlag.
1999 Felt Tents and Pavilions: The Nomadic Tradition and Its Interaction with Princely Tentage. Vol. 1. London: Melisende.
Anthony, David W.
1990 Migration in Archaeology: The Baby and the Bathwater. American Anthropologist 92(4):895–914.

1991a The Domestication of the Horse. *In* Equids in the Ancient World. R. Meadow and H. P. Uerpmann, eds. Vol. 2. pp. 250–277. Wiesbaden: Dr. Ludwig Reichert Verlag.

1991b The Archaeology of Indo-European Origins. Journal of Indo-European Studies 19(3–4):193–222.

1994 The Earliest Horseback Riders and Indo-European Origins: New Evidence from the Steppes. *In* Die Indogermanen und das Pferd. Bernard Hansel and Stefan Zimmer, eds. pp. 185–195. Budapest: Archeolingua.

1995 Horse, Wagon and Chariot: Indo-European Languages and Archaeology. Antiquity 69:554–565.

1996 Bridling Horsepower: The Domestication of the Horse. *In* Horses Through Time. Sandra L. Olsen, ed. pp. 57–82. Boulder, CO: Roberts Rinehart.

1998 The Opening of the Eurasian Steppe at 2000 BCE. *In* The Bronze Age and Early Iron Age Peoples of Eastern Central Asia. Victor H. Mair, ed. Vol. 1, Archeology, Migration and Nomadism, Linguistics. pp. 94–113. Journal of Indo-European Studies Monograph, 26, in 2 vols. Washington, DC: Institute for the Study of Man; Philadelphia: University of Pennsylvania Museum Publications.

2007 The Horse, the Wheel, and Language: How Bronze-Age Riders from the Steppes Shaped the Modern World. Princeton, NJ: Princeton University Press.

Anthony, David W., and Dorcas R. Brown

2000 Eneolithic Horse Exploitation in the Eurasian Steppes: Diet, Ritual, and Riding. Antiquity 74:75–86.

2003 Eneolithic Horse Rituals and Riding in the Steppes: New Evidence. *In* Prehistoric Steppe Adaptation and the Horse. Marsha Levine, Colin Renfrew, and Katie Boyle, eds. pp. 55–68. Cambridge: Macdonald Institute for Archaeological Research, University of Cambridge.

Anthony, David W., Dorcas R. Brown, and Christian George

2006 Early Horseback Riding and Warfare: The Importance of the Magpie Around the Neck. *In* Horses and Humans: The Evolution of Human-Equine Relationships. Sandra L. Olsen, Susan Grant, Alice M. Choyke, and Laszlo Bartosiewicz, eds. pp. 137–156. British Archaeological Reports International Series, 1560. Oxford: Archaeopress.

Anthony, David W., and N. B. Vinogradov

1995 The Birth of the Chariot. Archaeology 48(2):36–41.

Armstrong, Karen

1991 Holy War: The Crusades and Their Impact on Today's World. New York: Doubleday, Anchor Books.

Asbridge, Thomas

2004 The First Crusade: A New History. Oxford: Oxford University Press.

Aubet, Maria Eugenia

2001 The Phoenicians and the West: Politics, Colonies, and Trade. Cambridge: Cambridge University Press.

Ayalon, David

1975 Preliminary Remarks on the Mamluk Military Institution in Islam. *In* War, Technology and Society in the Middle East. V. J. Parry and M. E. Yapp, eds. pp. 44–58. London: Oxford University Press.

1994 The Military Reforms of Caliph al-Mutasim; Their Background and Consequences.

In Islam and the Abode of War: Military Slaves and Islamic Adversaries. Chapter 1. pp. 1–39. Aldershot, Hampshire: Variorum.

Azoy, G. Whitney

1982 Buzkashi: Game and Power in Afghanistan. Philadelphia: University of Pennsylvania Press.

Azzaroli, Augusto

1998 Outlines of Early Equitation. *In* Man and the Animal World: Studies in Archaeozoology, Archaeology, Anthropology, and Paleolinguistics in Memoriam Sandor Bokonyi. Peter Anreiter, Laszlo Bartosiewicz, Erzsebet Jerem, and Wolfgang Meid, eds. pp. 41–53. Budapest: Archaeolingua.

Badian, E.

1993 Alexander in Iran. *In* The Cambridge History of Iran. Vol. 2, The Median and Achaemenian Periods. Ilya Gershevitch, ed. pp. 420–501. Cambridge: Cambridge University Press.

Bagley, Robert

1999 Shang Archaeology. *In* The Cambridge History of Ancient China: From the Origins of Civilization to 221 BC. Michael Loewe and Edward L. Shaughnessy, eds. pp. 124–231. Cambridge: Cambridge University Press.

Bagnall, Nigel

1990 The Punic Wars. London: Hutchinson.

Baktash, Mayel

1979 *Taziyeh* and its Philosophy. *In Taziyeh*: Ritual and Drama in Iran. Peter J. Chelkowski, ed. pp. 95–120. New York: New York University Press; Soroush Press.

Ballou, Jonathan D.

1994 Population Biology. *In* Przewalski's Horse: The History and Biology of an Endangered Species. Lee Boyd and Katherine A. Houpt, eds. pp. 93–113. Albany: State University of New York Press.

Barber, Elizabeth Wayland

1999 The Mummies of Urumchi. New York: Norton.

2002 Fashioned from Fiber. *In* Along the Silk Road. Elizabeth Ten Grotenhuis, ed. pp. 57–70. Washington, DC: Arthur M. Sackler Gallery, Smithsonian Institution; Seattle: University of Washington Press.

Barber, Richard

1979 The Arthurian Legends: An Illustrated Anthology. Woodbridge, Suffolk: Boydell Press.

Bardill, John E., and James H. Cobbe

1985 Lesotho: Dilemmas of Dependence in Southern Africa. Boulder, CO: Westview Press.

Barfield, Thomas J.

1989 The Perilous Frontier: Nomadic Empires and China. Cambridge, MA: Basil Blackwell.

1993 The Nomadic Alternative. Englewood Cliffs, NJ: Prentice Hall.

Barker, Theo, and Dorian Gerhold

1993 The Rise and Rise of Road Transport 1700–1990. London: Macmillan.

Barkova, L. L.

1978 The Frozen Tombs of the Altai. *In* Frozen Tombs: The Culture and Art of the Ancient Tribes of Siberia. pp. 21–78. Collaboration in exhibit by D. M. Wilson, Director of the British Museum; Boris Piotrovsky, Director of the Hermitage. London: British Museum Publications.

Barrie, Douglas M.

1956 The Australian Bloodhorse. Sydney: Angus and Robertson.

Bartold, V. V.

1927 Mesta do Musulmanskogo kulta v Bukhare. Vostochnye Zapiski 1:11–25.

Beal, Richard H.

2006 Hittite Military Organization. *In* Civilizations of the Ancient Near East. Jack M. Sasson, ed. John Baines, Gary Beckman, and Karen S. Rubinson, assoc. eds. Vol. 1, Part 4, Social Institutions. pp. 545–554. Peabody, MA: Hendrickson.

Benecke, Norbert

1998 Die Wildepferde aus der spatmesolithischen Station *Mirnoe* in der Südwest-Ukraine. *In* Man and the Animal World: Studies in Archaeozoology, Archaeology, Anthropology, and Paleolinguistics in Memoriam Sandor Bokonyi. Peter Anreiter, Laszlo Bartosiewicz, Erzsebet Jerem, and Wolfgang Meid, eds. pp. 87–107. Budapest: Archaeolingua.

Bibikova, V. I.

1986 Appendix 3, On the History of Horse Domestication in Southeast Europe. *In* Dereivka: A Settlement and Cemetery of Copper Age Horse Keepers on the Middle Dnieper. D. Telegin, ed. Vol. 287. pp. 163–182. British Archaeological Reports, International Series 287. Oxford: Archaeopress.

Biddle, Martin

2000 King Arthur's Round Table: An Archaeological Investigation. Woodbridge, Suffolk: Boydell Press.

Bidwell, Shelford

1973 The Royal Horse Artillery. London: Leo Cooper.

Binford, Lewis R.

1972 Post-Pleistocene Adaptations. *In* An Archaeological Perspective. pp. 421–449. New York: Seminar Press.

Bin-Sultan al-Nahyan, H. H. Sheikh Zayed

1998 Introduction. *In* The Arabian Horse: History, Mystery, and Magic. Hossein Amirsadeghi, ed. pp. 7–9. New York: Thames and Hudson.

Bisaha, Nancy

2004 Creating East and West: Renaissance Humanists and the Ottoman Turks. Philadelphia: University of Pennsylvania Press.

Blair, Sheila S.

2002 The Religious Art of the Ilkhanids. *In* Legacy of Genghis Khan: Courtly Art and Culture in Western Asia. Linda Komaroff and Stefano Carboni, eds. pp. 104–133. New York: The Metropolitan Museum of Art; New Haven, CT: Yale University Press.

Blair, Sheila S., and Jonathan M. Bloom

1994 The Art and Architecture of Islam 1250–1800. New Haven, CT: Yale University Press.

1999 Art and Architecture: Themes and Variations. *In* The Oxford History of Islam. John L. Esposito, ed. pp. 215–267. Oxford: Oxford University Press.

Blansdorf, Catharina, Erwin Emmerling, and Michael Petzet, eds.

2001 Qin Shihuang: The Terracotta Army of the First Chinese Emperor. Munich: Bayerisches Landesamt fur Denkmalpflege.

Blomberg, Catharina

1994 The Heart of the Japanese Warrior: Origins and Religious Background of the Samurai System in Feudal Japan. Sandgate, Folkestone, Kent: Japan Library.

Bokonyi, Sandor

1978 The Earliest Waves of Domestic Horses in East Europe. Journal of Indo-European Studies 6(1):17–76.

1994 The Role of the Horse in the Exploitation of the Steppes. *In* The Archaeology of the Steppes: Methods and Strategies. Bruno Genito, ed. pp. 17–30. Naples: Instituto Universitario Orientale.

Bokovenko, Nikolai

2000 The Origins of Horse Riding and the Development of Ancient Central Asian Nomadic Riding Harnesses. *In* Kurgans, Ritual Sites, and Settlements: Eurasian Bronze and Iron Age. Jeannine Davis-Kimball, Eileen M. Murphy, Ludmilla Koryakova, and Leonid T. Yablonsky, eds. pp. 304– 310. British Archaeological Reports International Series, 890. Oxford: Archaeopress.

Boltz, William G.

1999 Language and Writing. *In* The Cambridge History of Ancient China: From the Origins of Civilization to 221 BC. Michael Loewe and Edward L. Shaughnessy, eds. pp. 74–123. Cambridge: Cambridge University Press.

Bosworth, Clifford Edmund

1968 The Political and Dynastic History of the Iranian World (AD 1000–1217). *In* The Cambridge History of Iran. Vol. 5, The Saljuq and Mongol Periods. J. A. Boyle, ed. pp. 1–202. Cambridge: Cambridge University Press.

1973 The Ghaznavids: Their Empire in Afghanistan and Eastern Iran. Beirut: Librairie de Liban.

1975 The Early Ghaznavids. *In* The Cambridge History of Iran. Vol. 4, From the Arab Invasion to the Saljuqs. R. N. Frye, ed. pp. 162–197. Cambridge: Cambridge University Press.

1996 Notes on the Lives of Some Abbasid Princes and Descendants. *In* The Arabs, Byzantium, and Iran: Studies in Early Islamic History and Culture. Chapter 5. pp. 277–284. Aldershot, Hampshire: Variorum.

Bouman, Inge, and Jan Bouman

1994 The History of the Przewalski's Horse. *In* Przewalski's Horse: The History and Biology of an Endangered Species. Lee Boyd and Katherine A. Houpt, eds. pp. 5–38. Albany: State University of New York Press.

Bouman, Inge, Jan Bouman, and Lee Boyd

1994 Reintroduction. *In* Przewalski's Horse: The History and Biology of an Endangered Species. Lee Boyd and Katherine A. Houpt, eds. pp. 255–263. Albany: State University of New York Press.

Bouroncle, Alberto

2000 Ritual, Violence and Social Order: An Approach to Spanish Bullfighting. *In* Meanings of Violence: A Cross-Cultural Perspective. Goran Aijmer and Jon Abbink, eds. pp. 55–75. Oxford: Berg.

Bovill, E.W.

1958 The Golden Trade of the Moors. London: Oxford University Press.

Boyce, Mary

1987 Zoroastrians: Their Religious Beliefs and Practices. London: Routledge and Kegan Paul.

Bray, Warwick

1982 Gold-Working in Ancient America. *In* Metallurgy in Ancient Mexico. Warwick Bray, John L. Sorenson, and James R. Moriarty III, eds. N.p. Miscellaneous Series, 45. Greeley, CO: University of North Colorado, Museum of Anthropology.

Brentjes, Burchard

2000 "Animal Style" and Shamanism: Problems of Pictoral Tradition in Northern and Central Asia. *In* Kurgans, Ritual Sites, and Settlements: Eurasian Bronze and Iron Age. Jeannine Davis-Kimball, Eileen M. Murphy, Ludmila Koryakova, and Leonid T. Yablonsky, eds. pp. 259–268. British Archaeological Reports International Series, 890. Oxford: Archaeopress.

Brereton, J. M.

1976 The Horse in War. New York: Arco.

Bridge, Antony

1983 Suleiman the Magnificent: Scourge of Heaven. London: Granada.

Bright, David F.

1987 The Miniature Epic in Vandal Africa. Norman: University of Oklahoma Press.

Brown, Dee

1981 Bury My Heart at Wounded Knee. New York: Washington Square Books.

Brown, Dorcas R., and David W. Anthony

1998 Bit Wear, Horseback Riding and the Botai Site in Kazakstan. Journal of Archaeological Science 25:331–347.

Browne, Edward G.

1977 A Literary History of Persia. 4 vols. Vol. 2, From Firdawsi to Sadi. Cambridge: Cambridge University Press.

Brundage, Burr Cartwright

1963 Empire of the Inca. Norman: University of Oklahoma Press.

1972 A Rain of Darts: The Mexica Aztecs. Austin: University of Texas Press.

Bryce, Trevor

1998 The Kingdom of the Hittites. Oxford: Clarendon Press.

Buckley, Theodore Alois

1851 Homer's Iliad. London: Cox Bros. and Wyman.

Bulliet, Richard W.

1990 The Camel and the Wheel. New York: Columbia University Press.

Bunker, Emma C.

1995a The People, the Land, the Economy. *In* Traders and Raiders on China's Northern Frontier. Jenny F. So and Emma C. Bunker. pp. 17–31. Seattle: Arthur M. Sackler Gallery, Smithsonian Institution, in association with the University of Washington Press.

1995b Luxury Exports from China to the North: Sixth–First Century BC. *In* Traders and

Raiders on China's Northern Frontier. Jenny F. So and Emma C. Bunker. pp. 53–67. Seattle: Arthur M. Sackler Gallery, Smithsonian Institution, in association with the University of Washington Press.

Bunker, Emma C., with James C. Y. Watt and Zhixin Sun
2002 The Nomadic Art of the Eastern Eurasian Steppes. New York: Metropolitan Museum of Art; New Haven, CT: Yale University Press.

Burn, A. R.
1993 Persia and the Greeks. In The Cambridge History of Iran. Vol. 2, The Median and Achaemenian Periods. Ilya Gershevitch, ed. pp. 292–391. Cambridge: Cambridge University Press.

Burri, Rene, with text by Jose Luis Lanuza
1968 The Gaucho. New York: Crown.

Cameron, Alan
1976 Circus Factions: Blues and Greens at Rome and Byzantium. Oxford: Clarendon Press.

Campbell, Bruce M. S.
2007 Progressiveness and Backwardness in Thirteenth- and Early Fourteenth-Century Agriculture: The Verdict of Recent Research. In The Medieval Antecedents of English Agricultural Progress. pp. 541–559. Aldershot, Hampshire: Ashgate.

Capon, Edmund
1983 Qin Shihuang: Terracotta Warriors and Horses. Victoria, Australia: International Cultural Corp. of Australia.

Carneiro, Robert L.
1970 A Theory of the Origin of the State. Science 169:733–738.

Carr, Karen Eva
2002 Vandals to Visigoths: Rural Settlement Patterns in Early Medieval Spain. Ann Arbor: University of Michigan Press.

Castleden, Rodney
1993 The Making of Stonehenge. London: Routledge.

Caven, Brian
1980 The Punic Wars. London: Weidenfeld and Nicolson.

Cervantes Saavedra, Miguel de
1925 Don Quixote dela Mancha. Translated from Spanish. London: Henry. G. Bohn.

Chaliand, Gerard
2004 Nomadic Empires: From Mongolia to the Danube. Translated from French by A. M. Berrett. New Brunswick: Transaction.

Chan, Hok-lam
1988 The Chien-wen, Yung-lo, Hung-hsi, and Hsuan-te Reigns, 1399–1435. In The Cambridge History of China. Denis Twitchett and John K. Fairbank, general eds. Vol. 7, The Ming Dynasty, 1368–1644, Part 1. Frederick W. Mote and Denis Twitchett, eds. pp. 182–304. Cambridge: Cambridge University Press.

Chaucer, Geoffrey
1977 The Canterbury Tales. Translated by Nevill Coghill. London: Penguin Books.

Chelkowski, Peter J.
1979 Taziyeh: Indigenous Avant-Garde Theatre of Iran. In Taziyeh: Ritual and Drama in

Iran. Peter J. Chelkowski, ed. pp. 1–11. New York: New York University Press; Soroush Press.

Chen, Kwang-tzuu, and Frederik. T. Hiebert

1995 The Late Prehistory of Xinjiang in Relation to Its Neighbors. Journal of World Prehistory 9(2):243–300.

Chernykh, E. N.

1992 Ancient Metallurgy in the USSR: The Early Metal Age. Translated by Sarah Wright. Cambridge: Cambridge University Press.

Child, Daphne

1967 Saga of the South African Horse. Cape Town: Howard Timmins.

Childe, V. Gordon

1926 The Aryans: A Study of Indo-European Origins. London: K. Paul, Trench, Trubner; New York: Knopf.

Clark, Bill, and Patrick Duncan

1992 Asian Wild Asses – Hemiones and Kiangs (*E. hemionus* Pallas and *E. kiang* Moorcroft). *In* Zebras, Asses, and Horses: An Action Plan for the Conservation of Wild Equids. Patrick Duncan, ed. pp. 17–21. Gland, Switzerland: International Union for Conservation of Nature and Natural Resources.

Clark, Grahame

1941 Horses and Battle-axes. Antiquity 15(57):50–70.

Clark, J. Desmond

1970 The Prehistory of Africa. New York: Praeger.

Closs, Michael P.

1997 The Mathematical Notation of the Ancient Maya. *In* Native American Mathematics. Michael P. Closs, ed. pp. 291–369. Austin: University of Texas Press.

Clot, Andre

1992 Suleiman the Magnificent: The Man, His Life, His Epoch. Jana Gough, ed. Translated from French by Matthew J. Reisz. London: Saqi Books.

1996 L'Egypte des Mamelouks: l'Empire des Esclaves (1250–1517). Paris: Librairie Academique Perrin.

Clutton-Brock, Juliet

1981 Domesticated Animals from Early Times. London: British Museum (Natural History); Austin: University of Texas Press.

1992 Horse Power: A History of the Horse and the Donkey in Human Societies. Cambridge, MA: Harvard University Press.

Coarelli, Filippo

2001 The Colosseum in the Urban and Demographic Context of Imperial Rome. *In* The Colosseum. Ada Gabucci, ed. Translated by Mary Becker. pp. 9–19. Los Angeles: J. Paul Getty Museum.

Coe, Michael D.

1993 Breaking the Maya Code. New York: Thames and Hudson.

Cohen, Mark R.

1987 Judaism in the Middle East and North Africa to 1492. *In* The Encyclopedia of Religion. Mircea Eliade, ed. Vol. 8. pp. 149–157. New York: Macmillan.

Colarusso, John

2002 Nart Sagas from the Caucasus: Myths and Legends from the Circassians, Abazas, Abkhaz, and Ubykhs. Assembled, translated, and annotated by John Colarusso with the assistance of B. George Hewitt et al. Princeton, NJ: Princeton University Press.

Collis, John Stewart
1989 Christopher Columbus. London: Sphere Books.

Colwell, Max
1976 Australian Pioneer Horses. *In* The Great Book of Australian Horses. pp. 19–26. Sydney: Rigby.

Comrie, Bernard, Stephen Matthews, and Maria Polinsky
1996 The Atlas of Languages: The Origin and Development of Languages Throughout the World. London: Quarto.

Cook, B. F.
1984 The Elgin Marbles. London: British Museum Publications.

Cook, Elizabeth
1997 The Stupa: Sacred Symbol of Enlightenment. Berkeley, CA: Dharma.

Cook, J. M.
1993 The Rise of the Achaemenids and the Establishment of Their Empire. *In* The Cambridge History of Iran. Vol. 2, The Median and Achaemenian Periods. Ilya Gershevitch, ed. pp. 200–291. Cambridge: Cambridge University Press.

Cooper, John M.
1963 The Southern Hunters: An Introduction. *In* The Handbook of South American Indians. Julian H. Steward, ed. Vol. 1, The Marginal Tribes. pp. 13–15. New York: Cooper Square.

Cotterell, Arthur
2004 Chariot: The Astounding Rise and Fall of the World's First War Machine. London: Random House, Pimlico.

Creel, Herrlee Glessna
1965 The Role of the Horse in Chinese History. American Historical Review 70(3): 647–672.

Crone, Patricia
1996 The Rise of Islam in the World. *In* The Cambridge Illustrated History of the Islamic World. Francis Robinson, ed. pp. 2–31. Cambridge: Cambridge University Press.

Crosby, Alfred W., Jr.
1972 The Columbian Exchange: Biological and Cultural Consequences of 1492. Westport, CT: Greenwood.

Curtin, Philip D.
1970 The Islamic World. Morristown, NJ: Silver Burdett.

Dallal, Ahmad
1999 Science, Medicine, and Technology: The Making of a Scientific Culture. *In* The Oxford History of Islam. John L. Esposito, ed. pp. 155–213. Oxford: Oxford University Press.

D'Altroy, Terence N.
2002 The Inkas. Malden, MA: Blackwell.

Daniel, Elton L.
2001 The History of Iran. Westport, CT: Greenwood Press.

Davidson, Olga M.

    1994 Poet and Hero in the Persian Book of Kings. Ithaca, NY: Cornell University Press.

Dean, Christopher

    1987 Arthur of England: English Attitudes to King Arthur and the Knights of the Round Table in the Middle Ages and the Renaissance. Toronto: University of Toronto Press.

De Chasca, Edmund

    1976 The Poem of the Cid. Boston: Twayne.

Denevan, William M., ed.

    1992 The Native Population of the Americas in 1492. 2nd edition. Madison: University of Wisconsin Press.

Dent, A.

    1974 The Horse Through Fifty Centuries of Civilization. London: Phaidon Press.

Detienne, Marcel

    1987 Orpheus. In The Encyclopedia of Religion. Mircea Eliade, ed. Vol. 11. pp. 111–114. New York: Macmillan.

Devambez, Pierre

    1970 Dictionary of Ancient Greek Civilization. London: Methuen.

Diakonoff, I. M.

    1993 Media. In The Cambridge History of Iran. Vol. 2, The Median and Achaemenian Periods. Ilya Gershevitch, ed. pp. 36–148. Cambridge: Cambridge University Press.

Diamond, Jared

    1999 Guns, Germs, and Steel. New York: Norton.

Diaz, Bernal

    1974 The Conquest of New Spain. Translated by J. M. Cohen. Harmondsworth, Middlesex: Penguin Books.

Dietz, Ute Luise

    2003 Horseback Riding: Man's Access to Speed. In Prehistoric Steppe Adaptation and the Horse. Marsha Levine, Colin Renfrew, and Katie Boyle, eds. pp. 189–199. Cambridge: Macdonald Institute for Archaeological Research, University of Cambridge.

Dillehay, Tom D.

    2000 The Settlement of the Americas: A New Prehistory. New York: Basic Books.

Dodds, Jerrilynn D.

    1992 The Great Mosque of Cordoba. In Al Andalus: The Art of Islamic Spain. Jerrilynn D. Dodds, ed. pp. 11–25. New York: Metropolitan Museum of Art.

Donner, Fred McGraw

    1981 The Early Islamic Conquests. Princeton: Princeton University Press.

    1999 Muhammad and the Caliphate: Political History of the Islamic Empire up to the Mongol Conquest. In The Oxford History of Islam. John L. Esposito, ed. pp. 1–61. Oxford: Oxford University Press.

Drews, Robert

    2004 Early Riders: The Beginnings of Mounted Warfare in Asia and Europe. New York: Routledge, Taylor and Francis Group.

Drower, M. S.

    1969 The Domestication of the Horse. In The Domestication and Exploitation of Plants and Animals. Proceedings of a meeting of the Research Seminar in Archaeology and

Related Subjects held at the Institute of Archaeology, London University. Peter J. Ucko and G. W. Dimbleby, eds. pp. 471–476. Chicago: Aldine.

Dumezil, Georges
1930 Legendes sur les Nartes. Paris: Institut d'Etudes Slaves.

Duncan, Patrick, and Chris Gakahu
1992 Plains Zebras (*Equus burchelli* Gray). *In* Zebras, Asses, and Horses: An Action Plan for the Conservation of Wild Equids. Patrick Duncan, ed. pp. 12–15. Gland, Switzerland: International Union for Conservation of Nature and Natural Resources.

Duncan, Patrick, Oliver Ryder, Cheryl Asa, and Claudia Feh
1992 The Nature and Value of Zebras, Asses, and Horses. *In* Zebras, Asses, and Horses: An Action Plan for the Conservation of Wild Equids. Patrick Duncan, ed. pp. 1–5. Gland, Switzerland: International Union for Conservation of Nature and Natural Resources.

Dundes, Alan, and Alessandro Falassi
1975 La Terra in Piazza: An Interpretation of the Palio of Siena. Berkeley: University of California Press.

Dupuy, Trevor Nevitt
1969 The Military Life of Genghis, Khan of Khans. New York: Franklin Watts.

Durant, Will
1950 The Age of Faith. New York: MJF Books.
1966 The Life of Greece. New York: MJF Books.
1971 Caesar and Christ. New York: MJF Books.

Edbury, Peter
1999 The Latin East. *In* The Oxford History of the Crusades. Jonathan Riley-Smith, ed. pp. 291–322. Oxford: Oxford University Press.

Edsman, Carl Martin
1987 Fire. *In* The Encyclopedia of Religion. Mircea Eliade, ed. Vol. 5. pp. 340– 346. New York: Macmillan.

Egg, Markus
1996 Das Hallstattzeitliche Furstengrab von Strettweg bei Judenburg in der Obersteiermark. Mainz: Romisch-Germanisches Zentralmuseum Forschunginsitut fur Vor- und Fruhgeschichte in Verbindung mit dem Steiermarkischen Landesmuseum Joanneum, Graz.

Enan, Muhammad Abdullah
1940 Decisive Moments in the History of Islam. Lahore: Shaikh Muhammad Ashraf, Kashmiri Bazar.

Eqbal, Zahra
1979 Elegy in the Qajar Period. *In* Taziyeh: Ritual and Drama in Iran. Peter J. Chelkowski, ed. pp. 193–209. New York: New York University Press; Soroush Press.

Ewers, John C.
1969 The Horse in the Blackfoot Indian Culture with Comparative Material from Other Western Tribes. Washington, DC: Smithsonian Institution Press.

Fagan, Brian M.
1986 People of the Earth: An Introduction to World Prehistory. Boston: Little, Brown.
1991 Ancient North America: The Archaeology of a Continent. New York: Thames and Hudson.

Fakhry, Majid
    1999 Philosophy and Theology from the Eighth Century CE to the Present. *In* The Oxford History of Islam. John L. Esposito, ed. pp. 269–303. Oxford: Oxford University Press.
Falassi, Alessandro, and Luca Betti, eds.
    2003 Il Palio: La Festa della Citta. Siena: Betti Editrice.
Falassi, Alessandro, and Giuliano Catoni
    1983 Palio. Milano: Electa Editrice.
Farb, Peter
    1971 Man's Rise to Civilization: As Shown by the Indians of North America from Primeval Times to the Coming of the Industrial State. New York: Avon Books.
Fehrenbach, T. R.
    1974 Comanches: The Destruction of a People. New York: Knopf.
Findly, Ellison Banks
    1987 Agni. *In* The Encyclopedia of Religion. Mircea Eliade, ed. Vol. 1. pp. 133–135. New York: Macmillan.
Flemings, Merton C.
    2002 Traveling Technologies. *In* Along the Silk Road. Elizabeth Ten Grotenhuis, ed. pp. 107–121. Washington, DC: Arthur M. Sackler Gallery, Smithsonian Institution; Seattle: University of Washington Press.
Fletcher, Richard
    1992 Moorish Spain. London: Weidenfeld and Nicolson.
Foltz, Richard C.
    2000 Religions of the Silk Road: Overland Trade and Cultural Exchange from Antiquity to the Fifteenth Century. New York: St. Martin's Griffin.
Forbes, Robert James
    1956 Roman Control of Roads and Traffic. *In* A History of Technology. Charles Singer, E. J. Holmyard, A. R. Hall, and Trevor L. Williams, eds. Vol. 2, The Mediterranean Civilizations and the Middle Ages, c. 700 BC to c. AD 1500. Part 4, Roads and Land Travel. pp. 512–516. Oxford: Oxford at the Clarendon Press.
Forey, Alan
    1999 The Military Orders, 1120–1312. In The Oxford History of the Crusades. Jonathan Riley-Smith, ed. pp. 176–210. Oxford: Oxford University Press.
Friday, Karl F.
    2003 Beyond Valor and Bloodshed: The Arts of War as a Path to Serenity. *In* Knight and Samurai: Actions and Images of Elite Warriors in Europe and East Asia. Rosemarie Deist, ed. pp. 1–13. Goppingen: Kummerle Verlag.
Friedman, Thomas L.
    2005 The World Is Flat: A Brief History of the Twenty-First Century. New York: Farrar, Straus and Giroux.
Frye, Richard Nelson
    1953 Iran. New York: Henry Holt and Co.
    1975 The Samanids. *In* The Cambridge History of Iran. Vol. 4. R. N. Frye, ed. pp. 136–161. Cambridge: Cambridge University Press.
    2001 The Heritage of Central Asia: From Antiquity to the Turkish Expansion. Princeton, NJ: Markus Wiener.

Fuchs, Stephen
1996 The Vedic Horse Sacrifice in Its Culture-Historical Relations. New Delhi: Inter-India.
Gamkrelizde, T. V., and V. V. Ivanov
1983 The Migration of Tribes Speaking the Indo-European Dialects from Their Original Homeland in the Near East to Their Historical Habitations in Eurasia. Soviet Studies in History 22(1–2): 53–95.
Garlake, Peter
1990 The Kingdoms of Africa. New York: Peter Bedricks Books.
Geoffroy-Schneiter, Berenice
2001 Gandhara: The Memory of Afghanistan. New York: Assouline.
Gerhold, Dorian
1993 Road Transport Before the Railways: Russell's London Flying Waggons. Cambridge: Cambridge University Press.
2005 Carriers and Coachmasters: Trade and Travel before the Turnpikes. Shopwyke Manor Barn, Chichester: Phillimore.
Gies, Joseph, and Frances Gies
1972 Merchants and Moneymen: The Commercial Revolution, 1000–1500. New York: Crowell.
Gille, Bertrand
1969 The Problem of Transportation. In A History of Technology and Invention: Progress Through the Ages. Maurice Daumas, ed. Vol. 1, The Origins of Technological Civilization. Part 6, Medieval Age of the West (Fifth Century to 1350). Chapter 16, Land Transportation. pp. 431–436. Translated by Eileen B. Hennessy. New York: Crown.
Gille, Paul
1969a Land Transportation. In A History of Technology and Invention: Progress Through the Ages. Maurice Daumas, ed. Vol. 2, The First Stages of Mechanization. Section 3, Land and Water Transportation. pp. 344–360. Translated by Eileen B. Hennessy. New York: Crown.
1969b Weaponry 1500–1700. In A History of Technology and Invention: Progress Through the Ages. Maurice Daumas, ed. Vol. 2, The First Stages of Mechanization. Section 5, Military Techniques. pp. 473–492. Translated by Eileen B. Hennessy. New York: Crown.
Gillingham, John
1999 Richard I. New Haven, CT: Yale University Press.
Gimbutas, Marija
1997a The Fall and Transformation of Old Europe. In The Kurgan Culture and the Indo-Europeanization of Europe: Selected Articles from 1952 to 1993. Miriam Robbins Dexter and Karlene Jones-Bley, eds. pp. 351–372. Journal of Indo-European Studies Monograph, 18. Washington, DC: Institute for the Study of Man.
1997b Proto-Indo-European Culture: The Kurgan Culture During the Fifth, Fourth, and Third Millennia BC. In The Kurgan Culture and the Indo- Europeanization of Europe: Selected Articles from 1952 to 1993. Miriam Robbins Dexter and Karlene Jones-Bley, eds. pp. 75–117. Journal of Indo- European Studies Monograph, 18.Washington, DC: Institute for the Study of Man.

Glubb, John Bagot
    1964 The Great Arab Conquests. Englewood Cliffs, NJ: Prentice-Hall.
Gnoli, Gherardo
    1987a Iranian Religions. In The Encyclopedia of Religion. Mircea Eliade, ed. Vol. 7. pp. 277–280. New York: Macmillan.
    1987b Zoroastrianism. In The Encyclopedia of Religion. Mircea Eliade, ed. Vol. 15. pp. 579–591. New York: Macmillan.
    1987c Frashokereti. In The Encyclopedia of Religion. Mircea Eliade, ed. Vol. 5. pp. 412–413. New York: Macmillan.
Golden, Peter B.
    1990 The Peoples of the South Russian Steppes. In The Cambridge History of Early Inner Asia. Denis Sinor, ed. pp. 256–284. Cambridge: Cambridge University Press.
Goodenough, Ward H.
    1970 The Evolution of Pastoralism and Indo-European Origins. In Indo-European and Indo-Europeans: Papers presented at the Third Indo-European Conference at the University of Pennsylvania. George Cardona, Henry Hoenigswald, and Alfred Senn, eds. pp. 253–265. Philadelphia: University of Pennsylvania Press.
Gordon, Raymond, Jr.
    2005 Ethnologue: Languages of the World. 15th edition. Dallas, TX: SIL International.
Gottheil, Richard J. H.
    1900 Persian Literature; Comprising the Shah Nameh, the Rubaiyat, the Divan and the Gulistan. With special introduction by Richard J. H. Gottheil, Ph.D. Vol. 1. London: Colonial Press.
Goudineau, Christian
    2001 Le Dossier Vercingetorix. Paris: Actes Sud/Errance.
Grabar, Oleg
    1992 Islamic Spain, the First Four Centuries: An Introduction. In Al Andalus: The Art of Islamic Spain. Jerrilynn D. Dodds, ed. pp. 3–9. New York: Metropolitan Museum of Art.
Granzotto, Gianni
    1985 Christopher Columbus. Translated by Stephen Sartarelli. Garden City, NY: Doubleday.
Greenhalgh, P. A. L.
    1973 Early Greek Warfare: Horsemen and Chariots in the Homeric and Archaic Ages. Cambridge: Cambridge University Press.
Griffith, Ralph T. H.
    1889 Hymns of the Rgveda. 2 vols. Delhi: Munshiram Manoharlal.
Grotenhuis, Elizabeth Ten
    2002 Introduction: The Silk Road, Ancient and Contemporary. In Along the Silk Road. Elizabeth Ten Grotenhuis, ed. pp. 15–23. Washington, DC: Arthur M. Sackler Gallery, Smithsonian Institution; Seattle: University of Washington Press.
Grousset, Rene
    1966 Conqueror of the World. Translated from French by Marian McKellar and Denis Sinor, with preface, notes, and bibliography by Denis Sinor. New York: Orion Press.
    1970 The Empire of the Steppes: A History of Central Asia. Translated from French by

Naomi Walford. New Brunswick, NJ: Rutgers University Press.

Gurney, O. R.
1975 The Hittites. London: Penguin Books, Allen Lane.

Guttentag, Marcia, and Paul F. Secord
1983 Too Many Women? The Sex Ratio Question. Beverly Hills, CA: Sage.

Halsall, Guy
203 Warfare and Society in the Barbarian West 450–900. London: Routledge, Taylor and Francis Group.

Hanaway, William L., Jr.
1979 Stereotyped Imagery in the *Taziyeh*. In *Taziyeh*: Ritual and Drama in Iran. Peter J. Chelkowski, ed. pp. 182–192. New York: New York University Press; Soroush Press.

Harmatta, J.
1992 The Emergence of the Indo-Iranians: The Indo Iranian Languages. *In* History of Civilizations of Central Asia. A.H. Dani and V. M. Masson, eds. Vol. 1, The Dawn of Civilization: Earliest Times to 700 BC. pp. 357–378. Paris: UNESCO.

Harper, Prudence O.
2007 Silver Vessels. *In* Glass, Gilding, and Grand Design: Art of Sassanian Iran (224–642). Francoise Demange, ed. pp. 24–28. New York: Asia Society.

Harris, David R.
1996 The Origins and Spread of Agriculture and Pastoralism in Eurasia: an Overview. *In* The Origins and Spread of Agriculture and Pastoralism in Eurasia. David R. Harris, ed. pp. 552–573. London: University College London Press.

Harris, Victor, and Nobuo Ogasawara
1990 Swords of the Samurai. London: British Museum Publications.

Harrison, Richard J.
1980 The Beaker Folk: Copper-Age Archaeology in Western Europe. London: Thames and Hudson.

Hartog, Leo de
2004 Genghis Khan: Conqueror of the World. London: Tauris Parke Paperbacks.

Hassig, Ross
1994 Mexico and the Spanish Conquest. London: Longman.

Hausler, Alexander
2000 Review of Anreiter 1998. Indogermanische Forschungen 105:310–313.

Haywood, John
2001 The Historical Atlas of the Celtic World. London: Thames and Hudson.

Heers, Jacques
2003 Les negriers en terres d'islam: La premiere traite des Noirs VIIᵉ–XVIᵉ siecle. Paris: Perrin.

Heesterman, Jan C.
1987 Vedism and Brahmanism. *In* The Encyclopedia of Religion. Mircea Eliade, ed. Vol. 15. pp. 217–242. New York: Macmillan.

Herodotus
2003 The Histories. Translated by Aubrey de Selincourt. Revised by John Marincola. London: Penguin Books.

Hiebert, Frederik T.

1998 Central Asians on the Iranian Plateau: A Model for Indo-Iranian Expansion. *In* The Bronze Age and Early Iron Age Peoples of Eastern Central Asia. Victor H. Mair, ed. Vol. 1, Archeology, Migration and Nomadism, Linguistics. pp. 148–161. Journal of Indo-European Studies Monograph, 26, in 2 vols. Washington, DC: Institute for the Study of Man; Philadelphia: University of Pennsylvania Museum Publications.

Hildinger, Erik
2001 Warriors of the Steppe: A Military History of Central Asia, 500 BC to 1799 AD. Cambridge, MA: Da Capo Press.

Hill, D. R.
1975 The Role of the Camel and the Horse in Early Arab Conquests. *In* War, Technology and Society in the Middle East. V. J. Parry and M. E. Yapp, eds. pp. 32–43. London: Oxford University Press.

Hillenbrand, Robert
2002 The Arts of the Book in Ilkhanid Iran. *In* Legacy of Genghis Khan: Courtly Art and Culture in Western Asia. Linda Komaroff and Stefano Carboni, eds. pp. 134–167. New York: Metropolitan Museum of Art; New Haven, CT: Yale University Press.

Hiltebeitel, Alf
1987 Mahabharata. *In* Encyclopedia of Religion. Mircea Eliade, ed. Vol. 9. pp. 118–119. New York: Macmillan.

Hitti, Philip K.
2002 History of the Arabs. New York: Palgrave Macmillan.

Hobson, John H.
2004 The Eastern Origins of Western Civilization. Cambridge: Cambridge University Press.

Homayouni, Sadegh
1976 *Taziyeh* in Iran. Shiraz, Iran: Navid.

Hopkins, Andrea
2004 A Chronicle History of Knights. New York: Barnes and Noble Books.

Hosler, Dorothy
1994 The Sounds and Colors of Power: The Sacred Metallurgical Technology of Ancient West Mexico. Cambridge, MA: MIT Press.

Houpt, Katherine A., and Lee Boyd
1994 Social Behavior. *In* Przewalski's Horse: The History and Biology of an Endangered Species. Lee Boyd and Katherine A. Houpt, eds. pp. 229–254. Albany: State University of New York Press.

Housley, Norman
1999 The Crusading Movement, 1274–1700. *In* The Oxford History of the Crusades. Jonathan Riley-Smith, ed. pp. 258–290. Oxford: Oxford University Press.

Howarth, Patrick
1994 Attila, King of the Huns: Man and Myth. London: Constable.

Howarth, Stephen
1993 The Knights Templar. New York: Barnes and Noble.

Hrbek, I.
1977 Egypt, Nubia and the Eastern Deserts. *In* The Cambridge History of Africa. J. D. Fage and Roland Oliver, general eds. Vol. 3, From c. 1050 to c. 1600. Roland Oliver, ed.

pp. 10–97. Cambridge: Cambridge University Press.

Hrbek, I., and J. Devisse

1988 The Almoravids. *In* General History of Africa. Vol. 3, Africa from the Seventh to the Eleventh Century. M. Elfasi, ed. pp. 336–366. Paris: United Nations Educational, Scientific, and Cultural Organization.

Hulbert, Richard C., Jr.

1996 The Ancestry of the Horse. *In* Horses Through Time. Sandra L. Olsen, ed. pp. 11–34. Boulder, CO: Roberts Rinehart.

Humayuni, Sadeq

1979 An Analysis of the *Taziyeh* of Qasem. *In Taziyeh*: Ritual and Drama in Iran. Peter J. Chelkowski, ed. pp. 12–23. New York: New York University Press; Soroush Press.

Humphrey, John H.

1986 Roman Circuses: Arenas for Chariot Racing. Berkeley: University of California Press.

Humphreys, Eileen

1991 The Royal Road: A Popular History of Iran. London: Scorpion.

Huettel, Hans-Georg

1981 Bronzezeitlichen Trensen in Mittel- und Osteuropa. Munich: Beck (Prahistorische Bronzefunde 16, 2).

1994 Zur archaologischen Evidenz der Pferdenutzung in der Kupfer- und Bronzezeit. *In* Die Indogermanen und das Pferd. Bernhard Hansel and Stefan Zimmer, eds. pp. 197–215. Budapest: Archaeolingua.

Hyland, Ann

1990 Equus: The Horse in the Roman World. London: Batsford.

1994 The Medieval Warhorse from Byzantium to the Crusades. Stroud, Gloucestershire: Sutton.

2003 The Horse in the Ancient World. Stroud, Gloucestershire: Sutton.

Inalcik, Halil

1989 The Ottoman Empire: The Classical Age 1300–1600. Translated by Norman Itzkowitz and Colin Imber. New Rochelle, NY: Aristide D. Caratzas; Orpheus.

Irwin, Robert

1996 The Emergence of the Islamic World System 1000–1500. *In* The Cambridge Illustrated History of the Islamic World. Francis Robinson, ed. pp. 32–61. Cambridge: Cambridge University Press.

1999 Islam and the Crusades. *In* The Oxford History of the Crusades. Jonathan Riley-Smith, ed. pp. 211–257. Oxford: Oxford University Press.

Jacobson, Esther

1993 The Deer Goddess of Ancient Siberia: A Study in the Ecology of Belief. Leiden, The Netherlands: Brill.

Jansen, T., P. Forster, M. A. Levine, H. Oelke, M. Hurles, C. Renfrew, J. Weber, and K. Olek

2002 Mitochondrial DNA and the Origins of the Domestic Horse. Proceedings of the National Academy of Sciences, USA 99:10905–10910.

Jones, Kristine L.

1999 Warfare, Reorganization, and Readaption at the Margins of Spanish Rule: The Southern Margins (1573–1882). *In* The Cambridge History of the Native Peoples of the Americas. Frank Salomon and Stuart B. Schwartz, eds. Vol. 3, South America – Part 2.

pp. 138–187. Cambridge: Cambridge University Press.

Jope, E. M.

1956 Vehicles and Harness. *In* A History of Technology. Charles Singer, E. J. Holmyard, A. R. Hall, and Trevor L. Williams, eds. Vol. 2, The Mediterranean Civilizations and the Middle Ages, c. 700 BC to c. AD 1500. pp. 537–562. Oxford: Oxford at the Clarendon Press.

Joshi, M. C.

1996 Foreword. *In* Stupa and Its Technology: A Tibeto-Buddhist Perspective. Pema Dorjee, author. pp. vii–xiv. New Delhi: Indira Gandhi National Centre for the Arts and Motilal Banarsidass.

Kalter, Johannes

1997 Aspects of Equestrian Culture. *In* Heirs to the Silk Road: Uzbekistan. Johannes Kalter and Margareta Pavaloi, eds. pp. 168–187. London: Thames and Hudson.

Kaplan, Robert

2000 The Nothing That Is: A Natural History of Zero. Oxford: Oxford University Press.

Keeley, Lawrence H.

1996 War Before Civilization. New York: Oxford University Press.

Kennedy, Hugh

2001 The Armies of the Caliphs: Military and Society in the Early Islamic State. London: Routledge.

2004 The Court of the Caliphs: The Rise and Fall of Islam's Greatest Dynasty. London: Weidenfeld and Nicolson.

2007 Great Arab Conquests: How the Spread of Islam Changed the World We Live In. Philadelphia: Da Capo Press.

Khazanov, Anatoly M.

1984 Nomads and the Outside World. Translated by Julia Crookenden. Cambridge: Cambridge University Press.

King, John

1998 Kingdoms of the Celts: A History and a Guide. London: Blandford.

Kinross, Patrick Balfour, with the editors of Newsweek Book Division.

1972 Hagia Sophia. New York: Newsweek.

Knowles, John, and Simon Wakefield

1992 Przewalski's Horse. *In* Zebras, Asses, and Horses: An Action Plan for the Conservation of Wild Equids. Patrick Duncan, ed. pp. 21–23. Gland, Switzerland: International Union for Conservation of Nature and Natural Resources.

Kohler-Rollefson, Ilse

1996 The One-Humped Camel in Asia: Origin, Utilization and Mechanisms of Dispersal. *In* The Origins and Spread of Agriculture and Pastoralism in Eurasia. David R. Harris, ed. pp. 282–294. London: University College London Press.

Komaroff, Linda

2002 The Transmission and Dissemination of a New Visual Language. *In* Legacy of Genghis Khan: Courtly Art and Culture in Western Asia. Linda Komaroff and Stefano Carboni, eds. pp. 168–195. New York: Metropolitan Museum of Art; New Haven, CT: Yale University Press.

Kozlowski, Janusz K., and Stefan K. Kozlowski

1986 Foragers of Central Europe and Their Acculturation. *In* Hunters in Transition: Mesolithic Societies of Temperate Eurasia and Their Transition to Farming. Marek Zvelebil, ed. pp. 95–108. Cambridge: Cambridge University Press.

Kristiansen, Kristian, and Thomas B. Larsson

2005 The Rise of Bronze Age Society: Travels, Transmissions, and Transformations. Cambridge: Cambridge University Press.

Kuwayama, Shoshin

1997 A Hidden Import from Imperial Rome Manifest in Stupas. *In* Gandharan Art in Context: East-West Exchanges at the Crossroads of Asia. Raymond Allchin, Bridget Allchin, Neil Kreitman, and Elizabeth Errington, eds. pp. 119–171. Published for the Ancient India and Iran Trust, Cambridge. New Delhi: Regency.

Kuzmina, Elena E.

2000 The Eurasian Steppes: The Transition from Early Urbanism to Nomadism. *In* Kurgans, Ritual Sites, and Settlements: Eurasian Bronze and Iron Age. Jeannine Davis-Kimball, Eileen M. Murphy, Ludmilla Koryakova, and Leonid T. Yablonsky, eds. pp. 118–123. British Archaeological Reports International Series, 890. Oxford: Archaeopress.

2007 The Origin of the Indo-Iranians. J. P. Mallory, ed. Leiden: Brill.

2008 The Prehistory of the Silk Road. Victor H. Mair, ed. Philadelphia: University of Pennsylvania Press.

Lane Fox, Robin

1974 Alexander the Great. New York: Dial Press.

Langdon, John

1986 Horses, Oxen, and Technological Innovation: The Use of Draught Animals in English Farming from 1066 to 1500. Cambridge: Cambridge University Press.

Lanning, Edward P.

1967 Peru Before the Incas. Englewood Cliffs, NJ: Prentice Hall.

La Vaissiere, Etienne de

2002 Histoire des Marchands Sogdiens. Vol. 32. Paris: College de France, Institut des Hautes Etudes Chinoises.

Law, Robin

1980 The Horse in West African History: The Role of the Horse in the Societies of Pre-Colonial West Africa. Oxford: Oxford University Press.

Lawergren, Bo

1992 The Ancient Harp of Pazyryk: A Bowed Instrument? *In* Foundations of Empire: Archeology and Art of the Eurasian Steppes. Proceedings of the Soviet-American Academic Symposia in Conjunction with the Museum Exhibitions. Gary Seaman, ed. Vol. 3, Nomads: Masters of the Eurasian Steppes. pp. 101–116. Los Angeles: Ethnographics Press, University of Southern California.

Lawrence, Bruce B.

1999 The Eastward Journey of Muslim Kingship: Islam in South and Southeast Asia. *In* The Oxford History of Islam. John L. Esposito, ed. pp. 395–431. Oxford: Oxford University Press.

Ledderose, Lothar

2001 The Magic Army of the First Emperor. In Qin Shihuang: The Terracotta Army of the

First Chinese Emperor. Catharina Blansdorf, Erwin Emmerling, and Michael Petzet, eds. pp. 273–307.Munich: Bayerisches Landesamt fur Denkmalpflege.

Ledyard, Gari
1975 Galloping Along with the Horseriders: Looking for the Founders of Japan. Journal of Japanese Studies 1:217–254.

Lefebvre des Noettes, Richard
1931 L'Attelage, le Cheval de Selle a Travers les Ages. Paris: Picard.

Lerner, Judith A.
2005 Aspects of Assimilation: The Funerary Practices and Furnishings of Central Asians in China. Sino-Platonic Papers 168:1–51.

Levi, Scott C.
2002 The Indian Diaspora in Central Asia and Its Trade, 1550–1900. Leiden: Brill.

Levine, Marsha.
1990 Dereivka and the Problem of Horse Domestication. Antiquity 64:727–740.
1999 The Origins of Horse Husbandry on the Eurasian Steppe. In Late Prehistoric Exploitation of the Eurasian Steppe. Marsha Levine, Yuri Rassamakin, Aleksandr Kislenko, and Nataliya Tatarintseva, eds. With an introduction by Colin Renfrew. pp. 5–58. Cambridge: Macdonald Institute for Archaeological Research.

Levtzion, Nehemia
1980 Ancient Ghana and Mali. New York: Holmes and Meier; Africana.
1985 The Early States of theWestern Sudan to 1500. In History of West Africa. J. F. A. Ajayi and Michael Crowder, eds. Vol. 1. pp. 129–166. Harlow, Essex: Longman Groups.
1999 Islam in Africa to 1800: Merchants, Chiefs, and Saints. In The Oxford History of Islam. John L. Esposito, ed. pp. 475–507. Oxford: Oxford University Press.

Lewis, Bernard
1967 The Assassins: A Radical Sect in Iran. London: Weidenfeld and Nicolson.

Lillys, William, ed.
1958 Persian Miniatures: The Story of Rustam. Rutland, VT: Tuttle.

Lincoln, Bruce
1991 Death, War, and Sacrifice: Studies in Ideology and Practice. Chicago: University of Chicago Press.

Littauer, Mary Aiken
2002a Rock Carvings of Chariots in Transcaucasia, Central Asia, and Outer Mongolia. In Selected Writings on Chariots, Other Early Vehicles, Riding and Harness. Peter Raulwing, ed. pp. 106–135. Leiden: Brill.
2002b The Function of the Yoke Saddle in Ancient Harnessing. In Selected Writings on Chariots, Other Early Vehicles, Riding and Harness. Peter Raulwing, ed. pp. 479–486. Leiden: Brill.
2002c The Military Use of the Chariot in the Aegean in the Late Bronze Age. In Selected Writings on Chariots, Other Early Vehicles, Riding and Harness. Peter Raulwing, ed. pp. 75–99. Leiden: Brill.
2002d Early Stirrups. In Selected Writings on Chariots, Other Early Vehicles, Riding and Harness. Peter Raulwing, ed. pp. 439–451. Leiden: Brill.

Littauer, Mary Aiken, and Joost H. Crouwel
1977 The Origin and Diffusion of the Cross-Bar Wheel? Antiquity 51:95–105.

1979 Wheeled Vehicles and Ridden Animals in the Ancient Near East. Drawings by Jaap Morel. Leiden: Brill.

1985 Chariots and Related Equipment from the Tomb of Tut'ankhamūn. Tut'ankhamūn's Tomb Series, 8. J. R. Harris, general ed. Oxford: Griffith Institute.

2002 The Origin of the True Chariot. *In* Selected Writings on Chariots, Other Early Vehicles, Riding and Harness. Peter Raulwing, ed. pp. 45–52. Leiden: Brill.

Littleton, C. Scott

1979 The Holy Grail, the Cauldron of Annwn and the Nartyamonga: A Further Note on the Sarmatian Connection. Journal of American Folklore 92:326–333.

1982 From Swords in the Earth to the Sword in the Stone: A Possible Reflection of an Alano-Sarmatian Rite of Passage in the Arthurian Tradition. *In* Homage to Georges Dumezil. Edgar C. Polome, ed. Journal of Indo-European Studies Monograph, 3. pp. 53–67. Washington, DC: Institute for the Study of Man.

1995 Yamato-Takeru: "Arthurian" Hero in Japanese Tradition. Asian Folklore Studies 54(2):259–274.

Littleton, C. Scott, and Linda A. Malcor

1994 From Scythia to Camelot: A Radical Reassessment of the Legends of King Arthur, the Knights of the Round Table, and the Holy Grail. New York: Garland.

Litton, Helen 1997 The Celts: An Illustrated History. Dublin: Wolfhound Press.

Litvinskii, B. A.

1987 Prehistoric Religions: The Eurasian Steppes and Inner Asia. *In* The Encyclopedia of Religion. Mircea Eliade, ed. Vol. 11. pp. 516–522. New York: Macmillan.

Lockhart, Laurence, and John A. Boyle

1978 From the Islamic Conquest to the Qajars. *In* Persia: History and Heritage. John. A, Boyle, ed. pp. 31–48. London: Henry Melland; British Institute of Persian Studies.

Long, J. Bruce

1987 Reincarnation. *In* The Encyclopedia of Religion. Mircea Eliade, ed. Vol. 12. pp. 265–269. New York: Macmillan.

Longfellow, Henry Wadsworth

2006 Paul Revere's Ride. *In* The Oxford Book of American Poetry. Chosen and edited by David Lehman. John Brehm, assoc. ed. pp. 47–50. Oxford: Oxford University Press.

Lu, Liancheng

1993 Chariot and Horse Burials in Ancient China. Antiquity 67:824–838.

Lubinski, Kurt

1928 Bei den Schamanen der Ursibirier der Kampf der Sowjetunion gegen den Medizinman. Berliner Illustrirte Zeitung, November 25.

Lugli, Giuseppe

1968 Nero's Golden House and the Trajan Baths. Translated by John Tickner. Rome: Bardi Editore.

Luttrell, Anthony

1999 The Military Orders, 1312–1798. *In* The Oxford History of the Crusades. Jonathan Riley-Smith, ed. pp. 323–362. Oxford: Oxford University Press.

MacDonald, Brian W.

1997 Tribal Rugs: Treasures of the Black Tent. Woodbridge, Suffolk: Antique Collectors' Club.

Macdonald, K. S.
   1982 The Vedic Religion: Or the Creed and Practice of the Indo-Aryans 3,000 Years Ago. Calcutta: Sanskrit Pustak Bhandar.
MacDonald, William Lloyd
   1962 Early Christian and Byzantine Architecture. New York: George Braziller.
   1965 The Architecture of the Roman Empire. Vol. 1, An Introductory Study. New Haven: Yale University Press.
   1976 The Pantheon: Design, Meaning, and Progeny. Cambridge, MA: Harvard University Press.
MacFadden, Bruce J.
   1992 Fossil Horses: Systematics, Paleobiology, and Evolution of the Family Equidae. New York: Cambridge University Press.
Macqueen, J. G.
   1996 The Hittites and Their Contemporaries in Asia Minor. London: Thames and Hudson.
Maddin, Robert, ed.
   1988 Preface. In The Beginning of the Use of Metals and Alloys: Papers from the Second International Conference on the Beginning of the Use of Metals and Alloys, Zhengzhou, China, 21–26 October 1986. pp. xiii–xiv. Cambridge, MA: MIT Press.
Maekawa, Kazuya
   2006 The Donkey and the Persian Onager in Late Third Millennium BC Mesopotamia and Syria: A Rethinking. Journal of West Asian Archaeology 7(March):1–19.
Mahjub, Muhammad Jafar
   1979 The Effect of the European Theatre and the Influence of its Theatrical Methods upon Taziyeh. In Taziyeh: Ritual and Drama in Iran. Peter J. Chelkowski, ed. pp. 137–153. New York: New York University Press; Soroush Press.
Mahoney, Dhira B.
   2000 Introduction and Comparative Table of Medieval Texts. In The Grail: A Casebook. Dhira B. Mahoney, ed. pp. 1–115. New York: Garland.
Mair, Victor H.
   1998 Review of From Scythia to Camelot. Religion 28(3):294–300.
   2003 The Horse in Late Prehistoric China: Wrestling Culture and Control from the "Babarians." In Prehistoric Steppe Adaptation and the Horse. Marsha Levine, Colin Renfrew, and Katie Boyle, eds. pp. 163–187. Cambridge: Macdonald Institute for Archaeological Research, University of Cambridge.
   2005 The North(west)ern Peoples and the Recurrent Origins of the "Chinese" State. In The Teleology of the Modern Nation-State: Japan and China. Joshua A. Fogel, ed. pp. 46–84. Philadelphia: University of Pennsylvania Press.
   2007 Horse Sacrifices and Sacred Groves Among the North(west)ern Peoples of East Asia. Ouya Xuekan (Eurasian Studies) 6(June):22–53.
Major Religions Ranked by Size
   2005 Electronic document, http://www.adherents.com, accessed December 15, 2008.
Mallory, J. P.
   1996 In Search of the Indo-Europeans: Language, Archaeology and Myth. London: Thames and Hudson.
Mallory, J. P., and D. Q. Adams

1997 Encyclopedia of Indo-European Culture. London: Fitzroy Dearborn.

Mallory, J. P., and Victor H. Mair

2000 The Tarim Mummies: Ancient China and the Mystery of the Earliest Peoples from the West. London: Thames and Hudson.

Malone, Kemp

1925 Artorius. Modern Philology 22:28–35.

Mamnoun, Parviz

1979 *Taziyeh* from the Viewpoint of the Western Theatre. In *Taziyeh*: Ritual and Drama in Iran. Peter J. Chelkowski, ed. pp. 154–166. New York: New York University Press; Soroush Press.

Man, John

2004 Genghis Khan: Life, Death and Resurrection. London: Bantam Press.

Marcus, Joyce

1992 Mesoamerican Writing Systems: Propaganda, Myth, and History in Four Ancient Civilizations. Princeton: Princeton University Press.

Margolis, Max L., ed.

1969 The Holy Scriptures. 2 vols. Philadelphia: Jewish Publication Society of America.

Martinez Diez, Gonzalo

2001 Los Templarios en los Reinos de Espana. Barcelona: Editorial Planeta.

Mason, J. Alden

1957 The Ancient Civilizations of Peru. Harmondsworth, Middlesex: Penguin Books.

Masuya, Tomoko

2002 Ilkhanid Courtly Life. *In* Legacy of Genghis Khan: Courtly Art and Culture in Western Asia. Linda Komaroff and Stefano Carboni, eds. pp. 74–103. New York: Metropolitan Museum of Art; New Haven: Yale University Press.

Matthews, John

1981 The Grail: Quest for the Eternal. London: Thames and Hudson.

Meaden, Terence

1997 Stonehenge: The Secret of the Solstice. London: Souvenir Press.

Melyukova, A. I.

1990 The Scythians and Sarmatians. *In* The Cambridge History of Early Inner Asia. Denis Sinor, ed. pp. 97–117. Cambridge:Cambridge University Press.

Moehlman, Patricia

1992 African Wild Asses (*Equus africanus* Fitzinger). *In* Zebras, Asses, and Horses: An Action Plan for the Conservation of Wild Equids. Patrick Duncan, ed. pp. 15–17. Gland, Switzerland: International Union for Conservation of Nature and Natural Resources.

Mohr, Erna

1971 The Asiatic Wild Horse: Equus przewalskii Poliakoff 1881. London: Allen.

Moorey, P. R. S.

1986 The Emergence of the Light Horse-Drawn Chariot in the Near East. World Archaeology 18:196–215.

1988 Early Metallurgy in Mesopotamia. *In* The Beginnings of the Use of Metals and Alloys: Papers from the Second International Conference on the Beginning of the Use of Metals and Alloys, Zhengzhou, China, 21–26 October 1986. Robert Maddin, ed. pp. 28–33. Cambridge, MA: MIT Press.

Moriarty, James R.
　　1982 Early Metallurgical Techniques in Southern Meso-America. *In* Metallurgy in Ancient Mexico. Warwick Bray, John L. Sorenson, and James R. Moriarty III, eds. N.p. Miscellaneous Series, 45. Greeley, CO: University of North Colorado, Museum of Anthropology.

Morris, Craig, and Adriana von Hagen
　　1993 The Inka Empire and Its Andean Origins. New York: Abbeville Press; American Museum of Natural History.

Mottahedeh, Roy
　　1975 The Abbasid Caliphate in Iran. *In* The Cambridge History of Iran. Vol. 4, The Period from the Arab Invasion to the Saljuqs. R. N. Frye, ed. pp. 57–89. Cambridge: Cambridge University Press.

Moule, A. C., and Paul Pelliot, trans.
　　1938 Travels of Marco Polo: The Description of the World (English and Latin). Translated and annotated by A. C. Moule and Paul Pelliot. London: Routledge.

Muhly, James D.
　　1988 The Beginnings of Metallurgy in the Old World. *In* The Beginning of the Use of Metals and Alloys: Papers from the Second International Conference on the Beginning of the Use of Metals and Alloys, Zhengzhou, China, 21–26 October 1986. Robert Maddin, ed. pp. 2–20. Cambridge, MA: MIT Press.

Murnane, William J.
　　2006 The History of Ancient Egypt: An Overview. *In* Civilizations of the Ancient Near East. Jack M. Sasson, ed. John Baines, Gary Beckman, and Karen S. Rubinson, assoc. eds. Vol. 2, Part 5, History and Culture. pp. 691–718. Peabody, MA: Hendrickson.

Mustamandy, Chaibai
　　1997 The Impact of Hellenised Bactria on Gandharan Art. *In* Gandharan Art in Context: East-West Exchanges at the Crossroads of Asia. Raymond Allchin, Bridget Allchin, Neil Kreitman, and Elizabeth Errington, eds. pp. 17–27. New Delhi: Regency. Published for the Ancient India and Iran Trust, Cambridge.

Needham, Joseph, with Wang Ling
　　1965 Science and Civilization in China. Vol. 4, Physics and Physical Technology. Part 2, Mechanical Engineering. Cambridge: Cambridge University Press.

Neils, Jenifer
　　1992 Goddess and Polis: The Panathenaic Festival in Ancient Athens. Hanover, NH: Hood Museum of Art, Dartmouth College; Princeton, NJ: Princeton University Press.
　　2001 The Parthenon Frieze. Cambridge: Cambridge University Press.

New York Times
　　1998 Week in Review, September 26.

Nicholson, Helen
　　2001 The Knights Templar: A New History. Stroud, Gloucestershire: Sutton.
　　2004 The Crusades. Westport, CT: Greenwood Press.

Nickel, Helmut
　　1974 The Dawn of Chivalry. The Metropolitan Museum of Art Bulletin 32(5):150–152.

Nicolle, David
　　1994 Yarmuk 636 AD: The Muslim Conquest of Syria. London: Osprey.

1997 Saracen Faris 1050–1250 AD. London: Osprey.

2001 Knight Hospitaller (I), 1100–1306. London: Osprey.

Nissen, Hans J.

2006 Ancient Western Asia Before the Age of Empires. *In* Civilizations of the Ancient Near East. Jack M. Sasson, ed. John Baines, Gary Beckman, and Karen S. Rubinson, assoc. eds. Vol. 2, Part 5, History and Culture. pp. 791–806. Peabody, MA: Hendrickson.

Novellie, Peter, Peter Lloyd, and Eugene Joubert

1992 Mountain Zebras (*Equus zebra L.*). *In* Zebras, Asses, and Horses: An Action Plan for the Conservation of Wild Equids. Patrick Duncan, ed. pp. 6–9. Gland, Switzerland: International Union for Conservation of Nature and Natural Resources.

Oates, Joan

2003 A Note on the Early Evidence for Horse and the Riding of Equids in Western Asia. *In* Prehistoric Steppe Adaptation and the Horse. Marsha Levine, Colin Renfrew, and Katie Boyle, eds. pp. 115–125. Cambridge: Macdonald Institute for Archaeological Research, University of Cambridge.

O'Flaherty, Wendy Doniger

1987a Indra. *In* The Encyclopedia of Religion. Mircea Eliade, ed. Vol. 7. pp. 214–215. New York: Macmillan.

1987b Horses. *In* The Encyclopedia of Religion. Mircea Eliade, ed. Vol. 6. pp. 463–468. New York: Macmillan.

Okladnikov, A. P.

1990 Inner Asia at the Dawn of History. *In* The Cambridge History of Early Inner Asia. Denis Sinor, ed. pp. 41–96. Cambridge: Cambridge University Press.

Oliver, Roland, and J. D. Fage

1966 A Short History of Africa. Harmondsworth, Middlesex: Penguin Books.

Olsen, Sandra L.

1996a Horse Hunters of the Ice Age. *In* Horses Through Time. Sandra L. Olsen, ed. pp. 35–56. Boulder, CO: Roberts Rinehart.

1996b Prehistoric Adaptation to the Kazak Steppes. *In* The Colloquia of the XIII International Congress of Prehistoric and Protohistoric Sciences. G. Afanasev, S. Cleuziou, J. Lukacs, and M. Tosi, eds. Vol. 16, The Prehistory of Asia and Oceania. pp. 49–60. Forli: A.B.A.C.O. Edizioni.

2003 The Exploitation of Horses at Botai, Kazakhstan. *In* Prehistoric Steppe Adaptation and the Horse. Marsha Levine, Colin Renfrew, and Katie Boyle, eds. pp. 83–103. Cambridge: Macdonald Institute for Archaeological Research, University of Cambridge.

2006 Early Horse Domestication: Weighing the Evidence. *In* Horses and Humans: The Evolution of Human-Equine Relationships. Sandra L. Olsen, Susan Grant, Alice M. Choyke, and Laszlo Bartosiewicz, eds. pp. 81–113. British Archaeological Reports International Series, 1560. Oxford: Archaeopress.

Onesti, Nicoletta Francovich

2002 I Vandali: Lingua e Storia. Rome: Carocci.

Onon, Urgunge

2001 The Secret History of the Mongols: The Life and Times of Chinggis Khan. Translated, edited, and with an introduction by Urgunge Onon. Richmond, Surrey: Curzon Press.

Owen, D. D. R.

1972 The Song of Roland: The Oxford Text. Translated from French. London: George Allen and Unwin.

1973 The Legend of Roland: A Pageant of the Middle Ages. London: Phaidon Press.

Owen, David I.

1991 The "First Equestrian": An Ur III Glyptic Scene. Acta Sumerologica 13:259–273.

Ozigboh, Ikenga R. A.

2002 An Introduction to the Religion and History of Islam. Enugu, Nigeria: Fourth Dimension.

Padgett, J. Michael

2003 The Centaur's Smile: The Human Animal in Early Greek Art. Princeton: Princeton University Art Museum. Distributed by New Haven, CT: Yale University Press.

Pare, C. F. E.

1992 Wagons and Wagon Graves of the Early Iron Age in Central Europe. Oxford University Committee for Archaeology Monograph 35. Oxford: Oxford University Committee for Archaeology..

Parpola, Asko

1988 The Coming of the Aryans to Iran and India and the Cultural and Ethnic Identity of the Dasas. International Journal of Dravidian Linguistics 17(2):85–229.

1995 The Problem of the Aryans and the Soma: Textual-linguistic and Archaeological Evidence. In The Indo-Aryans of Ancient South Asia: Language, Material Culture, and Ethnicity. George Erdosy, ed. pp. 353–381. New York: Walter de Gruyter.

1999 The Formation of the Aryan Branch of Indo-European. In Archaeology and Language. Vol. 3, Artefacts, Languages, and Texts. Roger Blench and Matthew Spriggs, eds. pp. 180–207. One World Archaeology. London: Routledge.

Pastoureau, Michel, and Marie-Therese Gousset

2002 Lancelot du Lac et la Quete du Graal. Bibliotheque Nationale de France. Arcueil: Editions Anthese.

Paterson, "Banjo"

1894 The Geebung Polo Club. In The Antipodean: An Illustrated Annual. George Essex Evans and John Tighe Ryan, eds. Illustrations by Frank P. Mahony. pp. 4–7. London: George Robertson.

Patterson, Orlando

1982 Slavery and Social Death: A Comparative Study. Cambridge, MA: Harvard University Press.

Patterson, Thomas C.

1991 The Inca Empire: The Formation and Disintegration of a Pre-Capitalist State. New York: Berg.

Peterson, Samuel R.

1979 The Taziyeh and Related Arts. In Taziyeh: Ritual and Drama in Iran. Peter J. Chelkowski, ed. pp. 64–87. New York: New York University Press; Soroush Press.

Piggott, Stuart

1962 Head and Hoofs. Antiquity 36:110–118.

1968 The Earliest Wheeled Vehicles and the Caucasian Evidence. Proceedings of the Prehistoric Society 34(8): 266–318.

1974 Chariots in the Caucasus and China. Antiquity 48:16–24.

1983 The Earliest Wheeled Transport: From the Atlantic Coast to the Caspian Sea. New York: Thames and Hudson.

1992 Wagon, Chariot and Carriage: Symbol and Status in the History of Transport. New York: Thames and Hudson.

Piotrovsky, Boris

1974a Early Cultures of the Lands of the Scythians. The Metropolitan Museum of Art Bulletin 32(5):12–25. (Adapted from Russian text by Boris Piotrovsky, The State Hermitage Museum, Leningrad.)

1974b Excavations and Discoveries in Scythian Lands. The Metropolitan Museum of Art Bulletin 32(5):26–31. (Adapted from Russian text by Boris Piotrovsky, The State Hermitage Museum, Leningrad.)

Pohl, John M. D.

1999 Exploring Mesoamerica. Oxford: Oxford University Press.

Prescott, William H.

2001 History of Conquest of Mexico. New York: Modern Library.

Raevskii, D. S.

1987 Scythian Religion. In The Encyclopedia of Religion. Mircea Eliade, ed. Vol. 13. pp. 145–148. New York: Macmillan.

Rawson, Jessica

1999 Western Zhou Archaeology. In The Cambridge History of Ancient China: From the Origins of Civilization to 221 BC. Michael Loewe and Edward L. Shaughnessy, eds. pp. 352–449. Cambridge: Cambridge University Press.

Raymond, Robert

1984 Out of the Fiery Furnace: The Impact of Metals on the History of Mankind. South Melbourne, Australia: Macmillan.

Regan, Geoffrey

1998 Lionhearts: Saladin and Richard I. London: Constable.

Renfrew, Colin

1990 Archaeology and Language: The Puzzle of Indo-European Origins. Cambridge: Cambridge University Press.

Ritchie, W. F., and J. N. G. Ritchie

1985 Celtic Warriors. Aylesbury, Buckshire: Shire.

Roberts, J. A. G.

1999 A History of China. London: Macmillan.

Robinson, B.W.

2002 The Persian Book of Kings: An Epitome of the Shahnama of Firdawsi. London: Routledge-Curzon.

Roemer, H. R.

1993a Timur in Iran. In The Cambridge History of Iran. Vol. 6, The Timurid and Safavid Periods. Peter Jackson and Laurence Lockhart, eds. pp. 42–97. Cambridge: Cambridge University Press.

1993b The Successors of Timur. In The Cambridge History of Iran. Vol. 6, The Timurid and Safavid Periods. Peter Jackson and Laurence Lockhart, eds. pp. 98–146. Cambridge: Cambridge University Press.

1993c The Safavid Period. *In* The Cambridge History of Iran. Vol. 6, The Timurid and Safavid Periods. Peter Jackson and Laurence Lockhart, eds. pp. 189–350. Cambridge: Cambridge University Press.

Rolle, Renate
1980 Die Welt der Skythen. Luzern: Verlag C. J. Bucher. (Published in English in 1989 as The World of the Scythians. Berkeley: University of California Press.)
1989 The World of the Scythians. Berkeley: University of California Press.

Rossabi, Morris
1988 Khubilai Khan: His Life and Times. Berkeley: University of California Press.
1994 The Reign of Khubilai Khan. *In* The Cambridge History of China. Denis Twitchett and John K. Fairbank, eds. Vol. 6, Alien Regimes and Border States, 907–1368. Herbert Franke and Denis Twitchett, eds. pp. 414–489. Cambridge: Cambridge University Press.
2002 The Mongols and Their Legacy. *In* Legacy of Genghis Khan: Courtly Art and Culture in Western Asia. Linda Komaroff and Stefano Carboni, eds. pp. 12–35. New York: Metropolitan Museum of Art; New Haven: Yale University Press.

Rowen, Mary, and Joshua Ginsberg
1992 Grevy's Zebras (Equus grevyi Oustalet). *In* Zebras, Asses, and Horses: An Action Plan for the Conservation of Wild Equids. Patrick Duncan, ed. pp. 10–12. Gland, Switzerland: International Union for Conservation of Nature and Natural Resources.

Rudenko, Sergei I.
1970 Frozen Tombs of Siberia: The Pazyryk Burials of Iron-age Horsemen. Translated by M.W. Thompson. Berkeley: University of California Press.

Sacks, David
1995 Encyclopedia of the Ancient Greek World. New York: Facts on File.

Saliba, George
1987 The Role of Maragha in the Development of Islamic Astronomy: A Scientific Revolution before the Renaissance. Revue de Synthese 1:361–373.

Sanders, Donald H.
1996 Nemrud Dagi: The Hierothesion of Antiochus I of Commagene. Vol. 1. Winona Lake, IN: Eisenbrauns.

Sarianidi, V. I.
1986 Mesopotamiia i Baktriia. Sovietskaya Arkheologiya 2:34–46.

Saunders, J. J.
2001 The History of the Mongol Conquests. Philadelphia: University of Pennsylvania Press.

Schaedel, Richard P.
1978 Early State of the Incas. *In* The Early State. Henri J. M. Claessen and Peter Skalnik, eds. pp. 289–320. The Hague: Mouton.

Schrader, O.
1890 Prehistoric Antiquities of the Aryan Peoples: A Manual of Comparative Philology and the Earliest Culture. Translated by F. B. Jevons. London: Charles Griffin.

Schwartz, Glenn M.
2006 Pastoral Nomadism in Western Central Asia. *In* Civilizations of the Ancient Near East. Jack M. Sasson, ed. John Baines, Gary Beckman, and Karen S. Rubinson, assoc.

eds. Vol. 1, Part 3, Population. pp. 249–258. Peabody, MA: Hendrickson.

Schwartz, Stuart B., and Frank Salomon

1999 New Peoples and New Kinds of People: Adaptation, Readjustment, and Ethnogenesis in South American Indigenous Societies (Colonial Era). *In* The Cambridge History of the Native Peoples of the Americas. Frank Salomon and Stuart B. Schwartz, eds. Vol. 3, South America – Part 2. pp. 443–501. Cambridge: Cambridge University Press.

Sealey, Paul R.

1997 The Boudican Revolt Against Rome. Princes Risborough, Buckinghamshire: Shire.

Seife, Charles

2000 Zero: The Biography of a Dangerous Idea. New York: Viking Penguin.

Seward, Desmond

1972 The Monks of War: The Military Religious Orders. Hamden, CT: Archon Books. (Initially published London: Eyre Methuen.)

Seyffert, Oskar

1995 The Dictionary of Classical Mythology, Religion, Literature, and Art. New York: Random House, Grammercy Books.

Shahidi, Anayatullah

1979 Literary and Musical Developments in *Taziyeh*. *In Taziyeh*: Ritual and Drama in Iran. Peter J. Chelkowski, ed. pp. 40–63. New York: New York University Press; Soroush Press.

Shakhanova, Nurila Z.

1992 The Yurt in the Traditional Worldview of Central Asian Nomads. *In* Foundations of Empire: Archeology and Art of the Eurasian Steppes. Proceedings of the Soviet-American Academic Symposia in Conjunction with the Museum Exhibitions. Gary Seaman, ed. Vol. 3, Nomads: Masters of the Eurasian Steppes. pp. 157–183. Los Angeles: Ethnographics Press, University of Southern California.

Shaughnessy, Edward

1988 Historical Perspectives on the Introduction of the Chariot into China. Harvard Journal of Asiatic Studies 48:189–237.

Shaw, Brent D., ed.

2001 Spartacus and the Slave Wars: A Brief History with Documents. Translated, edited, and with an introduction by Brent D. Shaw. Boston: Bedford/St. Martin's.

Shilov, Valentin Pavlovich

1989 The Origins of Migration and Animal Husbandry in the Steppes of Eastern Europe. *In* The Walking Larder: Patterns of Domestication, Pastoralism, and Predation. Juliet Clutton-Brock, ed. pp. 119–126. London: Unwin Hyman.

Simon, Andre

1996 Vercingetorix, Heros Republicain. Paris: Editions Ramsay.

Simpson, George Gaylord

1951 Horses: The Story of the Horse Family in the Modern World and through Sixty Million Years of History. New York: Oxford University Press.

Sims-Williams, Nicholas

1996 The Sogdian Merchants in India and China. *In* Cina e Iran: da Alessandro Magno alla Dinastia Tang. Alfredo Cadonna and Lionello Lanciotti, eds. pp. 45–67. Florence: Leo S. Olschki Editore, Orientalia Venetiana.

Singh, Nagendra K.
   1997 Vedic Mythology. New Delhi: APH.
Singh, Rao Rajah Hanut
   1971 A Century of Polo. *In* Chakkar: Polo Around the World. Herbert Spencer, ed. pp.
      11–15. London: Herbert Spencer.
Singh, Satya Prakash
   2001 Vedic Symbolism. New Delhi: Maharshi Sandipani Rashtriya Veda Vidya
      Pratishthan.
Sipress, Linda
   1973 The Unicorn Tapestries. The Metropolitan Museum of Art Bulletin 32(1):n.p.
Skjaervo, P. Oktor
   1995 The Avesta as Source for the Early History of the Iranians. *In* The Indo-Aryans of
      Ancient South Asia: Language, Material Culture and Ethnicity. George Erdosy, ed. pp.
      155–176. Berlin: Walter de Gruyter.
Slatta, Richard W., and Jane Lucas De Grummond
   2003 Simon Bolivar's Quest for Glory. College Station: Texas A&M University Press.
Smith, Bruce D.
   1995 The Emergence of Agriculture. New York: Scientific American Library.
Smith, E. Baldwin
   1950 The Dome: A Study in the History of Ideas. Princeton, NJ: Princeton University
      Press.
Smith, William
   1925 A Classical Dictionary of Greek and Roman Biography. Revised throughout and in
      part rewritten by G. E. Marindin. London: John Murray.
Snodgrass, Adrian
   1985 The Symbolism of the Stupa. Ithaca, NY: Cornell Southeast Asia Program.
So, Jenny F.
   1995 Expanded Cultural Exchange: Ca. 1000-500 BC. In Traders and Raiders on China's
      Northern Frontier. Jenny F. So and Emma C. Bunker. pp. 41–51. Seattle: Arthur
      M. Sackler Gallery, Smithsonian Institution, in association with the University of
      Washington Press.
Soucek, Svat
   2000 A History of Inner Asia. Cambridge: Cambridge University Press.
Souden, David
   1997 Stonehenge: Mysteries of the Stones and Landscape. London: Collins and Brown, in
      association with English Heritage.
Spencer, Herbert, ed.
   1971 Chakkar: Polo Around the World. London: Herbert Spencer.
Spruytte, J.
   1983 Early Harness Systems: Experimental Studies. Translated by Mary Littauer. London:
      Allen.
Steele, Nick
   1971 Take a Horse to the Wilderness. Cape Town: T. V. Bulpin and Books of Africa.
Steiner, Patricia Owen
   1995 The Gaucho's World. *In* Don Segundo Sombra. Ricardo Guiraldes. Translated by

Patricia Owen Steiner. Critical edition. Gwen Kirkpatrick, coordinator. pp. 215–230. Pittsburgh: University of Pittsburgh Press.

Stirling, M. W.
1938 Historical and Ethnographical Material on the Jivaro Indians. Bureau of American Ethnology Bulletin, 117. Washington, DC: Smithsonian Institution.

Stoneman, Richard
1997 Alexander the Great. London: Routledge.

Stover, Leon
2003 Stonehenge City: A Reconstruction. Jefferson, NC: McFarland.

Strabo
1961 Geography. Translated by Horace Leonard Jones. G. P. Goold, ed. Loeb Classical Library. Cambridge, MA: Harvard University Press.

Sulimirski, T.
1993 The Scyths. In The Cambridge History of Iran. Vol. 2, The Median and Achaemenian Periods. Ilya Gershevitch, ed. pp. 149–199. Cambridge: Cambridge University Press.

Taylour, William
1983 The Mycenaeans. London: Thames and Hudson.

Telegin, D. Y.
1986 Dereivka: A Settlement and Cemetery of Copper Age Horse Keepers on the Middle Dnieper. Oxford: British Archaeological Reports, International Series 287. Oxford: Archaeopress.

Temple, Robert
1998 The Genius of China; 3,000 Years of Science, Discovery, and Invention. Introduced by Joseph Needham. London: Prion.

Tennyson, Alfred
1987 The Charge of the Light Brigade. In The Poems of Tennyson. 3 vols. Christopher Ricks, ed. Vol. 2. pp. 510–513. Harlow, Essex: Longman.

Thompson, Diane P.
2004 The Trojan War: Literature and Legends from the Bronze Age to the Present. Jefferson, NC: McFarland.

Thompson, E. A.
1996 The Huns. Oxford: Blackwell.

Thompson, M.W.
1970 Translator's Preface. In Frozen Tombs of Siberia: The Pazyryk Burials of Iron-age Horsemen. Sergei I. Rudenko. Translated by M.W. Thompson. Berkeley: University of California Press.

Thorp, Robert L.
2006 China in the Early Bronze Age: Shang Civilization. Philadelphia: University of Pennsylvania Press.

Till, Barry
1984 Samurai: The Cultured Warrior. Victoria, BC: Sono Nis Press.

Tinker, Edward Larocque
1964 Centaurs of Many Lands. Austin: University of Texas Press.

Travis, John
2008 Third International Symposium on Biomolecular Archaeology: Trail of Mare's Milk

Leads to First Tamed Horses. Science 322(October 17):368a.

Trippett, Frank

    1974 The First Horsemen. New York: Time-Life Books.

Turnbull, Stephen R.

    2003 Samurai: The World of the Warrior. Oxford: Osprey.

Uerpmann, Hans-Peter

    1996 Animal Domestication – Accident or Intention. *In* The Origins and Spread of Agriculture and Pastoralism in Eurasia. David R. Harris, ed. pp. 227–237. London: University College London Press.

Urban, William

    2003 The Teutonic Knights: A Military History. London: Greenhill Books; Mechanicsburg, PA: Stackpole Books.

Vale, Malcolm

    1981 War and Chivalry: Warfare and Aristocratic Culture in England, France and Burgundy at the End of the Middle Ages. London: Duckworth.

    2001 The Princely Court: Medieval Courts and Culture in North-West Europe 1270–1380. Oxford: Oxford University Press.

Vansina, Jan

    1996 A Slow Revolution: Farming in Subequatorial Africa. *In* The Growth of Farming Communities in Africa from the Equator Southwards. J. E. G. Sutton, ed. pp. 15–26. Nairobi, Kenya: British Institute in Eastern Africa.

Vismara, Cinzia

    2001 The World of the Gladiators. *In* The Colosseum. Ada Gabucci, ed. Translated by Mary Becker. pp. 21–53. Los Angeles: J. Paul Getty Museum.

Von Hagen, Adriana, and Craig Morris

    1998 The Cities of the Andes. New York: Thames and Hudson.

Wahlgren, Erik

    1986 The Vikings and America. London: Thames and Hudson.

Waldron, Arthur

    1990 The Great Wall of China from History to Myth. Cambridge: Cambridge University Press.

Waley, Arthur

    1955 The Heavenly Horses of Ferghana: A New View. History Today, February: 96–99.

Warner, Marina

    2000 Joan of Arc: The Image of Female Heroism. Berkeley: University of California Press.

Watkins, Calvert

    1995 How to Kill a Dragon: Aspects of Indo-European Poetics. New York: Oxford University Press.

Watt, James, C. Y.

    2002 A Note on Artistic Exchanges in the Mongol Empire. *In* Legacy of Genghis Khan: Courtly Art and Culture in Western Asia. Linda Komaroff and Stefano Carboni, eds. pp. 62–73. New York: Metropolitan Museum of Art; New Haven: Yale University Press.

Weatherford, Jack

    1988 Indian Givers: How the Indians of the Americas Transformed the World. New York: Crown.

2004 Genghis Khan and the Making of the Modern World. New York: Crown.
Webster, Graham
1978 Boudica: The British Revolt Against Rome AD 60. London: Batsford.
Weed, William Speed
2002 First to Ride. Discover 23(3):54–61.
Wertime, T. A.
1973 The Beginnings of Metallurgy: A New Look. Science 182:875–887.
White, Lynn, Jr.
1962 Medieval Technology and Social Change. Oxford: Oxford at the Clarendon Press.
Wilber, Donald N.
1989 Persepolis: The Archaeology of Parsa, Seat of the Persian Kings. Princeton, NJ: Darwin Press.
Wilford, John Noble
1993 New Finds Suggest Even Earlier Trade on Fabled Silk Road. New York Times, March 16.
Wirth, Andrzej
1979 Semiological Aspects of the *Taziyeh*. *In Taziyeh*: Ritual and Drama in Iran. Peter J. Chelkowski, ed. pp. 32–39. New York: New York University Press; Soroush Press.
Wolf, Eric
1966 Sons of the Shaking Earth. Chicago: University of Chicago Press, Phoenix Books.
Wolpert, Stanley
1993 A New History of India. New York: Oxford University Press.
Wood, Frances
2002 The Silk Road: Two Thousand Years in the Heart of Asia. Berkeley: University of California Press.
Wood, Michael
1998 In Search of the Trojan War. Berkeley: University of California Press.
2000 Conquistadors. Berkeley: University of California Press.
Woodford, Susan
1993 The Trojan War in Ancient Art. London: Duckworth.
Woodward, Susan
1996 The Living Relatives of the Horse. *In* Horses Through Time. Sandra L. Olsen, ed. pp. 191–208. Boulder, CO: Roberts Rinehart.
Worthington, Ian, ed.
2003 Alexander the Great: A Reader. London: Routledge, Taylor and Francis Group.
Wright, David Curtis
2001 The History of China. Westport, CT: Greenwood Press.
Yadin, Yigael
1963 The Art of Warfare in Biblical Lands: In Light of Archeological Discovery. Vol. 2. New York: McGraw-Hill.
Yarshater, Ehsan
1979 *Taziyeh* and Pre-Islamic Mourning Rites in Iran. *In Taziyeh*: Ritual and Drama in Iran. Peter J. Chelkowski, ed. pp. 88–94. New York: New York University Press; Soroush Press.
Yarwood, Alexander T.

1989 Walers: Australian Horses Abroad. Carlton, Victoria: Melbourne University Press at the Miegunyah Press.

Yoshida, Atsuhiko

1977 Japanese Mythology and the Indo-European System. Diogenes 98:93–116.

Yu, Ying-shih

1967 Trade and Expansion in Han China: A Study in the Structure of Sino-Barbarian Economic Relations. Berkeley: University of California Press.

1990 The Hsiung-Nu. *In* The Cambridge History of Early Inner Asia. Denis Sinor, ed. pp. 118–149. Cambridge: Cambridge University Press.

Yumoto, John M.

1958 The Samurai Sword: A Handbook. Rutland, VT: Tuttle.

Zhongguo Shehui Kexueyuan (Chinese Academy of Social Sciences) Kaogu Yanjiusuo (Institute of Archaeology) Anyang Gongzuodui (Anyang Archaeological Team)

1988 Anyang Guojiazhuang xinan de Yindai chemakeng. Kaogu 10:882–893.

Zohary, Daniel, and Maria Hopf

2000 The Domestication of Plants in the Old World: The Origin and Spread of Cultivated Plants in West Asia, Europe, and the Nile Valley. New York: Oxford University Press.

Zvelebil, Marek

2000 The Social Context of the Agricultural Transition in Europe. *In* Archaeogenetics: DNA and the Population Prehistory of Europe. Colin Renfrew and Katie Boyle, eds. pp. 57–79. Cambridge, UK: McDonald Institute for Archaeological Research.

이 책은 지난 6000년간 인간사회에서 파생된 문화적 영향으로 나타난 마력馬力을 포괄적이고도 방대하게 다룬 연구서다. 즉 기원전 4000년에서 기원후 2000년까지 말이 인간사회에 어떤 영향을 미쳤고 초원지대에서 온 말이 세계사를 어떻게 뒤바꿔놓았는지를 이야기한다. 저자는 방대한 자료를 분석하며 '말의 세계사'를 개관함으로써 말이 주인공이 된 인류사를 흥미롭게 풀어놓는다. 그는 이 책을 쓰기 위해 여러 다른 학문 분야를 철저하고도 진지하게 연구했다. 즉 고고학, 야금술, 고생물학, 역사학에서 이뤄진 최근의 성과물들이 이 책에 집약되어 있다. 그 결과물은 말에 대한, 또 인간 역사에 대한 우리의 지식을 더욱 풍요롭게 해줄 것이다. 이 책을 번역하면서 나도 6000년 전으로 거슬러 올라가는 말과 인간의 관계를 훨씬 더 포괄적이고 심도 있게 이해할 수 있었다.

인도·유럽어족 사회에서 말의 역할은 오랫동안 연구되어온 논쟁적 주제다. 그러한 맥락 안에서 저자는 말의 연구를 인도·유럽어족 문화로부터 인간사회의 보편적 연구로 통합시키는 보기 드문 성과를 보여주었다. 정확히 말하면 이것이 '말의 세계사'를 관통하며 저자가 이루고자 한 목적이었다. 연구 범위가 매우 방대하지만, 그러면서도 이 책은 기존의 학술적 견해를 대체로 종합하고 있으며 말이라는 주제에 대해 깊이 파고들면서도 일반 독자들까지 아우를 수 있게 쓰였다. 이 책에 나온 대부분의 증거는 인류학적 성과에 기대고 있지만 언어학, 종교학, 문헌학 역시 저자의 접근 방식 형성에 일조했다.

저자는 최초의 말 사육이 폰토스-카스피해 지역의 유목민들 사이에서 시작되었다는 입장을 받아들이면서 초반부에서 인도·유럽어족 문화에 대한 논의를 다룬다. 다음 세 개 장에서는 인도·유럽어족의 원 거주지와 이동에 관한 문제 외에 인도·유럽어족의 말 사육에 관한 몇몇 난해한 문제도 추적한다. 그리고 뒤이은 세 개 장에서는 아랍인과 튀르크인, 몽골인의 군사 정복에서 말이 어떻게 활용되었는지를 상세하게 밝히고 있다.

내가 가장 흥미를 가졌던 부분이자, 무엇보다 이 책이 거둔 최고의 성취로 생각되는 곳은 아메리카 대륙에 말이 재도입된 과정을 설명하는 대목이다. 아메리카 대륙에는 한때 말이 존재했다가 일찍이 인간의 사냥으로 인해 멸종 위기에 내몰렸다. 이러한 논의는 남아메리카에 대한 유럽인의 정복 역사, 그리고 유럽 정복자들이 말을 통해서 아메리카인디언들에 대해 가졌던 기술적 이점을 설명하는 것으로 시작된다. 저자는 이러한 정복이 유럽과 근동의 문명에 미친 광범위한 영향을 상세히 서술하고 있다. 여기에는 감자의 전래가 유럽 농경민들에게 미쳤던 영향이나 신세계로부터의 귀금속 유입으로 인한 통화 가치의 평가절하와 같은 다양한 주제도 포함된다.

이 책은 어느 하나의 문화나 분야를 세밀히 다루는 데 초점을 맞추지 않는다. 그보다 전 세계에서 인간이 길들인 말이라는 가축을 조망하고 이해할 수 있도록 집필되었다. 나는 번역하는 동안 내내 책 전체를 관통하는 지식의 방대함과 내용의 치밀함이 지니는 무게에 압도되었다. 하지만 그런 방대함이 이 책의 가장 중요한 진가는 아닐 것이다. 그러나 이 책이 말을 매개로 본 6000년에 걸친 세계사를 다룬다는 점은 말과 인간의 관계에 대한 독자들의 시각을 넓히고 세계사를 바라보는 우리 관점을 더욱 풍요롭게 하는 데 매우 유용하리라 생각한다.

강의와 번역을 병행해야 하는 개인적인 사정으로 출판사와 약속한 기일을 넘겨 간신히 번역을 마무리했음에도 원고 독촉을 하지 않고 기다려준 출판사에 고마움을 전한다. 교정과정에서도 번역 원고를 성의를 다해 검토하고, 옮긴이가 미처 생각하지 못한 점들을 지적해준 편집자들에게도 감사드린다. 끝으로 오랜 번역으로 지쳐갈 때마다 힘과 용기를 주었던 사랑하는 아내와 두 딸 현선, 현진에게도 고마운 마음을 전한다.

옮긴이의 말

말의 세계사

1판 1쇄	2019년 2월 7일
1판 2쇄	2019년 9월 2일

지은이	피타 켈레크나
옮긴이	임웅
펴낸이	강성민
편집장	이은혜
편집	좌세훈 박은아 곽우정
마케팅	정민호 정현민 김도윤
홍보	김희숙 김상만 오혜림
독자모니터링	황치영

펴낸곳	(주)글항아리	출판등록 2009년 1월 19일 제406-2009-000002호
주소	10881 경기도 파주시 회동길 210
전자우편	bookpot@hanmail.net
전화번호	031-955-8891(마케팅)	031-955-1936(편집부)
팩스	031-955-2557

ISBN	978-89-6735-586-9 93900

이 도서의 국립중앙도서관 출판시도서목록(CIP)은 서지정보유통지원시스템 홈페이지
(http://seoji.nl.go.kr)와 국가자료공동목록시스템(http://www.nl.go.kr/kolisnet)에서
이용하실 수 있습니다. (CIP제어번호 : CIP2018043097)

www.geulhangari.com